KB190837

급변하는 기후 상황, 환경 파괴의 위협, 팬데믹이 전 세계의 정치, 경제, 사회뿐 아니라 급기야 기독교의 핵심인 예배에까지도 영향을 미치고 있는 혼돈의 시대다. 말세가 아닐까 싶은 징조를 목도하는 이와 같은 때에, 묵시적 종말론의 종합 편인 에스겔서에 관한 책이 나오게 된 것은 반가운 일이다. 목사님과 신학도뿐 아니라 에스겔서를 깊고 진지하게 공부하며 다가올 미래의 상징적 의미까지 알아보고 싶은 모든 분에게 권한다. 에스겔은 "하나님이 강하게 하신다"는 뜻인데, 에스겔서를 공부하는 모든 독자를 "하나님이 강하게 해주셔서" 난세를 극복하는 지혜를 배우기를 축원하는 바이다.

김윤희 횃불트리니티신학대학원대학교 총장, FWIA 대표

에스겔서는 여러모로 직관적으로 이해하기 어려운 책이다. 에스겔서 자체의 서술이 논리적 순서를 따르지 않을 뿐 아니라, 상징과 환상으로 가득 차 있어서 그렇다. 그래서 에스겔서를 올바로 읽으려면 반드시 제대로 된 길잡이가 필요하다. 예언서 최종 형태 본문의 구성에 지대한 관심을 가지고 풀어서 한국 신학계와 교계에 찬찬히 펴내는 일에 매진하고 있는 저자는 본서에서 이 에스겔서를 주석하였다. 벌써 저자는 전작인 이사야, 예레미야, 소예언서는 물론 시편 저서에서 본문 분석과 주석의 탁월함을 보여주었다. 이 책에서도 저자의 말대로 에스겔서의 문자적 해석과 상징적 해석을 병행하려는 노력을 여실히 체감할 수 있다. 에스겔서 본문의 수사적 구조를 꼼꼼히 분석한 뒤 한 구절 한 구절 세심하게 주석한 이 책은 에스겔서에 한 걸음 더 가까이 다가가서 "하나님의 거룩한 임재"를 경험하려 하는 독자들에게 훌륭한 길잡이가 될 것이다.

김정훈 부산장신대학교 구약학 교수

본서는 한국인 학자가 자세히 풀어 쓴 에스겔 주석서이다. 원전을 일대일로 읽고 주해한 책은 아닐지라도 에스겔서의 짜임새와 구조를 자세히 연구하여 에스겔서의 신학적 메시지를 잘 드러내고 있다. 저자는 에스겔서를 큰 단원으로 나눠 읽을 뿐만 아니라 각장의 연결성을 잘 주목하고 에스겔서를 해석하고 있다. 본서는 에스겔서가 그동안 낯설었던 독자들에게는 친절한 안내서가 될 것이다.

세 가지 이유를 들어 이 책의 일독을 추천한다. 첫째, 이 책은 에스겔서의 개별 본문에 맞게 다양한 해석 방법을 활용하여 전체적으로 균형감각을 잘 유지하고 있다. 묵시록적인 비유와 난해한 난수표 같은 동물, 나무 메타포 등에 대해서는 당대의 역사적 의미 파악에 충실하면서도 그것이 가리키는 종말론적인 차원까지도 잘 다루고 있다. 둘째, 에스겔서를 아침에 큐티할 때 읽을 성도나 설교 본문으로 삼는 설교자 모두에게 유용한 본문 해석과 정보를 잘 제공하고 있다. 저자는 설교자적인 감정의 격앙을 전혀 의도하지 않으며 건조한 학술체를 유지하지만, 전체적인 해석에는 설교자들이 원용할 통찰이 여러 군데서 발견된다. 셋째, 에스겔서를 새 언약과 요한계시록의 종말론과 잘 연동시켜줌으로써 신앙의 책으로 에스겔서를 읽는 그리스도인들에게 위로와 소망을 안겨준다. 불건전하고 퇴폐적인 종말 열광주의자들이 무분별하게 취사선택하며 에스겔서를 농단하는 사태를 미연에 방지할 수 있는 건강한 신학이 본서의 에스겔 해석을 이끌고 있다.

김회권 숭실대학교 기독교학과 구약학 교수

에스겔서 전체를 바라볼 수 있는 최상의 전망대가 김창대 박사의 설계와 시공으로 세워졌다. 탁 트인 전망대에 올라서면 에스겔서 숲 전체를 볼 수 있다. 시원시원하다. 안목이 넓어지는 것을 느낀다. 바벨론 유배지에서 사역했던 에스겔의 메시지는 무엇이었을까? 저자는 에스겔서의 메시지를 두 가지 질문으로 요약한다. "왜 유배를 당해야만 했는가?" "유배가 하나님의 마지막 말이 아니라면 그 후에 어떤 일을 기대할 수 있는가?" 전반부가 죄와 형벌을 다룬다면 후반부는 용서와 회복을 다룬다고 한다. 우상숭배의 치명적 죄는 바빌로니아 유배라는 형벌로 귀착되어 민족적 고난을 겪게 되지만, 은혜로우시고 긍휼이 풍성하신 하나님은 선물로 "새로움"(newness)을 주신다. 새 영, 새 언약, 새 다윗, 새 목자, 새 마음, 새 민족, 새 성전을 말이다. 에스겔서는 무엇보다 신약의 요한복음과 요한계시록 안에서 메아리친다. 저자의 에스겔서 해설은 읽는 사람의 속을 시원하게 해준다. 역사 속에서 일하시는 하나님에 대한 신학적 안목을 넓혀준다. 이 책은 친절한 안내서다. 에스겔서를 옆에 펼쳐놓고 이 책을 읽으면 하나님의 말씀이 쏙쏙 눈에 들어오고 마음 깊이 새겨질 것이다. 예언서 해설 권위자의 손에서 나온 명품이기 때문이다. 에스겔서를 공부하려는 목회자와 신학도에겐 놓칠 수 없는 기회다. 이 책을 잡으라, 읽으라, 공부하라, 깨달으라, 하나님의 은혜를 경험하라. 절대 실망하게 하지 않을 것이다.

류호준 백석대학교 신학대학원 구약학 은퇴 교수

『에스겔서의 해석과 신학』의 저자 김창대 박사는 왕성한 저술 활동을 통하여 예언서의 이해에 대한 우리의 저변을 확대해오고 있다. 그중 또 하나가 바로 이 책이다. 저자가 지적한 대로 에스겔서는 신학적으로 난해함은 물론 시간의 프레임 속에 공교하게 수놓인 수수께끼와 같은 책이다. 그래서 학자적인 언어로 이 복잡한 신학의 실타래를 풀어내는 것은 실로 봉사의 열망과 끈기 있는 수고가 없이는 불가능하다. 저자는 예루살렘 성전 파괴를 기점으로 심판(전반부)과 회복(후반부)이라는 메시지의 절단면을 반복된 언어와 신학적 유비를 통하여, 이스라엘의 변화된 삶을 통한 희망의 미래로 연결하며 공시적으로 엮어가고 있다. 마땅하게 읽을 만한 한 권의 에스겔 신학서를 찾는 목회자와 성도들에게 기쁜 마음으로 일독을 권한다.

박영복 서울성경신학대학원대학교 구약학 조교수

저자는 예레미야서를 연구하여 박사 학위를 마친 탁월하고 성실한 예언서 전문가이다. 저자는 그동안 꾸준하게 『한 권으로 꿰뚫는 소예언서』(2013), 『이사야서의 해석과 신학』(2019), 『예레미야서의 해석과 신학』(2020) 등 예언서 관련 전문 저술들을 발표했다. 이 책으로 엄청난 분량의 구약 예언서를 집대성하게 되었다.

에스겔서는 환상과 비유와 상징 행동이 대부분을 이루고 있어 해석하기가 여간 까다로운 책이 아니다. 또한 에스겔서는 예언 신학과 더불어 묵시 신학도 포함하고 있어서 또 하나의 해석학적 장벽을 가지고 있다. 그런데 이 책은 예언 본문에 대해서는 역사적으로 해석하고, 묵시 본문에 대해서는 종말론으로 해석하면서 그 의미를 설득력 있게 풀이하고 있다. 더 나아가 에스겔서와 유사한 내용을 공유하는 요한복음과 요한계시록의 내용을 상호 연결하여 그 의미를 보다 풍성하게 드러내고 있다. 또한 에스겔서의 중심 주제를 "하나님의 거룩한 임재"로 이해하고 이 기반 위에서 에스겔의 신학을 참신하게 해석하고 있다. "까다로운 에스겔서"를 "친근한 에스겔서"로 조련한 저자의 매직에 박수를 보낸다.

차준희 한세대학교 구약학 교수, 한국구약학연구소 소장

에스겔서는 분량과 내용 면에서 흥미롭지만 부담스러운 책이다. 환상가(1-3장, 8-11장, 37장, 40-48장)이면서도 율법 해석가(14장, 18장, 33장)의 이중적인 면모를 보여주는 에스겔과 에스겔서를 제대로 이해하기란 절대 쉽지 않다. 그러나 이 책은 그러한 부담과 우려를 잊게 한다. 이 책에는 에스겔서의 주요 내용이 잘 간추려져 있다. 내용만 간추려진 것이 아니라 본문의 함의가 저자의 명쾌한 설명으로 잘 드러난다. 특별히 이 책은 신약성경과의 관련성 속에서 에스겔서를 새롭게 보게 한다. 에스겔서가 구약성경의 맥락에서 잘 이해되도록 도우면서도 신약 본문과의 연결을 통해 기독교인들이 읽어내야 할 에스겔서의 의미를 잘 풀어주고 있다. "하나님의 거룩한 임재"를 갈망하는 독자들에게 이 책을 추천한다.

하경택 장로회신학대학교 구약학 교수

에스겔서의 해석과 신학

에스겔서의 해석과 신학

김창대 지음

하나님의 임재 안에 거하는 삶에 대한 비전

새물결플러스

목차

서문　　　　　　　　　　　　　　　　　　　　　　　　11

서론　　　　　　　　　　　　　　　　　　　　　　　　13
1. 에스겔서의 역사적 배경　　　　　　　　　　　　　　14
2. 에스겔의 활동　　　　　　　　　　　　　　　　　　19
3. 에스겔서의 저작과 구조　　　　　　　　　　　　　　21
4. 에스겔서의 신학적 주제들　　　　　　　　　　　　　26

전반부(1-32장)　　　　　　　　　　　　　　　　　　　45

I. 유다에 대한 심판(1-24장)　　　　　　　　　　　　　47
1. 유다의 멸망(1-11장)　　　　　　　　　　　　　　　49
2. 예루살렘이 바빌로니아에게 멸망하는 구체적 이유(12-24장)　166

II. 열국을 향한 심판 신탁(25-32장)　　　　　　　　　　278
1. 네 나라에 대한 심판(25장)　　　　　　　　　　　　283
2. 두로에 대한 심판(26:1-28:19)　　　　　　　　　　290
3. 시돈에 대한 심판과 이스라엘의 회복(28:20-26)　　　324
4. 이집트에 대한 심판(29-32장)　　　　　　　　　　　327

후반부(33-48장)   **359**

I. 새 언약을 통한 이스라엘의 회복(33-39장)   **362**

1. 예루살렘 멸망 예언의 성취와 하나님의 말씀(33장)   **365**

2. 메시아를 통한 땅의 회복과 백성의 변형(34-37장)   **373**

3. 땅의 안전: 종말에 곡과의 전쟁에서 승리(38-39장)   **418**

II. 종말에 있을 성전의 변형(40-48장)   **449**

1. 성전 구역에 여호와의 영광이 임함(40:1-43:12)   **457**

2. 성전 예배와 성전 구역 주위의 땅에 관한 규례(43:13-46:24)   **500**

3. 땅의 변형과 지파별 땅 분배(47-48장)   **542**

참고문헌   **560**

서문

에스겔서는 많은 환상과 비유와 상징적인 행동을 담고 있어 독자가 본문의 의미를 파헤치기 쉽지 않은 예언서다. 더욱이 외관상으로는 내용이 장별로 아무렇게나 배열되어 있는 것처럼 보여 신학자들 사이에서도 난해한 책으로 분류된다. 하지만 자세히 들여다보면 에스겔서는 매우 조직적이고 짜임새 있는 배열과 구조로 이루어져 있다. 그리고 그런 정교한 구조와 반복을 통해 핵심 내용을 독자에게 각인시켜주고 있다.

　일반적으로 에스겔서는 예언적 종말론(prophetic eschatology) 책이라기보다 묵시적 종말론(apocalyptic eschatology) 책에 가깝기 때문에 상징적인 내용을 다분히 포함한다. 그러므로 에스겔서를 올바로 이해하려면 문자적 해석과 상징적 해석을 병행해야 한다. 특히 에스겔 38-39장에 언급된 종말에 일어날 곡의 침입의 경우 이를 문자적으로 해석한다면 본문의 의도를 왜곡할 수밖에 없다. 곡의 침입은 새 언약 체결로 새 언약 백성이 나타날 때 이들을 위협하는 영적 세력의 공격을 상징하기 때문이다. 에스겔 40-48장에 언급된 종말의 성전과 땅 분배의 환상도 마찬가지다. 이 환상 이야기는 현실 세계에서 문자적으로 이루어질 미래상이나 천상에서 내려오는 실제의 묘사라기보다, 종말에 성전으로 지어져가는 새 언약 백성의 영적 상태를 보여주는 상징적 이미지다(37:27; 고후 6:16).

　그렇다고 에스겔서가 종말에 일어날 상징적 상황에만 관심을 두는 것은 아니다. 여전히 그 무게 중심은 현실에 뿌리를 두어 당시 바빌로니아 포로 공동체 사람들에게 예루살렘이 멸망하고 포로로 잡혀 오게 된 원인이 죄 때문임을 교훈하고 있다. 그리고 종말에 회복될 삶이 얼마나 영광스러운 것인지를 강조하여 고난의 터널 속에서도 하나님의 약속을 붙잡고 살아갈 것을 촉구하고 있다.

에스겔서가 신학적인 측면에서 가장 강조하는 것은 하나님의 거룩한 임재다. 예루살렘 성전이 파괴되고 유다가 포로로 잡혀가게 된 주원인은 백성이 우상을 숭배하여 하나님의 거룩한 임재에서 떠났기 때문이다(5-7장). 에스겔서는 이런 우상숭배의 배후에 돌처럼 변한 완악한 마음이 자리 잡고 있다고 책망한다. 따라서 미래에 새 언약 체결로 회복될 새 언약 백성은 새 영과 새 마음으로 하나님의 거룩한 임재 안에 들어와 온전히 살게 될 것을 선포한다(11:19; 36:26-27). 미래에 새 언약 백성은 제2의 에덴동산인 하나님의 임재 장소에서 하나님과 교제의 기쁨을 나누게 될 것이라는 종말의 청사진이다(40-48장). 이런 점에서 에스겔서의 핵심 교훈을 요약한다면 "새 영과 새 마음을 가지고 하나님의 거룩한 임재 안에 거하는 거룩한 삶을 살라"라고 말할 수 있다.

오늘날 예수 그리스도의 새 언약 체결로 새 언약의 수혜자가 된 성도는 에스겔서가 말하는 종말의 약속을 성취하며 사는 이들이다. 그러므로 오늘날의 성도는 에스겔서를 통해 하나님의 거룩한 임재 안에서 사는 삶이 얼마나 중요한지를 다시 깨닫는 한편 그런 삶이 어떤 삶인지에 대한 귀중한 통찰을 얻을 수 있다. 아무쪼록 본서를 통해 한국교회 성도들이 하나님의 임재 안에 거하며 교제의 기쁨을 온전히 누리는 삶을 살기를 소망한다.

2021년 8월 안양대 연구실에서 김창대

에스겔서의 해석과 신학

서론

1.
에스겔서의 역사적 배경

에스겔은 기원전 597년 2차 유배 때, 여호야긴과 만 명에 달하는 지도자급 시민들과 함께 바빌로니아로 끌려갔다. 1:2에서 "사로잡힌 지 오 년"이라고 했으므로 에스겔이 환상을 본 시기는 기원전 592년이다.[1] 기원전 592년은 시기적으로 유다 왕 시드기야가 이집트의 파라오 프삼메티코스 2세의 선동으로 바빌로니아에 반기를 들기 시작한 해다. 이 반기가 기폭제가 되어 바빌로니아 느부갓네살 왕은 기원전 588년에서 586년까지 예루살렘을 공격하였으며, 결국 기원전 586년에 예루살렘은 멸망하였다. 따라서 기원전 592년 바빌로니아를 향한 시드기야의 반기로 인해 유다의 멸망이 예고된 상황에서 에스겔의 사역이 시작된 셈이다.

에스겔은 전체적으로 기원전 592년부터 570년까지 그발 강가(대규모 수로)에 위치한 델아빕(3:15)에서 하나님의 말씀을 전하며 사역을 했다(참조. 29:17). 오늘날 이스라엘이 수도 이름을 텔아비브(델아빕)로 정한 이유는 과거 그들의 조상이 바빌로니아에 포로로 끌려가 델아빕에서 살았던 사실을 항상 교훈으로 삼기 위해서다. 한편 전승에 의하면 에스겔은 바빌로니아에서 이스라엘 지도자들에게 죽임을 당했다고 한다.[2]

---

[1] 이 시기를 기원전 593년이라고 주장하는 학자들도 있다.

[2] John F. Kutsko, *Between Heaven and Earth: Divine Presence and Absence in the Book of Ezekiel* (Winona Lake, IN: Eisenbrauns, 2000), 25.

한편 에스겔서는 "서른째 해"를 언급하며 시작한다(1:1). 오리게네스는 "서른째 해"를 에스겔의 나이로 추측했는데 이것이 맞는다면 그는 기원전 622년 요시야 시절에 태어났고 30세의 나이에 환상을 본 셈이다. 30세는 제사장이 될 수 있는 최소 연령이다(민 4:30). 또한 1장에서 언급된 "영광"이라는 단어는 제사장 임명식의 절정인 레위기 9:6에서 언급된다. 이런 점들을 고려하면 에스겔은 예언자로서만이 아니라 제사장으로서 하나님의 부름을 받았다고 할 수 있다.[3] 한편 타르굼은 "서른째 해"가 요시야 시대에 힐기야가 성전에서 율법책을 발견한 해를 기점으로 제30년을 가리킨다고 해석한다(기원전 622년, 왕하 22:8).[4]

분명한 점은 에스겔서 본문이 제30년의 기점을 정확하게 말하지 않는다는 것이다. 이런 침묵은 에스겔의 청중이 이미 잘 알고 있어 설명할 필요가 없었음을 의미한다.[5] 그러므로 예언자 에스겔과 당시 청중 사이는 매우 친밀한 관계였다고 추정할 수 있다.

그렇다면 예언자 에스겔이 겨냥한 청중은 누구인가? 그의 주요 청중은 예루살렘의 유다가 아니라 바빌로니아 포로 공동체였다. 에스겔은 예루살렘의 유다를 향해 그들이 우상숭배로 멸망할 것이라고 선포했지만, 실제로 그가 의식한 주요 청중은 자신과 함께 살고 있는 포로 공동체였다. 이런 배경에서 그는 예루살렘의 유다가 우상숭배로 멸망하는 것을 반면교사 삼아 바빌로니아 포로 공동체가 우상숭배에서 돌이킨다면 미래에 소망이 있음

---

3 Joseph Blenkinsopp, *Ezekiel*, Interpretation (Louisville, KY: John Knox Press, 1990), 16.
4 Ellen F. Davis, *Swallowing the Scroll: Textuality and the Dynamics of Discourse in Ezekiel's Prophecy*, JSOTSup. 78 (Sheffield, UK: Almond Press, 1989), 77.
5 Davis, *Swallowing the Scroll*, 78.

을 전했다.

포로 공동체 안에는 하나님을 따르는 자와 따르지 않는 자들이 있었다 (13:9; 34:20). 에스겔서 후반부에서 에스겔은 자신과 자신을 따르는 무리를 지칭하여 "우리"라는 말을 사용한다(33:21; 40:1).[6] 그렇다고 에스겔이 자신을 따르는 이들에게만 메시지를 준 것은 아니다. 에스겔은 불순종하는 다수의 포로 공동체를 염두에 두고 그들에게 하나님의 경고 메시지를 선포했다. 2:8은 그들을 "패역한 족속"이라고 했고, 6:13에서는 "너희"라고 지칭하여 그들이 여호와를 제대로 알지 못하는 상태임을 보여준다.

에스겔은 주로 바빌로니아 포로 공동체를 겨냥하여 메시지를 선포했기 때문에 이 책에는 포로 상황을 반영하는 표현이 많이 등장한다. 예를 들어 7:26은 지도자로서 선지자, 제사장, 장로를 언급한다. 당시 바빌로니아 포로 공동체는 자치 구역에서 공동체를 이루며 살았기 때문에, 공동체의 지도자로서 장로들이 나타나기 시작했다(8:1; 14:1; 참조. 20:1). 그러므로 지도자로서 장로를 언급한다는 것은, 에스겔서가 포로 공동체를 향해 주어진 말씀이라는 주장에 더욱 힘을 실어준다. 바빌로니아 포로 공동체는 자치적 생활을 했기 때문에 외관상 고난이 그리 심하지 않은 것처럼 보였지만 실제로는 많은 어려움을 겪었다.[7] 37장의 마른 뼈 환상 이야기에서 볼 수 있듯이, 바빌로니아 포로 공동체는 그들이 처한 상황을 희망 없는 고통의 시기로 인식했다(37:11).

한편 에스겔서는 이사야서나 예레미야서와 달리 언약 위반을 고소하

---

6   Davis, *Swallowing the Scroll*, 80.

7   Daniel L. Smith-Christopher, *A Biblical Theology of Exile* (Minneapolis, MN: Fortress, 2002), 65-68.

기 위해 하늘을 증인으로 부르지 않는다(사 1:1-3; 렘 2:12). 이미 예루살렘의 멸망이 확정된 상황에서 더 이상 언약 고소를 할 필요가 없었기 때문이다. 이것은 이제 희망은 바빌로니아 포로 공동체에 있다는 의미이기도 했다.

다음은 에스겔의 출생과 예루살렘의 멸망까지의 상황을 연대표로 나타낸 것이다.[8]

- 기원전 622년: 에스겔의 출생.
- 기원전 622년: 힐기야가 율법책을 발견함(왕하 22:8).
- 기원전 609년: 요시야의 죽음. 느고에 의해 여호아하스(살룸)가 폐위됨(겔 19:1-4). 느고에 의해 여호야김이 왕위에 오름.
- 기원전 605년: 느부갓네살이 갈그미스 전투에서 이집트 군대를 격퇴함.
- 기원전 601년: 느부갓네살이 이집트를 침공하나 성공하지 못함. 이때 여호야김이 느부갓네살에 대해 반기를 듦.
- 기원전 597년: 여호야김이 죽고 그의 아들 여호야긴이 바빌로니아에 포로로 끌려감. 시드기야가 유다 왕위에 오름. 이때 에스겔도 바빌로니아로 끌려감.
- 기원전 593년: 이집트의 파라오 프삼메티코스 2세가 반역을 위해 연합 세력을 형성하기 시작함.
- 기원전 592년: 에스겔이 하나님에 관한 환상을 봄(1:1-2).
- 기원전 591년: 이집트의 파라오 프삼메티코스 2세가 바빌로니아의

---

8 Blenkinsopp, *Ezekiel*, 11.

영역에 있는 팔레스타인을 침공함.

- 기원전 588년: 시드기야의 반란으로 바빌로니아가 예루살렘을 침공함(24:1).

- 기원전 586년: 예루살렘의 멸망(33:21).

2.
에스겔의 활동

에스겔의 이름은 "하나님이 강하게 하시기를 원하노라"라는 뜻이다. 에스겔이 태어날 당시 그의 부모가 보기에 유다의 상황이 낙관적이었기 때문에, 아들이 더욱더 강성해지기를 바라는 마음으로 그렇게 작명했다고 유추할 수 있다.[9]

에스겔은 하나님께로부터 소명을 받을 때 소명을 거부한 모세나 예레미야와 달리 저항 없이 소명을 받아들인다. 하지만 하나님께서 인분으로 구운 떡을 먹으라고 요구하실 때는(4:12-14) 처음으로 저항하는 모습을 보였다. 인분으로 구운 떡은 유다가 포로로 끌려가서 포로지에서 부정한 떡을 먹으며 고난당할 것을 예표한 것이었다(4:12-13).

예언자 에스겔이 이런 요구를 거부한 것은 그도 하나님의 말씀에 완벽하게 순종하여 행하는 예언자는 아니라는 증거다. 이 대목에서 하나님의 일꾼으로 부름받는 사람이 그의 거룩함 때문이 아니라 하나님의 선택적 주권에 의해 사명자로 부름받는다는 사실을 다시 깨닫게 된다.

예언자 에스겔의 특징은 종종 상징적인 행동을 통해 하나님의 심판을 전한다는 것이다. 예를 들어 390일 동안 밧줄에 동여 매여 있는 행동, 더러

---

9 Daniel I. Block, *By the River Chebar: Historical, Literary, and Theological Studies in the Book of Ezekiel* (Eugene, OR: Cascade Books, 2013), 2-3.

운 음식을 먹는 행동(4장), 머리털과 수염을 깎는 행동(5:1-4), 그리고 포로의 행장을 하고 성벽을 뚫고 나가는 행동(12:4-5) 등이다. 에스겔은 이렇게 함으로써 바빌로니아 포로 공동체에 동참하면서 백성들에 대한 하나님의 심판이 임박했음을 상징적으로 보여주었다.

에스겔은 아내와 사별하는 아픔을 겪었는데 하나님은 그에게 아내의 죽음을 슬퍼하지 말라고 하셨다(24:15-18). 에스겔이 자신의 기뻐하는 아내와 사별한 것은, 유다가 기뻐하던 성전의 파괴를 예표하는 것이었다. 인간적으로 볼 때 에스겔의 입장에서 아내와의 사별은 큰 충격이 아닐 수 없었다. 아내는 그에게 거의 유일한 희망이었기 때문이다. 당시 바빌로니아 포로 공동체는 에스겔에게 겉으로는 순종하는 듯했으나 속내는 그렇지 않았는데(33:31), 이런 상황에서 에스겔에게 아내는 유일한 동반자요 위로자였다. 하지만 하나님은 에스겔이 아내와의 사별을 통해 성전 파괴의 아픔에 동참하기를 원하셨다. 이 대목에서 백성을 위한 진정한 사역자는 백성의 고통에 동참하는 자임을 깨달을 수 있다.

3.
에스겔서의 저작과 구조

진보주의 학자들 사이에서는 에스겔이 에스겔서를 쓴 것이 아니라는 주장
이 존재해왔다.[10] 이에 반해 1969년 침멀리(Walther Zimmerli)는 양식비평에
의존하여, 구전으로 내려온 에스겔의 핵심 부분이 시간이 흐름에 따라 여
러 단계로 발전하면서 최종적으로 에스겔서가 탄생했다고 주장했다.[11] 침
멀리의 해석 방법론은 최종 형태보다 본문 배후에 있는 구전으로 내려오는
작은 단위의 양식들에 초점을 맞추는 방식이었다.

　그에 의하면 에스겔서의 핵심은 예언자 에스겔의 구술이 전해진 내용
이고 나머지는 에스겔을 따르는 제자들이 그의 구전 내용을 기록하면서 첨
부한 것이지만, 기본적으로 에스겔서 전체가 예언자 에스겔의 예언을 담고
있다. 에스겔서는 편집 작업을 통해 통일된 책이 되었다는 것이 침멀리의
주장이다. 그러나 침멀리의 약점은 구전 양식을 찾는 데 주안점을 두다 보
니 본문의 전체적 메시지에 소홀했다는 데 있다.[12]

　한편 그린버그(Moshe Greenberg)는 기원전 6세기 예언자 에스겔이 에스

10　C. C. Torrey, *Pseudo-Ezekiel and the Original Prophecy* (New Haven, CT: Yale University Press, 1930).

11　W. Zimmerli, *Ezekiel 1*, trans. R. E. Clements, Hermeneia (Philadelphia, PA: Fortress, 1979), 75.

12　Davis, *Swallowing the Scroll*, 16.

겔서를 썼다는 사실을 부정할 필요가 없다고 본다.[13] 필자도 이 견해에 동의한다. 그 증거로 에스겔서 안에는 바빌로니아 포로 상황에 맞는 표현들과 바빌로니아 당시의 고대 근동 사상들이 차용되고 있다. 더군다나 오늘날 많은 학자가 인정하듯이, 에스겔서 본문은 일관된 흐름으로 잘 짜인 책이다.[14] 이런 일관성 있는 본문은 여러 사람의 글을 짜깁기해서 나온 결과라기 보다 한 사람의 작품이라고 보는 것이 더 설득력 있다.

구조를 보면 에스겔서는 다른 대예언서들과 달리 매우 정형적이고 일관된 구조를 보인다.[15] 에스겔서의 전체 구조는 전반부(1-32장)와 후반부(33-48장)로 나뉜다. 1-32장은 하나님이 에스겔을 예언자로 부르시고, 포로기 유다 공동체가 듣든지 아니 듣든지 그들에게 말씀을 전하는 파수꾼의 사명을 주시는 내용으로 시작한다(2:6; 3:11; 3:16-21). 전반부에 나오는 파수꾼으로서의 사명은 포로기 유다 공동체에 예루살렘의 멸망을 알리고, 그것을 교훈 삼아 우상을 버리고 포로지에서 온전히 하나님을 섬기도록 촉구하는 것이다.

후반부인 33-48장도 하나님이 에스겔에게 파수꾼의 사명을 주시는 내용으로 시작한다(33장). 그래서 포로기 유다 공동체가 듣든지 아니 듣든지 그들에게 말씀을 전하는 사명이 다시 주어진다(33:1-9). 하지만 후반부의 사명은 전반부의 사명과 약간의 온도 차이를 보인다. 전반부인 1-32장에서는 주로 유다의 멸망과 함께 열국의 멸망을 선포하는 것이 주된 사명이었다면,

---

13 Moshe Greenberg, *Ezekiel, 1-20*, AB 22 (New York: Doubleday, 1983); idem., *Ezekiel 21-37*, AB 23 (New York: Doubleday, 1997).

14 Kutsko, *Between Heaven and Earth*, 9.

15 Rolf Rendtorff, *The Old Testament: An Introduction*, trans. John Bowden (Philadelphia, PA: Fortress, 1986), 208.

후반부인 33-48장은 미래의 회복을 전하는 데 중점을 두기 때문이다.

한편 후반부에서 파수꾼인 에스겔이 미래의 회복을 전할 때, 예루살렘의 멸망 소식을 들은 포로지의 유다 공동체는 그 회복의 말씀에 회의적인 반응을 보였다(33:31, "백성이 모이는 것 같이 내게 나아오며, 내 백성처럼 내 앞에 앉아서 네 말을 들으나 그대로 행하지 아니하니"). 이들의 기본적인 생각은 멸망했는데 어떻게 다시 회복할 수 있느냐는 것이었다. 그리하여 예루살렘이 멸망하자 하나님을 원망하며 예언자의 말에 귀를 닫았다. 따라서 백성의 이런 원망과 불순종으로 인해 에스겔서는 미래의 회복이 전적으로 하나님의 은혜로 이루어지게 될 것을 내다본다.

내용을 보면 선반부(1-32장)는 다시 두 부분으로 나뉜다. 1-24장이 유다의 멸망을 이야기했다면, 25-32장은 열국을 향한 하나님의 심판을 전한다.[16] 하지만 33장 이후 후반부(33-48장)로 가면 예언의 분위기가 달라지면서, 포로의 귀환과 이스라엘의 회복, 그리고 종말 성전과 땅 분배가 언급된다. 이때 후반부(33-48장)를 여는 33장은 서두(2-3장)와 많은 유사점을 지닌다. 앞서 말한 것처럼 에스겔서의 서두는 파수꾼의 사명으로 시작하는데(3:17-21), 마찬가지로 33장도 듣든지 아니 듣든지 전하라는 파수꾼의 사명으로 시작하기 때문이다(33:1-9). 그리고 에스겔 2:5에서 "그들 가운데 선지자가 있는 줄을 알지니라"라고 한 말이 33:33에서 다시 반복된다. 또한 마음의 완악함이라는 주제가 3:7에 나타나는 것처럼 33:31에도 나타난다. 이런 유사점을 통해, 2-3장이 전반부의 서두인 것처럼 33장도 후반부의 서두

---

16 Matthijs J. de Jong, "Ezekiel as a Literary Figure and the Quest for the Historical Prophet," in *The Book of Ezekiel and Its Influence*, ed. Henk Jan de Jonge and Johannes Tromp (Burlington, VT: Ashgate, 2007), 3.

임을 보여준다. 쿠츠코(John F. Kutsko)는 에스겔의 전체 구조를 다음과 같이
정리했다.[17]

  A. 하나님의 임재에서 하나님의 부재로(1:1-11:25)
   B. 파괴를 위한 준비(12:1-24:27)
    C. 열국에 대한 예언(25:1-32:32)
   B'. 회복을 위한 준비(33:1-39:29)
  A'. 하나님의 부재에서 하나님의 임재로(40:1-48:35)

이 구조로 볼 때 에스겔서의 전체 흐름은, 성전에서 하나님 임재의 영광이
떠난 후에 다시 그 임재의 영광이 종말의 성전에 돌아온다는 점을 강조하
고 있다.

　에스겔서의 각 단락은 "하나님의 형상으로서의 인간"이라는 주제가
부각된다는 특징을 보인다. 예를 들어 단락 A(1-11장)는 하나님의 형상에
대한 언급(1장)과 함께 우상숭배의 문제를 다룬다(5-6장). 단락 B(12-24장)
도 하나님의 형상에 대한 암시(16:10-13)와 함께 우상숭배 논쟁을 다룬다
(14, 16, 18, 20, 23장). 단락 C(25-32장)도 28장에서 두로 왕을 에덴동산에서
하나님의 형상으로 지음받은 아담에 비유하면서 두로의 우상숭배를 지적
한다.

　단락 B'(33-39장)는 마른 뼈 환상을 통하여 미래에 이스라엘이 하나님
의 형상으로 다시 창조될 것을 보여준다(37장). 그리고 단락 A'(40-48장)는

17　Kutsko, *Between Heaven and Earth*, 1.

종말의 성전에서 물이 나오는 장면을 서술하여, 이 성전이 제2의 에덴동산임을 일깨워준다. 이로써 종말에 성전 주위에 사는 백성은 에덴동산의 아담과 같이 하나님의 형상으로 변형된다는 점을 드러내고 있다.

결국 에스겔서의 구조는 하나님의 형상이라는 주제를 돋보이게 함으로써, 백성이 심판받는 이유가 하나님의 형상으로서 하나님의 임재 안에 살지 않았기 때문이라는 교훈을 준다. 이런 심판은 열국에게도 동일하게 적용되어, 열국도 하나님의 형상으로서 살지 않았기 때문에 유다처럼 심판받게 됨을 드러낸다. 그러면서 종말에 일어날 회복이 백성을 하나님의 형상으로 변형시켜 하나님의 임재 안에 온전히 거하는 자들로 만드는 것이라는 사실을 깨닫게 해준다.

4.
에스겔서의 신학적 주제들

1) 하나님의 형상과 우상 논쟁

우상숭배는 에스겔이 예루살렘이 멸망한 원인으로 일관되게 언급하는 죄목이다. 우상숭배에 대한 질타는 5장에서 시작해서, 6장, 8장, 14장, 16장, 18장, 20장, 23장에서 지속적으로 나타난다. 우상은 하나님의 형상(the image of God)을 거짓되게 형상화한 것이다.[18] 에스겔은 우상에 대한 강한 혐오로 인해 우상에 대해 "신"이라는 칭호를 절대 사용하지 않는다(신 4:28; 참조. 겔 20:32).[19]

그가 우상숭배를 혐오하는 이유는 우상이 신의 가짜 형상이고 인간만이 진정한 하나님의 형상임을 믿기 때문이다. 이 점은 에스겔 1:26-28이 하나님의 모습을 사람의 모습과 같은 형상이라고 말한 사실에서 잘 드러난다. 이 본문은 하나님의 형상이 인간의 모양을 하고 있으므로 인간은 하나님의 형상이라는 신학을 강력하게 제시한다. 하나님의 형상으로서 인간의 창조를 강조하기 위해 에스겔서는 에덴동산의 이미지를 자주 언급한다(28장; 47장).

---

18   Kutsko, *Between Heaven and Earth*, 27.
19   Kutsko, *Between Heaven and Earth*, 35.

인간은 하나님의 형상이라는 이유에서 에스겔서는 인간의 피를 흘리는 죄나 간음죄를 강하게 책망한다(7:22-27; 8:17; 참조. 18:6). 이런 행위들은 하나님의 형상으로 창조된 인간의 존엄성을 훼손하기 때문이다(참조. 창 9:6).[20] 더욱이 에스겔서는 하나님의 형상인 사람이 우상을 만들고 그것을 섬길 때, 그 사람은 우상과 동일한 존재가 되어 하나님으로부터 가증히 여김을 받게 될 것을 역설한다. 한 예로 6:4-13에서는 훼파된 우상들 사이에 우상을 섬긴 이스라엘 자손의 시체들이 함께 훼파된 채로 흩어지게 될 것을 말한다. 우상과 그 우상을 섬긴 사람의 운명이 같음을 보여주는 말씀이다. 같은 맥락에서 7:19도 금과 은으로 우상을 만든 사람은 그 뱃속이 금과 은으로 채워진 자임을 말하여, 우상을 만들고 섬기는 자는 우상의 재료로 변해버린, 하나님이 보시기에 가증한 존재라는 사실을 강력히 부각시키고 있다.

2) 마음과 영

에스겔서는 백성에게 마음으로 하나님의 율법을 따라야 함을 강조한다 (14:7; 20:16). 에스겔서 서두에서 하나님은 포로로 잡혀 온 포로 공동체가 마음이 완악하다고 말씀하셨다(3:7; 33:31). 그리고 이런 마음의 완악함으로 인해 그들이 멸망할 수밖에 없음을 선언하셨다. 따라서 미래의 희망은 그들의 마음을 다시 새롭게 하는 데 있었다. 이를 위해 미래에는 하나님이 새 언약을 맺고 백성에게 새 영을 주어 새 마음을 가지게 하실 것이라고 예고

---

20   Kutsko, *Between Heaven and Earth*, 74.

한다(11:19).[21]

여기서 어떻게 새 영이 새 마음을 갖게 하느냐고 질문할 수 있다. 한 마디로 마음과 영이 어떻게 상호작용하느냐는 것이다. 이 문제에 답하기 위해서는 창세기에 서술된 인간의 창조를 다시 살펴볼 필요가 있다. 창세기는 하나님의 생기(영)가 흙에 들어가자 인간이 생령(살아 있는 네페쉬)이 되었다고 말한다(창 2:7). "생령"으로 번역된 히브리어는 "살아 있는 욕구"이고 "욕구"에 해당하는 히브리어는 "네페쉬"(נֶפֶשׁ)다. 즉, "살아 있는 네페쉬"가 되었다는 것이다. 이 네페쉬는 종종 혼이나 영혼(soul)으로 번역되지만 기본적으로는 욕구를 의미한다.[22]

이런 창조를 통해 인간은 흙으로 만들어진 육체(בָּשָׂר/바사르)와 욕구(네페쉬), 그리고 하나님의 영(רוּחַ/루아흐)에 의해 생성된 영을 가진 존재가 되었다. 즉, 육체와 욕구(혼)와 영을 지닌 피조물이 된 것이다. 이 말이 인간의 육체와 욕구와 영이 각기 따로 기능한다는 삼분설을 지지하는 것은 아니다. 이 세 가지 요소는 서로 긴밀하여 유기적으로 연결되어 있지만 구별되는 것도 사실이다. 전도서는 인간이 죽으면 영은 하늘에 올라가고 육체는 땅으로 돌아간다고 말함으로써, 인간의 영과 육이 서로 구별된다는 사실을 분명히 한다(전 12:7).[23]

그렇다면 인간의 영과 네페쉬(욕구, 혼)는 어떻게 작동하는가? 이를 알기 위해 먼저 인간의 욕구가 무엇인지를 고찰해보자. 하나님은 인간을 욕

---

[21] Blenkinsopp, *Ezekiel*, 24. 에스겔서에서 하나님의 영은 개인과 공동체를 갱신하는 역할을 한다.

[22] William Dyrness, *Themes in Old Testament Theology* (Downers Grove, IL: IVP, 1977), 85.

[23] 이때 네페쉬인 혼은 스올로 내려간다고 말할 수 있다(시 30:3). 이후 최후 심판으로 육체가 부활할 때 영과 혼과 육이 다시 결합될 것이다.

구(네페쉬)를 가진 존재로 만들었기 때문에, 인간의 네페쉬는 다양한 것을 통해서 오는 기쁨과 만족으로 욕구를 채우려 한다. 그리고 인간은 궁극적으로 하나님과의 교제에서 오는 기쁨으로 욕구를 온전히 채우는 존재로 지음 받았다. 시편은 이런 기쁨이 인간의 생명이라고 말한다(시 16:11). 따라서 인간은 다양한 욕구를 균형 있게 만족시키면서 궁극적으로 하나님과의 교제에서 오는 기쁨인 생명으로 욕구를 채우는 존재로 창조된 것이다. 이렇게 균형 잡힌 선한 욕구는 신약의 용어를 빌리자면 성령의 소욕이라고 표현할 수 있다.

구약은 욕구를 뜻하는 네페쉬가 뱃속과 뱃속의 지방에 있다고 보았다. 이런 점에서 이스라엘과 우리나라의 사고방식은 비슷한 부분이 있는 것 같다. 우리나라도 사촌이 땅을 사면 배가 아프다고 말함으로써, 배가 욕구가 있는 곳임을 암시하고 있다. 특히 구약은 뱃속 깊은 곳에 있는 콩팥을 네페쉬의 좌소로 여겼다. 문제는 이런 균형 잡힌 거룩한 욕구가 인간의 교만과 자아 중심적인 생각으로 인해 이기적 욕구로 돌변할 수 있다는 점이었다.

성경은 이런 이기적 욕구를 죄의 원인으로 강조하고, 이를 경계하지 않으면 죽게 될 것이라고 경고한다. 이런 관점에서 야고보서도 욕심이 잉태하여 죄를 낳는다고 말한다(약 1:15). 신약에서 바울이 새로운 피조물로 지음 받은 성도들을 향해 "너희는 유혹의 욕심을 따라 썩어져 가는 구습을 따르는 옛사람을 벗어 버리라"고 한 말은 바로 이런 맥락에서 나왔다(엡 4:22).

예레미야는 하나님이 인간의 폐부를 시험하신다고 말하는데, 여기서 폐부는 콩팥을 가리킨다(렘 17:10). 하나님이 인간의 욕구가 선한 욕구인지 이기적인 욕구인지를 관찰하기 위해 콩팥을 시험하신다는 의미다. 콩팥이 이기적인 욕구로 가득 차 있을 때 문제가 된다. 레위기가 인간의 속죄를 위해 반드시 콩팥과 지방을 태우라고 명령한 것은 이런 맥락에서 나온 것이다(레 3:3-4). 또한 피도 욕구를 상징하기 때문에, 피는 반드시 제단에 뿌려 속죄할 것을 규례로 정하였다(레 17:11).

한편 인간의 마음은 하나님과 소통하고 느끼고 결단하는 곳이기 때문에 그곳은 지·정·의의 장소다.[24] 이런 마음은 인간의 영(루아흐)이 작동하는 곳이다(참조. 욥 27:3). 즉, 창조 시에 인간이 가지게 된 영이 인간 안에서 마음으로 기능한다는 뜻이다. 욕구만을 가진 동물에게 마음이 없다는 점은 인간의 마음이 영이라는 사실을 더욱 지지해준다.

잠언은 인간의 마음과 영을 교차적으로 사용해 동일한 개념으로 소개한다(잠 16:1, 32). 그리고 구약에서 인간의 영은 마음처럼 의지와 감정을 가진 주체로 그려진다.[25] 에스겔서는 거짓 예언자들이 그들의 마음과 그들의 영으로 거짓 예언한다고 말함으로써, 인간의 마음과 영을 병치해 마음과 영을 동일시하고 있다(겔 13:3).[26] 더욱이 신명기는 "너는 마음을 다하고 뜻을 다하고 힘을 다하여 네 하나님을 여호와를 사랑하라"라고 말한다(신 6:5). 이 구절에서 "뜻"에 해당하는 히브리어가 "네페쉬"이며 "힘"은 인간의 육체의 힘을 가리킨다. 이 구절에서 영이라는 말 대신 "마음"이 사용된 것은 인간의 영이 마음이기 때문이다. 그리하여 신명기는 영과 욕구(혼)와 육체의 힘을 다해 하나님을 사랑하라고 말하고 있다. 이상의 관찰을 종합하면, 구약은 인간이 영, 욕구, 육체로 구성되었음을 증거하고 인간의 영이

---

24 Hans Walter Wolff, *Anthropology of the Old Testament*, trans. Margaret Kohl (London: SCM Press, 1974). 40-58.

25 Wolff, *Anthropology of the Old Testament*, 36-39.

26 Daniel I. Block, *By the River Chebar: Historical, Literary, and Theological Studies in the Book of Ezekiel* (Eugene, OR: Cascade Books, 2013), 161.

인간 안에서 마음임을 보여준다.

　인간은 영인 마음을 통해 영적 진리를 분별하고 하나님의 말씀에 순종하는 자로 창조되었다. 처음에 인간은 그런 순종을 통해 하나님과 교제의 기쁨을 누리고, 그 기쁨으로 욕구를 채우는 자였다. 하지만 욕구가 이기적인 것으로 돌변하면서 욕구가 오히려 마음인 영을 지배하는 일이 발생했다. 아담의 경우가 그러했다. 아담은 하나님처럼 되려는 이기적인 욕구로 인해 마음으로 순종하지 못하고 선악과를 먹는 죄를 짓고 말았다(창 3:6, "탐스럽기도 한 나무"). 한 마디로 이기적인 욕구(욕심)가 마음을 무력화하고 죄를 짓게 한 셈이다.

　이처럼 이기적 욕구(네페쉬)의 문제점은 그것이 인간의 영인 마음의 기능을 함몰시킨다는 것이다. 세상적 기쁨으로 자신만의 욕구를 채우려는 이기적인 욕구는 마음을 마비시켜 마음을 살지게 만들거나 돌처럼 만든다. 이기적 욕구에 의해 마음이 정복될 때, 시편 저자는 "마음이 살져서"라고 표현한다(시 119:70). 또한 에스겔서는 이기적인 욕구로 함몰된 마음에 관해 경고하고(겔 7:19) 그런 마음을 돌같은 마음이라고 지적한다(겔 11:19; 18:31; 36:26). 결국 죄는 이기적인 욕구로 발생하며 그 욕구가 마음을 마비시키기 때문에 나오는 결과다(약 1:15; 엡 4:22-24).

　그래서 에스겔서는 미래의 회복을 전망할 때, 하나님이 종말에 새 언약을 맺으시면 새 언약 백성에게 새 영을 부어주어 새 마음을 갖게 하실 것이라고 선포했다. 새 영(성령)에 의해 작동되는 새 마음이 나온다는 것이다. 따라서 에스겔서는 종말의 새 언약 백성이 새 영인 성령을 통해 새 마음을 가진 자로 창조되어, 이기적인 욕구를 제어하고 거룩한 욕구로 하나님의 임재 안에 거하게 될 것이라고 예언하고 있다.

3) 새 언약

하나님은 미래에 새 언약을 통해 사로잡힌 자들을 회복시키고 그들을 자신의 백성으로 삼으실 것이다(37:12-13). 새 언약 체결로 새 언약의 은혜를 누리는 백성은 새 영인 성령을 갖게 된다(36:26; 39:29; 11:19-20). 성령은 인간의 마음인 영을 새롭게 하여 온전히 하나님의 임재 안에서 거하는 삶을 살도록 인도하실 것이다(36:25-27; 37:14). 따라서 새 언약 백성은 성령을 소유함으로써 영적 변화와 정결케 함과 성별을 경험하고, 하나님의 뜻을 행하고자 하는 소원을 지니게 될 것이다.

미래에 체결될 새 언약은 영원한 언약이므로 어떤 대적자도 새 언약 백성을 해치지 못할 것이다. 이 진리를 잘 보여주는 내용이 마곡 땅에 근거지를 둔 메섹과 두발의 왕 곡의 군대가 침입할 때 그들을 심판하시는 말씀이다(38-39장).' 마곡 땅의 곡이란 이스라엘의 대적자를 상징하는 신비의 적이다.[27] 이 적들은 한 번도 이스라엘의 대적자가 된 적이 없었고 이들이 하나님의 백성을 위협한 범위와 정도도 매우 과장되어 있다. 그들의 무기를 태우는 데 7년의 기간이 소요되고(39:9) 그들을 매장하는 데 7개월의 기간이 있어야 한다고 말한다(39:12-15).

결국 마곡 땅의 곡의 침입은 문자적 의미가 아니라 상징적 의미로 봐야 한다. 그것은 종말에 새 언약 백성에게 곡과 같은 침입자가 와도 그들의 침입은 성공하지 못할 것임을 알려주는 메타포다. 그래서 곡과 같은 대

---

27 William J. Dumbrell, *The Search for Order: Biblical Eschatology in Focus* (Grand Rapids, MI: Baker, 1994), 15.

적자가 침입해도 새 언약 백성은 두려워할 필요가 없으며 안전하다는 것을 상징적으로 교훈해주는 말씀이다.

하지만 곡의 침입에 대한 예언은 메시아의 초림으로 시작된 새 언약의 축복이 메시아의 재림으로 완성되기 전에 곡과 같은 영적 세력의 공격이 있을 것을 가르쳐주는 말씀이기도 하다. 그리하여 새 언약 백성을 대적하는 곡의 침입과 같은 영적 세력의 도전이 그리스도의 재림 전에 있으리라는 사실을 알려준다. 이런 점에서 곡의 침입 이야기는 새 언약의 수혜자가 된 백성이 끝까지 항상 깨어 있어야 한다는 교훈을 준다. 실제로 요한계시록은 그리스도의 재림으로 하나님 나라가 완성되기 전에 곡의 군대가 침입할 것을 예언하고 있다(계 20:8).

4) 하나님의 거룩한 임재

에스겔서에 나타나는 거룩은 다른 예언자들이 말하는 거룩과 약간 결이 다르다. 예를 들어 이사야서는 하나님이 거룩하신 것이 공의와 의를 행하시는 그분의 특성 때문이라고 말한다. "오직 만군의 여호와는 정의로우시므로 높임을 받으시며, 거룩하신 하나님은 공의로우시므로 거룩하다 일컬음을 받으시리니"(사 5:16). 이 이사야서 구절은 하나님이 완벽하게 공의와 의를 행하시는 분이기 때문에 거룩하시다는 것을 보여준다. 하지만 에스겔서에 나타나는 하나님의 거룩은 하나님의 임재와 밀접한 관련이 있다. 거룩하신 하나님은 거룩한 백성들 사이에 임재하기를 원하시는 분이라는 신학이다.

에스겔서에는 "내가 여호와인 줄을 알리라"라는 말이 60번 이상 등장한다(6:10; 11:10; 25:5, 11). 이 여호와라는 이름은 백성들 사이에 임재하기를 원하시는 하나님의 속성과 밀접한 관계가 있다. 출애굽기 3:14에서 한글 성경은 여호와의 이름의 뜻을 "나는 스스로 있는 자이니라"라고 번역했다. 그런데 여기서 "있다"로 번역된 히브리어 동사는 "하야"(הָיָה)의 미완료형 이다.

출애굽기 3-4장의 문맥에서 이 동사는 "임재하다"라는 뜻으로 사용되었는데(출 3:12, 14; 4:12, 15) 미완료형이기 때문에 미완료형의 용법에 따라 "임재하기를 원하다"로 해석할 수 있다.[28] 따라서 여호와의 이름의 뜻은 "나는 (백성들 사이에) 임재하기를 원하는 신이다"라는 의미다.[29] 그러므로 여호와의 이름은 백성들 사이에 임재하기를 원하시는 하나님의 속성을 드러내주는 말이다.

이런 여호와의 이름의 뜻을 알게 되면, 에스겔서에서 심판을 받는 백성이 하나님을 "여호와인 줄을 알리라"고 하신 말씀의 의미를 깨달을 수 있다. 결국 백성이 심판을 받는 것이 백성들 사이에 임재하기를 원하시는 하나님의 거룩한 속성을 위반한 결과라는 뜻이다. 확실히 에스겔서는 다른 예언서와 비교할 때 하나님의 거룩한 임재를 훼손하는 것이 얼마나 큰 죄인지를 웅변적으로 교훈해주는 예언서다.

하나님의 거룩한 임재는 공의와 의에서 이탈하는 죄를 절대 허락하지 않는다.[30] 그러므로 하나님의 거룩한 임재 안에 거하려면 공의와 의를 행해

---

28 Bruce K. Waltke and M. O'Connor, *An Introduction to Biblical Hebrew Syntax* (Winona Lake, IN: Eisenbrauns, 1990), 509.

29 Bruce K. Waltke, *An Old Testament Theology: An Exegetical, Canonical, and Thematic Approach* (Grand Rapids, MI: Zondervan, 2007), 366.

30 Raymond B. Dillard and Tremper Longman III, *An Introduction to the Old Testament* (Grand

야 한다. 에스겔서에서 공의와 의를 행하는 데 가장 방해가 되는 죄가 바로 우상숭배다(5:11; 6:5; 16:17). 따라서 에스겔서는 우상숭배에 크게 초점을 맞춰 남유다가 하나님의 거룩에 합당한 삶에서 벗어나 우상숭배를 했기 때문에 예루살렘 성전이 파괴되고 하나님의 임재가 떠날 수밖에 없었음을 일깨워준다(5-7장). 하나님의 거룩한 임재에서 떠났기 때문에 하나님도 그들을 떠나고 심판을 내리신다는 교훈이다.

하지만 미래에 새 언약이 체결될 때는 백성이 거룩해져서 하나님의 임재 안에 거하게 될 것이다. 그래서 에스겔 37장은 새 언약이 체결될 때 하나님의 처소(장막)가 백성 가운데 있을 것이라고 선언한다(37:27). 이 구절은 새 언약 백성이 직접 하나님의 성전이 되어 하나님의 임재 안에 거하게 될 것이라는 암시다(엡 2:22).[31] 이로써 종말에 새 언약이 체결되면, 하나님은 백성을 성전과 같은 거룩한 존재로 변형시키고 백성과 함께 임재하실 것을 예고한다. 또한 같은 맥락에서 에스겔 40-48장도 종말에 성전이 세워질 때 하나님의 영광이 돌아와서 그분이 백성 가운데 임재하시는 모습을 묘사하며 글을 마무리한다.

결국 에스겔서의 핵심 주제는 하나님의 거룩한 임재이고 백성도 하나님의 속성을 닮아 하나님의 임재 안에 거해야 한다는 것이다. 그렇다면 하나님의 임재 안에 거하기 위해 백성에게 요구되는 거룩한 삶은 무엇인가? 백성의 거룩한 삶을 위해 에스겔서가 충고하는 것은 다음과 같다.

Rapids, MI: Zondervan, 1994), 325.

31 Elizabeth R. Hayes, "The Influence of Ezekiel 37 on 2 Corinthians 6:14-7:1," in *The Book of Ezekiel and Its Influence*, ed. Henk Jan de Jonge and Johannes Tromp (Burlington, VT: Ashgate, 2007), 123-136.

첫째, 우상숭배를 통해 세상적 쾌락과 기쁨을 추구해서는 안 된다는 것이다. 우상숭배는 오늘날로 말하면 하나님과의 교제에서 오는 기쁨보다 세상에서 오는 기쁨을 통해 더 많은 만족을 얻으려는 모습이라고 할 수 있다. 에스겔 40-48장은 종말의 성전 예배를 묘사하는데, 여기서 두드러진 특징은 화목제(감사제) 예배가 자주 드려진다는 점이다(46:2, 12). 화목제는 하나님과 교제의 기쁨을 나누는 제사이기 때문에, 화목제에 대한 강조는 하나님의 임재 안에 거하기 위해 무엇보다 하나님과 교제하며 기쁨을 나누는 삶이 중요함을 교훈하고 있다. 둘째, 포악과 피를 흘리는 것과 같이 공의와 의에서 벗어난 행동을 하지 말아야 한다는 것이다(8:17; 11:7; 24:6). 셋째, 끊임없이 거룩한 것과 속된 것을 분별하여 거룩을 추구해야 한다는 것이다(42:20). 에스겔서는 이러한 충고를 통해 분별의 삶이 중요함을 일깨워준다. 끝으로 드러내놓고 말하지 않지만, 하나님과 교제하기 위해서는 예언자 에스겔처럼 말씀을 듣고 철저히 순종해야 한다는 것을 내비친다.

5) 나시(נָשִׂיא)와 메시아

에스겔서는 종말에 출현하는 다윗 계열의 메시아를 군주를 뜻하는 "나시"로 표현한다(34:24; 37:25). 일반적으로 에스겔서는 이스라엘의 왕을 칭할 때 왕을 뜻하는 "멜레크"(מֶלֶךְ)를 사용하기보다 군주(prince)를 뜻하는 "나시"라는 용어를 사용하는데, 아쉽게도 한글 성경은 "나시"를 왕으로 번역하기도 하여 이 구분을 모호하게 했다. 그러나 에스겔서가 "나시"를 사용한 배후에는 이스라엘의 진정한 왕이 하나님이라는 신학이 깔려 있다. 그리하여 이스라엘의 왕은 진정한 왕이신 하나님을 섬기는 군주임을 교훈하고 있다

(12:10; 왕상 11:34).

물론 에스겔서에서 이스라엘의 왕을 가리킬 때 "멜레크"를 사용한 경우도 있다. 이런 사용은 왕이신 하나님을 섬겨야 할 이스라엘 왕들이 그렇지 못하고 스스로 왕처럼 행세했던 부정적인 면을 드러내기 위함이다(43:7). 이러한 예외를 제외하면 왕을 뜻하는 히브리어 "멜레크"는 하나님을 겨냥한 호칭이다.

한편 흥미롭게도 에스겔서는 미래에 새 언약을 체결하는 메시아를 "나시"로 표현하면서 동시에 "멜레크"로도 부른다(37:22, 24). 이는 미래에 나타날 메시아가 단순히 인간이 아니고 신적 존재라는 암시다. 그리하여 신적 존재인 메시이기 새 언약을 체결하고 백성을 영원히 다스릴 것을 예고한다. "내 종 다윗이 그들의 왕(멜레크)이 되리니"(37:24).

참고로 종말의 성전 회복을 다루는 40-48장에서는 "나시"라는 인물이 연속적으로 등장한다(44:3; 45:7-9, 16-17, 22; 46:2, 4, 8, 10, 12, 16-18; 48:21-22).[32] 문제는 40-48장에서 언급된 "나시"가 34장과 37장에서 언급된 메시아와 동일한 인물인지, 아니면 단순히 인간 왕과 같은 지도자들을 가리키는가 하는 것이다.[33] 1-39장과 달리 후반부의 40-48장은 다분히 제의적 요소에 강조점을 두고 있으므로, 제의에 직접적 연관이 없는 왕의 이미지를 축소하기 위해 군주를 뜻하는 "나시"를 사용했다는 주장도 있다.[34]

---

32 한글 성경에는 "군주" 또는 "왕"으로 번역되었다.

33 이와 관련해서 다음의 박사 논문을 참조하라. Hwi Cho, *Ezekiel's Use of the Term, NASI with reference to the Davidic Figure in His Restoration Oracles* (Ph.D. diss., Trinity Evangelical Divinity School, 2002).

34 Daniel L. Block, "Theology of Ezekiel," in *New International Dictionary of Old Testament Theology & Exegesis*, vol. 4, ed. Willem A. VanGemeren (Grand Rapids, MI: Zondervan, 1997), 627.

또 다른 주장으로 덤브렐(William Dumbrell)은 에스겔서가 다윗 계열의 왕을 강조하지 않는다고 본다.[35] 그래서 그는 히브리어 "나시"가 종말에 나타나는 또 다른 지도자로서 제사장을 염두에 둔 말이라고 주장한다.[36] 오히려 "나시"라는 용어는 종말에 있을 다윗 왕권을 평가 절하하기 위해 의도적으로 사용되었다는 것이다.[37]

필자는 40-48장의 "나시"가 메시아를 가리키면서도 메시아와 함께 왕적 존재로 연합된 새 언약의 수혜자를 가리키기 위해 사용된 용어라고 생각한다. 에스겔 40-48장의 "나시"는 왕적 존재이면서 동시에 성전 예배를 후원하고 성전 안뜰 동문 안으로 들어갈 수 있어 제사장과 같은 존재로 그려진다(44:3; 46:2). 그리하여 종말에 나타날 메시아는 왕이면서 제사장적 기능을 수행하는 자임을 암시하고 있다.

나아가 40-48장에서 "나시"가 종종 복수형으로 언급되고 있는 현상은 (45:8-9), "나시"가 단순히 메시아 한 인물만을 가리키는 것이 아니라 메시아와 연합하여 왕적 존재로 변형된 새 언약 백성을 가리킨다는 암시로 볼 수 있다. 실제로 신약은 새 언약 백성이 그리스도와 연합한 왕 같은 제사장이라고 선언한다(벧전 2:9).

에스겔 40-48장에서 언급된 "나시"의 정체를 본문이 정확하게 밝히지는 않았다. 그러나 에스겔 37장은 미래에 메시아가 영원히 백성의 왕이 될 것이라고 예언하고 있으므로, 종말의 청사진을 제공하는 에스겔서 40-48

---

35 Dumbrell, *The Search for Order*, 107.

36 William J. Dumbrell, *The End of the Beginning: Revelation 21-22 and the Old Testament* (Eugene, OR: Wipf and Stock Publishers, 2001), 25.

37 Dumbrell, *The End of the Beginning*, 58.

장에 등장하는 왕 같은 인물인 "나시"가 메시아임을 부인할 필요는 없다. 본문은 이와 동시에 "나시"를 모호하게 표현함으로써, 메시아와 함께 백성도 왕 같은 존재로 변형될 것임을 내비치는 것으로 볼 수 있다.

6) 종말의 성전 회복과 땅 분배

40-48장은 회복된 성전의 제사 예배에 관한 규례를 다룬 후(40:1-47:12), 마지막으로 이스라엘 지파의 땅 분배를 언급하며 마무리한다(47:13-48:35). 여기서 다루는 종말 성전의 크기는 사실 이스라엘의 지형에 맞지 않는다. 실세로 유다가 포로지에서 귀환한 후에 시은 성선은 이전의 성전보다 조라했다. 그러므로 40-48장의 성전은 유다 백성이 포로지에서 귀환하여 짓게 될 문자적인 의미의 성전을 의미하지 않는다. 더욱이 여기서 묘사되는 성전 양식의 규례는 모세 오경에 나타나는 성전 양식의 규례와도 차이가 있다. 이는 40-48장에 기록된 종말의 성전이 영적 의미를 지닌 종말론적 성전임을 시사하는 것이다.

　그렇다고 이 종말의 성전이 요한계시록 22장에서 하나님 나라가 완성될 때 나타나는 천상의 성전 예루살렘을 가리키는 것도 아니다. 43장이 이 종말의 성전에 하나님의 영광이 돌아왔다고 말하고 있다는 사실은, 이것이 종말에 드러나는 천상의 성전은 아니라는 증거다. 천상의 성전은 항상 하나님의 영광이 머무는 곳이기 때문에 하나님의 영광이 떠나고 돌아오는 그런 곳이 아니다. 실제로 요한계시록 22장에 나오는 종말의 성전은 예루살렘인 반면, 에스겔 40-48장에 나오는 종말의 성전은 예루살렘과 분리되어 따로 존재한다. 이런 차이는 에스겔서에 나타난 종말의 성전이 요한계시록에서 하나님 나라가 완성될 때 나타나는 성전이 아니라는 확실한 증거다.

그렇다면 에스겔서가 말하는 종말의 성전은 무엇을 가리키는가? 결론적으로 말해, 이 종말의 성전은 새 언약을 체결한 새 언약의 수혜자들이 성전으로 지어져가는 모습을 상징한다. 새로운 성전 안에는 언약궤가 없다. 그리고 사실상 성전 안은 거의 비어 있는 모습이다. 이는 진정한 성전이 그 안에 통행하는 사람이라는 것을 뜻한다.

결국 에스겔서에 나타난 종말의 성전은, 하나님이 종말에 새 언약 백성과 함께 거하신다는 것을 보여줌과 동시에 그 새 언약 백성이 성전으로 지어져가는 것을 이미지로 제시해주는 것이다.[38] 또한 종말의 성전에서 볼 수 있는 정밀하고 균형 있는 치수를 통해, 성전으로 지어져가는 백성은 그처럼 정밀하고 균형 있는 하나님의 뜻에 맞게 살아야 함을 교훈한다. 이런 점에서 에스겔서는 종말 성전의 모습을 보고 백성이 부끄러워하고(43:10), "거룩한 것과 속된 것을 구별"하는 삶을 지속적으로 살아내야 한다고 말하고 있다(42:20).

종말에 성전이 세워질 때 열두 지파는 가나안 땅을 분배 받게 된다. 여기서 흥미로운 점은 성전 안에서 물이 흘러나옴으로써 분배 받는 땅이 에덴동산임을 보여주고 있다는 사실이다(47:1). 이를 통해 성전으로 지어져가는 새 언약 백성은 하나님의 임재를 상징하는 에덴동산에 거하는 자라는 통찰을 준다. 진정한 에덴동산은 종말에 그리스도의 재림으로 나타나는 하늘의 새 예루살렘이다(계 22장). 하지만 새 언약 백성은 하늘의 새 예루살렘

---

38 J. B. Job, "Theology of Ezekiel," in *New International Dictionary of Old Testament Theology & Exegesis*, vol. 4, ed. Willem A. VanGemeren (Grand Rapids, MI: Zondervan, 1997), 634.

을 주님 안에서 선취하며 이 땅에서 에덴동산의 축복을 미리 누리는 자임을 에스겔서의 종말 성전이 가르쳐주고 있는 셈이다.[39] 이 대목에서 새 언약의 체결이 가져다주는 은혜가 얼마나 큰지를 다시금 깨달을 수 있다.

7) 에스겔서와 신약

에스겔서는 어휘적으로 요한복음과 밀접한 관련이 있다. 말씀(요 1:1; 겔 6:1), 포도나무(요 15:1-8; 겔 15:1-5), 신부(요 3:29; 겔 16:8), 화평(요 14:27; 겔 37:26), 징조(요 4:48, 54; 겔 4:3) 등의 어휘가 그러하다. 또한 요한복음 3:5이 물과 싱령으로 거듭남을 말할 때 물과 성령은 에스겔 36:25-27을 강하게 연상시킨다.

에스겔서는 요한계시록과도 밀접한 관련이 있다. 구약에서 요한계시록과 가장 많은 공유점을 가진 책이 에스겔서라고 할 수 있다. 오늘날 학자들은 에스겔서와 요한계시록의 순서적 유사성을 지적한다. 그 유사성은 다음과 같다.[40]

---

39 크리스토퍼 라이트, 『현대를 위한 구약윤리』, 김재영 역 (*Old Testament Ethics for the People of God*, 서울: IVP, 2006), 263-267.

40 S. Moyise, *The Old Testament in the Book of Revelation*, JSNTSup. 115 (Sheffield, UK: Sheffield Academic Press, 1995), 74. 여기서는 Moyise의 도표를 약간 변형했다.

에스겔서	요한계시록
1장 보좌의 생물들과 하나님의 형상	1장, 4장 보좌에 계신 예수 그리스도
2:8-3:3 두루마리	5장, 10장 두루마리
9-10장 이마에 표시와 불을 흩음	7-8장 이마에 인을 치고 불을 쏟음
16장, 23장 음녀	17장 음녀인 바빌로니아
26-27장 무역하는 두로의 멸망	18장 무역하는 바빌로니아의 멸망
37-39장 새 언약과 곡과의 전투	19-20장 곡과의 전투
40-48장 새 성전	21-22장 새 예루살렘

흥미로운 점은 에스겔서에 두 개의 위임 명령(3장; 33장)이 나오는 것처럼 요한계시록에도 두 개의 위임 명령이 나온다는 사실이다(계 1:9-20; 10:8-11).[41]

에스겔서와 요한계시록이 유사한 것은 요한이 에스겔을 참고한 결과라고도 할 수 있겠지만, 환상의 공통적인 성격에서 나온 자연스러운 결과로 볼 수도 있다. 요한계시록과 에스겔서는 그 순서가 정확하게 일치하지는 않는다.[42] 필자는 요한계시록의 환상이 에스겔서의 환상에 나온 여러 모티프를 일종의 패턴으로 사용하여 종말의 일에 적용한 것이라고 생각한다. 그렇다고 에스겔서에 나오는 종말의 환상과 요한계시록에 나오는 종말의 환상이 서로 다르게 해석되어야 한다는 뜻은 아니다. 하나님의 계시의 일

41 Ian K. Boxall, "Exile, Prophet, Visionary," in *The Book of Ezekiel and Its Influence*, ed. Henk Jan de Jonge and Johannes Tromp (Burlington, VT: Ashgate, 2007), 149.

42 Rieuwerd Buitenwerf, "The God and Magog Tradition in Revelation 20:8," in *The Book of Ezekiel and Its Influence*, ed. Henk Jan de Jonge and Johannes Tromp (Burlington, VT: Ashgate, 2007), 179. 계 20:8은 곡과 마곡을 백성 또는 나라로 말하고 있지만, 겔 38장에서 곡은 마곡 땅의 왕을 가리킨다. 이런 차이점에 대해서는 당시 사람들이 종말의 적들을 가리키는 고정된 표현으로 사용하던 곡과 마곡을 요한이 인용한 것으로 이해하기도 한다.

관성에 비춰볼 때, 요한계시록의 환상은 에스겔서의 환상의 관점에서 일관성 있게 해석되어야 한다. 그렇게 할 때 요한계시록의 환상에서 말하는 종말의 시간적 순서가 더욱 잘 이해될 수 있다.

예를 들어 에스겔 38-39장은 마곡 땅의 곡의 침입을 그리스도의 재림 이전에 새 언약 백성에게 일어날 사건으로 다루는데, 요한계시록 20장은 그것을 그리스도 재림 후 천년왕국 이후에 있을 침입으로 묘사하는 것처럼 보인다(계 20:7-8). 그래서 언뜻 보면 에스겔이 말하는 종말의 순서와 요한계시록의 종말 순서가 다르다는 인상을 받는다. 그런데 나중에 자세히 설명하겠지만, 에스겔서에 나온 곡의 군대의 모습은 요한계시록에서 그리스도 재림 전에 나타나는 짐승의 군대를 묘사할 때 사용되고 있다(계 16-19장). 이는 요한계시록 20장의 곡의 군대가 다름 아닌 짐승의 군대임을 보여주어, 요한계시록 20장의 상황이 그리스도 재림 이후의 상황이 아니라 동일하게 그리스도 재림 이전의 상황이라는 통찰을 준다. 이렇게 되면 요한계시록은 전천년설이 아니라 무천년설을 지지하는 책임을 알 수 있다. 이에 대한 자세한 논의는 본문 해석에서 다룰 것이다.

에
스
겔
서
의

해
석
과

신
학

전반부
(1-32장)

에스겔서 전체는 전반부(1-32장)와 후반부(33-48)로 나뉜다. 전반부인 1-32장은 예루살렘이 우상숭배로 인해 멸망할 것을 예언하고, 이를 통해 바빌로니아 포로 공동체에게 예루살렘 멸망을 타산지석으로 삼아 우상숭배에서 떠날 것을 촉구하는 내용이다. 우상숭배는 하나님의 임재를 방해하는 가장 큰 죄다. 이런 점에서 전반부는 우상숭배에 초점을 맞춰, 우상숭배로 인해 하나님이 예루살렘을 떠날 수밖에 없음을 교훈한다(1-11장).

전반부는 또한 하나님보다 우상을 섬기는 것이 언약적 배반이기 때문에 예루살렘의 유다가 바빌로니아에 의해 멸망할 수밖에 없다는 논리를 편다(12-24장). 그리고 유다가 바빌로니아에 의해 멸망할 때 열국도 심판을 받는다고 말한다(25-32장). 열국이 심판을 받는 이유는 다양하지만, 궁극적으로 열국도 하나님이 그 가운데 임재하시는 유다 백성의 멸망을 기뻐하고 조롱했기 때문이다. 결국 열국 심판의 원인은 그들이 하나님의 임재를 조롱하고 훼손했기 때문이라는 신학을 통해, 하나님의 임재를 해치는 것의 대가가 얼마나 큰지를 일깨워주고 있다.

전반부는 이처럼 하나님의 임재를 훼손하고 방해하는 자들을 향한 하나님의 심판을 전면에 내세운 것이 특징이다. 이때 하나님의 심판은 행한 대로 갚는 인과응보의 방식으로 이루어질 것이다. 예를 들어 유다가 가증한 우상숭배를 통해 하나님의 언약을 배반했기 때문에, 하나님도 그들의 정서에 가증한 방식으로 유다를 멸망시킬 것이 예언된다(참조. 7장). 그래서 심판받는 유다는 스스로의 악한 행동대로 심판을 받는다는 것과 하나님의 거룩한 임재를 훼손했음을 깨닫게 될 것이라고 말한다. "내가 여호와인 줄을 그들이 알리라"라는 말씀은 이런 배경에서 나온 말이다(6:14).

I. 유다에 대한 심판(1-24장)

토머스 렌츠(Thomas Renz)는 1-24장의 구조에 대해 1-7장, 8-13장, 14-19장, 20-24장으로 나눌 것을 제안했다. 구체적으로 1-7장은 심판, 8-13장은 심판의 확실성을 다루고, 14-19장은 심판에 대한 독자의 반응을 유도하며, 20-24장은 앞의 내용을 다시 요약하고 예루살렘의 멸망을 선고하고 있다는 주장이다.[1] 하지만 필자는 이 부분을 다음과 같이 크게 두 단락으로 나눌 수 있다고 본다. 즉 유다의 멸망을 선고하는 1-11장과 유다가 멸망할 수밖에 없는 이유를 다룬 12-24장이다.

좀 더 구체적으로 말하면, 1-11장의 핵심 내용은 예루살렘의 유다가 우상숭배로 인하여 멸망하게 될 것을 말함으로써, 당시 바빌로니아에 포로로 잡혀 온 포로 공동체가 예루살렘의 멸망을 기정사실로 받아들일 것을 교훈한다. 이어 12-24장은 우상숭배를 언약 배반의 관점에서 설명하여, 언약적 배반으로 인해 예루살렘의 멸망이 정당함을 논증한다. "나 주 여호와가 이같이 말하노라. 네가 맹세를 멸시하여 언약을 배반하였은즉, 내가 네 행한 대로 네게 행하리라"(16:59). 그리하여 예루살렘의 멸망은 자업자득임을 교훈하고 있다.

---

1   Thomas Renz, *The Rhetorical Function of the Book of Ezekiel* (Boston, MA: Brill, 2002), 62.

1.
유다의 멸망(1-11장)

1-11장은 초두에서 하나님 형상의 모습과 영광을 언급하고 뒤에 다시 하나님의 형상을 언급한다(1:26-28; 8:2; 10:1, 4, 18; 11:23). 즉, 에스겔이 하나님 형상의 영광스러운 모습을 환상으로 보면서 시작하고 나중에 그 영광이 예루살렘 성전에서 떠나는 것을 보며 끝나고 있는 셈이다. 장소적으로 1-11장은 갈대아 그발강에서 시작해서 다시 갈대아로 돌아가는 장면으로 끝난다. 또한 2:4에서 마음의 주제가 강조되는데, 마찬가지로 11:19에서 다시 마음의 주제가 등장한다. 따라서 1-11장은 앞뒤에 비슷한 단어와 주제가 포진되어 전체를 감싸는 구조로 되어 있다.

내용을 보면 1-11장은 예루살렘에 거하던 유다의 우상숭배로 인해 예루살렘 성전의 멸망과 함께 심판이 불가피함을 선언한다. 그러면서 기원전 597년에 바빌로니아에 포로로 잡혀온 사람들에게 예루살렘의 멸망을 확신시키고, 예루살렘의 유다 백성처럼 우상을 섬긴다면 그들도 멸망을 피할 수 없다는 교훈을 주고 있다.

이 교훈은 에스겔서의 주요한 내용이기 때문에, 1-11장의 주요 청중은 예루살렘의 유다 백성이 아니라 바빌로니아에 끌려온 유다 포로 공동체라고 말할 수 있다(2:6; 7:4).[2] 그러므로 이 단락은 예루살렘의 유다 백성

---

2 Renz, *The Rhetorical Function of the Book of Ezekiel*, 55.

이 자행하는 우상숭배의 잘못을 반면교사로 삼아 바빌로니아 포로 공동체
가 우상숭배에서 떠날 것을 촉구하고 있는 것이다. 하지만 바빌로니아 포
로 공동체는 예언자 에스겔을 통해 주어진 하나님의 말씀을 귀담아 들으려
하지 않았다. 그래서 하나님은 그들을 향해 "패역한 족속"이라고 부르신다
(2:6, 7). 나아가서 6:13은 포로 공동체를 "너희"라고 부르고, 우상숭배로 예
루살렘이 멸망할 때 그들이 진정으로 하나님을 알게 될 것이라고 말한다.[3]

  1-11장은 다시 두 개의 세부 단락, 즉 1-7장과 8-11장으로 나뉜다.
1-7장은 바빌로니아의 포로지에서 에스겔이 환상을 본 내용이고, 8-11장
은 에스겔이 이상 가운데서 하나님의 영에 의해 예루살렘으로 옮겨진 상황
에서 예언하는 말씀이다.

1) 유다의 멸망 선고(1-7장)

1-7장은 예언자 에스겔이 그룹 위에 있는 하나님 보좌의 형상을 환상으로
보는 이야기(1장)로 시작하여, 계속해서 그가 소명을 받는 내용(2-3장)을 언
급한다. 이어 예루살렘이 멸망하고 유다가 포로로 잡혀가게 될 것을 예언
한 후(4장), 예루살렘과 유다의 멸망 이유가 우상숭배에 있다고 선포한다
(5-7장).[4] 한마디로 유다가 멸망하는 이유는 우상숭배로 하나님의 임재를
훼손했기 때문이라는 것이다. 그리하여 하나님은 공식적으로 유다를 향한

---

3 Renz, *The Rhetorical Function of the Book of Ezekiel*, 67.
4 1-7장의 흐름은 다음과 같이 진행된다.
   A. 에스겔에게 주어진 환상과 소명 이야기(1-3장)
   B. 상징적 행동을 통한 유다의 멸망과 포로 생활 예언(4장)
   C. 예루살렘과 유다의 멸망은 우상숭배에서 기인한 것(5-7장)

언약 파기를 선언하고, 언약 파기로 인한 저주로써 칼, 기근, 전염병에 의해 멸망할 것을 말씀하신다(5:2; 6:11; 7:15).

더욱이 하나님은 예루살렘의 유다에 더 이상 평강이 없을 것이고, 더 이상 예언자나 제사장이나 지도자를 통해 말씀하거나 응답하지도 않을 것이라고 선포하신다(7:25-27). 언약이 유효하다는 증거는 언약 안에 있는 백성의 마음에 평강이 있고 하나님이 그들의 기도에 응답하신다는 것이다. 그러므로 하나님이 이런 언약의 축복인 평강과 기도의 응답을 내리지 않는다는 것은 확실한 언약 파기 선언으로서, 더 이상 언약 관계를 맺지 않겠다는 의미다(렘 7:16; 14:19-21; 참조. 렘 15:1).

(1) 에스겔에게 주어진 환상과 소명 이야기(1-3장)

1-3장은 에스겔이 환상 중에 하나님의 형상을 보고 예언자로서 소명을 받는 내용이다. 하나님은 에스겔을 부르시고 그에게 파수꾼의 사명을 주셨다(3:16-21).[5] 파수꾼에 관한 말씀은 33:1-20에서 다시 등장한다. 1장 초두는 그발 강가에서 보게 된 환상에 나타난 여호와의 영광을 언급하며 시작하는데, 3장 말미도 마찬가지로 그발 강가에 나타난 여호와의 영광을 언급하며 끝난다(3:15). 이로써 1-3장을 하나의 단락으로 읽으라는 신호를 준다. 1-3장의 구조는 다음과 같다.[6]

I. 전반부: 에스겔이 하나님으로부터 받은 환상과 사명(1:1-3:15)

---

5 파수꾼의 모티프는 호 9:8과 렘 6:17에서도 이미 등장하고 있다.
6 Lamar Eugene Cooper, Sr., *Ezekiel*, NAC 17 (Nashville, TN: B&H, 1994), 58. 여기서 Cooper 가 제시한 1:1-3:15의 구조를 약간 변형했다.

A. 환상을 받는 배경(1:1-3)

　B. 하나님과의 대면: 전차가 다가옴(1:4-28)

　　C. 첫 번째 사명을 부여하고 확신을 줌: "두려워 말라"(2:1-7)

　　　D. 사명의 증표: 두루마리 책을 먹음(2:8-3:3)

　　C'. 두 번째 사명을 부여하고 확신을 줌: "두려워 말라"(3:4-11)

　B'. 하나님과의 대면: 전차가 떠남(3:12-13)

A'. 환상을 받는 배경(3:14-15)

II. 후반부: 에스겔의 사명에 대한 구체적 예언(3:16-27)

A. 에스겔의 구체적 사명: 파수꾼의 사명(3:16-21)

B. 에스겔은 사명을 위해 간헐적으로 말하게 될 것(3:22-27)

이상의 구조로 볼 때, 1:1-3:15의 핵심은 단락 D(2:8-3:3)로서, 예언자 에스겔이 소명 받았음을 확증하기 위해 하나님이 주신 두루마리 책을 먹는 내용이다. 이로써 참된 성도는 하나님의 말씀으로 자신의 속을 채우고 그것으로 만족하는 자라는 신학적 메시지를 준다. 이는 거꾸로 당시 예루살렘의 유다와 바빌로니아의 유다 포로 공동체가 하나님의 말씀으로 속을 채우기보다는 세상의 물질과 우상으로 속을 채우려 했다는 방증이기도 하다(7:19).

① 에스겔이 본 환상(1장)

1장에서 핵심은 보좌 위에 있는 하나님의 영광의 형상을 에스겔이 보는 대목이다(1:26). 에스겔은 이 환상에서 네 생물(그룹)에 의해 움직이는 하나님의 보좌를 목도한다(10:2). 네 생물의 움직임은 하나님의 보좌가 한 곳에 고정되지 않고 어느 곳이든 갈 수 있음을 각인시켜준다. 동시에 네 생물에 의해 이동하는 하나님의 보좌는 유다 백성의 죄로 인해 하나님이 더 이상 예루살렘에 그것을 둘 수 없어 떠나게 되었다는 것을 뜻했다. 따라서 보좌를 나르는 네 생물의 환상에는 이들이 예루살렘의 죄악이 얼마나 큰지를 증거해준다는 신학적 의미가 있다.

전반적으로 에스겔서 1장의 환상은 이사야서 6장의 환상과 비슷하다(참조. 계 4:4-8).[7] 이제 에스겔서 1장의 내용을 살펴보자. 1장의 구조는 다음과 같다.

서론. 환상을 본 배경(1:1-3)
A. 하나님의 영광: 불, 빛, 단 쇠(1:4)
  B. 네 생물의 형상: 영이 움직임(1:5-14)
  B′. 생물 곁에 있는 바퀴: 영이 움직임(1:15-21)
A′. 하나님의 영광: 불, 단 쇠(1:22-28)

1:1은 "서른째 해"에 에스겔이 그발 강에서 하나님에 관한 환상을 보았다고 말한다. 앞에서 언급했듯이 여기서 "서른째 해"가 무엇을 기점으로 말하

---

7 Dumbrell, *The End of the Beginning*, 55. Dumbrell은 겔 1장의 환상이 심판주로서 하나님의 모습을 의미한다고 주장한다. 이 주장을 뒷받침하는 증거로 겔 1:4의 폭풍에 대한 언급은, 욥기에서 심판주로 임하실 때 폭풍 가운데 임하시는 하나님의 모습과 잘 연결된다고 설명한다(욥 38:1). 더욱이 에스겔서의 마지막은 종말의 성전과 예루살렘을 보여주는 장면으로 끝나는데, 이것은 이사야서가 처음에 심판주 하나님을 묘사한 후 마지막에 새 예루살렘(사 65장)으로 끝나는 것과 유사하다.

는지는 불분명하다. 1:2은 이때가 "사로잡힌 지 오 년"이라고 말하여, 기원전 597년에 2차 포로로 바빌로니아에 끌려온 후 5년이 지난 시점인 기원전 592년임을 밝힌다. 어떤 이는 "서른째 해"가 기원전 592년에서 30년 뒤로 거슬러 올라간 기원전 622년을 기점으로 30년이 흘렀음을 알리는 것이라고 주장한다.[8] 기원전 622년은 성전에서 대제사장 힐기야가 율법책을 발견한 시기로서, 제사장들의 세계에서는 매우 의미 있는 연도다(왕하 22:8). 따라서 제사장 가문 출신인 에스겔이 기원전 622년을 기점으로 하여 자신이 하나님의 환상을 본 시기가 30년째라고 말했다고 추론할 수 있다. 하지만 에스겔의 환상에서 기원전 622년이 왜 의미 있는 연도인지에 대한 반론이 없는 것은 아니다.[9]

대체로 많은 학자는 "서른째 해"가 에스겔이 하나님에 관한 환상을 봤을 당시 그의 나이를 가리키는 것으로 본다.[10] 확실히 30세는 제사장이 일반적으로 성전 임무를 수행할 수 있는 나이이다. 따라서 에스겔의 일생에서 중요한 시기인 30년째 되는 해에 그가 예언자로서 부름받았다는 말씀으로 이해할 수 있다(민 4:3, 29, 30).[11] 이렇게 되면, 에스겔이 예언자로 부름받은 때는 그가 하나님의 사역을 위해 준비된 때였음을 알 수 있다. 여기서 하나님은 준비된 자를 부르신다는 것을 깨달을 수 있다.

한편 에스겔이 30세의 나이에 부름받고 사역을 시작한 기원전 592년은 유다의 마지막 왕인 시드기야가 본격적으로 이집트를 의지하고 바빌로

---

8 Moshe Greenberg, *Ezekiel, 1-20*, AB 22 (New Haven, CT: Yale University Press, 1983), 39.

9 Leslie C. Allen, *Ezekiel 1-19*, WBC 28 (Dallas, TX: Thomas Nelson, 1994), 21.

10 Cooper, *Ezekiel*, 59.

11 John B. Taylor, *Ezekiel*, TOTC 22 (Downers Grove, IL: IVP Academic, 2009), 57.

니아에 대항한 시기였다. 이런 무모한 대항은 기원전 586년 예루살렘의 멸
망으로 이어졌기 때문에, 하나님은 그런 멸망의 그림자를 보고 중요한 시
기에 에스겔을 예언자로 불렀다. 그리고 그를 통해 예루살렘의 멸망 이후
포로 유다 공동체가 어떻게 행동해야 할지에 관해 교훈을 주려고 했다고
말할 수 있다.

에스겔은 그발 강가에서 하나님의 환상을 보았다. 그발강은 이라크 남
쪽 평야에 자리 잡은 니푸르(Nippur) 도시를 감싸며 도는 운하다(겔 3:15).[12]
바빌로니아에 거주하는 유다 공동체는 주로 강 근처에 거하며 자치 생활
을 하였다. 이는 우상으로 더럽혀진 땅에서 정결 의식을 행할 필요성이 있
었기 때문이었다. 실제로 시편은 바빌로니아 포로지에서 유다 공동체가 강
가에서 예배를 드렸음을 암시하고 있다(시 137:1, "우리가 바벨론의 여러 강변 거
기에 앉아서 시온을 기억하며 울었도다").[13] 바빌로니아 포로기에 유다 공동체는
소위 장로들을 지도자로 세우고 자치 생활을 했다. 그렇기 때문에 얼마든
지 여호와 신앙을 지킬 수 있는 여지가 있었다. 하지만 에스겔서는 포로로
잡혀온 유다 공동체가 장로를 중심으로 주위 환경에 휩쓸려 우상을 섬기려
했다는 증거들을 보여준다(7:26; 8:1; 14:1-4).[14]

에스겔이 본 하나님의 환상은 히브리어로 직역하면 "하나님에 관해 본
것들"(מַרְאוֹת אֱלֹהִים/마르오트 엘로힘)이다. 여기서 "본 것"에 해당하는 히브
리어 단어 "마르아"(מַרְאָה)는 인간의 시각적 기능에 주안점을 두기보다, 주
로 꿈을 통해 하나님의 시각에서 본 것을 계시로 드러냈을 때 쓰는 용어다

12   Margaret S. Odell, *Ezekiel*, SHBC (Macon, GA: Smyth & Helwys, 2005), 14.

13   Blenkinsopp, *Ezekiel*, 17.

14   Renz, *The Rhetorical Function of the Book of Ezekiel*, 47.

(단 10:7, 8, 16).[15] 그러므로 에스겔이 본 환상은 하나님의 시각에서 본 것이다. 다시 말해, 인간적인 시각에서 사물을 관찰한 것이 아니라 하나님의 시각에서 일어나는 현상들을 바라본 것이다.

그러므로 예언자 에스겔이 보고 기록한 것은 세상적 시각에서 실제로 일어난 일을 묘사한 것은 아니었다. 예를 들어 에스겔 8장의 예루살렘 성전에서 자행되는 우상숭배 환상이나 에스겔 37장의 마른 뼈 환상이 그러하다. 이것들은 실제로 일어났거나 일어나고 있는 사건을 기술한 것이 아니라, 하나님의 시각에서 그렇게 보이는 모습을 기록한 것이다.

1:4에서 에스겔은 환상 가운데 북쪽에서 오는 폭풍과 구름, 그 속에 있는 불과, 불 가운데 있는 단 쇠의 모습을 본다. 이는 그룹들과 함께 오시는 하나님 형상의 모습이었다(1:27; 참조. 10장). 이 환상에서 폭풍에 대한 언급은 폭풍 가운데 오셔서 욥을 책망하는 하나님의 모습을 연상시킨다(욥 38:1). 구약에서 폭풍 가운데 오시는 하나님의 모습은 심판을 위한 것이다.[16] 그러므로 에스겔은 심판주로 오시는 하나님의 모습을 바라보고 있다. 한편 북쪽에 대한 언급은 북쪽에서 심판이 올 것을 암시하기도 한다. 북쪽 바빌로니아에 의해 유다가 심판받고 멸망하게 될 것이라는 암시를 준 것이다.[17]

1:5-14은 하나님 형상의 모습을 설명하기 전에 그 보좌 밑을 떠받치는 네 생물을 묘사한다. 이 네 생물은 나중에 10:13-14에서 천사인 그룹들로 판명된다. 구약에서 천사인 그룹은 하나님의 거룩을 지키고 보호하는 기능

---

15 Jackie A. Naudé, "האר," in *NIDOTTE* 3: 1012.

16 Odell, *Ezekiel*, 18.

17 이학재, 『에스겔 어떻게 읽을 것인가?』(서울: 성서유니온선교회, 2002), 33.

을 한다(창 3:22-24; 출 26:31).[18] 이 그룹들은 때때로 하나님의 보좌를 떠받치며 움직이는 일종의 전차 역할을 한다. 그래서 시편은 "하나님의 병거(전차)"(시 68:17)를 언급하고, 하나님이 "그룹을 타고 날으신다"(시 18:10)고 말한다.

그룹을 가리키는 대명사는 남성형과 여성형이 번갈아 사용된다. 이들은 사람이면서 생물(동물)이고 여자이면서 남자인 셈이다. 하나님의 보좌가 그룹에 의해 움직이는 모습을 기술한 것은 하나님의 보좌가 아직 안정적인 모습을 취하지 않고 있다는 방증이다.[19] 전통적으로 구약은 하나님이 예루살렘 성전의 지성소에서 그룹 사이에 좌정하신 것으로 묘사한다(삼상 4:4; 6:2; 시 80:1; 99:1; 왕하 19:15). 열왕기는 성전의 지성소 안에서 두 그룹이 법궤를 감싸고 있다고 말하는데(왕상 6:23) 여기서 법궤 위는 하나님의 보좌로 기능하는 곳이다. 그리하여 그룹들이 보좌를 보호하는 천사들임을 알려준다. 열왕기는 또한 지성소와 성소의 사면 벽에 그룹들이 새겨져 있다고 말한다(왕상 6:29). 더욱이 성전 밖 물두멍의 버팀대 판과 그 옆판에도 그룹들과 사자의 모양이 새겨졌음을 볼 수 있다(왕상 7:36). 그런데 에스겔은 환상 중에 하나님의 보좌가 여호와의 성전이 아니라 그룹들인 전차(chariot) 위에 있는 것을 목도한다. 이런 환상은 하나님이 예루살렘 성전을 버리고 떠나셨다는 것을 일깨워준다.[20]

1:6-10은 하나님의 보좌를 나르는 네 생물의 모습을 자세히 묘사한다.

---

18 Cooper, *Ezekiel*, 65.

19 Kirsten Nielsen, "Ezekiel's Visionary Call as Prologue: From Complexity and Changeability to Order and Stability," *JSOT* 33 (2008): 102.

20 Renz, *The Rhetorical Function of the Book of Ezekiel*, 63.

이 생물들에게는 각각 네 얼굴과 네 날개가 있다(1:6). 다리는 곧고 발바닥은 송아지 발바닥이며, 날개 밑에는 사람의 손이 있고(1:7-8) 날개들은 서로 연결되어 있다(1:9). 이런 묘사는 생물들이 하나님께서 정한 임무를 수행할 때 하나가 되어 행동함을 뜻한다.[21] 생물들은 각각 두 날개로 자기 몸을 가리고 있으며, 다른 두 날개는 하나님의 보좌를 향해 위로 뻗어 있다. 그리고 이 뻗은 날개들은 다른 생물의 날개들과 서로 연결되어 있다(1:9, 23).

이 생물들은 이사야 6장의 여섯 개의 날개를 가진 스랍들과 차이를 보인다. 먼저 이사야서에 언급된 스랍들은 두 날개로 날면서 두 날개로 얼굴을 가리고 나머지 두 날개로 발을 가렸다(사 6:2). 반면 에스겔서에 등장하는 생물들은 날개로 얼굴을 가리지 않는다. 그 이유는 그들이 보좌를 이끄는 전차로서, 하나님의 보좌 밑에서 보좌를 움직이는 기능을 하여 하나님을 볼 수 없기 때문이다.[22]

전차 역할을 하는 생물들은 하나님의 영에 의해 움직인다(1:9). 하나님의 보좌를 지키는 그룹들이 하나님의 뜻에 따라 행동하기 위해 전적으로 하나님의 영에 순종한다는 뜻이다. 이런 맥락에서 에스겔서는 종말에 새 언약이 체결될 때 새 언약 백성도 하나님의 영을 받아 하나님의 뜻에 순종하는 백성이 될 것을 예언하고 있다(36:26-27). 이 대목에서 새 언약 백성에게 하나님의 영을 받는다는 것이 얼마나 중요한 것인지를 깨달을 수 있다.

각 생물은 네 얼굴을 하고 있다. 이는 방향을 전환할 때 얼굴을 돌릴 필요가 없이 즉각적으로 하나님이 뜻하는 방향으로 갈 수 있게 하기 위함이다.

---

[21] Cooper, *Ezekiel*, 66.
[22] Cooper, *Ezekiel*, 66.

이런 점에서 생물들은 하나님의 명령에 신속하게 순종하여 행동하고 있음을 알 수 있다. 각 생물은 앞쪽에 사람의 얼굴, 오른쪽에 사자의 얼굴, 왼쪽에 소의 얼굴, 마지막으로 뒤쪽에는 독수리의 얼굴을 가지고 있다(1:10).

바빌로니아에서 동물들은 사방의 방향을 가리키는 역할을 했다. 그래서 사자는 남쪽, 곰은 북쪽, 표범은 동쪽을 나타냈다.[23] 그러므로 이런 생물을 언급한 것은 하나님이 세상 모든 국가의 주권자이심을 보여주기 위함이라는 주장도 있다. 치즘(Chisholm)은 이러한 동물의 외양이 당시 그런 동물에 친숙한 문화를 반영한 것이기에, 하나님이 그러한 모양과 함께 나타난 것은 하나님의 계시를 당시 상황에 맞게 표현한 결과라고 보았다.[24] 또한 닐슨(Nielsen)은 당시에 신들이 여러 가지 동물과 연관되어 묘사되었기 때문에 그런 상황을 보여주는 것이라고 말한다(참조. 8:10).[25]

하지만 필자는 에스겔 1장에서 그룹들이 생물로 묘사된 것에는 다른 신학적 의미가 있다고 본다. 그룹들이 생물로 묘사된 것은 오히려 하나님의 형상의 모습이 동물이 아님을 드러내는 효과를 준다. 이로써 인간이 진정한 하나님의 형상이며 당시 동물의 모습으로 형상화된 우상들은 하나님의 형상이 아님을 가르쳐주는 것이다. 한편 사자, 독수리, 소는 각각 힘, 민첩함, 풍요 등을 상징한다.[26] 따라서 그런 모습의 그룹들을 하나님이 조종한다는 것은, 하나님이 그와 같은 위엄과 능력을 지닌 분이심을 드러내는

---

23   Job, "Theology of Ezekiel," 629.

24   Robert B. Chisholm, 『예언서 개론』, 강성열 역 (*Handbook on the Prophets*, 고양: CH북스, 2006), 347.

25   Nielsen, "Ezekiel's Visionary Call," 105.

26   Daniel I. Block, *The Book of Ezekiel Chapters 1-24*, NICOT (Grand Rapids, MI: Eerdmans, 1997), 96.

것으로 볼 수도 있다.

1:15-21은 생물 곁에 있는 바퀴들을 언급한다. 생물들이 나르는 하나님의 보좌가 바퀴를 통해 기동성 있게 움직이는 모습이다. 바퀴들은 1:5-14의 네 생물과 분리된 다른 실체처럼 보인다. 각 생물은 네 얼굴마다 바퀴를 하나씩 가지고 있다고 했으므로 생물마다 네 개의 바퀴가 있음을 알 수 있다(1:15). 하지만 1:16은 "바퀴 안에 바퀴가 있는 것 같다"고 말하여 각 생물에게 총 8개의 바퀴가 있음을 보여준다.

한편 "바퀴 안에 바퀴가 있다"는 진술은 해석하기가 매우 모호하다. 외형상 하나의 바퀴처럼 보이지만 실상 두 개의 바퀴로 구성되어 있었다는 뜻으로 이해하는 것이 최선인 듯하다. 따라서 생물들은 하나님의 영에 의해 방향을 돌릴 때, 바퀴를 돌리지 않고 바로 바퀴 안의 바퀴를 통해 방향을 신속하게 돌릴 수 있었다고 볼 수 있다.[27] 이런 특징은 신학적으로 하나님의 영에 의해 움직이는 자들이 하나님의 말씀에 즉각적으로 반응해야 한다는 교훈을 준다.

바퀴의 둘레에는 눈이 가득하다(1:18). 이는 이 바퀴로 움직여지는 보좌 위에 계신 하나님이 온 우주를 주관하며 꿰뚫고 있는 전능한 분임을 각인시켜준다. 바퀴들도 생물들과 마찬가지로 하나님의 영에 의해 움직인다(1:20). 확실히 바퀴에 대한 이런 묘사는 에스겔의 환상을 점점 더 모호하고 복잡하게 만들고 있다.

1:22-28은 앞의 단락과 달리 소리 모티프가 주를 이루고 있다. 1:22은

---

27 David L. Thompson, *Ezekiel*, Tyndale Cornerstone Biblical Commentary 9 (Carol Stream, IL: Tyndale House, 2010), 44.

생물들의 머리 위에 수정 같은 궁창의 형상이 있다고 말한다. 생물들의 날개 소리는 많은 물소리와 같고 전능자의 음성과 군대의 소리와 같다고 말한다(1:24). 3:12-13은 생물들의 날개가 부딪치는 소리와 바퀴 소리가 구체적으로 "여호와의 영광이 그의 처소에서부터 나오는도다"라고 외치는 소리임을 밝히고 있다.

또한 생물들의 날개 소리 외에, 궁창 위에서 나오는 음성이 있다(1:25).[28] 궁창 위에는 하나님의 보좌 형상이 있다(1:26-28). 궁창을 기준으로 하여 생물과 보좌가 분리된다는 사실은 창세기에서 하나님이 궁창으로 하늘과 땅의 세계를 분리하신 일을 연상시킨다.[29] 이 대목에서 생물들과 궁창을 동반한 하나님의 보좌는 창조세계의 원형이자 그것의 축소판임을 깨달을 수 있다.[30] 이 보좌 위에는 사람의 모양과 같은 형상이 있다(1:26). 1:28은 이것을 "여호와의 영광의 형상의 모양"이라고 진술한다.

구체적으로 궁창 위에 남보석 같은 보좌의 형상이 있다(1:26). 남보석은 출애굽기의 언약식에서 장로들이 하나님을 뵈었을 때 하나님이 서신 발판(platform)을 치장한 보석이다(출 24:10).[31] 에스겔은 보좌의 형상 위에 있는 여호와의 형상을 "사람의 모양의 형상"이라고 말한다. 이런 모호한 표현은 8:1-3에서도 다시 나타나기 때문에 다분히 의도적이다. 닐슨은 이와 같은 모호성은 하나님의 영광의 모습이 아직 질서가 잡혀 있지 않아서 복잡하고 가변적인 상태임을 보여준다고 주장한다. 유다의 죄로 인해 하나님의 영광

---

28 William H. Brownlee, *Ezekiel 1-19*, WBC 28 (Waco, TX: Word, 1986), 13.
29 Odell, *Ezekiel*, 29.
30 Brownlee, *Ezekiel 1-19*, 18.
31 Allen, *Ezekiel 1-19*, 35.

이 온전히 정착되지 못한 모습을 반영한 것이라는 설명이다. 닐슨은 에스겔 40-48장에서 새 언약이 체결될 때, 하나님의 영광이 질서 잡히고 안정된 모습으로 제시된다고 주장한다(10:13-14; 참조. 41:18-20).[32]

한편 데이비스(Davis)는 여호와의 형상을 "사람의 모양의 형상"으로 모호하게 표현한 것에 대해, 예언자 에스겔이 자신이 본 환상을 정확하게 표현하려는 노력 속에서 다른 방법으로는 표현할 수 없었기 때문에 나온 결과로 해석한다. 하지만 그의 주장이 맞는다면 40-48장의 성전에 대한 정교한 묘사는 어떻게 나왔는지 설명할 수 없다.[33]

쿠츠코(Kutsko)는 에스겔 1장에서 여호와의 형상을 모호하게 표현한 이유가 하나님의 형상을 만들려는 우상숭배를 염두에 두고 일부러 하나님에 대한 묘사를 매우 자제하려 한 것이라고 해석한다. 그에 의하면 에스겔서의 주제 중 핵심은 하나님을 가짜로 형상화한 우상숭배다.[34] 그래서 쿠츠코는 에스겔 1장에서 하나님을 "사람의 모양과 같다"라고 한 표현에(1:26), 하나님의 형상은 사람이기 때문에 신을 가짜로 형상화한 우상은 하나님의 형상이 아님을 교훈하려는 의도가 있다고 주장한다.[35]

필자도 쿠츠코의 주장에 동의하여, 에스겔이 하나님의 형상의 모습을 의도적으로 모호하게 묘사한 것은 우상숭배를 간접적으로 비판하기 위한 것이었다고 생각한다. 이로써 하나님의 형상은 인간이라는 사실을 일깨워 하나님의 형상이라고 만들어진 우상이 헛된 것임을 교훈해주고 있다.

32 Nielsen, "Ezekiel's Visionary Call," 99-114.

33 Davis, *Swallowing the Scroll*, 85.

34 Kutsko, *Between Heaven and Earth*, 2-3.

35 Kutsko, *Between Heaven and Earth*, 65.

하나님의 형상의 모양인 사람의 허리 위 모양은 단 쇠 같고 그 속과 주위가 불같다(1:27). 성경에서 하나님의 현현은 이처럼 불같은 광채를 동반하는 모습으로 나타난다(출 3:2-15; 24:17; 계 4:1-4).[36] 더욱이 시편 18편은 하나님을 병거인 그룹을 타고 우박과 숯불을 내리시는 분으로 묘사하고 있다(시 18:10-13).[37]

1:28은 보좌 위에 있는 사람의 모양이 "여호와의 영광의 형상의 모양"이라고 밝힌다. 이 구절에서 "형상"으로 번역된 히브리어 단어는 "데무트"(רמות)다.[38] 형상을 뜻하는 다른 단어 "첼렘"(צֶלֶם)을 사용할 수도 있었지만 에스겔서는 이 단어를 사용하지 않는다. 그 이유는 "첼렘"이라는 단어에 무엇을 "잘라서 만든다"는 뉘앙스가 있어 우상을 연상시킬 수 있기 때문이다.[39] 쿠츠코의 주장처럼 "첼렘"은 당시 바빌로니아의 신상을 지칭할 때 사용된 단어 "쌀람"과 같은 어근의 단어다. 따라서 에스겔이 일부러 "첼렘"을 피하고 대신 "데무트"를 사용했다고 볼 수 있다.[40] 실제로 "첼렘"이라는 단어는 에스겔서에서 우상을 지칭할 때 등장한다(7:20; 16:17; 23:14-15).

정리하면, 1장에서 그려진 하나님의 보좌의 모습은 하나님의 영광의 보좌가 아직 가변성을 띠고 있음을 시사한다.[41] 백성의 죄로 인해 하나님의 보좌가 한 곳에 정착하지 않은 모습을 보여주는 것이다. 하지만 40-48

---

36 Cooper, *Ezekiel*, 70.

37 Odell, *Ezekiel*, 18.

38 1장에서는 "형상"으로 번역된 "데무트"가 빈번하게 사용되고 있다(1:5, 10, 13, 16, 22, 26, 28).

39 Brownlee, *Ezekiel 1-19*, 15.

40 Kutsko, *Between Heaven and Earth*, 67.

41 Nielsen, "Ezekiel's Visionary Call," 102.

장에서는 새 언약 체결로 인해 종말의 성전이 등장할 때, 그곳에 그룹들이 안정적으로 거하게 된다(41:18). 이는 하나님의 보좌가 안정을 찾고 질서정연한 모습으로 돌아감을 뜻한다. 이런 점에서 에스겔서 전체는 혼란(disorientation)에서 정연한 모습(orientation)으로 진행되는 특징이 있다고 평할 수 있다.[42]

또한 하나님의 보좌 위에 있는 형상이 사람의 모양과 같다는 말은 하나님의 형상으로 만들어진 우상들이 거짓임을 보여줌으로써 진정한 하나님의 형상은 인간뿐임을 교훈하려는 목적을 지닌다. 그리하여 우상숭배의 헛됨을 독자들에게 각인시켜주고 있다.[43]

끝으로 에스겔이 본 하나님의 보좌와 하나님에 대한 환상은 하나님이 인간의 상상을 초월하는 분이며 인간이 정한 경계에 국한된 분이 아님을 보여준다. 하나님의 영광의 보좌는 바퀴가 있는 네 생물로 인해 쉽게 움직일 수 있었다. 이는 하나님의 임재가 이스라엘 땅에 국한된 것이 아니기 때문에 바빌로니아 포로 공동체와도 함께할 수 있다는 신학을 제공해준다.

② 에스겔의 소명 이야기와 사명(2-3장)

2-3장은 전체적으로 패역한 백성을 대상으로 사역하게 될 에스겔의 사명과 백성의 특징을 다룬다. 2-3장은 여러 부분에서 이 패역한 백성이 말을 듣지 않을 것이라고 말한다(2:5, 7; 3:7, 11, 27). 2-3장은 듣지 않는다는 귀머거리 모티프가 앞뒤에 걸쳐 나오면서 통일성을 이루고 있다. 이 패역한 백

---

42 Nielsen, "Ezekiel's Visionary Call," 111.
43 Kutsko, *Between Heaven and Earth*, 68.

성은 다름 아닌 바빌로니아에 있던 유다 공동체다(2:5; 6:13). 예루살렘의 멸망을 예고하지만 정작 하나님이 에스겔을 통해 말씀하려 한 대상은 예루살렘의 유다 백성이 아니라 바빌로니아에 머물던 포로들이었다. 예루살렘의 멸망이 확정된 상황에서 희망은 오직 바빌로니아 포로 공동체에 있었기 때문이다. 하지만 그들은 에스겔을 통해 들려오는 하나님의 말씀에 귀를 닫고 자신들이 곧 예루살렘으로 돌아갈 것이라는 헛된 희망을 놓지 않았다. 2-3장은 크게 2:1-3:15과 3:16-27의 두 부분으로 나뉜다.

Ⓐ **에스겔이 부름을 받음**(2:1-3:15)

이 단락은 본격적으로 에스겔이 하나님께 예언자로 부름받는 장면을 묘사한다. 이 과정에서 에스겔은 그 속이 하나님의 말씀으로 채워지고 말씀하시는 하나님을 통해 만족과 기쁨을 누리는 자로 나타난다. 2:1-3:15의 구조를 살펴보면 다음과 같다.

A. 하나님의 영이 에스겔에게 임함(2:1-2)
  B. 듣든지 아니 듣든지 패역한 백성에게 고하라(2:3-5)
    C. 두려워 말라(2:6-7)
      D. 에스겔이 두루마리 책을 먹음(2:8-3:3)
    C´. 두려워 말라(3:4-9)
  B´. 패역한 백성에게 듣든지 아니 듣든지 고하라(3:10-11)
A´. 하나님의 영이 에스겔에게 임함(3:12-13)
결론. 에스겔이 델아빕에서 근심과 분함으로 칠 일을 지냄(3:14-15)

이상의 구조로 볼 때 이 단락의 핵심 주제는, 하나님의 사명을 감당하는 사역자는 두루마리 책이 상징하는 말씀을 통해 만족을 누려야 한다는 교훈이다(3:3). 즉, 하나님의 일꾼인 예언자는 하나님의 말씀을 배에 채우고 그것으로 만족을 누리는 자라는 메시지다.

2:1-2에서는 에스겔에게 영이 임하여 그를 일으켜 세운다. 여기서 영이 누구를 가리키는지에 대한 물음을 제기할 수 있다. 브라운리(Brownlee)는 이 영이 앞에서 언급된 생물들을 조종하는 영은 아니라고 주장한다(1:12, 20).[44] 그러나 문맥상 앞에서 생물들을 조종했던 하나님의 영으로 보는 것이 더 설득력 있다. 그렇다면 앞에서 생물들을 움직이던 하나님의 영이 에스겔에게도 임하여 그를 일으키고 세운 셈이 된다. 그리하여 에스겔이 천사들처럼 하나님에 의해 쓰임 받는 모습으로 탄생하고 있음을 볼 수 있다. 2:2에서 여호와의 영은 주위 문맥으로 볼 때 능력을 뜻하는 여호와의 손과 평행을 이룬다(2:2, 9; 참조. 3:12, 14, 22, 24). 그리하여 예언자가 하나님의 영을 통해 능력을 가진 자로 창조되는 자라는 통찰을 얻을 수 있다.

하나님은 에스겔을 "인자"(사람의 아들)라고 부른다(2:1). 앞서 1:26-28이 여호와의 영광의 형상의 모양을 사람의 모양으로 진술한 상황에서 이번에는 에스겔을 사람의 아들로 칭하여 에스겔이 인간으로서 진정한 하나님의 형상임을 독자들에게 교훈하는 효과를 주고 있다.

2:2에는 에스겔에게 "영이 임한다"는 표현이 나오는데 이 표현은 37:10에서 마른 뼈들에 하나님의 영이 임하는 모습을 연상시킨다(참조. 3:22, 24). 또한 "일어나서 선다"는 표현도 하나님이 마른 뼈들을 자신의 영

---

44 Brownlee, *Ezekiel 1-19*, 25.

으로 일으켜 세울 때 사용된 단어와 동일하다(37:10). 37장의 마른 뼈 환상 이야기는 36장과 연결되어 새 언약의 체결로 인해 이스라엘이 하나님의 형상으로 재창조되는 모습을 설명하는 내용이다. 이런 점을 고려할 때 에스겔에게 하나님의 영이 임하고 그가 일어서는 모습은 에스겔이 마른 뼈 환상처럼 하나님의 형상으로 새롭게 창조되고 있음을 보여주는 것이다.

에스겔이 예언자로 부름받는 과정에서 하나님의 형상으로 재창조된다는 주장은 그가 나중에 하나님의 말씀을 받고 7일을 지낸다는 말씀에서 지지를 얻는다(3:15). 7이라는 숫자는 창조의 숫자이기 때문이다. 물론 레위기 8장을 보면 7일은 제사장의 위임과 맞물려 제사장을 정결케 하는 기간이기도 하나.[45] 하지만 7일간 행해지는 제사상 위임식은 제사상이 새롭게 창조된다는 의미도 담고 있다.[46] 나아가서 에스겔 3:18의 "꼭 죽으리라"라는 말씀은 창세기 2:17의 말씀을 연상시키고 있다.[47] 이상의 증거들은 에스겔의 소명 이야기에서 에스겔이 창세기의 인간 창조처럼 새롭게 하나님의 형상으로 변화되고 있다는 주장에 무게를 실어준다.

에스겔에게 영으로 임하신 하나님은 그에게 패역한 백성이 듣든지 아니 듣든지 그들에게 말씀을 전하라고 말씀하신다(2:3-5). 앞서 말한 대로 여기서 패역한 백성은 예루살렘의 유다가 아니라 에스겔이 활동했던 포로기에 바빌로니아에 거주했던 유다 공동체를 가리킨다(3:11, "사로잡힌 네 민족에

45 R. W. Klein, 『에스겔』, 박호용 역 (*Ezekiel: the Prophet and His Message*, 서울: 성지출판사, 1999), 58. 이와 비슷한 주장은 다음의 주석서에서도 발견된다. Odell, *Ezekiel*, 47.

46 Nobuyoshi Kiuchi, *Leviticus*, AOTC (Downers Grove, IL: IVP, 2007), 158.

47 John R. Levison, "The Promise of the Spirit of Life in the Book of Ezekiel," in *Israel's God and Rebecca's Children: Christology and Community in Early Judaism and Christianity*, ed. David B. Capes et al. (Waco, TX: Baylor University Press, 2007), 257.

게로 가서"). 이로써 에스겔서가 외형상으로는 예루살렘의 멸망을 예언하는 책이지만 그 주요 청중(target audience)은 포로기 공동체라는 사실이 분명히 드러난다(6:13, "너희가 알리라").

포로기 유다 공동체가 패역한 것은 그들이 얼굴이 뻔뻔하고 "마음이 굳은 자"들이기 때문이다(2:4). 이 진술은 죄의 원인이 "마음"(לֵב/레브)에 있다는 인상을 주지만, 구약과 신약은 동일하게 죄의 원인이 이기적인 "욕구"(נֶפֶשׁ/네페쉬)에 있다고 말한다(사 56:11; 57:17; 엡 4:22; 약 1:15).[48] 같은 맥락에서 에스겔서도 인간의 뱃속 깊은 곳에 자리 잡은 이기적 욕구로 인해 우상과 세상적 수단으로 만족과 기쁨을 누리려는 모습이야말로 죄의 원인임을 밝히고 있다(7:19).

구약은 욕구가 인간의 뱃속 깊은 곳, 특히 콩팥에 자리 잡고 있다고 본다(렘 17:10; 20:12; 시 7:10; 16:7; 26:2; 73:21; 욥 19:27; 잠 23:16).[49] 이에 따라 콩팥은 인간의 마음과 비견되는 기관으로 이해되었다.[50] 에스겔 7:19에서 개역개정 한글 성경이 "창자"로 번역한 히브리어 단어는 "메에"(מֵעֶה)로서 뱃속 깊은 곳을 뜻한다. 그리고 이 단어는 같은 절에서 "네페쉬"와 병치를 이루어, 인간의 욕구인 네페쉬가 뱃속에 있다는 히브리인들의 사고방식을 잘 드러내준다.

---

48 구약에서 "네페쉬"는 욕구를 뜻한다. Dyrness, *Themes in Old Testament Theology*, 85. 원래 "네페쉬"는 "목구멍"을 뜻하는데 여기서 "욕구"와 "생명"의 의미가 파생되었다. 창 2장에서 하나님이 흙에 생기를 불어 인간을 만들어 인간이 생령이 되었다고 할 때, 생령에 해당하는 히브리어 문구에 "네페쉬"가 사용되었다(창 2:7). 이를 통해 창조된 인간이 "욕구를 가진 존재"임을 가르쳐주고 있다.

49 Kiuchi, *Leviticus*, 79.

50 Gary Edward Schnittjer, *The Torah Story* (Grand Rapids, MI: Zondervan, 2006), 307 참조.

인간의 죄는 욕구를 뜻하는 네페쉬가 이기적 욕구로 전락할 때 발생한다(창 3:6, "탐스럽기도 하고"). 욕구는 하나님의 창조물로서 그 자체로 나쁜 것은 아니다. 하나님은 인간이 욕구를 올바로 사용하여 궁극적으로 하나님과의 교제에서 오는 기쁨과 만족으로 그 욕구를 채우기를 원하셨다. 그러나 교만과 이기심에 눈먼 인간은 인간적 수단을 통하여 얻은 자신만의 만족과 기쁨으로 욕구를 채우려 했기 때문에 선한 욕구가 이기적 욕구로 전락했던 것이다. 이러한 이기적 욕구는 인간의 마음을 잠식하여 마음으로 하나님의 뜻을 올바로 분별하지 못하게 하고, 분별한다 해도 진정한 사랑의 감정을 가지고 그것을 행동에 옮기지 못하게 한다.[51]

구약에서 마음의 기능을 살펴보면, 마음이란 주위 상황을 올바로 깨닫고, 올바른 감정을 가지고, 의지적으로 행동하고자 하는 기능을 종합한 기관이다. 그러므로 마음은 지·정·의의 장소라고 할 수 있다.[52] 인간은 마음으로 하나님을 깨닫고 하나님은 인간의 마음에 말씀하신다(사 40:2).[53] 그러므로 마음은 하나님의 뜻을 깨닫고 분별하는 곳이다(참조. 롬 12:1). 열왕기상에서 솔로몬이 하나님의 뜻을 잘 분별할 수 있도록 "듣는 마음"(지혜의 마음)을 구한 것은 이런 이유에서였다(왕상 3:9, 12).[54] 잠언도 미련한 자가 멸망하는 것은 그에게 지식의 마음이 없기 때문이라고 말하여(잠 10:21), 마음이

---

51 한편 삼상 30:6에서 개역개정 한글 성경은 이기적 욕구가 감정을 가지고 있는 것처럼 보이게 한다. 하지만 삼상 30:6에서 개역개정 한글 성경이 "백성의 마음(네페쉬)이 슬퍼서"라고 번역한 부분은 그들의 욕구가 만족을 누리지 못하는 쓴 상태임을 가리킨다.

52 Odell, *Ezekiel*, 81. 여기서 Odell은 마음을 인간의 이성(reason)과 감정(emotion)과 의지(will)의 좌소로 이해한다.

53 Alex Luc, "לֵב," in *NIDOTTE* 2: 752.

54 Alex Luc, "לֵב," in *NIDOTTE* 2: 753.

지혜에 의한 분별과 밀접한 관계에 있음을 확인해준다.

또한 구약은 마음으로 하나님을 사랑할 것을 촉구함으로써 마음이 감정의 장소임을 일깨워준다(참조. 신 10:12-13). 그래서 "마음이 즐거워한다"라는 표현도 인간의 마음이 감정을 느끼는 곳임을 강하게 증거한다(삼상 2:1; 슥 10:7).

나아가서 마음은 인간의 의지와 의도가 발현되는 기관이기도 하다(겔 28:2, 6; 참조. 대상 29:19).[55] 솔로몬은 자신의 아버지 다윗이 정직한 마음을 통해 올바르게 행동했음을 말함으로써(왕상 3:6), 마음이 인간의 의지가 생성되는 기관임을 밝히고 있다.[56] 이상의 논의를 종합할 때 마음은 확실히 인간의 내부에 있는 지·정·의의 좌소라고 평할 수 있다.

그런데 앞서 말한 대로 이기적인 욕구는 이런 마음의 기능을 마비시켜 마음이 올바로 깨닫고 느끼고 행동하지 못하도록 한다. 결국 에스겔 2:4에서 바빌로니아 포로 공동체를 "마음이 굳은 자"라고 표현한 것은 그들의 마음이 이기적인 욕구에 의해 돌처럼 굳어졌음을 말하는 것이다. 그러므로 이 구절에서 하나님은 당시 포로기 공동체가 이기적 욕구로 인해 그들의 마음이 올바로 기능하지 못하고 있다고 질책하신 셈이다.

2:5에서 하나님은 에스겔에게 이기적 욕구로 함몰된 악한 마음을 가진 패역한 포로 공동체를 향해 그들이 듣든지 아니 듣든지 하나님의 말씀을 전하라는 사명을 주신다. 본문은 구체적으로 에스겔이 전해야 할 말씀이 무엇인지 말하지 않지만 문맥상 그것은 예루살렘의 유다가 우상숭배로 인

---

55 Alex Luc, "לֵב," in *NIDOTTE* 2: 752.
56 Cooper, *Ezekiel*, 76. 여기서 Cooper는 "마음이 의지의 중심지"(center of volition)라고 지적한다.

해 멸망할 것이라는 선포로 요약된다. 이 선포를 통해 하나님은 포로기 공동체가 예루살렘 멸망을 반면교사 삼아 우상숭배에서 떠나 새로운 마음을 가지고 하나님을 섬기기를 원하셨다. 하지만 그들은 패역한 백성이라서 오히려 우상을 숭배하는 예루살렘의 유다 백성처럼 살기를 고집했다.

유다 공동체가 듣든지 아니 듣든지 말씀을 전하라고 하신 하나님은 그럼에도 에스겔에게 두려워하지 말라고 하신다(2:6-7). 그러면서 에스겔이 사명을 수행할 때 가시와 찔레와 전갈(전갈 모양의 식물)이 그와 함께 있을 것이라고 말씀하신다(2:6). 여기서 가시와 찔레와 전갈은 무엇을 상징하는가? 어떤 이는 에스겔의 사역을 위협하는 이들을 묘사한 것이라고 주장한다.[57]

2:6에서 가시와 찔레와 전갈을 언급하는 절 앞의 접속사 "키"(כִּי)를 양보의 의미로 보면, 가시와 찔레와 전갈이 있을지라도 두려워하지 말라는 해석이 가능하다. 하지만 이 접속사를 이유의 의미로 해석하면, 에스겔이 가시와 찔레와 전갈 가운데 거하기 때문에 사람들이 에스겔을 함부로 대하지 못할 것이라는 뜻으로 이해할 수도 있다. 이 구절의 문맥은 에스겔에게 두려워하지 말 것을 명령하고 확신을 주는 내용이기 때문에, 하나님이 에스겔을 보호하기 위해 그의 방패막이가 되어주실 것이라는 관점에서 이해하는 것이 옳다. 그러므로 에스겔이 두려워할 필요가 없는 이유는 그의 주위에 가시와 찔레와 전갈이 있어 사람들이 접근할 수 없기 때문이라고 해석할 수 있다.[58]

2:8-3:3은 예언자로 소명을 받는 에스겔이 하나님으로부터 받은 두루

---

57 이학재, 『에스겔 어떻게 읽을 것인가?』, 36.
58 Odell, *Ezekiel*, 41.

마리 책을 먹는 장면이다. 여기서 두루마리 책에 대한 언급은 요한계시록 5장을, 두루마리를 먹는 장면은 요한계시록 10장을 연상시킨다(계 10:9-10).[59] 앞서 에스겔 1장의 네 생물은 요한계시록 4장과 밀접한 관련이 있었다. 따라서 정경적 문맥에서 에스겔 1-3장은 요한계시록과 긴밀하게 연결되어 있음을 알 수 있다. 이러한 연결성은 에스겔이 선포하는 말씀이 종말에 이루어질 하나님 나라의 청사진과 연속선상에 있다는 암시를 준다. 실제로 에스겔 40-48장은 종말에 이루어질 성전을 묘사하여 요한계시록의 새 예루살렘을 예표하고 있다.

2:9-10에서는 여호와의 손이 등장하고 두루마리 책에 쓰인 하나님의 말씀이 언급된다. 이 두루마리 책은 양쪽 모두에 애가와 애곡과 재앙의 말이 기록되어 있어, 두루마리 책에 적힌 하나님의 말씀이 심판의 말씀임을 강조해준다. 에스겔이 두루마리 책을 통해 하나님의 말씀을 받는 모습은 이사야와 예레미야의 소명 기사를 연상케 한다(사 6장; 렘 1장).[60]

하나님은 에스겔에게 두루마리 책을 배에 넣으며 창자에 채우라고 말씀하신다(3:1-3). 이는 하나님의 말씀에서 오는 교제의 기쁨으로 욕구를 채울 것을 명령하는 말씀이다.[61] 이후 하나님은 더욱 분명하게 하나님의 말씀을 "마음으로 받을 것"을 에스겔에게 주문하신다(3:10).

---

59 계 10:10에서 요한은 "내가 천사의 손에서 작은 책을 갖다 먹어버리니, 내 입에는 꿀 같이 다나 먹은 후에는 내 배에서 쓰게 되더라"라고 기록하고 있다.

60 특히 렘 1:9은 다음과 같이 진술한다. "여호와께서 그 손을 내밀어 내 입에 대시며 내게 이르시되, 보라! 내가 내 말을 네 입에 두었노라." 또한 예레미야의 소명 이야기에서는 겔 2:6에서처럼 두려워하지 말라는 표현이 나타난다(렘 1:17). 이런 유비점들은 확실히 에스겔의 소명 기사가 동시대 예언자들의 소명과의 연속선상에서 나온 것임을 보여준다.

61 Brownlee, *Ezekiel 1-19*, 32.

하나님의 말씀에서 오는 기쁨과 만족으로 욕구를 채우는 모습은 당시 예루살렘의 유다와 바빌로니아 포로 공동체 사람들에게서는 찾아볼 수 없었다. 당시 유다와 바빌로니아 포로 공동체는 마음이 완악한 자들로서 이 기적 욕구로 인해 하나님의 말씀을 받아들이려 하지 않았다. 설상가상으로 이들은 자기 뱃속을 금과 은, 그리고 우상에서 얻는 만족과 기쁨으로 채우려고 하였다(7:19).

에스겔은 두루마리 책을 먹었을 때 그것이 입에서 꿀 같이 달았다고 진술한다(3:3). 확실히 이 진술은 요한계시록에서 사도 요한이 작은 두루마리를 먹고 입에서는 달았지만 배에서는 썼다고 했던 말과 매우 유사하다(계 10:9-10). 예언자 에스겔도 두루마리를 먹었을 때 처음에 입에서는 달았지만 나중에 그의 속은 근심과 분한 마음으로 채워졌다고 말하여 두루마리가 배에는 쓰다는 사실을 보여준다(3:14).

시편 저자는 하나님의 말씀은 꿀과 같이 달다고 고백한다(시 19:10; 119:103).[62] 여기서 꿀같이 달다는 말은 말씀을 통해서 오는 하나님과의 교제의 기쁨을 표현한 것이다. 이런 모습은 예언자 예레미야에게서도 찾아볼 수 있다. 예레미야는 하나님의 소명을 처음 받았을 때는 그것을 거부했으나 결국 하나님의 강권적 부르심에 순종하여 말씀을 받아먹자 자신이 교제의 기쁨으로 충만해졌다고 고백하였다(렘 15:16).[63] 구약에서 "달다"라는 말은 인간의 욕구가 온전히 채워졌을 때 사용된다(잠 16:24; 24:13-14). 결국 3:3에서 에스겔이 두루마리 책을 먹으니 입에 달았다고 한 말은 하나님의

---

62 Cooper, *Ezekiel*, 79.
63 Block, *Ezekiel Chapters 1-24*, 126.

말씀에서 오는 교제의 기쁨으로 욕구가 온전히 채워졌음을 의미한다. 진정한 사역자는 하나님의 말씀에서 오는 교제의 기쁨으로 자기 욕구를 채우는 자임을 깨닫게 해주는 대목이다.

3:4-11에서 하나님은 재차 에스겔에게 두려워하지 말고 유다 포로 공동체가 듣든지 아니 듣는지 그들에게 예루살렘의 심판과 멸망의 말씀을 전하라고 더욱 강하게 명령하신다.[64] 이러한 하나님의 명령은 하나님과의 교제의 기쁨이 있다면 두려움을 떨쳐버리고 사명을 완수할 수 있음을 일깨워준다.

2:8-3:3이 하나님의 말씀으로 뱃속을 채우라고 말하여 뱃속에 있는 인간의 욕구(네페쉬)에 초점을 맞추고 있었다면, 3:4-11은 하나님의 말씀을 듣고 마음에 둘 것을 말한다(3:10, "내가 네게 이를 모든 말을 너는 마음으로 받으며 귀로 듣고").[65] 이를 통해 인간이 하나님과의 교제의 기쁨으로 진정한 욕구를 채울 때, 하나님의 말씀을 마음으로 온전히 받고 행동할 수 있음을 가르쳐주고 있다.

하나님은 에스겔이 사명을 수행할 때 두려워하지 않도록 용기를 북돋워주신다(3:4-9). 3:7은 예루살렘의 유다와 바빌로니아의 유다 포로 공동체를 이스라엘 족속이라고 부르고 그들이 이마가 굳고 마음이 굳어 하나님의 말씀을 듣고자 하지 않는다고 말한다. 그들이 "이마가 굳고 마음이 굳어 말을 듣고자 아니한다"라고 할 때 "이마"에 해당하는 히브리어는 "메차흐"(מֵצַח)다. 이 단어의 발음은 3:3에서 "창자"에 해당하는 히브리어 "메

---

64   Leslie C. Allen, *Ezekiel 1-19*, WBC 28 (Dallas, TX: Word, 1994), 40.
65   Odell, *Ezekiel*, 44.

아"(מֵעֶה)와 언어유희를 이룬다. 이런 언어유희를 통해 바빌로니아 포로 공동체가 하나님의 말씀보다 인간적 수단에서 오는 만족과 기쁨으로 뱃속의 이기적 욕구를 채우려 하기 때문에 그들의 이마와 마음이 굳어졌음을 내비친다.

결국 이스라엘 족속이 마음이 딱딱하여 하나님의 말씀을 듣고자 하지 않는 이유는 그들의 이기적 욕구로 인해 마음이 둔해지고 완악해졌기 때문이다. 이마가 굳고 마음이 굳었다는 말은 출애굽 당시 마음이 완악했던 파라오를 떠올리게 한다(출 32:9; 33:3).[66] 하나님의 눈에 비친 이스라엘이 이방인 파라오처럼 전락했음을 보여주고 있다. 파라오의 마음의 완악함은 그가 노예로 삼았던 이스라엘이 해방되는 것을 보니 배가 아픈 이기적 욕구에서 비롯되었다. 그러므로 파라오의 예는 인간의 마음이 굳어지고 완악해지는 배후에 이기적 욕구가 자리 잡고 있음을 다시 한번 확인시켜준다.

하나님은 이스라엘 족속이 파라오와 같이 이기적 욕구로 인해 이마가 굳고 마음이 완악하여 에스겔의 말에 저항할 것을 내다보고, 그런 저항을 두려워하지 말라고 촉구하신다(3:8-9).[67] 두려움을 떨쳐버릴 수 있는 확신을 주기 위해, 하나님은 에스겔의 이마를 그들의 이마보다 더 굳은 금강석으로 만들 것이라고 약속하신다(3:9). 가시와 찔레와 전갈로 에스겔을 보호해주시듯이(2:6) 에스겔을 확실히 보호하시기 위해 그를 강하게 만드실 것을 천명하고 있는 셈이다.[68] 이 대목에서 하나님의 사역자는 담대해야 함을 깨달을 수 있다. 실제로 예언자 미가는 자신이 하나님의 영으로 힘을 얻고 마음이 변화

---

66 Odell, *Ezekiel*, 45.
67 Cooper, *Ezekiel*, 81.
68 Greenberg, *Ezekiel, 1-20*, 73.

되어 공의를 깨닫고 공의를 외칠 때, 그를 대적하고 그에게 저항하는 유다 지도자들과 맞서기 위해 용기를 가지고 행동한다고 고백한다(미 3:8).[69]

계속해서 하나님은 에스겔에게 말씀을 전하는 사명을 완수하기 위해 마음으로 하나님의 말씀을 받아들이고 귀로 들을 것을 주문하신다(3:10-11). 이 대목에서 성도가 이기적 욕구에 마음이 잠식되지 않기 위해서는 끊임없이 하나님의 말씀을 듣고 마음에 새겨야 함을 배울 수 있다. 말씀을 듣고 실천하는 삶을 살지 않는다면, 우리를 호시탐탐 노리는 이기적 욕구에 의해 언제든지 마음이 굳어지고 둔해질 수 있다.

3:11은 "사로잡힌 네 민족에게로 가라"고 말하여, 에스겔이 소명을 받고 선포할 대상은 예루살렘의 유다가 아니라 바빌로니아의 포로 공동체임을 분명히 한다. 하나님은 에스겔을 통해 예루살렘의 유다 백성에게 심판을 선포하게 하셨지만 이는 일종의 수사적 기법이었다. 궁극적으로 에스겔이 말씀을 선포해야 할 청중은 바빌로니아 포로 공동체였다. 하나님은 포로가 된 유다 공동체에게 예루살렘의 멸망을 타산지적으로 삼아 경각심을 가지고 회개할 것을 촉구하셨던 것이다.[70]

3:12-15은 예언자로 부름받은 에스겔이 하나님으로부터 사명을 들은 후 하나님의 영으로 들어올려져서 델아빕에 있는 그발 강가에 거주하는 자들에게로 인도되는 내용이다(3:15). 델아빕이라는 지명은 "봄 수확의 언덕" 또는 "햇보리의 언덕"이라는 의미를 지닌 말이다.[71] 델아빕의 정확한 위치는 알 수 없지만, 앞서 언급했듯이 오늘날 이스라엘 사람들은 선조가 바빌

---

69 김창대,『주님과 같은 분이 누가 있으리요?: 미가서 주해』(서울: 그리심, 2012), 70 참조.
70 Renz, *Rhetorical Function of the Book of Ezekiel*, 64-65.
71 Thompson, *Ezekiel*, 51.

로니아 델아빕에서 포로로 생활했던 사실을 기억하기 위해 이스라엘의 수도를 텔아비브로 명명했다.[72]

에스겔은 하나님의 영에 의해 들어올려져 인도받던 중 생물들의 날개 소리와 바퀴 소리를 듣는다. 이 소리들은 하나님의 영광을 찬양하는 소리였다(3:12-13). 생물들은 하나님의 영으로 움직이는 천사들이며 그들이 하나님의 명령에 순응하여 움직일 때 그들은 하나님의 영광을 찬양하고 있었다(참조. 1:24). 이 대목에서 천사와 같이 하나님의 일을 하는 사역자들은 자기의 영광을 찬양하는 것이 아니라 하나님의 영광을 찬양하는 데 목적을 둬야 한다는 교훈을 얻을 수 있다.

3:14-15은 하나님의 영으로 델아빕으로 돌아가는 에스겔의 내면을 조명한다.[73] 먼저 3:14 상반절은 에스겔이 근심과 분한 마음을 가지게 되었다고 기술한다. 여기서 "근심"으로 번역된 히브리어 표현은 "마르"(מַר)이다. "마르"는 "쓰다"라는 뜻으로서 인간의 욕구(네페쉬)가 충족되지 않은 상태를 가리킨다(삼상 30:6; 겔 27:31).[74] 그러므로 이 말씀은 에스겔이 욕구가 채워지지 않아 괴로워하고 있음을 시사하고 있다. 예언자 에스겔이 두루마리를 먹은 후 처음에는 말씀에서 오는 기쁨으로 욕구를 채웠으나 후에는 쓰다고 말하여 욕구가 채워지지 않았음을 보여주는 것이다.

쓰다고 말한 것은 에스겔이 처음엔 하나님의 말씀으로 욕구를 채웠지만 하나님의 심판으로 백성이 멸망한다는 것을 깨닫고 나서는 하나님의 심

---

72 Cooper, *Ezekiel*, 82.
73 Block, *Ezekiel Chapters 1-24*, 136.
74 Block, *Ezekiel Chapters 1-24*, 136. 여기서 Block은 "네페쉬가 쓰다"라는 표현이 사용된 구절들을 다음과 같이 열거한다. 삼상 22:2; 사 38:15; 욥 7:11; 10:1.

정에 동참하여 분노와 괴로움 속에서 욕구가 채워지지 않은 상태로 변했음을 뜻한다.[75] 결국 에스겔이 욕구가 채워지지 않은 상태로 변한 것은 백성의 죄 때문에 분노하고 괴로워하며 욕구를 충족하지 못하는 하나님의 품성을 닮은 결과다(참조. 렘 31:20). 이 대목에서 백성이 죄로 멸망할 때, 하나님도 그 모습을 보고 욕구가 채워지지 않아 괴로워하신다는 것을 깨달을 수 있다.

한편 3:14에서 개역개정판 한글 성경이 "분한 마음"으로 번역한 히브리어 표현은 "나의 영이 분노한다"는 뜻이다. 이 표현은 에스겔의 영을 마음과 동일시하여 인간의 영이 인간 안에서 마음으로 기능한다는 사실을 확인해준다. 3:14의 후반절은 여호와의 손이 에스겔에게 강하게 임했다고 말한다. 이 구절에서 개역개정판 한글 성경이 "여호와의 권능"으로 번역한 부분은 사실 "여호와의 손"이다. 구문론적으로 살피면 이 후반절은 역접 접속사 바브(ן)로 연결되어 앞의 절을 부연 설명하는 기능을 한다. 그래서 에스겔의 욕구(네페쉬)가 쓰고 그의 영(마음)이 분노하게 된 원인이 여호와의 손이 그에게 강하게 임한 데 있음을 설명해준다.[76] 이런 구문론적 정보는 에스겔의 욕구와 영(마음)이 하나님의 관점으로 변화된 것이 그의 공로가 아니라 전적으로 하나님의 손에 의한 것임을 깨닫게 해준다.

여기서 잠시 여호와의 손이 지닌 신학적 의미를 살펴볼 필요가 있다. 에스겔이 올바른 욕구와 마음을 가지고 하나님의 말씀을 전할 수 있는 상태로 변화하는 데 결정적 역할을 한 것은 여호와의 손이다. 이런 점에서 여

---

[75] Taylor, *Ezekiel*, 70. 여기서 Taylor는 "네페쉬가 쓰다"라는 말을 마음에 있는 분노의 감정을 표출한 것으로 치부하고 있다.

[76] 이처럼 히브리어에서 역접 접속사로 이끌어지는 절은 앞 절의 원인을 제시할 수 있다. Bruce K. Waltke and M. O'Connor, *An Introduction to Biblical Hebrew Syntax* (Winona Lake, IN: Eisenbrauns, 1990), 651.

호와의 손은 에스겔을 하나님의 형상으로 변화시키는 기능을 한다. 사람을 하나님의 형상으로 변화시킨다는 점에서 이 손은 예레미야서에서 언급된 토기장이로서의 하나님의 손이라고 할 수 있다(렘 18:1-10).

하나님의 영에 이끌린 에스겔은 델아빕에 거주하는 포로 공동체 중에 거하면서 두려움 속에 7일을 지냈다(3:15). 이는 에스겔의 인간적 연약함을 보여주는 대목이다. 이런 연약함은 아마도 하나님의 심판이 백성에게 임하게 될 것을 알고 두려워했기 때문에 나타난 것으로 풀이할 수 있다.[77]

3:15에서 "두려워 떨며"에 해당하는 히브리어의 어근은 "샤멤"(שׁמם)이다. 이 낱말은 4:17에서 유다가 그의 죄악으로 멸망당할 때 그 상태를 표현한 말이기도 하다. 에스겔은 단어를 사용하여 그가 7일간에 걸쳐 죄악으로 멸망당한 백성과 자신을 동일시하고 심판의 무서움을 몸소 체험했음을 보여준다. 이를 통해 참 예언자란 백성과 자신을 동일시하고 그들의 고통을 경험하며 말씀을 전하는 자라는 통찰을 얻을 수 있다.

에스겔은 7일 동안 포로 공동체 백성들 사이에서 말없이 지냈다. 7일이라는 날수는 욥기 2:13에서 욥의 친구들이 욥을 대면하고 놀라서 침묵하며 지낸 날의 수이기도 하다. 하지만 7일은 또한 에스겔이 환상을 보고 새롭게 창조된 기간이기도 하다. 에스겔 2-3장의 문맥에서 볼 때 7은 창조의 숫자로도 이해할 수 있다. 그러므로 하나님의 시각에서 에스겔의 욕구와 마음의 변화가 7일의 기간을 통해 완성되었다고 볼 수 있다.

어떤 이는 에스겔이 7일간 하나님의 사명을 놓고 주저했다고 주장한

77　Iain M. Duguid, *Ezekiel*, NIVAC (Grand Rapids, MI: Zondervan, 1999), 70.

다. 그래서 하나님이 파수꾼의 사명을 다시 한번 새롭게 주셨다는 것이다.[78] 하지만 본문에는 에스겔이 주저했다는 암시가 없다. 덧붙여 7일이라는 숫자는 제사장이 위임을 받기 위해 거룩하게 되는 기간이기도 하기 때문에, 에스겔이 제사장이자 예언자로 사역하기 위해 통과의례로 지내야 했던 기간으로도 이해할 수 있다(레 8장).[79]

⑧ 에스겔의 사명에 대한 구체적 예언(3:16-27)

3:16-27은 에스겔의 구체적인 사명과 함께 그 사명을 위해 그가 어떤 상황에 놓이게 될 것인지를 이야기한다. 즉, 앞에서 말한 "듣든지 아니 듣든지 말씀을 전하는" 에스겔의 사명이 구체적으로 어떻게 수행될 것인지를 제시한다. 이 부분의 소단락 구조는 다음과 같다.

> A. 에스겔의 구체적인 사명: 파수꾼의 사명(3:16-21)
> B. 에스겔이 사명 중에 줄에 매이고 간헐적으로 말하게 됨(3:22-27)

먼저 3:16-21은 파수꾼으로서 에스겔의 사명을 강조한다. 파수꾼의 사명은 적의 위협이 있을 때 성 안에 있는 사람들에게 그 위협을 알리는 것이다. 그래서 에스겔에게 주어진 "듣든지 아니 듣든지 전하는" 사명은 백성에게 심판의 말씀을 무조건 가감 없이 전하는 것이었다. 에스겔의 이러한 사명은 백성에게 마지막 기회를 주는 것이기 때문에 하나님 편에서 그분의

---

78 Brownlee, *Ezekiel 1-19*, 41.
79 Klein, 『에스겔』, 58.

자비를 보여주는 것이기도 했다.[80]

한편 에스겔을 파수꾼에 비유한 것은 그가 백성의 지도자임을 뜻하는 것이다. 구약에서 파수꾼은 종종 지도자로서 백성에게 하나님의 말씀을 전하는 자로 제시된다(사 56:10; 렘 6:17). 이런 맥락에서 이사야 56:10-11은 유다 지도자들이 파수꾼의 사명을 제대로 감당하여 하나님의 말씀을 올바로 전해야 했지만 이기적 욕구에서 나오는 탐심으로 인해 자기 입맛에 맞게 말씀을 전하였음을 질타했다. 이처럼 파수꾼으로서 유다 지도자들이 사명을 감당하지 못한 배후에는 탐심이 자리 잡고 있었다. 따라서 에스겔도 하나님으로부터 받은 파수꾼의 사명을 잘 감당하기 위해 이기적 욕구(네페쉬)를 항상 경계해야 한다는 사실을 깨달아야 했다.

에스겔의 파수꾼 사명 이야기는 신앙의 개인적 측면을 강하게 보여준다(18장; 33:1-20). 파수꾼인 에스겔이 악인에게 그 잘못을 지적하지 않으면 악인이 죄악 중에 죽을 때 그 책임을 에스겔도 함께 지게 될 것이다(3:18). 하지만 에스겔이 악인들의 죄를 지적해도 그들이 여전히 악을 행한다면 그들은 자기 죄로 인해 죽되 에스겔에게는 책임을 묻지 않을 것이다(3:19).

의인도 마찬가지다. 의인이 그의 공의(체다카)에서 돌이켜 악을 행할 때 에스겔이 그 죄를 지적하지 않으면 의인이 죄 중에 죽을 때 그 죽음의 책임을 에스겔에게도 묻게 될 것이다(3:20). 그러나 악을 행하던 의인이 에스겔의 말을 듣고 깨우치면 그 의인은 정녕 살 것이고 에스겔의 영혼도 보존될 것이다(3:21).

3:21의 "네 영혼을 보존하리라"에서 "영혼"에 해당하는 히브리어는

---

[80] Taylor, *Ezekiel*, 71.

"네페쉬"다. 따라서 에스겔이 파수꾼의 사명을 수행하는 데 방해 요소인 이 기적 네페쉬(욕구)를 제어한다면(참조. 사 56:10), 그의 네페쉬(욕구)가 보전되어 욕구가 끊임없이 채워지는 자가 된다는 사실을 교훈하고 있다. 이 대목에서 사역자가 그의 사명을 감당하기 위해서는 끊임없이 이기적인 욕구를 제어하는 것이 중요함을 다시금 깨닫게 된다.

다음으로 하나님은 파수꾼의 사명을 가진 에스겔이 그 사명을 어떻게 수행하게 될 것인지를 말씀하신다(3:22-27). 이 소단락은 "여호와의 손"이라는 말로 새로운 단락의 시작을 알린다. 개역개정판 한글 성경이 3:22에서도 "여호와께서 권능"으로 번역한 히브리어 표현은 "여호와의 손"이다. 이를 통해 여호와의 손이 임하여 다시 에스겔을 하나님의 사람으로 계속해서 만들어간다는 인상을 준다. 이 구절의 "일어나다"라는 표현은 여호와의 영이 임하여 마른 뼈들이 일어나는 장면을 연상시킨다(37:10). 이런 점에서 파수꾼의 사명을 받은 에스겔은 계속해서 하나님의 형상으로 창조되고 있음을 알 수 있다.[81]

여호와의 손에 의해 하나님의 뜻을 행하는 자로 변화된 에스겔은 하나님의 명령에 따라 들로 나가 1장에서 보았던 하나님의 영광의 형상을 다시 보게 된다(3:23). 소명을 받은 후 다시 하나님의 말씀을 듣기 위해 들로 나가는 이 장면은 갈라디아서에 바울이 광야인 아라비아로 가는 것과 유사하다고 볼 수 있다(갈 1:16-17).[82]

하나님은 들에 있는 에스겔에게 그의 사명이 어떤 모습으로 수행될 것

---

[81] 이와 관련해서 Seitz는 겔 3:22-27이 겔 37장에 묘사되는 창조 이야기와 어느 정도 연관성이 있음을 시사한다. Christopher R. Seitz, "Ezekiel 37:1-14," *Interpretation* 46 (1992): 53 참조.

[82] Cooper, *Ezekiel*, 87.

인지를 말씀하신다(3:24-27). 하나님은 영으로 에스겔에게 임하여 그를 일으키신 후 그의 사명 수행과 관련해서 네 가지 말씀을 주신다(3:24b-27). 첫 번째 말씀은 먼저 집에 들어가서 문을 닫고 있으라는 것이다(3:24b). 이는 에스겔의 사명이 백성에게 자신을 드러내는 방식보다 고립된 상태에서 포로 유다 공동체에게 말씀을 전하는 방식으로 수행될 것임을 뜻한다. 이런 예언자의 모습은 하나님과 백성 간의 단절을 의미하는 것이기도 하다.[83] 외부 세계와의 차단은 그만큼 에스겔 당시의 포로 공동체가 하나님의 말씀을 들으려 하지 않았음을 의미한다(3:6-7).

두 번째 말씀은 무리가 에스겔을 줄로 동여맬 수 있다는 경고다(3:25). 무리가 에스겔을 줄로 동여맨나는 말은 문사적인 예언이기보다 미래의 위협에 대한 경고로 해석할 수 있다.[84] 이미 3:24에서 집에 들어가 문을 닫으라고 명하셨는데, 무리가 그런 에스겔의 집에까지 들어가 그를 실제로 동여맨다는 것은 논리적으로 맞지 않는다. 어떤 이는 3:25에서 "동여매다"라는 동사가 완료형이기 때문에 예언자 에스겔이 이미 줄에 매여 있었다고 추론한다. 하지만 완료형도 미래의 의미를 가질 수 있기 때문에 굳이 그렇게 해석할 필요는 없다. 결국 무리가 에스겔을 줄로 동여맨다는 말은 하나님의 말씀을 들으려 하지 않는 포로 공동체가 에스겔이 하나님 말씀을 전하지 못하도록 그를 압박하고 위협하리라는 의미로 이해할 수 있다.

하나님의 세 번째 말씀은 에스겔이 사역 중에 혀가 입천장에 붙어 말을 못하는 벙어리가 되리라는 것이었다(3:26). 앞서 하나님은 에스겔에게

---

83 Allen, *Ezekiel 1-19*, 61.

84 Brownlee, *Ezekiel, 1-19*, 56.

백성이 듣든지 아니 듣든지 말씀을 전하라는 파수꾼의 사명을 주셨기 때문에 이 구절의 그를 벙어리로 만드시리라는 예언은 언뜻 모순처럼 들린다. 이러한 모순에 대해서 여러 견해가 있다.

첫째, 벙어리가 된다는 것은 예루살렘이 최후의 공격을 받고 멸망하는 2년의 기간(기원전 588-586년) 동안 말을 못하게 될 것을 의미한다는 견해다. 실제로 에스겔은 24장에서 바빌로니아가 예루살렘을 공격할 때(기원전 588년) 예루살렘의 멸망을 예언하고, 그 예언이 이루어질 때까지 거의 2년 동안 말을 하지 않았다(기원전 586년; 24:26-27; 참조. 33:22).

둘째, 하나님이 당시 유다 백성을 거부하시는 모습을 상징적으로 보여준다는 해석이다. 에스겔을 향한 사람들의 적대적 반응으로 인해 하나님이 침묵하시듯이 에스겔이 침묵하게 되리라는 견해다.[85]

셋째, 3:26b은 에스겔이 벙어리가 되는 이유를 "그들을 꾸짖는 자가 되지 못하게 하기 위함"이라고 설명한다. 3:26에서 개역개정판 한글 성경이 "꾸짖는 자"로 번역한 히브리어는 "모키아흐"(מוכיח)로서 "중재자"라는 의미가 있다. 그래서 이 구절을 근거로 에스겔이 벙어리가 된다는 것은 그가 백성의 중재자가 되지 못하며 심판이 불가피함을 보여준다고 보는 견해다. 즉, 심판을 작정하신 하나님은 에스겔이 중재자가 되지 못하도록 벙어리가 되게 하셨다는 것이다.[86] 심판의 확실성으로 인해 중재하지 말 것을 요구하는 하나님의 명령은 예레미야서에서도 발견된다(렘 7:16; 11:14).

넷째, 예루살렘의 멸망이 기정사실로 굳어진 상황에서 하나님은 백성

---

85 Greenberg, *Ezekiel, 1-20*, 121.

86 de Jong, "Ezekiel as a Literary Figure," 8.

에게 회개를 촉구하기보다 에스겔이 책을 쓰도록 하려고 벙어리가 되게 하셨다는 견해다.[87] 집필 작업은 쌍방 간의 교류가 아니라 하나님이 주도적으로 말씀하는 일방적 흐름이다. 그러므로 집필 작업을 위해 에스겔이 벙어리가 되는 것은 유다 백성이 더 이상 하나님께 묻고 호소할 수 없는 상황이 되었음을 의미한다(20:3, 31; 참조. 14:3). "주 여호와께서 이렇게 말씀하셨느니라. 너희가 내게 물으려고 왔느냐?…너희가 내게 묻기를 내가 용납하지 아니하리라"(20:3).

필자는 에스겔이 벙어리가 될 것이라는 말씀이 여러 의미를 내포한다고 생각한다. 먼저 심판이 정해진 상황에서 예루살렘의 유다에게 회개의 기회를 주지 않기 위함이다. 동시에 에스겔의 벙어리 됨을 통해 유다의 멸망 원인이 하나님의 형상으로 살지 않은 결과 입이 있어도 말을 못 하는 우상과 같은 모습으로 전락한 데 있음을 상징적으로 보여준다는 의미가 있다. 다시 말해 하나님은 에스겔로 벙어리가 되게 하여 우상숭배하는 백성이 벙어리 같은 우상으로 전락했음(비인간화)을 교훈하고자 하셨다고 볼 수 있다.[88]

또한 에스겔은 주로 사람들 앞에서 말보다는 상징적 행동을 함으로써 그것을 보고 깨닫는 자만 깨닫도록 하는 방식으로 사역을 수행했다. 그러므로 이런 사역 방식에 맞게 상징적 행동으로서 그가 벙어리 된 것이라고 볼 수 있다(4:1-3, 9-13; 5:1-4; 12:1-20; 24:15-25).[89]

물론 에스겔의 전체 사역에서 에스겔이 전혀 말을 하지 않은 것도 아

---

87 Davis, *Swallowing the Scroll*, 53.

88 de Jong, "Ezekiel as a Literary Figure," 7.

89 Odell, *Ezekiel*, 58.

니다. 하나님은 필요시에 에스겔로 입을 열게 하여 여호와의 말씀을 전하도록 할 것이라고 말씀하셨다(3:27). 에스겔 24장과 33장을 비교 분석하면, 에스겔은 기원전 588년부터 586년에 멸망하기 전까지 2년 동안 침묵했다(24:1, 27; 33:22). 이는 거꾸로 보면 그가 기원전 588년 전에는 간헐적으로 말을 했다는 방증이다. 더욱이 에스겔서는 종종 그의 집에 찾아온 포로 공동체 지도자인 장로들과 에스겔이 대화했음을 기술한다(8:1; 14:1; 20:1). 이런 점들을 종합하면 확실히 에스겔은 빈번하게는 아니었지만 필요시에 백성에게 하나님 말씀을 전했음을 알 수 있다.

결론적으로 하나님의 주도로 집에 갇혀 있고 벙어리가 되었던 에스겔의 모습은 회개의 가능성을 배제하고 심판이 확정되어 있음을 의미했다. 그래서 그의 사역은 백성에게 회개를 촉구하기보다 나중에 하나님의 말씀이 일방적으로 이루어질 때 그들 가운데 예언자가 있다는 사실을 알게 하는 정도에서 멈춘다.[90]

그렇다고 에스겔이 전혀 회개를 촉구하지 않은 것은 아니다(참조. 18:25-27). 3:17-21에서 언급된 에스겔의 파수꾼 사명은 하나님의 말씀을 듣고 회개할 수 있는 가능성을 열어놓고 있다.[91] 더욱이 에스겔은 예루살렘 멸망에 관한 환상을 본 후 하나님을 향해 남은 자를 살려달라고 말하며 중재자의 역할을 수행하기도 했다(9:8; 11:13) 하지만 전체적으로 에스겔의 사역에서 회개를 촉구하는 행위와 중재의 역할은 확실히 다른 예언자들의 사역에 비해 매우 미미하게 나타난다.

---

90 Davis, *Swallowing the Scroll*, 56.
91 Michael Fishbane, "Sin and Judgment in the Prophecies of Ezekiel," *Int* 38 (1984): 134.

한편 에스겔의 사역이 멸망의 확정과 하나님의 심판을 강조하는 데만 머물지는 않는다. 하나님의 심판 목적은 심판 그 자체가 아니라 회복이므로 에스겔은 후반부인 33-48장에서 미래에 하나님의 전적인 개입으로 회복이 시작될 것을 적극적으로 알리는 사람으로 변한다.

미래에 회복에 참여하는 자들은 에스겔이 집필한 책을 통해 고난 가운데 자신의 무능함과 아무것도 아님을 깨닫고 회개하여 구원받게 될 것이다. 그들은 하나님의 심판을 경험한 후 하나님의 주권적 선택에 의해 회개하고 돌아와서 새 언약의 수혜자가 될 것이다(6:8-10; 9:4; 12:16; 14:22; 16:62-63; 20:43-44; 34:20). 이런 점에서 에스겔의 벙어리 사역은 궁극적으로 백성을 구원하려는 하나님의 은혜의 일환이라고 말할 수 있다.

(2) 상징적 행동을 통한 유다의 멸망과 포로 생활 예고(4장)

4장은 에스겔의 상징적 행동을 통해, 예루살렘의 유다가 바빌로니아의 공격을 받아 고난을 당할 것과 포로로 끌려갈 것을 선포하는 내용이다. 하나님은 에스겔에게 북이스라엘의 죄악을 담당하기 위해 390일 동안 왼쪽으로 눕고, 남유다의 죄를 담당하기 위해 40일 동안 오른쪽으로 누울 것을 명령하신다. 그리고 인분으로 불을 피워 구운 떡을 먹을 것을 요구하셨다. 이러한 상징적 행동은 에스겔이 몸소 고난을 체험하면서 그가 예루살렘의 포위와 유다 백성의 고난, 그리고 포로지에서의 고난을 시각적으로 예언하도록 하기 위한 것이었다. 여기서 하나님의 부름을 받은 참 예언자란 메시지를 듣는 청중과 자신을 동일시하고 그들의 고난에 동참하는 자라는 신학적 통찰을 얻을 수 있다.

에스겔의 상징적 행동은 에스겔의 벙어리 사역과 맞물려 백성에게 하나님의 심판이 정해져 있음을 보여주려는 목적도 있다. 그러므로 이는 백성들 편에서의 어떤 반응을 기대하거나 어떤 요구를 강제하려는 행동이 아니었다. 결국 이 상징적 행동은 청중에게 강한 이미지를 남겨 심판의 확실성을 부각시키는 기능을 한다.[92] 4장의 구조는 다음과 같다.

  A. 토판에 예루살렘을 그리는 행위: 예루살렘이 포위될 것(4:1-3)
    B. 에스겔의 상징적 고난 I: 430일 동안 옆으로 누우라 (4:4-8)
    B′. 에스겔의 상징적 고난 II: 390일 동안 인분 불에 구운 것을 먹으라(4:9-15)
  A′. 예루살렘이 포위로 양식이 떨어질 것(4:16-17)

먼저 하나님은 에스겔에게 토판 위에 예루살렘의 모습을 그리고 대적자들에게 성이 공격당하는 장면을 그리라고 명령하신다(4:1-3). 이 명령은 예루살렘이 적에 의해 포위될 것을 보여주기 위한 것이었다. 특별히 하나님은 철판을 가져다가 에스겔과 예루살렘 성 사이에 놓으라고 말씀하신다(4:3). 이 말씀은 예루살렘이 공격당하는 근본 원인이 하나님께서 예루살렘에 장벽을 세우시고 등을 돌리셨기 때문임을 시사하여 예루살렘의 멸망이 궁극적으로 하나님의 계획에 의한 것임을 드러낸다.[93]

　4:4-8은 에스겔이 북이스라엘과 남유다의 죄악을 짊어지기 위해 각각 오른쪽과 왼쪽으로 눕는 상징적 행동을 다룬다. 하나님은 에스겔에게 북이

92　Cooper, *Ezekiel*, 91.
93　Odell, *Ezekiel*, 59.

스라엘의 죄악을 짊어지기 위해 왼쪽으로 390일 눕고(4:4-5), 남유다의 죄악을 짊어지기 위해 오른쪽으로 40일 누울 것을 말씀하신다(4:6). 그리고 예루살렘이 바빌로니아에 에워싸이는 날이 끝나기까지 에스겔은 몸이 줄로 동여져 몸을 이리저리 돌리지 못할 것이라고 말씀하신다(4:8).

치즘은 북이스라엘의 죄악을 짊어지기 위해 390일을 누우라는 말씀에서 390일을 70인역에 따라 190일로 고치고, 기원전 722년 이스라엘의 멸망에서 포로 귀환(539년)까지 184년의 기간을 말하는 것으로 해석한다. 그리고 남유다의 죄악을 짊어지기 위해 누운 40일이라는 숫자는 586년 예루살렘의 멸망 이후 539년 포로 귀환까지 대략 50년의 기간을 상징하는 것이라고 주장한다.[94]

블렌킨소프(Blenkinsopp)는 390이 북이스라엘이 남유다와 분열된 후 최종적으로 남유다와 통합되는 기간(931-539년)인 390년을 가리킨다는 해석을 내놓는다. 하지만 이런 계산은 남유다에게는 맞지 않는다고 말한다. 이에 따르면 남유다가 회복되는 기간은 40년이라는 계산이 나오는데, 그렇게 되면 남유다의 포로 귀환 시기가 586년에서 40년을 뺀 546년이 되기 때문이다.[95] 이처럼 40년이 남유다의 포로 기간과 맞지 않는다는 점에서 40년은 남유다의 포로 귀환까지 대략 50년의 기간을 상징한다는 치즘의 주장도 문제가 있다.

390일은 390년이기에, 에스겔이 소명을 받은 기원전 592년에서 390년을 더하면 기원전 982년이 된다. 이때는 본격적으로 이스라엘의 왕정 시

---

94 Chisholm, 『예언서 개론』, 352-353.
95 Blenkinsopp, *Ezkiel*, 36.

대가 시작되었던 시기다. 그래서 어떤 학자는 기원전 982년에서 기원전 592년까지 390년은 이스라엘이 죄를 지은 기간이라는 견해를 제시하기도 한다.[96] 덧붙여 남유다의 죄악을 담당하기 위한 40년은 바빌로니아 포로 생활을 출애굽 당시 40년 동안의 광야 생활에 비유한 것이라는 신학적 담론도 있다.[97]

필자가 보기에 상징적 숫자의 의미를 실제 역사에 꿰맞추려는 시도는 잘못될 소지가 농후하다. 390과 40의 숫자를 합하면 430이 된다. 430이라는 숫자는 이스라엘이 이집트 땅에 들어갔다가 가나안 땅으로 돌아오기까지 이집트에 머문 기간과 일치한다(출 12:41). 그런 의미에서 북이스라엘을 위한 390일과 남유다를 위한 40일을 더한 430일은 포로에서 다시 가나안 땅으로 돌아오는 기간을 상징적으로 보여주는 숫자라고 보는 것이 더 설득력 있다. 실제로 에스겔서는 미래의 구원을 제2의 출애굽를 통한 가나안 땅으로의 귀환으로 제시하고 있다(20:34-35).

미래의 회복은 과거 이스라엘이 출애굽하여 이집트에서 돌아왔던 것과 같이 바빌로니아에서 돌아오는 방식으로 성취될 것이다. 그런 의미에서 430일은 바빌로니아에서 포로로 잡혀 있던 기간을 가리킨다고 할 수 있다. 그리고 이를 통해 이 기간에 당하는 고난은 백성의 죄로 인한 것임을 밝히고 있다고 볼 수 있다.

결국 4:4-6에서 말하는 북이스라엘과 남유다란 명칭은 서로 다른 용어지만 전체 이스라엘을 달리 표현한 것일 뿐이다. 북이스라엘이 멸망한

---

96 Odell, *Ezekiel*, 63.
97 Odell, *Ezekiel*, 63.

상황에서 굳이 예언자 에스겔이 북이스라엘의 죄악을 담당하는 행위를 할 필요는 없었다. 따라서 북이스라엘을 위해 390일, 남유다를 위해 40일 동안 눕는 행위는 바빌로니아에 포로로 잡혀갈 이스라엘 족속이 포로 생활을 하며 고난을 당하게 될 것을 예표하는 행위였다. 이들이 포로로 잡혀가서 고난을 받는 이유는 우상숭배라는 배교 때문이었다.[98] 덧붙여 40일을 오른쪽으로 눕는 행위는 바빌로니아 포로 생활로 인한 고난이 40년의 광야 생활에 비견됨을 보여주는 것으로도 이해할 수 있다.[99]

하나님은 에스겔에게 각각 왼쪽과 오른쪽으로 누워 죄악을 담당하라고 말씀하셨다(4:4-6). 여기서 "죄악을 담당하다"로 번역된 히브리어 표현은 "나사 아본"(נָשָׂא עָוֹן)이다. 이 표현은 레위기의 속죄제와 속건제에서 죄를 지은 자가 "죄의 형벌을 진다"라는 의미로 사용된 문구다(레 5:1, 17; 참조. 민 5:31). 그러므로 이 표현은 죄의 형벌을 강하게 암시한다.[100] 이런 점에서 에스겔의 상징적 행동은 이스라엘의 죄로 인한 형벌을 대신 담당한다는 뜻이라고 말할 수도 있다.

하지만 구약은 절대로 죄인인 인간이 타인의 죄에 대한 형벌을 담당하여 그를 의롭게 할 수 있다고 말하지 않는다. 그런 대속적 고난은 오직 죄가 없는 신적 존재에게만 가능하다(참조. 사 53장). 따라서 에스겔이 죄의 형벌을 담당하는 모습은 포로로 끌려간 이스라엘이 포로 생활을 통해 자기 죄의 형벌을 담당하게 될 것을 단순히 상징적 행동으로 보여준 것이다. 그러므로 하나님의 성전이 있는 예루살렘의 멸망이 백성들의 죄악 때문임을

---

98 Block, *Ezekiel Chapters 1-24*, 180.

99 Block, *Ezekiel Chapters 1-24*, 180.

100 Thompson, *Ezekiel*, 64.

가르쳐주기 위한 것으로 이해해야 한다.

4:7-8에서 하나님은 에스겔에게 에워싸인 예루살렘 쪽으로 그의 얼굴을 향하고 팔을 걷어올려 예언하라고 하시며, 예루살렘이 에워싸이는 날이 끝나기까지 그를 줄로 동여맬 것이라고 말씀하신다. 각각 오른쪽과 왼쪽으로 누워 있는 에스겔을 다시 줄로 매는 것은 그가 좌우로 움직이지 않도록 하기 위함이다(4:8). 이로써 그의 상징적 행동을 통하여 심판은 변경되지 않고 확고하다는 메시지를 전하고 있다.[101] 한편 에스겔이 모로 눕는 상징적 행동을 할 때 그가 하루 24시간 계속 한쪽으로 계속 누워 있지는 않았을 것이다. 아마도 필요한 경우 자기 집에서 정상적으로 생활했을 것으로 추정된다.[102]

4:9-17에서 하나님은 에스겔에게 눕는 기간 동안 하나님이 지시하는 요리법대로 음식을 먹으라고 말씀하신다. 즉 밀과 보리와 콩과 팥과 조와 귀리를 가져다 떡을 만들고 그것들을 인분으로 피운 불에 구워 먹으라는 것이다. 에스겔은 여러 곡식으로 만든 떡을 390일 동안 하루 20세겔씩 매우 적은 양을 먹어야 했고(4:9-10) 물도 조금씩 먹어야 했다(4:11). 여기서 390일이라는 숫자는 이스라엘의 배교로 인한 고난을 상징하기 때문에, 에스겔의 행동은 백성이 바빌로니아에 끌려가서 음식과 물이 부족한 궁핍한 삶을 살게 될 것을 예고한다(4:16-17).[103]

하지만 역사적으로 바빌로니아는 포로로 끌고 간 유다 공동체를 강압

---

101 Block, *Ezekiel Chapters 1-24*, 180.
102 Taylor, *Ezekiel*, 82.
103 Greenberg는 여기서 40일이라는 숫자가 나오지 않는 것에 의문을 제기한다. 하지만 이 문제는 390일을 유다 공동체를 위한 숫자로 이해한다면 해결될 수 있다. Greenberg, *Ezekiel, 1-24*, 194.

적으로 대하지 않았기 때문에, 백성이 실제로 바빌로니아에서 궁핍한 삶을 살지는 않았다.[104] 원하는 지역에서 자치권을 가지고 살 수 있었던 포로 공동체는 정결 의식을 위해 주로 강가에 살았다(1:1, "그발 강"; 시 137:1, "바벨론의 여러 강변"). 또한 장로들을 중심으로 독립적인 행정 체계 속에서 어느 정도 종교적·경제적 특권을 누릴 수 있는 상황이었다.[105] 기원전 539년에 바빌로니아가 멸망하여 페르시아의 고레스가 유다 백성을 고국으로 돌아가게 할 때 많은 수가 그곳에 남고 대략 4만 명에서 5만 명의 사람들만이 돌아왔다는 것은, 그들이 나름대로 편하게 살았다는 증거다(참조. 스 2장).[106]

이처럼 포로 공동체가 바빌로니아에서 궁핍하게 살지 않았던 것은 하나님의 예언이 틀려서가 아니라 그들을 향한 하나님의 자비 때문이라고 설명할 수 있다. 그렇지만 바빌로니아에서의 포로 생활이 유다 포로 공동체에게 실질적으로 "신앙적 재앙이자 변혁의 시기"였음은 분명했다.[107]

에스겔은 하나님의 명령에 따라 포로기 유다 공동체의 목전에서 여러 곡식으로 만든 떡을 인분으로 피운 불에 구워 먹어야 했다(4:12-13). 아이히로트(Eichrodt)는 레위기 19:19과 신명기 22:9 이하의 말씀을 예로 들면서, 구약은 곡식의 혼합을 금하고 있기 때문에 이것은 부정한 음식이라고 주장한다.[108] 하지만 이사야 28:23-25은 파종하는 자가 한 밭에 여러 종자를 뿌린다는 것을 당연시하고 있다. 이런 점에서 여러 곡식을 섞어 만든 떡 자체

---

104 Daniel L. Smith-Christopher, *A Biblical Theology of Exile*, Overtures to Biblical Theology (Minneapolis, MN: Fortress, 2002), 30-31.

105 Block, *By the River Chebar*, 10

106 Block, *By the River Chebar*, 11.

107 Smith-Christopher, *A Biblical Theology of Exile*, 32.

108 Walther Eichrodt, *Ezekiel*, OTL (London: SCM Press, 1970), 86.

가 부정하다고 할 수는 없다.[109]

하지만 인분은 이스라엘에서 더러운 것으로 항상 진영밖에 둬야 했다 (신 23:12).[110] 이런 점에서 인분으로 피운 불로 구운 잡곡의 떡은 부정한 것 으로 볼 수 있다. 결국 인분 불에 구운 떡을 먹는 행위는 포로지에서 유다 공동체가 더러운 음식을 먹게 될 것을 의미했다.[111] 그래서 하나님도 이 음 식을 "부정한 떡"이라고 말씀하셨다(4:13).

에스겔은 부정한 음식을 먹으라는 하나님의 명령을 거부했다. 그러자 나중에 하나님은 쇠똥으로 인분을 대신하라고 말씀하신다(4:14-15). 4:14에 서 에스겔은 지금까지 그가 죽은 짐승의 고기나 짐승에게 찢긴 것과 가증 한 고기(화목제물로 바친 고기로서 3일째가 될 때까지 남은 고기, 레 7:18; 19:7)를 입 에 넣은 적이 없다고 대답한다.

에스겔은 자신이 음식 법을 온전히 지켰다는 사실을 내세워 하나님의 명령을 거부하고 있는 것이다. 보통 소명 이야기에서 예언자들은 하나님의 부르심을 일단 거부하는데(모세와 예레미야 등), 에스겔의 소명 이야기(2-3장) 에서는 거부 장면이 나오지 않는다. 그러다가 4:14에서 하나님이 주신 사 명의 일환으로 상징적 행동을 하게 되었을 때 에스겔은 처음으로 하나님의 명령에 반대 의사를 표현했다.

이런 늦은 반대에 대해서는 이렇게 설명할 수 있다. 에스겔은 원래 다 른 이들과 달리 제사장으로 준비된 사람이었기 때문에 첫 부르심에는 거부 반응 없이 응답했지만 계속되는 하나님의 명령 앞에서 나중에 거부하게 되

---

109 이에 대한 논의는 다음을 참조하라. Allen, *Ezekiel 1-19*, 69.
110 Zimmerli, *Ezekiel 1*, 170.
111 Duguid, *Ezekiel*, 91.

었다고 말이다.[112] 그의 늦은 반대는 처음부터 소명을 거부했던 모세나 예레미야와는 대조적이어서, 스스로의 높은 능력(super-ability)을 과신했기 때문이었다는 주장도 제기된다.[113]

하지만 블락(Block)의 주장처럼 에스겔 2-3장은 에스겔이 처음부터 소명을 적극적으로 받아들였다는 징후를 보여주지는 않는다. 그에 의하면 2-3장에서 에스겔은 오히려 여호와의 영에 의해 강권적으로 예언자로 부름받고 있다. 이런 점은 에스겔에게 "너 인자야, 내가 네게 이르는 말을 듣고, 그 패역한 족속 같이 패역하지 말고"(2:8)라고 하신 하나님의 말씀에서 잘 드러난다.[114] 따라서 에스겔이 자기 능력을 과신하여 처음에는 소명을 받아들였다가 뒤늦게 거부 의사를 표명했다는 주장은 설득력이 떨어진다. 오히려 확신이 없었던 에스겔이 점차 예언자로 변화되는 과정에서 인분 불로 구운 떡을 먹으라는 명령을 받아들일 수 없었다고 해석하는 것이 더 옳다. 이런 통찰을 통해 우리는 하나님이 우리를 일꾼으로 부르시는 이유가 우리에게 자격이 있기 때문이 아니라 전적인 하나님의 은혜임을 깨달을 수 있다.

하나님이 에스겔에게 여러 곡식으로 혼합된 떡을 먹으라고 한 배후에는 중요한 신학적 의미가 숨어 있다. 첫째, 에스겔이 포로기 백성의 고난에 동참하게 함으로써 하나님의 일꾼인 예언자는 청중과 자신을 동일시해야 한다는 교훈을 준다. 둘째, 에스겔서 전체의 문맥에서 볼 때, 우상을 숭배하는 유다 백성은 포로기에 인분으로 구운 떡을 먹는 사람처럼 비인간적

---

112 D. Nathan Phinney, "The Prophetic Objection in Ezekiel IV 14 and Its Relation to Ezekiel's Call," *VT* 55 (2005): 84.

113 Phinney, "The Prophetic Objection," 84.

114 Block, *Ezekiel Chapters 1-24*, 11-12 참조.

인 위치로 떨어지게 될 것을 보여준다. 이를 통해 하나님의 형상인 인간이 우상을 숭배할 때 그는 비인간적인 모습으로 전락하고 만다는 것을 가르쳐준다. 이와 같은 우상숭배에 대한 논의는 5-6장에서 본격적으로 전개된다 (5:11; 6:1-7, 9; 7:20).

비인간적인 상태에서 포로 생활을 하는 포로기 유다 공동체가 다시 구원을 받는 것은 하나님의 전적인 은혜라고 하지 않을 수 없다. 놀랍게도 하나님은 이들을 통해 미래의 새 백성을 일으킬 것이라고 말씀하신다. 그렇다고 포로가 되었던 백성이 모두 자동으로 하나님의 백성이 되는 것은 아니다. 과거 출애굽 당시에는 이집트에서 나온 이스라엘은 모두 하나님의 백성으로 인정받았다. 하지만 미래에 있을 제2의 출애굽에서는 하나님이 좋은 양과 나쁜 양을 나누듯이 무리를 나눌 것이다(34:20-21). 그리하여 포로 생활이라는 고난의 터널을 통과하면서 진정으로 회개하는 자만이 새 언약 백성이 될 것을 알리고 있다.

끝으로는 예루살렘이 바빌로니아에 의해 공격당할 때의 참담한 상황을 묘사함으로써 바빌로니아의 공격을 다시 상기시키고 4장을 종결한다 (4:16-17). 바빌로니아의 공격을 받은 예루살렘은 양식이 끊어져서 근심과 두려움(מֵשְׁ/샤멤)을 얻게 될 것이고, 그 결과 죄악 중에 쇠패할 것이다 (4:17). 4:16에서 "양식을 끊으리니"라는 부분은 레위기의 저주 부분에 나타나는 표현이다(레 26:26).[115] 이로써 예루살렘이 공격을 당하고 참담한 상황에 놓이게 되는 것은 언약 파기로 인한 저주임을 드러내주고 있다.

또한 4:17에서 "죄악 중에서 쇠패하리라"에 해당하는 히브리어 표

---

115 Greenberg, *Ezekiel, 1-20*, 108.

현은 직역하면 "죄악 중에서 썩어질 것이다"(נְמַקּוּ בַּעֲוֹנָם)가 된다. 이 표현
은 레위기에서 백성이 언약을 파기할 때 받을 저주 중 하나로 언급된다(레
26:39, "너희의 원수들의 땅에서 자기의 죄로 말미암아 쇠잔하며"). 그리하여 예루살
렘의 멸망이 언약 파기에 따른 저주임을 다시 한번 확인해주고 있다.[116]

한편 "죄악 중에서 썩어질 것이다"에서 "썩어지다"로 번역된 히브리
어는 "마카크"(מָקַק)로서 주로 물건이 썩거나 마모되어 없어지는 것을 뜻한
다(24:23; 참조. 33:10). 그리하여 이 문구는 멸망하는 예루살렘의 유다 공동
체가 하나님의 형상에서 이탈한 결과로써 더 이상 사람이 아니라 물건 같
은 존재로 전락할 것이라는 암시다.

(3) 우상숭배로 인한 예루살렘과 유다 땅의 멸망 선언(5-7장)

4장이 예루살렘의 멸망과 유다의 포로 생활을 예고한 상황에서, 5-7장은
언약 파기의 저주로 인한 예루살렘의 멸망(5장), 우상숭배가 자행되고 있
는 유다의 산들에 대한 심판(6장), 그리고 유다 땅의 심판(7장)을 다룬다. 한
마디로 우상숭배로 인하여 예루살렘의 유다가 멸망한다는 이야기다. 또한
5-7장은 레위기 26장에 언약 파기로 인한 저주로 등장하는 칼, 기근, 사나
운 짐승, 전염병을 언급하면서 유다의 멸망이 언약 파기에 기인한 것임을
더욱 확연히 드러낸다(5:17; 6:11; 7:15).

내용 면에서 5-7장은 우상숭배의 모습을 요란함(הָמוֹן/하몬)으로 표
현하고(5:7), 그 요란함으로 인해 유다 백성이 심판받는 날이 "요란한
날"(מְהוּמָה/메후마)이 될 것이라고 말하며(7:7), 유다는 심판으로 인해 요란하

---

116 Allen, *Ezekiel 1-19*, 70.

게 울 것이라고 예고한다(7:16). 여기서 "운다"에 해당하는 히브리어는 "하마"(הָמָה)다. 히브리어 "하몬", "메후마", "하마"는 같은 어근에서 나온 낱말로서 기본적 의미는 "요란한 소리"와 깊은 관련이 있다. 이를 통해 이 단락은 유다가 요란한 우상숭배를 한 결과로써 요란하게 심판받게 될 것을 선언하여, 유다의 멸망이 자업자득의 심판임을 강하게 교훈하고 있다(7:7).

① 예루살렘의 멸망(5장)

5장은 또 다른 에스겔의 상징적 행동을 통하여(5:1-2) 예루살렘의 유다가 멸망하고 생존한 자는 포로로 잡혀가게 될 것을 예언한다. 신명기 28장은 언약 파기로 인한 저주로 가뭄과 기근(신 28:24), 열국으로 흩어짐(포로, 신 28:25), 짐승의 밥이 됨(신 28:26), 수치와 놀람과 비방거리로 전락(신 28:37), 질병(신 28:59-61; 29:22) 등을 예고했는데, 에스겔 5장도 마찬가지로 언약 파기로 인한 저주를 선언하고 있다. 이것을 도표로 정리하면 다음과 같다.

언약 파기로 인한 저주	신명기 28장	에스겔 5장
1. 가뭄	신 28:24	겔 5:12, 17
2. 땅에서 떠나 열국에 흩어짐	신 28:25	겔 5:2, 10, 12
3. 시체가 공중의 새와 땅의 짐승의 밥이 됨	신 28:26	겔 5:17
4. 수치와 놀람과 속담과 비방거리가 됨	신 28:37	겔 5:15
5. 질병	신 28:60	겔 5:12, 17

한편 에스겔서에서 언급된 저주는 신명기 28장보다 레위기 26장의 언약 저주와 더 유사하다.[117] 이런 점에서 에스겔서의 언약 사상은 레위기의 언

---

117 에스겔서는 레 17-26장의 용어들을 빈번히 언급한다는 특징이 있다. Michael A. Lyons,

약 사상과 더 가깝다고 볼 수 있는데, 이는 에스겔이 레위기에 능통한 제사장 출신이기 때문이라고 설명할 수 있다. 에스겔 5장과 레위기 26장의 유비점을 살피면 다음과 같다.

언약 파기로 인한 저주	레위기 26장	에스겔 5장
1. **기근**	레 26:26	겔 5:12, 17
2. 열국의 땅에 **흩어져 망함**	레 26:38	겔 5:2, 10, 12
3. **사나운 짐승**에 의해 죽음	레 26:22	겔 5:17
4. 성소와 땅의 황폐(מְמַשׁ/샤멤)[118]	레 26:31, 35	겔 5:15
5. **전염병**	레 26:25	겔 5:12, 17
6. **칼**	레 26:25	겔 5:2, 12, 17

에스겔 6-7장도 언약 파기로 인한 저주로 칼, 기근, 전염병을 언급하여, 예루살렘의 멸망이 언약 파기로 인한 저주임을 분명히 한다(6:11-12; 7:15).[119] 하지만 5장은 6-7장과 달리 언약 파기를 확고히 하는 차원에서 백성이 열국에 흩어져서 포로 생활을 하게 될 것을 분명하게 드러낸다는 특징이 있다(5:2, 10, 12).

5장은 예루살렘의 멸망 원인이 가증한 일을 행하여 성소를 더럽혔기 때문임을 처음으로 밝힌다(5:11, "내 성소를 더럽혔은즉"). 성소를 더럽히는 경우는 여러 경로로 이루어지는데, 예언자 에스겔은 예루살렘의 유다가 제의적으로 가증한 일(우상숭배)을 행하여 율법을 지키지 않음으로써 성소가 더

"Transformation of Law: Ezekiel's Use of the Holiness Code (Leviticus 17-26)," in *Transforming Visions: Transformations of Text, Tradition, and Theology in Ezekiel*, ed. William A. Tooman and Michael A. Lyons (Eugene, OR: Pickwick, 2010), 2.

118 황폐함을 뜻하는 "샤멤"과 같은 어근의 낱말인 "메샤마"(מְשַׁמָּה)는 겔 5:15에서 "두려움"으로 번역되었다.

119 Cooper, *Ezekiel*, 93.

럽혀졌음을 강조한다. 아무리 성소에서 레위기법에 맞게 제사와 예배를 드린다고 할지라도 삶에서 하나님의 말씀대로 행하지 않고 우상숭배를 한다면 하나님은 그것을 가증한 것으로 여긴다는 설명이다(참조. 렘 7장, 26장). 5장의 구조는 다음과 같다.

> A. 예루살렘을 칼과 불과 바람으로 멸망시킬 것(5:1-4)
>   B. 예루살렘이 열국보다 못함: 율례를 지키지 않음(5:5-7)
>   C. 예루살렘의 멸망과 흩어짐: 가증한 일을 했기 때문(5:8-10)
>   C´. 예루살렘의 멸망과 흩어짐: 성소를 더럽혔기 때문(5:11-12)
>   B´. 예루살렘이 그를 둘러싼 열국 가운데서 수치를 당할 것(5:13-15)
> A. 예루살렘을 기근, 사나운 짐승, 전염병과 칼로 멸망시킬 것(5:16-17)

5:1-4에서 하나님은 에스겔에게 다시 상징적 행동으로서, 날카로운 칼로 그의 머리털과 수염을 깎은 후 저울에 달아 삼등분하라고 말씀하신다. 그리고 예루살렘이 멸망하는 날에, 삼분의 일은 불사르고, 삼분의 일은 칼로 치고, 나머지 삼분의 일은 바람으로 흩어뜨리라고 명령하신다. 결국 이런 에스겔의 상징적 행동은 유다의 멸망과 심판을 예표하는 것이었다. 또한 에스겔 편에서 이런 행동은 백성들의 죄악과 고통에 동참하고 그들의 고통을 자신의 것으로 여겨 동일시했다는 의미도 내포한다.[120]

구약에서 머리털과 수염은 인간이 하나님의 고귀한 형상으로 지음 받

---

[120] Blenkinsopp, *Ezekiel*, 35.

은 존재임을 상징하는 것이었다.[121] 그러므로 5:1에서 하나님이 에스겔에게 예루살렘의 유다를 대신해서 머리털과 수염을 삭도로 깎으라고 하신 것은, 유다 백성이 더 이상 하나님의 형상으로 인정받지 못하여 멸망할 것임을 보여주는 말씀이다. 레위기는 머리털이 빠지면서 생기는 색점에 대해 경고하고(레 13:40-44), 제사장은 죽은 자를 위해 함부로 머리털과 수염을 깎을 수 없다고 규정하고 있다(레 21:4-5; 겔 44:20). 이런 규정의 배후에는 머리털과 수염이 하나님의 형상의 영광을 상징한다는 신학적 의미가 자리 잡고 있다.

같은 맥락에서 신명기 14:1은 머리털을 밀지 않도록 규정하면서, 그 이유가 이스라엘이 여호와 앞에 성민이며 하나님의 기업의 백성이기 때문이라며 선을 긋는다(신 14:2). 그래서 머리털이 하나님의 이름으로 불리는 백성의 영광을 상징하는 것임을 일깨워준다(신 14:1-2). 예언자 미가도 유다가 포로로 끌려가게 될 때 그들의 머리가 대머리가 될 것을 말하여, 유다의 멸망으로 유다가 제2의 에덴동산인 가나안 땅에서 쫓겨나고 하나님의 형상으로서의 백성의 위상을 잃게 될 것을 예고했다(미 1:16).[122]

결국 에스겔 5:1에서 에스겔이 자기의 머리털과 수염을 깎은 행위는 예루살렘의 유다가 하나님의 형상대로 살지 않아 하나님의 형상을 잃고 멸망하게 될 것을 상징적으로 보여준다. 그리하여 하나님의 형상으로 살지 않을 때의 대가가 얼마나 큰지를 시각적으로 교훈해주고 있다. 실제로 에스겔 7:18은 유다가 머리털이 깎여 대머리가 된 채 비참하게 포로로 끌려가게 될 것이라고 직접적으로 표현하고 있다.

---

[121] 비슷하게 Cooper는 머리털이 하나님을 향한 성별을 뜻한다고 주장한다. Cooper, *Ezekiel*, 100.
[122] 미가서는 유다의 멸망이 제2의 에덴동산인 가나안에서 유다가 하나님의 형상으로 살지 못한 결과라는 신학적 통찰을 준다(참조. 미 2장).

하나님은 에스겔의 이 상징적 행위를 통하여 본격적으로 예루살렘의 유다가 칼과 불과 흩어짐으로 멸망하게 될 것을 선고하신다(5:2). 예루살렘의 유다 백성은 바빌로니아의 공격을 받고 칼과 불로 죽게 될 것이며, 나머지는 포로로 잡혀가서 열국에 흩어질 것이다. 이는 바빌로니아가 공격할 때 피하여 도망가는 것이 헛됨을 일깨워주는 대목이기도 하다.[123] 칼의 이미지는 21:3에서 바빌로니아와 관련하여 다시 등장한다. 그리고 불의 심판은 20:45-49에서 다시 언급된다.

그렇다고 예루살렘이 멸망한 후 남을 자가 전혀 없다는 뜻은 아니다 (5:3-4). 하나님은 에스겔에게 터럭 중에 조금을 남겨 두어 옷자락에 싸라고 말씀하신다(5:3). 말씀에 따르면 이 남은 자 중에도 일부는 불에 살라질 것이다. 하지만 끝까지 남은 자들이 나타나게 될 것이고, 이들이 미래의 희망이 될 것임을 엿볼 수 있다.[124] 에스겔서의 문맥에서 남은 자는 사로잡힘이라는 환난을 통과하면서 낮아져 하나님을 바라는 자들로 판명된다(34:20-23).

5:5-7은 멸망하는 예루살렘이 그를 둘러싼 열국보다 더 못했음을 진술하여, 예루살렘 심판의 당위성을 표현하고 있다. 5:5에서 예루살렘을 이방 나라에 둘러싸인 성읍이라고 한 말은 예루살렘이 세상의 중심부임을 간접적으로 보여준다(26:2; 38:12, "세상 중앙에 거주하는 백성을 치고자 할 때에").[125] 예루살렘이 세상의 중앙이라는 위상을 갖는 이유는 하나님이 예루살렘을 택하시고 거기에 임재하시기 때문이다(시 132:13-14).[126] 하지만 예루살렘의

---

123 Odell, *Ezekiel*, 67.

124 Cooper, *Ezekiel*, 100.

125 Allen, *Ezekiel 1-19*, 72.

126 Block, *Ezekiel Chapters 1-24*, 198.

유다는 이방인보다 더 악을 행하고 하나님의 율례를 행하지 않았다(5:6). 말씀은 예루살렘이 심지어 이방인들의 규례대로도 행하지 않았다고 기술하여(5:7), 예루살렘이 이방인들보다 도덕적 기준에서 더 열등하게 행했음을 일깨우고 있다.[127]

5:7의 상반절은 예루살렘의 "요란함"이 이방인들의 요란함보다 더하다고 진술한다. 이 구절에서 "요란함"으로 번역된 히브리어는 "하몬"(הָמוֹן)으로서, 주로 하나님을 대적하는 세력을 지칭하는 용어로 사용되는 낱말이다. 예를 들어 시편 46편은 "하몬"과 같은 어근에서 파생된 동사 "하마"(הָמָה, "떠들다"라는 뜻)를 사용하여, 하나님이 시온에 거하시기 때문에 가나안 땅의 평화를 위협하는 바닷물과 이방인들의 요란함이 허사로 끝나게 될 것을 강조한다(시 46:3, 6).[128]

이런 구약의 맥락을 고려할 때, 예루살렘의 요란함이 이방인의 요란함보다 더하다는 말은 예루살렘 백성이 하나님 보시기에 이방인보다 더 악한 이방인으로 전락했음을 보여주는 대목이다. 5장의 문맥에서 이 요란함은 우상숭배로 귀결된다(5:11). 그리하여 예루살렘에서 자행된 요란한 우상숭배가 이방인들의 우상숭배보다 더했음을 증거하고 있다. 7:7에 의하면 예루살렘의 유다는 산에서 즐거운 소리를 내며 우상을 섬겼음을 알 수 있다.

더욱이 에스겔서는 예루살렘의 "요란함"을 이기적 욕구를 채우기 위해 술 취한 모습과 연관시킨다(23:42). 그러므로 예루살렘의 요란함은 자아중심적 욕구를 채우기 위한 것이었음을 알 수 있다. 이처럼 이방인보다 못

---

127 Thompson, *Ezekiel*, 67.
128 Odell, *Ezekiel*, 68-69.

한 모습으로 전락한 예루살렘은 열국 앞에서 공의와 의로 빛남으로써 열국이 하나님의 자녀가 되게 하는 사명을 수행할 수 없었다(참조. 사 42장). 따라서 예루살렘의 멸망은 피할 수 없는 일이 되었다.

이제 하나님은 본격적으로 예루살렘의 멸망 원인으로 제시된 그들의 요란함이 무엇인지를 설명한다(5:8-10). 한 마디로 그것은 그들의 가증한 일(תּוֹעֵבָה/토에바)에서 기인한 것이다(5:9). 여기서 "가증한 일"이 구체적으로 무엇인지 말하지는 않지만, 문맥상 이것은 우상숭배를 가리킨다. 7:20은 "토에바"를 사용하여 "가증한 우상"을 말하고 있기 때문이다. 그리하여 예루살렘의 요란함은 다름 아닌 우상숭배임을 확인해주고 있다.

그 결과 하나님은 우상숭배라는 가증한 일을 한 대가로 "아버지가 아들을 잡아먹고 아들이 그 아버지를 잡아먹으리라"라고 말씀하신다(5:10). 에스겔서는 우상을 섬기는 자는 하나님의 형상에서 이탈하였기 때문에 우상 같은 존재로 전락한다는 사상을 제시한다. 이 점을 고려할 때 우상숭배에 대한 징벌로써 아버지와 아들이 서로의 인육을 먹을 것이라는 말씀은 그들이 더 이상 하나님의 형상이 아닌 짐승으로 전락했음을 보여주는 말로 이해할 수 있다.

예루살렘 백성은 하나님의 형상으로 살지 못하는 자들이었기에, 그들은 제2의 에덴동산인 가나안 땅에서 쫓겨나서 열국으로 흩어지게 될 것이다(5:10). 포로가 되어 열국에 흩어진다는 말은 언약 파기로 인한 저주 중에서도 가장 확실한 저주이기 때문에, 언약 파기를 확정하는 선언이다.

5:11-12은 백성의 우상숭배로 인해 성소가 더럽혀졌기 때문에 예루살렘의 멸망이 불가피함을 강조한다. 5:11에서 에스겔은 "미운 물건"(שִׁקּוּץ/쉬쿠츠)과 "가증한 일"(토에바)을 언급하는데, 이 용어들은 우상과 밀접한 관련

이 있다. 이외에도 에스겔서는 우상을 비하하기 위해 인간의 배설물을 뜻하는 "길룰림"(גִּלּוּלִים)이라는 단어를 사용한다(6:4, 5, 6, 9, 13).

에스겔서는 주요 주제가 하나님의 거룩한 임재여서 우상숭배라는 주제에 매우 예민하다. 그리하여 우상숭배가 예루살렘에서 어떻게 자행되었는지를 생생하게 증언하고(8장), 우상숭배의 죄를 자주 언급한다(14, 16, 18, 20, 23장). 우상숭배는 예루살렘 멸망의 주요 원인으로 에스겔서가 일관되게 지적하는 죄악이다.[129] 결국 5:11은 요란한 우상숭배로 인해 하나님의 임재 장소인 성소를 더럽혔으므로 예루살렘이 멸망할 수밖에 없다는 것을 독자들에게 각인시켜주고 있다.[130]

5:11에서 개역개정판 한글 성경이 "너를 아끼지 아니하며"로 번역한 히브리어 표현은 "가라"(גָּרַע, "면도하다"라는 뜻)이기 때문에 "너의 털을 깎을 것이다"라는 말로 번역해야 한다. 이렇게 되면 5:1에서 하나님이 에스겔에게 머리털과 수염을 삭도로 깎으라고 하신 명령은 하나님이 직접 예루살렘을 깎아 벌하실 것을 예표해주는 말임을 깨달을 수 있다.

하나님은 삭도로 예루살렘을 깎아서 삼분의 일은 전염병과 기근에 죽고, 삼분의 일은 칼에 죽고, 삼분의 일은 흩어지게 하실 것이다(5:12). 이 심판은 언약의 저주를 다루는 레위기 26:25-26을 강하게 연상시킨다.[131] 특히 칼, 기근, 전염병은 이후 6-7장에서 언약 파기로 인한 저주를 언급할 때 고정적인 표현으로 사용되고 있다(6:11; 7:15).

5:13-15은 우상숭배로 성소를 더럽힌 예루살렘이 자신을 둘러싼 이방

---

129 Kutsko, *Between Heaven and Earth*, 26.
130 Odell, *Ezekiel*, 70.
131 Renz, *Rhetorical Function of the Book of Ezekiel*, 66.

1. 유다의 멸망(1-11장) **105**

인보다 더 못한 신분으로 전락했기 때문에 이방인의 목전에서 수치와 조롱을 당할 것을 예언한다. 이런 예언을 통하여 에스겔서의 주요 주제 중 하나인 하나님의 거룩이 무엇인지를 가시적으로 일깨워주고 있다.[132]

예루살렘의 멸망을 확증하기 위해 하나님은 "여호와의 열심"을 언급하신다(5:13). 여호와의 열심은 언약을 위한 하나님의 열정을 가리키는 말로서 에스겔서에서 자주 등장하는 용어다(8:3, 5; 16:38, 42; 23:25; 36:5, 6; 38:19).[133] 그리하여 하나님의 심판은 하나님의 언약을 수호하기 위한 차원에서 반드시 이루어질 것을 가르쳐주고 있다.

5:13의 후반절은 "그들이 알리라"라고 말하여, 하나님의 심판이 하나님의 속성을 드러내는 데 목적이 있음을 보여준다. 에스겔서에서 "너희가 알게 될 것이다"라는 표현은 72번 사용된다.[134] 이 문구의 초점은 백성이 하나님의 속성을 알고 깨닫게 될 것이라는 데 있다. 그렇다면 백성이 알게 될 하나님의 속성은 무엇인가? 한마디로 그것은 "하나님의 거룩"으로 요약된다(20:12, 39, 41, 44; 36:20). 이 거룩은 단순히 하나님의 고결한 신적 성품만을 말하는 것이 아니라, 백성을 거룩하게 하여 백성과 함께 거하시려는 하나님의 임재의 속성를 가리키는 말이다(레 20:8).

따라서 예루살렘이 멸망할 때 그들이 하나님을 알게 된다는 말은, 백성이 하나님의 거룩한 임재 안에 들어오지 못했기 때문에 예루살렘이 멸망한다는 사실을 깨닫게 될 것이라는 뜻을 담고 있다. 이 대목에서 성도가 하나님의 임재 안에 거하는 삶을 사는 것이 얼마나 중요한지를 새삼 깨닫게

---

132 Cooper, *Ezekiel*, 104.
133 Block, *Ezekiel Chapters 1-24*, 211.
134 Cooper, *Ezekiel*, 104.

된다. 그러므로 오늘날 우리는 하나님의 임재 안에 거하는 삶을 소홀히 여겨서는 안 될 것이다.

예루살렘은 자신을 둘러싼 이방인들보다 더 악하게 행했기 때문에 그 벌로 이방인들 앞에서 수치를 당하게 될 것이다(5:14-15). 하나님의 백성이 하나님의 거룩한 임재 안에 거하며 그분의 뜻을 행하지 않을 때, 이방인 앞에서 오히려 공개적으로 수치를 당하게 될 것이라는 의미다. 이는 하나님의 주권적 은혜로 세움 받은 예루살렘이 하나님의 뜻대로 행하지 않을 때 그 대가가 얼마나 큰지를 잘 보여준다.

끝으로 하나님은 레위기의 언약 저주에 따라 예루살렘이 기근, 칼, 사나운 짐승, 전염병, 칼로 밀망하게 될 것이라고 새차 언급한다. 그리하여 서두의 칼과 불과 바람으로 예루살렘을 멸할 것이라는 말씀을 반복하고 마무리한다(5:16-17). 이런 반복을 통해 예루살렘의 멸망이 언약 파기로 인한 저주임을 더욱 도드라지게 하고 있다.[135]

② 언약 파기로 유다의 산과 땅의 멸망 선언(6-7장)

5장이 예루살렘이 바빌로니아에 의해 멸망하게 될 것을 선언한 상황에서(5:2, 10, 12), 6-7장은 예루살렘뿐 아니라 유다의 산들과 땅이 언약 파기로 인해 칼과 기근과 전염병으로 신음하게 될 것이라고 말한다. 앞서 5장은 예루살렘 유다의 우상숭배로 인해 성소가 더럽혀졌다고 진술했는데(5:11), 7장은 하나님의 성소를 더럽힌 대가로 유다 땅에서 우상의 성소들이 파괴될 것을 알린다(7:24, "그들의 성소가 더럽힘을 당하리라"). 이로써 유다의 산과

---

[135] Odell, *Ezekiel*, 71.

땅의 멸망은 하나님의 성전을 더럽힌 행위의 결과로서 자업자득임을 교훈하고 있다. 6-7장의 특이점은 심판을 통해 백성들이 여호와를 알게 될 것이라는 점을 반복해서 지적한다는 것이다(6:7, 10, 13-14; 7:4, 9, 27). 6-7장의 구조는 다음과 같다.

> A. 이스라엘 산의 우상들이 파괴될 것(6:1-7)
>> B. 음란한 마음으로 우상숭배와 가증한 일을 한 것에 대한 한탄(6:8-10)
>>> C. 칼과 기근과 전염병으로 멸망할 것(6:11-14)
>>>> D. 끝났도다(7:1-9)
>>> C´. 칼과 기근과 전염병으로 멸망할 것(7:10-18)
>> B´. 금과 은으로 마음을 채워 강포를 행하고 우상을 섬긴 자들이 더럽혀질 것(7:19-22)
> A´. 우상의 성소가 더럽혀질 것: 묵시와 율법과 모략이 없어짐(7:23-27)

Ⓐ 이스라엘의 산을 향한 심판 예언(6장)

이 단락은 이스라엘 산들에서 자행된 우상숭배에 초점을 맞춰, 우상숭배로 인해 우상들이 파괴되고 우상숭배의 온상인 산들도 하나님의 심판으로 신음하게 될 것이라고 기술한다.[136] 이때 우상을 섬긴 자들이 우상과 같은 운명에 처해 그들의 시체가 우상과 우상의 제단 사방에 흩어지게 될 것이라고 한다(6:5, 13). 이로써 우상을 섬기는 자는 하나님이 보시기에 가증한 우상과 같이 취급된다는 신학적 메시지를 전달하고 있다. 6장의 구조는 다음과 같다.

---

[136] Thompson, *Ezekiel*, 69.

A. 이스라엘 산의 우상들이 파괴되고 우상숭배자들도 멸망할 것(6:1-7)

B. 나중에 음란한 마음으로 우상숭배한 것을 한탄하게 될 것(6:8-10)

C. 칼과 기근과 전염병으로 멸망할 것(6:11-14)

이상의 구조처럼, 6장은 세 개의 소단락으로 구성되어 있다(6:1-7, 8-10, 11-14). 그리고 각 소단락의 끝은 심판을 통해 백성이 하나님을 알게 될 것이라는 말로 끝난다(6:7, 10, 13, 14). 그래서 하나님을 알게 된다는 문구가 각 소단락의 끝을 알리고 있다.

먼저 6:1-7은 이스라엘 산들로 시선을 돌려, 산에서 자행되는 우상숭배를 부각시킨다. 하나님의 심판으로 거기서 우상들이 파괴되고 우상을 섬긴 자들의 시체가 우상들 가운데 흩어지게 될 것이라고 말한다.[137] 5:11이 "미운 물건"과 "가증한 일"이라는 막연한 표현으로 우상숭배를 질타했다면, 6장은 우상숭배 행위를 분명하게 적시하고 있다. "너희 제단들이 황폐하고 분향 제단들이 깨뜨려질 것이며"(6:4). 그래서 예루살렘뿐 아니라 유다 전체가 산에서 행한 우상숭배로 멸망하게 될 것을 분명히 한다.

6:3은 산당에서 우상숭배가 이루어지고 있음을 말한다. 산당은 히브리어로 "바모트"(בָּמוֹת)로서 가나안 풍습에 따라 주로 산 위나 언덕 위에 있는 나무 아래에 만들어졌다(6:13, "모든 산 꼭대기에, 모든 푸른 나무 아래에").[138] 하지만 산당은 기본적으로 주변 지형보다 높다는 의미를 지니기 때문에, 때로는 평지인 골짜기나 성읍 입구와 같은 곳에서도 지대를 높게 쌓아 만들

---

137 Renz, *Rhetorical Function of the Book of Ezekiel*, 67.

138 Taylor, *Ezekiel*, 91.

수 있었다.[139] 그래서 본문은 산과 언덕뿐만 아니라 낮은 골짜기를 언급하며 거기에 세워진 산당에서 행해지는 우상숭배를 질타하고 있다(6:3).[140]

산당의 구성에 대해 쿠퍼(Cooper)는 다음과 같이 설명한다.[141] 산당은 돌과 진흙으로 만든 벽돌로 세워졌고, 거기에는 풍요의 여신인 아세라를 상징하는 목상이 서 있었다. 그리고 바알을 상징하는 돌로 만든 주상(מַצֵּבָה/마체바)이 있었고, 마지막으로 조그마한 분향단이 있었다. 또한 옆에는 음식을 먹거나 성행위를 할 수 있는 텐트가 놓여 있었다. 텐트 안에서 여사제와 남창들이 성행위를 했는데, 이는 바알과 그의 짝신인 아스다롯을 자극해 그들로 동침하게 만들기 위함이었다(참조. 왕하 23:7). 이때 이들이 동침하면서 나오는 온갖 타액이 하늘에서 비가 되어 농사를 풍요롭게 한다고 생각했기 때문이다. 이런 점에서 산당에서 행해지는 바알 종교는 매우 음란했다.

산당에서 행해지는 우상숭배로 인해 하나님은 산당의 제단 및 분향 제단들을 깨뜨릴 것과 우상숭배하는 자들이 우상 앞에서 엎드러질 것을 말씀하신다(6:4-5). 6:4에 언급된 분향 제단에는 태양상이 달려 있었을 것으로 추정된다. 역대하 34:4은 "무리가 왕 앞에서 바알의 제단들을 헐었으며, 왕이 또 그 제단 위에 높이 달린 태양상들을 찍고"라고 말하여, 분향 제단에 태양상이 있음을 내비치고 있다.[142]

본문은 구체적으로 우상을 숭배하는 자는 죽임을 당하여 우상 앞에 엎

---

139 Odell, *Ezekiel*, 79. 따라서 Odell은 산당을 어느 곳에나 만들 수 있었다고 주장한다.
140 Blenkinsopp, *Ezekiel*, 41. 골짜기에 위치한 산당에 대한 언급은 렘 7:31과 32:35에서 발견된다.
141 Cooper, *Ezekiel*, 108.
142 Block, *Ezekiel Chapters 1-24*, 221.

드러지게 될 것이라고 했다(6:4b). 이 구절에서 "우상"에 해당하는 히브리어는 "길룰림"(גִּלּוּלִים)이다. 이 단어의 뜻은 애매하지만, 기본적으로 인간의 배설물(인분)을 뜻하는 "겔렐"(גֵּלֶל 4:12, 15)이라는 단어의 자음에 "미운 물건"을 뜻하는 "쉬쿠침"(שִׁקּוּצִים)의 모음을 더하여 만든 합성어처럼 보인다.[143] 그래서 하나님 보시기에 우상은 마치 인간의 똥처럼 가증하고 더러운 것임을 독자들에게 교훈하고 있다.

우상숭배자들이 죽임을 당할 때 그 시체는 우상 앞에 엎드러지게 될 것이다. 평소 우상을 숭배했기에 죽어서도 우상 앞에 엎드러진 모습으로 죽게 될 것이라는 아이러니다. 6:4b에서 개역개정판 한글 성경이 "너희가 죽임을 당하여"라고 번역한 히브리어 표현은 "너희의 실육딩한 시체"로 번역해야 옳다. 여기서 우상으로 번역된 히브리어는 "길룰"(גִּלּוּל)이고 살육을 당한다고 할 때 쓰이는 히브리어 동사는 "할랄"(חָלַל)이다. 그래서 "우상"과 "살육을 당하다"의 발음이 청각적으로 유사해 문자적 기교를 이루고 있다. 이런 문자적 기교는 유다의 심판이 우상을 섬겼기 때문임을 더욱 각인시키는 효과가 있다.

한편 우상을 숭배한 자들이 우상과 같은 운명에 처하여 우상 앞에 엎드러지게 된다는 말은 신학적으로 중요한 의미를 지닌다. 우상을 섬긴 자는 더 이상 하나님의 형상이 아니라 우상과 같은 존재가 된다는 메시지를 주기 때문이다.[144] 이런 맥락에서 시편은 "우상들을 만드는 자들과 그것을 의지하는 자들이 다 그와 같으리로다"라고 선언하고 있다(시 115:8). 우상을

---

143 Greenberg, *Ezekiel*, 1-20, 132.
144 Kutsko, *Between Heaven and Earth*, 134.

섬긴다면 하나님은 그 사람을 우상처럼 가증한 존재로 여겨 우상을 파괴할 때 우상과 같은 운명이 되도록 벌하시리라는 섬뜩한 말씀이다.

우상이 파괴될 때, 우상숭배자의 뼈는 우상의 제단들 사방에 흩어지게 될 것이다(6:5). 5장은 예루살렘의 유다가 우상숭배로 인해 포로로 잡혀가 사방에 흩어지게 될 것을 경고했다(5:2, 10, 12). 그런데 이번에는 포로로 잡혀가지 않은 자들이 제단 사방에 흩어지게 되리라는 말을 통해, 유다를 향한 하나님의 심판이 얼마나 준엄한 것인지를 보여주고 있다. 보통 우상의 제단 주위에는 동물의 뼈들이 흩어져 있는데, 동물의 뼈가 우상숭배자들의 뼈로 대체되고 있는 셈이다.[145]

우상숭배자들의 뼈가 제단 사방에 흩어진다는 말은 레위기 26:30의 저주를 성취하는 것이기도 하다. 레위기 26:30은 언약의 파기를 묘사할 때 "시체"를 뜻하는 "페게르"(פֶּגֶר)를 사용하여 백성의 시체가 우상의 시체 위에 던져질 것이라고 예언했다.[146] 그러므로 백성의 시체가 파괴된 우상 사이에 엎드러지는 것은 언약 파기로 인한 저주의 성취라고 말할 수 있다.

하나님이 우상을 파괴하고 우상숭배자들을 우상과 같은 운명으로 만들 때, 백성은 하나님이 여호와임을 알게 될 것이다(6:7). 이 말은 여호와로서의 하나님의 속성을 깨닫게 된다는 뜻이다. 여호와의 이름은 원래 백성과 함께 거하기를 원하시는 하나님의 속성을 알려 주는 칭호다(출 3:14). 그러므로 백성이 하나님께서 여호와임을 알게 된다는 말은 그들이 하나님의 임재를 훼손하여 심판을 받게 된 것을 깨닫고, 하나님의 임재가 얼마나 거

---

145 Cooper, *Ezekiel*, 108.
146 Odell, *Ezekiel*, 79.

룩한 것인지 알게 될 것을 뜻하는 말이다.

6:8-10은 유다의 남은 자가 음란한 마음으로 우상과 가증한 일을 한 것에 대해 한탄할 것을 예언하는 말씀이다. 포로로 끌려간 유다 공동체 중에 남은 자가 있어 자신들의 잘못을 뉘우칠 것이라는 뜻이다. 6:8에서 진술된 남은 자들은 9:4-8, 11:13, 12:16, 14:22에서 계속 언급된다. 에스겔서에서 남은 자는 원래부터 고결한 삶을 산 사람들이 아니라, 포로 생활이라는 고난을 통과하면서 한탄하며 자기 죄를 뉘우치는 자들이다.

포로기의 남은 자들은 그들이 음란한 마음과 눈으로 우상을 섬기는 가증한 일(토에바)을 행했기 때문에 포로로 끌려왔음을 알고 한탄할 것이다 (6:9; 참조. 5:11). 음란한 마음은 하나님과의 관계에서 신실하지 못하고 하나님 대신 다른 대상을 섬겼음을 의미한다.[147] 음란한 마음이라는 표현은 3:10에서 하나님이 환상 중에 에스겔에게 하나님의 말씀을 마음으로 받을 것을 명령한 말씀과 대조를 이룬다. 그러므로 하나님의 말씀으로 변화된 마음의 반대가 음란한 마음인 것이다. 구약은 하나님을 향한 충성에서 벗어나 우상을 숭배하는 행위를 영적 음란으로 규정하기 때문에, 음란한 마음은 백성이 말씀으로 변화되지 않고 우상숭배를 했다는 증거다.[148]

6:9에서 개역개정판 한글 성경은 유다의 우상숭배로 인해 하나님이 근심했다고 번역한다. 여기서 "근심하다"에 해당하는 히브리어 동사는 "샤바르"(שׁבר)로서 "깨뜨리다"라는 의미다. 이 단어는 6장 초두에서 하나님이 우상과 그 우상의 제단을 깨뜨린다고 할 때 사용된 낱말이기도 하다(6:4, 6).

---

147 Block, *Ezekiel Chapters 1-24*, 231.
148 Allen, *Ezekiel 1-19*, 89.

이런 동일한 단어의 사용은, 백성이 우상을 섬겨서 하나님의 마음을 깨뜨렸기 때문에 하나님도 우상들과 우상을 섬기는 백성을 깨뜨렸다는 통찰을 준다.[149] 하나님을 섬긴다고 하면서 하나님의 마음을 아프게 할 때, 그 대가가 얼마나 혹독하지를 잘 보여주는 말씀이다.

나중에 포로기의 남은 자들은 하나님의 심판을 기억하고 하나님이 여호와인 줄을 알게 될 것이다(6:10). 이는 그들이 포로 생활이라는 환난을 통과하면서 굳고 음란했던 마음이 부드러워지고 하나님의 말씀을 기억하게 된다는 뜻이다. 그리하여 하나님의 거룩한 임재를 깨닫고, 그 임재에서 벗어난 것에 대해 통렬히 회개할 것을 내비치고 있다.

한편 6:1-10은 마른 뼈 환상을 다룬 37:1-14과 많은 유사점을 보인다.[150] 이 유사점을 도표로 정리하면 다음과 같다.[151]

에스겔 6:1-10	에스겔 37:1-14
골짜기(נֶיא)(3절)	골짜기(בִקְעָה)(1절)
우상처럼 살육당한(חֲלַל) 시체(4-5a)	살육당한 시체(חֶרֶב)(9절)[152]
해골(עֶצֶם)(5b)	뼈들(עֶצֶם)(1절)
열국에 흩어짐(8절)	이스라엘 땅으로 귀환(12절)
여호와를 알게 될 것이다(7, 10절)	여호와를 알게 될 것이다(14절)

---

149 Odell, *Ezekiel*, 81. 여기서 Odell은 백성이 하나님의 마음을 깨뜨렸기 때문에 하나님도 우상을 향한 백성의 애정을 깨뜨렸다고 해석한다.

150 Kutsko, *Between Heaven and Earth*, 134.

151 김창대, "에스겔서에 나타난 하나님의 형상과 개혁주의생명신학", 「생명과 말씀」 제4권 (2011): 11-39에서 24.

152 Levison, "The Promise of the Spirit of Life in the Book of Ezekiel," 255. Levison은 여기서 포로기의 바빌로니아 공동체가 신 28:25-26에 근거한 언약의 저주 아래 살육된 시체가 된 것으로 묘사되고 있다고 주장한다.

에스겔 37장은 하나님의 형상됨의 삶에서 이탈한 포로 공동체가 다시 하나님의 영을 받아(37:10) 하나님의 형상으로 변형될 것을 예언하는 본문이다. 이런 맥락에서 6:1-10과 37:1-14의 유사점을 고찰하면, 우상숭배자들의 시체와 뼈가 파괴된 우상의 제단 주위에 흩어지는 6:1-10의 모습은 그들이 하나님의 형상을 잃고 마른 뼈 같은 우상처럼 전락했기 때문이라는 주장에 더욱 무게를 실어준다.

6:11-14은 유다가 산에서 행한 우상숭배로 인해 칼과 기근과 전염병으로 멸망할 것을 다시 언급한다. 하나님은 에스겔에게 손뼉을 치고 발을 구르면서 유다가 가증한 악으로 멸망할 것을 예언하라고 말씀하신다(6:11). 여기서 손뼉을 치는 행위가 유다의 널망을 기뻐하는 행위인지 슬퍼하는 행위인지는 해석하기 어렵다.[153] 하지만 에스겔서 전체 문맥을 고려하면 이 행위의 의미를 알 수 있다. 에스겔서는 우상숭배자들이 평소 가난한 자를 그들의 손으로 억압했다고 말한다(22:14; 23:37, 45). 그래서 하나님은 그들을 벌하실 때 손뼉을 치실 것이라고 말씀하여 그들이 받는 심판이 자업자득임을 보여주셨다(21:17). 이런 맥락에서 볼 때 6:11에서 에스겔에게 손뼉을 치며 유다의 멸망을 예언하라고 하신 것은 유다가 손으로 악을 행한 것에 대한 하나님의 보복임을 알 수 있다.

유다 백성들은 칼과 기근과 전염병으로 인해 죽게 될 것이고 그 시체가 파괴된 우상과 우상의 제단 사이에 놓이게 될 것이다(6:12-13a). 이로써 우상숭배를 통해 우상으로 전락한 유다 백성들은 깨어진 우상과 같은 운명에 처하게 될 것을 다시 확인할 수 있다.

---

153 Cooper, *Ezekiel*, 109. 여기서 Cooper는 후자로 해석한다.

6:13b에서는 청자가 2인칭으로 바뀌어 "너희"가 그들(팔레스타인의 유다)의 멸망을 보고 "나를 여호와인 줄을 알리라"라고 말한다. 여기서 "너희"는 바빌로니아의 포로 공동체를 가리킨다. 렌츠의 말처럼 이 구절에서 처음으로 바빌로니아 포로 공동체가 "너희"로 불리고 있다.[154] 바빌로니아 포로 공동체가 하나님이 여호와인 줄을 알게 된다는 말은 유다 백성이 우상숭배로 하나님의 임재에서 떠나 멸망했음을 알게 될 것이라는 뜻이다. 그리하여 바빌로니아 포로 공동체가 이런 멸망을 타산지석으로 여겨 우상에서 떠날 것을 촉구하고 있다.

유다의 황폐함은 디블라까지 이르게 될 것이다(6:14). 여기서 디블라는 바빌로니아의 느부갓네살이 유다를 멸망시키기 위해 하맛 땅에서 군사령부 기지로 삼았던 리블라를 가리킨다. 개역개정판 한글 성경은 이 지명을 "립나"라고도 번역하였는데(렘 39:5; 왕하 23:33; 25:20), 이는 잘못된 것으로서 실제 히브리어 표현은 "리블라"(רִבְלָה)이다. 에스겔서에 "디블라"라고 기록된 것은 필사자의 오류처럼 보인다.[155]

⑧ 유다의 땅이 끝나게 될 것(7장)

7장은 유다 땅 전체에 초점을 맞춰 유다 땅이 끝나게 될 것을 선언하고, 그 원인이 성소를 더럽혔기 때문임을 다시 강조한다. 백성이 성소에서 하나님께 올바른 예배를 드리지 않고 성소를 더럽혔기 때문에 하나님도 그들의

---

154 Renz, *Rhetorical Function of the Book of Ezekiel*, 67.
155 히브리어 자음에서 "ㄷ"에 해당하는 ד(달레트)는 "ㄹ"에 해당하는 ר(레쉬)와 모양이 유사하여 필사자가 혼동할 여지가 있다. 그래서 리블라를 디블라로 잘못 썼다고 볼 수 있다. Block, *Ezekiel Chapters 1-24*, 236-237.

성소를 더럽히실 것이라고 말하여, 그들의 멸망이 인과응보의 심판임을 보여준다(7:24).

더욱이 유다 땅에 끝이 옴으로써, 더 이상 유다에 평강이 없을 것이고 그들은 하나님으로부터 어떤 응답도 받지 못할 것이다(7:25-27). 평강과 기도 응답은 언약의 대표적 축복이라는 점에서, 이것들이 없다는 말은 언약 파기로 인한 저주가 확실하게 임한다는 것을 뜻한다. 7장의 구조는 다음과 같다.

A. 언약 파기로 끝이 옴: 가증한 일이 드러나게 될 것(7:1-9)
　B. 언약 파기의 저주인 칼과 기근과 전염병으로 인한 멸망(7:10-19)
A´. 언약 파기로 인한 타국인의 침입: 가증한 우상이 더럽혀짐(7:20-24)
　B´. 언약 파기의 저주로 평강과 기도 응답이 없을 것(7:25-27)

7:1-9에는 "끝"이라는 말이 키워드로 등장한다(7:2, 3, 6). 히브리어로 "끝"(קֵץ/케츠)이라는 단어는 주로 수확의 끝을 가리킬 때 사용된다.[156] 그래서 구약의 호세아, 요엘, 아모스 등은 하나님의 심판을 수확과 관련해서 선고한다. 이런 예언자적 전통 속에서 에스겔도 심판을 추수에 비유하고 있다. 끝이라는 표현은 아모스 8장에서 갑작스러운 멸망을 가리키기 위해 사용된 문구이기도 하다(암 8:2, "내 백성 이스라엘의 끝이 이르렀은즉").[157] 아모스 8장은 끝이라는 말로 시작해서 말미에 하나님의 말씀이 사라질 것을 언급

---

156 Blenkinsopp, *Ezekiel*, 45.
157 Eichrodt, *Ezekiel*, 101.

한다(암 8:11, "여호와의 말씀을 듣지 못한 기갈이라"). 그런데 비슷하게 에스겔 7장도 끝이라는 말로 시작하여 말미에 하나님의 말씀이 사라질 것을 예언하고 있다(7:25-27, "선지자에게서 묵시를 구하나 헛될 것이며"). 이런 점에서 에스겔 7장은 아모스 8장과 매우 유사하다. 한편 7장이 끝이라는 말로 시작한 것은 이 부분이 에스겔 1-7장이라는 한 단락의 끝임을 알리는 효과도 있다.[158]

하나님은 유다 땅에 끝이 왔다고 선포하면서, 유다의 가증한 일로 인해 더 이상 유다를 긍휼히 여기지 않고 심판할 것이라고 말씀하신다(7:1-4). 7:4에서 개역개정판 한글 성경이 "네 가증한 일이 너희 중에 나타나게 하리니"로 번역한 히브리어 표현을 직역하면 "너희의 가증한 것들이 너희 가운데 있을 것이다"라는 뜻이다. 따라서 미래의 심판은 백성의 가증한 것(우상숭배)을 행위대로 보응하는 방식임을 알 수 있다.[159]

하나님의 심판으로 "가증한 일이 나타나게 될 것이다"라는 말은 언뜻 이해하기 힘들다. 보통 하나님의 심판은 가증한 일을 제거하는 방식으로 이루어지기 때문이다. 하지만 여기서는 유다가 우상숭배라는 가증한 일을 행하였기 때문에, 하나님도 그들이 보기에 가증한 방식으로 심판을 시행하여 그들의 가증한 일을 기억하도록 할 것을 의미한다. 백성이 지은 죄의 형태대로 하나님도 심판하실 것이라는 말씀이다.

이런 모습은 미가서에서도 엿볼 수 있다. 미가 2:1-4은 유다의 부자들이 침상(미쉬카보트)에서 악(라)을 꾀하여(하샤브) 밭(사데)을 탐하기 때문에,

---

158 Renz, *Rhetorical Function of the Book of Ezekiel*, 68.
159 Greenberg, *Ezekiel, 1-20*, 147.

하나님도 유다 족속(미쉬파하)에게 재앙(라아)을 계획하여(하샤브) 망하게(샤다드) 하실 것이라고 말씀한다.[160] 하나님도 그들의 행위대로 고스란히 보응하실 것이라는 뜻이다. 이렇게 되면 심판받는 자들은 자신의 과거 행위를 기억하고 하나님께 벌을 받는다는 사실을 깨닫게 될 것이다.

결국 에스겔서는 유다가 가증한 일로 하나님을 아프게 했기 때문에 하나님도 가증한 방식으로 그들에게 갚아주실 것이라고 말한다. 그리고 이런 심판을 받게 될 때, "너희가" 여호와를 알게 될 것이라고 말한다(7:4b). 여기서 "너희"는 유다 땅에 있는 백성이 아니라 예언자 에스겔과 함께 끌려온 포로 공동체를 가리킨다.[161] 따라서 바빌로니아 포로 공동체가 유다 땅을 향한 하나님의 심판을 보고 교훈을 얻어 멸망당하지 말고 돌아설 것을 촉구하고 있는 것이다.

7:5-9은 하나님의 보응의 심판이 구체적으로 어떻게 실현될 것인지 설명한다. 하나님은 "재앙"을 내릴 것이라고 선언하시는데, "재앙"에 해당하는 히브리어는 "라아"(רָעָה)이다(7:5). 이 단어는 6:9에서 우상숭배의 "악"을 표현하기 위해 사용된 히브리어 "라아"(רָעָה)와 동일한 낱말이다. 이런 언어유희는 하나님의 심판 재앙이 우상숭배라는 악에 대한 보응임을 더욱 깊이 각인시켜준다.

7:6에서 개역개정판 한글 성경이 "끝이 너에게 왔도다"라고 번역한 히브리어 표현은 "하케츠 헤키츠"다. 여기서는 비슷한 음의 반복을 통해 끝이 왔음을 강조하고 있다. 또한 동사인 "헤키츠"는 "잠에서 깨어 일어나다"라

---

160 Carol J. Dempsey, "Micah 2-3: Literary Artistry, Ethical Message, and Some Considerations about the Image of Yahweh and Micah," *JSOT* 85 (1999): 119.

161 Odell, *Ezekiel*, 88.

는 의미도 있기에, 유다 땅의 끝이 잠에서 깨어난 짐승의 갑작스런 엄습처럼 갑자기 임하게 될 것이라는 뉘앙스를 전달해준다.[162] 그리하여 유다 땅의 끝이 홀연히 올 것을 예고하고 있다.

하나님의 심판인 끝이 왔을 때, 유다 땅 주민에게 요란함이 임할 것이다(7:7). 이 구절에서 "요란함"으로 번역된 히브리어는 "메후마"(מְהוּמָה)로서, "떠들다"라는 동사 "하마"(הָמָה)와 같은 어근에서 파생된 명사다. 앞서 5:7은 같은 어근의 명사인 "하몬"(הָמוֹן)을 사용하여, 예루살렘의 유다 거민이 이방인들보다 더 요란한 우상숭배를 했다고 질타한 바 있다(참조. 23:42).

결국 7:7은 유다 거민들의 요란한 우상숭배로 인해 하나님도 유다 땅에 요란한 심판을 내리실 것이라고 말하고 있다. 이 요란한 심판은 나중에 바빌로니아 군사들의 소리와 말발굽 소리로 판명된다(참조. 사 22:5).[163] 요란한 심판의 날이 임할 때, 유다의 산에서 풍요 의식을 위해 우상숭배하며 즐거워하던 소리가 그치게 될 것이다(7:7b).[164] 그리고 사람들은 이 심판이 하나님으로부터 왔다는 것을 알게 될 것이다(7:8-9). 백성이 요란한 우상숭배의 대가로 요란한 심판을 받게 되면서, 자신들의 요란했던 죄를 기억하고 그 죄 때문에 심판받는다는 사실을 알게 될 것이라는 의미다. 이로써 하나님의 심판은 유다가 행한 방식대로 이루어진다는 것을 보여주고 있다.

7:10-18은 유다 땅이 칼과 기근과 전염병으로 멸망할 것이고, 살아남은 자들은 포로로 끌려가게 될 것을 밝힌다.[165] 칼과 기근과 전염병과 포로

---

162 Eichrodt, *Ezekiel*, 102.

163 Allen, *Ezekiel 1-19*, 108.

164 Cooper, *Ezekiel*, 112.

165 7:10-27은 앞의 7:1-9에서 언급된 심판을 더욱 구체화하고 확장하는 기능을 한다. Duguid, *Ezekiel*, 119.

됨은 언약 파기로 인한 저주이기 때문에, 유다의 멸망이 언약 파기의 결과임을 가르쳐주고 있다. 7:1-9이 백성의 가증한 우상숭배에 초점을 맞췄다면, 7:10-18은 유다 백성이 조상의 땅을 사고파는 과정에서 재물과 부를 위해 포악과 불의를 행했다는 사실에 초점을 맞추고 있다(7:11, 12).[166] 그 결과 하나님은 언약 파기를 선언하고 칼과 기근과 전염병이 임하게 될 것을 선포하고 있다.

하나님은 예언자 에스겔을 통해 유다의 죄로 "몽둥이가 꽃이 피며 교만이 싹이 났도다"라고 말씀하신다(7:10). 문맥상 몽둥이는 진노의 도구로서 유다를 멸망시키는 도구다. 따라서 블락은 이 표현이 유다를 징벌하는 바빌로니아에 관한 것이라고 주장한다.[167] 하지만 그다음 절은 "포악"과 "죄악의 몽둥이"를 병치하여, "몽둥이"는 유다 지도자들이 스스로의 부와 권력을 유지하기 위해 사용한 폭력의 수단임을 보여준다. 유다 땅 거민이 재물과 부를 위해 잔인하게 몽둥이를 휘둘렀음을 은유적으로 표현하고 있는 것이다.[168]

몽둥이에 꽃이 핀다는 말은 민수기 17:5에서 아론의 지팡이에서 순이 나고 꽃이 핀다는 말씀을 연상하게 한다.[169] 민수기 17장은 고라의 무리가 아론의 제사장직에 도전한 사건을 계기로, 하나님이 제사장의 권위를 세우기 위해 아론의 지팡이에서 꽃이 나오게 하신 사건을 이야기한다. 아론의 지팡이에 꽃이 핀다는 것은 권위를 갖는다는 의미다. 이런 관점을 에스겔

---

166 Odell, *Ezekiel*, 92.
167 Block, *Ezekiel Chapters 1-24*, 256.
168 Greenberg, *Ezekiel, 1-20*, 149.
169 Greenberg, *Ezekiel, 1-20*, 149.

7:10에 대입해서 읽으면, 몽둥이에 꽃이 피며 교만이 싹이 난다는 진술은 유다의 지도자와 부자들이 권위를 주제넘게 남용하여 타인을 압제하고 부를 누렸음을 암시한다.[170] 실제로 이 구절에서 "교만"으로 번역된 히브리어 "자돈"(זָדוֹן)은 주제넘게 행동하는 모습을 뜻한다.

유다의 지도자와 부자들이 자기 배를 위해 권위를 남용하고 포악과 죄악의 몽둥이를 휘둘렀으므로(7:11), 하나님의 심판도 몽둥이(바빌로니아)의 형태로 임하여 그들이 휘두른 몽둥이를 벌하는 형식으로 이루어질 것이다. 예레미야 50:23은 바빌로니아를 "온 세계의 망치"로 표현하여 유다의 멸망이 바빌로니아라는 망치로 이루어질 것을 알렸다.[171] 유다가 불의한 몽둥이를 사용할 때, 하나님도 같은 방식으로 몽둥이를 사용하여 징벌하신다는 아이러니다.

구체적으로 유다의 지도자와 부자들은 땅을 사고파는 과정에서 포학과 죄를 저지르며 부를 축적했기 때문에 그들의 재물은 하나도 남지 않을 것이다(7:11-13). 그리하여 땅을 사는 자도 기뻐할 필요가 없고 파는 자도 근심할 필요가 없을 것이다(7:12). 땅을 파는 자가 근심하는 이유는 나중에 그에게 땅을 다시 찾아야 할 의무가 있기 때문이다.[172] 하지만 본문은 유다 땅이 망하면 땅을 판 자가 다시 땅을 찾을 기회가 없어져 근심할 이유가 없을 것이라고 조롱하고 있다(7:13).

흥미롭게도 7:11-13은 유다의 백성을 "무리"로 표현하고 있는데, "무리"에 해당하는 히브리어는 "하몬"(הָמוֹן)으로서 요란스럽게 소리를 내는

---

170 Odell은 이 몽둥이가 타락한 다윗 왕조를 가리킨다고 주장한다. Odell, *Ezekiel*, 92.
171 Cooper, *Ezekiel*, 113.
172 Odell, *Ezekiel*, 92.

무리를 뜻한다. 이로써 유다 백성이 땅을 사고 팔면서 요란스럽게 행동했다는 것을 일깨워준다. 요란스럽게 행동하며 자기 이익을 추구하던 자들이었기 때문에, 그들이 재앙을 당하는 날은 요란스러운 날이 될 것이다(7:7). 그리하여 하나님의 심판은 그들이 행한 대로 갚는 심판임을 다시 한번 드러내고 있다.

7:14-18은 유다에서 밭에 있는 자는 칼에 죽고 성읍에 있는 자는 전염병과 기근에 죽게 될 것이며, 나머지 살아서 도망치는 자는 굵은 베로 허리를 동이고 대머리가 된 채 포로로 끌려갈 것이라고 예고한다. 하나님의 심판이 유다 전체 백성에게 충격과 영향을 줄 것을 알리는 말씀이다.[173]

개역개정판 한글 성경은 7:16에서 심판을 낭하여 노망하는 자가 골짜기에서 비둘기처럼 울 것이라고 번역했다. 하지만 이 구절에서 "울다"에 해당하는 히브리어 동사는 "하마"(הָמָה)이고 뜻은 "요란스럽게 소리를 내다"이다. 따라서 유다가 요란스럽게 우상숭배를 한 대가로(5:7), 심판받을 때 요란하게 울게 될 것을 드러낸다. 평소 요란함을 좋아했기 때문에 심판받을 때 실컷 요란을 떨도록 하실 것이라는 무서운 말씀이다. 이 대목에서 행한 대로 갚으시는 하나님의 심판이 얼마나 준엄한지를 새삼 깨달을 수 있다.

7:18a에 언급된 굵은 베는 회개할 때 사용되는 용어다(사 32:11). 그래서 굵은 베로 허리를 동이고 회개하지 않을 때, 유다 백성이 굵은 베로 허리를 묶인 채 잡혀가게 될 것이라는 의미를 내포한다. 이는 만약 회개를 했다면 그들에게 기회가 있었다는 뜻이다. 따라서 회개하지 않는 어리석음을 은연중에 질타하는 대목이다. 앞서 말한 대로 머리털은 하나님의 형상의

---

173 Allen, *Ezekiel 1-19*, 109.

영광을 상징하므로, 대머리가 된다는 표현은 유다 백성이 하나님의 형상을 잃게 될 것을 시사한다(7:18b). 따라서 우상을 숭배한 사람은 하나님의 형상을 잃어서 심판을 받게 된다는 점을 다시 확인해준다.

7:19은 예루살렘의 유다가 재물과 우상숭배로 자신의 이기적 욕구를 채우려 했기 때문에, 그들의 뱃속 깊은 곳이 금과 은으로 채워져 있음을 보여준다. 따라서 심판 날에 하나님은 금과 은으로 자신의 이기적 욕구를 채우려는 자들을 멸하실 것이다.

구체적으로 7:19은 "그들의 은과 금이 능히 그들을 건지지 못하며, 능히 그 심령을 족하게 하거나 그 창자를 채우지 못하고"라고 말한다. 여기서 "심령"으로 번역된 히브리어는 "네페쉬"(욕구)다. 이로써 금과 은이라는 재물로 자신의 이기적 욕구를 만족시키려는 자들은 심판을 받을 때 그런 재물로 욕구를 채우지 못하게 될 것임을 예고한다(참조. 습 1:18).[174] 또한 이 구절에서 "창자"로 번역된 히브리어는 "메에"로서 뱃속 깊은 곳을 가리킨다. 이는 욕구가 뱃속 깊은 곳에 있음을 확인해주고 있다. 결국 유다 지도자와 부자들이 타인을 억압하고 폭력을 행하는 것은 재물을 통해 욕구를 만족시키려는 이기적 욕구에서 기인한 것이다. 하지만 심판을 받을 때는 그들의 금과 은으로 욕구를 채우지 못하고 멸망하게 될 것이다.

7:20-24은 타국이 침입할 때 유다가 만들었던 가증한 우상과 우상의 성소들이 더럽혀지게 될 것을 알린다. 유다가 우상숭배라는 가증한 일을 통해 하나님의 성소를 더럽혔기 때문에(5:11) 하나님도 심판 날에 그들의 우상과 성소들을 더럽히실 것이라는 아이러니다. 유다는 금과 은을 가

---

174 Cooper, *Ezekiel*, 115. Cooper는 7:19이 유다의 물질주의 사상을 질타한 것으로 이해한다.

지고 "가증한 우상과 미운 물건"을 만들었다(7:20). 금과 은은 7:19에서 유다가 스스로의 욕구를 만족시키기 위해 뱃속에 채우려 했던 세상적 수단이다. 그러므로 우상을 통해 욕구를 채우려고 했음을 알 수 있다.[175]

한편 금과 은으로 만들어진 우상은 금과 은으로 뱃속을 채우는 우상숭배자와 매우 유사하다. 이런 유사성을 통해 금과 은으로 우상을 만드는 자는 그 속이 우상의 재료인 금과 은으로 가득 차 있다는 것을 보여준다. 그러므로 이 대목에서 우상을 만드는 자는 우상과 같은 존재로 전락한다는 것을 다시 확인할 수 있다.

심판 때 금과 은이라는 재물이 소용 없듯이 우상을 통해 만족을 얻으려는 자들에게 우상은 전혀 도움이 되지 못할 것이다. 하나님은 심판을 통해 금과 은으로 만든 가증한 우상을 오물이 되게 하실 것이다(7:20). 여기서 "오물"로 번역된 히브리어 "니다"(נִדָּה)는 생리 기간에 여인의 몸에서 나오는 유출물을 가리킨다.[176] 백성이 가증한 우상으로 하나님을 아프게 했기 때문에, 하나님도 오물이라는 가증한 방법으로 그들의 우상을 훼손해서 괴롭게 할 것이라는 뜻이다. 이처럼 인과응보의 심판을 받는 백성은 그들이 가증한 우상으로 하나님의 임재를 훼방했음을 뒤늦게 깨달을 것이다.

본문에 따르면 유다가 심판을 받을 때, 그들의 땅이 더럽혀지고 하나님의 성소도 더럽혀질 것이다(7:21-22). 여기서 하나님은 피 흘리는 죄와 포악의 대가로 쇠사슬을 만들라고 말씀하신다(7:23). 쇠사슬은 유다의 포로들을 바빌로니아로 끌고 가기 위한 도구다. 이로써 본문은 유다 지도자와 부

---

175 Taylor, *Ezekiel*, 96.
176 Taylor, *Ezekiel*, 96.

자들이 강압적으로 백성의 피를 흘렸기 때문에 그들도 강압적으로 끌려가게 될 것을 예고하여[177] 하나님의 심판이 그들이 행한 방식대로 이루어진다는 것을 다시 보여준다.

에스겔서는 유다의 대표적인 죄로 우상숭배와 피 흘린 죄를 계속 지적한다. 그러므로 에스겔서 안에는 "피를 흘린다"(7:23; 9:9; 16:36, 38; 18:10; 22:3, 4, 6, 9, 12, 13, 27; 23:37, 45; 24:7-8; 33:25; 36:18)라는 표현과 "포악"(חָמָס/하마스, 7:11, 23; 8:17; 12:19; 22:2; 24:6, 9, 45:9)이라는 표현이 자주 등장한다.[178] 특별히 33:25은 "너희 우상들에게 눈을 들며 피를 흘리니 그 땅이 너희의 기업이 될까보냐"라고 말함으로써, 우상숭배와 피 흘리는 죄를 병치하고 있다. 피 흘리는 것은 하나님의 형상을 훼손하는 행위이고(창 9:6), 우상숭배도 하나님의 형상을 훼손한다는 점에서 공통점이 있다(참조. 8:17).[179] 따라서 7:24은 유다가 우상숭배를 하고 피를 흘려 하나님의 형상을 훼손했기 때문에, 그들이 섬기는 우상의 성소들이 더럽혀질 것이라고 말한다.

7:25-27은 결론적으로 언약 파기를 선언하는 내용이다. 이 소단락의 구조는 다음과 같다.

A. 언약 파기의 결과: 평강이 없을 것(7:25)
A′. 언약 파기의 결과: 하나님의 응답이 없을 것(7:26)
결론. 유다가 저지른 죄악대로 심판하실 것(7:27)

---

177 Block, *Ezekiel Chapters 1-24*, 267.
178 Kutsko, *Between Heaven and Earth*, 71.
179 Kutsko, *Between Heaven and Earth*, 71.

하나님의 심판이 임할 때, 유다에게 평강이 사라지고 하나님은 기도 응답을 하지 않을 것이다(7:25-26). 평강과 기도 응답은 언약의 대표적인 축복이기 때문에, 이러한 축복이 사라진다는 것은 더 이상 언약 관계를 유지하지 않고 언약을 파기하겠다는 뜻이다. 이로써 본문은 유다를 향한 하나님의 심판은 언약 파기로 인한 재앙임을 분명히 하고 있다.

7:26은 "선지자에게서 묵시를 구하나 헛될 것이며, 제사장에게는 율법이 없어질 것이요, 장로에게는 책략이 없어질 것이며"라고 말한다. 이 구절에서 장로에 대한 언급에 주목할 필요가 있다(참조. 렘 18:18, 여기서는 지혜로운 자에게서 책략이 나온다고 말한다). 여기서 장로는 바빌로니아 포로 공동체에서 지도자로 세워진 사들을 말한다. 따라서 7:26의 말씀은, 에스겔을 통해 주어진 하나님의 말씀을 무시한다면 바빌로니아 포로 공동체에 대해서도 언약이 파기될 것을 경고하는 의미를 담고 있다(8:1; 14:1; 참조. 20:1).[180]

결론적으로 유다는 그의 죄악대로 심판을 당함으로써 왕과 고관과 주민들이 두려움과 놀람으로 떨며 멸망하게 될 것이다(7:27). 이들이 놀라고 떠는 이유는 그들이 하나님과 타인에게 행한 방식 그대로 바빌로니아를 통해 갚으시는 하나님의 심판을 목도할 것이기 때문이다. 마치 에스더서에서 하만이 모르드개를 죽이기 위해 장대를 만들었지만, 그 장대에 자신이 죽게 될 것을 알고 놀라 떠는 것과 같은 이치다(에 7:9-10). 이런 심판이 임할 때, 그들은 하나님이 여호와인 줄을 알게 될 것이다(7:27b). 즉 하나님의 거룩한 임재의 속성을 깨닫고 그 임재를 훼손한 행동의 대가가 얼마나 혹독한지를 알게 될 것이라는 말씀이다.

---

180 Renz, *Rhetorical Function of the Book of Ezekiel*, 46-47.

2) 유다의 우상숭배로 하나님의 영광이 성전을 떠남(8-11장)

8-11장은 에스겔이 하나님의 영을 통해 바빌로니아에서 예루살렘으로 옮겨져서 봤던 환상을 진술한다.[181] 여기서 핵심은 유다의 죄악상 때문에 하나님이 예루살렘의 성전을 떠나신다는 것이다.[182] 즉, 우상숭배로 인하여 하나님의 영광이 성전을 떠나는 장면에 초점이 맞춰져 있다. 8-11장의 구조에 대해서는 여러 견해가 있는데, 일례로 데이(John N. Day)는 8-11장의 구조를 다음과 같은 동심원 구조로 이해했다.[183]

> A. 서론(8:1-4)
>   B. 우상숭배에 대한 문제 제기(8:5-18)
>   C. 땅과 지도자에 대한 심판(9장)
>   D. 하나님의 영광이 성전을 떠남(10장)
>   C'. 땅과 지도자에 대한 심판(11:1-13)
>   B'. 우상숭배의 문제에 대한 해결(11:14-21)
> A'. 결론(11:22-25)

하지만 필자가 보기에 이 단락은 다음과 같은 패널 구조로 보는 것이 더 설득력 있다.[184]

---

181 한편 Renz는 8-13장을 하나의 문학적 단락으로 나누었다. Renz, *Rhetorical Function of the Book of Ezekiel*, 68.

182 Renz, *Rhetorical Function of the Book of Ezekiel*, 68.

183 John N. Day, "Ezekiel and the Heart of Idolatry," *Bibliotheca Sacra* 164 (2007): 24.

184 Duguid, *Ezekiel*, 146.

A. 서론: 하나님의 영광이 에스겔을 예루살렘으로 데려감(8:1-4)

  B. 장로들을 중심으로 한 우상숭배 고발(8:5-18)

    C. 하나님의 심판 환상: 파괴의 천사들 등장(9:1-9:6)

      D. 남은 자를 위한 예언자의 중재(9:7-11)

        E. 하나님의 영광이 성전을 떠나 동문에 이름(10장)

  B′. 지도자들의 죄악상에 대한 고발(11:1-3)

    C′. 하나님의 심판 메시지(11:4-12)

      D′. 블라댜의 죽음과 남은 자를 위한 예언자의 중재(11:13)

        E′. 하나님이 포로들의 성소가 되실 것과 귀환에 대한 약속
        (11:14-21)

A′. 결론: 하나님의 영광이 성읍 동편 산에 머묾(11:22-25)

이상의 구조로 볼 때 핵심은 단락 E인 10장과 단락 E′인 11:14-21이다. 일반적으로 패널 구조는 후반부로 가면서 내용이 더욱 진전(progression)되기 때문이다.[185] 10장은 1장에서 제시된 생물들이 천사인 그룹임을 밝히고, 하나님의 영광이 그룹들을 타고 예루살렘 성전을 떠나는 모습을 그린다. 그리고 11:14-21은 성전을 떠난 하나님의 영광이 바빌로니아 포로지에 임하여 하나님이 친히 포로 공동체의 성소가 되실 것을 약속한다(11:16).

결국 8-11장의 중심 메시지는 우상숭배로 하나님의 성전이 파괴되는 상황에서 하나님의 영광이 바빌로니아 포로 공동체에 임한다는 것이다. 그

---

185 Bruce K. Waltke, *An Old Testament Theology: An Exegetical, Canonical, and Thematic Approach*, (Grand Rapids, MI: Zondervan, 2007), 119.

러면서 본문은 바빌로니아 포로 공동체가 우상숭배하는 예루살렘과 단절하고, 포로지에 함께 계시는 하나님만을 섬길 것을 촉구하고 있다.

한편 8-11장은 "남은 자 사상"을 뚜렷이 제시한다. 남은 자는 이마에 표를 한 자다(9:4-6). 하나님은 제2의 출애굽을 통해(11:17) 남은 자들을 바빌로니아에서 모으고 그들과 새 언약을 체결한 후 영적 변형(새 영과 살처럼 부드러운 마음)을 일으키실 것이다(11:19). 여기서 새 언약의 수혜자가 되어 영적 변형을 경험하는 백성은 예루살렘의 유다가 아닌 바빌로니아에 포로로 잡혀간 자들이다. 그래서 8-11장은 오직 바빌로니아 포로 공동체에만 희망이 있음을 가르쳐준다. 위의 구조도에서도 드러나듯이, 8-11장은 이중 구조로서 크게 8-10장과 11장으로 나뉜다.

(1) 우상으로 예루살렘 멸망과 하나님의 영광이 성전을 떠남(8-10장)

이 단락은 우상숭배로 인해(8장) 예루살렘 주민들이 멸망한다는 내용이다(9장). 예루살렘 성읍이 불타기 전, 여호와의 영광은 성전 문지방을 떠나 동문에 거하는 그룹에 임하여 떠날 준비를 한다(10장). 앞서 5-7장이 우상숭배로 예루살렘이 멸망할 것을 선포한 상황에서, 8-10장은 구체적으로 그 선포가 어떻게 이루어지는지를 묘사하고 하나님의 영광이 예루살렘을 떠나게 될 것을 예고하고 있다. 8-10장은 자체적으로 다음과 같은 구조를 이룬다.

A. 성전 내 우상숭배의 실상(8장)

  B. 예루살렘 거민의 멸망(9:1-6)

  B′. 멸망을 피해 남은 자를 위한 선지자의 중재(9:7-11)

A′. 불타는 예루살렘: 여호와의 영광이 떠남(10장)

① 성전에서 자행되는 우상숭배의 실상(8장)

8:1-4은 하나님의 영광이 에스겔을 바빌로니아에서 예루살렘으로 데려가는 장면이다. 먼저 에스겔이 집에 있을 때, 바빌로니아에 끌려온 포로 공동체의 장로들이 찾아온다(8:1).[186] 3장은 에스겔이 집에 갇혀 있게 될 것을 예고했는데, 그런 예고에 따라 집에서 지내고 있는 에스겔에게 장로들이 찾아온 것이다. 에스겔은 다른 예언자들과 달리 대중 앞에서 하나님의 말씀을 선포하지 않았다.[187] 에스겔의 활동 영역이 이처럼 제한적이었던 이유는 청중들의 완악함 때문에 하나님이 그에게 벙어리 사역을 시켰기 때문이다.

본문은 장로들이 찾아온 이유에 대해 말하지 않지만, 아마도 바빌로니아 포로시에서 유다 공동체가 하나님의 형상을 직접 만날 수 있는지 문의하러 온 것으로 추정된다. 8장은 그런 문의에 대한 응답으로 그것은 가증한 우상임을 알려주기 위해 하나님이 에스겔을 우상숭배의 온상인 예루살렘으로 데려가신 내용이라고 설명할 수 있다.[188] 또한 이를 통해 바빌로니아 포로 공동체가 하나님의 형상을 만들어 우상을 섬긴다면 우상숭배의 성읍인 예루살렘이 멸망하듯이 그들도 멸망할 수밖에 없음을 교훈한다고 볼 수 있다. 실제로 에스겔서는 바빌로니아에서 장로들이 우상을 숭배했음을 분명하게 언급하고 있다(14:1-4).[189]

8:2에서 에스겔은 맨 처음 환상에서 보았던 불 같은 하나님의 형상을 본다(1:26-27; 8:1-2). 8장의 주요 주제는 예루살렘의 유다가 자행하는 우상

---

186 확실히 포로 공동체는 장로들의 지도 아래 움직여졌다고 볼 수 있다(렘 29:1). Allen, *Ezekiel 1-19*, 137.

187 Block, *Ezekiel Chapters 1-24*, 279.

188 Odell, *Ezekiel*, 101.

189 Renz, *Rhetorical Function of the Book of Ezekiel*, 216.

숭배다. 따라서 에스겔은 하나님의 형상을 묘사할 때 당시 우상의 칭호로 사용되었던 "쳴렘"이라는 단어를 피하고 모호하게 "모양"(마르에)이나 "형상"(데무트)을 사용하고 있다.[190]

예루살렘에 도착한 에스겔은 예루살렘 성전에서 자행되는 가증스러운 우상숭배에 관하여 네 가지 환상을 보게 된다(8:5-18). 첫째로 그가 본 우상은 질투의 우상이다(8:5). 둘째는 성전 벽에 그려진 각양 곤충과 가증한 짐승과 이스라엘의 모든 우상의 그림과 그 우상들을 숭배하는 장로들의 모습이다(8:6-13). 셋째는 담무스의 우상이고(8:14-15), 넷째로는 장로들의 태양신 숭배가 나타난다(8:16). 이어 8:17은 폭행과 피를 흘린 죄를 지적한다. 그리하여 우상숭배가 사회적 불의와 폭행으로 이어짐을 여실히 드러낸다. 이네 가지 우상숭배의 묘사는 다음과 같은 구조를 이룬다.

    A. 질투의 우상: 풍요의 신
      B. 성전 벽면에 그려진 각종 짐승: 70인의 장로가 숭배함
    A'. 담무스: 풍요의 신
      B'. 태양신: 25인의 장로가 숭배함

이상의 구조가 보여주듯이, 네 가지 우상숭배 환상의 핵심에는 장로들이 언급된다는 특징이 있다(단락 B/B'). 이런 특징은 8장의 우상숭배 환상이 에스겔을 찾아온 장로들의 질의에 대한 응답이라는 주장에 더욱 무게를 실어준다. 따라서 8장의 내용은 포로 공동체의 장로들에게 예루살렘의 우상숭

---

190 Kutsko, *Between Heaven and Earth*, 3.

배의 가증함을 드러냄으로써 바빌로니아 포로지에서 우상을 만들려는 시도가 잘못되었음을 교훈한다는 의미도 담겨 있다(11:25, "내가 사로잡힌 자에게 여호와께서 내게 보이신 모든 일을 말하니라").

에스겔이 본 우상들에 대해서는 학자마다 의견이 분분하다.

첫째, 에스겔 8장에서 성전에서 자행되는 우상숭배는 공식적인 제의가 아니라 사람들이 사적으로 행하는 의식이었을 것이라는 추정이다.

둘째, 8장의 우상은 므낫세 시대에 행해졌던 우상숭배를 보여주는 것이라는 견해다. 므낫세의 우상숭배로 인해 예루살렘의 유다가 멸망할 것을 예고하는 것이라는 주장이다(왕하 21:13; 렘 15:4).

셋째, 8장의 우상은 솔로몬 이후부터 예루살렘 멸망 전까지 성전에서 자행되었던 우상숭배를 상징적으로 보여주는 종합적 의미를 지닌다는 견해다.

그리고 마지막으로, 8장에 나오는 우상숭배의 모습은 성전에 오는 예루살렘 백성들이 평소 생활에서 우상숭배에 빠져 있다는 것을 하나님의 시각에서 드러내 보이는 것이라는 견해다. 실제로 예루살렘에서 그런 우상숭배가 자행된 것은 아니지만, 영적으로 성전에 들어오는 백성들의 속이 우상숭배자의 모습임을 계시하는 환상이라는 설명이다. 이 견해를 뒷받침하는 증거로, 예레미야서가 성전 안에서 이루어지는 우상숭배에 대해 아무런 언급을 하지 않는다는 사실이 있다.[191] 필자에게도 이 후자의 견해가 가장 신빙성이 있어 보인다. 그러면 이제 8:5-18의 내용을 살펴보기로 하자.

---

191 Y. Kaufmann, *The Religion of Israel: From Its Beginnings to the Babylonian Exile*, trans. Moshe Greenberg (Chicago, IL: University of Chicago Press, 1960), 401-446.

먼저 에스겔은 성전 제단문 어귀 북쪽에서 질투의 우상을 목도한다 (8:5). 솔로몬의 성전에는 안뜰과 바깥뜰인 두 개의 뜰이 있다(왕하 21:5; 23:12). 안뜰로 들어가는 북향 문은 바깥뜰에서 안뜰로 들어가는 북쪽 진입로를 말한다.[192] 에스겔은 바깥뜰에 도착하여, 안뜰로 들어가기 위한 북쪽 진입로 입구에 이른다. 바로 이곳에서 제단문 어귀 북편에 질투의 우상이 있는 것을 보게 된다. 제단문은 바깥뜰 쪽에서 안뜰에 위치한 제단을 볼 수 있는 문이다.

한편 여기 나오는 솔로몬 성전의 바깥뜰은 에스겔 40-48장에서 언급된 종말 성전의 바깥뜰과 차이가 있다. 솔로몬 성전에서는 바깥뜰이 성전 구역이 아닌 반면, 에스겔서의 종말 성전에서는 성전 구역에 포함된다.

그렇다면 8:5에 언급된 질투의 우상의 정체는 무엇인가? 블렌킨소프는 "질투의 우상"이라는 히브리어 표현이 "욕정을 자극하는 우상"이라고 해석될 수 있기 때문에 아마도 풍요의 여신인 아세라 우상일 것이라고 주장한다.[193] 유다의 역사를 회고하면 므낫세가 아세라 목상을 성전 안에 세운 적이 있었다(왕하 21:7). 아세라는 가나안 종교의 엘 신의 짝신이자 풍요의 여신으로서 종종 바알과 함께 언급된다(왕하 23:4). 물론 요시야의 종교개혁으로 이 우상들은 모두 파괴되었지만, 이후 예루살렘의 유다 백성들이 아세라 우상을 다시 섬겼던 것은 확실하다. 안뜰 주위에 아세라 목상이 세워졌다면 이는 하나님의 질투를 불러일으키기에 충분했을 것이다. 그런 의미에서 아세라 목상을 "질투의 우상"이라고 불렀다고 보는 것도 가능하다.[194]

---

192 Block, *Ezekiel Chapters 1-24*, 280.
193 Blenkinsopp, *Ezekiel*, 54.
194 Cooper, *Ezekiel*, 120.

두 번째 죄악상은 담벼락에 그려진 각종 곤충과 짐승의 우상으로 나타난다(8:6-13). 에스겔은 안뜰을 둘러싼 성전 담에서 구멍을 발견한다(8:7). 구멍이 있는 담을 허니 문이 있는 방이 나왔다. 이 방은 성전 기물을 보관하는 창고 같은 장소로 추정된다.[195] 에스겔은 그 방의 담벼락에서 각종 곤충과 가증한 짐승과 이스라엘 족속의 모든 우상의 그림들을 목격한다. 특히 가증한 짐승의 우상은 이집트의 묘실 벽에 그려진 짐승 신들을 연상시키기 때문에 이들은 죽음과 관련된 이집트의 신들인 듯하다.[196] 이것이 맞는다면, 유다는 이곳에서 은밀하게 죽음의 신인 이집트 신들에게 도움을 청하고 있다고 해석할 수 있다.[197]

더욱이 에스겔은 이곳에서 각종 곤충과 짐승의 우상을 숭배하는 70인의 장로 중 사반의 아들 야아사냐가 있음을 본다(8:11). 이 구절에 나오는 70인의 장로는 시내산에서 언약을 체결할 때 백성의 대표로 세워진 70인의 장로를 상기시킨다.[198] 또한 사반의 아들 야아사냐를 언급한 것에도 특별한 의미가 있다. 사반은 열왕기하 22장에서 요시야의 종교개혁 당시에 신앙이 투철했던 서기관으로 등장한다(왕하 22:8). 그런 자의 아들인 야아사냐가 은밀히 우상숭배를 하고 있다는 것은 요시야의 종교개혁 이후 유다가 급격히 타락했다는 증거다.[199]

70인의 장로는 향로를 들고 향을 피웠다(8:11). 향을 피우는 행위는 악귀나 대적자들을 피하고 자신의 안전을 확보하기 위한 행동으로 보인다.

---

195 Block, *Ezekiel Chapters 1-24*, 289.
196 Blenkinsopp, *Ezekiel*, 55.
197 이학재, 『에스겔 어떻게 읽을 것인가?』, 87.
198 Odell, *Ezekiel*, 110.
199 Cooper, *Ezekiel*, 122.

따라서 70인의 장로가 향을 피운 행위는 우상을 의지하며 우상에게 자신의 안전을 지켜달라고 기원하는 모습이라고 할 수 있다.

장로들은 어두운 방 안에서 "여호와가 우리를 보지 아니하시며 이 땅을 버리셨다"라고 말한다. 원래 장로는 성전 건물에 들어올 수 없다. 장로들이 거룩한 구역에 있다는 것은 하나님의 율법에 어긋나는 일이다. 결국 우상을 섬기는 장로들은 율법을 어기면서까지 거룩한 구역에 들어와 여호와가 이 땅을 돌보지 않고 버리셨다고 원망하고 있는 셈이다.

앞서 말한 대로 70인의 장로 중에 야아사냐가 있었는데, 야아사냐의 이름은 "여호와께서 듣고 계신다"는 뜻이다. 이런 이름을 가진 야아사냐가 여호와께서 돌보거나 듣지 않으신다고 원망하는 것은 참으로 아이러니하다. 아마도 이들은 여호와가 바빌로니아 신보다 열등하여 패배했다고 착각했기 때문에 더 이상 여호와가 자신들을 돌보지 않는다고 생각했던 것 같다(참조. 9:9).[200]

한편 장로들이 실제로 성전 담벼락에 있는 방에서 그런 행위를 했는지는 의문이다. 필자는 에스겔이 하나님의 시각에서 장로들의 영적 실상을 목도한 것으로 이해하는 것이 옳다고 본다. 어쨌든 일반 백성에게 신앙적으로 모범을 보여 언약적 신실함을 실천해야 할 장로들이 의무를 다하기는커녕 오히려 우상숭배에 적극 가담하고 있다는 것은 당시 예루살렘이 얼마나 타락했는지를 잘 보여주는 대목이다.[201]

세 번째 죄악상은 담무스 우상으로 나타난다(8:14-15). 담무스는 수메

---

200 Kutsko, *Between Heaven and Earth*, 4.

201 Greenberg, *Ezekiel, 1-20*, 170.

르의 식물 신에 비교되는 바빌로니아 신이다.[202] 이 신은 아시리아를 통해 이스라엘에 소개된 듯하다. 에스겔은 안뜰로 들어가는 북향 문에 이르렀을 때, 거기서 여인들이 담무스를 위해 애곡하는 장면을 목격한다. 당시 고대 근동인들은 식물의 신 담무스가 식물이 죽는 겨울에는 죽고 식물이 소생하는 계절에는 부활한다고 믿었다.[203] 이런 맥락에서 여인들이 담무스의 죽음을 애도하고 있었던 것이다.

예레미야 9:17-19에서 하나님은 예언자 예레미야에게 자칭 지혜롭다는 여자들을 불러 애곡하게 할 것을 명령한다. 여인들이 애곡하는 이유는 그들이 믿는 바알이 죽었다고 생각하기 때문이다.[204] 이런 맥락에서 에스겔 8장의 여인들도 담무스의 죽음을 애곡하고 있었던 것이다. 담무스의 죽음을 애곡하는 행위의 배후에는 풍요를 달라는 기원이 담겨 있다. 따라서 이들은 풍요를 위해 하나님보다 우상인 담무스를 의지했음을 알 수 있다.

마지막으로 에스겔은 성전에서 대략 25명의 유다 장로가 성전 문과 제단 사이에서 태양을 숭배하는 모습을 목격한다(8:16; 참조. 왕하 21:5). 확실히 제사장들이 아닌 장로들이 성전 제단 근처에 있다는 것은 율법을 위반한 행위다.[205] 일반적으로 태양신은 생명과 건강을 가져다주는 신으로서 죽음의 신과 대조된다. 장로들은 얼굴을 동쪽으로 향하고 태양을 숭배했는데, 동쪽을 향한다는 것은 성전을 등진다는 의미이기 때문에 그들이 여호와 신

---

202 Cooper, *Ezekiel*, 123. 여기서 Cooper는 담무스가 바빌로니아 여신 이슈타르(Ishtar)의 정부라고 소개한다.

203 Cooper, Ezekiel, 123.

204 William L. Holladay, *Jeremiah 1: A Commentary on the Book of the Prophet Jeremiah Chapters 1-25*, Hermeneia (Philadelphia, PA: Fortress, 1986), 314.

205 Cooper, *Ezekiel*, 124.

앙에서 떠났다는 것을 단적으로 보여준다.

정리하면 8장에 나타나는 우상의 나열은 매우 순차적이다. 성전 북쪽에 있는 바깥뜰에는 질투의 우상이, 바깥뜰과 안뜰의 경계인 담에는 각종 곤충과 짐승의 우상이, 안뜰로 들어가는 북문에는 우상 담무스가, 성전문과 제단 근처 사이에는 태양상(대하 34:4)이 놓여 있다. 이를 통해 처음 우상숭배를 할 때는 하나의 우상을 성전 구역 근처에 세우지만, 점차 더 노골적으로 여러 신을 섬기다가 급기야는 여호와의 제단을 태양의 제단으로 바꿈으로써 하나님의 영광을 피조물의 영광과 바꾸게 된다는 사실을 교훈하고 있다.[206]

끝으로 에스겔의 환상은 백성의 우상숭배에서 도덕적 죄악으로 화제를 바꾼다(8:17-18). 예루살렘의 유다가 폭행(하마스)을 행했다는 것이다 (8:17). 우상숭배와 함께 포학으로 피를 흘린 죄악은 예루살렘의 유다가 저지른 대표적인 죄다(7:23; 9:9). 이런 행위를 두고 8:17b은 "심지어 나뭇가지를 그 코에 두었다"라는 표현으로 질타한다. 이 표현이 구체적으로 무엇을 뜻하는지는 모호하지만, 아마도 하나님을 따르지 않는 모독 행위와 연관된 듯하다.[207]

포학으로 피를 흘리는 것은 하나님의 형상을 훼손하는 행위다(창 9:6). 따라서 이는 우상을 섬김으로써 하나님의 형상에서 이탈하는 것과 같이 가증한 일이다. 하나님의 형상으로 지음 받은 인간에게 포학을 행함으로써 피를 흘린 자들을 향해 하나님도 포학으로 갚아주실 것이라고 말씀하신다

---

206 Day, "Ezekiel and the Heart of Idolatry," 26.
207 Greenberg, *Ezekiel, 1-20*, 172-173 참조.

(8:18). 유다가 포학으로 가난한 백성의 부르짖음을 외면했기 때문에, 하나님도 유다를 심판할 때 그들의 부르짖음에 응답하지 않을 것이라는 이야기다(미 3:1-4).[208] 그들을 향한 하나님의 심판이 행한 대로 갚는 심판임을 분명히 하고 있는 셈이다.

② 죄로 멸망하는 예루살렘 거민과 남은 자(9장)

9장은 심판을 집행하는 일곱 천사가 가증한 우상숭배와 피 흘리는 죄를 범한 예루살렘 주민을 성전의 놋 제단에서부터 시작하여 심판하는 장면이다(9:2). 손에 죽이는 무기를 든 천사들은 예루살렘 거민을 죽여 성전을 더럽히는 임무를 수행한다(9:7).[209]

먼저 예루살렘 성읍을 관할하는 일곱 천사가 성전에서 시작하여 예루살렘 주민들을 멸하기 위해 나타난다(9:1-2). 본문은 이들을 "사람"이라고 소개하지만(9:2), 구약은 종종 천사를 사람으로 표현하므로 이들이 천사라는 사실을 부인할 필요는 없다(창 18:2; 33:2; 단 10:5).[210] 심판의 집행자로서 천사가 등장하는 모습은 사무엘하 24:15-17에서도 나타난다.[211]

---

208 Leslie C. Allen, *The Book of Joel, Obadiah, Jonah and Micah*, The New International Commentary on the Old Testament (Grand Rapids, MI: Baker, 1976), 309.
209 9장의 구조는 다음과 같다.
    A. 일곱 천사가 예루살렘 심판을 수행하기 위해 나옴(9:1-2)
     B. 이마에 표가 있는 자는 살게 하라(9:3-4)
      C. 이마에 표가 없는 자를 불쌍히 여기지 말라(9:5-7)
     B′. 예언자의 중재: 남은 자를 모두 멸하려 하시나이까?(9:8)
      C′. 하나님은 불쌍히 여기지 않을 것임: 남은 자가 소수일 것(9:9-10)
    A′. 가는 베 옷 입은 천사가 예루살렘 심판 수행을 보고함(9:11)
210 Cooper, *Ezekiel*, 126.
211 그리고 이들의 모습은 요한계시록 15-16장을 연상시킨다.

9:1은 하나님의 심판을 집행하는 천사들을 "성읍을 관할하는 자들"로 소개한다. 여기서 "관할하는 자들"에 해당하는 히브리어는 "페쿠다"(פְּקֻדָּה) 이다. 이 단어와 같은 어근의 동사 "파카드"(פָּקַד)는 "돌보다" 또는 "보복하 다"(벌하다)라는 뜻이다. 그래서 성읍을 관할하는 천사들은 성읍을 돌보는 임무와 더불어 하나님의 명령에 따라 성읍을 벌하는 임무를 맡았다고 볼 수 있다.

하나님은 심판의 집행자인 천사들에게 "나아오라"라고 말씀하신다 (9:1b). 여기서 "나아오다"에 해당하는 히브리어는 "카라브"(קָרַב)로서 레위 기에서 백성이 제사를 드리기 위해 성전에 나올 때 사용되는 동사다(레 1:1- 3). 이렇게 동일한 동사를 사용함으로써, 천사들을 통한 심판은 예루살렘 거민이 올바른 제사를 위해 나아오는 일에 실패한 것이 원인임을 보여준 다. 예루살렘 주민이 올바른 모습으로 성전에 나아와서 제사를 드리지 않 았기 때문에, 천사들이 대신 나아와서 그들을 심판한다는 아이러니다.

일곱 천사는 성전 안뜰의 북향한 윗문 길에서 왔다(9:2a). 북향한 윗문 은 유다 왕 요담이 성전 안뜰을 둘러싼 담의 북동쪽 모서리 지역에 세웠던 문을 의미한다(왕하 15:35).[212] 과거 유다 왕 아하스가 그의 돌단을 성전 안뜰 에 세우기 위해 이곳 근처로 놋 제단을 옮겨 놓은 적이 있다(왕하 16:14).[213]

일곱 천사는 파괴의 천사 여섯과 가는 베 옷을 입고 허리에 서기관의 먹 그릇을 찬 천사 하나로 나뉜다(9:2). 이 구절에서 개역개정판 한글 성경 은 총 여섯 사람(천사)이 왔고 그중 한 사람(천사)이 가는 베 옷을 입고 서기

---

212 Cooper, *Ezekiel*, 126.
213 Blenkinsopp, *Ezekiel*, 58.

관의 먹 그릇을 찬 천사라는 의미로 번역했는데 이는 잘못이다. 한편 여기서 "가는 베 옷"은 제사장의 옷이므로, 가는 베 옷을 입고 서기관의 먹 그릇을 찬 천사는 제사장이자 서기관 역할을 수행한다는 사실을 보여준다(출 28:42; 삼상 2:18; 22:18).[214]

파괴하는 천사 여섯과 서기관 역할을 맡은 천사 하나라는 6+1의 패턴은 에스겔서에서 하나님이 분노와 자비를 표출하는 방식이다(46:1, 4, 6).[215] 구체적으로 46:4은 종말의 예배에서 안식일에 드리는 번제로서 흠 없는 어린 양 여섯 마리와 흠 없는 숫양 한 마리를 드릴 것을 명령한다. 번제는 하나님 앞에서 자신의 모든 죄성을 태우는 제사이기 때문에, 여기서 여섯 마리의 어린 양은 죄로 인한 심판을, 한 마리의 숫양은 하나님이 은혜로 백성을 받아들이신 것을 상징한다. 이런 맥락에서 파괴하는 여섯 천사는 분노의 심판을, 서기관의 먹 그릇을 찬 한 천사는 하나님의 자비를 보여준다고 볼 수 있다.

실제로 파괴하는 여섯 천사의 손에는 죽이는 무기가 들려 있었는데 (9:2b), 이 "죽이는 무기"는 9:1에서 히브리어 "켈리 마쉬헤트"로 표기된다. 여기서 "마쉬헤트"(מַשְׁחֵת)는 "파괴"라는 뜻으로서 이와 같은 어근에서 나온 동사가 "샤하트"(שָׁחַת)다. 이 동사는 "파괴하다"라는 의미와 함께 "타락하다" 또는 "부패하다"라는 뜻을 지닌다. 이 동사의 강조형(피엘형)은 신명기에서 이스라엘이 언약을 파기하고 부패했을 때의 모습을 묘사하는 동사다 (신 31:29; 32:5; 습 3:7; 참조. 창 6:12). 이런 점들을 고려할 때, 여섯 천사가 든

---

214 Taylor, *Ezekiel*, 103.
215 Thompson, *Ezekiel*, 84.

파괴의 무기는 백성이 언약을 파기하고 부패하여 심판이 임한 것임을 일깨워준다.

파괴하는 여섯 천사는 놋 제단 곁에 서 있다(9:2c). 놋 제단은 백성의 죗값을 동물의 희생으로 대신 치르게 하여 백성을 죄로부터 정결하게 하는 장소다. 그러므로 파괴의 천사들이 놋 제단에 서서 심판을 수행하려 한다는 것은, 백성의 죄가 더 이상 동물의 희생제사로 속죄할 수 없는 수준이 되어 직접 백성의 죄를 벌하는 것임을 의미한다.

이때 성전에 있던 하나님의 영광이 지성소에서 나와 성전 문지방으로 이동한다. 그리고 거기서 하나님은 가는 베 옷을 입은 천사에게 구원받은 자의 이마에 표를 하라고 명령하신다(9:3-4). 하나님의 자비를 읽을 수 있는 대목이다. 이마에 표를 받는 사람은 그의 공로 때문에 구원받는 것이 아니다. 이들은 우상숭배하는 가증한 일을 보고 슬퍼하며 탄식했기 때문에 하나님의 은혜로 구원받는 것이다.

구원의 표에 대한 언급은 가인과 출애굽 이야기를 떠올리게 한다(창 4:15; 출 12:22-23).[216] 특히 출애굽기에 나오는 장자의 재앙에서 하나님은 이스라엘 백성을 구원하기 위해 그들의 문설주에 피를 발라 구원의 표를 하라고 말씀하셨다. 비슷하게 예루살렘의 주민들을 벌하실 때도 하나님은 이마에 표를 함으로써 표가 있는 자를 살려주는 은혜를 베풀고 계신 것이다. 심판 가운데서도 백성을 구원하시려는 하나님의 심정을 발견할 수 있는 대목이다.

9:4에서 개역개정판 한글 성경이 "표를 그리라"라고 번역한 히브리어

---

216 Odell, *Ezekiel*, 115.

표현은 "타브를 표시하라"이다. 타브는 히브리어 알파벳의 끝 자음이다. 에스겔 당시 히브리어 알파벳 자음 타브의 형태는 두 개의 획이 서로 교차하는 십자가 모양(X)이었다.[217] 따라서 가는 베 옷을 입고 서기관의 먹 그릇을 찬 천사가 이마에 남긴 표시는 십자가 모양과 매우 비슷했음을 알 수 있다. 이런 점에서 이 구원의 표시는, 신약의 성도들이 예수 그리스도의 십자가로 구원받을 것을 예표한다고 볼 수 있다.

파괴하는 여섯 천사는 성전에서 늙은 자로부터 시작해서 이마에 표가 없는 사람들을 죽이기 시작한다(9:5-7). 여섯 천사는 서기관의 먹 그릇을 가진 천사를 따르면서 이마에 표가 없는 자들을 죽인다(9:6). 심판이 성전에서 시작된다는 것은, 하나님의 심판이 종교 지도자들에게 임하며 시작된다는 것을 뜻한다. 신앙의 지도자가 된다는 것에 대해 경각심을 가져야 하는 이유다. 신앙의 지도자가 잘못을 저지를 때 그것은 평신도의 잘못보다 더 크다는 것을 명심해야 한다.

9:7에서 하나님은 심판을 집행하는 파괴의 천사들에게 성전을 시체로 더럽히라고 말씀하신다. 이 말씀은 6장에서 죽은 백성의 시체를 파괴된 우상의 제단 사방에 흩으라는 말씀과 매우 유사하다(6:4-5).[218] 이런 유사성을 고려할 때 백성의 시체를 성전에 두어 성전을 더럽히라는 말씀은, 하나님 보시기에 예루살렘 성전이 우상의 성전과 진배없었다는 사실을 일깨워준

---

217 히브리어 알파벳이 고어체(archaic script)로 쓰이다가 정사각형 모양의 서체(square script)로 쓰이게 된 것은 포로기 후기인 대략 기원전 300년 이후부터다. 그렇게 된 것은 글자 형태가 정사각형이었던 아람어(당시 국제공용어)의 영향이 컸다. 현재 "타브"의 모양은 ת이다. Ellis R. Brotzman, *Old Testament Textual Criticism: A Practical Introduction* (Grand Rapids, MI: Baker, 1994), 42.
218 Odell, *Ezekiel*, 116.

다. 그리하여 이 대목에서 심판의 불가피성을 읽을 수 있다.

9:8에서 천사들의 심판을 목격한 에스겔은 "이스라엘의 남은 자를 모두 멸하려 하시나이까!"라고 절규한다. 이 절규는 예루살렘 주민 중 이마에 표를 받아 살아남는 자가 없다는 방증이었다. 그래서 에스겔은 하나님의 심판으로 남은 자가 없이 유다가 완전히 멸망할 것을 두려워했다. 결국 그의 절규는 그만큼 예루살렘의 유다 백성이 모두 우상숭배로 하나님의 기준에서 멀리 떨어져 있었음을 증거해준다.

끝으로 9장은 천사들을 통한 심판의 이유를 설명하는 내용으로 마무리한다(9:9-11). 이 부분에서는 포악과 피 흘리는 죄로 인해 땅이 더럽혀졌기 때문에 심판을 받는다는 선언이 나온다(9:9). 특별히 9:9a은 백성이 강포함으로 인해 "그 땅이 피가 가득하다"고 말하는데, 이 말은 노아 홍수 이전의 상황을 연상시킨다(창 6:13, "모든 혈육 있는 자의 포악함[חָמָס/하마스]이 땅에 가득하므로").[219] 따라서 천사들을 통해 예루살렘 주민을 심판하는 모습은 나중에 노아 홍수와 같이 전 세계적인 심판으로 확장될 것을 예고한다. 이런 맥락에서 에스겔 25-32장은 유다의 심판에 이어 열국의 심판을 다루고 있다.

하나님은 포악의 죄와 피 흘리는 죄를 범한 백성을 그들이 행한 방식대로 벌하실 것이다(9:10). 그리하여 파괴하는 천사들이 포악하게 백성의 피를 흘리는 이유가 다름 아닌 백성들이 포악하게 피를 흘렸기 때문임을 일깨워준다.[220] 행한 대로 갚아주시는 하나님의 심판을 다시금 확인해주는 말씀이다. 하지만 미래에는 하나님의 강권적인 은혜로 포로로 끌려간 자

---

219 Greenberg, *Ezekiel, 1-20*, 178.

220 Greenberg, *Ezekiel, 1-20*, 178.

중에서 남은 자가 나올 것이다(11:13-17) 이 대목에서 우리의 소망은 하나님의 자비와 그분의 은혜뿐임을 다시 한번 깨닫게 된다.

③ 하나님의 영광이 성전을 떠남(10장)

10장은 성전에서 시작된 심판의 후속 상황을 다룬다.[221] 예루살렘 주민뿐 아니라 예루살렘 성읍이 불탈 것이다(10:2). 이때 지성소에서 나와 성전 문지방에 머물던 하나님의 영광은 안뜰의 동문에 이르고, 사실상 성전을 떠나게 될 것을 예고한다(9:3; 10:4, 19). 결국 10장은 성전에서 하나님의 영광이 떠나는 장면을 하이라이트로 제시함으로써 진정한 심판은 성읍이 파괴되는 것이 아니라 하나님이 더 이상 임재하지 않는다는 점에 있음을 독자들에게 교훈하고 있다. 10장의 구조는 다음과 같다.

  A. "내가 보니": 그룹 밑 바퀴 사이의 숯불을 성읍 위에 흩으라(10:1-2)
  　B. 이미 하나님의 영광은 지성소에서 성전 문지방에 올라간 상태
  　(10:3-5)
  　　C. 그룹의 사람 손이 베 옷 입은 천사에게 불을 전달(10:6-8)
  A′. "내가 보니": 성읍을 떠나기 위해 그룹이 올라감, 성읍의 멸망 예고
  　(10:9-17)
  　B′. 하나님의 영광이 성전 문지방에서 그룹에 올라 동문에 머묾
  　(10:18-19)
  　　C′. 그룹의 날개 밑에 사람의 손이 있음(10:20-22)

---

221 Duguid, *Ezekiel*, 146.

하나님은 다시 가는 베 옷을 입고 서기관의 먹 그릇을 찬 천사에게 성읍을 불로 멸하라고 명령하신다(10:1-2). 이 과정에서 1장의 생물이 천사인 그룹임이 밝혀진다(10:1). 10:1에서 언급된 그룹은 하나님의 거룩을 보호하면서 지성소에 있는 하나님의 보좌를 수호하는 천사들이다(삼상 4:4; 삼하 6:2; 겔 41:18-20).[222] 10장은 하나님이 예루살렘 거민의 죄악으로 인해 예루살렘을 불로 멸하고 성전을 떠나는 내용에 초점을 맞춘다. 이런 문맥 안에서 성전 보좌에서 떠나는 하나님의 영광을 강조하기 위해 성전 보좌를 수호하는 그룹이라는 명칭을 생물 대신 사용한 것으로 해석할 수 있다.[223]

그런데 10:1에 나오는 그룹의 묘사에 관해 좀 더 깊이 설명할 필요가 있다. 10:1에 언급되는 그룹은 어디서 온 것인가? 언뜻 바빌로니아 그발 강가에서 예루살렘으로 온 그룹들을 가리킨다고 볼 수도 있다. 하지만 이 구절에서 그룹은 성전의 지성소에서 보좌를 수호하다가 하나님과 함께 성전에서 나온 그룹들이다. 9:3의 진술을 분석하면, 지성소에서 하나님의 보좌를 수호했던 그룹이 성전에서 나오고 하나님의 영광은 성전 문지방에 머물렀던 것을 알 수 있다.

10:1은 지성소에서 하나님의 영광과 함께 나온 그룹들에 대해 다음과 같이 말한다. "그룹들 머리 위 궁창에 남보석 같은 것이 나타나는데, 그들 위에 보좌의 형상이 있는 것 같더라." 이 그룹이 바빌로니아 그발강에서 예루살렘으로 온 그룹이라면 에스겔이 이렇게 자세히 설명할 필요는 없을 것이다. 따라서 10:1의 그룹은 성전이 파괴되는 상황 중에 성전에서 나온 그

---

222 Cooper, *Ezekiel*, 130.
223 Odell, *Ezekiel*, 118 참조.

룹임을 알 수 있다. 참고로 성전에서 나온 그룹들은 나중에 1장에서 바빌로니아 그발강으로 이동하여 에스겔이 목도하게 된다. 따라서 10장에 나오는 그룹에 대한 묘사는 1장의 그룹이 어디서 왔는지를 보여주는 기능을 한다. 이 그룹들이 성전에서 나올 때, 하나님의 영광은 그룹에서 떠나 성전 문지방에 머물러 있었고, 그룹은 성전 건물 오른쪽(남쪽)에 대기하고 있었다 (10:3).

하나님은 가는 베 옷 입은 천사에게 그룹들 밑의 바퀴 사이에서 숯불을 취하여 예루살렘 성읍에 흩으라고 말씀하신다(10:2). 예루살렘 성읍을 불태워 멸망시킬 것이라는 의미다. 1:13은 생물들이 숯불 모양을 띤다고 말하지만, 10:2은 그룹 사이에 숯불이 있다고 밀하여 약간의 차이를 보인다. 하지만 1장에서 숯불 모양이라고 묘사한 것이 생물 사이에 숯불이 있다는 것을 배제하는 것은 아니므로 두 표현은 충분히 조화될 수 있다.[224] 숯불로 예루살렘을 불태우는 것은 신명기에서 언약 파기로 인해 소돔과 고모라처럼 불로 멸망시킬 것이라던 저주를 성취한다는 의미를 띤다(신 29:23; 참조. 겔 16:46).[225]

가는 베 옷 입은 천사는 하나님의 명령에 순종하여 그룹 밑 바퀴 사이에 있는 숯불을 두 손에 가득히 채우기 위해 들어간다(10:2b). 그리하여 숯불을 예루살렘 성읍 위에 흩을 준비를 한다. 9장이 사람들을 멸망시키는 장면을 환상으로 제시했다면, 10장은 이제 사람들뿐 아니라 예루살렘 성읍과 땅을 불로 멸망시키는 장면을 보여주고 있다.

---

224 Allen, *Ezekiel 1-19*, 154.
225 Duguid, *Ezekiel*, 147.

10:3-5은 베 옷 입은 천사가 숯불을 받기 위해 그룹들 사이로 들어갈 때, 그전에 어떤 상황이 있었는지를 다시 설명하는 말씀이다. 10:3은 베 옷 입은 천사가 그룹 사이로 들어가기 전, 그룹들의 위치가 성전 오른쪽(남쪽)이었음을 상황절 형태로 밝힌다.[226] 즉, 베 옷 입은 천사가 그룹들 사이로 들어갈 때 그룹들이 이미 성전 오른쪽인 남쪽에서 대기하고 있는 상황을 알리고 있는 것이다.[227] 성전 남쪽에 위치한 그룹들에 대한 묘사는 성전 북쪽에서 행해지는 우상숭배와 대조를 이룬다.

10:4에서 "여호와의 영광이 그룹에서 올라와 성전 문지방에 이르니"라는 표현은, 언뜻 그룹들이 성전 남쪽에 위치한 상황에서 여호와의 영광이 그룹들을 떠나 성전 문지방에 올라온 것처럼 이해할 수 있다. 하지만 이 구절의 히브리어 형태를 분석하면 10:4의 내용 역시 이전의 상황을 나타내는 절이다.[228] 그래서 해당 구절은 가는 베 옷 입은 천사가 숯불을 가지러 성전의 남쪽에 대기하고 있던 그룹들 사이로 들어가기 전, 하나님의 영광이 이미 그 그룹들을 떠나 성전 문지방에 있었다는 과거 상황을 보여준다. 하나님의 영광이 그룹 위에 머무는 상황에서 가는 베 옷 입은 천사가 그룹 사이로 들어갈 수는 없었기 때문에, 천사가 그룹 안으로 들어오기 전에 하나님의 영광이 그룹 위를 떠나 성전 문지방에 있었다는 것을 알리고 있는 셈이다.

10:3-4의 내용을 정리하면, 지성소의 그룹에 머물렀던 하나님의 영광

---

[226] Waltke and O'Connor, *Biblical Hebrew Syntax*, 651. 히브리어 상황절은 역접 접속사 바브(disjunctive, ו)에 주어, 동사가 도치된 형태를 취하는데, 10:3이 정확히 이런 패턴을 따르고 있다.

[227] 10:3에서 개역개정판 한글 성경은 성전 "오른쪽"으로 번역했는데, 이는 성전 "남쪽"으로 번역하는 것이 더 바람직하다.

[228] Waltke and O'Connor, *Biblical Hebrew Syntax*, 552. 10:4을 히브리어로 읽으면, 초두에서 바브계속법의 접속사 바브(ו)에 연결된 미완료형 동사로 시작하는 것을 발견할 수 있다.

이 지성소에서 나와 성전 문지방에 있었고(9:3; 10:4), 지성소에서 나온 그룹은 성전 남쪽에 대기하고 있었다. 이런 상황에서 가는 베 옷 입은 천사가 성전 남쪽에 위치한 그룹들의 바퀴 사이로 숯불을 가지러 들어갔음을 알 수 있다(10:3).

지성소의 그룹에서 하나님의 영광이 떠나 성전 문지방에 이르는 장면은 9:3에서도 언급된다. 이런 점에서 10장의 "숯불을 예루살렘 성읍에 흩으라"는 명령은 9장 이후에 일어난 일이라기보다 9장의 예루살렘 주민을 죽이라는 명령과 동시에 일어난 상황이라고 볼 수 있다.[229] 이후 성전 문지방에 머물던 하나님의 영광은 성전 남쪽에 대기하고 있던 그룹들을 타고 성전 동문에 이른다. 그리고 하나님의 영광은 성전을 떠날 준비를 하고 있다(10:18).

다음으로 그룹의 손이 가는 베 옷 입은 천사의 손에 숯불을 전달한다(10:6-8). 이미 1:8은 그룹들의 사방 날개 밑에 각각 사람의 손이 있다고 기술했기 때문에 여기서 그룹의 손을 언급하는 것은 전혀 이상하지 않다(10:7). 10:8은 "그룹들의 날개 밑에 사람의 손 같은 것이 있다"고 하여 마치 그룹의 손에 관한 언급을 의미 없이 반복하는 것처럼 보인다. 하지만 이 구절은 앞의 내용에 대한 부연 설명으로서, 10:7에서 언급된 그룹의 손이 사람의 손임을 확연하게 부각시키는 역할을 한다.[230] 그룹의 손이 사람의 손임을 부각시키는 것은 10장의 그룹이 1장의 생물임을 분명히 보여주기 위한 의도로 풀이된다(1:8).[231]

---

229 Block, *Ezekiel Chapters 1-24*, 315.
230 10:8의 내용은 바브계속법의 접속사 바브와 미완료형으로 시작하여, 앞의 상황과 내용에 대해 그 이전 상황을 부연 설명하는 기능을 하고 있다.
231 Allen, *Ezekiel 1-19*, 156.

이어 예루살렘에서 하나님의 영광이 본격적으로 떠나기 전 그룹들의 모습이 생생하게 묘사된다(10:9-17). 이 소단락은 그러한 묘사를 통해 지성소에서 나온 그룹들은 에스겔이 1장의 그발 강가에서 본 생물들이었음을 알려준다(10:15). 즉, 1장의 생물들이 원래 예루살렘 지성소에 있던 그룹들로서 예루살렘을 떠나 그발 강가에 왔던 것임을 드러내고 있는 것이다. 10:9-17은 1장과 달리 그룹들의 기동성에 관한 정보를 많이 제공해준다. 여기서 묘사되는 그룹들의 모양은 대체로 1장에 묘사된 것과 일치하지만, 추가적인 정보도 담고 있다. 추가된 정보를 정리하면 다음과 같다.

첫째, 그룹들의 바퀴 모양이 황옥 같다고 진술한다(10:9). 바퀴 모양이 황옥 같다는 진술은 1:26에서 보좌의 형상이 남보석(청옥)과 같다는 말을 연상시켜 그룹의 바퀴들이 하나님의 보좌와 매우 긴밀하게 연결되어 있음을 가르쳐준다. 또한 바퀴의 재질을 언급하여 그룹들의 기동성을 부각시킴으로써 예루살렘의 멸망이 임박했음을 알리고 있다.

둘째, 10:12은 그룹들의 바퀴뿐 아니라 온몸에 눈이 가득하다고 표현한다. 그룹 전체에 눈이 가득하다는 묘사는 그룹을 통해 하나님의 전지하심을 드러내는 것으로 볼 수 있다.[232] 또한 바퀴를 포함해서 그룹 전체에 눈이 있다는 진술은 그룹들이 상황을 정확히 파악하고 하나님의 말씀을 이행한다는 의미도 지닌다.

셋째, 1:15-16은 단순히 "바퀴"(אוֹפָן/오판)라고 말하지만, 10:13에서는 4개의 바퀴가 "도는 바퀴"(גַּלְגַּל/갈갈)라고 불린다(10:2, 6).[233] 여기서 "도는

---

232 Cooper, *Ezekiel*, 133.
233 Greenberg, *Ezekiel, 1-20*, 182. 여기서 Greenberg는 "도는 바퀴"의 뜻을 가진 "갈갈"이 원래 이 바퀴의 명칭이었다고 추정한다.

바퀴"라는 단수형 명사는 그룹들의 네 바퀴가 마치 하나 같이 움직인다는 것을 보여주어 기동성을 강조한다. 개역개정판 한글 성경은 "도는 바퀴"를 뜻하는 히브리어 "갈갈"을 잘못 번역하여 "그 바퀴들을 도는 것이라 부르며"라고 표현했다. 그룹들의 바퀴가 "윙"하며 생동감 있게 도는 소리에 대한 표현은, 그룹들이 예루살렘을 당장 떠날 수 있음을 보여줌으로써 역시 예루살렘의 멸망이 임박했음을 내비치고 있다.

넷째, 바퀴 가운데 "생물의 영"이 있다고 명시적으로 말하여(10:17), 단순히 생물에 영이 있다고 말한 1장의 진술과 차이를 보인다(1:12, 20). 이를 통해 바퀴의 움직임이 하나님의 영에 의해 조종되며 하나님의 뜻을 언제든 실행할 준비가 되어 있음을 강조한다.

정리하자면 10:9-17은 독자의 시선을 바퀴의 세세한 모습에 집중시켜, 하나님의 영광이 바퀴를 가진 그룹들을 타고 예루살렘을 떠나게 될 것을 강력히 시사한다. 그리하여 10:1-2에 예고된 예루살렘을 향한 불 심판이 임박했음을 시각적으로 보여준다.

한편 10:14에서 묘사된 그룹들의 얼굴 모양은 1:10과 차이를 보인다. 1:10은 그룹의 네 얼굴이 각각 인간, 사자, 소, 독수리 모양이었다고 말하지만, 10:14은 그룹의 얼굴이 각각 그룹, 사람, 사자, 독수리 얼굴이었다고 진술한다. 10절에서 소의 얼굴이 언급되지 않는 이유는 무엇인가? 10:14의 내용을 고려할 때 아마도 "그룹의 얼굴"이 소의 모양이었을 것이라고 추론할 수 있다.

순서에도 약간 차이가 있으나 이는 예언자 에스겔이 그룹들을 바라본 방향이 달랐기 때문이라고 설명할 수 있다.[234] 1장에서 에스겔은 북쪽에서 접근하는 그룹들을 바라보았기 때문에 제일 먼저 앞쪽(남쪽)으로 향하는 그룹의 얼굴인 사람의 모양을 보았다(참조. 1:4). 남쪽이 앞쪽이라면 그룹의 서쪽은 오른쪽이기 때문에, 오른쪽(서쪽)으로 사자 모양, 뒤쪽(북쪽)으로 독수리 모양, 왼쪽(동쪽)으로 소 모양의 얼굴을 보았다고 말할 수 있다(1:10). 이러한 그룹의 얼굴을 도표로 나타내면 다음과 같다.[235]

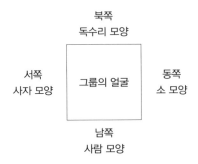

반면 10장에서는 성전 동문에 있던 에스겔이 성전 건물 남쪽에서 동문을 향하고 있는 그룹을 바라보고 있기 때문에(참조. 11:1), 에스겔 편에서 그룹의 앞쪽 얼굴은 동쪽을 향한 얼굴이었다.[236] 이렇게 되면, 동쪽으로 향한 얼굴 모양인 "그룹의 얼굴"은 소의 모양임을 알 수 있다.

이것을 소의 모양이라고 말하지 않고 그룹의 얼굴이라고 표현한 것은, 그룹의 진짜 얼굴이 소의 모양인 듯한 인상을 준다. 그리하여 그룹이 사람 모양의 얼굴도 가지고 있으나 그룹의 진짜 얼굴은 소의 형상이므로 진정한

---

234 Block, *Ezekiel Chapters 1-24*, 325.
235 Block, *Ezekiel Chapters 1-24*, 325.
236 Block, *Ezekiel Chapters 1-24*, 325.

하나님의 형상은 아니라는 의미를 전달한다. 덧붙여 소는 출애굽 당시의 황금 송아지를 연상시키므로 의도적으로 "소의 모양"이라는 말을 생략했다고 말할 수도 있다.[237]

어떤 이는 바빌로니아에서 신적 존재가 종종 날개를 단 소의 형상을 하고 있기 때문에, 그룹의 얼굴을 바빌로니아 문화권에 흔한 소의 모양으로 제시함으로써 하나님이 바빌로니아 포로 공동체와 함께하신다는 사실을 강조한 것이라고 주장하기도 한다.[238] 하지만 이런 주장은 근거가 없다. 오히려 바빌로니아의 신이 소의 모양을 했기 때문에 의도적으로 그룹의 얼굴 중 소의 모양이라는 말을 생략하고 "그룹의 얼굴"로 표현했다고 보는 것이 더 설득력이 있다.

10:18-19은 하나님의 영광이 성전 남쪽에 있는 그룹에 올라 동문에 머무는 장면을 묘사한다. 그룹들이 움직였다는 것은 가는 베 옷 입은 천사가 그룹 바퀴 사이에서 숯불을 받았음을 전제로 한다. 그래서 예루살렘 성읍에 숯불을 흩으려는 순간, 하나님의 영광이 그룹을 올라타고 성전 동문에 머물러 있음을 보여주고 있다. 이는 하나님의 영광이 성전을 떠나고 예루살렘의 멸망이 임박했음을 나타낸다. 성전 동문에 머문 하나님의 영광은 나중에 예루살렘 성읍 동쪽 산(감람산)에 머문다(11:23).[239]

끝으로 에스겔은 네 그룹이 그발 강가에서 본 네 생물임을 확인해주면서 10장을 종결한다(10:20-22). 특별히 그룹의 날개 밑에 사람의 손이 있

---

237 Block, *Ezekiel Chapters 1-24*, 325. Block은 소에 대한 언급이 없는 것에 대해 바빌로니아 탈무드에서 소는 출애굽 당시의 황금 송아지를 연상시키므로 예언자 에스겔이 하나님께 간구하여 그 소를 그룹의 모양으로 바꾸었다고 한 설명을 인용한다.

238 Cooper, *Ezekiel*, 134.

239 Taylor, *Ezekiel*, 108.

음을 다시 한번 강조함으로써 그룹의 손이 건넨 숯불에 의해 예루살렘이 멸망하게 됨을 다시 떠올리게 한다(10:21). 덧붙여 예루살렘을 불태우는 숯불이 보좌를 수호하는 그룹에게서 나왔음을 일깨움으로써 하나님 보좌의 임재를 훼손하는 행위가 얼마나 무서운 대가를 요구하는지 재차 각인시켜주고 있다.

(2) 유다가 율법을 어겨 하나님의 영광이 성전을 떠남(11장)

11장은 8-10장의 내용을 반복하면서 예루살렘의 유다 지도자와 백성들이 율법대로 행하지 않고 죄를 지었기 때문에 심판받게 되었음을 강조한다(11:1-13).[240] 그러면서 동시에 포로로 끌려간 남은 자들을 향한 하나님의 구원과 회복의 메시지를 두드러지게 제시한다(11:14-21). 11장의 구조는 구체적으로 다음과 같다.

A. 유다 지도자들의 죄악에 대한 고발(11:1-3)

B. 하나님의 심판 선언(11:4-12)

C. 블라댜의 죽음과 남은 자를 위한 예언자의 중재(11:13)

D. 하나님이 포로로 끌려간 남은 자의 성소가 되실 것과 포로 귀환의 약속(11:14-21)

결론. 하나님의 영광이 떠나 성읍 동편 산에 머묾(11:22-25)

---

240 Odell, *Ezekiel*, 102-103. 여기서 Odell은 8:17에서 이미 도덕적 측면에서 율법을 어긴 점을 언급했다고 지적한다.

① 유다 지도자들의 죄악과 심판 선언(11:1-12)

이 단락은 우상숭배를 행한 예루살렘의 유다 장로와 백성의 죄악상을 고발한 8장과 짝을 이뤄, 유다 지도자와 백성들의 죄악상을 다시 고발한다. 우상숭배를 지적한 8장과 다르게 11장에서 유다 지도자의 죄악상은 정치적으로 이기적 욕구를 채우려는 가증한 행태로 나타난다.

11:1-3은 유다 지도자들이 불의를 품고 악을 꾀하는 모습을 보여준다. 예언자 에스겔은 여호와의 성전으로 들어오는 동문에서 스물다섯 명의 사람을 보는데, 이 중에서 백성의 고관인 야아사냐와 블라댜를 발견한다 (11:1). 야아사냐는 앗술의 아들로서, 8:11에서 벽에 그려진 각양 곤충과 가증한 짐승과 우상들에게 절하는 사반의 아들 야아사냐와는 동명이인이다. 어쨌든 스물다섯 명의 장로는 8:16에서 우상숭배를 하는 스물다섯 명의 장로를 연상시킨다.

11:1에서 언급된 스물다섯 명의 장로가 우상숭배와 같은 종교적 활동을 했다는 암시는 없으므로, 이들의 모임은 왕의 측근인 고관들의 회의로 추정된다.[241] 이들의 모임이 고관 회의라는 것은 11:2에서 이들이 불의를 품고 악한 꾀를 꾸민다는 진술에서 지지를 얻는다. 스물다섯 명의 유다 고관들은 성전 동문 곁에서 하나님의 계획보다 자기들의 계획을 추구하며 사욕을 채우려 했다.

이기적인 계획을 추구하는 유다 고관들은 "집 건축할 때가 가깝지 아니하다"라고 말한다(11:3). 영어 성경 NIV는 이 진술을 "건축할 때가 가깝

---

[241] Blenkinsopp, *Ezekiel*, 61.

지 아니하냐?"라는 수사의문문으로 바꿔 번역했다.[242] 그러나 이런 독법은 본문의 지지를 얻기 어렵다. 필자의 의견으로는 "건축할 때가 가깝지 않다"라는 말을 "포로로 끌려간 사람들의 빈 집이 많아서 집을 새로 건축할 필요가 없다"라는 말로 이해하는 것이 옳다.[243] 그러므로 해당 구절은 기원전 597년에 유다의 엘리트들이 포로로 잡혀갈 때, 유다 고관들이 그들이 남기고 간 집을 차지하고서 기뻐하며 한 말이다(참조. 11:15). 확실히 이는 이기적인 발상에서 나온 말이다.

설상가상으로 유다 고관들은 "이 성읍은 가마가 되고 우리는 고기가 된다"라고 말한다(11:3b). 언뜻 이 말은 매우 모호하게 들린다.[244] 하지만 11:11에 비춰볼 때, 이는 남아 있는 유다 고관들이 자신들을 특별한 존재로 여기고 있다는 뜻이다. 유다 고관들은 스스로를 귀한 고기처럼 엄선된 존재로 간주했고, 예루살렘 성읍은 가마로서 그들을 보호해주는 방패막이로 생각했다.[245] 성읍의 부유층과 기득권자들이 스스로 안전을 얼마나 확신했는지 잘 보여주는 대목이다.

하지만 이들의 계획은 결코 이루어지지 않을 것이다. 하나님은 예루살렘 성읍이 고관들을 보호해주는 가마가 되지 아니하고, 고관들이 그 안의

---

242 Cooper, *Ezekiel*, 140은 11:3의 "집 건축할 때가 가깝지 아니하다"라는 진술에 대해 여러 해석을 제시했다.
    1. 진술을 의문문으로 번역하여 "모든 상황이+ 조만간 정상으로 돌아오게 될 것"이라고 해석
    2. 파멸의 때가 가깝지 않으므로 집을 세우자는 것으로 해석
    3. 포로기는 집을 세울 때가 아니라는 해석
    4. 집을 건축하지 않고 전쟁을 준비할 때라는 해석
243 Davis, *Swallowing the Scroll*, 91.
244 Chisholm, 『예언서 개론』, 365-366.
245 Block, *Ezekiel Chapters 1-24*, 334.

고기가 되지도 않을 것이라고 말씀하신다. 그러면서 그들은 결국 성읍에서 끌려 나와 멸망하게 될 것이라고 선을 긋는다(11:11). 더욱이 에스겔서 다른 곳에서 하나님은 예루살렘을 오히려 파멸의 가마로 만드실 것이라고 말씀하신다(24:3-6). 보호의 이미지를 지닌 가마를 파멸의 이미지로 바꿀 것이라는 말씀이다. 보호의 이미지를 띤 가마가 파멸의 이미지로 사용된 예는 22:18-22에서도 발견된다. 여기서 하나님은 유다가 가마 안에 있는 놋, 주석, 철, 납, 은의 찌꺼기가 되었기 때문에 그들을 가마 안에서 녹여버릴 것이라고 말씀하신다.

이기적인 계획을 세우며 불의를 행하는 유다 고관들을 향해 하나님의 심판이 내려진다(11:4-12). 유다 고관들은 예루살렘 성읍에서 많은 사람을 살상하고 거리를 시체로 채웠다(11:6). 여기서 "거리"로 번역된 히브리어는 "후츠"(חוץ)다. 11:7은 하나님의 심판으로 이런 유다 지도자들이 성읍에서 "끌려 나올 것"이라고 말씀한다. 이 구절에서 "끌려 나오다"에 해당하는 히브리어 동사는 "호치"(הוציא)로서 "후츠"와 음성학적으로 유사하다. 이런 언어유희를 통해 유다 고관들이 거리(후츠)에서 약한 자들을 학대했기 때문에, 하나님도 동일한 방식으로 그들로 끌려 나오게(호치) 하여 멸망시킬 것임을 교훈하고 있다. 이로써 하나님의 심판이 그들이 행한 대로 갚는 심판임을 다시금 드러내준다.

한편 11:6에서 고관들이 많은 사람을 죽였다는 진술은 환상의 문맥에서 나온 것이기 때문에 모두 문자적 의미로 받아들일 필요는 없다. 미가서는 유다 고관들이 스스로의 이익을 위해 백성에게 불의를 행할 때 그것을 살해 행위로 규정했다(미 3:3). 이런 점에서 에스겔서에서 고관들이 백성을 죽였다는 진술은, 포악을 행하여 실질적으로 살인 행위와 같은 죄를 저질렀다는 의미로 보아야 한다. 이를 오늘날의 상황에 적용하면, 성도가 타인에게 포악을 행하고 모욕할 때 그것은 살인과 다름 없으므로 하나님의 엄중한 심판을 받게 된다는 교훈을 얻을 수 있다.

하나님은 오히려 유다 고관들이 죽인 시체가 성읍 안의 고기가 되어 보호를 받을 것이고, 고관들은 가마인 성읍에서 끌려 나와 죽게 될 것이라고 말씀하신다(11:7-8). 유다 고관들과 그들이 죽인 자들의 운명이 역전될 것이라는 아이러니다.

기원전 586년 바빌로니아에 의한 예루살렘 멸망이 임박한 상황에서 유다 고관들이 그들의 안위를 확신한 것은 이집트라는 믿는 구석이 있었기 때문이다.[246] 하지만 하나님은 이집트를 의지하고 반역을 꾀한 유다 고관들의 운명이 비참할 것이라고 예언한다. 정치적으로 이기적 욕구를 채우기 위해 이집트를 의지한 고관들은 바빌로니아가 침략하는 때에 성읍에서 끌려 나와 이스라엘 변경에서 심판을 받게 될 것이다(11:9-10). 이 예언에 따라 실제 유다의 고관들은 느부갓네살의 군대 본부가 주둔한 리블라로 끌려가 심판을 받게 되었다(6:14; 렘 39:5; 왕하 25:20).

하나님은 이러한 예언에 따라 유다 고관들이 가마 안의 고기가 되지 못하리라는 사실을 재차 강조하신다(11:11). 유다 고관들은 가마에서 끌려 나와 살육당한 자들의 고기가 된다는 것이다. 이로써 11장에서 자기 이익을 위해 사람들을 죽인 유다 고관들은 심판을 당할 때 그들이 행한 대로 벌을 받게 될 것임을 교훈하고 있다.

고관들은 이미 이기적 욕구에 눈이 멀었으므로 이들에게 하나님의 율

---

246 Blenkinsopp, *Ezekiel*, 61.

례와 규례 실천을 기대한다는 것은 처음부터 언감생심이었다. 결국 유다의 고관들은 하나님의 말씀에 눈과 귀를 닫은 탓에 하맛 땅 리블라로 끌려가서 처참하게 죽임을 당하는 치욕을 맛보게 될 것이다. 그런 치욕을 당할 때 그들은 비로소 하나님이 여호와인 줄을 알게 될 것이다(11:12).

앞서 말한 대로, 여호와라는 이름은 백성 가운데 임재하기를 원하시는 하나님의 속성을 표현하는 이름이다. 그러므로 유다 고관들이 치욕적인 심판을 받을 때 그들이 여호와의 이름을 절실히 알게 된다는 말은, 하나님의 거룩한 임재에서 떠난 결과로 심판받게 되었음을 깨닫게 된다는 뜻이다.

하나님은 거룩한 하나님이고 예루살렘은 거룩한 하나님의 성읍이었다. 따라서 유다의 고관들은 하나님의 거룩을 닮아 그들도 거룩을 유지하여 하나님의 임재 가운데 거하는 삶을 살아야 했다. 하지만 그들은 예루살렘 성읍을 보호의 아이콘으로 신봉할 뿐 정작 하나님의 임재에서는 떠나 있었다. 그 결과 하나님의 임재에서 오는 보호를 누릴 수 없었다. 여기서 하나님의 임재 안에 거하는 삶이 얼마나 중요한지를 다시 깨달을 수 있다.

② 남은 자를 위한 회복의 메시지(11:13-21)

이 단락은 유다가 바빌로니아에 의해 멸망하는 상황에서, 바빌로니아에 거하는 포로 공동체인 남은 자에게 회복의 메시지를 전하는 내용이다. 11:13은 블라댜가 죽는 장면으로 시작하고, 이것을 본 예언자 에스겔이 남은 자를 언급한다. 본문은 갑작스럽게 블라댜가 죽는 장면에서 에스겔이 남은 자를 언급한 이유를 명시적으로 밝히지 않는다.

11:1에 의하면 블라댜는 유다의 불의한 고관 중 하나였다. 그는 하나님의 계획에 따르기보다 자신의 이기적 계획을 추구했기 때문에 죽었다

고 말할 수 있다. 원래 블라댜라는 이름은 히브리어 "팔라트"(פָּלַט)에서 나왔다. 이 단어는 하나님의 구원으로 살아남은 자를 가리킬 때 사용된다(사 66:19).[247] 그러므로 그 이름의 뜻이 "구원받아 남은 자"인 블라댜의 죽음이 예언자 에스겔로 하여금 미래의 남은 자를 생각하도록 유도했다고 해석할 수 있다.[248]

11:13의 후반절은 블라댜의 죽음을 계기로 에스겔이 하는 말을 인용한다. 이 구절을 개역개정판 한글 성경은 "주 여호와여, 이스라엘의 남은 자를 다 멸절하고자 하시나이까!"라고 번역하였다. 하지만 의문문으로 번역된 히브리어 표현은 사실 의문문이 아니라 평서문이기 때문에 "아, 하나님이시여! 당신은 이스라엘의 남은 자를 완전히 멸하실 것입니다"로 번역해야 한다.[249] 따라서 이는 예루살렘 유다 중에 남은 자가 없게 될 것을 시사하는 말이다. 그렇다면 미래에 이스라엘 백성 중에 남은 자가 없을 것이라는 뜻인가? 이에 대해서는 "인간적인 시각에서는 남은 자가 없겠지만 하나님의 관점에서는 하나님의 은혜로 남은 자가 있을 것이다"라고 대답할 수 있다. 바로 이 문제를 다루는 본문이 11:14-21이다.

11:14-21은 포로로 끌려간 사람 중에 남은 자가 있을 것을 예언한다. 하나님은 포로로 잡혀간 바빌로니아 포로 공동체를 "이스라엘의 온 족속"이라고 칭하여 이들이 진정으로 이스라엘을 대표하는 자들이 될 것을 내비치신다(11:5).[250] 이들의 회복은 온 이스라엘의 회복으로 이어질 것이다. 따

---

247 Odell, *Ezekiel*, 122.
248 Cooper, *Ezekiel*, 141.
249 Greenberg, *Ezekiel, 1-20*, 185.
250 Renz, *Rhetorical Function of the Book of Ezekiel*, 69.

라서 본문은 미래 이스라엘의 회복이 바빌로니아 포로 공동체 가운데서 회개한 사람들을 통해 성취될 것을 암시하고 있다.

11:15에서 예루살렘 주민들은 유다의 고관들처럼 바빌로니아에 포로로 끌려간 사람들이 남겨 두고 간 땅이 자기들 차지가 되었다고 선언한다. 예루살렘에 남아 있는 주민들은 포로로 끌려간 이들이 하나님께 벌을 받아 돌아올 수 없다고 생각했다. 그래서 무주공산이 된 유다의 땅은 하나님이 그들에게 주신 기업이라고 착각했다(11:15b). 레위기법에 의하면 땅은 고엘 제도를 통해 소유자와 그의 친척에 의해 다시 회복될 수 있었다(레 25:25-35).²⁵¹ 하지만 예루살렘 주민은 그런 규례들을 무시한 채 포로들이 남기고 간 땅이 이세 자기들 것이 되었다냐며 좋아했넌 것이다(참조. 33:24-25).

이들은 포로로 잡혀간 사람들을 향해 "여호와에게서 멀리 떠나라"라고 말했다. 그리고 자기들에게 예루살렘 성전이 있기 때문에 여호와가 자기들 편이라고 오산했다. 이기적 욕구에 사로잡혀 있을 뿐 아니라 형식적 제의 신앙에 몰두해 있는 그들의 단면을 잘 보여주는 대목이다. 이에 대해 하나님은 오히려 포로로 끌려간 사람들을 "이스라엘 족속"이라고 칭하고, 진정한 하나님의 백성은 예루살렘 주민이 아니라 바빌로니아 포로 공동체에서 나올 남은 자라고 말씀하신다.

그리하여 하나님은 바빌로니아 포로 공동체에게 그분이 직접 성소가 되어주실 것이라고 말씀하신다. 또한 그들이 나중에 이스라엘 땅에 귀환하여 그 땅을 기업으로 얻게 될 것이라고 약속하신다(11:16-17). 확실히 이는 바빌로니아 포로 공동체에서 남은 자가 나올 것을 의미한다. 이 약속은

---

251 Block, *Ezekiel Chapters 1-24*, 346.

11:15에서 언급된 예루살렘 주민들의 생각을 완전히 뒤집는 말씀으로서, 예루살렘 주민들에게는 소망이 없음을 보여준다. 한편 하나님이 바빌로니아 포로 공동체에 대해 "잠깐" 동안 성소가 되실 것이라고 하신 것은 포로 기간이 일시적이기 때문이라고 해석할 수 있다.[252]

11:18-20은 유다의 남은 자들이 포로지에서 이스라엘 땅으로 돌아올 때 우상들을 제거하고 온전히 하나님을 섬기게 되어 하나님의 언약 백성으로서 하나님의 율례를 따르게 될 것이라고 말한다. 확실히 포로지에서 돌아온 남은 자들은 우상을 제거할 것이다(11:18). 그러면 어떻게 귀환한 포로 공동체가 우상을 버리고 온전히 하나님을 섬길 수 있는 것일까? 이 물음에 대해 하나님은 그들에게 한 마음과 새 영을 주고 그들의 돌같은 마음을 살처럼 부드러운 마음으로 바꾸실 것이라고 답하신다(11:19).

11:19에서 하나님은 "한 마음"을 준다고 말씀하심으로써, 미래에는 서로 갈라진 백성들의 마음이 하나가 될 것을 예고하신다. 예루살렘 주민과 포로 공동체 간의 갈등, 그리고 북이스라엘과 남유다 간의 갈등의 배후에는 이기적 욕구들이 있는데, 그런 이기적 욕구가 청산될 것이라는 뜻이다(11:3, 15; 37:15-22).[253]

더욱이 미래에는 새 영과 부드러운 마음이 주어질 것이다. 새 영과 새 마음은 새 언약 백성이 누리는 축복이다. 그러므로 포로에서 돌아온 자들은 새 영인 성령을 통해 마음이 새롭게 변화되어 우상을 제거하고 온전히 하나님을 섬기며 하나님의 임재 안에 거하는 거룩한 삶을 살게 될 것이다(36:26).

---

252 Kutsko, *Between Heaven and Earth*, 98.
253 Taylor, *Ezekiel*, 112.

11:19의 "돌같은 마음을 제거하고 살처럼 부드러운 마음을 준다"라는 말에 관해서는 좀 더 생각해 볼 필요가 있다. "돌같은 마음"에서 돌은 우상의 재료이기 때문에 우상을 섬겨서 우상처럼 변한 사람을 표현한 말로 이해할 수 있다. 나아가서 이기적인 욕구로 마음의 기능이 정지되어 돌처럼 변했다는 것을 뜻한다.[254]

결국 새 영을 주어 돌같은 마음이 변한다는 것은 과거 이기적인 욕구로 우상을 섬겨 돌처럼 변한 마음에 새 영이 들어와서 돌같은 마음을 새 마음으로 변화시킨다는 의미다. 그리하여 미래의 남은 자들은 더 이상 이기적인 욕구로 물들지 않고 하나님의 말씀에 올바로 반응하게 될 것을 시사한다.

이상의 관찰을 종합할 때, 오늘날 새 언약으로 인해 새 영인 성령을 받게 된 신약의 성도들은 성령의 역할을 새롭게 깨달을 필요가 있다. 성령은 어떤 신비적인 방법으로 우리를 인도하는 분이 아니라 마음을 변화시켜 말씀을 깨닫도록 하는 분임을 알아야 한다. 루터의 말대로 성령은 항상 말씀과 함께 역사하는 분이다. 따라서 성령의 인도함을 받기 위해서 성도들은 말씀을 항상 곁에 두고 읽어야 할 것이다.

11:20은 "그들은 내 백성이 되고 나는 그들의 하나님이 된다"라는 언약 공식을 사용하여 미래에 남은 자가 새 영에 의해 새 마음을 얻는 축복이 새 언약의 체결을 통해 이루어질 것을 가르쳐준다. 이때 새 언약의 수혜자가 된 백성에게 더 이상 우상숭배의 모습은 자리할 수 없다고 교훈한다 (11:21).

---

254 Cooper, *Ezekiel*, 144.

그렇다면 누가 새 언약의 수혜자가 되어 새 영과 새 마음으로 온전히 하나님을 섬길 수 있는가? 에스겔서는 이에 대해 죄를 고백하는 자가 새 언약의 수혜자가 될 것이라고 명시적으로 말하지 않는다. 대신 자신의 잘못들을 기억하고(זָכַר/자카르, 16:61, 63; 20:43; 36:31), 수치를 느끼며(כָּלַם/칼람, בּוּשׁ/부쉬, 16:54, 61, 63; 36:32; 39:26), 그런 죄의 모습을 혐오해야 한다고(קוּט/쿠트, 20:43; 36:31) 교훈한다.[255] 나아가서 포로 생활이라는 고난을 통과하면서 낮아져서 회개하여 하나님을 바라는 자세를 가져야 한다고 암시한다 (34:17-22).

물론 오늘날 성도도 일시적으로 우상숭배와 같은 죄를 지을 수 있다. 하지만 성도는 그럴 때마다 수치를 느끼고 죄를 혐오하여 멀리하는 모습을 보여야 한다. 그렇지 않다면 그는 결코 새 영인 성령의 인도함을 받는 새 언약의 수혜자라고 할 수 없다.

③ 결론: 하나님의 영광이 완전히 성전을 떠남(11:22-25)

이 단락은 성전 동문에 머물러 있던 하나님의 영광이 그룹을 타고 예루살렘 동쪽 산으로 옮겨가는 장면이다(10:19). 성읍에 숯불을 흩는 심판이 완전히 이행되도록 하기 위해 하나님의 영광이 예루살렘을 떠나고 있는 것이다.[256]

11:23에서 여호와의 영광은 성전 동문에서 예루살렘 성읍 동쪽 산에 머문다. 동쪽 산은 감람산으로서 예루살렘의 경계를 넘어선 지역이다.[257]

---

255 Lyons, "Transformation of Law," 27.

256 Duguid, *Ezekiel*, 152.

257 Cooper, *Ezekiel*, 145.

그러므로 감람산으로 갔다는 말은 하나님의 영광이 예루살렘을 완전히 떠났음을 뜻한다. 하지만 하나님의 영광이 예루살렘을 떠나는 장면은 종말에 역전되어 하나님의 영광이 다시 성전 안으로 들어오는 것으로 끝나게 될 것이다(43:1-5).

끝으로 에스겔은 다시 바빌로니아에 사로잡힌 자들에게로 돌아와 하나님이 환상으로 보여주신 것을 장로들에게 이야기한다(11:24-25). 결국 8-11장의 환상 이야기는 바빌로니아 포로 공동체를 향한 것으로서, 그들에게만 소망이 주어졌기 때문에 우상숭배 행위를 버리고 온 마음으로 하나님의 법을 따르라고 촉구하는 말씀이라 할 수 있다.[258]

---

258 Renz, *Rhetorical Function of the Book of Ezekiel*, 70.

2.
예루살렘이 바빌로니아에게 멸망하는 구체적 이유(12-24장)

12-24장의 핵심은 바빌로니아에 끌려온 유다 포로 공동체에게 하나님이 왜 유다를 심판할 수밖에 없는지를 설명하는 내용이다. 기원전 586년에 예루살렘의 유다가 완전히 멸망하기 전, 바빌로니아에 포로로 끌려온 유다 사람들은 예루살렘이 멸망하지 않을 것이라는 확신에 사로잡혀 있었다(참조. 13:16). 이런 상황에서 12-24장은 유다가 언약의 의무를 위반하여 바빌로니아에 의해 멸망할 수밖에 없다는 사실을 다양한 예를 통해 제시한다. 이런 점에서 12-24장의 핵심 주제는 언약 배반이라고 할 수 있다(16:59; 17:15; 22:26).

특히 23장은 북이스라엘을 "오홀라"(그녀의 장막), 남유다를 "오홀리바"(나의 장막이 그녀 안에 있다)라고 칭하고 결혼 이미지로 언약 관계를 설명한다.[259] 그래서 유다가 언약의 의무인 사랑에 충실하지 않았기 때문에 바빌로니아에 의해 멸망할 수밖에 없음을 보여준다. 그래서 이처럼 언약을 배반한 유다의 멸망을 반면교사로 삼아 포로 공동체도 하나님과 올바른 언약 관계를 맺기를 교훈한다.

12장 초두에는 에스겔이 "징조"(12:6)가 된다는 말이 나오고, 24장에는 다시 "표징"이라는 말이 나온다(24:24). 개역개정판 한글 성경은 각각 다른

---

259 Eugene H. Merrill, "A Theology of Ezekiel and Daniel," in *A Biblical Theology of the Old Testament*, ed. Roy B. Zuck (Chicago, IL: Moody Press, 1991), 365-395에서 370.

말로 번역했지만, "징조"와 "표징"에 해당하는 히브리어는 "모페트"(מוֹפֵת)로서 동일한 단어다. 이런 점에서 12-24장은 "징조"라는 단어가 전체를 앞뒤로 감싸는 구조임을 알 수 있다. 또한 12-24장은 초두에서 거짓 예언자를 언급하고 말미에 다시 거짓 예언자들을 언급하는 특징을 보인다(13:2; 22:28). 결국 12-24장은 앞뒤에 비슷한 낱말과 주제들을 포진시켜 전체를 하나의 단락으로 읽도록 유도하고 있다. 12-24장의 전체 구조는 다음과 같이 볼 수 있다.[260]

A. 포로기 공동체를 위한 징조(12:1-20)

  B. 묵시를 반대하는 거짓 예언자들에 대한 심판(12:21-13:23)

    C. 백성의 우상숭배와 유다의 심판(14장)

      D. 포도나무로서의 하나님 백성(15장)

        E. 언약 배반으로 인한 수치: 결론에서 새 언약 암시(16장)

          F. 언약 위반으로 인한 심판은 자업자득(17장)

        E′. 언약 배반으로 인한 개인의 심판: 결론에서 새 언약 암시

         (18장)

      D′. 포도나무로서의 하나님 백성에 대한 애가(19장)

    C′. 백성의 우상숭배와 유다의 심판(20-21장)

  B′. 지도자들(왕, 고관, 예언자)과 백성에 대한 심판(22-23장)

A′. 포로기 공동체를 위한 징조(24장)

---

260 한편 Blenkinsopp는 겔 15-23장에서 구조를 찾는다는 것이 불가능하다고 주장한다. Blenkinsopp, *Ezekiel*, 74.

하지만 필자는 12-24장을 다음과 같은 패널 구조로 보는 것이 더 정확하다고 본다.[261]

    A. 포로기 공동체를 위한 징조: 예루살렘의 멸망(12장)

     B. 포로기 거짓 예언자들의 죄악(13장)

      C. 개인의 책임 문제: 예루살렘이 중보자 없이 멸망할 것(14장)

       D. 포도나무로서의 유다: 불 심판(15장)

        E. 죄의 역사를 회고(16장)

         F. 언약 배반으로 바빌로니아에 의해 멸망함(17장)

      C′. 개인의 책임 문제(18장)

       D′. 포도나무로서의 유다: 불 심판(19장)

        E′. 죄의 역사를 회고(20:1-44)

         F′. 바빌로니아에 의해 멸망함(20:45-21:32)

     B′. 유다 지도자들(왕, 고관, 예언자)과 백성의 죄악(22-23장)

    A′. 포로기 공동체를 위한 징조: 예루살렘의 멸망(24장)

이상의 구조로 볼 때 12-24장은 전반적으로 같은 내용을 반복하는 구조임을 알 수 있다. 예를 들어 13장은 거짓 예언자들이 성벽이라는 공동체를 수축하지 않았음을 질타하는데(13:5), 13장과 짝을 이루는 22장 역시 예언자를 포함한 지도자들이 성을 쌓으며 무너진 곳을 막지 않았다고 책망한다(22:30). 또한 16장은 죄의 역사를 회고하면서 유다가 멸망할 수밖에 없음

---

261 Fishbane, "Sin and Judgment," 144. 여기서는 Fishbane의 구조를 약간 변형했다.

을 설명한 후, 끝에 새 언약의 체결로 회복이 있음을 알린다(16:60-63). 마찬가지로 이와 짝을 이루는 20:1-44도 죄의 역사를 회고한 후 마지막에 새 언약을 언급하며 마무리한다(20:40-44).

구조가 보여주듯이 12-24장의 핵심은 단락 F/F'(17장; 20:45-21:32)로서, 언약 배반으로 인해 유다가 바빌로니아에게 멸망할 것을 강조하는 데 있다. 하지만 전혀 희망이 없는 것은 아니다. 전체적으로 12-24장은 하나님의 심판에 초점을 맞추고 있지만 중간중간 제2의 출애굽을 통한 하나님의 구원과 새 언약의 체결을 언급하고 있기 때문이다(14:11; 16:60-62; 20:36, 40).[262]

1) 예루살렘 멸망의 징조와 거짓 예언자와 백성의 죄악(12-14장)

12-14장은 에스겔 당시 예루살렘 백성의 죄악된 행태를 지적하고, 에스겔의 징조와 함께 예루살렘의 멸망을 예언하는 내용이다. 여기서는 예루살렘이 멸망할 때 심지어 노아, 다니엘, 욥이 중보 기도를 드려도 아무런 도움을 받지 못할 것이며, 예루살렘의 유다는 하나님의 심판을 피하지 못할 것이라고 선언한다(14:12-20). 그리고 이런 선언을 통해 예루살렘의 멸망을 타

---

[262] 미래의 구원이 또 다른 출애굽으로 선언된다는 것은 매우 중요한 신학적 진술이다. 이는 겔 40-48장에서 성전 회복과 땅 분배가 장황하게 묘사되는 이유를 설명해준다. 과거 출애굽 당시 하나님은 백성을 이집트에서 인도해낸 후 성막에 대한 규례를 주셨다. 이와 비슷하게, 구원을 제2의 출애굽으로 제시하는 에스겔서는 미래에 새로운 성전에 대한 규례가 주어질 것을 예고한다. 또한 하나님이 출애굽을 통해 나온 이스라엘을 왕 같은 제사장인 하나님의 형상으로 만드셨던 것처럼(출 19장), 제2의 출애굽을 통해 남은 자들을 하나님의 형상으로 회복하실 것이라는 청사진을 제시하고 있다(겔 37장).

산지석으로 삼아 그들이 보인 죄의 행태를 청산한다면 바빌로니아로 끌려
간 포로 공동체에게도 희망이 있음을 내비친다.[263]

(1) 징조와 묵시 논쟁(12장)

12장 초두에서 하나님은 바빌로니아 포로 공동체의 죄악을 언급한다. "네
가 반역하는 족속 중에 거주하는도다. 그들은 볼 눈이 있어도 보지 아니하
고, 들을 귀가 있어도 듣지 아니하나니"(12:2). 이런 언급은 2:7과 3:7을 연
상시킨다. 그리하여 1-3장이 1-11장의 서두 역할을 하는 것처럼, 12장이
12-24장의 서두 역할을 하고 있다는 신호를 주고 있다.

　　12장에서 하나님은 예언자 에스겔에게 포로의 행장을 꾸리는 상징적
행동을 지시하고, 그런 행동이 징조가 되어 결국 예루살렘이 멸망하고 예
루살렘 주민이 포로로 끌려가게 될 것을 예언하게 하신다. 12장의 전반부
(12:1-20)는 에스겔의 상징적 행동이고, 후반부(12:21-28)는 상징적 행동을
통해 제시된 예언자의 묵시에 관한 논쟁을 다룬다.[264] 12장의 구조는 다음
과 같다.

　　전반부: 에스겔의 상징적 행동(12:1-20)

　　서론. 포로 유다 공동체는 반역하는 족속(12:1-2)

　　A. 에스겔의 상징적 행동: 포로 행장을 하고 밖으로 나가라(12:3-4)

　　　B. 에스겔의 행동이 이스라엘 족속을 위한 징조가 될 것(12:5-6)

---

263 Renz, *Rhetorical Function of the Book of Ezekiel*, 70.
264 Odell, *Ezekiel*, 135.

C. 에스겔이 상징적 행동을 실행함(12:7)

　B´. 에스겔의 행동이 예루살렘 왕과 그 백성들의 징조가 될 것(12:8-11)

A´. 예루살렘 왕이 바빌로니아에 끌려가게 될 것(12:12-14)

결론. 흩어진 남은 자와 예루살렘 주민이 여호와를 알게 될 것(12:15-20)

후반부: 참 묵시(예언)를 거부하는 거짓 묵시(12:21-28)

A. 참 묵시를 거부하는 거짓 묵시: 예루살렘 멸망 예언은 거짓(12:21)

　B. 예루살렘 멸망이 성취되고 거짓 묵시가 사라질 것(12:22-25)

A´. 참 묵시를 거부하는 거짓 묵시: 예루살렘 멸망은 먼 미래의 일
　(12:26-27)

　B´. 예루살렘 멸망이 더디지 않을 것(12:28)

먼저 12:1-20은 포로 행장을 하고 밤에 성벽을 뚫고 나가는 에스겔의 상징적 행동을 통해 예루살렘이 멸망하고 그곳 주민들이 포로로 끌려가게 될 것을 징조로 보여준다. 12:2에서 하나님은 바빌로니아 포로 공동체가 하나님의 말씀을 분별할 눈과 귀가 없는 반역한 족속임을 질타한다. 바빌로니아 포로 공동체는 하나님의 말씀을 무시한 채 예루살렘은 결코 멸망할 수 없으며 자신들은 곧 고국으로 돌아갈 수 있을 것이라고 착각했다. 이렇게 착각하는 모습은 예루살렘의 유다 사람들에게서도 나타난다. 예루살렘의 유다 백성 역시 제사만 드린다면 그곳은 하나님이 임재하는 곳이므로 결코 멸망할 수 없다는 착각에 빠져 있었다. 보는 눈과 듣는 귀가 없이 맹목적인 신념에 사로잡혀 죄악의 구렁텅이에서 헤어 나오지 못한 결과였다.

그 결과 하나님은 시드기야 왕이 바빌로니아에 잡혀가 눈을 잃고 땅을

보지 못하게 될 것을 예언하신다(12:13; 왕하 25:7). 바빌로니아 포로 공동체와 예루살렘의 유다가 하나님의 말씀을 눈으로 보고 귀로 듣지 않을 때, 시드기야처럼 눈을 잃는 벌을 받게 될 것을 교훈하는 말씀이다.

12:3-4에서 하나님은 에스겔에게, 낮에 포로의 행장을 꾸리고 그것을 밖에 내놓은 다음, 저물 때 포로로 끌려가는 자처럼 행장을 메고 밖으로 나갈 것을 명령하신다. 여기서 "포로의 행장"은 "포로로 잡혀갈 때 싸는 물건들"이다. 포로의 행장을 메고 가는 에스겔의 상징적 행동은 예루살렘 유다 백성의 멸망을 예언한 것이다. 하지만 궁극적으로는 예루살렘의 멸망을 보여줌으로써 바빌로니아에 거주하는 포로 공동체가 예루살렘의 죄악으로부터 단절될 것을 촉구하는 행동이기도 했다. 나아가 예루살렘의 멸망이 정해진 상황에서, 포로 공동체가 예루살렘의 회복에 관한 거짓 예언자들의 달콤한 말에 현혹되지 말 것을 교훈하려는 의도가 담겨 있다.

하나님은 에스겔에게 성벽을 뚫고 행장을 메고 나갈 때 얼굴을 가리고 땅을 보지 말라고 말씀하신다(12:5-6). 성벽을 뚫는 행위는 바빌로니아에 의해 성벽이 파괴됨을 상징한다(왕하 25:4).[265] 12:6에서 어두운 밤에 얼굴을 가리고 땅을 보지 말라고 하신 말씀은 눈이 뽑히고 포로로 잡혀가는 시드기야를 예표한다(왕하 25:7; 겔 12:12).[266] 포로로 끌려갈 때의 비참한 상황을 보여주는 묘사다.[267] 예루살렘 주민이 평소 하나님의 말씀에 눈을 닫았기 때문에 맹인이 되어 포로로 끌려가는 심판이 임하게 될 것을 보여주는 셈이다. 에스겔의 이런 상징적 행동은 징조로서, 포로 공동체에게 예루살렘의

---

265 Allen, *Ezekiel 1-19*, 179.
266 Cooper, *Ezekiel*, 150.
267 Allen, *Ezekiel 1-19*, 179.

멸망을 사실로 받아들일 것을 촉구하는 역할을 한다(12:6).

하나님은 에스겔의 상징적 행동이 예루살렘의 왕과 그 가운데 있는 이스라엘 족속에게 묵시와 징조가 될 것이라고 선언하신다(12:8-11). 12:10에서 개역개정판 한글 성경이 "이것은 예루살렘의 왕과 그 가운데에 있는 이스라엘 족속에 대한 묵시"라고 번역한 히브리어 표현은 다소 애매하다. 히브리어로 읽으면 "이 군주(נָשִׂיא/나시)는 예루살렘과 그 가운데 있는 이스라엘 족속에게 엄중한 계시(מַשָּׂא/마사)가 된다"이다. 여기서는 예루살렘의 왕인 시드기야를 군주를 뜻하는 "나시"로 부르고 있다. 따라서 이 구절은 예루살렘 멸망을 상징적 행동으로 보여준 하나님의 계시가 예루살렘의 군주인 시드기야와 깊은 관련이 있음을 일깨워준다. 군주(prince)를 뜻하는 "나시"와 무거운 짐을 뜻하는 "마사"는 모두 "들어 올리다"를 의미하는 "나사"(נָשָׂא)에서 파생된 낱말로서 그 소리가 비슷하다. 이런 언어유희를 통해 "나시"로서 하나님의 뜻을 실행해야 할 시드기야가 하나님의 심판의 계시인 "마사"가 되는 아이러니를 보여준다.[268]

에스겔서가 예루살렘의 왕 시드기야에게 왕의 칭호인 "멜레크"(מֶלֶךְ) 대신 군주를 뜻하는 "나시"를 사용한 것은 매우 의도적이다. 어떤 학자는 "나시"를 사용한 이유에 대해, 당시 참된 왕은 시드기야가 아니라 기원전 597년 포로로 잡혀간 여호야긴이기 때문이라고 주장하기도 한다.[269] 또는 시드기야가 바빌로니아 왕 느부갓네살 왕이 내세운 군주에 지나지 않음을

---

268 Odell, *Ezekiel*, 138. 한편 Odell은 12:10에서 "마사"를 하나님의 계시로 이해하지 않고 "무거운 짐"으로 이해한다.

269 Cooper, *Ezekiel*, 150.

보여주기 위한 것이라는 주장도 있다.[270] 하지만 하나님만이 진정한 왕이시기 때문에 시드기야에게 왕의 칭호 대신 군주를 뜻하는 "나시"를 사용했다고 보는 것이 더 설득력 있다.[271] 이미 열왕기상 초두에서 이스라엘의 왕은 "나시"로서 진정한 왕이신 하나님을 섬기는 봉신이라는 사상이 나타난다(왕상 11:34).[272] 에스겔서는 이런 왕권 사상에 기초하여 이스라엘의 왕에게 왕을 뜻하는 칭호 "멜레크"를 사용하는 것을 극도로 자제하고 있다.

에스겔서에서 이스라엘의 왕을 "멜레크"로 부르는 경우는 과거에 우상숭배를 한 부정적인 왕들을 언급할 때다(43:7-9).[273] 이스라엘의 왕들이 진정한 왕이신 하나님의 뜻을 대리하여 수행하기보다 스스로 군림하는 통치자가 되어 하나님의 뜻에서 이탈했을 때, 그들에게 "멜레크"라는 칭호를 사용하고 있는 것이다.

한편 종말에 새 언약이 체결될 때 나타나는 다윗 계열의 메시아에 대해서 군주를 뜻하는 "나시"와 왕을 뜻하는 "멜레크"가 동시에 사용되는 것은 매우 흥미로운 대목이다(34:23, 24; 37:24, 25). 이는 미래에 왕으로 오신 메시아가 인간 왕이 아닌 신적 기원을 가진 존재임을 암시하기 위한 것으로 보인다.[274]

---

270 Block, *Ezekiel Chapters 1-24*, 374.
271 Daniel I. Block, "Transformation of Royal Ideology in Ezekiel," in *Transforming Visions: Transformations of Text, Tradition, and Theology in Ezekiel*, ed. William A. Tooman and Michael A. Lyons (Eugene, OR: Pickwick, 2010), 212.
272 Block, "Transformation of Royal Ideology in Ezekiel," 236.
273 Block, "Transformation of Royal Ideology in Ezekiel," 210.
274 Block, "Transformation of Royal Ideology in Ezekiel," 241-242. 나중에 성전의 회복을 다루는 40-48장에서는 종말에 있을 미래의 왕으로서 "나시"가 빈번히 언급되고, 이 미래의 왕은 성전 예배를 후원하고 하나님의 통치를 받아 하나님의 뜻을 전적으로 수행하는 자로 제시되고 있다(44:1-3; 45:7-9, 21-25; 46:1-7, 8-10, 12, 17, 18; 48:21).

12:12-14은 구체적으로 예루살렘 왕인 시드기야가 눈으로 땅을 보지 않고 얼굴을 가린 채 포로 행장을 메고 바빌로니아로 끌려가게 될 것을 말함으로써 징조가 어떻게 성취될 것인지를 증언한다(12:12). 포로의 행장을 메고 가는 시드기야의 모습을 부각시키는 이유는 아마도 에스겔 당시 바빌로니아 포로 공동체가 시드기야와 연합하여 다시 고국으로 돌아가게 될 것을 기대했기 때문으로 풀이된다.[275] 즉, 시드기야의 비참함 모습을 통해 그런 꿈이 헛됨을 교훈하려 한 것이라고 볼 수 있다.

12:12은 "왕은 어두울 때에 어깨에 행장을 메고 나가며"라고 말하는데, 여기서 "왕"과 "메다"에 해당하는 히브리어는 각각 "군주"를 뜻하는 "나시"와 "나르다"를 뜻하는 "나사"다. 그리하여 "나시"인 시드기야가 하나님의 봉신으로서 올바르게 행동하지 않았기 때문에 행장을 "나사"(나르다)하게 될 것이라는 아이러니를 보여준다.[276]

끝으로 하나님은 에스겔을 통해 예루살렘 멸망 이후 이방 가운데 흩어진 자들이 그들의 가증한 일들(우상숭배)을 기억하고 하나님이 "여호와인 줄을 알리라"고 말씀하신다(12:15-16). 우상숭배를 통해 눈과 귀가 닫혀서 심판을 당한 후(참조. 12:2), 자신들이 당한 심판이 여호와의 이름이 뜻하는 하나님의 임재를 훼손했기 때문임을 통감하고 그분의 속성을 절실히 깨닫게 될 것이라는 의미다.

이 대목에서 여호와의 거룩한 임재를 훼방하는 것이 얼마나 가증한 일인지를 다시금 깨닫게 된다. 오늘날 사역자를 비롯한 많은 성도가 사역의

275 Odell, *Ezekiel*, 135.
276 Greenberg, *Ezekiel, 1-20*, 213.

열매에만 집중한 나머지 사역의 결과가 풍성해지면 하나님으로부터 인정받고 하나님의 임재 안에 거하며 살고 있는 것으로 착각하는 경향이 있다.

하지만 에스겔서는 아무리 화려한 예배와 사역의 결과물이 있다 해도, 하나님의 거룩한 임재를 항상 의식하고 이기적 욕구로 발현되는 우상숭배와 같은 죄악과 중독에서 벗어나려고 항상 몸부림치지 않는다면, 결국 하나님의 임재에서 벗어나게 되면서 무서운 심판에 이른다고 교훈한다. 우리는 이런 교훈을 항상 마음에 새기고 삶 속에서 늘 거룩을 지키며 하나님의 임재 안에 거하기 위해 애써야 할 것이다.

본문은 또한 예루살렘 멸망 전에 예루살렘 주민과 이스라엘 땅에 거하는 유다 백성이 음식과 물이 없어 놀람과 근심으로 지내게 될 것이라고 말한다(12:17-20). 백성이 평소 포악하여 남의 것을 빼앗고 자기 배를 채우는 악을 행했기 때문에, 하나님도 이스라엘 땅을 황폐케 함으로써 그들에게 먹을 음식과 물을 빼앗을 것이라는 의미다.[277] 그 결과 이스라엘 땅에 거하는 자들은 자업자득의 심판을 받게 되어 훗날 하나님이 여호와인 줄 알게 될 것이다(12:20).

12장의 후반부인 12:21-28은 예루살렘의 멸망을 상징적으로 보여주는 에스겔의 징조와 묵시를 바빌로니아 포로 공동체가 의심하는 내용이다. 먼저 12:22은 "날이 더디고 모든 묵시가 사라지리라"라는 속담을 언급한다. 12:22의 초두를 개역개정판 한글 성경은 "이스라엘 땅에서 이르기를"이라고 번역하여, 마치 이 속담이 예루살렘의 유다에서 회자되는 속담인 것처럼 이해하도록 유도한다. 하지만 이 부분을 히브리어로 읽으면 "이스

---

277 Taylor, *Ezekiel*, 118.

라엘 땅에 관하여"이다. 따라서 이 속담은 포로 공동체가 이스라엘 땅과 관련해서 말하는 내용이다.[278] 즉 바빌로니아 포로 공동체가 징조를 통해 계시된 예루살렘 멸망에 관한 묵시(예언)를 의심하고, 묵시가 사라질 것이라는 속담을 말하고 있는 것이다. 이런 점에서 묵시에 관한 논쟁은 예루살렘의 유다와 에스겔 사이가 아니라, 바빌로니아 포로 공동체와 참 예언자인 에스겔 사이의 논쟁임을 알 수 있다.

이 논쟁에 관해 하나님은 바빌로니아 포로 공동체가 다시는 그 잘못된 속담을 사용하지 못할 것이라고 말씀하신다(12:23-25). 속담과 달리 예루살렘의 멸망을 예언한 묵시는 반드시 이루어질 것이고 그날은 가까울 것이다(12:23). 포로 공동체가 참된 묵시를 거부하는 이유는 그들이 허탄한 묵시와 복술을 신뢰하기 때문이다. 그렇기 때문에 하나님은 그런 거짓과 이교도적 행위들을 제거하실 것이다(12:24). 하나님은 허탄한 묵시와 복술을 따르는 자들을 반역한 족속이라고 부르신다(12:25). 이처럼 12장은 "반역한 족속"이라는 표현이 앞뒤에 포진하면서 하나의 단락을 형성하고 있다(12:2, 25).

결론적으로 12장은 하나님의 참된 묵시가 속히 이루어질 것이라고 말함으로써 허탄한 묵시를 버리고 하나님의 참된 묵시를 받아들일 것을 촉구한다(12:26-28). 이때 허탄한 묵시와 복술(מקסם/미크삼)은 거짓 예언자들을 통해 나오는 것이므로, 이어서 나오는 13장은 자연스럽게 바빌로니아 포로 공동체 내부의 거짓 예언자의 문제를 언급한다.

---

[278] Odell, *Ezekiel*, 141.

(2) 포로 공동체 안의 거짓 예언자들(13장)

12장에서 참된 묵시와 허탄한 묵시에 관한 논쟁이 이루어진 상황에서, 13장은 허탄한 묵시를 전하는 거짓 예언자들을 질책한다.[279] 에스겔의 묵시를 비방하는 자들은 예루살렘의 회복과 포로의 빠른 귀환을 믿었다.[280] 이런 믿음에는 거짓 예언자들의 선동이 큰 역할을 했다. 그래서 13장은 바빌로니아 포로 공동체 안에 있는 거짓 예언자들에게 시선을 돌려 그들을 책망하고 있다. 바빌로니아 포로 공동체 안에 거짓 예언자가 있었다는 사실은 예레미야서도 증언한다(렘 29:15-23).

바빌로니아 포로 공동체 안에 있는 거짓 예언자들은 예루살렘의 멸망을 전하는 에스겔의 묵시를 거부하고, 잘못된 예언으로 예루살렘에 대하여 평강하다면서 백성을 호도했다(13:16, "예루살렘에 대하여 예언하기를, 평강이 없으나 평강의 묵시를 보았다고 하는 이스라엘의 선지자들"). 이런 거짓 예언자들을 향해 하나님은 "이스라엘 땅에도 들어가지 못할 것이다"라며 단호하게 선을 긋는다(13:9).

내용을 살피면, 13장은 전반부(13:1-16)와 후반부(13:17-23)로 나뉜다. 전반부인 13:1-16은 허탄한 묵시와 거짓된 점괘를 가지고 참된 묵시를 묵살하며 바빌로니아 포로 공동체를 죄악으로 몰아가는 거짓 예언자들의 실상과 그들을 향한 하나님의 심판 메시지를 전한다.[281] 먼저 13:1-5은 바빌

---

279 Thompson, *Ezekiel*, 98.

280 Greenberg, *Ezekiel, 1-20*, 209.

281 13:1-16의 구조는 다음과 같다.
서론. 자기 마음대로 예언하는 거짓 예언자들이 화를 입을 것(13:1-5)
　A. 거짓 예언자들의 허탄한 묵시와 거짓된 점괘(13:6-7)
　　B. 거짓 예언자들이 이스라엘 땅에 들어가지 못할 것(13:8-9)

로니아에서 활동하는 거짓 예언자들로 인해 백성이 예루살렘의 멸망을 믿지 않게 되었음을 지적한다. 거짓 예언자들은 "자기 마음대로 예언하는" 자들이다(13:2). 이들은 다시 "자기 심령을 따라 예언하는" 자들로 정의된다(13:3). 여기서 "심령"에 해당하는 히브리어는 "영"을 뜻하는 "루아흐"(רוח)다. 2, 3절에서 마음과 영이 병치됨으로써 하나님이 인간에게 주신 영이 마음으로 기능한다는 사실을 확인해주고 있다.[282]

13:3에서 하나님은 거짓 예언자들이 "여호와의 말씀을 본 것이 없다"고 말씀하신다. 이들은 영과 마음이 이기적 욕구(네페쉬)에 의해 함몰됨으로써 하나님의 말씀을 보거나 들을 수 없었다. 그럼에도 거짓 예언자들은 하나님의 말씀을 들을 것처럼 행세했다. 이기적 욕구에 사로잡혀 있었기 때문에 그들이 추구하는 것은 사실 자기들의 이익이었다(13:19, "두어 움큼 보리와 두어 조각 떡을 위하여").

이익을 위해 거짓 묵시를 말하는 예언자들은 성읍과 같은 공동체를 진정으로 세워주지 못한다(13:4-5). 13:4은 이런 거짓 예언자들을 지칭해 "황무지에 있는 여우"라고 말함으로써 공동체에게 전혀 도움이 되지 않음을 일깨워준다. 이 구절에서 "여우"로 번역된 히브리어 "슈알"(שׁוּעָל)은 여우를 가리킬 수도 있고 무리 지어 포식하는 "자칼"(jackal)을 가리킬 수도 있는데, 아마도 후자가 더 문맥에 어울리는 것 같아 보인다.[283]

거짓 예언자들은 황무지에서 먹잇감을 찾아 헤매는 짐승과 같이 자기

A′. 거짓 예언자들이 평강을 외침(13:10)
　B′. 거짓 예언자들은 회칠한 담과 함께 망할 것(13:11-16)

282 Block, *By the River Chebar*, 161.
283 Allen, *Ezekiel 1-19*, 201.

들의 배만을 채우려고 행동하기 때문에 성읍을 올바로 세우고 보호하는 예언자의 임무를 수행할 리 없었다(13:5). 그래서 그들은 성의 무너진 곳을 보수하지도 않고, 전쟁의 날에 성을 보호하기 위해 성벽을 수축하지도 않았다고 말한다.

바빌로니아에 포로로 끌려온 상황에서 성을 보호한다는 것은 언뜻 이해하기 힘든 말처럼 보인다. 하지만 여기서 성은 일종의 메타포로서, 거짓 예언자들이 성으로 대변되는 공동체에 관심이 없음을 뜻한다.[284] 성벽을 수축한다는 것은 공동체를 받쳐주는 도덕적·영적 삶을 강화한다는 의미다. 그러므로 성벽을 수축하지 않았다는 말은 거짓 예언자들이 백성의 도덕적·영적 삶에 관심을 가지지 않았음을 내비친다.[285]

13:6-9은 자기 이익을 위해 허탄한 묵시와 점괘로 달콤한 말을 하여 백성을 안심시키고 그 대가로 배를 채우는 거짓 예언자들에게 하나님의 심판을 선고한다. 거짓 예언자들은 하나님께로부터 보냄을 받지 않았으면서도 보냄을 받았다고 사람들을 속였다(13:6). 하나님께로부터 보냄을 받지 않았기 때문에 이들이 허탄한 묵시와 이교적 점괘를 사용하는 것은 당연했다(13:7-8).[286] 이런 잘못된 행태로 인해 하나님은 거짓 예언자들이 백성의 공회에 들어오지 못하고 이스라엘 족속의 호적에 기록되지 못하며 이스라엘 땅에 돌아가지 못할 것이라고 예언하신다(13:9). 이는 허탄한 묵시와 점괘의 대가로 하나님의 무서운 묵시를 받게 되는 아이러니를 보여준다.

13:10-16은 거짓 예언자들의 묵시와 점괘가 구체적으로 무엇인지를

---

284 Block, *Ezekiel Chapters 1-24*, 401.

285 Cooper, *Ezekiel*, 154.

286 Thompson, *Ezekiel*, 98.

말하고 하나님의 심판을 재확인한다.[287] 그들의 묵시는 한 마디로 바빌로니아 포로 공동체에게 평강을 예언하고, 사람들의 담에 회칠하여 헛된 소망을 갖게 하는 것이었다(13:10).[288] 그들은 예루살렘이 결코 멸망하지 않을 것이라고 속였다. 특히 평강은 언약 축복의 핵심이라는 점에서, 예루살렘의 유다가 계속해서 하나님과의 언약 관계 안에 있으며 바빌로니아 포로 공동체도 언약의 축복으로 인해 가나안 땅으로 귀환할 것이라고 말한 셈이다.

하나님은 거짓 예언자들의 예언이 거짓말임을 드러내기 위해 고난과 환난을 상징하는 폭풍과 폭우와 우박 덩어리를 보내실 것이다(13:11-13). 거짓 예언자들은 백성들 가운데 그들이 평강할 것이라는 생각을 부추기고, 평강을 공고히 하기 위한 안전장치로 담을 쌓게 했다. 그럴싸하게 꾸미기 위해 설상가상으로 담에 회칠까지 했다. 따라서 하나님은 그들의 헛된 담을 폭풍과 폭우와 우박 덩어리로 무너뜨려 그들이 믿는 평강과 안전이 신기루임을 깨닫게 하실 것이다. 구약에서 하나님의 폭풍과 폭우와 우박 덩어리는 하나님의 심판의 도구로 자주 언급된다(사 28:2). 하나님은 이러한 심판의 도구를 사용하여 백성의 헛된 담을 무너뜨릴 것이며 백성은 그 무너진 담에 깔려 망할 것이라고 하신다(13:14).

결국 하나님은 인간적 안전장치로 세워진 헛된 담과 그 담에 회칠한 자들을 사라지게 하실 것이다(13:15-16). 담이 상징하는 평강이 사라지고, 모래성에 불과한 담을 회칠하여 그럴듯하게 포장한 거짓 예언자들이 망하게 될 것이라는 뜻이다. 백성을 올바르게 지도하여 영적으로 인도해야 할

---

287 Eichrodt, *Ezekiel*, 167.
288 Eichrodt, *Ezekiel*, 168.

예언자들이 오히려 그들로 하여금 탐욕의 담을 쌓도록 했을 때 그 대가가 얼마나 큰지를 교훈해주는 말씀이다.

후반부인 13:17-23은 거짓 여성 예언자들을 겨냥하여 하나님의 심판을 전한다. 13:18은 거짓 여성 예언자들이 예언하는 모습을 상세히 묘사한다. 그들은 손목마다 부적을 꿰고 수건을 사용하였기 때문에 예언자보다는 술법사에 더 가깝다고 할 수 있다.[289] 이런 모습이 구체적으로 무엇을 의미하는지는 알 수 없지만, 일종의 점을 치는 복술 행위라고 볼 수 있다.

거짓 여성 예언자들은 복술 행위를 통해 타인의 영혼을 사냥했다(13:18b). 여기서 "영혼"으로 번역된 히브리어는 욕구를 뜻하는 "네페쉬"다. 이를 통해 거짓 예언자들은 백성의 욕구를 충족해주는 그럴듯한 점괘로써 그들을 현혹했음을 알 수 있다. 그리고 그것을 통해 자기들의 욕구도 채우려 했다고 말할 수 있다.

13:19은 "두어 움큼 보리와 두어 조각 떡을 위하여"라고 말함으로써 거짓 여성 예언자들이 자기들의 이기적 욕구를 위해 예언했음을 분명히 밝힌다. 또한 죽지 아니할 영혼(네페쉬)을 죽이고, 살지 못할 영혼(네페쉬)을 살렸다고 말한다. 거짓 여성 예언자들은 스스로의 이기적 욕구(네페쉬)를 채우기 위해 잘못된 욕구를 가진 이들을 칭찬하고 올바른 욕구로 하나님의 뜻을 행하는 자들을 비난했던 것이다.

그 결과 거짓 여성 예언자들은 더 이상 복술 행위를 하지 못하게 될 것이다(13:20-21). 하나님은 그들에게서 죄 없는 영혼들을 "놓아 주실 것이다"이다(13:20). 이 구절에서 "놓아 주다"에 해당하는 히브리어는 "샬라

---

289 Taylor, *Ezekiel*, 123.

흐"(חֶלָֽה)로서 13:6에서 "그들은 여호와가 보낸 자가 아니라"라고 했을 때 "보내다"에 해당하는 히브리어와 같다. 이 대목에서 거짓 예언자들이 하나님으로부터 보냄 받았다고 주장할 때, 오히려 하나님은 그들의 희생양으로 전락한 백성을 그들로부터 보내실 것이라는 아이러니를 읽을 수 있다.

거짓 여성 예언자들은 잘못된 욕구를 품은 자들에게 그들의 욕구대로 예언함으로써 그들의 악한 행위를 더욱 굳게 했다. 반면 올바른 욕구를 품은 의인에게는 거짓말을 함으로써 오히려 근심하게 만들었다(13:22). 잘못된 욕구를 가진 자를 칭찬하여 그들의 행위를 굳게 하는 이유는 그들로부터 더 많은 대가를 얻기 위함이었다. 이익을 위해 행하는 거짓 여성 예언자들은 악을 누눈하기 때문에 그들을 따르는 백성이 비도덕적 삶을 살게 되는 것은 당연했다(13:22; 참조. 렘 23:14).[290] 따라서 하나님은 그분의 뜻을 외면하고 이익에 눈이 먼 거짓 여성 예언자들이 더 이상 허탄한 묵시를 보지 못하게 할 것이라고 예언하신다(13:23).

이것은 오늘날에 대해서도 시사하는 바가 크다. 성도가 잘못된 길로 가는 것을 보고도 방관하는 영적 지도자는 하나님께 거짓 예언자라는 책망을 들을 것이다. 또한 이런 거짓 지도자를 분별하지 못하고 그들을 따라가는 성도도 결국 이기적인 욕구에 끌린 것임을 알아야 한다. 이런 맥락에서 14장은 자연스럽게 거짓 예언자들을 따라가는 자들을 책망한다.

---

290 Blenkinsopp, *Ezekiel*, 69.

(3) 개인의 책임 문제(14장)

14장은 거짓 예언자들을 찾으며 우상숭배를 일삼는 바빌로니아 포로 공동체의 죄를 책망한다(14:10). 14장의 의미론적 초점(semantic focus)은 하나님과 성도의 관계에서 중요한 잣대가 어떤 지도자를 따르느냐가 아니라 개인의 올바른 결단이라는 것이나. 하나님과 올바른 관계를 맺는 문세는 전적으로 개인의 책임이라는 신학이다. 그러므로 이 본문은 거짓 예언자를 의지하며 복을 받으려는 기복적 신앙은 잘못된 것이고, 하나님과의 개인적 관계를 위해 노력해야 한다는 교훈을 준다. 이런 점에서 14장은 노아, 다니엘, 욥과 같은 의인의 중보 기도보다 개인적 회심과 하나님의 뜻을 행하는 결단이 더 중요함을 역설한다(참조. 14:12-20). 14장은 전반부(14:1-11)와 후반부(14:12-23)로 나뉘며 구조는 다음과 같다.

> 서론. 하나님은 마음에 우상을 둔 이스라엘 족속을 용납하지 않으실 것(14:1-3)
>
> A. 하나님께 묻는 우상숭배자 심판: 그때 내가 여호와인 줄을 알 것 (14:4-8)
>
> B. 거짓 예언자와 그에게 묻는 자들이 각자 자기 죄악을 담당할 것 (14:9-11)
>
> B′. 노아, 다니엘, 욥이 있어도 각자 자신의 의로 구원받을 것(14:12-20)
>
> A′. 예루살렘 멸망의 이유(우상숭배)를 사람들이 알게 될 것(14:21-23)

① 우상숭배의 대가로 각자가 심판받게 될 것(14:1-11)

14:1-11은 바빌로니아 포로 공동체에게 마음의 우상을 버리고 하나님의 말씀에 신실하게 반응할 것을 촉구한다.[291] 바빌로니아 포로 공동체 안에는 신실한 사람과 그렇지 않은 사람들이 있었다. 바빌로니아 포로 공동체의 가장 시급한 문제는 우상숭배의 죄였다. 이런 상황에서 에스겔서는 우상숭배가 각자의 책임이므로 그 죄악을 스스로 담당해야 한다고 역설한다.

14:1은 "이스라엘 장로 두어 사람"이 에스겔을 찾아온다는 말로 시작한다. 여기서 장로들은 바빌로니아에 있는 포로 공동체의 지도자들이다 (8:1; 20:1).[292] 하나님은 이 장로들에 대해 매우 부정적인 태도를 보이신다. 본문은 장로들이 예언자 에스겔을 찾아온 이유를 직접적으로 언급하지 않는다. 하지만 장로들이 마음에 우상을 모셔 들인 상태에서 예루살렘의 운명에 관한 하나님의 뜻을 물으려고 찾아온 것은 분명하다.[293] 장로들의 방문을 계기로 하나님은 예언자 에스겔을 통해 예루살렘의 멸망이 확실함을 말하고, 바빌로니아 포로 공동체(이스라엘 족속)가 계속 우상을 섬긴다면 그들도 우상을 섬긴 예루살렘의 유다처럼 멸망하게 될 것을 교훈하신다.

우상을 숭배하면서 예언자를 통해 하나님의 뜻을 묻는 자들은 하나님의 심판을 받을 것이다(14:4-8). 14:4-8은 "대답하다"라는 뜻의 히브리어

---

291 Renz, *Rhetorical Function of the Book of Ezekiel*, 73.

292 Renz, *Rhetorical Function of the Book of Ezekiel*, 47. 여기서 Renz는 바빌로니아에 있는 포로 공동체가 그들의 지도자인 장로를 민주적인 방법으로 선출했다고 주장한다. 그리고 겔 7:26에서 예루살렘에 있는 유다 사람들의 멸망을 이야기할 때 "장로에게는 책략이 없어질 것"이라며 장로를 언급한 것은, 바빌로니아 유수 상황에서 지도자가 장로였기 때문에 에스겔이 이를 반영하여 당시 청중에게 설득력 있게 전달하려 한 것이라고 본다.

293 Odell, *Ezekiel*, 157.

"아나"(עָנָה)가 앞뒤를 감싸서 이 부분이 하나의 단락임을 보여준다(14:4, 7). 하나님은 "우상을 마음에 들이며 죄악의 걸림돌을 자기 앞에 두고 선지자에게로 가는 모든 자에게, 나 여호와가 그 우상의 수효대로 보응할 것이다"라고 선언하신다(14:4). 이를 통해 당시 바빌로니아 포로 공동체는 예루살렘의 유다 백성처럼 우상을 자기 앞에 눈 채 예언자를 찾아가 하나님의 뜻을 물었음을 알 수 있다(8:7-13).[294] 이처럼 우상을 섬기는 자들이 예언자를 찾아가 하나님께 묻는다는 것은 가증한 일이다.

14:4b에서 개역개정판 한글 성경이 "보응하리니"로 번역한 히브리어 역시 "아나"로서 "대답하다"라는 뜻이다. 우상을 마음에 품고 하나님의 뜻을 묻는 자에게 하나님은 그 우상의 숫자대로 대답하신다는 것을 보여주는 말씀이다. 일반적으로 묻는 자에게 하나님이 대답하시는 것은 언약의 축복이지만, 이 경우에 하나님의 대답은 아이러니하게도 심판이다. 또한 우상의 숫자대로 대답하여 심판하신다는 것은, 우상숭배자가 하나님 보시기에 우상과 같은 존재이므로 우상처럼 멸하시는 것임을 시사한다(참조. 6:4-6).

하지만 우상숭배자를 향한 하나님의 심판은 궁극적으로 사람들의 마음을 다시 잡기 위함이다(14:5). 하나님의 심판의 목적이 회복에 있다는 뜻이다. 이 구절에서 "배반하였다"로 번역한 히브리어 표현은 "멀리 돌아서다"(זוּר/주르)이다. 이는 하나님이 멀리 떠난 자들을 다시 잡아 붙들어 온전한 마음으로 하나님을 섬기게 하실 것임을 내비친다.[295] 이런 일은 종말에

---

294 Odell, *Ezekiel*, 160.

295 Odell, *Ezekiel*, 161.

이루어질 것이다. 이로써 종말에 새 언약의 체결로 새 영과 새 마음이 부어질 때, 새 언약 백성이 온전한 마음으로 섬기게 될 것이라는 전망이 제시된다(36:26).

14:7-8은 예언자를 찾아가는 우상숭배자에게 하나님이 심판으로 응답하실 것을 재확인해준다. 이 소단락에서는 "묻다"와 "대답하다"라는 말이 핵심어로 등장한다(14:7). 마음으로 우상을 숭배하는 자가 예언자를 찾아와 하나님의 뜻을 묻고자 할 때, 하나님은 그들에게 심판으로 대답하실 것이고 훗날 그들은 "놀라움과 표징과 속담거리"가 될 것이다(14:8). 더욱이 그들은 하나님의 백성 가운데서 끊어지게 될 것이다(14:8b). 여기서 "끊어지나"로 번역된 히브리어 동사는 "카라트"(כָּרַת)로서 언약 관계에서 떨어져 나가는 경우에 사용하는 단어다.[296] 그러므로 그들이 백성 가운데 끊어진다는 말은, 그들이 하나님과의 언약 관계에서 떨어져 나가 저주를 받게 될 것이라는 무서운 말이다.

결국 에스겔서는 성도가 마음속으로는 우상을 숭배하면서 외형적으로 하나님의 사람을 찾아가 말씀을 듣고 하나님의 뜻을 묻는다면, 그런 신앙적 행위는 하나님 보시기에 아무런 의미가 없음을 교훈한다. 우상숭배는 단순히 다른 신을 섬기는 것만을 가리키지 않는다. 우리 일상의 삶에서 궁극적인 만족과 기쁨을 하나님이 아닌 다른 것에서 찾으려는 일체의 모습이 우상숭배다. 예를 들어 하나님과의 개인적 교제의 시간보다 취미 생활을 하는 시간이 더 기쁘고, 평상시 스트레스와 어려움이 있을 때도 기도의 시간을 가지기보다 유튜브, 영화, 운동 또는 드라마 등으로 스트레스를 해소

---

296 Duguid, *Ezekiel*, 184.

하려 할 때, 그런 삶의 모습이 우상숭배의 경계에 있음을 알아야 한다.

14:9-11은 바빌로니아 포로기에 활동하는 거짓 예언자들과 그들에게 묻는 포로 공동체의 죄를 본격적으로 다룬다. 구약에서 예언자들은 원래 하나님의 영을 통해 하나님의 뜻을 분별하고 전하는 자들이다. 그렇지 못하면 유혹을 받아 잘못된 말을 전하게 된다(14:9; 왕상 22:18-23).[297] 그래서 하나님은 바빌로니아 포로 공동체 안에서 유혹을 받아 잘못된 말을 전하는 거짓 예언자들을 멸할 것이라고 말씀하신다(14:9).

또한 유혹을 받아 잘못된 것을 전하는 거짓 예언자를 찾아가는 개인도 책임을 피할 수 없다. "선지자의 죄악과 그에게 묻는 자의 죄악이 같은즉, 각각 자기의 죄악을 담당하리니"(14:10). 이 대목에서 개인도 올바른 영과 마음을 가지고 지도자들을 올바로 분별할 책임이 있음을 깨닫게 된다. 잘못된 예언자 때문에 잘못된 행동을 했다는 것은 하나님 앞에서 핑곗거리가 되지 않는다는 통찰이다(참조. 벧후 1-2장).

이처럼 개인의 책임을 강조한 것은 미래의 새 언약 백성이 개인적 결단 속에서 올바로 하나님과 관계 맺는 자임을 일깨우기 위함이다(14:11).[298] 본문은 미래에 새 언약이 체결되면 개인이 미혹되지 않을 것이며, 하나님 과의 올바른 관계 속에서 죄로 더럽혀지지 않을 것이라고 말한다. 이는 미래의 새 언약 백성이 개인의 올바른 결단을 통해 지도자들을 분별하면서 하나님을 섬길 것이라는 뜻이다. 이런 통찰은 오늘날 새 언약 백성을 자처하는 우리에게 귀중한 도전이 아닐 수 없다. 진정한 새 언약 백성인 우리는

---

297 Taylor, *Ezekiel*, 127-128.
298 Allen, *Ezekiel 1-19*, 208.

지도자를 올바르게 선택하고 미혹에 빠지지 않는 자임을 항상 명심해야 한다. 14:11 후반절은 "그들을 내 백성으로 삼고 나는 그들의 하나님이 되려 함이라"라고 하여, 새 언약의 체결로 백성이 올바른 개인적 결단을 하게 될 것임을 분명히 밝힌다.

② 예루살렘의 멸망에서 구원은 각자 개인의 몫(14:12-23)

14:12-23은 초점을 바빌로니아 포로 공동체에서 예루살렘의 유다로 바꾸면서 예루살렘의 멸망을 다루고 있다. 그리하여 바빌로니아 포로 공동체가 예루살렘의 멸망을 반면교사로 삼아 에스겔에게 주어진 하나님의 말씀에 올바로 반응하고 우상숭배의 죄에서 벗어날 것을 촉구한다.[299] 이 단락은 예루살렘이 멸망할 때 예루살렘 주민들은 의인의 중보 기도와 상관없이 각자 개인의 의에 따라 구원받는다는 점을 강조한다.[300] 이로써 바빌로니아 포로 공동체의 경우에도 구원을 위해서는 개인의 결단과 책임이 중요함을 다시 교훈하고 있다.

14:12-20은 예루살렘의 유다가 기근, 사나운 짐승, 칼, 전염병으로 멸망할 때, 의인인 노아, 다니엘, 욥의 기도가 있을지라도 소용 없을 것이라고 말한다. 이는 그만큼 개인의 책임이 중요하다는 뜻으로서, 구원은 오로지 개인의 의로운 행동을 통해 온다는 사실을 도드라지게 한다(14:20, "자기의 공의로 자기의 생명만 건지리라"). 이 소단락의 구조는 다음과 같다.

---

299 Renz, *Rhetorical Function of the Book of Ezekiel*, 75.
300 Odell, *Ezekiel*, 157.

A. 노아, 다니엘, 욥이 있어도 **기근**으로 멸망할 것(14:12-14)

B. 노아, 다니엘, 욥이 있어도 **사나운 짐승**으로 멸망할 것(14:15-16)

C. 노아, 다니엘, 욥이 있어도 **칼**로 멸망할 것(14:17-18)

D. 노아, 다니엘, 욥이 있어도 **전염병**으로 멸망할 것(14:19-20)

여기서 멸망의 도구로 사용된 기근, 사나운 짐승, 칼, 전염병은 5장에서 언약 파기로 인해 하나님이 내리는 저주의 수단으로 언급되었다(5:2, 12, 17). 따라서 예루살렘의 유다가 멸망하는 것은 언약 파기로 인한 저주임을 다시 확인해주고 있다(레 26:22, 25-26, 33).[301]

한편 노아, 다니엘, 욥을 언급한 이유를 생각해볼 필요가 있다(14:14, 16, 18, 20). 이 세 사람을 언급한 이유는 그들이 타인을 위해 중보 기도를 드렸기 때문이다. 노아는 이스라엘인 가운데 대표적 의인이고, 욥은 이스라엘 밖 이방인 가운데 대표적 의인이며, 다니엘은 이방 국가에서 살았던 이스라엘인 가운데 대표적 의인이라고 볼 수 있다.[302] 노아는 자기 식구들을 구원하였고, 욥도 자기 식구들을 위해 기도했으며, 다니엘은 자기 민족을 위해 중보 기도를 드렸다(단 9장). 이처럼 세 사람은 타인을 위해 중보 기도를 드렸다는 공통점이 있다. 하지만 그들의 기도가 모두 결실을 맺은 것은 아니다. 욥의 경우에는 오히려 자식들을 잃었다(욥 1:18-19).[303]

여기서 다니엘이라는 인물이 성경의 다니엘인가 하는 논쟁이 있다. 에스겔 당시 성경의 다니엘은 포로로 잡혀간 지 얼마 되지 않았기 때문에 포

---

301 Lyons, "Transformation of Law," 17.

302 이학재, 『에스겔 어떻게 읽을 것인가?』, 114-115.

303 Cooper, *Ezekiel*, 164.

로민 사이에서 단시간에 대표적 의인으로 명성을 쌓는다는 것은 쉽지 않아 보인다. 그래서 어떤 이는 포로기 이후 시대에 서기관이 추가한 것이라고 주장한다. 또 다른 주장으로 에스겔 14장의 다니엘이 성경의 다니엘이 아니라 가나안 전설에서 정의로운 통치자였던 다니엘을 가리킨다는 견해가 있다.[304] 하지만 그 다니엘은 우상숭배자이므로 이 견해는 설득력이 없다.[305] 필자가 볼 때 에스겔 14장에 언급된 다니엘이 다니엘서의 다니엘을 가리킨다는 것을 부정할 필요는 없다.

노아와 욥과 다니엘은 중보 기도를 드렸다는 공통점뿐 아니라 불법을 행하는 주위 환경 속에서 꿋꿋이 의를 행했다는 특징을 공유한다. 성경은 노아가 방주를 만들 때 주위 사람들이 악했다고 선한다(창 6:5). 욥노 고난이라는 부정적인 환경에서 자신의 의를 끝까지 지켜야 했다. 다니엘 역시 바빌로니아의 우상을 섬기는 자들 사이에서 신앙을 꿋꿋이 지킨 인물이다.

그러므로 에스겔 14장이 노아, 욥, 다니엘을 언급하는 이유는 이들처럼 고난과 어려운 환경 속에서도 믿음을 지키는 자는 구원을 얻지만, 그렇지 못한 자는 구원을 얻지 못한다는 점을 교훈하기 위함이라고 할 수 있다. 결국 14:12-20은 노아, 욥, 다니엘과 같은 의인이 예루살렘에 있다고 해도 하나님이 그들을 보고 예루살렘의 유다를 용서하지는 않을 것을 보여줌으로써 구원은 전적으로 개인의 책임에 달려 있음을 시사하고 있다.[306] 하나님과의 관계에서 개인의 책임이 중요함을 확인할 수 있는 대목이다.

예루살렘이 멸망할 때 일부가 살아서 바빌로니아로 오게 될 것이고,

---

304 Cooper, *Ezekiel*, 163.
305 Chisholm, 『예언서 개론』, 373.
306 Block, *Ezekiel Chapters 1-24*, 449.

바빌로니아 포로 공동체는 그 모습을 보고 여호와의 심판이 정당함을 알게 될 것이다(14:22-23). 포로 공동체가 예루살렘을 떠나 바빌로니아에 온 남은 자들의 잘못된 소행을 보고, 예루살렘이 멸망할 수밖에 없는 이유를 깨달아 위로를 얻게 된다는 의미다. 여기서 예루살렘 멸망 후 바빌로니아에 온 자들은 영적으로 의롭지 못한 우상숭배자들이다.[307] 그래서 바빌로니아의 포로 공동체는 이들의 우상숭배를 보고 예루살렘의 멸망 이유를 깨닫고 위로를 얻게 된다는 것이다.[308]

바빌로니아 포로 공동체가 예루살렘의 멸망 이유를 깨닫고 위로를 받는다는 말은 언뜻 생뚱맞게 들릴 수 있다. 하지만 여기서 그들이 위로를 받는 이유는 예루살렘의 멸망을 예언한 하나님의 말씀이 옳다는 것을 알고 하나님의 정의를 목도하기 때문이다. 확실히 사람은 하나님의 정의를 목도할 때, 하나님의 정의를 추구한다면 희망이 있음을 알게 되어 슬픔 가운데 위로를 얻게 된다(14:22b).[309]

바빌로니아 포로 공동체는 예루살렘의 멸망을 피해 바빌로니아에 온 불의한 자들을 보고 하나님이 행하신 "이유 없이 한 것이 아님"을 깨닫게 될 것이다(14:23). 여기서 "이유 없이"에 해당하는 히브리어 표현은 "히남"(חִנָּם)으로서 "위로를 받다"에 해당하는 히브리어 동사 "나함"(נָחַם)과 음성학적으로 유사하다.[310] 이런 유사성을 통해 심판의 정당함을 알고 위로받는 것이라는 점을 독자에게 각인시켜주고 있다.

---

307 Block, *Ezekiel Chapters 1-24*, 452.
308 Allen, *Ezekiel 1-19*, 219.
309 Taylor, *Ezekiel*, 151.
310 Greenberg, *Ezekiel 1-20*, 261.

2) 언약 배반으로 인해 열매 맺지 못한 유다(15-16장)

이 단락은 포도나무였던 유다가 언약 배반으로 언약의 의무인 열매를 맺지 못하여 멸망할 것을 선고하고(15장), 유다의 언약 배반 역사를 다룬다(16장). 이로써 유다의 언약 배반이 얼마나 뿌리 깊은 것인지를 깨닫게 한다. 하지만 유다의 멸망은 하나님의 궁극적 계획이 아니므로, 미래에 새 언약이 체결될 것을 선언함으로써 남은 자에게 여전히 희망이 있음을 알린다(16:60, "너와 영원한 언약을 세우리라").

(1) 열매 맺지 못한 포도나무(15장)

15장은 예루살렘의 유다를 포도나무에 비유한다. 포도나무로서 유다의 위상은 구약에 자주 등장하는 메타포다(창 49:22; 신 32:32; 시 80:8-16; 사 5:1-7; 렘 2:21; 요 15장).[311] 보통 농부는 포도나무를 심을 때 열매를 기대하며 수고를 마다하지 않는다. 하지만 포도나무가 열매를 맺지 못하면, 농부는 극도로 분노하여 포도나무를 찍어 불에 던질 땔감으로 사용할 것이다. 이런 은유를 통해 하나님은 예루살렘 유다를 포도나무로 심었지만, 그에 합당한 열매를 맺지 않았기 때문에 심판할 수밖에 없음을 보여준다.[312]

구약에서 백성을 포도나무로 비유할 때, 포도나무로서 백성의 열매는 언약 관계에서 나오는 인애와 공의와 의다(사 5:1-7). 그러므로 에스겔 15장에서 포도나무인 유다에게 열매가 없다는 것은, 그들이 언약의 의무인 인

---

311 Cooper, *Ezekiel*, 166.
312 Duguid, *Ezekiel*, 199.

애와 공의와 의의 열매를 맺지 않고 언약 관계에서 이탈했다는 뜻을 함축한다. 하나님은 유다 백성과 언약을 맺고 그들에게 인애와 공의와 의를 행했지만, 유다는 하나님을 향한 인애와 공의와 의라는 언약의 의무를 저버렸다. 이는 언약의 의무를 위반한 언약 배반이다. 그 결과 하나님은 언약 배반으로 열매 없는 유다를 멸망시킬 수밖에 없음을 선언하신다.

열매 없는 포도나무는 쓸모가 없어 그 자체로 어떤 것을 제조하기가 쉽지 않고(15:1-5) 오로지 불에 던질 땔감이 되는 용도만 남는다. 그러므로 열매 없는 포도나무인 유다는 하나님 앞에서 불로 멸망할 수밖에 없다. 불로 멸망하는 것은 언약 파기로 인한 저주로서, 유다가 불로 멸망한 소돔과 고모라처럼 변했다는 증거이기도 하다(신 29:23).

더욱이 유다는 두 끝이 불살라진 포도나무와 같기 때문에 더욱 쓸모가 없다(15:4-5). 두 끝이 불살라졌다는 말은 포도나무인 유다가 이미 불 심판을 통해 상해를 입었음을 뜻한다. 아마도 이 불 심판은 기원전 597년에 바빌로니아가 예루살렘을 침공하여 유다 백성을 포로로 잡아간 사건을 가리키는 듯하다.[313] 결국 반쯤 불에 그슬린 포도나무 가지는 완전히 불로 소멸될 것이고, 그리하여 예루살렘은 완전히 멸망할 것이다.[314]

15:6-8은 열매 없는 포도나무가 바로 열매 없는 예루살렘 주민을 가리킨다는 사실을 분명히 한다. 앞서 말한 대로 예루살렘 주민에게 바랐던 열매는 인애와 공의와 의다.

---

313 Duguid, *Ezekiel*, 200.
314 Odell, *Ezekiel*, 175.

내가 내 포도원을 위하여 행한 것 외에 무엇을 더할 것이 있으랴? 내가 좋은 포도 맺기를 기다렸거늘 들포도를 맺음은 어찌됨인고?(사 5:4)

그가 기뻐하시는 나무는 유다 사람이라. 그들에게 정의(미쉬파트)를 바라셨더니 도리어 포학이요, 그들에게 공의(체다카)를 바라셨더니 도리어 부르짖음이었도다(사 5:7).

내가 너를 순전한 참 종자 곧 귀한 포도나무로 심었거늘, 내게 대하여 이방 포도나무의 악한 가지가 됨은 어찌 됨이냐?(렘 2:21)

인애와 공의와 의의 열매는 하나님의 뜻을 추구하고 그것을 한결같이 행하는 모습으로 정의할 수 있다.[315] 하지만 하나님의 기대와 달리 예루살렘 주민은 하나님의 뜻에서 이탈하여 우상숭배를 통해 이기적 욕구를 채우는 데만 급급했다. 따라서 언약의 의무이자 하나님의 뜻인 인애와 공의와 의를 저버리고 언약 관계에서 이탈할 수밖에 없었다.

에스겔서는 포도나무인 예루살렘이 인애와 공의와 의의 열매를 맺지 못하는 모습을 "범법함"이라는 말로 표현한다(15:8). 여기서 범법함으로 번역된 히브리어는 "마알"(מַעַל)로서 언약의 의무를 위반한 모습을 가리킨다(14:13; 참조. 17:16). 그러므로 예루살렘의 유다 백성이 인애와 공의와 의를 저버린 것은 언약 배반임을 일깨워주고 있다. 아무리 그럴싸한 예배와 화려한 제의적 삶을 실천한다 해도 하나님의 뜻에서 벗어난다면 그것은 언약

---

315 김창대, 『예레미야서의 해석과 신학』(서울: 새물결플러스, 2020), 36-39.

배반임을 일깨워주는 말씀이다.

참고로 포도나무는 다른 나무에 비해 나무로서 가치가 없기 때문에, 예루살렘의 유다를 포도나무로 비유한 것은 예루살렘 자체가 세상적 기준에서 아무것도 아님을 보여주는 의미도 있다.[316] 그래서 이 비유는 진정한 열매를 맺는 성도라면 항상 낮은 마음을 품고 겸손해야 함을 간접적으로 교훈한다. 오늘날 성도에게 귀중한 교훈이 아닐 수 없다. 이런 맥락에서 사도 바울은 "우리가 이 보배를 질그릇에 가졌으니"라고 말하여(고후 4:7), 성도는 본래 보잘 것 없는 질그릇에 불과함을 역설했다. 따라서 포도나무인 성도는 귀한 나무로 인정받기 위해, 자신이 아무것도 아니라는 철저한 겸손의 자세로 하나님을 의지해야 함을 자각해야 한다.

(2) 예루살렘의 언약 배반 역사와 새 언약의 소망(16장)

16장은 생생한 성적 묘사를 통해 언약 체결로 하나님의 아내가 된 예루살렘이 방자한 음녀가 되어 다른 신과 나라들을 의지하고 행음함으로써 역사적으로 언약을 배반했다는 사실을 강조한다(16:30, "이는 방자한 음녀의 행위라"). 이런 점에서 16장은 15장의 연장선상에서 유다의 언약 배반을 뼈아프게 질타하고 있는 셈이다(16:59, "나 주 여호와가 이같이 말하노라. 네가 맹세를 멸시하여 언약을 배반하였은즉, 내가 네 행한 대로 네게 행하리라").

16장의 내용은 예루살렘의 출생(16:1-5), 하나님과 결혼한 예루살렘(16:6-14), 예루살렘의 행음(16:15-34), 예루살렘을 향한 심판(16:35-43), 예

---

316 Greenberg는 예루살렘이 포도나무로서 원래 무가치한 존재임을 드러내는 것이 15장의 핵심이라고 주장한다. Greenberg, *Ezekiel, 1-20*, 269.

루살렘의 언약 배반이 속담거리가 됨(16:44-59), 그리고 종말에 예루살렘의 회복(16:60-63) 순으로 전개된다.[317] 16장의 구조는 다음과 같다.[318]

서론. 예루살렘이 그들의 가증한 일을 알게 하라(16:1-2)

A. 하나님의 자비: 버려진 아이에서 왕후의 지위에 오른 예루살렘 (16:3-14)

B. 배은망덕한 예루살렘의 행음(16:15-34)

C. 예루살렘을 향한 하나님의 심판(16:35-43)

B'. 악을 행한 예루살렘의 언약 배반(16:44-59)

A'. 히나님의 자비: 새 인약을 통한 예루살렘의 회복(16:60-63)

단락 A(16:3-14)는 과거 하나님이 비천한 예루살렘을 왕후의 지위에 오르게 했던 은혜를 기술한다. 반면 단락 B(16:15-34)는 이후 예루살렘이 자신이 받은 은혜와 정반대로 행동했음을 증거한다. 참고로 16:6-22을 떼어서 보면 다음과 같이 하나의 수사적 구조를 이룬다.[319]

A. 피투성이(16:6)

B. 벌거벗은 적신(16:7)

C. 여호와의 말(16:8)

---

317 Cooper, *Ezekiel*, 168.

318 M. G. Swanepoel, "Ezekiel 16: Abandoned Child, Bride Adorned or Unfaithful Wife?" in *Among the Prophets: Language, Image and Structure in the Prophetic Writings*, ed. Philip R. Davies and David J. A. Clines, JSOTSup 144 (Sheffield, UK: JSOT Press, 1993), 93.

319 Block, *Ezekiel Chapters 1-24*, 472.

D. 여호와가 선사한 개인적 장식품들(16:9-13)

   E. 네 명성(16:14aα)

    F. 네 화려함(16:14aβ)

    F'. 네 화려함(16:15aα)

   E'. 네 명성(16:15aβ)

  D'. 여호와가 선사한 개인적 장식품들(16:16-19a)

 C'. 여호와의 말(16:19b)

B'. 벌거벗은 적신(16:22bα)

A'. 피투성이(16:22bβ)

① 하나님이 피투성이 예루살렘을 왕후의 지위에 오르게 하심(16:1-14)

16:1-5은 과거 예루살렘의 비천한 출생을 다룬다. 하나님은 예루살렘을 가리켜 "네 근본과 난 땅은 가나안이요, 네 아비는 아모리 사람이요, 네 어미는 헷 사람이라"라고 말씀한다(16:3). 이 말씀에 근거하여 구약의 아람어 번역본인 타르굼은 아브라함의 아내 사라를 헷 사람으로 소개한다. 하지만 이는 창세기의 진술과 맞지 않다. 다윗이 정복하기 전 예루살렘은 여부스 족속이 차지한 성읍이었다(삿 1:21; 삼하 5:6-9). 이처럼 예루살렘의 주민은 원래 여부스 족속이었지만 이들이 산지에 거하는 족속이었다는 점에서 비슷한 지형에 살았던 헷 족속으로 표현했다고 볼 수 있다(참조. 수 11:3).[320] 또한 아모리인은 가나안 거민을 광범위하게 일컫는 말이기 때문에 여기에 사

---

320 Blenkinsopp, *Ezekiel*, 77.

용된 것으로 설명할 수 있다.[321]

어쨌든 본문은 배교한 예루살렘을 가나안 족속에 속하는 아모리 족속과 헷 족속으로 묘사하고, 예루살렘이 더 이상 여호와 신앙과 상관 없음을 수사적으로 드러내고 있다.[322] 그리하여 예루살렘이 원래 가나안 도시였고 우상숭배의 장소였던 것처럼, 예루살렘의 유다가 태생적으로 가나안 사람과 같이 하나님을 대적하는 성향을 가지고 있음을 보여준다.

예루살렘은 원치 않는 아이로 태어나 많은 사람에게 버림받은 존재였다(16:4). 배꼽 줄을 자르지 않고 물로 정결하게 씻지도 않았으며 소금을 뿌리지도 강보에 싸지도 않았다는 진술은 아이의 출생 시에 꼭 필요한 네 가지 일을 하지 않았다는 의미다.[323] 예루살렘의 출생 모습은 그녀가 처음부터 자격이 없었고 원치 않은 자식이었음을 드러내고 있다.

하지만 하나님은 벌거벗겨진 채 피투성이로 버려진 예루살렘을 살려 그와 언약을 맺고 왕후의 지위를 선사하셨다(16:6-14). 특히 16:7-8은 여호와가 예루살렘과 결혼하여 언약을 맺었음을 강조한다.[324] 피투성이였던 예루살렘은 하나님의 보호로 성장하여 번성했지만 여전히 벌거벗은 몸이었다(16:7). 이 구절에서 "벌거벗은"은 창세기 3장에서 아담이 죄를 지은 후 벌거벗은 상태를 가리키는 히브리어 단어와 동일하다(창 3:10). 이런 점에서 당시 예루살렘은 여전히 범죄한 아담처럼 하나님 보시기에 하나님의 형상을 잃어버린 불결한 모습을 견지했다는 뉘앙스를 준다.

---

321 G. 허버트 리빙스톤, 『모세오경의 문화적 배경』, 김의원 역 (*The Pentateuch in Its cultural Environment*, 서울: 기독교문서선교회, 1990), 59.

322 Block, *Ezekiel Chapters 1-24*, 474.

323 Cooper, *Ezekiel*, 169.

324 Greenberg, *Ezekiel, 1-20*, 278.

이에 하나님은 벌거벗은 예루살렘을 옷으로 가려주시고 그와 언약을 맺으셔서 자신의 소유가 되게 하셨다(16:8). "옷으로 가리운다"는 표현은 결혼의 이미지다(룻 3:9). 즉, 하나님이 예루살렘을 신부로 맞이하고 결혼 관계를 맺으셨다는 것을 의미한다.[325] 이 결혼 관계는 신학적으로 하나님이 예루살렘과 언약 관계를 맺었음을 보여준다. 그래서 언약 관계에 있는 당사자들은 결혼 관계처럼 서로를 사랑하고 사랑에 걸맞은 의무를 다하는 관계임을 시사하고 있다. 16:8은 "너를 내게 속하게 하였다"라고 말함으로써 하나님과 언약 관계에 있는 백성이 하나님의 소유가 된다는 진리를 보여준다. 하나님의 소유가 된다는 것은 출애굽기 19장에서 하나님이 출애굽한 이스라엘과 모세 언약을 맺고 그들을 하나님의 거룩한 소유가 되게 하시겠다고 한 진술을 떠올리게 한다(출 19:5).[326] 그러므로 "내게 속하게 하였다"는 말은 예루살렘이 하나님의 언약 백성이 되었음을 다시 확인해준다.

나아가 모세 언약에서 백성을 하나님의 거룩한 소유가 되게 한다는 말은, 백성을 왕 같은 제사장으로 창조한다는 신학적 함의를 지닌다(출 19:6; 벧전 2:9; 계 5:10). 모세 오경의 전체 문맥에서 왕 같은 제사장이 된다 함은 죄로 인해 벌거벗은 인간을 다시 하나님의 형상으로 만든다는 것을 뜻한다. 이런 신학적 근거를 고려할 때, 예루살렘을 하나님의 소유로 삼는다는 것은 하나님이 예루살렘과 언약을 맺고 예루살렘을 하나님의 형상으로 창조했음을 선언하는 말이다.

하나님의 형상으로 창조되는 것은 왕적인 존재가 되는 것이므로 그 형

---

325 Blenkinsopp, *Ezekiel*, 78.
326 Cooper, *Ezekiel*, 170.

상으로 창조된 예루살렘은 화려하게 꾸며진 왕후의 지위에 올랐다(16:9-14). 16:9은 하나님이 이를 위해 먼저 예루살렘의 피를 물로 씻었다고 말한다. 16:8에서 하나님이 예루살렘과 결혼하고 그의 알몸을 옷으로 가렸다고 진술하고 있기 때문에, 다시 그의 피를 물로 씻는다는 진술은 약간 엇박자처럼 느껴진다. 예루살렘의 피를 씻는 행위는 16:8의 결혼 이미지와 비교할 때 어떤 의미를 갖는가? 그린버그(Greenberg)는 이것을 태아의 몸에 있는 피를 씻는 것으로 해석하지만(참조. 16:4),[327] 아이히로트(Eichrodt)는 결혼식을 위해 신랑이 신부를 직접 씻는 모습으로 이해한다.[328] 하지만 결혼을 이미 언급했기 때문에 또다시 결혼을 위해 정결 의식을 치른다는 것은 이해하기 어렵다(16:9).[329]

필자의 의견으로 16:9의 내용은 바브계속법의 접속사 바브(ו)와 미완료형 동사가 연결된 형태로 시작하기 때문에 앞의 내용을 더 구체적으로 부연 설명해주는 말이다. 따라서 16:9의 진술은 16:8의 결혼 과정을 좀 더 구체적으로 소개함으로써 예루살렘과의 언약식인 결혼식에 피로 정결케 하는 의식이 있었음을 강조하고 있다.

하나님은 예루살렘과의 결혼 관계를 위해 피로 더럽혀진 예루살렘을 물로 정결케 하시고 그에게 기름을 바르셨다(16:9). 기름은 아론에게 기름을 발라 거룩한 제사장으로 삼았을 때처럼 거룩한 모습으로 창조한다는 의미를 지닌다(레 8:12). 따라서 물과 기름은 하나님이 예루살렘을 죄에서 정

---

327 Greenberg, *Ezekiel, 1-20*, 278.

328 Eichrodt, *Ezekiel*, 206.

329 John Muddiman, "The So-Called Bridal Bath (Ezek 16:9; Eph 5:26)," in *The Book of Ezekiel and Its Influence*, ed. Henk Jan de Jonge and Johannes Tromp (Burlington, VT: Ashgate, 2007), 138.

결케 하고 거룩한 신부로 재창조하기 위한 수단임을 알 수 있다. 여기서 에
베소서의 진술을 잠깐 살펴볼 필요가 있다. 에베소서는 새 언약을 통해 성
도가 죄에 대해 물로 씻음을 받고 거룩한 존재로 태어났음을 증거한다.

> 남편들아, 아내 사랑하기를 그리스도께서 교회를 사랑하시고 그 교회를 위하
> 여 자신을 주심 같이 하라. 이는 곧 물로 씻어 말씀으로 깨끗하게 하사 거룩하
> 게 하시고, 자기 앞에 영광스러운 교회를 세우사…(엡 5:25-27).

무디먼(Muddiman)은 에베소서 5:26에서 물로 씻는다는 표현이 결혼식을 위
한 정결 의식이 아니라 세례를 가리킨다고 주장한다.[330] 하지만 에베소서의
문맥에 결혼 이미지가 강하기 때문에 굳이 결혼을 위한 정결 의식임을 부
인할 필요는 없다. 결국 에베소서는 물로 씻어서 새 언약을 맺듯이, 하나님
의 언약은 백성을 향한 정결 의식을 동반함을 일깨워준다. 이런 맥락에서
에스겔 16장도 하나님이 예루살렘과 언약 관계를 맺을 때 그를 물과 기름
으로 정결케 했다고 말한 것이다.

결혼 관계를 위해 예루살렘의 더러운 피를 물로 씻어 그를 정결케 하
고 기름으로 거룩하게 하셨던 하나님은 이제 예루살렘에게 가는 베와 모시
와 수놓은 것을 입히고 신을 신겼다(16:10, 13a). 또한 그의 몸을 금과 은으
로 장식하고 왕관을 머리에 씌웠으며(16:11-12), 고운 밀가루와 꿀과 기름
을 먹게 하셨다(16:13). 예루살렘을 치장하는 옷과 물품 및 그에게 먹인 음

---

330 Muddiman, "The So-Called Bridal Bath," 144.

식은 성막 휘장의 재료나 제사에 사용되는 기구들과 물품을 연상시킨다.[331] 이 대목에서 하나님과 언약 관계를 맺은 예루살렘은 향후 하나님의 임재 장소인 성전의 모습으로 변형될 것이라는 암시를 발견할 수 있다. 그래서 하나님의 언약 백성은 하나님의 임재 안에서 살아야 한다는 신학적 의미를 읽어낼 수 있다.

화려한 단장을 한 예루살렘은 왕후의 지위를 갖게 되었다(16:13). 이는 피투성이에서 왕적 존재인 하나님의 형상으로 창조되었다는 선포다. 하지만 나중에 하나님은 자기 신부인 예루살렘이 하나님의 형상대로 살지 못하고 우상을 숭배하며 행음했다고 한탄하신다.[332] 행음은 간음죄로서 이를 행한 자는 율법에 의해 돌로 맞아 죽는 형벌을 받아야 했다. 그 결과 예루살렘은 돌로 맞아 죽는 운명을 맞이할 수밖에 없었다(16:40).

② 예루살렘의 행음(16:15-34)

16:15-34은 16:1-14에서 하나님의 은혜로 언약 관계를 맺고 하나님의 형상으로 창조되어 왕후가 된 예루살렘이 남편인 하나님을 배반하여 우상을 숭배하고 타인과 행음하는 음녀로 전락했음을 보여준다.[333] 구조를 보면 우상을 섬기는 종교적 행음(16:15-22), 다른 나라를 의지하는 정치적 행음(16:23-29), 그리고 다시 종교적 행음(16:30-34) 순으로 전개된다.

왕후의 지위에 오른 예루살렘은 하나님이 주신 은혜를 남용하여 우상을 숭배함으로써 하나님의 고결한 신부에서 가증한 음녀로 추락하고 말았

---

331 Odell, *Ezekiel*, 190.
332 Kutsko, *Between Heaven and Earth*, 30.
333 Swanepoel, "Ezekiel 16," 88-89.

다(16:15-22). 예루살렘은 우상숭배를 위해 하나님이 주신 옷으로 산당을 꾸미고(16:16, 18), 금과 은을 가지고 남자 우상을 만들었다(16:17). 이는 하나님의 형상으로 지음 받은 예루살렘이 가짜로 신을 형상화한 우상을 섬겨서 우상으로 전락하는 비참한 모습이 아닐 수 없다.

16:17에서 "남자 우상을 만들어 행음했다"고 한 말의 의미는 좀 더 곱씹어볼 필요가 있다. 당시 에스겔이 거했던 바빌로니아에서 신상들은 신의 형상으로 이해되었다.[334] 이런 사상을 염두에 두고 읽어보면, 하나님이 에스겔을 통해 신상은 신의 형상이 아니라 남자(사람)의 형상(우상)임을 조롱하고 있다는 것을 알 수 있다. 그리고 이를 통해 예루살렘이 행하는 우상숭배의 어리석음을 질타하고 있다.[335] 음녀로 변한 예루살렘은 우상에게 옷을 입히고 기름과 향을 드렸으며, 하나님이 음식으로 주신 고운 밀가루와 기름과 꿀을 우상에게 바쳤다(16:18-19).

설상가상으로 그들은 자녀를 몰렉에게 바치기 위해 벌거벗기고 불 가운데로 지나가게 했다(16:20-21; 왕하 16:3; 21:6).[336] 여기서 몰렉에게 바쳐지는 자녀는 산당에서 음행하는 여사제들(성창)이 낳은 자녀다.[337] 결혼한 여인에게 자녀는 하나님이 베푸신 축복의 대명사지만, 예루살렘은 이런 하나님의 축복에 배은망덕하게 반응하여 자녀를 자기 이익의 도구로 삼았다. 태어날 때 부모로부터 버림받아 벌거벗고 피투성이였던 예루살렘이 자기 과거를 기억하지 못하고 자녀들을 벌거벗겨 불 가운데로 지나가게 했다는

---

334 Kutsko, *Between and Earth*, 30.
335 Kutsko, *Between and Earth*, 30.
336 Swanepoel, "Ezekiel 16," 88.
337 Swanepoel, "Ezekiel 16," 97.

사실은 아이러니가 아닐 수 없다(16:36). 그 결과 하나님은 예루살렘을 원래대로 다시 벌거벗길 것이라고 선언하신다(16:39).[338]

더욱이 예루살렘 백성은 자기들의 안전과 보호를 위해 다른 나라를 의지하는 정치적 행음도 저질렀다(16:23-29). 에스겔서는 예루살렘이 의지하는 나라로 이집트(16:26), 블레셋(16:27), 아시리아(16:28), 바빌로니아(16:29)를 열거한다. 여기서 바빌로니아에 대한 언급은 아마도 히스기야가 산헤립의 침공을 막기 위해 바빌로니아를 의지했던 사건을 가리키는 것으로 보인다.[339] 어쨌든 이들은 역사적으로 유다가 의지한 나라들이다. 본문은 이들을 열거함으로써 과거부터 계속 이방 나라를 의지해온 예루살렘의 모습을 적나라하게 드러내고 있다.[340]

또한 16:30-34은 예루살렘을 하나님 앞에서 음녀(부정한 아내)로 묘사하고 예루살렘의 행음을 다시 부각시킨다. 16:30에서 개역개정판 한글 성경이 "네 마음이 어찌 그리 약한지"라고 번역한 부분은 히브리어 원문에 나오지 않는 말이다. 종교적으로 우상숭배를 하고 정치적으로 대국을 의지하는 예루살렘의 가증한 모습을 향해 하나님은 "그 남편 대신에 다른 남자들과 내통하여 간음하는 아내"라고 책망하신다(16:32).

예루살렘은 진정한 남편이신 하나님을 제쳐두고 타인과 간음하면서 창기의 값도 받지 않았으며 오히려 이를 자원하기까지 했다(16:34). 하나님은 벌거벗은 예루살렘을 옷으로 가려 그분의 언약 백성으로 삼았지만, 예루살렘은 스스로 수치를 드러내면서 가장 수치스런 창기로 전락했다(16:31, 34).

---

338 Fishbane, "Sin and Judgment," 138.

339 Odell, *Ezekiel*, 193.

340 Swanepoel, "Ezekiel 16," 89.

예루살렘이 하나님의 거룩한 아내에서 졸지에 가장 수치스런 창기로 추락한 이유는 무엇인가? 예루살렘은 하나님이 주신 은혜와 선물 뒤에 있는 하나님의 사랑에 감사하면서 진정한 사랑의 마음으로 하나님을 섬겨야 했다. 하지만 하나님이 주신 선물에만 집착한 나머지 그가 누리는 외형적 축복과 안전을 더욱 공고히 하기 위해 우상을 섬기며 타국을 의지하고 말았다.[341] 그러므로 예루살렘이 수치스런 창기로 변한 이유는 하나님과의 진정한 언약 관계보다 외형적 축복에 사로잡힌 기복적 신앙과 교만 때문이었다고 할 수 있다. 여기서 우리는 신앙생활에 있어 기복적 태도에서 탈피하고 낮아져서 하나님의 임재와 올바른 언약 관계 안에 거하는 삶을 살아야 한다는 교훈을 얻을 수 있다.

외형적 축복과 안전에만 몰두하는 신앙의 배후에는 이기적 욕구에서 나오는 교만이 자리 잡고 있다. 기계적이고 항구적인 안전장치를 통해 자신만의 이익을 추구하려는 교만이 똬리를 틀고 있다(16:49, 50, 56). 결국 이기적 욕구는 죄를 짓게 함으로써 하나님의 형상을 잃게 만든다. 이는 창세기에서 아담과 하와가 하나님처럼 되려는 이기적 욕구에 의해 하나님의 형상을 잃은 것과 같은 이치다.

③ 예루살렘을 향한 하나님의 심판(16:35-43)

16:35-43은 행음한 예루살렘에게 하나님이 그의 행위대로 보응하여 그를 심판하시는 내용이다. 하나님은 예루살렘이 사랑했던 자들을 불러모아 예루살렘을 치게 하실 것이므로 예루살렘은 심판을 당하게 될 것이다(16:37).

---

341 Odell, *Ezekiel*, 190.

이 소단락의 구조는 다음과 같다.

A. 예루살렘이 벌거벗은 몸을 드러내고 자녀의 피를 우상에게 드림
(16:35-36)
  B. 대적자들이 그의 옷을 벗길 것(16:37)
    C. 하나님이 진노의 피와 질투의 피를 그에게 돌리게 할 것(16:38)
  B. 대적자들이 그의 옷을 벗기고 돌과 칼로 치고 집을 불사를 것
  (16:39-41)
    C´. 심판을 행한 후 하나님의 분노와 질투가 떠날 것(16:42)
A´. 원래 벌거빗고 피투성이였던 예루살렘이 행위대로 보응을 받을 것
(16:43)

16:35-36은 과거에 벌거벗고 피투성이였던 예루살렘이 행음하여 스스로 벌거벗은 몸을 타인에게 드러내었고 자녀마저 벌거벗겨 몰렉에게 그 피를 바쳤다는 사실을 다시 지적한다. 따라서 하나님은 예루살렘이 사랑했던 주위 나라들을 불러 예루살렘을 심판하고 예루살렘을 다시 벌거벗기실 것이다(16:37). 남편이 있는 예루살렘의 행음은 간음이기 때문에 예루살렘에게 진노의 피와 질투의 피를 돌리게 하실 것이다(16:38).

16:39-41은 행음한 예루살렘이 구체적으로 어떻게 멸망할 것인지를 생생하게 묘사한다. 대적자들은 예루살렘의 옷과 장식품을 거둬 예루살렘을 벌거벗은 몸으로 만들 것이다. 본문은 이로써 이전에 하나님이 예루살

렘에게 주신 축복이 사라지게 될 것을 알린다(16:39).[342] 벌거벗은 예루살렘의 모습은 그가 하나님의 축복에서 떠나 이혼당한다는 신학적 의미를 내포한다.[343] 결국 하나님은 바빌로니아의 침입으로 예루살렘이 멸망할 때 예루살렘 주민이 벌거벗은 몸으로 수치를 당하며 포로로 끌려가게 될 것을 시사하고 있나.

율법은 간음죄를 지은 죄인에게 돌로 맞아 죽는 형벌을 내린다. 따라서 하나님은 간음한 예루살렘을 벌하기 위해 대적자들이 돌과 칼로 치게할 것이라고 말씀하신다(16:40; 신 22:21, 24).[344] 이때 돌과 칼로 인해 예루살렘은 피투성이였던 예전 모습으로 돌아가게 될 것이다. 벌거벗은 몸으로 간음하고 자녀를 벌거벗겨 우상에게 바친 대가로 벌거벗겨진 채 피의 보복을 당하게 될 것이라는 교훈이다.

대적자들은 예루살렘 집들을 불사를 것이다(16:41). 자녀들을 불 가운데로 지나가게 하여 죽인 대가로(16:21) 예루살렘이 불타게 될 것이라는 아이러니다. 불로 자녀를 죽였으니 예루살렘의 집들도 불에 타 멸망하게 될 것이라는 섬뜩한 예언이다. 덧붙여 이러한 불 심판은 언약의 저주로서 이스라엘이 소돔과 고모라처럼 불로 멸망할 것이라는 신명기의 예언을 성취하는 것이다(신 29:23). 이런 불 심판을 통해 하나님의 진노와 질투가 그치게 될 것이다(16:42).

끝으로 본문은 예루살렘의 심판이 그들의 행위대로 갚으시는 하나님의 심판임을 다시 분명히 한다(16:43). 원래 벌거벗고 피투성이였던 예루살

---

342 Fishbane, "Sin and Judgment," 138.
343 Block, *Ezekiel Chapters 1-24*, 501 참조.
344 Cooper, *Ezekiel*, 174.

렘은 하나님의 은혜로 화려한 옷을 입은 신부가 되었으나, 행음하여 스스로 벌거벗은 몸을 드러내고 자녀들의 피를 흘렸다. 과거 어린 시절을 기억하지 못하는 예루살렘을 향해 하나님은 분노하지 않을 수 없었다. 하나님은 예루살렘이 스스로 벌거벗기를 좋아하고 피를 좋아하기 때문에 대적자들을 불러 그들의 옷을 벗기고 피를 흘리게 할 것이라고 말씀하신다. 이 대목에서 하나님의 조롱을 읽을 수 있는데, 이는 성도가 하나님이 과거에 주신 은혜를 잊고 배은망덕하게 행동할 때 그 대가가 얼마나 큰지를 깨닫게 해준다.

④ 악을 행한 예루살렘의 언약 배반(16:44-59)

이 단락은 예루살렘이 자기 형제인 사마리아와 소돔보다 더 악했음을 지적한다. 그리하여 예루살렘의 언약 배반이 얼마나 심한 것이었는지를 각인시켜주고 있다. 예루살렘의 죄가 소돔의 죄보다 더 심한 이유로는 여러 가지가 있지만, 한 가지 분명한 이유는 하나님께 은혜를 받았음에도 죄의 길로 간 것에 있다. 이 단락의 구조는 다음과 같다.

A. 예루살렘은 남편과 자식을 싫어한 사마리아와 소돔 같음(16:44-46)
  B. 예루살렘은 사마리아와 소돔보다 더 악함(16:47-51)
    C. 예루살렘은 멸망하여 놀라며 수치를 당하게 될 것(16:52)
A'. 소돔과 사마리아와 예루살렘이 포로에서 회복될 것(16:53-55)
  B'. 예루살렘은 사마리아와 소돔보다 더 악함(16:56-58)
    C'. 예루살렘의 멸망은 언약 배반의 결과(16:59)

16:44-46은 예루살렘을 향해 "어머니가 그러하면 딸도 그러하다"라는 속담을 적용하여 예루살렘이 남편과 자식을 싫어하는 어머니의 딸임을 선포한다. 또한 예루살렘에게 남편과 자식을 싫어한 자매들이 있었는데, 그 자매 중 언니가 사마리아이고 여동생이 소돔임을 밝힌다(16:45-46). 이를 통해 예루살렘이 사마리아와 소돔 같이 불의한 성읍임을 일깨워주고 있다.[345]

16:45에서 개역개정판 한글 성경이 "너는 그 남편과 자녀를 싫어한 형의 동생이로다"라고 번역한 부분에서 "형의 동생"에 해당하는 히브리어는 "너의 자매(אָחוֹת/아호트)의 자매(아호트)"라는 뜻이다. 그래서 예루살렘이 남편과 자녀를 싫어한 여인의 자매임을 밝히고 있다. 남편과 자녀를 싫어한다는 말은, 남편인 하나님을 저버렸고 자식을 몰렉 우상에게 바쳤음을 은유적으로 표현한 것이다.[346] 따라서 예루살렘이 사마리아와 소돔처럼 하나님을 버리고 몰렉 신을 섬겼음을 보여준다.

설상가상으로 예루살렘은 자매인 사마리아와 소돔보다 더 많은 죄를 지었다(16:47-51). 소돔과 그의 딸들(소돔을 의지하는 주위 성읍들)은 교만, 풍족함, 태평함을 자랑하고 가난하고 궁핍한 자를 도와주지 않는 죄를 범했다(16:48-50).[347] 하지만 예루살렘은 이런 소돔의 죄보다 더 심하게 공의에서 이탈하여 교만했다.

사마리아의 경우도 예루살렘에 비하면 그 죄의 절반도 범하지 않았다(16:51). 역사를 회고해보면 실제로 북이스라엘의 사마리아가 남유다의 예

---

345 Eichrodt, *Ezekiel*, 214.
346 Taylor, *Ezekiel*, 149.
347 Taylor, *Ezekiel*, 141. 여기서 Taylor는 소돔의 죄가 전통적으로 인식된 것과 같은 동성애의 죄와 다르게 기술되고 있음을 지적한다.

루살렘보다 종교적으로 덜 혼탁했다. 북이스라엘은 여로보암의 죄를 계속 답습했지만(왕상 12:27-33), 아합 왕 때 받아들였던 바알 종교는 예후 때 청산했다(왕하 10:27-29). 반면 남유다는 르호보암 왕 때부터 벌써 바알을 상징하는 돌 주상과 아세라 목상을 산당에 만들어놓고 섬겼다(왕상 14:23). 이런 점에서 예루살렘은 사마리아보다 확실히 더 많은 악을 행했다. 그러므로 남유다가 북이스라엘보다 먼저 망해도 이상하지 않았다. 하지만 다윗 언약을 기억하시는 하나님의 은혜 때문에 남유다의 예루살렘이 북이스라엘의 사마리아보다 더 오래 존속할 수 있었다.

결국 심각하게 행음하고 무거운 죄를 저지른 예루살렘은 사마리아와 소돔을 상대적으로 의롭게 만들었으므로 놀람과 수치를 당하며 멸망하게 될 것이다(16:52). 수치를 당한다는 것은 언약 파기로 인한 저주다. 따라서 예루살렘의 멸망이 언약을 파기한 것 때문에 발생한 저주임을 보여주고 있다. 죄가 상대적으로 적은 사마리아와 소돔도 멸망했다면, 그보다 더 악한 죄를 저지른 예루살렘이 멸망하는 것은 당연한 일이다.

16:53-55은 심판 이후 하나님이 성읍들을 회복시킬 때 예루살렘보다 소돔과 사마리아의 회복이 먼저 있을 것이라고 말한다.[348] 그만큼 예루살렘이 소돔과 사마리아보다 더 많은 죄를 지었다는 말이다. 하나님은 예루살렘을 회복시킬 때 그보다 죄가 덜한 사마리아와 소돔을 먼저 회복시켜주실 것이다. 이때 예루살렘은 그들의 회복을 보고 수치와 부끄러움을 느낄 것이다(16:54).[349] 한편 창세기에서 소돔은 포로로 끌려간 것이 아니라 불로

---

348 Swanepoel, "Ezekiel 16," 91.
349 Block, *Ezekiel Chapters 1-24*, 514.

2. 예루살렘이 바빌로니아에게 멸망하는 구체적 이유(12-24장)   **211**

멸망했기 때문에 소돔의 지위가 회복된다는 말은 어색한 느낌을 준다(창 19:24-25).[350] 하지만 여기서 소돔의 회복은 소돔으로 대변되는 이방인들이 회복될 것이라는 의미로 이해해야 한다.[351]

멸망하기 전 예루살렘은 교만하여 자신들이 소돔보다는 의롭다고 착각했다. 하지만 멸망할 때는 그가 서지른 음란과 가증한 일이 주위 성읍보다 더 악했다는 사실이 만천하에 드러날 것이다(16:56-58). 그 악함이 드러날 때 예루살렘의 가장 큰 대적자였던 에돔과 블레셋이 예루살렘을 멸시할 것이다(16:57).

결론적으로 남편과 자식을 싫어한 예루살렘이 사마리아와 소돔보다 더 큰 악을 행한 모습은 하나님이 보시기에 언약에 대한 배반이었다. "나 주 여호와가 이같이 말하노라. 네가 맹세를 멸시하여 언약을 배반하였은즉"(16:59). 이 언약 배반으로 인해 소돔이 불로 멸망한 것처럼 예루살렘도 불 심판을 당할 것이다. 이런 맥락에서 다음 장인 17장은 언약 배반의 주제를 더욱 확장하고 있다.

⑤ 종말에 새 언약을 통한 예루살렘의 회복(16:60-63)

16장의 마지막 단락은 놀랍게도 종말에 새 언약이 체결되어 예루살렘이 회복될 것을 알린다. 이 단락은 "확실히"라는 뜻의 "키"(כִּי)라는 단어를 사용하고 "언약"이라는 중요한 낱말을 반복적으로 언급함으로써 이 부분이 16장의 클라이맥스임을 보여준다. 하나님의 심판은 심판으로 끝나는 것이 아

---

350 Cooper, *Ezekiel*, 177.
351 Cooper, *Ezekiel*, 178.

니라 회복이 목적이다. 이에 따라 예루살렘의 심판 이후 새 언약이 체결되어 예루살렘의 배교가 역전될 것을 예고하고 있다.

16:60을 시작하는 "베자카르티"(וְזָכַרְתִּי, "그러나 내가 기억할 것이다")는 바브계속법의 접속사 바브(ו)와 완료형 동사가 연결된 형태로서, 시간적으로 후에 일어나는 상황을 가리킨다.[352] 따라서 이 구절은 하나님이 예루살렘을 행한 대로 심판하신 이후, 미래에 하나님의 언약을 기억하고 그 언약에 기초하여 예루살렘과 새 언약을 맺을 것임을 표현하고 있다(34:24; 참조. 37:26).

다음 구절인 16:61은 번역하기가 까다롭다. 하지만 히브리어 구문을 반영해서 번역하면 나음과 같다.

> 그래서 너는 너의 언니와 너의 동생을 받아들일 때, 너의 과거의 행위들을 기억하고 부끄러워할 것이다. 그리고 그들을 나는 너의 딸로 줄 것이다. 그들이 너의 딸이 되는 것은 너와의 언약으로 말미암은 것은 아니다.

이 번역이 맞는다면, 이는 종말에 새 언약이 체결될 때 예루살렘의 거민 안에 유다 출신뿐 아니라 이방 나라 출신도 들어오게 될 것을 의미한다. "너와의 언약으로 말미암은 것은 아니다"라는 말에 대해 스워너풀(Swanepoel)은 미래에 소돔과 사마리아가 예루살렘의 딸이 되는 것이 예루살렘과 맺은 이전의 언약들보다 더 큰 언약에 의해 이루어질 것을 암시한다고 주장한

---

352 Waltke and O'Connor, *Biblical Hebrew Syntax*, 525.

다.[353] 이것이 맞는다면, 더 큰 언약인 새 언약을 통해 이방인도 언약 백성이 된다는 것을 알 수 있다.

끝으로 하나님은 "모든 행한 일을 용서한 후에, 네가 기억하고 놀라고 부끄러워서 다시는 입을 열지 못하게 하려 함이니라"라고 말씀하신다 (16:63). 새 언약의 체결이 용서를 통해 이루어질 것이라는 말씀이다. 여기서 용서라는 말을 바르게 해석할 필요가 있다. 이 구절에서 "용서하다"에 해당하는 히브리어 동사는 흔히 사용되는 "살라흐"(סָלַח)가 아니라 "카파르"(כָּפַר)의 강조형(피엘형) 동사다. 이 동사는 레위기에서 "속죄하다"라는 뜻을 가진다.[354] 그래서 미래의 새 언약은 단순히 백성을 용서하는 차원이라 아니라, 그 죄를 속하여 백성을 성결케 하는 것임을 가르쳐준다.

새 언약에서 속죄는 대속적 희생을 통해 이루어진다. 그래서 신약은 예수 그리스도의 대속적 희생을 통해 백성이 속죄함을 받고 새 언약이 체결되었음을 선포한다. 에스겔 16장은 죄를 지은 예루살렘이 형벌로 벌거벗고 피 흘리게 될 것이라고 했다. 그런데 신약은 예수 그리스도가 십자가에서 대신 벌거벗겨지고 피투성이가 되어 인간을 대속하셨다고 말하고 있다. 그리하여 예수 그리스도의 벌거벗음과 피의 형벌이 우리가 마땅히 담당해야 할 형벌이었음을 깨닫게 해준다. 이런 점에서 에스겔 16장은 예수 그리스도가 벌거벗고 피 흘린 것이 결코 우연이 아니라, 그런 형벌로 죽어 마땅한 우리를 대신한 행위였음을 가르쳐준다. 그럼으로써 그분의 은혜가 얼마나 큰지를 생생하게 교훈하고 있는 것이다.

---

353 Swanepoel, "Ezekiel 16," 92.
354 Kiuchi, *Leviticus*, 47.

결론적으로 미래에는 대속적 희생을 통한 속죄로 새 언약이 체결될 것이다.[355] 이때 새 언약 백성이 된 자들은 자기 죄를 기억하고 놀라며 부끄러워할 것이다(16:63b; 36:31-32). 새 언약 백성이 되는 것은 전적으로 하나님의 은혜지만 그렇다고 인간의 책임이 없는 것은 아니다. 새 언약 백성이 되는 것이 우리의 공로는 아니나, 그러한 백성이 되었을 때 나타나는 현상은 자기 죄를 기억하고 부끄러워하는 것이다. 이에 덧붙여 에스겔서는 새 언약 백성이 죄를 지을 때마다 죄를 혐오해야 할 것이라고 교훈한다(20:43; 36:31). 죄를 기억하고 부끄러워하며 혐오하는 자는 점점 더 죄에서 멀어지는 삶을 살게 된다. 이런 삶의 모습이 없다면 그는 결코 새 언약 백성이 아니다. 이런 점에서 한 번 구원이 영원한 구원이라고 생각하고 자신의 책임에 태만한 태도는 성경적이지 않다.

3) 언약 배반으로 바빌로니아에 의해 멸망함(17장)

17장은 16장에서 언급된 언약 배반의 주제를 발전시켜(16:59), 예루살렘의 유다가 언약 배반으로 바빌로니아에 의해 멸망할 것을 더욱 강조한다. 여기서 예언자 에스겔에게 하나님이 주시는 말씀은 수수께끼와 비유로 표현된다(17:2). 17장이 수수께끼인 이유에 관해서는 에스겔의 사명에서 그 힌트를 얻을 수 있다. 기본적으로 에스겔의 사명은 벙어리가 되어 하나님이 전하라고 명할 때만 말씀을 전하는 것이었다(참조. 3:26). 또한 그의 말의 주목적은 백성이 깨닫도록 하는 것이 아니었다. 17장은 이런 맥락에서 하나

---

355 Renz, *Rhetorical Function of the Book of Ezekiel*, 77.

님의 말씀을 수수께끼라는 단어로 표현하고 있는 것이다. 그 외에 17장 후반부에 제시된 미래에 있을 하나님의 구원 역시 감추어진 모습으로 나타나기 때문에 수수께끼라고 표현한 측면도 있다.

17장은 초두에서 앞으로의 내용을 "비유"라고 정의한다(17:2). "비유"에 해당하는 히브리어는 "마샬"(מָשָׁל)로서 잠언이나 속담을 뜻한다. 17장의 내용이 잠언으로 제시되는 이유는 여기서 언급된 예루살렘의 멸망이 타인에게 귀중한 교훈이 되기 때문이다. 즉, 예루살렘의 멸망이 자업자득임을 교훈하여 그것을 타산지석 삼아 올바른 길로 가라고 촉구하려는 의도가 있다(참조. 14:8). 한편 "마샬"(잠언)로 표현한 것에는 멸망당하는 유다를 조롱하기 위한 목적도 있다(미 2:4, "그때에 너희를 조롱하는 시[마샬]를 지으며").

내용을 살펴보면 17장은 바빌로니아에 의해 유다 왕으로 세움 받은 시드기야가 바빌로니아와의 언약을 배반하고 이집트를 의지하였기 때문에 (17:13-15) 바빌로니아가 시드기야와 유다를 멸망시키는 것이 정당함을 논증한다. 그리고 이런 논증을 통해 인간 왕이 자기와의 언약을 배반한 나라를 멸했다면, 하나님이 그분과의 언약을 배반한 유다를 멸망시키는 것은 더욱 정당하다는 논리를 편다. 바빌로니아에 의한 유다의 멸망 원인이 언약 배반임을 확실하게 교훈하고 있는 셈이다. 17장은 크게 비유의 말(17:1-10)과 그 비유를 해석하는 말(17:11-24)로 나뉘는데, 구조는 다음과 같다.

서론. 이스라엘 족속에게 수수께끼와 비유를 말하라(17:1-2)
A. 큰 독수리가 레바논 백향목 가지를 꺾어 장사하는 땅에 둠(17:3-4)
 B. 큰 독수리가 그 남은 땅에 포도나무를 심어 자신을 바라보게 함
  (17:5-6)

C. 포도나무가 다른 독수리를 향해 뿌리를 뻗음(17:7-8)

D. 뿌리가 약해진 포도나무가 동풍에 마르게 될 것(17:9-10)

A´. 바빌로니아가 왕과 고관을 사로잡아감(17:11-12)

B´. 바빌로니아가 남은 왕족 중 하나와 언약을 세움(17:13-14)

C´. 유다의 왕족이 언약을 배반하고 이집트를 의지(17:15)

D´. 언약을 배반한 유다가 힘 쓰지 못하고 바빌로니아에 의해
멸망함(17:16-21)

결론. 백향목 꼭대기의 높은 가지가 이스라엘에 심길 것(17:22-24)

17:1-2은 수수께끼와 잠언(마샬)을 언급함으로써 독자를 향해 예루살렘의
멸망을 반면교사 삼아 교훈을 받을 것을 촉구하고 있다. 이어 바빌로니아
를 큰 독수리에 비유하면서, 기원전 597년에 유다 백성이 포로로 잡혀간
사건을 말한다(17:3-4). 17:3-4은 큰 독수리가 레바논 백향목의 높은 가지
를 꺾어 장사하는 땅의 성읍에 옮겼다고 진술한다. 여기서 큰 독수리는 바
빌로니아 왕 느부갓네살을, 백향목 높은 가지는 유다 왕 여호야긴을 가리
킨다.[356] 백향목은 유다 왕궁을 세우기 위한 재료이므로 백향목 가지는 유
다 왕궁에서 나온 여호야긴을 상징한다(참조. 렘 22:10, 14, 15).

따라서 큰 독수리가 백양목 높은 가지를 장사하는 땅으로 옮겼다는 것
은 기원전 597년 바빌로니아 왕 느부갓네살이 유다 왕 여호야긴을 사로잡
아 장사하는 땅(상인의 땅)인 바빌로니아로 데려간 역사적 사건을 말한다
(16:29, "장사하는 땅 갈대아에까지"). 한편 17:4에서 "장사하는 땅"에 해당하는

---

356 Blenkinsopp, *Ezekiel*, 80.

히브리어는 "가나안 땅"이라는 뜻의 "에레츠 케나안"(אֶרֶץ כְּנַעַן)이다. 그래서 오히려 바빌로니아 땅이 약속의 땅인 가나안 땅이라는 암시를 주고 있다.[357]

느부갓네살 왕은 여호야긴을 사로잡아가면서 예루살렘의 왕족 중 하나인 시드기야를 유다의 왕으로 세웠다(17:5-6). 이 구절에서 땅의 종자가 옥토에 심겨 포도나무가 되었다고 할 때 이 포도나무는 시드기야를 가리킨다. 느부갓네살은 여호야긴 대신 왕으로 삼은 시드기야와 언약을 맺고 그가 바빌로니아를 의지하며 번성하기를 바랐다.

하지만 이 포도나무는 그 가지와 뿌리를 다른 독수리를 향해 뻗었다 (17:7-8). 여기서 다른 독수리는 이집트로 판명된다. 역사적으로 시드기야는 바빌로니아에 반기를 들고 기원전 592년에 본격적으로 이집트의 파라오 프삼메티코스를 의지하기 시작하였다. 실제로 라기스 지역에서 발굴된 도자기 파편을 보면 유다의 장군이 이집트를 방문하여 바빌로니아에 대항하기 위해 이집트와 협상한 기록이 나온다. 아마도 8:7-12에서 이집트 신을 경배하는 모습은 이런 상황을 보여주는 듯하다.[358]

이집트를 의지하며 바빌로니아에 반기를 든 시드기야의 모습은 명백한 언약 배반이었다. 바빌로니아 느부갓네살 왕이 이런 언약 배반을 보고 가만히 있을 리 없었다. 결국 기원전 588-586년에 느부갓네살은 군대를 이끌고 예루살렘을 에워싸며 공격하였고, 시드기야는 당시 이집트의 파라오 호브라(기원전 589-570년)를 의지하며 대항했다(렘 37:5; 44:30). 이처럼 이집트를 향해 가지를 뻗은 시드기야의 행위는 출애굽을 역전시키는 것으로서,

---

357 Odell, *Ezekiel*, 208.
358 Blenkinsopp, *Ezekiel*, 80.

유다가 이집트로 회귀했다는 신학적 의미를 지닌다.[359]

포도나무(시드기야)가 뿌리째 다른 독수리(이집트)를 향해 있었기 때문에, 포도나무는 동풍에 쉽게 마르고 죽을 것이다(17:9-10). 여기서 동풍은 동쪽에서 오는 바빌로니아를 상징한다. 바빌로니아에 충성을 맹세해야 할 포도나무가 그 맹세를 배반하고 다른 독수리(이집트)를 의지했기 때문에 동쪽에서 오는 바빌로니아에 의해 멸망한다는 것이다.

17:11-21은 직접적으로 이집트와 바빌로니아를 언급함으로써 유다가 멸망할 수밖에 없을 것임을 더욱 일깨워준다.[360] 또한 언약을 핵심어로 사용하여 언약이라는 주제를 두드러지게 제시하고 있다. 이 단락은 구체적으로 바빌로니아 왕 느부갓네살이 기원전 597년에 여호야긴과 고관들을 포로로 끌고 가면서 시드기야와 언약을 세웠지만, 시드기야가 언약을 배반하고 이집트를 의지하였음을 밝힌다(17:11-15). 그 결과 언약 배반을 벌하러 온 바빌로니아에게 시드기야의 군대가 칼로 죽임을 당하고, 남은 자들은 사방으로 흩어지게 될 것이라고 예언한다(17:16-21).

이 예언은 언약 배반의 결과가 죽음임을 보여 줌으로써, 바빌로니아 포로 공동체도 하나님과의 언약을 지키지 못하면 죽음의 심판을 면치 못할 것임을 교훈하는 효과를 준다. 그리고 시드기야가 바빌로니아 왕과의 언약을 배반해서 바빌로니아 왕이 분노했다면, 하나님이 언약을 배반한 유다에게 분노하는 것은 당연하다는 통찰을 준다.

하지만 미래에 희망이 없는 것은 아니다. 종말에 하나님은 백향목 꼭

---

359 Odell, *Ezekiel*, 210.
360 Odell, *Ezekiel*, 205.

대기의 높은 가지를 꺾어 이스라엘 높은 산에 심음으로써 유다를 다시 회복하실 것이다(17:22-24). 이 백향목 가지는 백향목 꼭대기에 있는 "새로운 연한 가지"라고 한다(17:22). 그렇다면 백향목의 높은 가지 끝에 있는 "새로운 연한 가지"의 정체는 무엇인가? 어떤 이는 17:3에서 "백향목 가지"로 언급된 여호야긴을 가리킨다고 주상하면서, 여호야긴과 같은 포로 공동체가 하나님에 의해 다시 이스라엘 땅에 심겨질 것이라는 예언으로 이해한다. 하지만 17:22은 이 가지를 백향목 꼭대기의 "새로운" 연한 가지라고 말함으로써 17:3의 백향목 가지와 차별화한다. 그래서 미래에 이스라엘에 심길 유다의 왕은 여호야긴과 다른 인물임을 암시한다.[361]

미래에 심길 새로운 연한 가지에 관해서는 좀 더 고찰할 필요가 있다. 여기서 "연하다"에 해당하는 히브리어는 "라크"(רך)이다. 이 단어는 마음과 관련해서 하나님의 말씀을 잘 받아들인다는 의미를 띤다(왕하 22:19). 따라서 새로운 연한 가지는 하나님의 말씀을 마음에 올바로 새기고 실천하는 자다. 이는 종말에 세워질 유다 왕이 말씀을 마음에 올바로 새기고 통치하는 왕이라는 암시다. 나아가 종말에 나타날 메시아에 대한 예언으로 이해할 수 있다(사 11:1; 참조. 렘 23:5).[362]

본문은 새로운 연한 가지가 이스라엘의 높은 산에 심겨질 것이라고 하는데(17:23-24), 이때 이스라엘의 높은 산은 시온을 가리킨다.[363] 이로써 종말에 왕이신 메시아가 시온에서 통치하게 될 것을 시사한다. 이 가지는 무

---

361 Cooper, *Ezekiel*, 183.
362 Block, "Transformation of Royal Ideology in Ezekiel," 231. 한편 Kaiser는 이 부분을 메시아에 대한 예언으로 받아들이지 않는다. Walter C. Kaiser, *The Messiah in the Old Testament* (Grand Rapids, MI: Zondervan, 1995), 192.
363 Duguid, *Ezekiel*, 226.

성한 열매를 맺어 아름다운 백향목이 되고, 그 나무에 아래 각종 새가 깃들여 살게 될 것이다(17:23).

가지가 백향목으로 자라서 새들이 깃들인다는 말은, 나무를 이루는 메시아가 온 세상을 다스리는 자라는 신학적 의미를 띤다. 다니엘서는 바빌로니아 왕 느부갓네살이 온 세상을 다스리는 왕임을 보여주기 위해 그를 나무에 비유하고 그 나무에 공중의 새들이 깃들였다고 말했다(단 4:12). 에스겔서도 이런 비유의 연장선상에서 미래에 메시아가 온 세상을 다스릴 것을 예언한 것으로 볼 수 있다.

이때 "들의 모든 나무"는 여호와가 높은 나무를 낮추고 낮은 나무를 높이는 것을 보고 여호와를 알게 될 것이다(17:24). 여기서 "들의 모는 나무"는 열국을 가리키는 말로서, 열국이 하나님을 찾아와 새 언약의 수혜자가 될 것을 암시한다.[364] 높은 나무를 낮추고 낮은 나무를 높인다는 말은 이해하기 어려운데, 이에 대해 블락은 높은 나무는 시드기야를, 낮은 나무는 여호야긴을 가리킨다고 주장한다.[365] 하지만 그보다는 새 언약의 질서에서 오로지 하나님만이 높임을 받고 사람들은 낮아진다는 뜻으로 이해하는 것이 더 옳다.

한편 17장은 시드기야 한 사람의 언약 배반으로 인해 유다가 멸망한다는 인상을 주는데, 이런 선입견을 제거하기 위하여 18장이 다시금 개인의 책임을 강조한다.[366] 개인의 책임에 대한 강조는 14:12-20에서 이미 언급한 것을 다시 반복하고 있는 셈이다.

---

364 Duguid, *Ezekiel*, 225.

365 Block, "Transformation of Royal Ideology in Ezekiel," 233.

366 Fishbane, "Sin and Judgment," 140.

4) 개인의 책임(18장)

17장이 시드기야의 언약 배반을 예루살렘 멸망의 주요 원인으로 제시한 상황에서, 18장은 개인의 책임 문제를 다룬다. 예루살렘의 멸망이 왕 한 사람의 잘못이나 조상의 탓이 아니라 각자의 언약 배반에 기인한 것이라는 설명이다. 18장은 "아버지가 신 포도를 먹었으므로 그의 아들의 이가 시다"는 속담을 비판하며 시작한다(18:2). 이 속담은 포로 공동체가 예루살렘의 멸망을 두고 하나님의 길이 공평치 않다고 불평하면서 나온 것이었다. 이런 불평은 18장 말미에도 다시 등장해 장 전체를 앞뒤로 감싸고 있다.

당시 예루살렘의 유다와 바빌로니아 포로 공동체는 그들이 처한 고난이 스스로의 죄 때문이 아니라 이전 조상의 죄 때문이라고 인식했다.[367] 따라서 그들이 처한 고난이 부당하다고 생각하고 하나님이 과연 정의로운 분인가 하는 신정론(theodicy)의 문제를 제기했다(18:19, 25, 29). 결국 이는 신앙의 개인주의(개인의 책임)와 집단주의(공동의 책임) 사이에서 일어나는 갈등이었다.[368]

이런 갈등에 대해 어떤 학자는 이렇게 말한다. "바람직한 해결책은 두 원리 사이에 조화를 이루는 것이다. 둘 다 진리를 담고 있다. 둘 중 어느 것도 다른 하나를 취소시킬 정도로 보편적인 가치를 가지고 있는 것은 아니다. 자녀들은 부모의 죄의 영향을 맛보기 마련이다. 하나님은 부모의 죄로 인하여 자녀들을 벌하실 때도 있는데, 그때는 그러한 처벌이 적합하다고

---

367 Renz, *Rhetorical Function of the Book of Ezekiel*, 79.
368 Chisholm, 『예언서 개론』, 381–382.

여겨질 때이다."[369]

물론 구약이 공동체의 책임을 강조하기도 하지만, 기본적으로 신앙은 신명기가 천명했듯이 개인적인 책임을 기반으로 한다(신 7:10; 24:16).[370] 여호수아서의 아이성 전투에서 이스라엘은 아간의 죄로 전투에 패하는 고통을 당했다. 언뜻 보면 무고한 공동체가 개인의 죄로 인해 벌을 받는 것처럼 보인다. 그러나 여호수아 당시의 이스라엘 전체가 아간과 같은 죄성을 지녔기 때문에 이스라엘이 고통당한 것이라고 설명할 수도 있다. 더욱이 아간의 죄로 죽음의 형벌을 당한 자는 아간과 그의 죄를 묵인한 식구들뿐이다. 이렇게 보면 공동체 전체가 개인의 죄로 형벌을 받은 것도 아니었다(수 7:24-26).

십계명은 하나님을 미워하는 자의 죄를 삼사 대까지 갚을 것이라고 말한다. 마치 개인의 죄로 공동체가 심판받는 것을 정당화하는 것처럼 보일 수도 있다(출 20:5; 신 5:9). 하지만 신명기 7:10에서는 여호와를 미워하는 자에게는 당장 보응한다는 말을 사용하여 형벌의 집단적 성격을 희석시키고 있다. 또한 삼사 대까지 갚는다는 말은 어떤 사람이 죄로 형벌을 받을 때 삼사 대가 함께 살고 있을 가능성이 있기 때문에 그 죄의 결과를 공유한다는 것을 의미한다. 결론적으로 신명기는 죄의 형벌이 개인적 차원에서 이루어져야 함을 다음과 같이 표현한다. "아버지는 그 자식들로 말미암아 죽임을 당하지 않을 것이요, 자식들은 그 아버지로 말미암아 죽임을 당치 않을 것이니, 각 사람은 자기 죄로 말미암아 죽임을 당할 것이니라"(신 24:16).

---

369 Chisholm, 『예언서 개론』, 382.

370 Cooper, *Ezekiel*, 189.

에스겔 18장도 이런 구약의 사상에 부합하여 예루살렘의 유다가 멸망하는 것이 개인들의 책임으로 인한 것임을 분명히 한다. 개인은 스스로의 공의로 구원받고 그렇지 못하면 죽게 된다는 설명이다. 멸망을 남의 탓으로 돌리는 것이 무의미하다는 진리다. 나아가서 18장은 하나님의 계산법이 인간의 계산법과 다름을 부각시킨다. 하나님 편에서는 아무리 의인이라 할지라도 의에서 떠나 죄를 지으면 그의 의로운 행동이 기억되지 않을 것이다. 이로써 구원과 심판이 인간의 계산법으로 정해지는 것이 아님을 강조한다(18:24). 그렇다고 하나님의 계산법이 자의적이거나 혹독한 것은 아니다. 오히려 악인이 회개하면 그의 악한 행동을 기억하지 않는다고 함으로써 하나님의 계산법이 더 자비롭다는 것을 교훈한다(18:21). 18장의 구조는 다음과 같다.

서론. 아버지 때문에 아들이 고통당한다는 속담을 더 이상 쓰지 못할 것(18:1-3)

A. 범죄하는 영혼(네페쉬)은 죽을 것(18:4)

  B. 각 사람이 행한 대로 심판받음: 어떤 의인이 의를 행함, 의인의 아들이 악을 행함, 그 아들의 아들이 의를 행함(18:5-20)

    C. 악인이 회개하면 살고, 의인이 악을 행하면 죽을 것(18:21-24)

      D. 그런데 백성은 주의 길이 공평하지 않다고 말함(18:25)

    C′. 의인이 악을 행하면 죽고, 악인이 회개하면 살 것(18:26-28)

      D′. 그런데 백성은 주의 길이 공평하지 않다고 말함(18:29)

  B′. 각 사람이 행한 대로 심판받을 것(18:30)

A′. 마음과 영을 새롭게 하고 돌아오라(18:31-32)

① 아버지와 상관없이 아들의 행위로 심판과 구원이 정해짐(18:1-20)

18:1-4은 이스라엘 땅에서 "아버지가 신 포도를 먹었으므로 그의 아들의 이가 시다고 한다"라는 속담을 거론하면서 이것이 부당함을 일깨운다. 여기서 "속담"으로 번역된 히브리어는 "마샬"로서 조롱의 의미를 담고 있다 (14:8; 16:44; 17:1). 이런 조롱의 뉘앙스를 통해, 조상의 죄로 인해 고난받고 있다고 생각하는 바빌로니아 포로 공동체가 하나님의 처사에 불만 섞인 조롱을 표하고 있음을 보여준다(참조. 렘 31:29).[371] 하나님은 이런 불만을 염두에 두고 그런 속담이 잘못되었다고 하시면서, 범죄하는 영혼은 개인의 책임으로 죽을 것이라고 선을 긋는다(18:4).

18:5-20은 가족 관계에서 부모의 죄로 인해 아들이 그 죗값을 치르는 일은 없음을 교훈한다. 즉 아버지와 아들이 각자의 의나 악한 행동에 따라 대가를 받는다는 점을 강조하고 있다.[372] 먼저 18:5-9은 의인이 자신의 의로 살게 될 것이라고 선포한다. 여기서 의인이 행하는 공의(정의)와 의(공의)는[373] 예배와 도덕적 삶이 서로 분리되지 않는다는 사실을 가르쳐준다. 공의와 의를 행하는 의인은 우상을 섬기지 않으면서 하나님의 율법을 온전히 지키는 자다(18:6). 또한 의인은 가난하고 주린 자에게 먹을 것을 주고 벗은 자에게 옷을 입힌다(18:7). 앞서 16장은 하나님이 벌거벗고 피투성이였던 예루살렘에게 음식물을 주고 옷을 입히셨다고 말했다(16:10, 13). 따라서 의인이 가난한 자에게 음식물과 옷을 베풀었다면 그것은 하나님이 주신 것을

---

371 이 속담은 예루살렘의 유다 백성 사이에서 나온 것이 아니라 바빌로니아 포로 공동체 사이에서 나온 것이라고 할 수 있다. Odell, *Ezekiel*, 223.

372 Taylor, *Ezekiel*, 148.

373 18장에서 개역개정판 한글 성경은 히브리어 미쉬파트를 정의로, 체다카를 공의로 번역했지만, 각각 공의와 의로 번역하는 것이 더 옳다.

가지고 베푼 셈이 된다. 이런 의미에서 의인이 타인에게 베푸는 선한 행동은 그의 공로가 아니라 은혜의 산물이라는 것이 간접적으로 드러난다.

18:10-18은 본격적으로 아버지의 의로 아들이 구원을 받거나, 아버지의 악으로 아들이 벌을 받지 않는다는 점을 강조함으로써 부모와 자식 간에 공동 책임이 없고 오직 각자의 책임만 있음을 교훈한다. 결론으로 아버지가 죄를 짓는다고 할지라도 아들이 그 죄를 담당하지 않는다고 말함으로써(18:19-20; 참조. 신 24:16)[374] 18:2의 속담이 잘못임을 다시 부각시킨다.

② 각자의 행위대로 심판과 구원이 정해짐 (18:21-25)

18:21-24은 악인이 회개하면 살고 의인이 의에서 떠나 악을 행하면 죽게 될 것을 말함으로써 순간순간 개인이 행하는 악과 의에 따라 구원과 형벌이 정해짐을 역설한다. 18:5-20이 부모의 행동과 아들의 행동을 비교했다면, 18:21-25은 개인적 차원에서 삶의 여정을 세부적인 단계로 나누어 의의 삶을 사느냐에 따라 구원 여부가 결정됨을 교훈하고 있다. 구원을 위해서는 삶 속에서 개인의 올바른 선택이 중요하다는 설명이다.[375] 18:21-24의 구조는 다음과 같다.

  A. 악인이 회개하여 의를 행하면 살게 됨(18:21)
   B. 하나님은 회개한 악인의 죄를 기억하지 않으심(18:22)
    C. 하나님은 악인이 죽는 것을 결코 기뻐하지 않으심(18:23)

---

374 Thompson, *Ezekiel*, 121.
375 Allen, *Ezekiel*, 277.

A´. 의인이 의에서 떠나 악을 행하면 살겠느냐?(18:24a)

  B´. 의에서 떠난 의인의 의로운 일이 기억되지 않음(18:24b)

이상의 구조로 볼 때 18:21-24의 핵심은 단락 C(18:23)로서, 하나님은 악인이 죽는 것을 결코 기뻐하지 않는다는 사실에 방점을 찍고 있다. 당시 포로 공동체는 자신들이 조상의 죄로 인해 벌을 받는다고 생각했는데, 이런 생각이 잘못되었음을 보여주는 하나님의 응답이다. 이는 악인이 죽는 것을 기뻐하지 않는 하나님이 죄 없는 자에게 조상의 죄를 씌워 벌하지 않으심을 말하고 있는 것이다.

하나님은 아무리 악인이라도 그가 회개하면 그의 죄를 기억하지 않으신다(18:21-22). 이런 면에서 하나님의 계산법은 결코 가혹하지 않고 오히려 인간의 생각보다 더 자비롭다. 한편 회개한 악인의 죄를 하나님은 기억하지 않으시더라도 본인은 기억할 것이다. 에스겔서는 미래에 새 언약이 체결될 때 새 언약의 수혜자가 되는 백성은 스스로의 죄를 기억하고 수치를 느낄 것이라고 예언했다(16:63). 그러므로 인간 편에서 구원받은 성도는 계속 자신의 죄를 기억하고 경계하는 자세를 견지해야 한다. 또한 하나님 편에서는 그 죄가 기억되지 않음을 알고 은혜에 감사해야 한다.

18:24은 의인에게 초점을 맞춰 의인이 의를 떠나서 죄를 지으면 그 의로운 일이 하나도 기억되지 않는다고 진술한다. 이는 3:16-21과 33:1-20의 파수꾼 이야기에서도 언급된 바 있다. 의인이 그동안 행했던 의에서 떠나 죄를 지으면 그의 의로운 일이 하나도 기억되지 않으리라는 말씀은 마치 불공평한 말처럼 들린다. 그동안 의인이 행한 의로운 행동은 모두 무시하고, 한 번 죄를 지었다고 죽인다는 것이 가혹한 처사처럼 보이기 때문이

다. 하지만 앞서 말한 대로 의인의 의로운 행동은 궁극적으로 은혜로 주신 것을 베푼 것이므로 그 자신의 공로에 의한 것이 아니다. 따라서 그의 의가 하나도 기억되지 않는다는 말씀을 충분히 납득할 수 있다.

18:24의 결론부는 "그가 범한 허물, 그 지은 죄로 죽으리라"라고 말한다. 여기서 "범한 허물"로 번역된 히브리어는 언약 배반을 뜻할 때 사용되는 동사 "마알"(מָעַל)과 명사 "마알"(מַעַל)을 함께 사용한 것이다(15:8). 이로써 의인이 평소 의로운 행동을 하다가 죄를 짓는 것이 하나님 보시기에 명백한 언약 배반임을 가르쳐준다. 결국 의인이 죽는 것은 언약 배반의 결과임을 일깨워, 언약 백성은 항상 하나님과의 올바른 관계에서 의를 행해야 함을 깨우쳐주고 있다.

바빌로니아 포로 공동체는 의인이 죄를 지을 때 하나님이 그의 의를 기억하지 않고 벌하신다는 말을 듣고 "주의 길이 공평하지 않다"고 불평한다(18:25). 이 구절에서 "공평하다"에 해당하는 히브리어는 "측정하다"라는 뜻의 "타칸"(תָּכַן)이다. 바빌로니아 포로 공동체는 이 표현을 사용하여 하나님이 제대로 측정하지 않고 부당하게 벌을 내리신다고 불평했다.[376]

하지만 개인의 의와 악의 여부에 따라 벌하시는 하나님의 계산법은 정당하다. 의인의 선한 행위는 은혜의 산물이므로 의인이 과거에 베푼 선한 행동을 가지고 하나님께 권리를 주장할 수 없다. 따라서 의인이 죄를 지을 때, 하나님이 과거의 의를 고려하지 않고 심판하시는 것은 당연하다. 더욱이 악인이 죄에서 회개하면 살게 된다는 말씀에서(18:21-22) 하나님의 계산법은 오히려 인간의 계산법보다 더 자비롭다는 것을 알 수 있다.

---

376 Greenberg, *Ezekiel, 1-20*, 333.

③ 각자의 구원을 위해 마음과 영을 새롭게 하라(18:26-32)

이 단락은 각자의 행위에 따라 구원과 심판이 정해진 상황에서 마음과 영을 새롭게 해야 함을 교훈한다. 먼저 18:26-29은 18:5-25의 말씀에 관한 부연 설명으로, 각자의 행위대로 심판과 구원이 정해졌음을 강조한다. 그래서 의인이 공의를 행하다가 죄악을 행하면 죽게 되겠지만, 반대로 악인이 악을 떠나 정의와 공의를 행하면 살게 될 것을 재확인해주고 있다.

18:29은 이스라엘 족속(바빌로니아 포로 공동체)이 내뱉은 "주의 길이 공평하지 않다"는 불평을 다시 인용하면서, 하나님의 측량이 자의적이지 않다는 점을 다시 교훈한다.[377] 이 부분은 오히려 현재 바빌로니아 포로 공동체가 자의적인 행동을 한다는 것을 드러내는 의미도 있다.[378] 즉, 하나님의 뜻을 제대로 분별하지 못하고 자의적으로 행동하는 바빌로니아 포로 공동체의 민낯을 보여주고 있는 셈이다.

결론적으로 하나님은 각자의 구원을 위해 새로운 처방을 내리신다(18:30-32). 그분은 먼저 악에서 돌이켜 회개하고(18:30), 의를 지속적으로 행하기 위해 마음과 영을 새롭게 하라고 권면하신다(18:31). 진정한 회개와 지속적인 의를 위해서는 마음을 새롭게 하는 일이 중요하다는 말씀이다. 마음은 인간의 생각, 감정, 결단의 좌소이며, 하나님이 인간에게 주신 영이 기능하는 곳이다. 하지만 인간의 마음은 항상 이기적인 욕구에 의해 무너질 여지가 있다. 따라서 마음이 올바로 작동하려면 이기적인 욕구를 끊임없이 제거하고 새롭게 해야 한다. 이런 이유에서 본문은 마음과 영을 새롭

---

377 Cooper, *Ezekiel*, 192.
378 Odell, *Ezekiel*, 227.

게 하라고 촉구한다.

그러나 에스겔 시대의 포로 공동체는 이런 촉구에 올바르게 반응하지 못했다. 따라서 에스겔서는 미래에 새 언약이 체결될 때 새 언약의 수혜자인 백성이 새로운 마음과 새로운 영으로 욕구(네페쉬)를 올바로 견제하게 될 것이라고 말한다. 이때 새 언약 백성은 하나님이 주신 기쁨과 평상으로 참된 욕구를 누리게 될 것이다(36:26). 이 말씀은 오늘날 새 언약의 수혜자인 우리 성도들에게 도전을 준다. 새 언약의 체결 목적은 새 마음과 영을 받아 이기적인 욕구를 제어하는 데 있다. 새 언약 백성인 우리는 이러한 점을 명심하고 성령의 도움을 구하며 이기적인 욕구를 제어하기 위해 애써야 할 것이다.

5) 암사자인 다윗 왕조와 포도나무인 유다의 멸망(19장)

19장은 유다의 왕과 백성들이 하나님의 뜻에 어긋나므로 멸망할 수밖에 없음을 선포한다. 특히 19장은 유다를 암사자와 포도나무에 비유한다. 이는 창세기 49장에서 유다 왕을 암사자로, 그의 백성을 포도나무에 비유한 것을 떠올리게 한다. 구체적으로 에스겔 19:1-9은 유다의 왕을 암사자에 비유한 창세기 49:8-9을, 에스겔 19:10-14은 유다의 백성을 포도나무에 비유한 창세기 49:11-12을 연상시킨다.[379]

결국 에스겔 19장은 유다의 멸망이 창세기 49장에 나오는 유다를 향한 약속이 취소되는 것임을 드러냄으로써 유다의 멸망이 얼마나 큰 손해인

---

[379] Block, "Transformation of Royal Ideology in Ezekiel," 229.

지를 깨우쳐준다. 그리고 유다가 언약을 배반했기 때문에 그들을 향한 하나님의 약속이 취소됨을 알림으로써 멸망이 자업자득임을 보여준다.

① 다윗 왕조의 쇠락(19:1-9)

19:1-9은 "어머니"로서 "암사자"를 언급한다. 어떤 이는 이 암사자가 유다를 가리킨다고 말하는데[380] 그보다는 다윗 왕조를 가리킨다고 보는 것이 더 설득력 있다.[381] 19:1에서 개역개정판 한글 성경이 "고관"으로 번역한 히브리어는 군주를 뜻하는 "나시"이다. 에스겔서에서 "나시"는 하나님의 대리 통치자인 유다 왕의 역할과 책임을 도드라지게 하려고 사용된 칭호다. 따라서 19장에서 "나시"를 언급한 것은 이 장의 내용이 다윗 왕조의 왕들을 겨냥한 애가임을 보여준다. 더욱이 유다 왕들의 어머니가 암사자임을 밝혀서 암사자가 다윗 왕조를 가리키는 은유임을 일깨워준다(19:2). 그래서 독자가 19장의 예언을 유다 왕에 대한 말로 읽도록 유도한다.

19:3-9은 암사자가 두 마리의 젊은 사자들을 키웠으나 이방 나라가 와서 모두 끌고 갔다고 진술한다. 첫 번째 젊은 사자는 이방 나라가 와서 이집트로 끌고 갔고(19:2-4), 두 번째 사자는 바빌로니아로 끌고 갔다(19:5-9). 어떤 이는 첫 번째 사자가 시드기야를 가리킨다고 주장하기도 하는데(19:9),[382] 9:1-9에서 차례로 나오는 두 젊은 사자는 각각 여호아하스와 여호야긴을 가리킨다고 봐야 한다.[383] 첫 번째 사자인 여호아하스는 기원전

---

380 Blenkinsopp, *Ezekiel*, 84.

381 Cooper, *Ezekiel*, 195.

382 Renz, *Rhetorical Function of the Book of Ezekiel*, 81.

383 Blenkinsopp, *Ezekiel*, 85.

609년에 이집트로 끌려갔고(19:4), 두 번째 사자인 여호야긴은 기원전 597년에 바빌로니아로 끌려간 상황을 묘사한 것이다(19:9).

이로써 다윗 왕조를 상징하는 암사자에서 나온 두 왕이 유다의 멸망 직전에 이방 나라로 끌려갔음을 상기시킴으로써 다윗 왕조의 쇠락이 이전부터 시작된 것임을 각인시킨다. 또한 창세기 49장을 인유하여, 암사자인 다윗 왕조에서 모든 백성을 복종시킬 왕이 나올 것이 예언되었지만(창 49:9-10) 다윗 왕조의 쇠락으로 그런 꿈이 위험에 처해 있음을 알리고 있다.

흥미롭게도 예레미야서에서 여호아하스와 여호야긴은 각각 별칭인 "살룸"과 "고니야"로 불린다(렘 22:11, 24). 그리고 이 두 왕은 끌려가기 전 예루살렘에서 3개월 동안 통치했다는 공통점이 있다. 에스겔서는 비슷한 운명을 겪은 두 왕의 사례를 통해 다윗 왕조의 임박한 멸망이 확실함을 예고하고 있다. 그러나 당시 바빌로니아 포로 공동체는 이것을 깨닫지 못했다.

② 다윗 왕조와 유다의 멸망(19:10-14)

두 번째 소단락인 19:10-14은 유다를 직접 포도나무에 비유하고 거기서 나오는 가지를 유다의 왕으로 표현한다(19:14). 포도나무를 다윗 왕조로 볼 수도 있지만, 15장의 포도나무 이미지가 유다를 가리키기 때문에 여기서도 유다를 가리킨다고 볼 수 있다. 실제로 에스겔 19장이 인유하는 창세기 49:11도 포도나무를 백성으로 비유하고 있으므로 19장의 포도나무는 유다 백성을 가리킨다고 이해하는 것이 옳다.

여기서 포도나무의 가지로 비유된 왕은 시드기야다. 이는 17장에서 시드기야를 포도나무 가지로 비유한 것과 같은 맥락이다(17:6). 이 포도나무 가지들은 매우 높고 뛰어나 보였다(19:11). 하지만 이런 묘사들은 한편으로

부정적인 것으로서, 다윗 왕조가 교만으로 멸망할 수밖에 없다는 암시를 준다.[384]

구체적으로 포도나무인 유다는 뽑히고 그 열매는 동풍에 마르게 될 것이며 그 가지들은 불에 탈 것이다(19:12). 이 구절은 포도나무인 유다가 동풍에 의해 멸망할 것을 예언한 17:10을 연상시킨다. 여기서 동풍은 바빌로니아의 침공을 상징하는 것으로서 기원전 586년에 유다가 바빌로니아에 의해 불탈 것을 은유적으로 표현한 것이다. 정리하자면 19:1-9이 다윗 왕조에 속한 두 왕의 멸망을 이야기했다면, 19:10-14은 다윗 왕조의 붕괴와 함께 유다의 멸망을 이야기하고 있다.[385]

6) 유다의 배교 역사(20:1-44)

20:1-44은 16장과 짝을 이루어 유다의 배교 역사를 회고하고 언약 배반으로 멸망할 수밖에 없는 이유를 제시한다. 20장의 초두는 장로들을 언급하며 시작한다(20:1). 14장과 마찬가지로 장로들이 에스겔을 찾아온 이유가 무엇인지는 정확히 알 수 없지만 예루살렘의 운명과 관련해 하나님의 뜻을 물으려는 목적에서 온 것으로 추측할 수 있다. 14:3은 이 장로들이 우상을 섬긴다고 지적한다. 20장에서 장로들이 우상숭배를 청산하지 않은 채 하나님의 뜻을 묻고 인도함을 받으려 한 것은 언약 배반이 아닐 수 없었다. 그래서 20장은 이런 장로들의 모습에서 출발하여 과거부터 우상을 섬겨 지속

---

384 Odell, *Ezekiel*, 241.
385 Cooper, *Ezekiel*, 197.

적으로 언약을 배반해온 이스라엘의 역사를 회고한다.

구조를 보면, 29:1-44은 "내게 묻는다"라는 주제로 앞뒤를 감싸고 있다(20:3, 31). 바빌로니아에 포로로 끌려온 장로들은 에스겔에게 하나님의 뜻을 묻기 위해 찾아왔지만, 하나님은 그들이 에스겔에게 묻는 것을 허용하지 않을 것이라고 말씀하신다. 대신 유다의 배교 역사를 설명하여 마음으로 우상을 섬기는 것이 얼마나 큰 언약 배반인지 지적하신다. 한편 배교의 역사를 이야기하는 것은 장로들의 질문에 대한 직접적 대답이 아닌 우회적 답변이므로, 에스겔의 벙어리 사역이라는 맥락에서 나온 것으로도 볼 수 있다.[386]

20장에서 언급된 배교의 역사는 단순히 장로들만을 위한 것이 아니라 장로들과 비슷한 생각을 하는 당시 포로 공동체를 겨냥한 것이기도 했다.[387] 따라서 포로기의 유다 공동체가 우상으로 멸망하는 예루살렘의 유다를 반면교사 삼아 마음에서 우상을 제거할 것을 촉구하는 의미도 담고 있다(20:16, 32).

에스겔서가 말하는 배교의 역사는 세분화되어 이집트에서의 우상숭배(20:1-9), 광야에서의 반역(20:10-22), 가나안 땅에서의 반역(20:23-29), 바빌로니아 포로 공동체의 우상숭배(20:30-39)로 이어진다. 하지만 이런 배교의 역사에도 불구하고 하나님은 자신의 거룩한 이름을 위하여 남은 자와 새 언약을 체결하여 그들을 회복시킬 것이라고 선포하신다(20:40-44). 배교의 역사를 다룬 16장도 마지막에 새 언약을 언급하여 역사의 끝은 새 언약을

---

386 Davis, *Swallowing the Scroll*, 60-61.
387 Renz, *Rhetorical Function of the Book of Ezekiel*, 83.

통한 회복이라는 희망을 전했는데(16:60-63), 마찬가지로 20:1-44도 배교의 역사를 다루면서 종말에 새 언약을 통한 회복의 희망이 있음을 선언하고 있다. 20:1-44의 구조는 다음과 같다.

서론. 에스겔이 장로들과 대화함(20:1-4)
A. 이집트에서와 출애굽 당시의 우상숭배(20:5-9)
  B. 광야 1세대가 율법을 받았음에도 규례를 지키지 않음(20:10-14)
    C. 광야 1세대가 우상을 숭배하고 규례를 어겨 가나안 땅에 들어오지 못함(20:15-17)
  B′. 광야 2세대가 율법을 받았음에도 규례를 지키지 않음(29:18-22)
    C′. 가나안 땅에서 우상을 숭배하고 규례를 어겨 백성이 멸망하게 됨(20:23-29)
A′. 현재 바빌로니아 포로 공동체는 마음으로 목석을 숭배하려 함(20:30-39)
결론. 미래의 회복(20:40-44)

이상의 구조가 보여주듯이 20:1-44의 핵심은 단락 C′(20:23-29)로서, 예루살렘이 멸망하는 이유가 가나안 땅에서 하나님의 율법을 어기고 안식일을 더럽히며 우상숭배를 자행하여 하나님이 그들을 더럽혔기 때문임을 부각시키는 데 있다. 그리하여 율법을 준수하지 않는 행위가 언약 배반임을 교훈하고 있다.

흥미롭게도 중요 단락마다(단락 A, 단락 B, 단락 B′, 단락 A′, 결론) 끝에 "여호와의 이름"이 거론되어, 유다의 배교가 여호와의 거룩한 이름을 훼손했다는 신학적 의미를 전한다(20:9, 14, 22, 39, 44). 이런 맥락에서 에스겔서는 미래의 회복이 여호와의 거룩한 이름을 회복하기 위한 것임을 예고한다 (36:20).

① 이집트에서 출애굽 초기까지 유다의 배교(20:1-17)

여기서는 바빌로니아 포로 공동체의 모습을 과거 이집트에 있던 이스라엘의 모습과 비교한다. 이를 통해 거꾸로 바빌로니아 포로 공동체에게 희망이 있음을 내비친다. 하나님이 족장들과의 언약을 지키기 위해 이집트에서 이스라엘을 구원하였듯이, 미래에도 이집트 같은 타지에 끌려온 바빌로니아 포로 공동체에게 개입하여 구원하시리라는 암시를 주기 때문이다(20:5-6, 42).[388]

20:5-9은 유다의 배교 역사를 설명하기 위해 유다가 이집트 시절부터 우상을 숭배했음을 지적한다(참조. 수 24:14).[389] 그리고 그런 의미에서 이스라엘이 이집트에서 구원받은 것은 그들에게 어떤 자격이 있어서가 아니라 전적으로 하나님의 은혜 덕분이었음을 드러낸다. 하나님은 맹세를 통해 이집트에서 그의 백성을 이끌어내기로 작정하셨다(20:5-7). 여기서 맹세는 언약 용어이므로, 이집트에서 백성을 이끌어낸 것이 하나님의 언약에 근거한 것임을 보여준다(참조. 눅 1:72).[390] 이로써 본문은 하나님이 백성과 언약을 맺기 위해 그들을 구원하셨음을 일깨우고 있다.

하나님은 이집트에서 우상을 섬긴 이스라엘을 구출했지만 이스라엘은

---

388 Fishbane, "Sin and Judgment," 143.
389 수 24:14도 과거 이집트에서 이스라엘이 우상을 섬겼다는 사실을 지적한다.
390 Block, *Ezekiel Chapters 1-24*, 626.

이집트의 우상을 완전히 버리지 못했다고 말씀하신다(20:8-9). 이 말씀은 이집트에서 나온 이스라엘이 이집트의 방식대로 금송아지 우상을 만든 사건을 가리키는 것처럼 보인다. 따라서 이스라엘은 홍해에서 구원을 경험했음에도 하나님의 언약 백성이 되기에 부족했음을 일깨우고 있다.

20:10-14은 시내산에서 십계명을 받은 이스라엘이 광야에서 배교하는 장면을 다룬다. 하나님은 이스라엘에게 십계명이라는 율법을 수여하여 모세 언약을 맺으셨고, 그 언약의 표징으로 안식일 규례를 주셨다(출 31:13). 안식일은 창세기 말씀에 비춰보면, 하나님께서 자신이 창조한 세계에 임재하신다는 신학적 의미가 있다(사 66:1). 그러므로 안식일 규례를 주신다는 것은 하나님이 백성을 거룩하게 하고 그 거룩한 백성 가운데 임재하신다는 사실을 상기시키는 말이다(출 29:45, "내가 이스라엘 자손 중에 거하여 그들의 하나님이 되리니").

20:12은 "내가 그들을 거룩하게 하는 여호와인 줄 알게 하려고" 하나님이 안식일을 주셨다고 진술한다. 앞서 말한 대로 여호와의 이름은 자기 백성 가운데 임재하길 원하시는 하나님의 속성을 표현하는 말이다. 이런 의미를 관찰함으로써 안식일 규례는 백성을 거룩하게 하여 하나님이 그들 가운데 임재하려는 목적이 있는 것임을 더욱 깨달을 수 있다. 하지만 광야 1세대는 십계명을 수여받은 후에도 광야 노정에서 하나님의 율례를 어기고 안식일을 더럽혔다(20:13-14; 참조. 민 11-12장). 율법 준수를 통해 하나님의 임재 안에 거하는 삶을 살아야 했지만 실패하고 결국 언약을 위반한 것이다.

20:15-17은 광야 1세대가 마음에 우상을 모셔들이고 규례를 지키지 않았다고 말하는데, 이것은 아마도 가데스 바네아의 열두 정탐꾼 이야기와

관련된 것으로 보인다. 정탐꾼의 보고를 들은 이스라엘은 하나님의 약속을 믿지 않고 오히려 하나님을 원망했다. 이런 원망에 대해 하나님은, 그들이 마음으로 우상을 섬기고 규례를 지키지 않았다고 말씀하신다. "그들이 마음으로 우상을 따라 나의 규례를 업신여기며, 나의 율례를 행하지 아니하며, 나의 안식일을 더럽혔음이라"(20:16). 하나님이 주겠다고 맹세하신 가나안 땅은 하나님의 임재 장소였다. 하지만 광야 1세대는 불순종하여 하나님의 임재의 땅을 혹평함으로써 결과적으로 하나님의 임재를 상징하는 안식일을 더럽혔던 것이다. 그 결과 광야 1세대는 젖과 꿀이 흐르는 가나안 땅에 들어갈 수 없었다(20:15; 민 14:30-35).[391]

② 광야 생활 말기와 가나안 땅에서 유다의 배교(20:18-29)

이후 광야 2세대도 하나님의 명령을 지키지 않았다(20:18-22). 20:18에서 언급된 "그들의 자손"은 광야 2세대를 가리킨다. 하나님은 광야 2세대에게도 광야 1세대와 똑같이 율례와 규례를 주시고 안식일을 표징으로 삼으셨지만 그들도 규례를 지키지 않고 안식일을 더럽혔다(20:18b-21). 아마 이 진술은 광야 2세대가 가나안 땅에 입성하기 직전 모압 평지에서 바알을 섬긴 것을 가리키는 것으로 보인다(민 22:1-25:18; 31:16).[392] 그렇지만 이들의 배교에도 불구하고 하나님은 그분의 거룩한 이름을 위해 그들을 가나안 땅으로 인도하셨다.

20:23-29은 하나님이 가나안 땅에 들어간 광야 2세대와 그 후손을 여

---

391 Leslie C. Allen, *Ezekiel 20-48*, WBC 29 (Dallas, TX: Word Books, 1990), 11.
392 Cooper, *Ezekiel*, 204.

러 민족 사이에 흩으실 것이라는 내용이다. 하나님은 광야 2세대가 가나안 땅에 들어오기도 전에 그들을 여러 민족 가운데 흩으실 것이라는 말씀을 하셨다(20:23-24). 비록 이들이 가나안 땅에 입성할지라도 광야에서 지은 죗값을 물어 쫓아낼 것을 미리 작정하셨던 것이다. 이 대목에서 죗값을 그대로 보응하시는 하나님의 공의를 읽을 수 있다. 확실히 이런 모습을 통해 하나님은 우리가 회개하지 않고 계속 죄를 지을 때 그에 대해 매우 분노하는 분임을 깨달을 수 있다.

한편 가나안 땅에 들어온 이스라엘이 나중에 포로로 잡혀가는 이유는 하나님의 작정도 있었지만, 그들이 계속해서 하나님의 규례를 어기고 안식일을 더럽혔기 때문이기도 했다(20:24). 안식일이 상징하는 하나님의 임재 안에 거하는 삶을 살지 않았기 때문에 포로로 끌려가게 되었다는 뜻이다. 또한 안식일을 더럽혔다는 말은 이스라엘이 가나안 땅에서 안식일뿐 아니라 안식년과 희년을 제대로 지키지 않았다는 뜻도 내포한다. 레위기 26:2은 안식년과 희년을 안식일의 연장선에서 이해하고 있다.

역대하 36:21은 7년 주기마다 지켜야 할 안식년을 지키지 않은 결과로 가나안 땅이 포로 기간에 안식년을 누리게 될 것이라고 말한다. 예레미야서는 그 포로 기간이 기원전 605년부터 성전이 재건되는 기원전 536년까지의 70년이 될 것이라고 예언했다(렘 25:11-12).[393] 이렇게 되면 70년의 포로 기간은 역사적으로 이스라엘이 안식년을 70번 지키지 않은 대가라고 할 수 있다. 따라서 70년×7년인 490년 동안 안식년을 지키지 않았다는 계산을 도출할 수 있다. 기원전 536년에 490년을 더하면 기원전 1,026년이 되

---

[393] Cooper, *Ezekiel*, 205.

는데, 이때는 왕정 시대 초기다. 따라서 이스라엘이 가나안 정복을 거의 완성한 왕정 초기부터 포로로 잡혀가기까지 70번의 안식년을 지키지 않았기 때문에 70년의 포로 생활을 하게 되었음을 알 수 있다.

하나님은 가나안 땅에 들어갈 광야 2세대와 그의 후손에게 선하지 못하고 능히 지키지 못할 규례를 주어 그들이 장자를 화제로 드리는 제사를 행하도록 할 것이라고 말씀하신다(20:25-26). 그 목적은 백성이 죄를 짓게 하여 포로로 끌려가게 하기 위함이다. 하나님이 가나안 땅에서 선하지 못한 율례를 주어 장자를 화제로 바치게 했다는 진술은 우리의 상식으로 이해하기 힘든 부분이다.[394] 하지만 이는 이스라엘의 죄성을 아셨던 하나님이 가나안 땅에서 하나님의 규례를 외면하는 그들에게 이방인의 악한 규례를 행하도록 허락하여 장자를 바치도록 했다는 뜻으로 이해야 한다(렘 7:22, 31; 19:5; 32:35; 참조. 왕하 23:10, 13).[395] 신명기는 분명하게 자녀를 바치는 것을 금지하고 있기 때문에(신 18:9-4), 문자적으로 하나님이 자녀를 바치는 규례를 주셨다는 것은 구약의 진술과도 맞지 않는다.

20:27-29은 가나안 땅에 정착한 이스라엘이 높은 산과 무성한 나무에서 제물을 드리고 산당에서 우상숭배를 자행했음을 고발한다. 20:28은 하나님이 그들을 맹세한 땅으로 인도하여들였다고 말한다. 이 구절에서 "인도하여들였다"에 해당하는 히브리어는 "보"(בוֹא)의 사역형(히필)으로서 "오게 하다"라는 뜻이다. 그리고 그다음 절은 가나안 땅에서 백성이 산당에 "다닌다"고 말하고 있다(20:29). 여기서 "다닌다"에 해당하는 히브리어

---

394 Davis, *Swallowing the Scroll*, 114.
395 Thompson, *Ezekiel*, 130.

는 "오다"를 뜻하는 "보"의 분사형이다. 그러므로 본문은 "오다"라는 뜻의 동일한 동사를 사용하여 이스라엘이 가나안 땅으로 "오게 하신" 하나님의 축복에도 불구하고 산당에 "와서" 우상숭배를 했다는 언어유희를 보여준다.[396] 이런 언어유희를 통해 이스라엘의 배은망덕한 행위를 고발하고, 바빌로니아 포로 공동체가 포로로 잡혀온 이유를 제시한 것이다.

③ 현재 바빌로니아 포로 공동체의 배교(20:30-39)

20:30-39은 현재 바빌로니아 포로 공동체가 유다의 배교 역사를 답습해 우상을 숭배하고 있음을 질타한다. 그래서 우상을 숭배하는 바빌로니아 공동체의 모습을 조명하고(20:30-32), 우상숭배하는 바빌로니아 포로 공동체가 심판받을 수 있음을 경고한다(20:33-39).

하나님은 바빌로니아 포로 공동체를 이스라엘 족속이라고 지칭하고, 그들이 열조의 풍속을 따라 계속 우상숭배를 자행하고 있음을 책망한다(20:30-32). "그러므로 너는 이스라엘 족속에게 이르라. 주 여호와께서 이같이 말씀하셨느니라. 너희가 조상들의 풍속을 따라 너희 자신을 더럽히며, 그 모든 가증한 것을 따라 행음하느냐?"(20:30) 이는 현재 바빌로니아 포로 공동체가 우상숭배로 바빌로니아에 끌려왔음에도 계속해서 조상들처럼 우상을 섬기며 하나님의 말씀에 어긋나게 행동하고 있다는 질책이다.

바빌로니아 포로 공동체는 포로기에 예배처가 없고 하나님의 성전이 없는 상황에서 목석으로 하나님의 형상을 만들어 예배하려 했던 것처럼 보인다(20:32). 이에 대해 하나님은 그것이 우상숭배이므로 그들의 계획은 결

---

396 Odell, *Ezekiel*, 255.

코 서지 못할 것이라고 선을 긋는다. 어떤 학자는 20:32에서 백성이 목석을 숭배할 것이라는 말은 예루살렘이 멸망한 상태에서 다른 신을 섬기게 된다는 표시라고 주장한다.[397] 그러나 예루살렘이 멸망하기 전부터 포로 공동체 사람들이 우상을 섬기려 했다고 보는 것이 더 옳다. 참고로 에스겔서는 우상에 대한 상한 혐오로 인해 이 목식에 대해 하나님이라는 칭호를 사용하지 않고 있다(신 4:28).[398]

20:33-39에서 하나님은 "애굽 땅 광야"에서 이스라엘을 심판하셨듯이, 우상을 섬기려 하는 바빌로니아 포로 공동체를 심판하실 것이라고 말씀하다. 이를 위해 하나님은 그들을 직접 다스릴 것이다(20:33). 여기서 "다스리다"에 해당하는 히브리어는 "말라크"(מָלַךְ)로서 왕이라는 말과 같은 어근에서 파생된 낱말이다. 이로써 하나님은 직접 왕이 되어 포로 공동체를 심문하실 것임을 보여준다.

하나님은 포로로 끌려온 유다 공동체를 광야로 모이게 함으로써 마치 이집트 땅 광야에서 이스라엘을 심판하셨듯이 포로 공동체를 심판하실 것이다(20:34-35). 여기서 포로 생활을 이집트의 광야 생활에 비유한 것은 신학적으로 의미가 있다. 바빌로니아 포로 생활이 출애굽 이후의 광야 생활과 비견되어서, 그들이 광야 생활을 거치면 제2의 에덴동산인 가나안으로 돌아올 수 있음을 내비치고 있기 때문이다.[399] 특히 과거 출애굽 당시 하나님이 광야에서 백성을 심판하여 가나안 땅에 들어갈 자와 그렇지 못한 자들을 분리시켰듯이, 바빌로니아 포로 공동체 중에도 다시 가나안 땅에 들

---

397 Zimmerli, *Ezekiel*, 1:412.

398 Kutsko, *Between Heavena and Earth*, 35.

399 Renz, *Rhetorical Function of the Book of Ezekiel*, 84.

어올 자와 그렇지 못할 자를 선택하실 것을 예고하고 있다(20:36-38).

20:37에서 막대기 아래로 지나게 할 것이라는 말씀은 목자가 좋은 양과 나쁜 양을 골라내는 관습을 암시한다(참조. 34:20).[400] 그리고 이 말씀은 레위기 27:32 이하에서 십일조로 드려지는 양을 고르기 위한 행동을 떠올리게 한다.[401] 이런 암시들을 고려할 때 좋은 양과 나쁜 양을 고르는 모습은, 목자이신 하나님이 그분의 주권적 선택으로 바빌로니아 포로 공동체 안에서 사람들을 골라내 하나님께 온전히 드려지는 남은 자들로 만드실 것이라는 통찰을 준다.

미래에 하나님은 선택된 남은 자들을 언약의 줄로 다시 매어 그들과 새 언약을 체결하고 가나안 땅으로 들어오게 하실 것이다(20:37b).[402] 반면 바빌로니아 포로 공동체 안에서 계속 범죄하는 자들은 새 언약의 수혜자가 되지 못해 이스라엘 땅에 들어오지 못할 것이다. "그들을 그 머물러 살던 땅에서는 나오게 하여도 이스라엘 땅에는 들어가지 못하게 하리니"(20:38).

끝으로 하나님은 바빌로니아 포로 공동체에게 우상을 섬기라고 말씀하시는데(20:39) 이 구절은 매우 난해하다. 이 구절을 개역개정판 한글 성경은 "이스라엘 족속아, 너희가 내 말을 듣지 아니하려거든, 가서 각각 그 우상을 섬기라. 그렇게 하려거든, 이 후에 다시는 너희 예물과 너희 우상들로 내 거룩한 이름을 더럽히지 말지니라"라고 번역했다. 하지만 이 번역은 오역에 가깝다.

많은 학자는 이 부분을 "각각 그 우상을 섬기라. 그러나 후에 너희들이

---

400 Blenkinsopp, *Ezekiel*, 91.
401 Greenberg, *Ezekiel, 1-20*, 372.
402 Odell, *Ezekiel*, 258.

나의 말을 듣지 않는다면…그러므로 다시는 너희들은 너희 예물과 너희 우상들로 내 거룩한 이름을 더럽히지 말라"라는 식으로 번역한다. "나의 말을 듣지 않는다면"에 해당하는 조건절에 대한 주절이 생략되었다고 보는 것이다. 그리하여 생략된 주절을 보충하여 "각각 그 우상을 섬기라. 그러나 후에 너희들이 나의 말을 듣지 않는다면 심판을 받게 될 것이나. 그러므로 나의 거룩한 이름을 너희들의 예물과 우상들로 인해 다시는 더럽히지 말라"라는 식으로 번역할 수 있다고 본다.[403] 그렇지만 필자는 다음의 번역이 더 옳다고 생각한다.

> 이스라엘 족속아! 주 여호와가 이렇게 말씀하신다. 너희들은 각각 가서 자기의 우상을 섬기라. 그러나 나중에는—비록 너희들이 지금은 나의 말을 듣지 않을지라도—너희들이 너희들의 예물과 우상들로 인해 다시는 나의 거룩한 이름을 더럽히지 못하게 될 것이다.

이 번역은 현재 바빌로니아 포로 공동체의 우상숭배를 적나라하게 드러내 주면서, 미래의 회복이 전적으로 하나님의 은혜로 일어나게 될 것을 알려준다. 완악한 바빌로니아 포로 공동체가 계속 우상을 섬기겠지만 미래에는 하나님의 전적인 개입으로 그런 일들이 일어나지 않고 백성이 온전히 하나님을 섬기게 될 것을 예언하는 것이다. 이 예언은 새 언약을 통해 가능한 것이므로, 이어서 나오는 20:40-44은 자연스럽게 새 언약의 약속을 다루고 있다.

---

403 Allen, *Ezekiel 20-48*, 3.

④ 미래의 새 언약 체결을 통한 예루살렘 회복(20:40-44)

이 단락은 유다가 역사적으로 배교하여 하나님과 맺은 언약을 배반했지만, 미래에는 하나님이 자신의 주권으로 바빌로니아 포로 공동체 중에서 남은 자를 돌아오게 하시고, 그들과 새 언약을 체결하여 회복시킬 것이라는 내용이다. 특히 20:40-41은 거룩이 앞뒤를 감싸는 구조로 되어 있어 거룩이라는 주제를 부각시키고 있다. 이로써 미래에 하나님에 의해 선택된 새 언약 백성은 거룩하여서 이스라엘의 거룩한 산에 거하게 될 것임을 강조한다(20:40).

미래에 거룩한 산에서 백성들은 하나님께 첫 열매와 예물을 드리게 될 것이고, 하나님은 백성을 향기로 받으실 것이다(20:40b-41). 레위기에서 하나님을 향한 향기로운 제물은 백성이 드리는 제물이었다(레 1:9; 2:2; 3:5; 4:31; 참조. 엡 5:2). 그런데 에스겔서는 백성이 직접 향기로운 제물이 될 것이라고 말하고 있다. 레위기 제사에서 동물로 드리는 제물이 향기로운 제물이 되는 이유는, 동물의 피로 상징되는 이기적 욕구를 제단에 뿌림으로써 그 피가 죄를 속하게 하기 때문이다(레 17:11). 이런 점을 고려하면 에스겔서에서 백성이 산 제물이 된다는 것은, 백성이 더 이상 죄의 원천인 이기적 욕구대로 살지 않고 거룩한 삶을 살 것이라는 의미다(참조. 롬 12:1).[404] 그 결과 하나님은 이런 거룩한 백성 가운데 임재하여 그분의 거룩을 여러 나라에 드러내실 것이다(20:41b).[405]

그렇다면 백성에게 이런 변화가 어떻게 일어날 수 있는가? 결론적으로

---

404 Block, *Ezekiel Chapters 1-24*, 656 참조.
405 Taylor, *Ezekiel*, 158.

그것은 새 언약의 은혜에 의해서다. 20:42-44은 새 언약을 확연히 드러내 놓고 말하지는 않지만, 종말에 선택된 백성이 그들의 죄를 기억하고 그 죄의 모습에 혐오를 느끼게 될 것이라고 말한다. 죄를 기억하고 혐오하는 모습은 새 언약의 수혜자에게 하나님이 주시는 축복이다(36:31). 그러므로 백성이 이기적 욕구를 제어하고 하나님의 거룩한 임재를 경험하게 되는 것은 새 언약으로 인한 축복 때문임을 알 수 있다.

결국 새 언약의 축복은 하나님의 거룩한 이름을 위한 것이다(20:44). 에스겔 20장은 전체적으로 하나님의 거룩과 그분의 거룩한 이름을 더럽히지 말라는 말씀에 주안점을 두고 있다(20:9, 14, 22, 39, 39, 44; 36:20-23; 39:7, 25; 43:7-8). 이런 맥락 속에서 20:44은 다시 거룩한 이름을 강조하며 끝맺고 있다.

앞서 말한 대로 하나님의 거룩한 이름인 여호와는 임재의 속성을 보여주는 호칭이다. 그러므로 20:44은 하나님이 새 언약의 축복을 통해 백성을 변형시키는 목적이 백성을 거룩하게 함으로써 하나님의 임재 안으로 초청하는 것임을 일깨워준다. 이에 따라 오늘날 새 언약 백성으로 창조된 성도는 새 언약의 궁극적 목적이 하나님의 임재 안에 거하는 삶이라는 사실을 계속 명심해야 할 것이다.

7) 바빌로니아에 의한 유다의 멸망(20:45-21:32)

이 단락은 17장과 같이 유다의 멸망이 바빌로니아에 의해 성취될 것을 언급한다. 배교의 역사를 다룬 16장 이후 17장이 바빌로니아에 의한 유다의 멸망을 다룬 것과 같은 패턴으로, 유다의 배교 역사를 다룬 20:1-44에 이어 20:45-21:32도 바빌로니아에 의한 유다의 멸망을 다루고 있는 것이다.

이 단락은 바빌로니아가 침공해서 유다를 멸망시킬 때 "각 마음이 녹으며 모든 손이 약하여지며 각 영이" 쇠할 것이라고 말함으로써(21:7), 유다의 멸망은 그들의 마음과 영이 올바로 서지 않았기 때문임을 교훈하고 있다. 이스라엘 백성이 하나님의 말씀에 귀 기울이지 않고 돌같은 마음으로 변했기 때문에(20:44), 하나님은 그들을 심판할 때 그들의 돌같은 마음을 부수고 녹게 하는 방식으로 벌하실 것이라는 섬뜩한 말씀이다. 이는 마음과 영이 완악할 때 그것이 얼마나 혹독한 대가를 불러오는지 생생하게 증거하고 있다.

21장에서 에스겔은 바빌로니아를 "칼"이라고 칭한다(21:3). 칼은 5:1-4에서 언약 파기로 인한 저주의 수단으로 나오는 용어다. 그리하여 하나님은 언약을 배반한 유다를 향해 그들과의 언약을 파기하고 칼인 바빌로니아를 불러 그들을 멸망시킬 것을 말씀하고 계신다. 20:45-21:32의 구조는 다음과 같다.[406]

A. 예루살렘을 향한 불(20:45-49)

  B. 예루살렘을 향한 칼(21:1-7)

    C. 칼이 많은 사람을 엎드러지게 함(21:8-17)

      D. 갈림길에서 느부갓네살의 결정(21:18-23)

    C'. 중상을 당한 이스라엘 왕을 엎드러뜨림(21:24-27)

  B'. 암몬을 향한 칼(21:28-30)

A'. 암몬을 향한 불(21:31-32)

---

[406] Renz, *Rhetorical Function of the Book of Ezekiel*, 86. 여기서는 Renz의 구조를 약간 변형했다.

20:45-49은 "남쪽의 숲"에 대한 예언으로서 남쪽의 숲은 유다를 가리킨다. 유다를 "남쪽"으로 칭한 이유는, 유다가 나중에 "북방의 적"인 바빌로니아에 의해 멸망할 것이므로 그 남쪽에 위치한 유다의 지리적 위치를 돋보이게 하기 위함이다(렘 6:22).[407]

예언서에서 숲과 수풀은 교만을 상징한다. 예를 들어 이사야는 북이스라엘과 아시리아의 멸망을 이야기할 때, 그 수풀들이 불살라질 것을 예언했다(사 9:18; 10:34). 그래서 수풀로 상징되는 그들의 교만을 꺾으실 것을 표현했다. 이런 맥락에서 에스겔 20:47도 유다의 숲이 불살라져 그들의 교만이 꺾일 것이라고 말하고 있다. 나아가서 숲이 불로 멸망하는 장면은 예루살렘이 불로 멸망할 것에 대한 예언이기도 하다.[408]

확실히 "남쪽의 숲"이라는 말은 비유다. 포로 공동체 안에서 에스겔의 예언을 믿고 참회하는 사람이라면 누구나 이 비유를 듣고 그것이 유다를 가리킨다고 생각했을 것이다. 하지만 에스겔의 예언을 거부하던 당시 사람들은 이 말을 듣고 에스겔을 향해 "비유로 말하는 자가 아니냐?"라며 조롱할 뿐이었다. 에스겔은 20:49에서 이처럼 자신의 말을 조롱하는 자들을 보고 "아하, 주 여호와여!"라고 한탄한다.[409]

21:1-7은 "남쪽의 숲" 비유를 구체적으로 설명하는 내용이다.[410] 20:46이 "얼굴을 남으로 향하라"라고 한 것처럼, 이 단락은 "너는 얼굴을 예루살렘으로 향하며 성소를 향하며, 소리내어 이스라엘 땅에게 예언하라"는 말

---

407 Zimmerli, *Ezekiel 1*, 423.
408 Odell, *Ezekiel*, 263.
409 Renz, *Rhetorical Function of the Book of Ezekiel*, 85.
410 Taylor, *Ezekiel*, 159.

로 시작한다(21:2).

하나님은 자신의 칼을 꺼내어 의인과 악인을 남에서 북까지 치실 것이고(21:3-5), 이때 악인이나 의인이나 모두 끊어질 것이다(21:3). 이 말씀은 언뜻 하나님의 공의에 어긋나는 것처럼 보인다(18:1-20). 하지만 악인과 의인 모두 끊어진다는 말은 모든 사람이 멸망하게 될 것이라는 수사적 표현이다. 또한 예레미야와 같은 의인이 악인과 함께 고통당하게 될 것이라는 예언으로도 볼 수 있다. 악인의 죄로 인해 의인이 고통을 받는 것은, 여호와에 대한 신앙에 개인적 책임의 요소도 있지만 공동체적 요소도 있다는 사실을 보여준다.[411]

바빌로니아의 칼로 인한 심판으로 예루살렘 주민과 유다 백성은 마음이 녹고 손이 약해지며 각 영이 쇠하게 될 것이다(21:7). 그런데 여기서 마음과 영이 언급된다는 점에 주목할 필요가 있다. 이미 18:31은 개인이 공의와 의를 행하지 않는 원인을 마음과 영의 문제로 보았다. 에스겔서는 또한 백성의 마음과 영이 이기적 욕구(네페쉬)에 잠식되어 제대로 기능하지 못할 때 그들의 마음이 완악해진다는 것을 지적하고(2:4), 이런 완악한 마음을 돌같은 마음으로 규정했다(11:19).

백성이 돌같은 마음으로 변할 때, 하나님의 심판은 두 가지 방식으로 이루어진다. 하나는 백성이 마음으로 돌을 좋아하므로 그들의 몸을 돌로 만들어 심판하는 방식이고, 다른 하나는 돌같이 딱딱한 마음을 녹이는 방식이다. 전자의 예로는 사무엘상 25장에서 이기적 욕구로 인해 마음이 돌처럼 변한 나발을 하나님이 심판하실 때 그의 몸을 돌처럼 만들어 죽이신

---

411 Cooper, *Ezekiel*, 211.

사건이 있다(삼상 25:37). 반면 에스겔서는 후자의 방식을 사용하여, 돌같이 완악한 백성의 마음을 하나님이 녹이실 것이라고 선포하고 있다.

이런 맥락에서 21:7은 유다가 멸망할 때 백성들의 마음과 영이 녹고 쇠할 것이라고 말한다. 처음부터 올바른 마음과 영을 가지고 하나님을 섬겼다면 이런 심판을 받지 않았을 것이다. 모세 오경은 백성이 이기적 네페쉬에 의해 마음과 영이 완악해졌을 때, 언약의 저주로 그들의 마음과 영이 녹고 약해질 것이라고 예고했다(신 28:65; 레 26:15-16, 36). 이런 점에서 바빌로니아의 침략으로 백성의 마음과 영이 녹는 것은 언약적 저주의 성취이기도 했다.

더욱이 21:7은 "모든 손이 약하여지고 무릎이 물과 같이 약해진다"라고 말한다. "손이 약해진다"는 표현은 유다 백성이 손에 힘을 주어 악을 행한 것에 빗대어, 심판을 받을 때는 그 손이 기운을 잃고 약해질 것이라는 아이러니한 표현이다(23:37, 45). 또한 "무릎이 물과 같이 약해질 것"이라는 선언은 7:17을 연상시켜, 심판을 받는 백성의 마음이 녹고 영이 쇠할 때 두려움으로 옷에 오줌을 싸고 그 오줌이 무릎 위로 흐를 것이라는 뜻이다.[412] 오늘날의 표현으로 하자면 다리가 사시나무처럼 떨리는 극심한 공포에 싸이게 되리라는 예고다.

결국 21:7은 심판을 받을 때 완악한 마음으로 행동했던 백성의 마음과 영이 약해지고 그들이 두려움에 휩싸이게 될 것이라고 말함으로써, 백성을 향한 심판이 자업자득임을 알리고 있다. 한편 신약은 이와 같은 형벌을 예수 그리스도가 십자가에서 모두 대신 담당하셨음을 알린다. 완악한 마음을

---

412 Moshe Greenberg, *Ezekiel 21-37*, AB (New Haven, CT: Yale University Press, 1997), 422.

가진 우리가 벌을 받아 마음이 녹고 두려움에 휩싸여야 했지만, 우리 대신 예수 그리스도가 십자가에서 마음이 녹고 두려움 속에 거하는 형벌을 받으셨다는 것이다. 이 대목에 우리는 그리스도의 사랑이 얼마나 큰 것이었는지를 다시 깨달을 수 있다.

21:8-17은 일명 "칼의 노래"로서, 칼을 통해 많은 사람이 엎드러지게 될 것이라고 말한다. 먼저 칼이 사람을 죽이기 위해 날카롭게 빛나고 있음을 보여주어 칼로 인한 멸망이 임박했음을 알린다(21:9-11). 21:10b에는 "내 아들의 규가 모든 나무를 업신여기는도다"라는 말이 나오는데 그 뜻이 분명하지 않다.[413] 블락은 여기서 "내 아들의 규"가 사무엘하 7:13에서 언급된 다윗 언약의 약속을 가리키고 "모든 나무"는 백성을 가리켜서, 다윗 언약이 백성을 저버리고 취소된다는 뜻으로 해석한다.[414] 아무리 다윗 언약이 있어도 칼로 상징되는 바빌로니아의 공격 앞에서 무력하게 될 것을 뜻한다는 해석이다.

이어 하나님은 에스겔에게 칼이 두 번 또는 세 번 쓰이도록 하라고 말씀하신다(21:14). 칼이 세 번 쓰인다는 말은 아마도 유다가 바빌로니아에 의해 세 번 포로로 잡혀가게 될 것을 가리키는 것처럼 보인다(기원전 605년, 597년, 589년).[415] 결국 백성은 칼로 인해 낙담하여 엎드러지게 될 것이다(21:15). 여기서 "낙담하다"에 해당하는 말은 "마음이 흔들리다"라는 뜻이다. 그래서 완악한 마음으로 죄를 지은 유다가 벌을 받아 마음이 약해질 것이라는 아이러니를 다시 제시하고 있다.

---

413 Greenberg, *Ezekiel 21-37*, 423.
414 Block, *Ezekiel Chapters 1-24*, 678.
415 Cooper, *Ezekiel*, 213.

칼로 인해 유다가 멸망할 때 하나님은 손뼉을 치며 자신의 분노를 푸실 것이다(21:16-17). 하나님이 손뼉 치신다는 것은 유다 백성의 멸망을 기뻐하실 것이라는 의미다.[416] 덧붙여 백성이 손에 힘을 주고 죄를 지었기 때문에 하나님도 그들을 벌할 때 손에 힘을 주고 손뼉을 친다는 의미도 포함한다(23:37, 45). 이로써 백성을 향한 하나님의 심판은 그들이 행한 방식대로 시행된다는 것을 다시 확인해준다.

21:18-23은 칼의 정체가 바빌로니아임을 드러내고, 바빌로니아 왕의 칼이 점괘를 통해 예루살렘을 향하기로 결정되었음을 알린다. 바빌로니아 왕은 그를 반역하는 팔레스타인 나라들을 멸하기 위해 하맛 땅 리블라에 군사령부를 설치했다(렘 39:5; 겔 6:14). 여기서 그는 해안 길을 따라 예루살렘으로 갈지 아니면 왕의 대로를 따라 암몬으로 군대를 보낼지를 선택하기 위해 점괘를 사용했고, 그 결과 예루살렘을 먼저 치기로 했다.

한편 바빌로니아 왕은 예루살렘으로 공격 방향을 결정하기 전 세 가지 방법의 점괘를 사용했다(21:21). 첫째로 화살 통에서 화살들을 흔들어 던진 후 그 패턴을 보는 방법, 둘째로 우상에게 묻는 방법, 마지막으로 희생제물의 간의 모습을 살펴 결정하는 방법이었다.[417] 이렇게 세 가지 방법을 동원한 이유는 점괘에 나온 결정이 올바르다는 것을 확인하기 위함이었다.[418]

바빌로니아 왕이 유다를 친 이유는 유다가 바빌로니아와의 맹약을 어겼기 때문이었다(21:23). 즉, 유다 왕 시드기야가 바빌로니아와의 언약을 배

---

416 Thompson, *Ezekiel*, 137.
417 Thompson, *Ezekiel*, 136.
418 Odell, *Ezekiel*, 270.

반한 것이 가장 큰 원인이었다(17:15).**419** 바빌로니아를 향한 유다의 언약 배반은 궁극적으로 하나님과의 언약 배반을 예표함으로써 유다가 하나님과의 언약을 지키지 않았기 때문에 멸망한다는 교훈을 준다. 한편 이집트를 의지했던 예루살렘의 유다는 바빌로니아가 점괘를 사용하여 그들을 치러 올 것이라고는 생각도 못하고 오히려 희희낙락했다. 이는 죽음의 사자가 오는 줄도 모르고 교만에 차 있는, 참으로 어리석은 모습이 아닐 수 없었다.

그 결과 바빌로니아 군대가 예루살렘에 도착하여 성읍을 둘러쌀 때, 시드기야의 마음은 그야말로 녹아내리고 그의 영은 쇠할 수밖에 없었다. 심판의 어두운 그림자 앞에서 그는 마음이 울렁거려 어찌할 바를 몰랐다. 이 대목에서 성도가 하나님의 말씀에 귀 기울이지 않고 마음을 완악하게 할 때, 하나님의 심판은 그를 생각지도 못한 상황으로 몰아가 마음을 울렁거리게 하며 녹게 한다는 사실을 깨달을 수 있다. 그러므로 어떤 상황 앞에서 성도가 마음이 울렁이고 불안하다는 것은 그동안 하나님 앞에서 돌같은 마음으로 살았다는 증거임을 알아야 한다. 그와 반대로 바른 길로 걸어가는 성도는 항상 마음의 평안과 안전을 누린다는 것이 에스겔서의 교훈이다(38:11).

21:24-27은 유다 왕인 시드기야를 "군주"(prince)를 뜻하는 "나시"로 부르며 시드기야의 종말과 예루살렘의 멸망을 선언하다. 시드기야는 중상을 당하여 엎드러질 것이다(21:25-27a). 여기서 "중상을 당하다"에 해당하는 히브리어는 "할랄"(חָלָל)이다. 에스겔서에서 "우상을 섬긴 자들의 시체가 파괴된 우상 사이에 엎드러지게 될 것"이라고 말할 때 이 단어가 사용되었다(6:7). 따라서 시드기야가 중상을 당하여 엎드러지게 된다는 예언은 그

---

419 Odell, *Ezekiel*, 270.

가 우상숭배를 하여 우상처럼 파괴될 것임을 암시한다.

흥미롭게도 21:27b은 창세기 49장의 유다에게서 통치자가 나올 것이라는 예언 문구를 인용한다(창 49:10). 해당 에스겔서 구절의 히브리어 원문을 해석하면 "공의를 행하는 사람이 오기까지 예루살렘의 멸망은 이루어지지 않았다"이다. 즉, 공의를 행하는 자기 와서 예루살렘이 멸망하게 될 것이라는 뜻이다.[420] 창세기 49장에서는 공의를 행하는 자가 메시아였지만, 에스겔서 본문에서 공의를 행하는 자는 바빌로니아 왕 느부갓네살로 드러난다(참조. 렘 27:7).[421] 이처럼 본문에서는 창세기 49장에 나온 유다를 향한 축복의 예언이 유다를 향한 저주의 예언으로 바뀜으로써 유다의 멸망이 아이러니임을 보여주고 있다.

21:28-30은 암몬에 대한 심판을 다룬다. 예레미야 27:3에 보면 암몬은 처음에 시드기야와 함께 바빌로니아에 반기를 들었던 나라다. 하지만 바빌로니아가 공격해오자 돌변하여 바빌로니아와 결탁하고 예루살렘 침공을 도왔다. 어쨌든 암몬을 향한 칼은 예루살렘을 향한 칼처럼 날카로워 암몬을 멸할 것이고, 나머지는 불로 멸망할 것이다(21:31). 멸망 후 암몬이 다시는 기억되지 못할 것이다(21:32). 이는 멸망하는 유다가 미래에 다시 회복될 것이라는 말씀과 대조를 이룬다.[422] 암몬에 대해 이런 혹독한 심판이 내려진 이유는, 암몬이 하나님의 임재 장소인 예루살렘의 멸망을 조롱했기 때문이다. 암몬에 대한 심판은 25:1-7에서 다시 자세히 다룬다.

---

420 Renz, *Rhetorical Function of the Book of Ezekiel*, 86.
421 Blenkinsopp는 이와 같은 주장에 반대해서 겔 21:27이 미래의 메시아를 가리킨다고 주장한다. Blenkinsopp, *Ezekiel*, 94.
422 Taylor, *Ezekiel*, 163.

8) 예루살렘 지도자와 백성들의 죄악(22-23장)

22-23장은 예루살렘 지도자와 백성들의 타락상을 소개하여 유다의 멸망이 필연적임을 보여준다. 22장이 왕과 고관과 예언자들의 타락으로 인해 백성이 타락했음을 지적한다면, 23장은 정치적으로 타국에 의지한 사마리아 정치 지도자와 예루살렘 정치 지도자들의 타락을 소개한다. 결국 22-23장은 예루살렘 멸망의 배후에 백성의 타락을 부추기는 지도자의 타락이 있음을 말하면서 그들을 질타하고 있다.

전체 구조를 보면, 22-23장은 앞뒤로 피 흘림, 우상숭배로 인한 행음, 율법을 어기고 성소와 안식일을 더럽힌 것을 언급함으로써(22:3-4, 8; 23:37-40) 독자가 22-23장을 하나의 단락으로 읽도록 유도한다. 지도자들의 타락의 중심에는 피 흘림과 우상숭배라는 행음이 자리 잡고 있었다. 그 결과 16장과 같이 예루살렘 주민은 간음한 여인들처럼 벌거벗은 몸이 되고 돌에 맞아 죽을 것이다. 그리고 자녀를 불 살라 바친 대가로 그들의 자녀가 죽임 당하고 집들이 불살라지게 될 것이다(23:45, 47).

22장 초두가 우상숭배라는 종교적 행음을 "어지러운 행위"(메후마)로 규정(22:5)한 것과 비슷하게, 23장 후반부도 하나님이 아닌 다른 나라를 의지하는 정치적 행음을 "지껄이는 소리"(하몬)로 표현하고 있다(23:42). "메후마"와 "하몬"은 "요란함"을 뜻하는 같은 어근에서 나온 말이다. 본문은 이런 언어유희를 통해 유다가 종교적 행음과 정치적 행음을 저질러 요란한 소리를 냈으므로 결국 요란한 소리를 내며 망하게 될 것임을 내비친다. 그래서 유다의 멸망이 그들의 요란한 행음의 대가임을 일깨워준다(참조. 7:16).

(1) 예루살렘의 지도자와 백성들의 죄악(22장)

22장은 초두와 말미에서 지도자들을 언급하여 예루살렘이 지도자들에 의해 멸망하게 될 것을 확연히 드러낸다(22:6, 25-28). 구체적으로 22장은 세 단락으로 나뉘는데, 첫째 단락인 22:1-16은 예루살렘이 하나님의 계명을 지키지 않았기 때문에 멸망한다고 말한다. 둘째 단락인 22:17-22은 예루살렘이 은, 금이 아니라 찌꺼기가 되었기 때문에 멸망할 수밖에 없다고 증거한다. 그리고 마지막으로 22:23-31은 예루살렘의 지도자와 백성들에게 시선을 모으고 그들의 타락으로 인해 예루살렘이 멸망할 수밖에 없음을 교훈한다.

① 예루살렘의 왕과 백성들이 피 흘린 대가로 멸망할 것(22:1-16)

22:1-16은 예루살렘을 "피 흘린 성읍"이라고 부르며 시작하여(22:2) 이후에도 피를 빈번히 언급한다(22:3, 4, 6, 9, 12, 13). 우선 예루살렘이 멸망할 수밖에 없는 이유가 우상숭배와 피 흘림 때문이라는 것을 설명한다(22:1-5). 앞서 에스겔서는 요란한 우상숭배와 피 흘리는 강포로 인해 예루살렘이 멸망하게 될 것이라고 말했다(5:7; 7:7, 11). 그런 맥락에서 22:5도 예루살렘을 "어지러움이 많은 자"로 부르고 이방인이 예루살렘을 조롱하게 될 것이라고 말하고 있다. 여기서 "어지러움"에 해당하는 히브리어는 "메후마"로서 요란함을 뜻한다. 그리하여 요란스럽게 죄를 지은 예루살렘이 요란스럽게 멸망하게 될 것을 알려주고 있다.[423]

22:6-12은 왕을 위시한 백성들이 공의와 의에서 이탈하여 피를 흘리

---

423 Greenberg, *Ezekiel 21-37*, 453.

고 우상을 숭배하며 불의를 행했음을 지적한다. 구체적으로 유다의 왕들(나시)은 공의와 의를 행할 의무를 저버린 채 피를 흘리고 성물을 업신여기며 안식일을 더럽혔다(22:6-8). 도덕적 죄악이 발전하여 종교적 죄악으로 귀결된 형국이다.[424] 성물과 안식일에 대한 언급은 성소를 더럽히고 안식일을 올바로 지키지 않았다는 뜻이다. 구약에서 성소와 안식일의 신학적 의미는 백성 가운데 임재하길 원하시는 하나님의 속성과 깊은 관련이 있다. 따라서 이 말씀은 유다의 왕들이 공의와 의를 행하지 않음으로써 백성 가운데 임재하며 교제의 기쁨을 누리려 했던 하나님의 의도를 외면했음을 일깨워주고 있다.

이어 예루살렘 주민의 죄악상이 드러난다(22:9-12). 그들도 유다 왕들과 마찬가지로 피를 흘리며 종교적 죄와 도덕적 죄를 함께 저질렀다.[425] 22:9에서 "네 가운데에 피를 흘리려고 이간을 붙이는 자도 있었다"라는 말은 타인에게 중상모략으로 거짓 증거를 제시하여 피 흘리게 했다는 뜻이다(레 19:16).[426] 더욱이 예루살렘 주민은 산에서 우상을 숭배하는 종교적 행음도 거리낌 없이 자행했다(22:9). 이런 종교적 행음은 실질적 행음으로 이어져 아버지의 하체를 드러내고 월경하는 부정한 여인과 관계하며 근친상간을 범하기까지 했다(22:10-11). 나아가서 부도덕하게 피를 흘리려고 뇌물을 받고 이자를 받으며 이웃을 속여 빼앗았다(22:12).

정리하면 22:6-12에 나타난 예루살렘 왕들과 백성들의 죄목은 피 흘

---

424 Allen, *Ezekiel 20-48*, 36.
425 이 소단락은 피 흘림이라는 주제가 앞뒤를 감싸는 구조로 되어 있다(22:9, 12).
426 Greenberg, *Ezekiel 21-37*, 455.

림, 우상숭배, 그리고 하나님의 율법을 어긴 것으로 요약할 수 있다.[427] 특히 여기서는 예루살렘이 "피 흘리는 성읍"이라고 불릴 정도로 피 흘림이라는 말이 빈번히 사용되고 있다. 22:6-12에서 언급된 죄목은 십계명을 위반한 죄들이다. 이는 도덕적 죄와 종교적 죄가 서로 긴밀히 연관되어 있음을 보여준다. 결국 백성의 타락 배후에는 왕과 같은 지도자의 타락이 있음을 교훈하여, 지도자의 책임이 중요함을 강조하고 있다.

피로 얼룩진 예루살렘은 심판을 통해 그 부정한 것이 제거되어야 했다.[428] 따라서 예루살렘이 심판받을 때 부정한 왕과 주민들은 열국에 흩어지는 방식으로 제거되고 그 흩어진 곳에서 수치를 당하게 될 것이다(22:13-16). 이들이 심판받을 때 하나님은 손뼉을 쳐서 자신의 분노를 해소할 것이고(참조. 21:17) 예루살렘 왕과 백성들은 손에 힘을 잃을 것이다(22:13-14). 왕과 백성이 불의를 위해 손에서 힘을 주고 피를 흘렸기 때문에(23:37, 45), 심판받을 때 그들의 손에 힘이 없어지리라는 아이러니다. 이와 대조적으로 하나님은 예루살렘을 향한 심판으로 인해 손뼉을 칠 정도로 힘을 가질 것이다.

하나님이 보응하시는 날에 예루살렘 왕과 백성의 마음은 그분의 심판을 견디지 못할 것이다(22:14). 여기서 마음이 견디지 못한다는 말은 완악한 마음으로 죄를 지어 심판을 당할 때 그 마음이 쇠약하게 될 것을 의미한다. 이로써 하나님의 심판은 그들이 악한 마음을 가졌기 때문에 마음을 벌하는 방식으로 시행되는 것임을 교훈한다.

---

427 Cooper, *Ezekiel*, 219.
428 Renz, *Rhetorical Function of the Book of Ezekiel*, 87.

② 예루살렘이 찌끼가 되었기 때문에 멸망할 것(22:17-22)

22:17-22은 예루살렘이 찌끼가 되었기 때문에 더 이상 순수한 은이나 금이 될 수 없음을 선포한다(렘 6:27-30; 사 1:22-25; 참조. 사 48:10). 하나님은 순수하지 못한 이스라엘을 구원하고 그들을 단련시켜 정결한 순금과 순은으로 만들기를 원하셨다. 시편은 이 점을 다음과 같이 고백한다. "하나님이여, 주께서 우리를 시험하시되, 우리를 단련하시기를 은을 단련함 같이 하셨으며"(시 66:10). 하지만 이들에게서 순수한 은을 발견할 수 없게 되자, 하나님은 그들을 놋과 철이라 칭하시며 내버릴 수밖에 없었다(렘 6:27-30). 찌끼가 되었을 때 그것을 제거하는 방법은 불로 녹이는 것이다(겔 22:20). 그래서 에스겔 22:17-22에서 하나님은 그들을 불로 녹여버릴 것이라고 말씀하신다. 이런 심판은 11장과 24장에 나오는 불가마 이미지를 연상시킨다.

원래 그 속에 은이 없는 예루살렘이었기 때문에, 애초부터 예루살렘을 정련해서 순수한 은을 만든다는 것은 불가능했다(22:18) 그래서 하나님은 예루살렘이 "놋이나 주석이나 쇠나 납이며 은의 찌끼"라고 말씀하신다. 은이 상징하는 것은 하나님의 거룩한 속성을 닮아 공의와 의로 거룩해지는 모습이다. 이런 모습으로 백성이 거룩해지면 하나님은 그런 그들 가운데 거하실 수 있었다. 그러나 예루살렘의 유다는 이기적 욕구와 마음의 죄로 인해 처음부터 은이 될 수 없었다. 따라서 하나님은 예루살렘을 포기하실 수밖에 없었던 것이다.[429]

예루살렘은 처음부터 무가치한 금속이었기 때문에, 무가치한 금속을 풀무불속에서 녹여 없애듯이 하나님도 예루살렘을 풀무불에 녹여 사라지

---

[429] Taylor, *Ezekiel*, 166.

게 하실 것이다(22:19-22). 22:22에서 예루살렘 주민들이 불에 녹는다고 할 때 "녹는다"에 해당하는 히브리어는 "나타크"(נָתַךְ)의 사역 수동형(호팔)이다. 이 단어는 21:7의 "마음이 녹는다"에서 "녹는다"에 해당하는 히브리어 "마사스"(מָסַס)와 같은 의미군에 속한 낱말이다. 본문은 이런 단어를 사용하여 예루살렘이 불에 녹아 널방하는 모습과 마음이 녹아 멸망하는 모습을 중첩시킴으로써, 예루살렘이 안팎으로 비참한 최후를 맞이하게 될 것을 예고하고 있다.[430]

③ 예루살렘의 지도자와 백성들이 죄로 멸망할 것(22:23-31)

22:23-31은 예루살렘을 더럽힌 자들의 신분을 높은 계층에서 낮은 계층 순으로 언급하며 지도자들의 죄를 고발한다.[431] 먼저 22:25에서 개역개정판 한글 성경이 "선지자들의 반역함"이라고 번역한 부분은 "군주들(나시)의 반역함"으로 고쳐 읽어야 한다.[432] 이 구절은 예루살렘의 군주인 왕들을 호명하면서, 그들이 공의와 의에서 이탈하여 우는 사자와 같이 백성을 착취하고 사람들의 피를 많이 흘려 과부를 대량으로 양산했다고 설명한다. 축복받은 암사자였던 다윗 왕권이 사람을 해치는 울부짖는 사자로 돌변했기 때문에(22:25), 하나님은 바빌로니아를 사자와 같이 불러 예루살렘 주민들을 찢을 것이라고 말씀하신다(렘 4:7; 5:6; 25:38). 지도자가 정의로운 사자로서 통치하지 않을 때, 맹수와 같은 사자를 불러 벌하실 것이라는 아이러니다.

왕뿐 아니라 제사장들도 문제였다(22:26). 이들은 율법을 범하여 거룩

---

430 Allen, *Ezekiel, 20-48*, 38.
431 Eichrodt, *Ezekiel*, 315 참조.
432 Eichrodt, *Ezekiel*, 315.

한 것과 속된 것, 부정한 것과 정결한 것을 분별하지 못했다. 선악을 제대로 분별하지 못했기 때문에 하나님의 "안식일을 보지 아니하였다"(22:26b). 또한 고관인 방백들도 이익에 눈이 멀어 이리와 같이 백성을 삼키기 위해 피를 흘렸다(22:27).[433]

더욱 심각한 것은 언약의 수호자로서 왕과 백성을 올바른 언약 관계로 인도해야 할 예언자들이 자기 이익을 위해 허탄한 이상을 보며 거짓 복술을 행했다는 것이다(22:28). 이런 타락한 지도자들로 인해 백성도 포악하고 강탈을 일삼고 공의와 의에서 벗어났다(22:29). 여기서 언급된 타락한 백성은 가난한 자들이 아니라 부자들로서, 지도자들과 결탁해 자기 이익을 추구하는 자들이나(참조. 미 2장).[434] 하지만 이런 부자들이 타락한 배후에는 지도자들의 잘못이 있었기 때문에 지도자들의 책임이 더 크다고 할 수 있다.

한편 에스겔서의 궁극적 청중은 바빌로니아 포로 공동체이므로, 이 본문은 바빌로니아 포로 공동체의 지도자들에게 예루살렘 지도자의 잘못을 타산지석 삼아 올바로 행할 것을 촉구하는 의미도 지닌다.[435] 당시 포로 공동체의 죄악에는 거짓 예언자들의 책임이 컸다(참조. 13장). 그러므로 본문은 바빌로니아 포로 공동체가 멸망을 피하려면 거짓 예언자를 제거하고 올바른 지도자를 선택해야 함을 가르쳐주고 있다.

끝으로 하나님은 지도자의 잘못으로 인해 예루살렘의 멸망을 선고하신다(22:30-31). 22:30은 예루살렘성을 쌓으며 무너진 곳을 수축하는 자가 한 사람도 없다고 말한다. 이는 13:5을 반복한 말로서, 성으로 대변되는 공

---

433 Duguid, *Ezekiel*, 289.

434 Duguid, *Ezekiel*, 289.

435 Renz, *Rhetorical Function of the Book of Ezekiel*, 88.

동체를 세울 의로운 지도자가 하나도 없음을 뜻한다.[436] 더욱이 의로운 자가 하나도 없다는 말은, 열 명의 의인이 없어 멸망했던 소돔과 고모라보다 예루살렘의 죄가 더 심하다는 것을 암시해준다(16:46-47; 창 18:22-23; 참조. 렘 5:1).[437] 또한 그 결과 예루살렘은 소돔과 고모라처럼 불로 멸망하게 될 것을 알린다(22:31)

정리하면 예루살렘이 멸망한 원인은 종교적 우상숭배와 비도덕적인 삶, 피 흘림으로 요약된다. 하지만 그 배후에 지도자의 잘못이 있다고 지적하여 지도자의 타락을 예루살렘 심판의 큰 원인으로 제시하고 있다. 이런 연유로 에스겔은 미래에 구원이 임할 때는 하나님이 직접 왕이 되어 그들을 다스리실 것이라고 예언한다(17:22; 34:15).

(2) 유다의 전반적 죄성(23장)

23장은 두 여인인 오홀라(사마리아)와 오홀리바(예루살렘)를 언급하고, 이 둘이 여러 나라를 정부(lover)로 맞이하고 그들을 의지하며 행음하는 과정에서 정부를 바꿨기 때문에 심판받게 됨을 선포한다. 또한 그래서 오홀라는 아시리아에 의해 심판을 당했고(23:5-10) 오홀리바는 바빌로니아에 의해 심판받게 될 것이라고 말한다(23:11-29). 이처럼 하나님보다 타국을 의지하는 정치적 행음에 대해서는 백성보다 정치적 지도자의 책임이 크기 때문에, 23장은 지도자의 타락을 다루는 22장의 연속선상에 있다고 볼 수 있다.

사마리아와 예루살렘이 그들의 정부(lover)를 연속해서 바꾸며 배반한

---

[436] Allen, *Ezekiel*, 39.
[437] Cooper, *Ezekiel*, 224.

행위는 하나님의 은혜를 배반하고 행음하는 행위에 비견된다. 그리하여 정부들이 자신을 배반한 사마리아와 유다를 멸망시키듯이, 하나님이 자신을 배반한 예루살렘을 멸망시키는 것은 당연하다는 교훈을 준다(23:30-35).

설상가상으로 사마리아(오홀라)와 예루살렘(오홀리바)은 다른 나라들과 정치적 행음을 하는 과정에서 우상을 받아들였다(23:7, 30, 37, 39, 49). 그래서 본문은 결론에서 예루살렘의 멸망은 정치적 행음과 함께 피 흘리며 우상을 숭배한 결과라는 사실을 부각시킨다(23:36-49).

23장의 역사적 이야기는 역사적 배교를 다루는 16장 및 20장과 유사하다. 하지만 23장은 역사를 회고하는 16장, 20장과 차이를 보인다. 16장과 20장은 역사적 배교 이후 역사의 끝은 새 언약의 체결임을 강조함으로써 배교 이후에 하나님의 강권적 개입으로 소망이 있음을 드러낸다. 종말에 심판이 아니라 회복이 있다는 이야기다. 반면 23장의 끝은 새 언약을 언급하지 않는다. 이는 23장의 초점이 역사적 배교보다 유다의 천성적 죄성을 강조하는 데 있기 때문이다. 23장은 유다의 일반적 죄성을 전면에 내세우고 유다 정치 지도자들의 변덕으로 인해 바빌로니아에 의한 멸망이 필연이라는 사실을 교훈하는 데 그 목적이 있다. 23장의 구조는 다음과 같다.

A. 이집트에서 행음한 오홀라와 오홀리바(23:1-4)

  B. 오홀라가 정부를 바꾸며 행음하여 심판을 받았음(23:5-10)

  B´. 오홀리바도 정부를 바꾸며 행음하므로 심판을 받게 될 것(23:11-31)

    C. 심판 이유: 하나님을 망각하고 버렸기 때문(23:32-35)

A´. 오홀라와 오홀리바의 죄: 우상숭배, 피 흘림, 정치적 행음(23:36-45)

B″. 행음한 오홀리바가 돌과 칼로 피 흘리는 심판을 받을 것(23:46-49)

먼저 23:1-4은 두 자매인 사마리아와 예루살렘을 각각 오홀라와 오홀리바라고 소개한다. 언니인 오홀라(사마리아)는 "나의 장막"이라는 뜻이고 동생인 오홀리바(예루살렘)는 "그녀 안에 나의 장막이 있다"는 뜻이다. "장막"이라는 말은 제의적 용어로서, 사마리아와 예루살렘이 하나님이 거하시는 처소였다는 의미를 전달한다. 동시에 장막은 결혼 이미지를 표현하여 하나님이 언약 관계를 통해 사마리아와 예루살렘을 그분의 신부로 삼았음을 알려준다. 하지만 장막은 타인과 행음하는 장소라는 이미지도 있으므로 사마리아와 예루살렘이 행음할 수 있다는 불길한 여지를 주고 있다.[438]

사마리아(북이스라엘)와 예루살렘(남유다)은 이집트에서부터 행음했다(23:3). 그 행음이 구체적으로 무엇인지 말하지는 않지만, 이스라엘이 이집트에서 하나님보다 이집트를 의지하여 살면서 이집트의 우상을 섬겼던 사실을 가리키는 것처럼 보인다(20:8; 수 24:14). 어쨌든 사마리아와 예루살렘이라는 두 자매는 이집트에서부터 종교적으로 행음하여 하나님 앞에서 영적 간음을 범했다.

23:5-10은 오홀라인 사마리아에 초점을 맞춰, 사마리아가 어떻게 하나님 보시기에 행음했는지를 고발한다. 에스겔은 사마리아가 처음에 아시리아를 자기 정부로 삼고 행음하면서 아시리아의 우상을 받아들였다고 말한다(23:7). 그리고 그 후 변심하여 이집트와 동침하였기 때문에, 이에 질투

---

438 Taylor, *Ezekiel*, 169. 여기서 Talyor는 장막이 제의적 용어라고 주장한다.

를 느낀 아시리아가 와서 사마리아를 멸망시켰다고 회고한다. 여기서 이집트를 의지했다는 말은 기원전 722년에 북이스라엘의 왕인 호세아가 아시리아의 침략에 맞서 이집트 왕 소를 의지한 사건을 가리키는 것처럼 보인다(왕하 17:4).[439]

결국 사마리아는 처음에 아시리아를 정부로 맞이했다가 후에 이집트로 바꿨기 때문에 아시리아의 질투로 멸망하게 되었다. 외관상 사마리아는 아시리아의 질투로 멸망했지만, 사실 이 멸망은 하나님을 배반한 사마리아에게 하나님이 질투를 느낌으로써 이루어진 것이었다.

23:11-31은 예루살렘이 사마리아의 멸망에도 정신을 차리지 못하고 다른 나라들을 의시하는 성지석 행음의 과정을 다룬다. 이 과정에서 예루살렘도 자신이 사랑하는 정부들을 배반했기 때문에 멸망하게 될 것을 알린다. 예루살렘은 처음에 아시리아와 연애하다가 나중에 갈대아 사람의 형상을 보고 바빌로니아를 의지했다(23:12-16). 바빌로니아와 연애한다는 것은 기원전 597년에 바빌로니아 왕 느부갓네살의 침략으로 바빌로니아의 속국이 되었음을 말하는 것으로 보인다.[440] 그러다가 예루살렘은 마음이 변해 이집트와 연애하고 이집트를 의지하게 되었다(23:17-21). 이집트를 의지했다는 언급은 시드기야가 바빌로니아에 반기를 들기 위해 이집트를 의지한 사건을 가리킨다.

23:22-31은 예루살렘이 연애 상대인 정부를 마음대로 바꿨기 때문에, 배신당한 바빌로니아가 예루살렘을 멸망시킬 것을 예고한다. 바빌로니아

---

439 Odell, *Ezekiel*, 301.
440 Odell, *Ezekiel*, 302.

는 자신과 연애했던 유다가 변심하여 이집트를 사모하자 질투를 느끼고 유다를 멸망시키게 될 것이다. 이런 바빌로니아의 질투는 실질적으로 하나님을 버린 유다를 향한 하나님의 질투를 상징한다. 실제로 에스겔서는 이를 하나님의 질투로 명확하게 표현하고 있다(23:25a). 그리하여 하나님보다 타국을 의지하며 정치적 행음을 한 사마리아가 멸망하듯이, 예루살렘도 하나님의 질투로 인해 멸망하게 될 것을 내다본다.

구체적으로 23:25b-27은 하나님의 질투를 대신하여 바빌로니아가 유다의 코와 귀를 깎아 버리고 칼로 죽이며 자녀를 빼앗고 남은 자를 불에 사르고 유다를 벌거벗겨 장식품을 빼앗을 것이라고 말한다. 이런 묘사는 아시리아가 오홀라에게 행한 심판과 유사하다(23:10).[441]

코와 귀를 깎아 버리는 행위는 아시리아가 패전한 백성들에게 행한 관습과 일치한다(23:25b). 이로써 본문은 바빌로니아에 의해 예루살렘이 수치스럽게 멸망할 것을 알린다.[442] 또한 코와 귀를 훼손당한다는 말에는 하나님의 형상인 유다가 우상을 섬겨 우상같은 존재로 전락했기 때문에 코와 귀를 깎아 더 이상 하나님의 형상의 모습을 갖지 못하도록 한다는 의미도 담겨있다. 예루살렘이 멸망할 때 바빌로니아는 예루살렘의 자녀들을 빼앗고 그 남은 자를 불사를 것이다(23:25c). 이는 예루살렘이 자녀들을 불 가운데로 지나가게 하는 우상숭배를 했기 때문에 그에 대한 징벌이라고 볼 수 있다.

더욱이 바빌로니아는 예루살렘 주민들의 옷을 벗기고 장식품을 빼앗을 것이다(23:26). 옷을 벗기고 장식품을 빼앗는 행위는 예루살렘이 하나님

---

441 Greenberg, *Ezekiel 21-37*, 482.
442 Block, *Ezekiel 1-24*, 751.

이 주신 장식품과 아름다운 옷으로 우상을 섬기고 다른 나라와 연애한 것에 대한 보응이다(16:10-13). 이런 보응의 심판을 통해 예루살렘이 이집트에 머물던 시절부터 지금까지 해왔던 행음은 그치게 될 것이다(23:27).

23:28-31은 예루살렘이 음란하게 타국을 의지하고 우상숭배를 했기 때문에 바빌로니아에 의해 간음한 여인처럼 옷이 벗겨져서 그들의 음행이 만천하에 드러나게 될 것이라고 말한다. 옷을 벗고 타국과 행음하였기 때문에 영원히 그들을 벌거벗게 해 줄 것이라는 아이러니다(23:29). 또한 예루살렘은 정치적 행음뿐 아니라 종교적으로 우상을 섬기는 영적 행음을 저질렀다(23:30). 따라서 그들이 우상같은 존재로 전락했음을 암시하고, 우상을 더럽히듯이 예루살렘을 더럽힐 것임을 내비친다.

23:32-35은 예루살렘의 정치적 행음과 종교적 행음의 신학적 의미를 제시한다. 한 마디로 그런 행위들은 하나님을 망각하고 버리는 행동이라는 설명이다(23:35). 하나님을 망각하고 버리는 행위는 언약 위반이다. 예레미야 2-3장은 남편인 하나님 대신 다른 것을 사랑하는 행위를, 하나님을 잊어버리고 버리는 언약 의무의 위반으로 간주한다(렘 2:17, 19, 32). 이런 맥락에서 에스겔서도 정치적·종교적 행음이 하나님을 잊어버리는 언약 배반임을 일깨워주고 있다.

언약 배반의 결과로 예루살렘은 사라미아가 받은 멸망의 잔을 받게 될 것이다(23:32-34). 하지만 신약은 당연히 백성이 받아야 할 심판의 잔을 예수 그리스도가 대신 받고 고난당하셨음을 증거한다(막 14:36).[443] 이 대목에서 우리 대신 모든 죄의 형벌을 지신 예수 그리스도의 사랑을 다시 한번 깨

---

443 Cooper, *Ezekiel*, 231-232.

닫고 감사하게 된다.

23:36-45은 오홀라와 오홀리바가 행음으로 어떤 죄를 지었는지를 구체적으로 묘사한다. 이 단락은 오홀라와 오홀리바에 대한 언급이 앞뒤로 포진되어 있는 구조다(23:36, 44). 이 둘의 죄목은 손에 피를 묻히고 우상과 행음했으며 자녀들을 불사르고 타국에 사절을 보내 정치적으로 행음했다는 것이다. 둘은 이런 행동으로 하나님의 성소를 더럽히고 안식일을 범하였다(23:38). 즉, 성소와 안식일이 상징하는 하나님의 임재를 훼방했다는 의미다.

이어서 23:40-42은 하나님을 의지하는 대신 인간적 안전과 보호를 위해 주위 국가들을 의지한 정치적 행음이라는 주제에 다시 초점을 맞춘다.[444] 오홀라와 오홀리바는 먼 나라에 사절을 보내 사람을 불러오게 하고 그 사람을 위해 하나님의 향과 기름으로 상을 차렸다(23:41). 여기서 기름과 향은 하나님이 벌거벗은 예루살렘을 꾸미기 위해 준비했던 기름과 향을 연상시킨다(16:18). 따라서 하나님이 주신 은혜를 가지고 다른 나라와 정치적으로 행음했음을 보여준다.[445]

23:42은 사절을 보내 타국 사람을 불러모아 그를 위해 상을 베풀고 술 취해 떠드는 모습을 가리켜 "지껄이고 즐거워한다"라고 표현한다. 여기서 "지껄임"에 해당하는 히브리어는 "요란한 소리"를 뜻하는 "하몬"(הָמוֹן)이다. 따라서 이런 요란함으로 인해 그들이 요란스런 심판을 받게 될 것을 예고한다(7:7, "때가 이르렀고 날이 가까웠으니 요란한 날이요").

---

444 Allen, *Ezekiel 20-48*, 51.
445 Allen, *Ezekiel 20-48*, 51.

23:43-45은 오홀라와 오홀리바에 내려지는 심판의 성격을 소개한다. 23:43에서 개역개정판 한글 성경이 "그가 그래도 그들과 피차 행음하는도다"라고 번역한 말은 "그들이 그녀와 행음하도록 하라"로 번역해야 한다. 이는 다른 나라들이 오홀라와 오홀리바를 기생으로 생각하고 행음할 때, 하나님이 계속해서 그것을 허락하셨음을 보여준다. 이후 하나님은 간음한 여인과 피 흘린 여인을 심판하듯, 의인을 불러 이 둘을 심판하실 것이다 (23:45). 이 구절에서 의인은 이방 나라를 가리키기 때문에, 이방 나라가 오히려 사마리아와 예루살렘보다 더 의로웠다는 아이러니를 보여준다.[446]

23:46-49은 오홀라와 오홀라바가 행음으로 인해 구체적으로 어떻게 심판을 빋는지를 생생하게 묘사한다. 한 마디로 두려운 일과 약탈을 당하고 무리에 의해 돌과 칼로 죽고 자녀들이 죽으며 집들이 불살라질 것이다. 구약의 법에 따라 간음한 여자가 돌에 맞아 죽임을 당하듯이, 행음한 사마리아와 예루살렘은 그들의 간음으로 인해 율법을 따라 돌로 맞아 죽임을 당하게 된다는 것을 보여준다. 또한 자녀들이 죽고 집이 불살라진다는 것은 오홀라와 오홀리바가 자녀들을 몰렉에게 바치기 위해 불로 지나가게 한 것에 대한 형벌이라고 할 수 있다.

정리하면 23장은 이집트에서부터 종교적·정치적으로 행음했던 오홀라와 오홀리바가 여전히 변하지 않았음을 드러냄으로써 사마리아와 예루살렘에게 천성적 죄성이 있음을 강조하고 있다. 따라서 예루살렘도 사마리아와 같이 멸망할 수밖에 없음을 독자들에게 각인시켜준다. 그리고 이런 죄성의 배후에는 지도자들의 큰 잘못이 있다는 것을 간접적으로 교훈하고 있다.

---

446 Cooper, *Ezekiel*, 233.

9) 속담과 표징을 통한 예루살렘의 멸망 예언(24장)

24장은 바빌로니아에 의한 멸망이 임박했음을 징조로 알리는 예언이다. 24:1은 "아홉째 해 열째 달 열째 날"에 하나님의 말씀이 에스겔에게 임하였다고 말하여 24장 말씀이 기원전 588년에 바빌로니아 느부갓네살 왕이 예루살렘을 침공하기 시작한 해에 주어졌음을 보여준다. 그러므로 24장은 멸망이 임박한 상황에서 멸망이 확실함을 예언하는 내용이다.

24:3에서 "가마"에 대한 비유는 11:3을 연상시켜, 11장이 1-11장의 결론인 것처럼 24장이 12-24장의 결론임을 내비친다.[447] 내용을 보면 전반부(24:1-14)는 녹슨 가마가 된 예루살렘과 그 주민을 향한 심판을 다룬다. 후반부(24:15-27)는 에스겔의 아내의 죽음이 징조가 되어 예루살렘 성전이 파괴되고 예루살렘이 멸망할 것을 예언한다. 여기서 에스겔의 아내와 성소를 모두 "기쁨의 대상"이라고 표현함으로써 아내의 죽음이 성소의 파괴를 예표한다는 것을 보여준다(24:15, 21, 25).[448]

① 속담을 통한 예루살렘의 멸망 선언(24:1-14)

24:3에서 하나님은 예언자 에스겔에게 비유를 전하라고 말씀하시면서 예루살렘을 가마로 표현하신다. 이 구절에서 "비유"에 해당하는 히브리어는 "마샬"로 에스겔서에서 조롱의 의미로 사용된 단어다(17:1; 18:2). 이 대목에서 하나님은 예루살렘의 멸망이 자업자득이고 필연적임을 드러내어 그들

---

447 Taylor, *Ezekiel*, 174. 확실히 Taylor는 24장이 12-23장의 결론이라고 주장하고 있다.
448 Renz, *Rhetorical Function of the Book of Ezekiel*, 91.

의 멸망을 조롱하고 있음을 알 수 있다.

24:4-5에서 하나님은 양 한 마리를 골라 각을 떠서 그 넓적다리와 어깨 고기와 모든 좋은 덩이를 가마 속에 넣고, 또한 선택된 좋은 뼈를 가득히 담아 뼈가 무르도록 삶으라고 명령하신다. 여기서 가마는 예루살렘을 가리키고 그 안에 있는 고기 덩이와 뼈들은 예루살렘 주민을 가리킨다.

이는 11장에서 예루살렘의 고관들이 예루살렘은 가마이고 그들은 그 안에 있는 고기이기 때문에 보호를 받는다고 자랑했던 말을 뒤집는 말씀이다(11:3). 그러므로 예루살렘 주민은 예루살렘이라는 가마 안에서 예상치 못한 극렬한 불로 멸망하게 될 것이다.[449] 이때 뜻밖의 멸망으로 인해 예루살렘 주민은 사람들로부터 조롱당하게 될 것이나, 하나님이 가마가 된 예루살렘의 멸망을 속담으로 전하라고 명령하시는 것은 이런 이유에서다. 한편 가마가 된 예루살렘에서 백성이 불로 멸망하는 또 다른 원인은 그들이 아무리 불로 단련해도 순수한 은이 될 수 없는 존재였기 때문이다. 은 찌꺼기에 불과했던 그들은 극렬한 불로 멸망당할 수밖에 없었다(22:17-22).[450]

나중에 이 가마는 "녹슨 가마"라고 불려서 녹이 생길 수 있는 구리 가마로 판명된다(24:12). 일반적으로 구약 시대에 음식은 흙으로 만든 가마로 삶았지만, 제물로 드려지는 고기는 구리로 만든 가마에 삶았다. 그리고 구리 가마에 삶은 고기는 화목제 희생제물의 고기로서 백성이 하나님과 교제하며 먹는 음식이었다.[451] 따라서 예루살렘이 구리 가마에 비유된다는 것은 그곳에 거하는 주민이 화목제물 고기처럼 하나님 앞에서 선택된 존재였다

449 Block, *Ezekiel Chapters 1-24*, 778.
450 Odell, *Ezekiel*, 313 참조.
451 Odell, Ezekiel, 314.

는 암시다. 그렇지만 예루살렘 주민은 그런 은혜에도 불구하고 피를 흘리며 죄를 지었기 때문에 멸망을 피할 수 없었다.

24:6-8은 녹슨 가마가 된 예루살렘으로 시선을 돌려 예루살렘 성읍 자체가 녹을 없앨 수 없는 상태가 되어 심판을 받게 될 것이라고 말한다. 예루살렘이라는 가마가 녹슬었기 때문에 그 안에 있는 고기는 모두 더러울 수밖에 없으므로, 예루살렘 주민뿐 아니라 예루살렘 자체가 멸망할 수밖에 없다는 설명이다.

하나님은 예루살렘이 녹슬었기 때문에 그 안에 있는 고기 덩이들(예루살렘 거민)을 제비 뽑을 것도 없이 밖으로 꺼내라고 말씀하신다(24:6b). 과거 기원전 597년에 바빌로니아에 포로로 잡혀가는 자는 제비뽑기를 통해 정해졌지만, 이제는 예루살렘이 멸망하여 무차별적으로 잡혀가게 될 것을 알려주고 있는 셈이다.[452]

예루살렘 주민은 무죄한 자의 피를 흘리고는 그 피를 흙으로 덮지도 않고 맨 바위에 두어 레위기법을 어겼다(레 17:13). 이런 죄들로 인해 예루살렘이 피로 물들었기 때문에 하나님은 예루살렘 자체를 멸망시킬 수밖에 없었다.[453] 또한 예루살렘 자체를 멸망시킬 때 "그녀의 피"를 흙으로 덮지 않고 맨 바위에 둘 것이다(24:7-8). 24:7에서 개역개정판 한글 성경이 "그 피"로 번역한 히브리어 표현은 "그녀의 피"로서 예루살렘의 피를 가리킨다. 피로 물든 예루살렘이 멸망할 때, 예루살렘이 계속 그런 불결한 상태로 있게 될 것이라는 예고다. 이는 기원전 586년에 멸망한 예루살렘이 더 이

---

452 Greenberg, *Ezekiel 21-37*, 500.
453 Odell, *Ezekiel*, 314.

상 하나님의 임재 장소가 되지 못하고, 오히려 바빌로니아 포로 공동체가 거하는 곳이 하나님의 임시 처소가 될 것임을 시사한다(11:16).

24:9-14은 구체적으로 녹슨 가마가 된 예루살렘을 어떻게 멸망시킬 것인지를 묘사한다. 먼저 가마 안의 고기와 뼈들을 모두 태운 후, 가마를 뜨겁게 달궈 그 놋을 소멸시킬 것이다(24:11). 하지만 녹이 너무 많아 가마 속에서 벗겨지지 않고 불로도 없어지지 않을 것이다(24:12). 이로써 예루살렘의 죄가 얼마나 극에 달에 있었는지를 표현하고 있다.

결론적으로 하나님은 녹슨 가마인 예루살렘의 더러운 것 중 하나가 음란임을 지적하고, 하나님의 분노가 채워지기 전에는 예루살렘이 다시 깨끗해지지 못할 것이라는 말씀으로 마무리하신다(24:13-14). 그래서 성도의 우상숭배와 정치적 행음 같은 음란이 하나님의 임재를 가로막는 방해물이 됨을 다시 교훈하고 있다.

② 표징을 통한 예루살렘 성전의 파괴 선언(24:15-27)

이 단락은 에스겔의 아내의 죽음이 표징(징조)이 되어 예루살렘 거민들이 기뻐하는 성전이 파괴될 것을 예언하는 말씀이다. 12-24장의 초두인 12장은 에스겔이 포로 행장을 하고 성벽을 뚫고 나가는 상징적 행동을 징조로 제시하여 예루살렘의 멸망을 예고했는데, 말미인 24장도 아내의 갑작스런 죽음 앞에서 울지 않는 에스겔의 상징적 행동을 징조로 제시하여 예루살렘 성전의 멸망을 예고하고 있다. 이렇게 해서 상징적 행동이라는 징조가 12-24장의 앞뒤를 감싸고 있다.

24:16-17에서 하나님은 에스겔에게 그의 기뻐하는 아내가 갑작스럽게 죽게 될 것이라고 말씀하신다. 여기서 "기뻐하다"라는 말은 성전을 "너

희 눈의 기쁨"이라고 표현했을 때 사용한 단어와 동일하다(24:21). 그리하여 에스겔 아내의 죽음은 백성들이 기뻐하는 성전의 멸망을 예표하는 사건임을 보여준다.[454] 이때 하나님은 에스겔에게 아내의 죽음 앞에서 슬퍼(סָפַד/사파드)하거나 울지(בָּכָה/바카) 말라고 말씀하셨다(24:16).

대신 에스겔에게 "조용히 단식하며 수건으로 머리를 동이고 발에 신을 신고 입술을 가리우지 말라"고 명령하신다(24:17). 이 명령은 일정 기간에 걸친 애도 의식을 행하지 말고 탄식만 하라는 뜻이다.[455] 당시 사람들은 애도 의식을 행할 때 보통 머리에 재나 티끌을 덮어쓰고 신을 벗으며 얼굴의 아랫부분을 가렸다.[456] 그런데 하나님은 에스겔에게 아내의 죽음 앞에서 그런 애도 의식을 무시하고 보통 머리에 재 대신 오히려 수건을 동이며 신발을 신고 조용히 탄식하라고 주문하신 것이다.

덧붙여 하나님은 에스겔에게 초상집에서 먹는 "음식"을 먹지 말라고 말씀하셨다(24:17b). 보통은 애도하는 사람에게 친구나 친척들이 음식을 가져다주는 의식이 있는데 이것도 허용하지 않은 것이다. 아내의 죽음 앞에서 남편의 애도는 인간의 자연스런 반응인데 하나님은 에스겔의 그런 반응을 모두 금한 셈이다.

이런 하나님의 금지 명령은 언뜻 이해하기 힘들다. 하지만 애도하지 말고 조용히 탄식하는 모습은 예루살렘 성전이 멸망할 때 예루살렘에 거하는 백성이 당하게 될 상황을 예표한 것이었다. 즉 예루살렘 성전이 파괴되

---

454 Cooper, *Ezekiel*, 239.
455 Jacqueline E. Lapsley, "A Feeling for God: Emotions and Moral Formation in Ezekiel 24:15-27," in *Character Ethics and the Old Testament: Moral Dimensions of Scripture*, ed. M. Daniel Carroll R. and Jacqueline E. Lapsley (Louisville, KY: WJK, 2007), 96.
456 Lapsley, "A Feeling for God," 96.

고 예루살렘이 멸망할 때 애도할 시간도 없이 황급히 포로로 잡혀갈 그들의 비참한 상황을 예고한 것이다.

24:18-24에서는 에스겔이 죽은 아내 앞에서 탄식하지 않는 것을 보고 바빌로니아 포로 공동체가 그 이유를 묻자 에스겔이 그 의미를 해석해준다.[457] 그에 따르면 에스겔 아내의 죽음처럼 그들이 기뻐하는 성전이 갑작스럽게 파괴될 것이다. 그리고 성소가 파괴되면서 바빌로니아 포로 공동체가 기원전 597년에 예루살렘에 남겨두었던 자녀들도 칼로 죽임을 당할 것이다(24:21).[458]

갑작스런 파괴로 인해 예루살렘 주민들은 울면서 입술을 가리지도 못하고 초상집의 음식을 먹지도 못한 채 수건(디반)으로 머리를 동이고 황급히 발에 신은 채 황급히 포로로 끌려가게 될 것이다(24:22-23).[459] 한편 예루살렘 주민이 애도 의식도 하지 못하고 포로로 끌려가는 모습은, 우상 숭배로 인해 그들이 우상처럼 변했기 때문에 우상의 재질인 돌처럼 굳어져 정상적인 인간적 반응을 하지 못하게 된다는 의미로도 이해할 수 있다(2:4; 11:19). 이 대목에서 인간이 하나님의 말씀에 귀 기울이지 않고 우상처럼 변했을 때 하나님은 그들을 우상처럼 멸망시키신다는 사실을 다시 깨닫게 된다.

하나님은 예루살렘이 멸망할 때 예루살렘 주민들이 "죄악 중에 패망하여 피차 바라보고 탄식하게 될 것"이라고 말씀하신다(24:23b). 여기서 "패망하다"에 해당하는 히브리어 "마카크"(מָקַק)는 기근으로 인한 육체적 부패를

---

457 Allen, *Ezekiel 20-48*, 61.
458 Allen, *Ezekiel 20-48*, 61.
459 Cooper, *Ezekiel*, 240.

뜻한다(4:17).[460] 그래서 예루살렘의 멸망은 육체적 부패처럼 인간이 비인간화(dehumanization)되는 경험임을 암시한다.[461] 24:23에서 "탄식하다"에 해당하는 히브리어 단어 "나함"(נָהַם)은 24:17에서 에스겔의 탄식을 표현한 히브리어 단어 "아나크"(אָנַק)와 다르다. 24:17에서 언급된 "탄식하다"의 주어는 항상 사람이지만, 24:23의 "탄식하다"의 주어는 동물이다.

그리하여 예루살렘의 멸망으로 인해 탄식하는 주민들은 동물처럼 변하여 울부짖게 될 것을 알린다. 우상을 섬겨서 인간이 아닌 우상처럼 변했기 때문에 예루살렘 주민들이 비인간적인 모습으로 멸망하게 될 것이라는 아이러니다.[462] 확실히 동물과 같은 그들의 비인간적인 모습은 하나님 형상으로서의 인간의 모습을 상실한 결과다. 이런 점에서 예루살렘의 멸망은 하나님의 형상으로 살지 못한 백성이 하나님 앞에서 짐승처럼 변했음을 드러내는 것이라고 볼 수 있다.[463]

24:25에서 한글 성경이 "힘"으로 번역한 히브리어 단어는 "마오즈"(מָעוֹז)로서 요새라는 의미를 가진다. 그래서 예루살렘의 유다와 바빌로니아 포로 공동체가 예루살렘 성전을 요새처럼 신뢰했다는 것을 보여준다. 하지만 하나님의 뜻에서 벗어나 우상을 숭배하면서 성전을 기계적으로 신봉하는 것은 헛된 일이다. 성전이 성전 되기 위해서는 그곳에 출입하는 자들이 평소 하나님의 임재 안에 거하는 거룩한 삶을 살아야 한다. 이런 교훈

---

460 Lapsley, "A Feeling for God," 97.

461 Lapsley, "A Feeling for God," 97.

462 Lapsley, "A Feeling for God," 98.

463 한편 Lapsley는 겔 24장에 나오는 비인간화는 인간이 무질서에서 질서를 찾으려는 스스로의 노력을 배제하고 하나님의 질서 속에서 하나님의 역사를 바라보게 하기 위한 하나님의 계획이라고 주장한다. Lapsley, "A Feeling for God," 99.

을 망각할 때 오늘날 성전으로 지어져가는 성도도 멸망할 수밖에 없음을 알아야 한다.

24:26-27에서 하나님은 예루살렘이 멸망하여 그 주민들이 바빌로니아에 포로로 잡혀올 때, 에스겔의 입이 열리게 될 것이라고 말씀하신다. 앞서 말한 대로 24장의 시간적 배경은 기원전 588년이고, 예루살렘 멸망은 기원전 586년에 일어났다. 그러므로 예언자 에스겔은 기원전 588년에 성전 멸망에 관한 예언을 하고, 기원전 586년까지 거의 2년 동안 침묵했다는 계산이 나온다(참조. 3:22-27). 실제로 33장은 예루살렘의 멸망이 실현되자 그가 다시 입을 열게 되었다고 말한다(33:22). 그리고 33장 이후에는 하나님이 에스겔에게 회복의 말씀을 주시는 것을 알 수 있다.[464]

---

464 Allen, *Ezekiel 20-48*, 61.

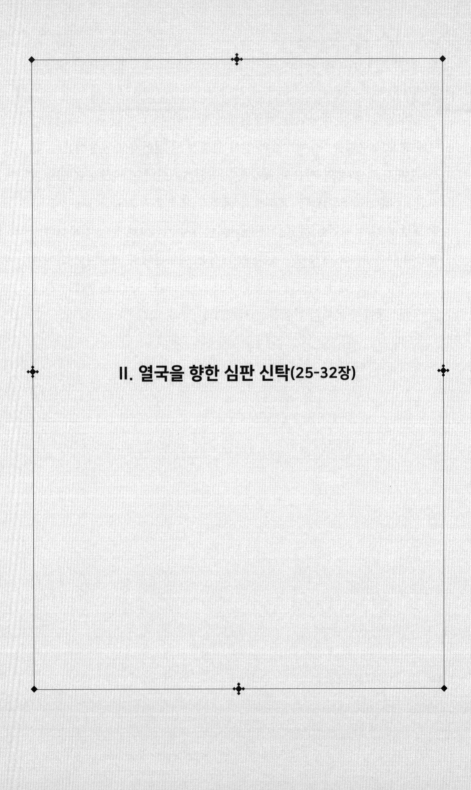

II. 열국을 향한 심판 신탁(25-32장)

25-32장은 바빌로니아를 통해 유다가 심판받을 때 이어서 열국도 심판받게 될 것을 선포하는 내용이다. 신학적인 측면에서 열국에 대한 심판 신탁은 유다가 멸망한 상황에서 그 땅을 열국이 차지할 수 없다는 것을 증거하는 기능을 한다. 유다가 멸망했지만 하나님의 궁극적인 계획은 유다의 회복에 있기 때문에 하나님의 개입으로 유다는 회복될 것이다. 그러므로 열국 심판 본문은 멸망하는 열국을 언급함으로써 열국이 이스라엘 땅을 결코 차지할 수 없다는 것을 강조한다(28:25-26).[465] 열국 심판(25-32장)에 이어 나오는 33-48장이 본격적으로 회복의 청사진을 제공하는 것은 바로 이런 이유에서다.

열국 심판 본문에서 심판을 받는 열국으로 등장하는 나라는 모두 일곱으로, 세상을 대표하는 상징성을 띤다.[466] 또한 7이라는 숫자는 가나안 정복 시에 가나안 일곱 족속을 연상시킨다. 따라서 열국에 대한 심판 내용은 과거 출애굽 시에 이스라엘이 가나안 일곱 족속을 물리치고 땅을 차지했듯이 바빌로니아 포로기가 끝나면 이스라엘이 제2의 출애굽을 통해 땅을 차지하게 될 것임을 보여주는 의미도 있다.[467]

25-32장에서 등장하는 열국은 대부분 바빌로니아에 대해 반기를 들었던 나라다. 특히 에돔, 모압, 암몬, 두로, 시돈은 처음에 유다 왕 시드기야와 동맹을 맺고 바빌로니아에 대항하기까지 했다(렘 27:1-3; 참조. 겔 21장). 여기서 예외인 나라는 블레셋이다. 바빌로니아에 대항한 동맹은 기원전 595년에 이집트의 파라오 프삼메티코스 2세의 등장으로 촉발되었다. 기원전

---

465 Renz, *Rhetorical Function of the Book of Ezekiel*, 94.
466 Job, "Theology of Ezekiel," 631.
467 Renz, *Rhetorical Function of the Book of Ezekiel*, 94.

596-594년에 바빌로니아 제국은 동쪽에서 엘람인들과 충돌했고, 군대 내부의 반기 등으로 어수선한 상황에 놓여 있었다. 이런 시대적 상황과 맞물려 기원전 593년에 예언자 하나냐는 바빌로니아의 통치가 2년 안에 끝날 것이라고 예언했다(렘 28:28).[468] 이후 유다는 기원전 591년에 이집트의 후원 속에서 본격적으로 바빌로니아에 대항하기 시작했다(11:1-7; 13:1-16).

하지만 유다와 동맹을 맺었던 이웃 나라들은 정작 바빌로니아가 침공하자 유다에게 등을 돌리고 바빌로니아에 투항하여 유다를 도와주지 않았다.[469] 암몬, 모압과 에돔은 유다가 바빌로니아에게 약탈당할 때 그것을 기뻐하기까지 했다(25:3, 6). 더욱이 에돔은 유다가 약탈당할 때 오히려 바빌로니아의 약탈을 도왔다(25:12; 욥 1장). 이런 점에서 에스겔 25장에 언급된 열국 심판은 유다를 괴롭힌 것에 대한 징계라는 신학적 의미도 있다.

한편 구약의 예언서들은 유다(이스라엘)가 멸망하면 더 이상 열국도 소망이 없기 때문에 함께 멸망한다는 거대한 신학적 의미를 제시한다. 아브라함 언약이 보여주듯이 원래 하나님의 계획은 유다를 통해 열국도 복을 받고 하나님의 자녀가 되게 하는 것이었다(창 12장; 사 19:24). 하지만 유다가 멸망하면 그런 계획은 물거품이 될 것이고, 열국은 자연히 심판을 받을 수밖에 없다. 이런 맥락에서 에스겔서의 열국 심판 본문도 유다의 멸망 이후에 열국의 멸망을 언급한 것이다.

하지만 더욱 중요한 것은 에스겔서에 등장하는 열국이 예루살렘 성전을 적대시하거나 성전을 약탈했다는 것이다. 예를 들어 에돔과 이집트는

---

468 Blenkinsopp, *Ezekiel*, 111.
469 Blenkinsopp, *Ezekiel*, 111.

유다의 성전을 약탈했다는 공통점이 있다(욥 1:11; 왕상 14:25-26). 또한 암몬과 모압은 유다의 성전이 파괴되고 포로로 잡혀가는 것을 기뻐함으로써 성전을 멸시했다.

두로는 외관상 예루살렘 성전을 적대시한 기록은 없지만, 예루살렘 성전의 멸망으로 이제 자신들이 세계의 중심이 되었다고 자랑했다. "인자야, 두로가 예루살렘에 관하여 이르기를, 아하! 만민의 문이 깨져서 내게로 돌아왔도다"(26:2). 이처럼 본문은 예루살렘 성전이 파괴될 때 두로가 성전 파괴를 은근히 기뻐하고 이제는 자신들에게 하나님의 성전이 있다고 주장함으로써 하나님의 임재를 자신의 잣대로 재단했음을 보여준다.[470]

이런 관찰을 통해서 보면 열국이 심판을 받는 신학적인 이유는 성전에 계신 하나님의 임재를 훼손하거나 조롱했기 때문이라고 말할 수 있다. 그리하여 열국을 향한 심판의 말씀은 하나님의 임재를 대적한 것에 대한 징계이면서 이후 온전히 하나님의 임재를 회복하기 위한 조치였다는 것을 알 수 있다. 즉 열국 심판은 하나님의 임재 회복을 위한 심판이라는 통찰이다. 25-32장에서 "내가 여호와인 줄을 알리라"라는 문구가 빈번히 등장하는 것은 그런 이유에서라고 볼 수 있다(25:5, 7, 11, 14, 17; 26:6; 28:22-24, 26; 29:6, 9, 21; 30:8, 19, 25; 32:15).[471]

참고로 열국을 향한 심판 신탁에서 바빌로니아에 대한 언급이 없는 것이 의외인데, 이는 당시 에스겔이 처한 상황 때문이라고 설명할 수 있다. 에

---

470 이에 대한 자세한 논의는 나중에 하겠다. John T. Strong, "God's Kābôd: The Presence of Yahweh in the Book of Ezekiel," in *The Book of Ezekiel: Theological and Anthropological Perspectives*, ed. Margaret S. Odell & John T. Strong (Atlanta, GA: Society of Biblical Literature, 2000), 92.
471 Cooper, *Ezekiel*, 245.

스겔은 예루살렘에 있는 유다의 멸망을 선고하고 바빌로니아 포로 공동체에 대해서만 희망을 품었기 때문에 바빌로니아에 대해 다소 호의적인 태도를 취했다고 볼 수 있다. 나아가 에스겔이 바빌로니아에 거하고 있는 상황에서 바빌로니아에 대해 명시적인 심판 예언을 할 수는 없었을 것이라고 추론할 수 있다. 어떤 학자는 에스겔 38장에 등장하는 마곡 땅을 바빌로니아의 또 다른 명칭으로 보고 거기서 바빌로니아의 심판을 선고했다고 주장하기도 한다.[472]

구조를 보면 25:1-28:23의 여섯 나라에 대한 심판 예언이 모두 97절이고, 후반부인 29-32장에 등장하는 이집트에 대한 심판 예언도 97절로 구성되어 서로 대칭을 이루고 있다. 그리고 흥미롭게도 그 가운데 있는 28:24-26에서 열국 심판 이후에 이스라엘에 소망이 있음을 언급하고 있다.[473]

---

472 Odell은 겔 38장에 등장하는 "곡"이 바빌로니아의 느부갓네살을 비밀리에 지칭하는 표현일 가능성을 제기한다. Odell, *Ezekiel* 468.
473 이학재, 『에스겔 어떻게 읽을 것인가?』, 168.

1.
네 나라에 대한 심판(25장)

25장은 유다의 인접 국가인 암몬, 모압, 에돔, 블레셋을 언급하고, 이 나라들이 심판을 받게 된다고 선언한다. 특히 에돔은 성경의 여러 곳에서 이스라엘을 대적하는 대표적 이방 나라로 등장한다(사 63장; 옵 1장). 에돔은 예루살렘이 바빌로니아의 침공을 받을 때 그 침공에 협력하여 약탈을 자행했고, 유다의 남부 지방을 차지하기까지 했다. 이런 점에서 에돔은 인접 국가 중에서 유다에 가장 많은 해를 입힌 나라였다. 에돔에 대한 심판 메시지는 이후 35장에서도 다시 등장한다. 결국 25장은 이런 에돔과 함께 암몬, 모압, 블레셋을 언급하고, 그들이 예루살렘 멸망을 기뻐하며 하나님의 임재를 조롱했기 때문에 심판을 피할 수 없음을 교훈한다.

1) 암몬과 모압을 향한 심판(25:1-11)

먼저 25:1-7은 바빌로니아에 의해 예루살렘 성전이 훼파되고 유다가 멸망할 때 암몬이 바빌로니아를 도와 준 것을 지적하고, 암몬에 대한 심판을 선언한다.[474] 기원전 593년에 암몬은 모압, 에돔, 두로, 시돈과 함께 유다 왕 시드기야와 결탁하여 바빌로니아에 반기를 들었다(렘 27:2-4). 하지만 바빌

---

474 Sweeny, *Reading Ezekiel*, 125.

로니아가 기원전 588-586년에 걸쳐 유다를 침공할 때, 암몬은 모압과 에돔과 함께 유다를 배반하고 바빌로니아를 도왔다. 이때 바빌로니아와의 협력을 끝까지 거부한 나라는 두로였다.[475]

암몬은 예루살렘 성전이 더럽혀지고 이스라엘 땅이 황폐해지며 유다가 바빌로니아에게 포로로 잡혀갈 때, "아하! 좋다"라며 기뻐했다(25:3). 예루살렘 성전은 하나님의 임재 장소를 상징하기 때문에, 성전이 더럽혀진다는 것은 하나님이 더 이상 성전에 계시지 못한다는 것을 의미한다. 암몬은 이처럼 성전에 더 이상 하나님이 계시지 못하는 것을 보고, 하나님의 불완전한 임재를 조롱했던 것이다.

따라서 하나님은 암몬에 대해 "주다"라는 뜻의 히브리어 동사 "나탄"(נָתַן)을 사용하여 두 가지 심판의 메시지를 선고하신다(25:4-5).[476] 먼저 암몬을 동방에 위치한 그들의 적에게 넘겨주어(나탄) 그들을 멸망시킬 것이다(25:4). 여기서 동방의 적은 암몬의 동쪽 사막 지역에 거주했던 아랍인들을 가리킨다.[477] 그리고 암몬의 수도인 랍바는 가축이 거하는 장소로 넘겨주어(나탄) 황폐하게 할 것이다(25:5). 이처럼 "주다"를 의미하는 동사를 두 번 사용하여 암몬을 향한 심판을 강조하고 있다.

암몬이 심판받을 때 하나님은 "내가 주 여호와인 줄을 너희가 알리라"라고 말씀하신다(25:5, 7). 백성 가운데 임재하기를 원하시는 하나님을 조롱

---

475 Sweeny, *Reading Ezekiel*, 126.

476 Block, *Ezekiel Chapters 25-48*, 17.

477 Sweeny, *Reading Ezekiel*, 127. Sweeney는 아랍인들이 바빌로니아의 용병으로 자주 등장하였음을 지적한다. 아마도 바빌로니아 입장에서는 예루살렘을 멸망시킬 때 암몬을 살려주긴 했지만 여전히 배신의 가능성이 있기 때문에 아랍인들이 침략하도록 하여 멸망시켰다고 추론할 수 있다.

한 대가가 얼마나 큰지를 깨닫게 될 것이라는 뜻이다. 그래서 그들이 성전 파괴로 하나님이 임재하지 못하신다고 좋아했던 것을 후회할 것임을 내비친다.

유다 땅이 멸망할 때 암몬은 "손뼉을 치며 발을 구르며 마음을 다하여 멸시하며 즐거워하였다"(25:6). 그 결과 암몬은 노략을 당하게 될 것이다(25:7). 본문은 구체적으로 암몬이 어떻게 노략을 당할 것인지를 말하지 않지만, 유다를 향한 에스겔서의 심판 선언들을 참고하면 어느 정도 유추가 가능하다. 유다의 멸망을 생생하게 묘사하는 에스겔 21장에서 하나님은 유다를 향해 "손뼉을 치며 내 분노를 다 풀리로다"라고 말씀하셨다(21:17; 22:13).[478] 이렇게 말씀하신 이유는 유다가 범죄할 때 손을 사용하여 악을 행했기 때문이다(22:14, "네 손이 힘이 있겠느냐"). 이런 유다의 심판을 암몬의 심판에 적용하면 "손뼉을 치며 발을 구르며 마음을 다하여 즐거워했던" 암몬이 하나님께 똑같은 방식으로 심판받게 될 것을 알 수 있다(25:7, "내가 손을 네 위에 펴서"). 이로써 본문은 암몬을 향한 심판은 그들이 행한 대로 갚는 심판이라는 통찰을 준다.

이어 25:8-11은 모압에 관한 심판을 다룬다. 25:8은 "모압과 세일"을 함께 언급한다. 세일은 주로 에돔을 가리키는 지역명이기 때문에, 언뜻 보면 25:8-11이 모압과 에돔이라는 두 나라를 향한 심판 본문처럼 보인다. 하지만 모압 남쪽에 위치한 세일은 어느 정도 모압의 영향권 안에 있었으므로 "모압과 세일"이라는 표현은 단순히 모압을 겨냥한 말로도 이해할 수 있다. 이는 나중에 에돔의 심판에 대한 이야기가 따로 등장한다는 점에서

---

478 에스겔서에서 하나님의 손은 심판의 도구로 자주 등장한다. Greenberg, *Ezekiel 21-37*, 519.

더욱 지지를 얻는다(25:12-14).

모압은 유다가 멸망할 때 유다를 조롱하며 "유다 족속은 모든 이방과 다름이 없다"라고 말했다(25:8). 전통적으로 모압은 유다와 적대적 관계를 맺고 유다를 괴롭혔다(렘 48:27; 습 2:8).[479] 그래서 유다가 멸망하자 기뻐했던 것이다. 여기서 "모든 이방과 다름이 없다"리는 말은 하나님이 임재했던 유다가 이방 나라처럼 하나님의 임재가 불가능한 곳이 되었음을 조롱한 말이다. 이는 유다의 멸망으로 인해, 백성 가운데 임재하기를 원하시는 하나님의 능력을 폄훼하는 말이기도 했다.

그 결과로 모압은 멸망할 때 비로소 하나님이 백성 가운데 임재하기를 원하시는 "여호와"임을 알게 될 것이다(25:11). 즉, 심판을 받음으로써 하나님의 임재를 조롱하는 죄의 심각성을 깨닫게 될 것이라는 의미다. 또한 본문은 모압에 대한 심판 이후 하나님께서 유다를 회복하여 그들 가운데 다시 임재하실 것을 은연중에 시사하고 있다(참조. 36:23-28).

구체적으로 모압은 동쪽 측면에서 공격하는 적(아랍인)의 침략으로 국경에 있는 세 개의 성읍인 벧여시못과 바알므온과 기랴다임이 파괴되어 멸망할 것이다(25:9-10).[480] 국경에 위치한 성읍들은 방비가 잘 된 곳이기 때문에 이곳이 무너진다면 모압 전체가 위험에 빠질 수밖에 없다.[481] 결국 모압 국경의 성읍들이 함락되면서 모압의 멸망은 암몬의 멸망과 같은 방식으로 이루어질 것이다.

---

479 Allen, *Ezekiel 20-48*, 67.
480 Taylor, *Ezekiel*, 184.
481 Cooper, *Ezekiel*, 247.

2) 에돔과 블레셋에 대한 심판(25:12-17)

에돔과 블레셋에 대한 심판은 암몬과 모압에 대한 심판보다 그 강도가 더세다. 전통적으로 에돔과 블레셋은 암몬이나 모압과 달리 유다를 매우 괴롭힌 나라였다. 이런 맥락에서 본문은 에돔과 블레셋에 대한 심판이 하나님이 원수를 갚는 방식(보복)으로 이루어질 것이라고 말한다. 25:12-14에서 개역개정판 한글 성경이 "원수"로 번역한 히브리어는 "네카마"(נְקָמָה)로서 "보복"을 의미한다(25:12, 14). "보복"이라는 말은 이 단락에서 두드러지게 등장하는 핵심이다.

에돔에 대한 심판 부분(25:12-14)은 25장에서 가장 크게 부각되는 심판 본문이다. 여기서 하나님은 에돔을 매우 심한 어조로 질타하신다.[482] 에돔이 강한 질타를 받은 이유는 유다가 바빌로니아에 의해 멸망할 때 유다를 약탈하고 직접적으로 보복했기 때문이다(25:12). 이처럼 성전을 약탈하고 보복한 행위는 하나님 앞에서 "심한 범죄"가 아닐 수 없었다(25:12). 성전으로 대변되는 하나님의 임재를 직접적으로 훼손하는 것이기 때문이다.

그 결과 하나님은 에돔에게서 사람과 짐승을 끊어버릴 것이라고 말씀하신다(25:13). 이는 에돔을 창조 이전의 상태로 돌릴 것이라는 의미다. 그래서 에돔으로 대변되는 열국 심판은 창조 질서의 전복으로 이어질 것이라는 신호를 주고 있다. 25:13에서 칼로 파괴되는 에돔의 도시로 데만과 드단이 언급된다. 이들 도시는 각각 에돔의 북단과 남단의 도시이기 때문에 에

---

482 Allen, *Ezekiel 20-48*, 68.

돔이 북쪽에서부터 남쪽까지 모두 멸망하게 될 것을 보여준다.[483] 결국 이 단락은 에돔이 유다에게 보복했기 때문에 유다에게 보복당해 멸망할 것이라고 선언한다. 성전을 약탈했던 에돔은 이처럼 멸망을 겪으면서 여호와를 알게 될 것이다(25:14).[484]

역사석으로 기원선 4세기에 에돔은 아랍인인 나바테아인들 때문에 그들의 오랜 터전을 잃고 유다 남부 지역으로 이주해야 했다.[485] 그 후 기원전 2세기에 유다 마카비 가문에 의해 멸망당해 유다에 편입되었다(이두매 지역). 에돔은 에스겔의 예언에 따라 문자 그대로 이스라엘 손에 멸망당하고 말았던 것이다.[486]

25:15-17은 블레셋에 대한 심판을 다룬다. 블레셋은 역사적으로 유다를 가장 많이 괴롭힌 나라였다(참조. 삼상 13장-삼하 5장).[487] 이런 맥락에서 본문은 블레셋이 "옛날부터" 유다를 미워하고 멸시하며 보복하고자 하였음을 강조한다(25:15). 블레셋은 원래 에게해의 그렛섬에서 온 족속인데(25:16; 습 2:5; 참조. 렘 47:4, "갑돌섬"). 하나님은 블레셋의 씨를 없애기 위해 그렛 사람과 해변에 남은 자를 끊을 것이라고 말씀하신다. 여기서 해변에 남은 자는 지중해 해변에 사는 블레셋 사람을 달리 부르는 명칭이다.[488]

앞부분에서와 같이 25:15에서 개역개정판 한글 성경이 "원수"로 번역한 히브리어는 "네카마"로서 보복을 뜻한다. 그리하여 블레셋도 에돔과 마

---

483 Cooper, *Ezekiel*, 248.
484 Sweeney, *Reading Ezekiel*, 128.
485 Block, *Ezekiel Chapters 25-48*, 25.
486 Cooper, *Ezekiel*, 249.
487 Sweeney, *Reading Ezekiel*, 128.
488 Greenberg, *Ezekiel 21-37*, 522.

찬가지로 유다를 향해 보복하려 했기 때문에, 하나님도 동일한 방식으로 그들을 멸망시킬 것이라고 말씀하신다(25:17). 이때 블레셋 또한 심판하시는 분이 여호와인 줄을 알게 될 것이다(25:17). 백성 가운데 임재하기를 원하시는 하나님의 속성을 무시하고 그분의 임재 안에 거하는 백성에게 보복하려 했던 잘못된 행동의 대가가 얼마나 큰지를 체득하게 될 것이라는 의미다.

2.
두로에 대한 심판(26:1-28:19)

26:1-28:19은 두로에 대한 심판 예언이다. 두로에 대한 예언은 기원전 586
년에 주어졌다.[489] 두로는 해안가에서 약간 떨어진 섬으로 바다 가운데 있
는 나라였다(27:32; 28:2). 따라서 두로를 함락시키는 일은 그렇게 녹록치 않
았다. 기원후 1세기 요세푸스의 기록에 의하면 바빌로니아의 느부갓네살은
두로를 13년 동안 공격했지만 성과를 거두지 못했다(기원전 585-572년).

실제로 에스겔은 두로가 바빌로니아에게 멸망할 것이라는 예언을 수
정한다(26:1-14). 29:17-20에서 기원전 570년에 에스겔은 두로를 점령하지
못한 바빌로니아에게, 그동안 두로를 함락시키기 위해 쏟은 수고의 대가로
이집트를 함락시키게 될 것을 예언한다. 역사적으로 두로의 멸망은 알렉산
드로스 대왕에 의해 성취되었다. 기원전 332년 알렉산드로스는 두로를 공
격하기 위해 섬과 육지 사이에 흙을 부어 연결시킴으로써 두로를 멸망시킬
수 있었다.[490]

에스겔서의 열국 심판 본문에서 두로는 이집트와 함께 열국을 대표하
는 나라로 제시된다. 바빌로니아에 의해 유다가 멸망할 당시 두로는 이집

---

489 두로에 대한 심판은 필자의 다음 글을 참조했다. 김창대, "에스겔 26-28장에 나타난 두로의
심판 이유에 관한 고찰", 「구약논집」 20(2021): 130-163

490 Kris J. Udd, "Prediction and Foreknowledge in Ezekiel's Prophecy against Tyre," *Tyndale Bulletin* 56.1 (2005): 26.

트와의 긴밀한 관계 속에서 바빌로니아를 대적했으므로 두로와 이집트는 공통점이 있다.[491] 덧붙여 두로 왕과 이집트의 파라오는 둘 다 스스로를 신격화하는 교만을 부린다(28:2, "나는 신이라"; 참조. 29:3).

구조를 보면 두로의 심판 이야기는 전반부(26:1-27:36)와 후반부(28:1-19)로 나뉜다.[492] 전반부와 후반부는 각각 초두에 두로가 스스로를 자랑하는 교만을 언급하며 시작한다(26:2; 28:2).[493] 구체적으로 전반부(26-27장)는 두로라는 나라에 초점을 맞추고 후반부(28:1-19)는 두로 왕에게 초점을 맞추고 있다.[494] 26-28장의 수사적 구조는 다음과 같다.[495]

   A. 두로에 내한 심판(26장)

     B. 두로에 대한 슬픈 노래(27장)

   A´. 두로 왕에 대한 심판(28:1-10)

     B´. 두로 왕에 대한 슬픈 노래(28:11-19)

이처럼 구조상 두로에 대한 심판은 두 개의 고소로 시작되고 있다(26:2; 28:2).[496]

---

491 Sweeney, *Reading Ezekiel*, 131.
492 Strong, "God's Kābôd," 91.
493 Strong, "God's Kābôd," 91.
494 Sweeney, *Reading Ezekiel*, 132.
495 Cooper, *Ezekiel*, 250.
496 Strong, "God's Kābôd," 91.

1) 전반부(26-27장)

이 단락은 두로라는 도시에 초점을 맞춰 두로가 바다 가운데 위치한 섬으로서 그들의 군사적 안전(26장)과 무역을 통한 부(27장)를 자랑하며 교만에 빠졌음을 질타한다.

(1) 두로에 대한 심판(26장)

26장을 여는 첫 절은 두로에 대한 심판 예언의 시기가 "열한째 해"라고 기록하고 있다(26:1). 그리하여 기원전 586년 예루살렘이 멸망한 직후에 두로를 향한 심판 예언이 주어졌음을 보여준다. 날짜에 대한 기록은 열국 심판 본문 중 두로와 이집트에 대한 심판에서만 등장한다(26:1; 29:1). 이는 이집트와 함께 두로에 대한 심판이 매우 중요하다는 것을 알려주는 신호다.[497]

　26장은 크게 26:1-14와 26:15-21로 나뉜다. 26:1-14은 두로섬이 바빌로니아에 의해 멸망하게 될 것을 말한다면, 26:15-21은 두로의 멸망으로 두로와 무역하는 해안 국가들이 두려워하게 될 것을 예언한다. 26:1-14은 다시 두 부분으로 나뉘는데, 먼저 26:1-6은 파도라는 은유를 통해 파도에 밀려 섬들이 깎이듯이 두로섬이 파도라는 하나님의 심판 도구에 의해 "맨 바위"가 되고(26:4), "바다 가운데에 그물 치는 곳"이 될 것이라고 선언한다(26:5). 이어 26:7-14은 그 파도가 바로 바빌로니아의 느부갓네살임을 밝힌다.

　26:15-21도 두 부분으로 나뉘는데, 첫 부분(26:15-18)은 여러 해안 국

---

497 Thompson, *Ezekiel*, 162.

가가 두로의 멸망으로 두려워하는 내용이고(26:15-18), 두 번째 부분(26:19-21)은 그 이유로서 두로가 깊은 바다에 덮여 멸망했기 때문에 두려워하는 것임을 설명한다. 이런 구조를 종합하면 전체적으로 26장은 네 개의 신탁으로 구분됨을 알 수 있다(26:1-6, 7-14, 15-18, 19-21).[498] 26장의 수사적 구조는 대략 다음과 같다.

A. 바다 가운데 있는 두로가 파도로 인해 멸망하게 될 것(26:1-6)
  B. 두로는 구체적으로 바빌로니아에 의해 엎드러지게 될 것(26:7-14)
  B′. 두로가 엎드러질 때, 해변 성읍들이 두려워할 것(26:15-18)
A′. 두로가 깊은 바다에서 멸망하여 스올로 내려가게 될 것(26:19-21)

① 바빌로니아에 의한 두로의 멸망(26:1-14)

26:2은 두로가 교만으로 인해 멸망당한다는 암시를 준다. 이 구절에서 두로는 예루살렘의 멸망을 보고 "아하! 만민의 문이 깨져서 내게로 돌아왔도다"라고 말한다. 두로는 암몬, 모압, 에돔과 달리 끝까지 예루살렘과 협력하여 바빌로니아에 대항했기 때문에 갑자기 예루살렘의 멸망을 조롱하고 자랑하는 대목은 언뜻 이해하기 힘들다. 이에 대해 어떤 이는 두로가 이집트의 동맹국이었기 때문에 이집트를 심판하는 차원에서 두로를 벌하기 위해 두로의 교만을 단순히 언급한 것이라고 해석한다.[499] 하지만 이런 해석보다는 두로가 예루살렘이 멸망한 상황에서, 이제 예루살렘에 거했던 하나님의

---

498 Odell, *Ezekiel*, 333.
499 Sweeney, *Reading Ezekiel*, 131.

임재가 그들에게 왔다고 자랑하고 있다고 보는 것이 더 설득력이 있다.

스트롱(Strong)은 26:2에서 두로가 예루살렘의 멸망으로 인해 만왕의 왕이신 하나님의 처소가 예루살렘에서 두로로 바뀌었다고 자랑하는 것임을 증명하기 위해 네 가지 근거를 제시한다.[500]

첫째, "만민의 문이 깨졌다"라고 할 때 "만민의 문"은 시편 24:7의 "문들"을 연상시켜서 예루살렘을 가리킨다는 것이다. 실제로 에스겔서 문맥에서 예루살렘은 만국의 중심으로 묘사되고 있다(5:5; 38:12). 또한 여기서 "문"은 복수형으로 되어 있어, 예루살렘 성벽에 위치한 여러 문들을 가리킨다고 말할 수 있다.

둘째, 두로는 예루살렘 성전을 쌓는 일에 깊은 연관이 있었다(왕상 5장). 따라서 예루살렘 성전을 잘 알았던 두로가 예루살렘의 멸망으로 하나님의 임재 장소가 이제 그들에게 왔다는 주장을 했다고 충분히 볼 수 있다.

셋째, 26:2의 후반절에서 두로는 "내가 충만함을 얻으리라"라고 말한다. 이 말의 의미는 매우 애매하지만 "충만하다"에 해당하는 히브리어 "말레"(מָלֵא)는 하나님의 영광이 성전을 채울 때 사용되는 말이다. 이런 점에서 "충만함을 얻었다"는 표현은 예루살렘 성전에 충만했던 하나님의 영광이 이제 그들의 거처로 옮겨져서 두로가 하나님의 임재 장소로서 충만함을 얻었다고 자랑하는 말로 이해할 수 있다.

마지막으로, 에스겔서의 열국 심판 중 두로의 심판에서는 "여호와인 줄을 알리라"라는 표현이 딱 한 번 밖에 나오지 않는다(26:6).[501] 두로에 대

---

500 Strong, "God's Kābôd," 91-92.

501 Strong, "God's Kābôd," 90.

한 심판 본문의 분량을 생각하면 매우 이례적이다. 여호와를 알게 될 것이라는 말의 횟수가 현저히 적은 이유는 그만큼 두로가 다른 이방 나라에 비해 임재하기를 원하시는 하나님이신 여호와를 잘 알았기 때문이다. 따라서 예루살렘처럼 여호와를 알고 있었던 두로가 이제 예루살렘의 멸망으로 하나님의 임재 장소가 자신에게로 돌아왔다고 생각하고서 좋아했다고 볼 수 있다.

이상의 증거로 볼 때 만민의 문인 예루살렘이 무너진 상황에서 두로가 이제 자신들이 하나님의 임재 장소요 세상의 중심임을 자랑했다고 보는 주장은 충분히 근거가 있다.[502] 고대의 성전은 신이 임재하는 장소로서 하늘과 땅을 잇는 가교이자 세상의 중심이었다.[503] 두로는 세상의 중심이었던 예루살렘의 멸망으로 인해 자신들이 세상의 중심이 되어 하나님의 임재 장소가 되었다고 자랑했던 것이다.

하지만 이런 자랑은 하나님의 임재를 스스로 재단하는 교만이다. 그들은 이런 교만한 생각 속에서 하나님의 임재가 그들에게 자동적으로 거하게 됨으로써 영원히 부를 얻을 수 있다고 착각했다. 스스로 하나님의 임재 장소에 거한다고 생각한 두로 왕은 한 술 더 떠서 자신을 에덴동산에 거하는 신으로 여기까지 했다(28:2, "나는 신이라"). 이런 두로의 교만은 25장에서 하나님의 임재 장소가 파괴된 것을 조롱했던 암몬, 모압, 에돔, 블레셋보다 하나님의 임재를 더욱 심각하게 왜곡한 것이다. 따라서 하나님의 임재 장소를 마음대로 재단하고 잘못된 임재 신학을 주장한 두로는 하나님의 심판을

---

502 Block은 두로가 예루살렘을 만민의 문으로 생각한 이유는 예루살렘이 해양 세력과 대륙 세력을 이어주는 관문이었기 때문이라고 설명한다. Block, *Ezekiel Chapters 25-48*, 36.
503 Dumbrell, *The End of the Beginning*, 179.

피할 수 없었다.

결국 두로는 파도처럼 몰아치는 여러 민족에 의해 멸망할 것이다 (26:3). 앞서 말한 대로, 두로는 해안에서 대략 550미터 떨어진 섬으로서 외부의 침략이 쉽게 허용되지 않는 요새였다. 하지만 섬이 파도에 밀려 마모되듯이, 하나님은 두로가 파도와 같은 외부의 침입으로 멸망할 것이라고 말씀하신다. 이 파도는 나중에 바빌로니아의 느부갓네살로 판명되지만 (26:7), 그 의미가 더욱 확장하면서 고대 근동 창조 신화에서 창조 때의 무질서 세력으로 간주되었던 "깊은 바다"로 발전된다(26:19, "깊은 바다").[504]

두로는 파도처럼 덮치는 여러 나라에 의해 "맨 바위"가 될 것이다 (26:4). 원래 두로로 번역된 히브리어 "초르"(צור)는 "바위"라는 뜻이다. 두로가 바위를 기초로 세워진 섬이기 때문이다. 따라서 두로가 멸망할 때 "맨 바위"가 된다는 것은 일종의 언어유희다.[505] 바위섬이라는 이점을 이용해 부를 축적했던 두로가 이제 바다의 파도에 의해 "맨 바위"가 될 것이라는 아이러니다. 더욱이 두로는 "바다 가운데에 그물 치는 곳"으로 변하게 될 것이다(26:5). 예루살렘처럼 세상의 관문이자 하나님의 임재의 장소가 되었다고 좋아하며 자신이 받은 복을 자랑했던 두로가 어부들이 그물이나 치는 초라한 장소로 전락하게 될 것이라는 말씀이다.[506]

26:7-14은 두로가 공격당할 때, 바빌로니아 왕 느부갓네살(기원전 605-562년)에 의해 해안 성읍이 파괴될 것을 예언한다. 에스겔서는 예루살렘이 바빌로니아에 의해 멸망한다고 예언할 때 그곳의 왕을 거론하지는 않았다.

---

504 Odell, *Ezekiel*, 333.
505 Sweeney, *Reading Ezekiel*, 134.
506 Greenberg, *Ezekiel 21-37*, 531.

하지만 두로를 향한 심판에서 처음으로 바빌로니아 왕 느부갓네살을 언급하고 있다(26:7).[507] 본문은 느부갓네살이 두로를 공격할 때 "들에 있는 너의 딸들"이 칼로 죽임을 당하게 될 것이라고 말한다(26:8). 여기서 "들에 있는 너의 딸"은 두로와 긴밀하게 연결된 육지의 해안 성읍들을 가리킨다. 즉 바빌로니아가 두로를 공격할 때 두로의 영향권 안에 있던 해안의 성읍들도 바빌로니아에게 멸망한다는 것이다.[508]

실제로 요세푸스의 기록에 의하면 느부갓네살은 기원전 585-572년의 13년에 걸쳐 두로를 공격했다. 하지만 문제는 에스겔의 예언대로 두로가 바빌로니아에 의해 멸망하지는 않았다는 것이다. 바빌로니아는 바다 가운데 있는 두로를 공격해 어느 성도 피해를 입히고 일부 수민(귀족들)을 포로로 잡아갔지만, 두로가 완전히 파괴된 것은 아니었다. 이후 에스라 3:7과 스가랴 9:3에서 두로에 대한 언급이 계속 이어지는 것도 이런 이유에서다.[509]

나중에 에스겔은 바빌로니아에 의해 두로가 멸망한다는 예언을 수정한다. 29:17-20을 보면 기원전 570년, 두로가 완전히 멸망하지 않은 상황에서 두로에 대한 예언이 수정되고 있다(29:17, "스물일곱째 해"). 29:18은 느부갓네살이 두로에서 충분한 약탈물을 얻지 못하였기 때문에 하나님이 보상으로 이집트 땅을 그의 손에 붙이실 것이라고 말한다. 같은 맥락에서 예레미야도 느부갓네살이 이집트를 멸망시킬 것이라는 예언을 했다(렘 43:8-13). 그런데 역사적으로 느부갓네살은 기원전 567년에 이집트를 공격했지

---

507 Odell, *Ezekiel*, 336.
508 Block, *Ezekiel Chapters 25-48*, 40.
509 Udd, "Ezekiel's Prophecy against Tyre," 31.

만 항복시키지는 못했다. 결국 이집트는 기원전 525년에 페르시아의 캄비세스(Cambyses)에 의해 멸망했다.

여기서 성경 예언의 특성을 새롭게 이해할 필요가 있다. 신명기 18:22은 참 예언자의 기준이 그 예언의 말이 이루어지는가에 달려 있다고 말한다. 이런 잣대로 보면 에스겔이나 예레미야는 참 예언자라고 할 수 없게 되는데, 이 문제에 대해 여러 가지 해법이 제시된다.[510] 첫째로 두로에 대한 에스겔의 예언이 문자적 예언이 아니라 과장법이 들어간 수사적 표현이라는 주장이 있다.[511] 하지만 이 해법의 문제는 어떤 것이 수사적 표현이고 어떤 것이 문자적 예언인지에 대한 기준을 정하기가 어렵다는 것이다.

두 번째 해법으로 예언이 인간의 상황에 따라 변할 수 있다는 견해가 있다. 실제로 하나님은 요나 3:4-10과 미가 3:12에서 예언을 취소하신 바 있다. 하지만 이런 경우는 인간의 반응과 상황의 변화가 명확하게 드러나는 경우다. 미가서는 처음에 산헤립에 의해 예루살렘이 멸망할 것이라고 예언했지만(미 3:12), 예레미야서는 히스기야의 회개로 인해 미가의 예언이 취소되었다고 말한다. 그리하여 인간의 회개로 예언이 유보될 수 있음을 보여준다(렘 26:18-19). 하지만 두로에 대한 에스겔의 예언에는 그런 상황의 변화가 언급되지 않는다.

세 번째로는 예언의 성취가 지연되었다는 설명이 있다. 하지만 에스겔 29:17-20은 느부갓네살에 의해 두로가 멸망한다는 예언이 지연된 것이 아니라 실패한 것임을 분명히 말하고 있다.

---

510 Udd, "Ezekiel's Prophecy against Tyre," 37-40.
511 Allen, *Ezekiel 20-48*, 111.

확실한 것은 성경의 예언이 미래의 일을 미리 아는 예지(foreknowledge)가 아니라는 사실이다. 예언은 하나님의 뜻과 목적을 성취하는 것이지, 미래의 일을 미리 알고 전달하는 것은 아니다.[512] 그렇게 되면 하나님도 미래의 일에 종속되어 하나님의 능력을 제한시키는 결과를 낳을 수 있다. 예언의 목적은 하나님의 뜻을 이루는 데 있기 때문에, 그 내용은 하나님의 거시적인 목적에서 얼마든지 변경될 수 있다. 예를 들어 예레미야는 새 언약 속에서 "작은 자로부터 큰 자까지 다 하나님을 알게 될 것이다"라고 예언했다(렘 31:34). 하지만 이 예언은 새 언약 속에 있는 오늘날 교회에서 완전히 성취되지 않았다. 물론 지연되었다고 말할 수도 있지만 새 언약의 예언이 지금 온전히 성취되지 않은 것은 인간의 자유의지를 존중하시는 하나님의 섭리라고 볼 수 있다. 즉 인간의 자유의지에 대한 배려 가운데 인간의 속성을 천천히 변화시키시는 하나님의 인애의 발로로 이해할 수 있는 것이다. 이상의 관찰을 종합할 때 두로에 대한 예언이 성취되지 않은 것은 하나님의 뜻을 이루는 과정 속에서 인간에 대한 하나님의 인애를 드러내는 것이라고 말할 수 있다.

26:8b-11은 바빌로니아가 두로를 마치 육지의 성읍처럼 공격하는 장면이다. 바빌로니아는 토성을 쌓고 공성퇴를 이용해서 성을 치며, 파괴된 성문으로 말을 탄 군사들이 돌격하여 성읍 백성을 죽이고 물건들을 파괴한다. 이런 묘사는 바다의 섬인 두로의 지형에 어울리지 않는다. 이는 실제로 일어날 일에 대한 묘사가 아니라, 두로가 그만큼 심각한 위협에 직면할 것

---

512 Thomas Renz, "Proclaiming the Future: History and Theology in Prophecies against Tyre," *Tyndale Bulletin* 51 (2000): 17.

에 대한 은유적 표현이다.[513]

26:11에서 개역개정판 한글 성경이 "네 견고한 석상"으로 번역한 물건은 두로의 성전에 있는, 신을 형상화한 두 개의 기둥을 가리킨다.[514] 이로써 두로를 향한 바빌로니아의 침공은 두로가 하나님의 임재 장소를 자처하면서 실제로는 우상을 섬겼기 때문임을 보여준다. 마지막으로 본문은 두로가 바빌로니아의 침공으로 "맨 바위"가 되고 "그물 말리는 곳"이 될 것을 확인해주면서 단락을 종결한다(26:4, 14).

② 두로의 멸망으로 일어난 결과(26:15-21)

이 단락은 두로의 멸망으로 일어난 결과들을 제시한다. 내용을 보면 우선 두로의 멸망으로 두로와 해양 무역을 하던 해안 성읍들이 놀라게 될 것을 말한다(26:15-18). 그리고 두로가 멸망으로 구덩이(스올)로 내려가서 영원히 나라가 되지 않을 것임을 선언한다(25:19-21). 특별히 여기서 두로의 멸망은 고대 근동 창조 신화의 이미지를 빌려 창조 이전의 무질서로 돌아가는 모습으로 제시되고 있다(26:15, 19).

먼저 26:15-18은 해안 성읍의 왕들이 두로의 멸망을 슬퍼하고 두려워하는 모습이다.[515] 26:15은 두로의 멸망을 "네가 엎드러지는 소리"로 표현

---

513 Sweeney는 두로를 육지의 성읍처럼 묘사하는 것이 실제로 그렇게 될 것이라는 묘사가 아니라 두로가 공격당하는 미래의 모습을 이미지로 전달한 것이라고 이해한다. Sweeney, *Reading Ezekiel*, 134.

514 Greenberg, *Ezekiel 21-37*, 534.

515 26:15-18의 구조는 다음과 같다.
  A. 모든 섬(해안 성읍들)이 진동함(26:15)
    B. 해안 성읍의 왕들이 떨며 놀람(26:16)
    B′ 해안 성읍의 왕들이 두려워함(26:17)

한다. 여기서 "엎드러지다"라는 표현은 유다가 바빌로니아에 의해 "우상 앞에서 엎드러지게 될 것이다"라는 말을 연상시킨다(6:4). 앞서 에스겔서는 두로가 멸망할 때 그들의 우상이 땅에 엎드러질 것이라고 예언했다(26:11). 이런 점을 고려할 때, 두로가 엎드러진다는 말은 우상을 섬긴 두로가 우상처럼 변하여 우상과 같은 운명을 맞이한다는 이미지로 해석할 수 있다. 우상을 섬길 때 섬기는 대상처럼 변한다는 에스겔서의 신학이 두로에게도 적용되고 있는 셈이다.

본문은 두로의 멸망으로 "모든 섬이 진동할 것이다"(26:15b)라고 말한다. 여기서 "섬"에 해당하는 히브리어는 "해안가"(coastland)를 뜻한다. 그리하여 두로와 해양 무역을 했던 해안가의 성읍들이 진동한다는 것을 보여준다. "진동하다"로 번역된 히브리어는 "라아쉬"(רָעַשׁ)로서 예레미야서가 창조 질서가 전복되는 상황을 가리키던 이미지다(렘 8:16-17).[516] 따라서 두로와 관련된 성읍들이 진동한다는 말은 두로의 멸망으로 인해 창조 질서가 전복되는 상황에 이르게 될 것을 암시한다.

26:16-17은 두로와 무역 거래를 했던 해안 성읍의 왕들이 두로의 멸망으로 두려워하고 슬퍼하는 모습을 보여준다. 26:17에서 개역개정판 한글 성경이 "해변의 모든 주민을 두렵게 하였더니"라고 번역한 문장은, 누가 해변의 모든 주민을 두렵게 했는지 그 주어가 분명하지 않다. 하지만 26장의 문맥을 고려할 때 두로를 멸망시킨 파도의 세력이 공포를 일으켰듯이 그 파도가 해변의 모든 주민에게도 공포를 일으킬 것이라는 말로 이해할 수

A'. 모든 섬(해안 성읍들)이 진동함(26:18)

[516] Brevard S. Childs, "The Enemy from the North and the Chaos Tradition," *Journal of Biblical Literature* 78 (1959): 188.

있다. 이렇게 되면 해변에 거주하던 모든 주민을 두렵게 한 것은 두로의 멸망이 아니라 두로를 멸망시킨 세력이다.[517]

26:19-21은 두로가 멸망으로 죽음의 땅인 스올로 내려가는 모습을 묘사한다.[518] 먼저 두로는 "깊은 바다"에 덮여서 멸망할 것이다(26:19). 여기서 "깊은 바다"로 번역된 히브리어는 "테홈"(תְּהוֹם)이다. 이 난어는 창세기 1:2에도 언급된 것으로, 고대 근동의 창조 신화에서 무질서의 세력인 "티아마트"와 깊은 연관이 있다.[519] 앞서 에스겔은 파도라는 은유를 사용하여 두로 섬이 파도에 맞아 훼파될 것을 예언했는데(26:4), 그 파도가 창조 시의 무질서 세력인 "깊은 바다"임을 밝히고 있는 셈이다.

성경이 고대 근동의 창조 신화를 인정하는 것은 아니지만, 하나님이 임재하시는 창조 질서에 대적하는 세력을 표현할 때 종종 은유적으로 신화적인 용어를 사용하는 것을 볼 수 있다(참조. 시 74편). 이런 전통에 따라 에스겔서도 고대 근동 창조 신화의 무질서 세력을 차용하여 두로가 무질서의 세력에 의해 전복될 것임을 보여주고 있다. 이처럼 무질서를 상징하는 "깊은 바다"에 의해 멸망당하는 두로의 이미지는 하나님이 임재하는 창조 질서의 중심이라고 스스로 자랑했던 그들의 주장이 헛된 것임을 각인시켜준다.[520]

무질서의 세력을 뜻하는 깊은 바다에 덮여 멸망하는 두로는 "스올"로 내려가게 될 것이다(26:20).[521] 26:20에서 "구덩이"는 스올을 가리키는 은유

---

517 Odell, *Ezekiel, 339.*
518 Sweeney, *Reading Ezekiel*, 135.
519 Allen, *Ezekiel 20-48*, 76.
520 Odell, *Ezekiel*, 339.
521 Allen, *Ezekiel 20-48*, 76.

적 표현으로서, 두로가 제 명대로 살지 못하고 죽음의 땅인 스올로 내려가게 될 것을 알려준다(28:8). 그리하여 산 자의 땅에서 영원히 있지 못할 것임을 보여준다(26:20).

(2) 두로에 대한 슬픈 노래(27장)

27장은 두로를 배로 비유하고 스스로 하나님의 임재 장소이자 세상의 중심을 자처한 두로가 무역을 통해 영원한 부를 누릴 줄 알고 교만했다고 지적한다. 하지만 결국 배가 파선하듯이 두로도 멸망하여 사람들에게 놀람과 비웃음거리가 될 것이다. 여기서 흥미로운 점은 배인 두로가 거래하는 무역품으로 열거된 품목이 싱전 건축과 관련된 물품들이라는 사실이다(참조. 27:16).[522] 이로써 두로가 스스로를 하나님이 임재하는 성전으로 여겼음을 한층 더 드러내고 있다.[523] 27장의 구조는 다음과 같다.

서론. 바다 가운데 있는 자(27:1-4)

A. 두로라는 화려한 배(27:5-7)

　B. 두로의 배에 탄 사공들(27:8-11)

　B´. 두로의 배에 실린 무역품(27:12-25)

A´. 두로라는 배가 파선됨(27:26-36)

---

522 John B. Geyer, "Ezekiel 27 and the Cosmic Ship," in *Among the Prophets: Language, Image and Structure in the Prophetic Writings*, ed. Philip R. Davies and David J. A. Clines, JSOTSup 144 (Sheffield, UK: JSOT Press, 1993), 105-126에서 115.

523 Geyer, "Ezekiel 27," 119.

① 서론: 바다 가운데 있는 자(27:1-4)

27:3은 두로를 "바다 어귀에 거하는 자"로 묘사한다. 여기서 "바다 어귀"에 해당하는 히브리어 표현은 "바다의 두 개의 입구들"로서 두로에 있는 두 개의 항구를 가리킨다. 참고로 두로에는 북쪽과 남쪽에 각각 항구가 있었 나. 북쪽 항구는 시돈의 배가 정박하는 항구고 남쪽 항구는 이집트의 배가 정박하는 항구였다.[524] 두로는 이 항구들을 통해 해변의 성읍들과 무역 거 래를 하며 부를 축적하였다.

두로를 바다 어귀에 거하면서 바다를 지배하는 배로 묘사한 것은 홍미 로운 대목이다. 이에 대한 논의에 앞서 당시 에스겔이 거주했던 고대 근동 의 창조 신화와 성전 신학을 이해할 필요가 있다. 고대 근동의 창조 신화에 서 바다는 무질서의 세력을 표현하다. 그리고 그 신화의 창조신은 용(라합 또는 리워야단)의 모습을 하고서 바다의 무질서 세력을 잠재우고 창조 질서 를 세우는 자로 묘사된다.

성경의 저자들도 선교적 차원에서 이런 창조 신화를 차용하여, 무질 서 세력을 물리치고 세계를 창조한 신은 이방신이 아니라 여호와 하나님이 심을 표현했다(욥 7:12, "타닌"; 시 74:13-14, "타닌", "리워야단"; 사 51:9; 시 89:10; 욥 26:12, "라합"). 나아가 구약에서 바다라는 무질서 세력은 역사화되어 (historicalization) 이스라엘을 위협하는 열국의 세력을 표현하는 수단으로 사 용되었다.[525]

또한 고대 근동의 성전 이데올로기에서 성전은 물로 대변되는 무질서

---

524 Cooper, *Ezekiel*, 257.

525 Hans-Joachim Kraus, *Theology of the Psalms*, trans. K. Crim (Minneapolis, MN: Fortress, 1992), 81.

세력을 제어하기 위해 물 위에 세워지는 신의 임재 장소로 여겨졌다.[526] 그리하여 성전에서 물이 나오는 것은 물로 대변되는 무질서 세력이 패배하여 그 물이 창조 질서 속으로 들어오게 되었다는 의미로 이해되었다. 그 영향으로 랍비 전승에서 성전은 창조 시에 "거대한 혼돈의 심연을 막는 관석(capstone)"으로 간주되었다.[527] 같은 맥락에서 시편 29편도 하나님이 왕으로 임재하는 곳이 홍수와 같은 무질서 세력을 잠재우고 세워진 곳임을 보여주고 있다.[528]

여호와께서 홍수 때에 좌정하셨음이여(보좌를 세우셨음이여),

여호와께서 영원토록 왕으로 좌정하시노다(시 29:10).

물론 시편 29편이 실제로 하나님의 성전은 물로 대변되는 무질서 세력 위에 세워졌다고 인정하는 것은 아니다. 시편 29편은 오래된 가나안 시를 시편의 시인이 상상력을 동원하여 여호와 신앙에 적용한 것이다.[529] 가나안 창조 신화의 이미지를 차용하여 무질서 세력을 무찌르고 그 위에 보좌를 세운 신이 가나안의 창조신 엘이 아닌 이스라엘의 하나님임을 드러낸 것이다.

---

526 Truman G. Madsen, ed., *The Temple in Antiquity: Ancient Records and Modern Perspective* (Provo, UT: Brigham Young University: 1984) 참조.

527 D. Jon Levenson, *Creation and the Persistence of Evil: The Jewish Drama of Divine Omnipotence* (San Francisco, CA: Harper & Row, 1988), 99.

528 Blenkinsopp, *Ezekiel*, 138.

529 Bernhard W. Anderson, *From Creation to New Creation* (Eugene, OR: Wipf & Stock Publishers, 1994), 225.

어떤 이는 창세기에서 하나님의 성전 이미지를 가진 에덴동산으로부터 흘러나오는 물은 고대 근동의 성전 이데올로기에 근거해 무질서 세력을 제압한 흔적이라고 설명하기도 한다(참조. 겔 47장). 하지만 구약은 고대 근동의 성전 이데올로기처럼 무질서 세력인 물을 제어하기 위해 에덴동산이 그 물 위에 세워진 곳이라고 말하지 않는다. 더욱이 창세기는 분명하게 하나님이 무에서 유를 창조하셨음을 밝히고 있으며, 바다라는 무질서 세력과의 싸움을 통해 창조 질서를 만드셨다고 말하지도 않는다(시 104:6-7). 따라서 구약이 고대 근동의 창조 신화와 성전 이야기에 나오는 용어를 사용하는 것은 선교적 차원에서 그런 것을 인용하여 믿지 않는 이방 세계에 하나님의 진리를 선포하기 위함임을 알아야 한다.

이처럼 구약이 사용하는 고대 근동의 창조와 성전 신학의 용법을 염두에 두고 에스겔 27:3을 읽으면 두로를 고대 근동의 성전 이데올로기에 빗대어 비꼬고 있음을 감지할 수 있다. 그래서 이 구절에서 두로는 바다 어귀에 거주하면서 바다라는 무질서를 제어하고 여러 섬과 왕래하면서 무역하는 나라로 묘사된다.

이 구절은 언뜻 평범하게 이해하고 넘어갈 수도 있다. 하지만 바다를 자신 있게 제어하며 무역하는 두로의 모습은 두로가 자신에게 하나님이 임재하는 성전이 있다고 생각한 것과 깊은 연관이 있다. 앞서 말한 대로 고대 근동에서 성전은 물로 대변되는 무질서 세력을 제어하는 곳으로 이해되었다. 그러므로 본문은 이런 성전 이데올로기에 입각하여 자신에게 성전이 있다고 생각한 두로가 바다를 쉽게 제압하고 자유롭게 무역할 수 있음을 자랑하는 모습을 표현한 것이라고도 볼 수 있다.

물론 본문이 이것을 드러내놓고 말하지는 않는다. 하지만 에스겔 27장의 전체 문맥을 보면 이런 주장은 신빙성이 있다. 에스겔서의 열국 심판 이야기도 종종 고대 근동의 창조 신학을 인용하고 있다는 것이 이런 주장에 힘을 실어준다(29:3; 32:2). 에스겔서는 이런 맥락에서 두로가 바다 가운데서 파선할 운명이라고 선포한다(27:34). 이는 고대 근동의 성전 이데올로기에 근거하여 그들에게 성전이 있으므로 바다를 제어한다고 자부했던 두로의 주장이 헛됨을 일깨워준다. 이제 27장의 본문을 살펴보자.

먼저 두로는 자신이 "온전히 아름답다"고 말한다(27:3b-4). 여기서 "아름답다"라는 수식어는 에스겔서에서 예루살렘에 대해 사용된 표현이다(16:14, 15).[530] 그러므로 이 표현은 두로가 스스로 예루살렘과 같이 되었음을 자랑하고 있다는 암시다. 에스겔시에서 언급된 "아름다움"은 하나님의 영광의 선물이라는 의미를 지닌다(16:14; 28:12, 17; 31:8).[531] 즉 두로는 자신이 하나님의 영광이 머무는 임재의 장소가 되었기에 아름답다고 스스로 말하고 있는 것이다. 27:4에서 두로가 "바다 가운데" 있다는 언급은 고대 근동의 성전 이데올로기에 따라 두로가 바다라는 무질서 세력을 제어하는 전진 기지임을 자인하는 암시로 이해할 수 있다.[532]

② 두로라는 배(27:5-7)

이 단락은 바다를 완벽히 제어하는 배에 두로를 비유하고, 그 배가 어떤 재질로 만들어졌는지를 보여준다. 먼저 배의 판자는 "스닐의 잣나무"로 이루어졌고 돛대는 "레바논의 백향목"으로 만들어졌다(27:5). 여기서 "스닐"은

---

530 Greenberg, *Ezekiel 21-37*, 548.
531 Odell, *Ezekiel*, 345.
532 Odell, *Ezekiel*, 346.

헤르몬산을 가리키며[533] 그다음에 언급되는 "레바논의 백향목"은 특히 의미심장하다. 백향목은 성전 자재이기 때문에 두로가 예루살렘 성전에 비유되고 있음을 보여준다(27:24).[534] 27:6에서 언급된 배의 자재도 성전 자재와 동일하다.[535]

27:7은 "엘리사 섬"에서 온 청색, 자색 베로 사일을 만들었다고 말한다. 여기서 "엘리사"는 사이프러스섬을 가리킨다.[536] 청색, 자색 베는 왕적 권위를 상징하므로, 두로가 하나님의 대리 통치자로서 세상의 중심에 있음을 내비친다.[537] 또한 청색과 자색 베는 성막의 자재다. 그래서 그것으로 차일을 만들었다는 말은 두로라는 배가 성전의 이미지를 갖는다는 주장에 더욱 무게를 실어준다(출 26:31).

③ 두로의 배에 탄 사공들(27:8-11)

이 단락은 두로라는 배의 선원들이 다양한 나라에서 왔음을 보여준다. 이로써 두로가 세상의 중심이라는 이미지를 가지고 있음을 내비친다. 27:8은 시돈과 아르왓 주민들이 두로의 사공이 되었다고 말한다. 여기서 아르왓은 페니키아 해변에 있는 도시를 가리킨다. 이어 두로의 지혜자들이 선장이 되었다고 말한다.

27:9은 그발의 노인들과 지혜자들이 "배의 틈을 막는 자"가 되었다고 기술한다. 여기서 그발은 페니키아 해변에 있는 또 다른 도시를 가리킨다.

---

533 Cooper, *Ezekiel*, 257.
534 Geyer, "Ezekiel 27 and the Cosmic Ship," 116-117.
535 Greenberg, *Ezekiel 21-37*, 549-550.
536 Block, *Ezekiel Chapters 25-48*, 61.
537 Block, *Ezekiel Chapters 25-48*, 61.

"지혜"에 대한 강조는 두로가 바다라는 무질서의 세력과 맞서 지혜로 질서를 세우는 역할을 했음을 의미한다.[538]

두로는 자신의 안전을 지키기 위해 바사와 룻과 붓에서 용병을 데려와 군사로 기용했다(27:10). 이 구절에서 바사는 페르시아, 룻은 리디아(아나톨리아), 붓은 리비아(북아프리카)를 가리킨다(참조. 30:5). 그래서 두로가 동쪽, 서쪽, 남쪽에서 온 용병들을 기용해 군사적 안전을 유지하였음을 보여준다.[539]

27:11에서 한글 성경은 많은 부분을 번역하지 않았다. 이 부분을 히브리어 원문에 충실하게 번역하면 "아르왓 사람들과 헬레크 사람들은 너의 사면 성벽에 있었고, 감마드 사람들은 너의 망대 안에 있었다"이다. 여기서 헬레크 사람들은 길리기아에 있는 힐라쿠를, 감마드는 아람의 도시를 가리키는 것처럼 보인다.[540]

④ 두로의 배에 실린 무역품(27:12-25)

이 단락은 두로가 무역하는 물품의 목록과 그 물품을 수입하는 나라를 열거한다.[541] 여기서 눈에 띄는 나라 중 하나는 "두발과 메섹"이다(27:13). 이 두 나라는 에스겔 38-39장에서 마곡 땅의 왕 곡과 연합하는 나라들로 언급되기 때문이다(38:2). 27:13에서 언급된 야완은 그리스를 가리키고, 두발과 메섹은 소아시아에 위치한 나라로서 창세기 10:2에서 야벳의 후손으로 제

---

538 Odell, *Ezekiel*, 346.
539 Allen, *Ezekiel 20-48*, 86.
540 Odell, *Ezekiel*, 347.
541 Geyer, "Ezekiel 27 and the Cosmic Ship," 114.

시된다.[542] 27:14의 "도갈마 족속"은 중앙 아나톨리아 지역에 있는 족속으로 에스겔 38장에서 곡과 연합한 나라 둘 중 하나로 등장한다(38:6).

이 단락에서 언급된 나라들은 동서남북에 걸쳐 다양하게 분포된다. 이런 나라들을 언급함으로써 두로가 세상의 중심으로서 지닌 위상을 자랑하고 있다는 암시를 준다. 한편 두로가 거래하는 물품은 대부분 성전 건축과 관련된 물품이다. 이런 점에서 이 단락은 27장에서 중요한 위치를 차지한다.[543] 결국 성전과 관련된 물품을 거래하는 배의 모습은 하나님의 성전이 있는 곳을 자처하는 두로의 모습을 더욱 부각시키고 있다.[544]

⑤ 두로의 배가 파선됨(27:26-36)

이 단락은 두로라는 배가 파선되어 그와 연관된 열국이 슬퍼하는 장면을 다룬다. 스스로를 성전이 있는 곳으로 생각하며 무질서한 바다를 제어하는 세상의 중심이라고 자랑했던 두로라는 배는 동풍으로 인해 파선할 것이다(27:26). 에스겔서의 문맥상 동풍은 바빌로니아를 상징하기 때문에(19:12) 이는 두로가 바빌로니아에 의해 멸망할 것을 은유적으로 표현한 것이다.

나아가 동풍은 출애굽기에서 하나님이 이스라엘을 구원하기 위해 동풍으로 홍해 바다의 물을 물러가게 하신 사건을 연상시킨다(출 14:21). 출애굽기 15장은 이 동풍을 하나님의 영(루아흐)으로 묘사한다(출 15:8). 이런 통찰을 에스겔 27장의 두로의 파선에 적용하면, 동풍으로 두로의 배가 파선되는 모습은 두로라는 배가 무질서 세력을 제어하는 세상의 중심이 아니라

---

542 Sweeney, *Reading Ezekiel*, 137.
543 Geyer, "Ezekiel 27 and the Cosmic Ship," 115.
544 Geyer, "Ezekiel 27 and the Cosmic Ship," 119.

오히려 바다와 같이 하나님의 계획을 방해하는 무질서의 세력임을 일깨워 준다. 이를 통해 자신이 세상의 중심이기 때문에 바다라는 무질서 세력을 제어할 수 있다고 자랑했던 두로의 교만이 얼마나 헛된 것인지를 교훈하고 있다.

두로의 파선으로 주위의 나라는 슬퍼하며 탄식하게 될 것이다(27:31). 이들은 두로를 통해 그동안 만족을 누린 나라들이므로 두로의 멸망 때문에 더 이상 만족을 누릴 수 없음을 알고 슬퍼할 것이다. 27:31에서 "마음이 아프다"라는 표현은 히브리어로 보면 "욕구가 쓰다"이다. 즉 만족을 누리지 못한 데서 오는 슬픔을 표현하고 있는 것이다.

본문은 더욱 명확하게 누로가 "바다 깊은 데서 파선"하였음을 알린다 (27:34). 여기서 "바다 깊은 데"로 표현된 히브리어는 "마아마킴"(מַעֲמַקִּים)으로서, 고대 근동의 무질서 모티프와 깊은 연관이 있다(시 69:2, 15; 130:1).[545] 이로써 두로가 바다라는 무질서의 세력을 제어하는 성전과 같은 곳이 아니라, 오히려 무질서 세력 중의 하나이기 때문에 멸망한다는 것을 보여준다.

두로의 멸망으로 많은 민족의 상인들이 놀라게 될 것이다(27:36). 이 구절에서 개역개정판 한글 성경이 "비웃음"으로 번역한 히브리어 "샤라크"(שָׁרַק)는 "놀라는 것"을 의미한다.[546] 결국 27장은 예루살렘의 멸망 후 이제 자신이 바다라는 무질서 세력을 제어하는 세상의 중심이 되었다고 착각했던 두로가 오히려 무질서 세력으로서 하나님의 심판을 받는 처지로 전락하게 될 것을 예언하고 있다.

---

545 Geyer, "Ezekiel 27 and the Cosmic Ship," 106.
546 Taylor, *Ezekiel*, 192.

2) 후반부(28:1-19)

전반부 초두가 자신은 만민의 문이라면서 자랑하는 두로의 말로 시작했듯이(26:2) 후반부도 자랑하는 말로 시작한다(28:2). 후반부는 구체적으로 두로 왕을 전면에 내세우고 그가 신을 사처하는 내용으로 시작한다. 26-27장에서 두로가 무질서를 잠재우는 세상의 중심인 하나님의 성전을 자처하면서 그 사실을 자랑했다면 후반부(28장)에서는 한 발 더 나아가 두로 왕이 하나님의 임재의 성전에 거하며 그곳에서 신이 되었다고 말하고 있다(28:2, "나는 신이라"). 이런 교만으로 인해 두로 왕은 스올로 내려가게 될 것이다(28:1-10).[547]

28:11-19은 두로 왕을 창세기의 에덴동산의 아담에 비유하고 구체적으로 그가 어떤 죄목으로 멸망하게 되는지를 기술한다. 여기서 갑자기 에덴동산을 언급하는 이유는 창조 때 에덴동산이 온 세상의 중심으로서 하나님의 성전으로 기능했기 때문이다. 세상의 중심인 성전에 거하며 거기서 신을 자처하는 두로 왕을 아담에 비유한 것은 아담도 하나님의 성전인 에덴동산에서 선악과를 따먹고 하나님처럼 되려 했다는 공통점 때문이다. 에덴동산의 아담이 선악과를 먹고 하나님처럼 되려 하다가 쫓겨났듯이 두로 왕도 불의로 인해 "땅에 던져져" 왕들의 구경거리가 될 것이다(28:17).[548]

Sweeney, *Reading Ezekiel*, 138.

548 28:17에서 "던지다"에 해당하는 히브리어 "샬라크"(שָׁלַךְ)는 유다가 죄로 인해 제2의 에덴동산인 가나안에서 쫓겨나게 될 것이라고 예언할 때 사용된 단어다(렘 7:15).

(1) 두로 왕에 대한 심판(28:1-10)

이 단락은 하나님의 성전에서 신을 자처하는 두로 왕이 그의 교만으로 인해 스올로 내려가게 되리라는 예언을 담고 있다. 26-27장에서 두로는 자신에게 하나님의 성전이 옮겨졌다고 자랑했는데, 그런 자랑이 지나친 교만으로 발전해서 급기야는 스스로가 성전에 거하는 신이라고 주장하기에 이른 것이다. 확실히 이는 하나님의 임재를 왜곡할 뿐 아니라 자신을 하나님의 위치에 놓은 교만이다. 따라서 두로 왕은 그의 교만으로 인해 하나님께 정의의 심판을 받게 될 것이다. 이 단락의 구조는 다음과 같다.

    A. 두로 왕이 자신을 신이라고 칭함(28:1-2)

      B. 두로 왕이 지혜로 교만해졌음(28:3-6)

      B´. 두로 왕의 지혜가 더럽혀지게 될 것(28:7)

    A´. 스올로 내려가는 두로 왕은 사람일 뿐임(28:8-10)

28:2이 두로 왕이라고 말할 때 "왕"으로 번역된 히브리어는 "나기드"(נָגִיד)이다. 이는 왕이 되도록 지명된 자라는 의미로 두로 왕은 진정한 왕이신 하나님에 의해 왕적 지위를 받은 자임을 뜻한다.[549] 하지만 두로 왕은 자신을 신의 위치에 놓을 만큼 교만했다(28:2). 그는 자신이 마치 창조신과 같아서 바다로 상징되는 무질서의 세력을 제어한다고 착각했다. 앞에서 언급했듯이 고대 근동의 창조 신화에서 창조신은 바다라는 무질서 세력을 제압하고 창조 질서를 세우는 자였다. 두로 왕은 이런 창조 신화에 근거하여 바다를

---

549 Sweeney, *Reading Ezekiel*, 138.

제압하며 무역하는 자신을 신이라고 간주하는 교만을 부린 것이다.

28:2에서 두로 왕은 "내가 하나님의 자리, 곧 바다 가운데 앉아 있다"라고 자랑했다. 여기서 "앉다"에 해당하는 히브리어는 "야샤브"(יָשַׁב)로서 "보좌를 세우다"라는 의미를 가진다. 이는 두로 왕이 고대 근동의 성전 이데올로기에 따라 자신을 부질서 세력 위에 세워신 성선에 보좌를 세운 신으로 여기고 있다는 암시를 준다.[550] 그가 자신은 세상의 중심인 성전에 거한다고 여기며 스스로를 세상의 창조자이신 하나님의 반열에 놓고 있음을 보여주는 대목이다.

어떤 이는 28장에서 두로 왕이 자신을 신으로 여기는 것이 왕은 신의 아들이라는 고대 근동 사상에서 나온 것이라고 주장한다.[551] 그래서 두로 왕이 신을 자처한 것은 진정한 의미에서 자신이 신이라고 주장한 것은 아니라고 반박한다. 이에 대한 증거로 28장 후반부(28:11-19)에서 두로 왕을 에덴동산의 아담에 비교하는 부분을 언급한다. 하지만 이 부분에서 두로 왕을 아담에 비유한 것은 두로 왕은 신이 아니라 인간 아담에 불과하다는 것을 보여주기 위함이다. 아담은 하나님처럼 선악을 아는 자가 되려다가 쫓겨났는데, 두로 왕이 신을 자처하는 모습도 하나님의 영역을 탐한 아담과 유사해서 그를 아담과 비교한 것이다. 그러므로 두로 왕이 신을 자처한 것이 고대 근동의 왕권 신수설 사상을 반영한 것이라는 주장은 옳지 않다.[552]

28:3-5은 두로 왕이 자신을 지혜로운 자로 여기는 모습을 묘사한다.

---

550 Sweeney, *Reading Ezekiel*, 138.
551 Odell, *Ezekiel*, 357.
552 Allen, *Ezekiel 20-48*, 93.

이 소단락은 "보라"라는 뜻의 "히네"로 시작함으로써, 자신을 지혜자로 여기는 두로 왕이 모습이 놀랍다는 것을 독자에게 전하고 있다.[553] 두로 왕은 자신이 다니엘보다 지혜로워서 모든 것을 깨닫는다고 말한다. 여기서 언급된 다니엘이 고대 우가리트(현재의 레바논 지역)의 다니엘을 가리킨다고 주장하는 학자도 있다. 하지만 우가리트의 다니엘은 정의로 유명했지, 지혜로 모든 것을 깨달아 명성을 얻은 것은 아니다. 성경의 다니엘은 느부갓네살 왕이 인정한 지혜로운 자였기 때문에(단 4:6) 여기 나오는 것도 성경의 다니엘로 보는 것이 더 설득력 있다(14:14).[554]

두로 왕은 지혜로 많은 재물을 얻고 무역을 통해 많은 부를 얻었다고 자랑한다. 그런데 신을 자처한 두로 왕이 갑자기 지혜를 자랑하는 것이 약간 생뚱맞은 느낌을 줄 수도 있다. 하지만 성경은 창조주 하나님이 지혜로 세상을 창조하셨다고 말하며(잠 8:22-30; 시 104:24) 사람이 하나님이 주신 지혜로 재물을 얻는다고 선언한다(잠 8:21). 그리하여 지혜가 하나님께 속한 것임을 분명히 한다. 이런 맥락에서 두로 왕도 자신이 신이기 때문에 신적 지혜를 통해 모든 것을 깨닫고 부를 축적하였음을 자랑하고 있다고 볼 수 있다.

자신의 지혜를 신적인 지혜인 것처럼 자랑했던 두로 왕에게 하나님은 그의 지혜를 무용지물로 만들 것이라고 말씀하신다(28:7). 구체적으로 두로 왕은 이방 나라의 침입으로 칼에 의해 멸망하게 될 것이다. 자신의 지혜를 하나님의 수준으로 올려놓고 모든 것을 완벽하게 깨달아 적의 침입을 능히 방어할 수 있다고 자랑한 두로 왕이었지만, 더 높은 적의 계략에 의해 속수

---

553 Allen, *Ezekiel, 20-48*, 93.
554 Greenberg, *Ezekiel 21-37*, 573.

무책으로 멸망당할 것이라는 뜻이다. 이는 한 마디로 아이러니의 심판이다.

두로 왕은 멸망당하여 구덩이(스올)로 내려가 자신이 신이 아니라 사람에 불과함을 온 세상에 드러낼 것이다(28:8-10). 28:8에서 언급된 "구덩이"는 죽음의 세계를 가리키는 스올을 지칭한다(26:20). 칼에 맞아 죽게 되는 두로 왕에 대해 하나님은 "너를 숙이는 자 앞에서도 '내가 하나님'이라고 말하겠느냐?"라고 조롱하신다(28:9). 신을 자처했던 두로 왕의 교만과 대조되는 운명이 아닐 수 없다.

결국 두로 왕은 할례받지 않은 자의 죽음을 당할 것이다(28:10). 여기서 "할례받지 않은 자의 죽음"이라는 표현은 할례받지 않는 이방인에 의해 죽을 것이라는 뜻이다.[555] 두로와 시돈이 위치한 페니키아 지역 사람들은 이스라엘처럼 할례를 행했다고 알려져 있다. 따라서 할례받지 않은 자에게 죽는다는 것은 전혀 다른 이방인에 의해 치욕스런 죽음을 맛볼 것이라는 의미다.[556]

흥미롭게도 28:7-9에는 "친다"는 표현이 세 번 등장한다. "친다"에 해당하는 히브리어는 "할랄"(חָלַל)로서, 28:3-5에서 세 번 언급되고 재물로 번역된 히브리어 "하일"(חַיִל)과 음성학적으로 유사하다.[557] 본문은 이런 언어유희를 통해 두로 왕이 재물을 자랑한 대가로 하나님이 그를 치셨다는 신학적 의미를 전달하고 있다.

---

555 Sweeney, *Reading Ezekiel*, 139.

556 Cooper, *Ezekiel*, 264.

557 Allen, *Ezekiel 21-48*, 92-96.

(2) 두로 왕에 대한 슬픈 노래(28:11-19)

이 단락은 두로 왕을 에덴동산의 아담에 비유하면서 과거 아담이 죄로 인해 에덴동산에서 쫓겨났듯이 두로 왕도 불의로 인해 하나님의 형상의 영광을 잃게 될 것을 알린다. 앞서 28:1-10에서 두로 왕이 스스로 신을 자처한 상황에서 28:11-19은 두로 왕을 에덴동산에 있던 아담에 비유하여 그가 사람에 불과함을 역설하고 있다.

여기서 에덴동산이란 주제가 나오는 것은 두로 왕이 자신이 거하는 곳을 하나님의 임재 장소라고 주장했기 때문이다. 두로는 하나님의 성전이고 자신은 신이라면서 교만을 떠는 그의 모습은 하나님의 성전인 에덴동산에서 선악과를 먹음으로써 "하나님처럼" 되려 했던 아담의 모습과 중첩된다. 그리하여 에스겔서는 두로 왕을 에덴동산의 아담에 비유하고, 아담이 하나님처럼 되려다가 쫓겨났듯 그도 멸망하게 될 것이라고 교훈하고 있다. 참고로 성경에 나타난 에덴동산에 성전 모티프가 있다는 것에 대한 근거는 다음과 같다.[558]

에덴동산	성전(성막)
출입구가 동쪽	출입구가 동쪽
아담이 봉사하는 제사장적 역할을 함(창 2:15)	제사장이 성전 안에서 봉사
에덴동산에서 물이 흘러나옴(창 2:10)	성전에서 물이 흘러나옴(왕상 7:38; 겔 47:1)
에덴동산에 등장하는 보석들(창 2:11-12)	성막에 사용되는 보석들(출 25:7, 11, 17, 31)
에덴은 산의 모양	종말의 성전은 산의 모양(겔 40-42장)

---

558 Alexander, *From Paradise to the Promised Land*, 131. 여기서 Alexander는 성막 안의 촛대(lamp-stand)가 생명나무를 상징할 수 있다고 주장한다.

28:11-19의 구조는 다음과 같다.

　　A. 두로 왕은 에덴동산에서 지혜가 충족하고 온전히 아름다웠음(28:11-
　　　13)

　　　B. 두로 왕을 지키는 그룹이 있음(28:14)

　　　　C. 두로 왕이 불의를 행함(28:15)

　　　　C′. 두로 왕의 구체적인 불의: 무역하며 강포를 행함(28:16a)

　　　B′. 두로 왕을 지키는 그룹으로 두로 왕을 멸함(28:16b-7)

　　A′. 두로 왕의 지혜가 더럽혀지고 재가 됨(28:18-19)

먼저 28:11-13는 두로 왕을 에덴동산의 아담에 비유하며 시작한다. 특히 두로 왕은 "완전한 도장"이었고 "지혜가 충족하며 온전히 아름다웠다"고 진술한다(28:12). "완전한 도장"이라는 문구에 대해 여러 의견이 있다. 이 문구에 해당하는 히브리어 표현은 "호템 토크니트"(תָּכְנִית חוֹתֵם)인데, 70인 역은 "호템"을 도장을 뜻하는 "호탐"으로 읽을 것을 제안한다. 도장으로 읽는 것이 문맥상 더 어울리기 때문에, 한글 성경이 "도장"으로 번역한 것은 옳은 판단이다.[559] 이어 나오는 "토크니트"는 에스겔 43장에서 성전의 형상을 언급할 때 사용된 낱말이다(43:10).

　　도장은 그것을 가진 사람을 대표하는 대리적 기능을 한다. 따라서 도

---

[559] 현재 많은 주석가들이 "도장"으로 이해한다. Dexter E. Callender Jr., "The Primal Human in Ezekiel and the Image of God," in *The Book of Ezekiel: The Theological and Anthropological Perspectives*, ed. Margaret S. Odell & John T. Strong (Atlanta, GA: SBL, 2000), 175-193에서 180-181.

장으로 불리는 두로 왕은 하나님의 권위를 대표하고 하나님을 대신해 대리 통치하는 하나님의 형상임을 말해준다.[560] 이런 맥락에서 "형상"을 의미하는 "토크니트"가 자연스럽게 등장하여 두로 왕이 하나님의 완벽한 형상임을 입증하고 있다.[561]

한글 성경은 "호템 토크니트"를 "완전한 도장"이라고 번역했지만 이것은 "도장, 즉 형상"으로 번역하는 것이 더 옳다.[562] 결국 28:12은 두로 왕을 하나님의 형상으로서 도장처럼 하나님을 대표하는 자로 선언하고 있다. 이처럼 그를 하나님의 형상으로 선언한 데는 그가 하나님의 대리 통치자로서 그분의 뜻을 수행하기 위해 세워진 왕임을 일깨워주려는 목적이 있다.[563] 그리고 이로써 그가 적어도 신은 아님을 드러내고 있다.

하나님의 형상으로 묘사되는 두로 왕은 "지혜가 충족하다"고 표현된다(28:12). 창세기는 아담이 지혜롭다고 명시적으로 말하지는 않지만 동물들의 이름을 짓는 장면에서 아담의 지혜를 어느 정도 보여준다. 이런 점에서 "지혜"에 대한 언급은 두로 왕이 하나님이 주신 지혜로 세상을 다스리는 존재임을 나타낸다. 그리하여 두로 왕의 지혜는 신으로서 가진 지혜가 아니라 하나님으로부터 부여 받은 지혜임을 드러내고 있다.

28:13은 두로 왕이 에덴동산에 있는 화려한 보석으로 치장된 존재라고 말하여 그가 하나님의 형상이라는 사실을 더욱 확실하게 부각시킨다.

---

560 Odell, *Ezekiel*, 363.

561 한편 Callender는 "토크니트"라는 히브리어를 "타브니트"(תַּבְנִית)로 읽을 것을 제안한다. 그의 제안은 매우 인상적이지만 굳이 그렇게 바꿔 읽지 않더라도 하나님의 형상이라는 의미를 원문에서 충분히 이끌어낼 수 있다. Callender, "The Primal Human in Ezekiel," 186-188.

562 Callender, "The Primal Human in Ezekiel," 189.

563 Callender, "The Primal Human in Ezekiel," 192.

여기서 두로 왕이 치장한 보석들은 제사장의 흉패에 부착된 열두 보석 중 아홉 개에 해당한다(출 28:17-20; 39:10-13).[564] 이런 묘사를 통해 거꾸로 에 덴동산의 아담에게는 하나님의 형상으로서 왕적 기능과 함께 제사장적 기 능이 있었음을 추정할 수 있다. 그래서 신학적으로 말하자면 하나님의 형 상으로 지음을 받는다는 것은 왕 같은 제사상으로 창조된나는 것임을 깨달 을 수 있다.

28:14은 "너는 기름부음을 받고 지키는 그룹"이라고 말함으로써 두로 왕이 인간이 아니라 그룹(천사)이라는 인상을 준다. 그룹은 하나님의 보좌 를 지키고 수호하는 천사이기 때문이다(참조. 겔 1장, 10장). 이 때문에 어떤 사람은 28:11-19이 두로 왕 배후에 있는 사탄에 대한 심판을 다룬다고 주 장하기도 한다.[565]

한글 성경이 따르는 마소라 히브리어 원문을 보면 14절에서 언급된 "너"(2인칭 단수)는 남성 대명사가 아니라 여성 대명사인 "아트"(אַתְּ)다. 반면 두로 왕을 지칭할 때는 2인칭 남성 단수 대명사인 "아타"(אַתָּה)가 사용된다. 이런 관찰을 통해, 2인칭 여성 대명사인 "너"는 남성 대명사로 표현되던 두 로 왕을 가리킨 말이 아니라 두로라는 성읍을 가리킨다는 주장이 제기되기 도 한다. 일반적으로 성읍은 여성 명사로 쓰기 때문이다. 하지만 여성 대명 사인 "너"로 호명된 것의 정체는 그룹이 분명하다. 도시가 천사라는 것은 이해할 수 없기 때문이다.

기원전 2-3세기에 히브리어 성경을 그리스어로 번역한 70인역은 2인

---

564 Cooper, *Ezekiel*, 267

565 Cooper, *Ezekiel*, 268.

칭 여성 대명사 "너"를 뜻하는 "아트"를 "~와 함께"라는 뜻의 전치사 "에트"(אֵת)로 바꿨다. 이렇게 되면 "내가 기름 부음을 받아 지키는 그룹과 함께 너를 거기에 두었다"라는 뜻이 된다.[566] "지키다"의 의미로 사용된 히브리어 동사의 뜻은 "가리다"이다. 따라서 두로 왕이 에덴동산에서 하나님의 형상으로서 "불타는 돌들 가운데 왕래"할 수 있도록 그룹이 그를 보호했다는 이미지를 전달하고 있다. 필자는 70인역의 해석이 문맥에 가장 잘 어울린다고 본다.[567]

두로 왕은 아담처럼 그룹의 보호를 받으며 하나님의 성전인 에덴동산에서 하나님의 형상으로 살아가는 고귀한 존재였지만, 불의로 인해 책망을 받게 된다(28:15-16). 28:15에서 "불의"로 번역된 히브리어는 "아블라"(עַוְלָה)이다. 오델(Odell)은 이 단어가 시편 92:15에서 반석을 뜻하는 "추르"와 함께 사용된 것에 주목한다.[568] "여호와의 정직하심과 나의 바위 되심과 그에게는 불의가 없음이 선포되리로다"(시 92:15). 그는 이 구절을 에스겔서의 두로 심판 본문에 대입시켜, 바위이신 하나님은 어떤 불의(아블라)도 없지만 소위 바위라고 불리는 두로 왕은 "불의"가 드러남으로써 하나님과 대조되고 있다고 주장한다.

두로 왕의 불의는 한 마디로 무역을 통해 재물을 쌓는 과정에서 강포를 행한 것이다(28:16, 18). 여기서 강포로 번역된 히브리어는 "하마스"로서

---

566 Chisholm은 이에 대해 에스겔이 창세기의 기록과 다른 전승을 여기에 기록하고 있다고 본다. 그래서 인간이면서 그룹으로 에덴에 거한 자로 두로와 비교하고 있다고 본다. Chisholm, 『예언서 개론』, 407.
567 Odell은 이 그룹이 두로 왕 자신을 가리킬 수도 있고 두로 왕을 보호하는 천사를 가리킬 수 있다고 말한다. Odell, *Ezekiel*, 363.
568 Odell, *Ezekiel*, 363.

에스겔서 여러 곳에 등장하는 낱말이다(7:11, 23; 8:17; 12:19; 22:2; 45:9). 하나님의 형상을 강조하는 에스겔의 문맥에서 강포(하마스)는 하나님의 형상을 훼손하는 것과 밀접한 관련이 있다(창 9:1-7).[569] 그러므로 이 단어는 두로 왕이 심판받는 것이 하나님의 형상으로서 올바르게 살지 못하고 오히려 하나님의 형상을 훼손했기 때문임을 일깨워준다. 두로 왕은 무역을 통해 재물을 쌓는 과정에서 하나님의 형상답지 않게 타인에게 강포를 행하여 하나님의 형상을 해쳤던 것이다.

그 결과 에덴동산의 불타는 돌들 가운데서 두로 왕을 보호했던 그룹이 떠나게 되어 두로 왕이 멸망하게 될 것이다(28:16). 이 구절에서 개역개정판 한글 성경은 그룹들이 "불타는 돌 사이에서 멸하였다"고 말하지만 히브리어 원문으로 읽으면, "불타는 가운데서 (두로 왕을) 가리던 그룹을 통해 너(두로 왕)를 멸하였도다"라는 뜻이다. 이렇게 번역하면 두로 왕이 멸망하는 것은 그를 가리던 그룹이 떠나서 그가 더 이상 불타는 돌 가운데 있을 수 없어 쫓겨나는 것과 같음을 알 수 있다.

보호해주던 그룹이 떠났기 때문에 두로 왕은 살아남지 못할 것이다(28:17-19). 아담처럼 하나님의 대리 통치자였던 그는 하나님이 주신 지혜를 더럽혔다(28:17). 그 결과 하나님은 그를 땅에 던져 왕들의 구경거리가 되게 하실 것이다. "땅에 던지다"라는 말은 에덴동산에서 쫓겨나 멸망하게 되었다는 표현이다.[570]

---

569 John F. Kutsko, "Ezekiel's Anthropology and Its Ethical Implications," in *The Book of Ezekiel: Theological and Anthropological Perspectives*, ed. Margaret S. Odell & John T. Strong (Atlanta: SBL, 2000), 135.
570 Taylor, *Ezekiel*, 193.

28:18은 구체적으로 두로 왕이 어떻게 멸망하는지를 세세하게 다룬다. 먼저 본문은 두로 왕이 무역으로 불의를 행해서 심판이 온 것임을 재차 상기시킨다. 또한 두로 왕이 성소들을 더럽혔다고 말한다. 에덴동산은 하나님의 성소였기 때문에, 두로 왕이 하나님의 형상으로서 올바른 삶을 살지 못하여 그가 거하던 하나님의 임재 장소를 더럽혔다는 말로 이해할 수 있다.

불 가운데서 두로 왕을 보호해주던 그룹이 사라진 상황에서 결국 두로 왕은 땅에서 불에 의해 살라질 것이다(28:18a). 불로 멸망하는 두로 왕의 모습은 열국 심판이 불 심판이 될 것이라는 신호로 이해할 수 있다.

불살라진 두로 왕은 땅 위에서 재가 된다(28:18b). 이는 창세기 3:19에서 선악과를 먹은 아담과 하와에게 하나님이 "흙으로 돌아갈 것이니라"라고 저주하신 말씀을 강하게 연상시킨다.[571] 이 대목에서 에덴동산이라는 하나님의 성전에서 하나님의 형상이었던 두로 왕이 아담처럼 저주를 받게 된다는 것을 깨달을 수 있다.

결국 이 단락은 두로 왕에 대한 심판이 유다의 심판처럼 그가 하나님의 형상에 걸맞은 삶을 살지 못하여 그분의 임재 안에 들어올 수 없어서 일어난 일임을 교훈한다. 그래서 유다의 심판과 열국의 심판은 하나님의 임재에 걸맞은 거룩의 부재 때문임을 독자에게 각인시켜주고 있다.

---

571 Callender, "The Primal Human in Ezkiel and the Image of God," 178-179.

3.
시돈에 대한 심판과 이스라엘의 회복(28:20-26)

이 단락은 시돈에 대한 심판(28:20-24)과 이스라엘의 회복(28:25-26)을 예언한 말씀이다. 시돈은 두로에서 북쪽으로 약 40km 떨어진 곳에 위치한 도시였다. 따라서 두로의 심판 이후 시돈이 언급되는 것은 자연스럽다고 할 수 있다. 하지만 시돈이 왜 심판을 받는지는 구체적으로 언급되지 않는다. 에스겔서의 열국 심판의 특징을 고려하면 시돈의 멸망은 하나님의 임재 훼손과 밀접한 관련이 있다고 볼 수 있다.

기원전 722년에 북이스라엘이 멸망한 이유는 바알 숭배와 같은 우상 숭배 때문이었다(왕하 17:13-18). 북이스라엘에서 바알 숭배를 촉발한 사람은 시돈 출신의 이세벨이다(왕상 16:31-34). 그러므로 시돈은 북이스라엘을 타락으로 치닫게 한 나라라고 할 수 있다. 이런 역사적 사실 외에도 두로와 결탁하여 예루살렘 멸망으로 하나님의 임재 장소가 옮겨졌음을 기뻐했다고 추정할 수 있다. 그렇다면 시돈에 대한 심판은 두로에 대한 심판의 연장선상에 있는 셈이다.[572]

시돈은 전염병, 피, 칼을 통해 심판을 받을 것이다(28:23). 이 세 가지 심판은 유다에게 임한 심판과 동일하다. 바다 가운데 있는 두로와 달리 시돈은 육지에 있었기 때문에 바빌로니아의 느부갓네살 왕이 쉽게 정복할 수

---

572 Allen, *Ezekiel 20-48*, 100.

있었다.[573] 시돈이 멸망하는 것은 팔레스타인에서 이스라엘을 향한 위협이 사라지는 것을 뜻한다. "이스라엘 족속에게는 그 사방에서 그들을 멸시하는 자 중에 찌르는 가시와 아프게 하는 가시가 다시는 없으리니"(28:24). 이런 진술을 통해 25-28장에 기록된 열국 심판은 하나님의 임재를 위협하는 세력을 제거한다는 신학적 의미가 있음을 알 수 있다.

주위의 위협적인 세력이 제거될 때 하나님은 이스라엘을 다시 회복시키실 것이다(28:25-26).[574] 열국 심판의 목적이 심판이 아니라 궁극적으로 회복에 있다는 뜻이다. 하나님은 여러 나라에서 자신의 임재를 조롱하고 왜곡하는 자들을 심판하여 그 거룩한 임재를 드러내실 것이다(28:25). 그리고 후에 포로로 잡혀간 이스라엘 백성을 돌아오게 하여 "야곱에게 준 땅"에서 평안히 거주하게 하실 것이다.

"야곱에게 준 땅"이라는 표현도 의미심장한 대목이다. 창세기 28장에서 야곱은 밧단아람으로 가는 여정 가운데 하나님을 만났고 거기서 하나님은 그에게 땅을 주겠다고 약속하셨다(창 28:13). 좁은 의미에서 그 땅은 벧엘로서 하나님이 임재하신 곳이었지만 넓은 의미에서 그 땅은 가나안 땅을 포괄적으로 가리켰다(창 28:14). 에스겔서에서 가나안 땅은 에덴동산처럼 하나님이 임재하시는 장소로 그려진다(36:35).

그러므로 열국의 심판 이후에 이스라엘이 "야곱에게 준 땅"으로 돌아온다는 말은 종말에 회복된 이스라엘 백성이 에덴동산인 가나안 땅에 돌아온다는 것을 뜻한다. 그리고 거기서 하나님의 임재를 온전히 누리며 살게

---

573 Sweeney, *Reading Ezekiel*, 142.
574 Sweeney, *Reading Ezekiel*, 132.

될 것을 시사한다. 종말에 새 언약을 통해 하나님이 백성과 온전히 거하게 된다는 의미다.

4.
이집트에 대한 심판(29-32장)

이 단락은 이집트에 대한 심판을 다룬다. 여기서 이집트가 심판받는 이유는 두로와 마찬가지로 교만했기 때문이다(32:12). 하지만 좀 더 구체적으로 원인을 살피면, 두로와 달리 이집트가 직접적인 죄의 세력이었기 때문이다. 이 본문에서 이집트는 고대 근동의 무질서 세력을 상징하는 바다 괴물 "타닌"으로 묘사되어(29:3; 32:2) 하나님의 질서를 어지럽히는 자로 그려진다 (시 74:13-14; 참조. 시 89:10).[575] 고대 근동에서 창조 질서를 무너뜨리려는 무질서의 세력은 바다 또는 바다 괴물로 제시되었다. 그래서 에스겔서는 당시 고대 근동의 언어를 차용해 이집트를 하나님께 대항하는 죄의 세력인 바다 괴물로 묘사하고 있다.

구약에 나타난 하나님이 천지를 창조하신다는 말에는 하나님께서 그 창조 질서의 왕으로 등극하신다는 신학적 의미가 있다. 이에 대한 증거로 창세기 2장은 6일 창조 이후 일곱 번째 날 안식하셨다고 말하는데, 이는 하나님이 노동으로부터 휴식하신다는 의미가 아니라 왕으로 임재하신다는 뜻이다(창 2:3). 이사야는 하나님의 안식이 단순한 쉼이 아니라 임재의 의미를 내포한다는 사실을 분명히 하여(사 66:1) 하나님의 안식과 임재를 긴밀히

---

[575] Bernhard W. Anderson, "Introduction: Mythopoeic and Theological Dimensions of Biblical Creation Faith," in *Creation in the Old Testament*, ed. Bernahard W. Anderson (Philadelphia, PA: Fortress Press, 1984), 9-8 참조.

연결한다.

하나님은 창조 질서를 세우고 그 질서 안에 임재하셨기 때문에 창조 질서는 하나님의 임재와 밀접한 관련이 있다. 이런 배경에서 에스겔 29-32장에 나타난 이집트를 향한 심판 선고는 이집트가 하나님이 임재하시는 창조 질서를 대적하는 무질서 세력임을 밝히고 있다(32:2, "실상은 바다 가운데의 큰 악어라").[576] 그러므로 이집트가 심판받는 것은 하나님의 임재를 훼손하려고 했기 때문임을 알 수 있다.

이집트는 창조 질서를 무너뜨리는 죄의 세력일 뿐만 아니라 하나님의 백성인 이스라엘을 유혹하여 하나님의 임재에서 떠나게 한 죄를 지었다. 즉 이스라엘로 하나님을 의지하는 대신 인간의 힘을 의지하게 하여 하나님의 임재에서 떠나도록 한 유혹자의 모습을 가진다. 에스겔서는 유혹자인 이집트를 의지하는 것이 얼마나 어리석은지를 보여주기 위해 이집트가 "갈대 지팡이"에 불과함을 역설한다(29:6). 그리고 이집트가 심판을 받은 이후에는 더 이상 하나님의 백성을 유혹하지 못하게 될 것을 선언한다. "그들이 다시는 이스라엘 족속의 의지가 되지 못할 것이요"(29:16).

두로가 예루살렘의 멸망으로 자신에게 하나님의 임재 장소가 왔다고 자랑하는 죄를 범했다면, 이집트는 하나님의 임재 장소인 창조 질서를 대항하는 죄의 세력으로서 예루살렘을 유혹하여 하나님의 임재를 떠나게 한 죄를 범했다. 그러므로 이집트는 두로보다 더 큰 심판을 받는 나라로 등장하여 이집트에 대한 심판이야말로 심판의 클라이맥스임을 보여준다.[577] 본

---

576 C. A. Strine and C. L. Crouch, "YHWH's Battle against Chaos in Ezekiel: The Transformation of Judahite Mythology for a New Situation," *JBL* 132/4 (2013): 891-896.

577 Duguid, *Ezekiel*, 353.

문은 이런 이집트에 대한 심판 이후 미래에 새 언약이 체결될 때 새 언약 백성이 죄의 세력에서 떠나 영원히 하나님의 임재 안에 거하며 교제의 기쁨을 나눌 것을 내비친다.

이집트 심판 본문(29-32장)에서 29장과 32장의 초두는 각각 이집트를 바다의 괴물로 묘사하며 시작함으로써 이 본문이 전반부(29-31장)와 후반부(32장)으로 구성되어 있음을 나타낸다. 29-32장의 전체적 구조는 다음과 같다.

A. 이집트의 교만과 심판(29-30장)
　B. 이집트의 최후: 죽음의 세계(스올)로 내려감, 아시리아 언급(31장)
A′. 이집트의 교만과 심판(32:1-16)
　B′. 이집트의 최후: 죽음의 세계(스올)로 내려감, 아시리아 언급 (32:17-32)

1) 이집트의 교만과 심판(29-30장)

전체적으로 29-30장은 네 개의 신탁으로 구성되어 있다(29:1-16; 29:17-21; 30:1-19; 30:20-26).[578] 29장의 내용은 이집트의 교만으로 이집트의 성읍들이 황폐해질 것이라고 말하고(29:1-16), 그 멸망이 바빌로니아에 의해 이루어질 것을 알린다(29:17-21). 이어 30장도 동일한 패턴에 따라 이집트와 이집트를 돕는 나라들이 황폐하게 될 것이라고 말하고, 이집트의 멸망이 바

---

578 Cooper, *Ezekiel*, 272. 한편 필자가 보기에 30:1-19은 30:1-9와 30:10-19로 더 세분화된다.

빌로니아에 의해 이루어질 것을 재확인해준다. 이런 패턴을 수사적 구조로 표현하면 다음과 같다.

A. 이집트의 교만으로 성읍들이 황폐해질 것(29:1-16)

  B. 바빌로니아에 의해 이집트가 멸망할 것(29:17-21)

A´. 이집트의 교만으로 성읍들과 이집트를 붙드는 자들이 멸망할 것 (30:1-9)

  B´. 바빌로니아에 의해 이집트가 멸망할 것(30:10-12)

A˝. 이집트의 교만으로 그 도시들이 황폐해질 것(30:13-19)

  B˝. 바빌로니아 왕의 팔이 이집트 왕의 팔을 꺾을 것(30:20-26)

이상의 구조가 보여주듯이, 29-30장의 핵심 주제는 이집트의 교만(29:3, 9, 15; 30:8, 18)과 바빌로니아 왕에 의한 멸망이다(29:18; 30:10, 24).

(1) 이집트가 교만으로 바빌로니아에 의해 멸망할 것(29장)

앞서 말한 대로, 29장은 29:1-16과 29:17-21로 나뉜다. 먼저 29:1-16은 이집트의 파라오를 무질서 세력인 바다 괴물(타닌)로 묘사하고(29:3), 하나님의 임재의 장소인 창조 질서를 대적할 뿐만 아니라 자신을 창조신의 반열에 올려놓는 이집트 왕의 교만을 질타한다(29:9, "이 강은 내 것이라, 내가 만들었다"). 그리고 그 결과로 바빌로니아의 느부갓네살에 의해 멸망당할 것을 선포한다(29:17-21).

① 이집트의 교만으로 성읍들이 황폐해질 것(29:1-16)

이 단락에서 이집트의 파라오는 나일강을 창조한 창조자를 자처한다. 그리고 본문은 이집트가 이스라엘을 유혹하여 이집트를 의지하도록 하였음을 드러낸다. 이집트가 유혹자로서 이스라엘로 하여금 하나님의 임재에서 떠나게 했다는 설명이다. 또한 그런 이집트의 교만 때문에 이집트의 성읍들은 황폐하게 될 것임을 알리고 있다. 이 단락의 수사적 구조는 다음과 같다.

A. 파라오의 교만: "이 강은 내가 만들었다"(29:1-3)

B. 파라오에 대한 심판: **들짐승과 공중의 새**의 먹이(29:4-5)

C. 이집드는 이스라엘이 의지할 대상이 아님: 갈대 지팡이(29:6-7)

A´. 파라오의 교만: "이 강은 내가 만들었다"(29:8-9)

B´. 이집트에 대한 심판: **칼**로 인해 성읍들이 황폐해지고 미약한 나라가 됨(29:10-15)

C´. 이스라엘이 이집트를 더 이상 의지하지 않을 것임(29:16)

29:3에서 이집트의 파라오는 두로 왕보다 자신을 더욱 신격화하는 교만한 모습을 보인다. 구체적으로 이 구절에서 파라오는 자신을 나일강의 악어라고 칭하며 본인이 그 강을 창조하였다고 선언한다. 여기서 "악어"로 번역된 히브리어는 고대 근동의 무질서의 세력을 대표하는 바다 괴물(타닌)을 가리킨다. 한글 성경이 따르는 히브리어 마소라 본문은 이를 "타님"(תַּנִּים)으로 읽고 있지만 다른 사본들을 볼 때 "타닌"(תַּנִּין)으로 읽는 것이 옳다.[579] 이 대

---

579 Greenberg, *Ezekiel 21-37*, 601. 여기서 Greenberg는 마소라 본문이 히브리어 자음 "눈"을 아

목에서 이집트의 파라오는 고대 근동의 무질서 세력처럼 하나님의 창조 질서를 대적할 뿐 아니라 강을 만든 창조자를 자처하면서 창조주 하나님을 직접적으로 대적하고 있음을 알 수 있다.[580] 확실히 이런 파라오의 모습은 직접적인 차원에서 무질서인 죄의 세력임을 보여주는 것으로써 두로 왕보다 더 악한 모습이다.

원래 나일강은 이집트의 풍요의 원천이므로 파라오가 자신을 그 강의 악어로 묘사한 것은 본인이 그 강을 소유했다고 주장하는 말로 볼 수도 있다. 또한 이집트 문헌에서 나일강의 악어는 공포의 신으로 묘사되므로 파라오가 나일강의 악어처럼 공포의 신임을 드러낸 말로 볼 수 있다.[581] 하지만 이런 해석보다는 에스겔서가 고대 근동의 무질서 세력인 "타닌"이라는 바다 괴물을 인용하여 파라오를 창조 질서를 대적하는 악의 세력으로 비유하고 있다고 보는 것이 더 옳다.[582]

강을 만든 신을 자처한 파라오는 아가미가 갈고리에 꿰여 광야에 던져질 것이고 그의 시체는 들짐승과 공중의 새에게 먹이가 될 것이다(29:4-5). 신을 자처하며 하나님의 임재 장소인 창조 질서에 대항했던 파라오의 말로가 얼마나 비참한지를 잘 보여주는 말씀이다.

이어 본문은 이집트를 "갈대 지팡이"라고 말하면서 이집트가 이스라엘에게 결코 의지의 대상이 되지 않음을 교훈한다(29:6-7). 앞서 에스겔서는 이집트가 어떻게 북이스라엘인 오홀라와 남유다인 오홀리바를 유혹하

람어의 복수형 어미로 잘못 인식하고 "멤"으로 고쳤다고 주장한다.
580 Sweeney, *Reading Ezekiel*, 144.
581 *ANET*, 374. Duguid, *Ezekiel*, 356에서 인용.
582 Duguid, *Ezekiel*, 356.

여 그들로 멸망의 길로 가게 했는지를 증거했다(23:8, 21).[583] 실제로 히스기야 때 남유다는 아시리아의 산헤립의 침입에 맞서 하나님을 의지하는 대신 이집트를 의지하여 그분의 뜻을 저버린 과거가 있었다(왕하 18:21; 사 36:6).[584]

29:6에서 이집트를 "갈대 지팡이"라고 말한 부분을 좀 더 자세히 이해하기 위해서는 당시의 역사적 상황을 고려할 필요가 있다. 이 말씀이 속한 단락은 기원전 587년에 주어진 것이다(29:1, "열째 해 열째 달"). 이때는 이집트의 파라오 호브라(기원전 589-570년)가 바빌로니아 군대에게 포위된 예루살렘을 구원하기 위해 원군을 보낸 시기였다. 당시 유다 왕 시드기야는 이집트의 파라오를 믿고 바빌로니아에 맞서 반기를 들었기 때문에 느부갓네살이 기원전 588년에 본격적으로 예루살렘을 공격하기 시작하여 예루살렘을 포위하였다. 이때 이집트의 파라오 호브라는 백척간두에 서 있던 예루살렘을 구원하기 위해 기원전 587년에 군대를 보냈다. 예루살렘은 이 원군으로 잠시 숨통을 확보할 수 있었다(렘 37:5-11).[585]

하지만 바빌로니아는 이집트의 원군을 격퇴하고 다시 예루살렘으로 돌아와 기원전 586년에 예루살렘을 멸망시켰다. 그리하여 이집트의 도움은 사실상 무용지물이 되고 말았다. 에스겔서는 기원전 587년 시점인 29:6에서 이런 사실을 미리 예고하고 이집트는 도움이 되지 않은 "갈대 지팡이"라고 말한 것이다.

확실히 이스라엘에게 이집트는 갈대 지팡이로서 의지의 대상이 아니

---

583 Allen, *Ezekiel 20-48*, 106.

584 Duguid, *Ezekiel*, 356.

585 Sweeney, *Reading Ezekiel*, 144.

었다. 갈대 지팡이는 자신을 의지하는 자에게 힘을 주지 못한다. 갈대는 의지하는 자의 버팀목이 되기는 커녕 오히려 그의 어깨와 허리를 다치게 할 뿐이다. 남유다는 하나님보다 고작 갈대에 불과한 파라오를 의지하였기 때문에 하나님의 임재 장소에서 떠나게 되었다.

결국 하나님 편에서 이집트는 이스라엘을 유혹하여 백성과 함께 거하려는 그분을 대적하는 방해꾼이었다. 그리하여 하나님은 이집트를 멸망시키고 미래에도 더 이상 이스라엘의 의지 대상이 되지 못하게 하실 것이라고 말씀하신다(29:8-16). 29:8-9에서 하나님은 칼에 의해 이집트의 성읍들이 멸망할 것을 알린다. 여기서 본문은 파라오의 말을 인용하여 그가 "이 강은 내 것이라, 내가 만들었다"라고 했다는 사실을 다시 언급한다. 그리하여 파라오가 창조자 하나님을 대적하는 무질서의 세력이기 때문에 이집트가 멸망할 수밖에 없음을 다시 확인해주고 있다(29:9).

이집트가 멸망할 때 이집트의 성읍들은 믹돌(이집트의 북쪽 국경 지역)에서 수에네(남쪽 구스와의 접경 지역)까지 40년 동안 모두 황폐한 사막이 될 것이다(29:10-12). 이집트에 사는 자들은 모두 흩어지게 될 것이다. 하지만 40년이 지나면 이집트의 사로잡힌 자들이 이집트의 바드로스로 돌아오게 될 것이다(29:13-15). 바드로스는 이집트의 남쪽 고산 지역(southern highlands)으로서 이집트 민족이 탄생한 지역으로 알려져 있다.[586] 그래서 이집트인들이 바드로스로 돌아온다는 것은 그들이 다시 이집트의 본거지로 돌아와서 이집트를 회복시킨다는 것을 뜻한다.

그렇지만 회복된 이집트는 이전과 같지 않을 것이다. 미래의 이집트는

---

586 Block, *Ezekiel Chapters 25-48*, 143.

미약한 나라로 전락하게 될 것이다(29:14). "미약한 나라"라고 말할 때 "미약한"에 해당하는 히브리어는 "쉐팔라"(שְׁפָלָה)로서 "낮다"라는 의미다. 따라서 높은 고산 지역인 바드로스가 낮아질 것이라는 아이러니를 보여준다.[587] 회복된 이후 낮은 나라로 전락한 이집트는 다시 자신을 높이지 못하며 더 이상 다른 나라들을 다스리지 못할 것이다(29:15).

출애굽 시 이스라엘은 이집트를 떠나 40년간 광야 생활을 한 후 가나안 땅에 들어와 나라를 이룰 수 있었다. 반면 이집트에 대한 심판 예언은 이집트가 40년 후에 흩어졌다가 다시 회복되나 아주 미약한 나라가 될 것이라고 말한다. 이처럼 40년 후에 미약한 나라로 전락하는 이집트의 모습은 40년 광야 생활 이후에 온전한 나라가 된 이스라엘의 모습과 극명한 대조를 이룬다.[588]

이집트가 미약한 나라가 된다는 것은 더 이상 예루살렘을 유혹하지 못한다는 뜻이기도 하다. 따라서 미래에는 하나님이 임재하는 백성으로 태어난 이스라엘이 더 이상 이집트를 바라보지 않을 것이다(29:16). 이집트는 더 이상 하나님의 백성을 유혹하여 하나님의 임재에서 떠나도록 하지 못할 것이라는 말씀이다. 이 말씀은 미래에 백성을 유혹하는 죄의 세력들이 패배하게 될 것이라는 의미도 담겨 있다. 그리하여 새 언약의 체결로 인해 하나님의 임재 안에 거하는 새 언약 백성은 죄를 짓도록 유혹하는 세력(사탄)으로부터 벗어나 온전히 하나님의 임재 안에 거하게 될 것을 시사한다.

성경은 사탄을 이집트처럼 죄를 짓도록 유혹하고 죄를 지으면 참소하

---

587 Sweeney, *Reading Ezekiel*, 146.
588 Duguid, *Ezekiel*, 357.

는 자로 묘사한다. 하지만 새 언약의 수혜를 누리는 오늘날의 성도는 이런 사탄의 세력을 이긴 주님과 연합한 자가 되었다. 따라서 주님이 주신 은혜로 이런 사탄의 유혹과 맞서 승리하는 자가 되어야 할 것이다.

② 바빌로니아에 의해 이집트가 멸망할 것(29:17-21)

29:17-21은 기원전 570년에 주어진 예언이다. 여기서 본문은 바빌로니아가 두로를 멸망시키지 못했음을 시인한다. 요세푸스의 기록에 의하면 바빌로니아는 기원전 585-572년 동안 두로를 공격했지만 실패했다. 에스겔은 바빌로니아가 두로를 멸망시키지는 못했으나 그 수고의 대가로 이집트를 멸망시킬 것이라고 말한다(29:20, "그 대가로 내가 애굽 땅을 그에게 주었느니라"). 하지만 역사를 회고하면 이집트도 바빌로니아에게 멸망당하지 않았다. 실제 바빌로니아는 기원전 567년에 이집트를 공격했지만 멸망시키지 못했다. 결국 이집트의 멸망은 기원전 525년에 페르시아에 의해 이루어진다. 이 대목에서 예언은 운명론이 아니라 인간의 반응에 따라 가변적일 수 있음을 깨닫게 된다.

이집트의 멸망 이후 하나님은 메시아를 통해 이스라엘이 회복될 것을 예언하신다(29:21a). 이 구절에서 "이스라엘 족속에게 한 뿔이 돋아나게" 한다는 말이 나온다. 여기서 "뿔"과 "돋아나다"(צָמַח/차마흐)라는 낱말은 메시아와 관련된 용어들이다(시 132:17; 사 4:2-6).[589] 그러므로 본문은 미래에 회복을 위하여 메시아가 보내질 것을 말하고 있다. 메시아가 올 때 이집트로 대표되는 죄의 세력이 멸망하고 백성은 하나님의 임재 안에 온전히 거하게

---

589 Cooper, *Ezekiel*, 275.

될 것이다.[590]

이 과정에서 하나님은 에스겔의 입을 여실 것이다(29:21). 앞서 에스겔의 사명은 벙어리 사역으로서 하나님의 말씀을 간헐적으로 전하는 것이었음을 말했다. 그는 기본적으로 백성과 하나님 사이를 중재하지 못하는 사명을 지녔다(3:26-27). 그래서 실제로 기원전 588년부터 예루살렘이 멸망하는 기원전 586년까지 벙어리로 지내야 했다(24:1, 27). 하지만 예루살렘 멸망 이후 비로소 그는 입을 열고 말을 할 수 있게 되었다(33:23).

29:21에서 에스겔의 입이 열린다는 말은 이런 배경에서 나왔다. 에스겔의 입이 열릴 때 그는 회복의 메시지를 전할 것이고 그 메시지의 중심에는 메시아의 출현이 있을 것이다. 이런 말씀을 통해 성도의 회복은 오직 메시아를 통한 새 언약 체결로 이루어짐을 다시금 깨달을 수 있다.

(2) 이집트가 교만으로 바빌로니아에 의해 멸망할 것(30장)

30장은 이집트가 교만으로 바빌로니아에 의해 멸망당할 것이라는 내용이다. 본문은 이집트가 심판받는 날을 여호와의 날로 표현한다(30:3). 이 날에 이집트는 바빌로니아의 칼에 의해 멸망할 것이다(30:10-12). 이어 30:20-26은 "바로의 팔"이라는 은유를 사용하여 하나님께서 파라오의 힘을 꺾으실 것을 집중적으로 예언한다.

30장의 특이점은 "애굽의 무리"라는 표현이 빈번하게 등장한다는 것이다(30:4, 10, 15). "무리"로 번역된 히브리어는 "하몬"(הָמוֹן)으로서 에스겔

---

590 이사야는 이 죄의 세력을 리워야단으로 표현한다(사 27:1). Bernhard W. Anderson, *From Creation to New Creation* (Eugene, OR: Wipf & Stock, 1994), 206.

5-7장에서 우상숭배로 인한 요란한 모습을 표현해주는 용어다(5:7; 7:7, 11). 이 점을 고려할 때, "애굽의 무리"라는 말은 우상숭배를 통해 하나님을 대적하는 이집트인들을 겨냥한 말로 볼 수 있다. 그리하여 죄를 짓도록 유혹하는 이집트가 자신뿐 아니라 그의 영향을 받는 무리들을 우상숭배로 이끌었다는 암시를 주고 있다. 30장의 구조는 다음과 같다.

> A. 이집트의 교만으로 그 성읍들과 이집트를 붙드는 자들이 멸망할 것
> (30:1-9)
>
> B. 바빌로니아에 의해 이집트가 멸망할 것(30:10-12)
>
> A'. 이집트의 교만으로 성읍들이 황폐해질 것(30:13-19)
>
> B'. 바빌로니아 왕의 팔이 이집트 왕의 팔을 꺾을 것(30:20-26)

① 이집트가 교만으로 여호와의 날에 바빌로니아에 의해 멸망함(30:1-12)

먼저 30:1-9은 이집트의 교만으로 인해 그 성읍들과 이집트를 돕는 나라들이 멸망하게 될 것을 선포한다. 이집트가 심판받는 날은 여호와의 날이 될 것이다(30:3). 여호와의 날이라는 이미지는 에스겔 7장에서 유다의 심판을 예언할 때 사용된 것이다(7:8, 10). 따라서 여호와의 날은 유다에 대한 심판으로 시작하여 열국으로 확장되는 우주적 심판임을 알 수 있다.[591]

30:3은 이집트를 심판하는 여호와의 날이 "구름의 날"이 될 것이라고 말한다. 해가 구름에 가려지고 흑암이 찾아오듯이, 태양신을 섬긴 이집트를 흑암에 빠뜨려 그들이 믿는 신들을 무력화할 것이라는 뜻이다(참조. 습

---

591 Odell, *Ezekiel*, 384.

1:14). 덧붙여 구름의 날이라는 말은 이집트가 하나님의 빛에 거하지 않고 어둠 속에서 모든 악을 행했기 때문에 하나님이 이집트를 그들이 좋아하는 어둠 속에 거하게 하여 심판하실 것이라는 아이러니를 표현한다.

이집트가 심판받을 때 이집트의 무리들이 멸망할 것이다(30:4-5). 여기서 말하는 "애굽의 무리들"의 정체가 무엇인지에 대해서는 많은 의견이 있다.[592] 하지만 에스겔의 전체 문맥에서 볼 때 "무리"로 번역된 히브리어 "하몬"은 우상숭배와 깊은 관련이 있으므로 우상숭배로 요란을 떠는 이집트인들을 우선적으로 가리키는 말이라고 볼 수 있다(5:7). 흥미롭게도 에스겔서는 두로의 백성에게도 동일한 단어 "무리"를 사용하여 그들이 우상숭배자였음을 암시한다(29:19).

이집트의 무리들이 멸망할 때, 구스와 붓(아나톨리아의 리디아), 룻(북아프리카의 리비아), 그리고 굽(알려지지 않은 지역)이 함께 칼로 멸망당할 것이다(30:5).[593] 또한 이집트와 "동맹한 땅의 백성들"도 멸망할 것이다(30:5). 여기서 "동맹"에 해당하는 히브리어 단어는 "언약"을 의미하는 "베리트"이다. 그래서 동맹한 땅의 백성은 언약 백성인 유다를 가리킬 가능성이 높다. 아마도 이집트에 거주하며 이집트의 용병으로 활동한 유다 사람들을 지칭하는 것으로 보인다(렘 24:8; 참조. 렘 44:1).[594]

30:6-9은 이집트의 무리와 이집트의 주변 국가들이 멸망하는 이유가 교만임을 강조한다(30:6). 이집트의 교만으로 믹돌과 수에네까지 이집트의 무리들이 칼에 맞아 엎드러질 것이다(30:6-7). 믹돌은 이집트의 북쪽 국경

---

592 Odell은 "애굽의 무리들"을 이집트와 동맹한 나라들이라고 주장한다. Odell, *Ezekiel*, 385.
593 Sweeney, *Reading Ezekiel*, 149.
594 Block, *Ezekiel 25-48*, 160.

도시이고, 수에네는 이집트의 최남단 도시 엘레판틴으로 알려진 오늘날의 아스완이다. 그러므로 여호와의 날이 임할 때 이집트가 북쪽에서 남쪽까지 모조리 멸망하게 될 것을 내다보고 있다.[595] 이집트의 무리들이 엎드러진다고 할 때 "엎드러진다"에 해당하는 히브리어 "나팔"(נָפַל)은 에스겔서에서 우상이 파괴되어 엎드러지는 것을 표현할 때 사용되는 동사나(26:11; 참조. 6:4). 따라서 이는 우상숭배자였던 이집트 백성이 우상처럼 변하여 우상과 같은 운명에 처하게 될 것을 예고하는 말로 볼 수 있다.

이집트의 무리를 향한 심판은 이집트를 돕는 자들에게까지 확대될 것이다(30:8-9). 여기서 "애굽을 돕는 자들"은 앞에서 언급한 것처럼 이집트와 연합한 주변 국가들이다. 특히 30:9은 이집트와 동맹한 대표적 국가인 구스(에티오피아)를 지목하고 구스가 이집트의 재앙의 날인 여호와의 날에 심판으로 멸망하게 될 것이라고 선포한다.[596]

30:10-12은 바빌로니아를 전면에 내세워 이집트 및 그와 연합한 국가들이 바빌로니아에게 멸망당할 것을 분명히 한다. 앞서 30:3-9은 이집트가 칼로써 심판받을 것이라고 말했는데, 30:11은 그 칼이 바빌로니아의 칼임을 밝히고 있다. 바빌로니아의 칼에 의해 이집트가 멸망할 때, 이집트의 부의 원천이었던 모든 강이 마르고 그 땅은 악인의 손에 팔릴 것이다. 강이라는 무질서의 세력을 자랑하며 세상에 악을 도모했던 이집트가 오히려 악인에게 팔리는 수모를 당하는 모습이다. 이 대목에서 아이러니를 발견할 수 있다.

---

595 Cooper, *Ezekiel*, 279.
596 Sweeney, *Reading Ezekiel*, 150.

② 여호와의 날에 이집트가 교만으로 바빌로니아에 의해 꺾일 것(30:13-26)

이 단락은 이집트의 교만으로 성읍들이 멸망할 것을 말하고(30:13-19) 구체적으로 그 멸망이 바빌로니아를 통해 이루어질 것을 다시 확인해준다(30:20-26). 30:13-19에서 이집트의 성읍들이 심판받는 이유는 교만 때문이다(30:18). 이런 교만으로 이집트가 심판받을 때 그날은 여호와의 날로서 구름이 덮인 어두운 날이 될 것이다(30:18b). 이는 앞서 여호와의 날이 구름의 날이 될 것이라는 말과 같은 예언으로서(30:3), 이집트가 어둠 속에서 악을 행한 결과로 어둠의 심판을 받을 것임을 더욱 강조해준다.

30:13-19은 이집트의 교만으로 인해 여호와의 날에 멸망하는 대표적인 성읍들을 열거한다. 이는 하나님의 심판이 이집트의 권세 있는 성읍들을 심판한다는 의미와 함께 그 성읍들이 섬기는 우상을 징벌한다는 의미도 포함한다.[597] 심판이라는 문맥에서 성읍들이 열거되는 것은 예언서의 전형적인 스타일이다(사 10:27-32; 미 1:10-15; 습 2:4).[598] 에스겔 30:13-19에 열거된 성읍들의 순서는 그 기준이 모호하다. 하지만 이 성읍들은 나일강 주위에 위치한 도시라는 특징이 있고, 이집트의 북쪽(Lower Egypt) 수도인 멤피스(놉)와 남쪽(Upper Egypt) 수도인 더베(노)를 중심으로 열거된다는 것을 알 수 있다.[599] 이런 특징을 고려할 때 다음과 같은 구조를 도출할 수 있다.

   A. 북쪽 수도인 멤피스(놉)(30:13)

   B. 멤피스의 남쪽인 바드로스(30:14a)

---

597 Odell, *Ezekiel*, 386.

598 Taylor, *Ezekiel*, 199.

599 Blenkinsopp, *Ezekiel*, 135.

C. 멤피스의 북쪽인 소안(30:14b)

A´. 남쪽 수도인 더베(노)(30:14c)

C´. 더베의 북쪽인 펠루시움(신)(30:16)[600]

B´. 더베의 남쪽인 헬리오폴리스(아웬)와 비베셋(30:17)[601]

결론. 다바네스(드합느헤스)에 여호와의 날이 임할 것(30:18)

대표적인 이집트 도시들이 섬겼던 우상의 명단은 다음과 같다.[602]

멤피스(놉)	프타(창조신) 아피스(황소신)
더베(노)	아몬(카르나크 신전)
헬리오폴리스(온)	레-아툼(태양신)

이처럼 이집트의 성읍들은 그들 고유의 우상을 섬겼기 때문에 30:13-18은 의도적으로 그런 신들을 섬긴 도시를 선별하여 심판을 예언하고 있다. 이를 통해 이집트의 심판은 우상숭배에 대한 심판임을 가르쳐주고 있다.

30:18은 멸망하는 이집트 성읍들 중에 마지막으로 "드합느헤스"를 언급하고, 이 도시가 여호와의 날에 구름에 덮일 것이라고 선언한다. 여기서 개역개정판 한글 성경이 "드합느헤스"로 번역한 성읍은 다바네스로서 이집트 북동쪽에 위치한 도시다. 예레미야서에 의하면 이곳은 바빌로니아에

---

600 펠루시움은 이집트의 북쪽인 지중해 연안에 위치한 국경 도시다.

601 비베셋은 헬리오폴리스에서 북쪽으로 몇 마일 떨어진 곳을 가리킨다.

602 Blenkinsopp, *Ezekiel*, 137.

의해 유다의 총독으로 세워진 그달랴가 살해되자 요하난의 무리가 예레미야를 데리고 이집트에 내려가 정착한 도시였다(렘 43:7). 그들이 이곳에 정착한 이유는 이 성읍이 아시아에서 이집트로 들어가는 첫 번째 정착지였기 때문이다. 에스겔서는 이런 사실을 염두에 두고, 이집트의 관문인 다바네스가 구름에 덮일 것이라고 말함으로써 이집트는 전혀 이스라엘의 의지 대상이 될 수 없음을 다시 한 번 확인해주고 있다.

30:20-26은 기원전 586년, 예루살렘이 멸망하기 4개월 전에 주어진 예언이다.[603] 이집트는 기원전 587년에 유다를 도와주기 위해 원군을 보냈지만 바빌로니아에 패퇴해 한 팔이 이미 꺾인 상태였다. 이런 상황에서 기원전 586년에 에스겔은 이미 꺾인 팔과 더불어 이집트의 나머지 성한 팔도 바빌로니아 왕의 팔에 꺾일 것이라고 선포한다(30:22).[604] 팔이 꺾인 이집트는 칼을 잡을 힘이 없으므로 무방비 상태가 되어 멸망할 것이다. 이로써 유다가 이집트를 계속 의지한다는 것이 헛됨을 다시 교훈해준다.[605]

이집트의 멸망에 "팔"이라는 이미지를 사용하는 것도 의미심장한 부분이다. 에스겔 23장은 유다가 심판받는 이유를 그들이 손으로 피를 흘리며 악을 행했기 때문이라고 지적한다(23:37, 45). 그래서 유다가 심판받을 때 그들의 손이 미약하게 될 것이라고 조롱했다. "내가 네게 보응하는 날에 네 마음이 견디겠느냐? 네 손이 힘이 있겠느냐?"(22:14) 하나님은 이런 패턴에 따라 이집트가 팔로 불의를 행했으므로 바빌로니아 왕의 팔로 이집트의 두 팔을 꺾어 힘이 없게 만들 것이라고 말씀하신다. 구체적으로 이집트가 어

---

603 Sweeney, *Reading Ezekiel*, 151.

604 Blenkinsopp, *Ezekiel*, 136.

605 Allen, *Ezekiel 20-48*, 120.

떻게 팔로 불의를 행했는지는 나오지 않는다. 하지만 문맥상 이집트가 저지른 대표적 불의는 이스라엘을 포함한 주위 나라가 자신의 팔을 의지하도록 하여 하나님을 떠나게 했던 것이라고 볼 수 있다.

신명기 4:34은 하나님이 "강한 손과 편 팔"로 이스라엘을 이집트에서 인도하셨다고 말한다. 하나님의 팔로 이집트를 심판하시고 이스라엘을 구원하셨다는 뜻이다. 이런 말씀에 비춰볼 때 에스겔서에서 이집트의 팔을 꺾는 바빌로니아 왕의 팔은 사실상 하나님의 팔이라고 볼 수 있다.[606] 그러므로 바빌로니아에 의한 이집트의 멸망은 결국 하나님의 심판의 결과임을 알 수 있다.

2) 이집트의 최후: 죽음의 세계로 내려감(31장)

31장은 위대함이라는 뜻의 단어 "고델"(גָּדַל)이 앞뒤로 포진해서 전체를 감싸는 구조다(31:2, 18). 이를 통해 이집트의 위대함과 아시리아의 위대함을 서로 비교하여, 아시리아가 멸망한 것처럼 이집트도 멸망할 것을 알린다. 더 구체적으로 말하면 아시리아가 에덴에 있는 나무들이 투기할 정도로 아름다운 나무였지만 결국 스올에 내려간 것처럼(31:15-17), 이집트도 스올로 내려갈 것이라고 말하고 있다(31:18).

이집트를 아시리아에 비유하는 이유는 분명하지 않다. 하지만 구약에서 아시리아는 열국으로 하여금 죄를 짓게 하는 "미모의 음녀"로서 열국을 미혹하여 음행케 한 대표적인 나라였다(나 3:4). 에스겔서에서도 아시리아

---

606 Duguid, *Ezekiel*, 372.

는 이집트와 함께 북이스라엘과 남유다를 미혹한 대표적인 나라로 등장한다(23:5, 12). 이처럼 아시리아와 이집트는 이스라엘을 유혹했다는 공통점이 있기 때문에 이집트 심판 이야기에서 아시리아가 자연스럽게 등장했다고 풀이할 수 있다.

결국 열국을 유혹한 아시리아의 최후가 스올인 것처럼 열국을 죄짓도록 유혹하고 이스라엘로 하나님을 의지하지 못하게끔 미혹한 이집트는 아시리아의 전철을 밟아 스올에 내려가게 될 것이다. 구조를 보면 31장은 아시리아의 위대함을 다루는 내용(31:1-9)과 아시리아의 추락 및 이집트의 추락을 다루는 내용으로(31:10-18) 나뉜다.[607]

(1) 아시리아의 위대함(31:1-9)

먼저 31:1-9은 알레고리를 사용하여 아시리아의 위대함을 찬양한다. 여기서 아시리아는 에덴동산에 심긴 높고 강대한 나무로 비유된다.[608] 구약에서 나라들이 종종 나무에 비유되고(삿 9:7-21) 에스겔서도 유다를 포도나무와 백향목에 비유한 것을 볼 때(15장; 17:5) 아시리아를 나무에 비유한 것은 이상한 일이 아니다.[609]

그런데 아시리아가 에덴동산에 있는 나무로 묘사된 것은 언뜻 이해가 가지 않는다. 아시리아는 하나님을 대적한 나라였으므로 그 나무가 에덴동산에 있다는 것은 신학적으로 맞지 않는 것으로 보인다. 하지만 이는 에스겔서가 두로 왕을 에덴동산의 아담에 비유했듯이(28장) 아시리아를 에덴동

---

607 Cooper, *Ezekiel*, 281.
608 Sweeney, *Reading Ezekiel*, 153.
609 Cooper, *Ezekiel*, 282.

산의 나무로 비유하여 그가 원래 하나님을 섬기는 존재였지만 그렇게 하지
못하고 교만해졌음을 우회적으로 질타한 것으로 이해할 수 있다.

31:3은 아시리아를 그 꼭대기가 구름에 닿던 레바논의 백향목으로 표
현한다. 또한 깊은 물에서 솟아난 물이 강과 둑을 통해 흘러나와 아시리아
라는 나무에 공급되어 나무가 크게 번성했다고 말한다(31:4). 여기서 "깊은
물"로 번역된 히브리어는 "테홈"(תְּהוֹם)으로서 고대 근동 창조 신화에서 무
질서의 세력인 바다를 상징하는 용어다. 이 구절은 고대 근동의 성전 신화
를 인유하여 아시리아라는 나무가 서 있는 곳이 무질서의 세력이 제어되고
질서가 유지되는 곳이라는 암시를 주고 있다.[610] 덧붙여 이 깊은 물은 에덴
동산에서 흘러나오는 물을 상징한다고도 볼 수 있다.[611]

에덴동산에서 아시리아는 강력한 존재로서 그 나무에 공중의 모든 새
가 깃들이고, 모든 큰 나라가 그 그늘 아래 거주하였다(31:6). 예레미야서
는 하나님이 바빌로니아 왕에게 모든 짐승과 사람들을 주셨다고 말함으로
써 바빌로니아 왕을 새로운 아담으로 묘사했다(렘 27:5-7).[612] 비슷한 맥락에
서 다니엘서도 바빌로니아의 느부갓네살 왕을 모든 새들이 깃들이는 나무
와 같은 아담으로 그렸다(단 4:10-12). 이런 관점에서 에스겔서도 아시리아
를 큰 나무처럼 이 세상의 짐승과 모든 피조물을 다스리는 아담의 모습으
로 제시한다. 아시리아가 아담에 비유되는 것은 두로 왕이 아담으로 그려

---

610 Odell, *Ezekiel*, 392.

611 Blenkinsopp, *Ezekiel*, 137.

612 John Hill, "'Your Exile Will Be Long': The Book of Jeremiah and the Unended Exile," in *Reading the Book of Jeremiah: A Search for Coherence*, ed. Martin Kessler (Winona Lake, IN: Eisenbrauns, 2004), 154-155.

진 것과 유사하다(28:12-19).[613]

아시리아의 위대함은 에덴동산의 어떤 나무와도 비교될 수 없었다. 어떤 나무도 그의 아름다운 모양을 따라가지 못했다(31:7-8). 여기서 언급된 에덴동산의 다른 나무들은 이 세상의 나라들이라고 할 수 있다. 언뜻 에덴동산에 여러 나라가 있었다는 것은 이해하기 힘들 수도 있지만, 원래 하나님께서 세상 나라의 백성들을 에덴동산에 거하는 하나님의 형상으로 만들었다는 점을 고려하면 쉽게 이해할 수 있는 부분이다. 어쨌든 에덴동산에서 독보적인 존재로 거하는 아시리아라는 나무는 하나님의 대리 통치자로서 창조세계를 다스리는 위치에 있었다. 그리고 아시리아가 그런 위치에 있게 된 것은 전적으로 하나님의 작품이었다(31:9, "내가 그 가지를 많게 하여 모양이 아름답게 하였더니").[614]

(2) 아시리아의 추락과 이집트의 추락(31:10-18)

하지만 높고 강대했던 아시리아는 스스로를 높이려고 했고, 그 결과 하나님은 그를 "여러 나라의 능한 자의 손"에 넘겨주어 넘어지게 하셨다(31:10-11). 여기서 "능한 자의 손"은 문맥상 바빌로니아의 느부갓네살을 가리킨다. 느부갓네살에 의해 아시리아라는 나무가 넘어질 때 공중의 새들이 그 넘어진 나무에 거주하고 들짐승들이 그 쓰러진 가지에 있게 될 것이다(31:13). 한때 높은 가지를 이루어 공중의 새와 짐승들의 안식처가 되었던 아시리아가 넘어져서 초라한 모습으로 추락할 것이라는 뜻이다. 이전에는

---

613 Blenkinsopp, *Ezekiel*, 138.
614 Odell, *Ezekiel*, 393.

새와 짐승들이 아시리아라는 나무에서 안식을 취하기 위해 거했다면, 쓰러진 아시리아 위에 새와 짐승들이 앉는 것은 그 나무를 먹기 위함이다(32:4, "공중의 새들이 네 위에 앉게 할 것임이여, 온 땅의 짐승이 너를 먹어 배부르게 하리로다"). 본문은 최종적으로 아시리아가 심판으로 인해 구덩이(지하), 즉 스올로 내려갔다고 선언한다(31:14).

31:15-18은 스올로 내려간 아시리아의 최후를 다시 강조하고, 이집트의 운명이 그와 같을 것임을 알린다.[615] 하나님은 아시리아가 스올로 내려갈 때 깊은 바다(테홈)와 물이 마르게 하셨다(31:15). 물을 공급하는 깊은 물을 차단해서 더 이상 나무가 자라지 못하게 하셨다는 뜻이다(31:4-5).[616]

아시리아가 스올로 내려갈 때 백성들은 그 떨어지는 소리를 듣고 진동했다(31:16). 이 구절에서 언급된 백성들은 아시리아를 의지하는 나라로서, 아시리아의 유혹으로 죄를 지었던 이들이다. 이 나라들은 에덴동산에 있다가 이제는 스올에 내려와 있는 나무들이었다. 이들은 아시리아가 자기들처럼 스올로 내려오는 것을 목도하자 위로받았다(31:16). 아시리아에 의해 미혹을 받아 스올로 내려간 나라들이 아시리아의 추락을 보고 진동하며 위로를 삼았다는 말이다. 이로써 열국을 유혹하며 자기의 위대함을 자랑하던 아시리아가 그렇지 못한 나라와 아무런 차이가 없게 되었음을 보여준다.[617]

31:16을 개역개정판 한글 성경은 "물을 마시는 에덴의 모든 나무, 곧 레바논의 뛰어나고 아름다운 나무들이 지하에서 위로를 받았다"라고 번역했다. 하지만 물을 마시는 레바논의 나무들을 포함하여 에덴의 모든 나무

---

615 Odell, *Ezekiel*, 394.
616 Allen, *Ezekiel*, 126.
617 Block, *Ezekiel Chapters 25-48*, 196.

가 지하(스올)에서 위로를 받았다는 의미로 해석하는 것이 옳다.[618]

에덴동산에서 많은 나무로 있던 열국이 스올로 내려간 이유는 그들이 에덴동산에서 하나님의 형상으로 자라지 못하고 아시리아를 의지했기 때문이다. 그래서 본문은 그들이 "옛적에 그의 팔이 된 자요, 나라들 가운데서 그 그늘 아래에 거주하던 자"라고 말한다(31:17). 이로써 열국이 스올에 내려간 것은 아시리아의 유혹 때문임을 일깨워주고 있다.

31:18은 본격적으로 이집트를 "너"로 부르면서 이집트의 운명이 아시리아의 운명과 동일함을 알린다.[619] 에덴동산에서 가장 화려하고 아름다웠던 아시리아가 추락한 상황에서 아시리아보다 못한 이집트가 교만한 까닭에 추락하는 것은 당연하다. 그리하여 본문은 이집트가 "에덴의 나무들과 함께 지하에 내려가게 될 것"이라고 선포한다.

이집트는 스올에서 할례받지 못하고 칼에 죽임당한 자 가운데서 "눕게" 될 것이다(31:18). 이집트는 할례를 받는 민족이기 때문에 그의 최후가 수치스런 죽음일 것이라는 의미다. 또한 칼에 죽임당한다는 것은 매장되지 않고 죽는다는 뜻이기 때문에, 매장을 중시한 이집트인에게 치욕스런 죽음이 임할 것이라는 의미도 담겨 있다. 결국 하나님의 은혜로 아시리아처럼 번성했던 이집트는 열국을 유혹했기 때문에 아시리아처럼 비참한 최후를 맞이하게 될 것을 교훈하고 있다.

---

618 Blenkinsopp, *Ezekiel*, 139.
619 Sweeney, *Reading Ezekiel*, 156.

3) 이집트의 교만과 심판(32:1-16)

32:1-16은 전반부(32:1-10)와 후반부(32:11-16)로 나뉜다. 전반부는 이집트의 파라오를 다시 창조 때의 무질서 세력을 상징하는 "바다 가운데의 큰 악어"로 묘사하고(32:2) 이집트의 멸망을 선고한다. 29장이 파라오에 대해 큰 악어(타닌)라고 말하고(29:3) 파라오의 멸망을 예언했던 것처럼, 32장도 그런 이미지를 사용하여 파라오의 멸망을 예언하고 있다.[620] 32:1-10은 출애굽 재앙을 연상시키는 용어를 사용하여 이집트의 멸망을 제시한다는 특징이 있다(32:6-10). 이런 특징은 미래의 구원이 또 다른 출애굽을 통한 구원이 될 것임을 암시하는 효과를 준다. 이어 후반부(32:11-16)는 구체적으로 이집트가 바빌로니아에 의해 멸망하게 될 것을 선언하고 있다.

(1) 이집트의 멸망(32:1-10)

32:2은 이집트가 스스로를 열국의 "사자"(lion)로 생각했지만 실상은 바다 가운데 있는 악어(타닌)라고 말한다. 이집트의 스핑크스에서 볼 수 있듯이 이집트의 파라오는 자신을 사자처럼 열국을 지배하는 자로 여겼다. 하지만 하나님은 파라오가 나일강에 사는 바다 괴물로서 강을 더럽히는 피조물에 불과함을 지적하신다.[621] 32:2에서 "악어"로 번역된 히브리어는 "타닌"으로서, 구약에서 바다 괴물인 리워야단과 평행을 이루는 낱말이다(시 74:13-15).[622] 29장에서 파라오는 이 "타닌"이라는 단어를 자신에게 적용하면서

---

620 Odell, *Ezekiel*, 402.
621 Blenkinsopp, *Ezekiel*, 140.
622 Odell, *Ezekiel*, 403.

스스로 하나님을 대적하는 무질서의 세력을 자처했다. 하지만 32장에서 하나님은 바다 괴물을 상징하는 "타닌"이라는 같은 단어를 사용하여, 파라오가 나일강을 더럽히는 피조물에 불과함을 꼬집고 있다.

나일강에 사는 피조물에 불과한 파라오는 하나님의 창조 질서를 대적하기에는 역부족이기 때문에 하나님이 내린 그물에 걸려서 들에 던져질 것이다. 그리고 거기서 공중의 새와 온 땅의 짐승이 그의 시체를 먹게 될 것이다(32:3-5). 이는 29장에서 갈고리로 악어의 아가미를 꿰어 들에 던진다는 내용과 매우 유사하다(29:4). 하지만 32장은 갈고리 대신 "그물"을 사용함으로써, 평소 이집트가 그물이라는 미끼로 열국을 유혹했으므로 하나님도 동일한 그물을 사용하여 심판하신다는 것을 보여준다. 그리하여 이집트에 대한 심판이 행한 대로 갚는 하나님의 심판임을 교훈하고 있다.

32:6-10은 이집트의 멸망을 출애굽 때 임했던 열 가지 재앙 모티프로 묘사한다. 먼저 32:6은 "네 피로 네 헤엄치는 땅에 물 대듯 하여 산에 미치게 하며, 그 모든 개천을 채우리로다"라고 말한다. 이는 나일강이 범람하여 주위 땅에 물을 대는 모습을 떠올리게 한다. 본문은 이처럼 범람하는 나일강처럼 범람하는 피가 이집트 온 땅에 퍼져나갈 것을 이미지를 통해 예언하고 있다. 확실히 이런 예언은 이집트의 열 가지 재앙 중 나일강을 피로 바꾼 첫 재앙을 연상시킨다(출 7:17).

이어 이집트의 온 땅이 흑암으로 뒤덮여 해와 달이 빛을 내지 못할 것이라고 말한다(32:7-8). 이는 이집트의 아홉 번째 재앙인 흑암의 재앙과 동일하다(출 10:21-29).[623] 이로써 이집트의 멸망은 출애굽 시에 이집트에 재

---

623 Blenkinsopp, *Ezekiel*, 140.

앙을 내린 모습으로 이루어질 것임을 다시 확인해준다. 출애굽 때 하나님은 이집트에 재앙을 내리고 이스라엘을 구원하여 그들과 언약을 맺으셨다. 따라서 재앙을 통해 이집트를 멸망시키는 모습은 이후에 새 언약이 체결될 것이라는 암시로도 볼 수 있다.

이집트에서 발생한 열 가지 재앙은 하나님의 위엄과 능력이 이집트를 넘어 온 세상에 전파되는 거대한 사건이었다(출 12:38, "수많은 잡족"). 이런 맥락에서 에스겔서는 이집트가 멸망할 때 열국이 그 소문을 듣고 놀라게 될 것이라고 말한다(32:9-10). 특히 32:10에서 하나님은 이집트의 멸망과 관련해 "내 칼"이라는 표현을 사용하신다. 다음 절에서 이 칼은 바빌로니아 왕의 칼로 판명되기 때문에 이집트의 멸망이 바빌로니아에 의해 이루어질 것임을 예고해준다(32:11).

(2) 이집트가 교만으로 바빌로니아에 의해 멸망함(32:11-16)

이 단락은 이집트를 멸망시키는 장본인이 바로 바빌로니아의 느부갓네살임을 밝힌다. 이집트는 하나님의 칼을 상징하는 느부갓네살의 칼에 의해 멸망하게 될 것이다(32:11). 이집트가 멸망하는 이유는 그의 교만 때문이다(32:12). 즉, 하나님의 창조 질서를 대적하는 무질서 세력으로서 열국을 유혹하고 스스로를 신의 경지에 올렸기 때문이다(29:3). 나아가서 강에 사는 피조물에 불과한 파라오가, 강이라는 창조 질서를 더럽히고 훼손한 결과로 심판을 받는다는 의미도 있다(32:2).

하나님은 파라오의 본거지인 나일강에 사는 모든 짐승을 벌하여 더 이상 사람의 발과 짐승의 굽이 하나님이 창조하신 나일강을 더럽히지 않을 것이라고 말씀하신다(32:13-14). 그러므로 후에 강물은 기름처럼 흐르게 될

것이다. 이 메타포는 이집트에서 더 이상 사람이 살지 못할 것이라는 예고
다.[624] 이 대목을 통해 하나님이 임재하시는 창조 질서를 훼손하고 설상가
상으로 하나님의 백성으로 하여금 그분의 임재 안에 거하지 못하도록 하는
행위가 얼마나 악한 것인지를 다시 깨달을 수 있다.

4) 이집트의 최후: 죽음의 세계로 내려감(32:17-32)

32:17-32은 멸망하는 이집트가 죽음의 세계로 떨어지게 될 것이라고 말한
다. 이를 위해 먼저 죽음의 세계로 떨어진 나라들을 거명한다. 그들은 아시
리아(32:22), 엘람(32:24), 메섹과 두발(32:26), 에돔(32:29), 시돈(32:30), 그리
고 이집트(32:31)다. 특히 32:17-32에서 아시리아가 언급되는 이유는 세상
의 유혹자인 아시리아가 스올에 내려가듯이 백성들을 유혹한 이집트도 스
올로 내려가 심판받게 된다는 점을 강조하기 위함이다.[625]

구약에는 의인이 죽으면 죽은 자가 산 자와 연합하여 하나의 공동체
를 이룬다는 사상이 있다. 반면 악인의 죽음은 산 자들의 연합 공동체에서
파문당하고 저주를 받아 그것으로부터 멀어진다는 것을 뜻한다고 봤다.[626]
이런 내세관은 죽음의 세계에서도 하나님이 통치하신다는 생각을 담고 있
다.[627] 이런 사상을 고려할 때 스올로 내려가 수치를 당하는 열국의 모습은

---

624 Odell, *Ezekiel*, 404.

625 Renz, *Rhetorical Function of the Book of Ezekiel*, 94.

626 Blenkinsopp, *Ezekiel*, 143.

627 구약은 의인이나 악인이나 모두 무덤을 뜻하는 스올로 내려간다고 진술하는 것으로 보인다.
구체적으로 의인이 죽으면 그의 영은 하늘로 올라가지만(전 12:7) 그의 혼인 네페쉬는 스올
로 내려가는 것처럼 보인다. 이때 의인의 혼은 스올에서 자는 모습으로 있지만(고전 15:18)

파문당하여 저주 아래 있다는 의미를 지닌다.

한편 32:17-32에 등장하는 나라들은 모두 "세상에서 두렵게 했다"는 공통점을 갖는다(32:23, 24-25, 26, 30, 32). 이 세상은 하나님이 창조하시고 임재하는 곳이기 때문에 세상을 두렵게 했다는 것에는 하나님의 임재를 대적했다는 함의가 있다. 그러므로 이 나라들은 하나님의 임재를 대적했기 때문에 스올에 내려가서 수치를 당한다는 교훈을 준다. 하나님의 임재를 훼손하는 행위가 얼마나 가증한 일이고, 하나님의 임재 안에 거하는 삶이 얼마나 중요한지를 다시 한 번 일깨워주는 대목이다.

32:17-32에 언급된 나라들의 배열에 대해서 학자들은 그 구조를 찾을 수 없다고 본다.[628] 하지만 필자가 보기에 이 배열은 다음과 같은 구조를 갖는다.

A. 아시리아
  B. 엘람(아시리아의 동쪽)
    C. 메섹과 두발(아시리아의 북쪽)
  B'. 에돔(이집트의 동쪽)
    C'. 시돈(이집트의 북쪽)
A'. 이집트

산 자의 공동체와 연합하므로 소망이 있는 반면, 악인의 혼은 저주받는 상태에 놓인다. 물론 최후 심판 때는 의인과 악인의 혼과 육이 모두 부활하여 영과 온전한 하나를 이루고 심판대에 서게 될 것이다.

628 Odell, *Ezekiel*, 406.

이상의 구조는 아시리아와 이집트를 평행선에 놓고 서로 비교하는 구조임을 보여준다.

32:18-21은 이집트가 스올에서 할례받지 못한 자와 칼로써 죽임을 당한 자 사이에 놓이게 될 것이라고 말한다(참조. 31:18). 개역개정판 한글 성경은 32:19을 이집트를 향해 "너의 아름다움이 어떤 사람들보다도 뛰어나도다"라는 말로 번역했지만 사실 이것은 "애굽의 아름다움이 다른 나라들보다 뛰어난가?"라는 의문문으로 읽어야 한다.[629] 이로써 이집트의 아름다움은 특이한 것이 아님을 밝히고 이집트보다 더 아름다운 아시리아가 스올로 내려갔듯이 이집트도 스올에 내려갈 운명임을 말하고 있다.

32:22-23은 본격적으로 아시리아가 스올로 내려가는 모습을 묘사한다. 아시리아는 앞서 31장에서 언급된 바 있는데 여기서 또 다시 언급한 이유는 아시리아가 세상을 유혹해 스올로 내려갔듯이 열국을 유혹한 이집트도 스올로 내려갈 수밖에 없음을 독자들에게 각인시키기 위함이다. 이를 통해 하나님이 임재하시는 창조 질서를 무너뜨리는 무질서의 세력은 결코 승리할 수 없음을 재차 강조하고 있다.

33:24-25은 엘람이 스올로 내려갔다고 말한다. 엘람은 바빌로니아 동쪽에 위치한 나라로서 기원전 650년에 아시리아의 아슈르바니팔 왕에게 결정적인 타격을 입고 쇠퇴한 나라다.[630] 이후 페르시아에 완전히 편입되어 나라로서의 정체성을 잃었다. 엘람은 "생존하는 사람들의 세상에서 두렵게 했지만" 스올로 내려갔다고 하여, 아시리아처럼 하나님의 임재를 위협한

---

629 Sweeney, *Reading Ezekiel*, 162.
630 Blenkinsopp, *Ezekiel*, 144.

세력으로 묘사되고 있다(32:24, 25).

33:26-27은 스올로 내려간 메섹과 두발을 언급한다. 메섹과 두발은 소아시아 지역에 위치한 나라로서 오늘날 각각 프리기아(Phrygia)와 킬리키아(Cilicia)를 가리킨다.[631] 메섹과 두발은 에스겔 27장에서 두로와 무역하는 나라로 언급되지만(27:13), 무엇보다도 에스겔 38장에서 마곡 땅의 왕인 곡과 연합하여 새 언약 체결로 평온하게 거하는 예루살렘 백성을 치는 세력으로 그려진다(38:3). 즉, 하나님이 임재하시는 성전을 파괴하는 세력으로 묘사된 것이다. 따라서 메섹과 두발이 스올로 내려가는 것은 하나님의 임재를 훼방했기 때문임을 알 수 있다.

32:28은 막간을 이용하여 이집트가 멸망할 것을 말한다.[632] 이는 앞서 메섹과 두발이 하나님의 임재를 훼방하여 스올로 내려간 상황에서 이집트도 메섹과 두발이 맛보았던 운명을 겪게 될 것을 강조하기 위함이다. 그 결과 이집트는 할례받지 않은 자와 함께 패망해 수치를 당할 것이다.

이스라엘 주변에 있는 에돔과 시돈도 스올로 내려갈 것이다(32:29-30). 에돔과 두로의 멸망은 에스겔 25장과 28장에서 이미 예언한 부분이다. 이들이 멸망당하는 이유는 하나님의 임재 장소인 성전을 훼방하고 성전의 백성을 괴롭혔기 때문이다. 따라서 이들이 스올로 내려가는 것은 하나님의 임재를 훼손했기 때문임을 알 수 있다.

마지막으로 32:31-32은 이상의 나라들이 하나님의 임재를 훼손한 결과 멸망하여 수치스런 스올로 내려갔듯이 파라오와 그 무리도 스올로 내려

---

631 Blenkinsopp, *Ezekiel*, 144.
632 Sweeney, *Reading Ezekiel*, 162.

가게 될 것을 선언한다. 열국이 스올로 내려가는 것은 하나님의 임재를 훼손했기 때문이다. 이런 차원에서 이집트도 하나님의 임재를 방해한 데다 설상가상으로 하나님의 백성을 유혹했기 때문에 스올로 내려간다는 점을 부각시키고 있다.

전반적으로 25-32장에 언급된 열국 심판은 열국이 하나님의 임재를 대적하거나 훼손하여 스올로 내려간다는 것을 반복해서 강조한다(26:20-21; 28:8, 31:15-18; 32:17-32). 이런 특징은 거꾸로 죄의 세력에 대한 심판 이후 나타나는 새 언약 백성이 스올에서 멀어진 새로운 삶을 살 것을 시사해준다.[633] 나아가서 미래에 새 언약 백성은 하나님의 거룩한 임재 안에 살게 될 것이라는 진밍을 준다. 오늘닐 새 언약의 싱도들은 이 점을 멍심하여 항상 하나님의 거룩한 임재 안에 머물기 위해 하나님의 은혜를 간구하며 살도록 애써야 할 것이다.

---

633 Allen, *Ezekiel 20-48*, 139.

후반부
(33-48장)

에스겔서 전체의 후반부를 이루는 33-48장은 미래 이스라엘의 축복된 회복을 다룬다.[1] 앞서 전반부인 1-32장은 예루살렘이 우상숭배로 멸망할 것을 예언하고 바빌로니아 포로 공동체에게 예루살렘의 멸망을 반면교사로 삼을 것을 촉구했다. 반면 후반부인 33-48장은 바빌로니아 포로 공동체에게 미래의 회복과 새로 이루어질 변화의 희망을 제시하고 변화된 삶을 살 것을 촉구한다.[2]

구조를 보면 전반부의 초두인 1-3장이 파수꾼으로서 에스겔의 소명을 언급하며(3:16-27) 시작하는 것처럼, 후반부의 초두인 33장도 파수꾼으로서 에스겔의 사명을 다시 언급하며 시작한다(33:1-20). 또한 2:5에서 언급된 "그들 가운데에 선지자가 있음을 알지니라"라는 말은 33:33에서 "한 선지자가 자기 가운데에 있었음을 알리라"로 반복된다. 이런 점에서 33장은 확실히 전반부의 1-3장과 많은 유비점을 가지고 있다. 이런 유비점들은 1-3장이 전반부의 시작인 것처럼 33장을 후반부의 시작으로 이해하도록 독자를 유도한다.

전반부와 후반부를 가르는 기준점은 바빌로니아에 의한 예루살렘의

---

1   Renz, *Rhetorical Function of the Book of Ezekiel*, 128. 여기서 Renz는 33-48장의 구조를 다음과 같이 제시했다.
    A. 34장: 여호와의 왕권
     B. 35:1-36:15: 열국으로부터 이스라엘 땅을 회복함
      C. 36:16-38: 영적인 변형과 축복
       D. 37:1-14: 이스라엘의 변형(죽은 뼈가 살아남)
      C′. 37:15-28: 정치적 변화와 이에 따른 축복
     B′. 38-39장: 열국의 공격 앞에서 이스라엘 땅의 안전함
    A′. 40-48: 장소 개념을 통한 여호와의 왕권에 대한 비전
2   Renz, *Rhetorical Function of the Book of Ezekiel*, 130.

멸망이다(33:21).³ 따라서 후반부인 33-48장은 바빌로니아를 통한 멸망이 성취된 상황에서, 백성을 위한 회복의 프로그램을 제시하고 있다. 33-48장은 다시 새 언약 체결을 통한 이스라엘의 회복을 다루는 33-39장과 종말에 성전의 변형과 땅 분배를 다루는 40-48장으로 나뉜다.

---

3 Blenkinsopp, *Ezekiel*, 145.

I. 새 언약을 통한 이스라엘의 회복(33-39장)

33-39장은 새 언약을 통한 이스라엘의 구원과 회복에 초점을 맞춘다. 25-32장의 열국 심판에서 마지막으로 등장하는 이집트 심판 본문(29-32장) 다음으로 새 언약을 통한 이스라엘의 회복을 전하는 33-39장이 나온다는 것은 매우 의미심장하다. 과거 출애굽 시에 하나님은 이집트를 심판하고 이스라엘을 구원한 다음 그들과 모세 언약을 맺고 그들이 가나안 땅에 입성하도록 했다. 이런 패턴에 따라 에스겔 33-39장도 이집트 심판 이후 새 언약이 체결되어 제2의 에덴동산인 가나안 땅에 백성이 거하게 될 것을 예언하고 있다(36:35).

33-39장의 구조에 대해 덤브렐(Dumbrell)은 "여호와의 말씀이 내게 임하여 이르시되"라는 사사 공식(messenger formula)으로 시작하는 여섯 개의 예언의 묶음이라고 주장했다.[4] 하지만 수사적인 측면에서 33-39장은 다음과 같은 구조를 보인다.

서론. 33장: 예루살렘 멸망 예언의 성취

A. 34장: 메시아의 예언(34:23)과 화평의 언약(34:25)

　B. 35:1-36:15: 에돔과 이방 나라들을 제거함으로써 약속의 땅에 평화가 임할 것

4　Dumbrell, *The Search for Order*, 103.
　A. 33:23-33
　B. 34장
　C. 35:1-36:15
　D. 36:16-37:14
　E. 37:15-28
　F. 38-39장

C. 36:16-38: 미래에 이스라엘에게 새 영과 새 마음을 줌(36:25-26)

C´. 37:1-23: 죽은 뼈가 살아남, 여호와의 영이 그들 속에 거함 (37:14)

A´. 37:24-28: 메시아의 예언(37:24)과 화평의 언약(37:26)

B´. 38-39장: 이방 나라인 마곡의 곡과의 전투에서 승리

이상의 구조로 볼 때 33-39장의 핵심은 새 언약을 통해 여호와의 새 영이 백성의 마음속에 거하게 된다는 메시지임을 알 수 있다(36:16-37:14). 여기서 에스겔서는 포로 공동체가 고토로 귀환하여 하나님과 새 언약을 맺고 새 영과 새 마음으로 하나님의 말씀에 온전히 순종하게 될 것을 예언한다. 구체적으로 말하면 메시아가 그들의 목자가 되어 그들을 제2의 에덴동산인 가나안 땅으로 인도하실 것이다(34:23). 그리고 메시아는 새 언약을 체결하는 주체가 되어(34:25; 37:26) 새 언약 백성에게 새 영을 부어 주고(36:26; 37:14) 그들을 영원히 다스리실 것이다(37:25). 본문은 이때 백성이 성전으로 지어져가며 하나님의 임재 안에 거하는 거룩한 삶을 살 것이라고 예고한다(37:27-28).

1.
예루살렘 멸망 예언의 성취와 하나님의 말씀(33장)

33:1-20에서 에스겔은 포로 공동체를 위한 파수꾼으로 등장한다.[5] 앞선 1-3장에서 파수꾼으로 부름받은 에스겔은 바빌로니아 포로 공동체를 주요 청중으로 삼아 그들에게 예루살렘의 멸망을 선포했다. 반면 33장에서 파수꾼인 에스겔은 예루살렘의 멸망 예언이 성취된 상황에서 하나님의 회복의 말씀을 선한다(33:21, "그 성이 함락되었다 하였는데"). 그래서 포로 공동체가 미래에 있을 하나님의 회복을 믿고 악에서 돌아설 것을 촉구한다. 하지만 예루살렘의 멸망 소식에 낙심한 포로 공동체는 에스겔의 입에서 나오는 회복의 말씀에 귀를 기울이지 않는다(33:10, 31). 33장의 구조는 다음과 같다.[6]

A. 파수꾼으로서의 에스겔의 말에 순종하지 않는 포로 공동체(33:1-11)

  B. 포로 공동체가 악에서 돌이키면 기회가 있음(33:12-20)

    C. 예루살렘의 함락 소식(33:21-22)

  B'. 예루살렘의 남은 백성은 악에서 돌이키지 않아 심판받을 것 (33:23-29)

A'. 포로 공동체가 진실로 순종하지 않음(33:30-33)

---

5 Renz, *Rhetorical Function of the Book of Ezekiel*, 81.

6 Ernst R. Wendland, *Prophetic Rhetoric: Case Studies in Text Analysis and Translation* (Longwood, FL: Xulon Press, 2009), 224. 여기서는 Wendland의 구조를 약간 변형했다.

1) 악에서 돌이키라(33:1-20)

33장의 시대적 배경은 기원전 586년에 예루살렘이 멸망했다는 소식이 들려온 직후다(33:21). 어떤 이는 33장의 파수꾼 사명 이야기가 예루살렘의 멸망 이전 상황을 반영한 것이라고 주장하기도 한다. 그래서 예루살렘이 멸망하기 전까지 포로 공동체가 계속 마음을 바꾸지 않고 완악했음을 보여주는 말씀이라고 이해한다.[7] 하지만 33장의 파수꾼 이야기는 예루살렘의 멸망 후에 주어진 것이다.[8] 예루살렘이 멸망하자 기원전 588-586년 동안 벙어리로 지내던 에스겔은 비로소 "입이 열려" 하나님의 말씀을 전할 수 있었다(33:22; 24:25-27).

이런 배경에서 33:1-11은 파수꾼으로서 에스겔에게 주어진 새로운 사명을 언급하고 있다. 33:2에서 "네 민족에게 말하여 이르라"고 할 때 "네 민족"은 바빌로니아 포로 공동체를 가리킨다. 에스겔이 파수꾼으로서 이들에게 전하는 내용은 예루살렘이 멸망한 상황에서(33:21-22) 포로 공동체가 악에서 돌아서지 않으면 죽을 것이지만 악에서 돌아서면 소망과 회복이 있다는 것이었다(33:8-9).[9]

당시 바빌로니아 포로 공동체는 예루살렘이 멸망할 것이라고 생각하지 않았기 때문에, 예루살렘 멸망이 현실로 일어나자 충격을 받았다. 이런 충격 때문에 그들은 에스겔을 통해 주어지는 회복의 말씀을 신뢰하지 못했다. 이를 잘 보여주는 말씀이 33:10-11이다. 이 부분은 파수꾼인 에스겔의

---

7   Block, *Ezekiel Chapters 1-24*, 252.

8   Cooper, *Ezekiel*, 291.

9   Renz, *Rhetorical Function of the Book of Ezekiel*, 103.

말씀을 들은 포로 공동체의 반응이 어땠는지를 여과 없이 보여준다.[10]

여기서 바빌로니아 포로 공동체는 자신들에게 허물과 죄가 있는 상황에서 어떻게 희망이 있느냐고 반문한다. 33:10에서 "우리의 허물과 죄가 이미 우리에게 있어 우리로 그 가운데에서 쇠퇴하게 하니 어찌 능히 살리요?"라는 말은 24:23을 연상시키는 말이다.[11] 33:10에서 언급된 "쇠퇴하다"에 해당하는 히브리어 마카크(מקק)는 기근으로 인해 육체적으로 부패한 상태를 뜻한다(4:17).[12] 그러므로 바빌로니아 포로 공동체는 그들이 처한 상황을 죄로 인해 육신이 부패한 상황으로 인식하고, 더 이상 소망이 없다고 생각하여 낙심했음을 알 수 있다. 마치 37장의 마른 뼈들처럼 자신들이 영적으로 죽은 존재이기 때문에 하나님의 회복을 믿을 수 없다는 태도를 보인 것이다.

하지만 에스겔은 포로 공동체가 회개한다면 소망이 있음을 재차 강조한다(33:11).[13] 하나님은 악인이 죽는 것을 기뻐하지 않으시기 때문에 죄로 인해 쇠퇴했다고 할지라도 회개하고 악에서 돌이킨다면, 하나님의 능력으로 새 생명을 얻어 회복될 수 있다는 말씀이다. 확실히 33장 이후에 에스겔의 파수꾼 사명은 전반부와 달리 회개를 강조하고 있음을 알 수 있다.

33:12-20은 악에서 돌이키면 반드시 소망이 있다는 사실을 더욱 강조하여 포로 공동체를 설득하는 내용이다. 구체적으로 이 단락의 요점은 아무리 의인일지라도 죄를 지으면 악으로 멸망하고, 비록 악인일지라도 악에

---

10 Sweeney, *Reading Ezekiel*, 164.

11 Odell, *Ezekiel*, 415.

12 Lapsley, "A Feeling for God," 97.

13 Cooper, *Ezekiel*, 295.

서 돌이키면 그 악이 그를 엎드러뜨리지 못할 것이라는 교훈이다. 33:12-
20의 구조는 다음과 같다.

> 서론. 의인이 범죄하면 그 의가 구원하지 못하고 악인이 돌이키면 살
> 수 있음(33:12)
> A. 의인이 죄악을 행하면 그 안에서 죽으리라(33:13)
> B. 악인이 돌이키면 죽지 않으리라(33:14-16)
> C. 네 민족은 주의 길이 바르지 않다고 한다(33:17)
> A′. 의인이 돌이켜 죄악을 범하면 그 가운데서 죽을 것(33:18)
> B′. 악인이 돌이켜 정의와 공의대로 행하면 살 것(33:19)
> C′. 너희가 주의 길이 바르지 않다고 한다(33:20)

이 구조에서 알 수 있듯이 33:12-20의 내용은 에스겔 18장의 내용과 유사
하다. 다만 이 둘의 차이는 다음과 같다. 18장이 의인에게 초점을 맞춰 아
무리 의를 행했어도 악을 행하면 심판을 받는다는 데 주안점을 두었다면,
33:12-20은 악인이 아무리 악을 행했어도 악에서 돌이키면 소망이 있음을
부각시킨다. 결국 33:12-20의 핵심은 아무리 악인이라도 회개하면 소망이
있음을 교훈하여 포로 공동체를 설득하는 것이었다.

하나님은 악인이 악에서 떠나 정의와 공의를 행하면 그로 말미암아 살
게 될 것이라고 말씀하신다(33:16, 19). 여기서 문제는 인간이 죄에서 돌이
킨다고 정의와 공의를 행할 수 있다는 보장이 없다는 것이다. 사실 인간의
죄성을 생각하면 이는 불가능하다. 이에 대해 새 언약을 예언하는 에스겔
36-37장은 하나님의 영이 임하여 언약 백성이 율례를 지키게 될 것이라고

말한다(36:26; 37:24). 그러므로 미래에 악인이 회개하여 정의와 공의를 행한다는 것은 궁극적으로 하나님의 새 영을 받아 마음을 새롭게 하여 하나님의 뜻을 행하는 것임을 가르쳐주고 있다.

악인이 돌이키면 기회가 있다는 말씀에 포로 공동체는 "주의 길이 공평하지 않다"고 반박했다(33:17, 20). 세상적으로 기계적인 기준에서 공의와 정의를 판단했던 포로 공동체는 하나님이 세상과 다른 정의의 기준으로 세상을 다스리는 분이심을 간과했다. 이 반박에는 자신들이 과거에 행한 의로운 행동을 하나님이 무용지물로 여기시는 것에 대한 원망도 담겨 있었다. 하지만 실제로 그들이 행했던 의로운 행위는 은혜의 산물로서 그들의 공로는 아니었나. 결국 백성의 반박과 원망은 이기적 욕구로 물들어 올바른 판단을 내리지 못한 결과였다. 이런 맥락에서 하나님은 에스겔에게 포로 공동체 안의 많은 사람이 이기적인 욕구로 채워져 있음을 경고하셨다(33:31, "마음으로는 이익을 따름이라").

2) 예루살렘 멸망 이후 악에서 돌이키라(33:21-33)

33:21-22은 예루살렘이 멸망했다는 소식이 바빌로니아 포로 공동체에게 임한 장면을 다룬다. 본문은 예루살렘의 멸망 소식을 전하는 자들을 "도망하여 온 자"로 번역하고 있는데 이 번역은 잘못된 것이다. 여기서 "도망하여"에 해당하는 히브리어 단어는 "팔리트"로서 에스겔서에서 포로로 끌려온 자들을 가리킨다(6:8-10; 14:22). 즉 예루살렘의 멸망으로 바빌로니아에 잡혀온 대규모의 사람들이 이미 그곳에 있던 포로 공동체에게 예루살렘 멸

망 소식을 전하고 있는 것이다.[14]

예루살렘의 멸망 소식을 들은 에스겔은 비로소 입이 열려 하나님의 말씀을 다시 전하게 된다(33:22). 하나님은 에스겔로 하여금 예루살렘의 멸망을 예언하게 한 후 예루살렘이 멸망하기 전 2년 동안 그가 말 못하는 벙어리로 지내게 될 것이라고 말씀하셨다(24:25-27).[15] 벙어리가 되었다가 예루살렘 멸망 이후 다시 입이 열린 에스겔의 모습은 예루살렘의 멸망에 관한 예언이 진정으로 하나님의 말씀이었음을 증명함으로써 하나님의 말씀을 듣도록 동기부여하는 효과를 준다.[16]

33:23-29은 예루살렘의 멸망 직후 유다에 남아 있는 백성들에 대한 심판을 다룬다. 바빌로니아에 끌려가지 않고 유다에 남아 있던 백성들은 예루살렘 멸망 이후에도 전혀 변화된 모습을 보여주지 못했다. 하나님은 유다에 남은 백성이 예루살렘의 멸망을 보고 회개하여 악에서 돌이킬 것을 기대하셨지만,[17] 그들은 오히려 교만하여 순종하지 않았기 때문에 하나님은 이스라엘 땅이 황무해지고 소망이 없을 것이라고 단언하신다.

많은 사람이 바빌로니아에 포로로 잡혀간 상황에서 이스라엘 땅에 남은 유다 백성들은 오히려 무주공산이 된 땅이 그들의 기업이 되었다고 기뻐했다(33:24). 또한 여전히 우상숭배의 굴레에서 벗어나지 못한 채 우상을 섬기고 고기를 피째 먹으며 강포를 통해 피를 흘렸다(33:25). 이런 추악한 모습을 본 하나님은 그들을 칼과 전염병과 들짐승으로 멸망시킬 것이라고

---

14 Blenkinsopp, *Ezekiel*, 149.
15 2년 동안 벙어리가 된 에스겔의 모습은 2년 동안 예루살렘이 공격받는 모습이라고 할 수 있다. Blenkinsopp, *Ezekiel*, 150.
16 Odell, *Ezekiel*, 416-417.
17 Cooper, *Ezekiel*, 297.

선고하신다(33:27).

예루살렘 멸망 이후 유다 땅에 남은 자들에 대한 심판의 메시지는 포로 공동체 역시 예루살렘의 유다처럼 우상숭배란 악에서 돌이키지 않는다면 멸망할 수밖에 없다는 경고이기도 했다.[18] 동시에 미래의 회복은 유다 땅에 남은 자들에게 있지 않고 포로 공동체에게만 있음을 알려주는 의미도 있다(참조. 렘 24장).[19] 따라서 이 메시지는 포로 공동체가 포로 생활이라는 고난을 통과하면서 오히려 낮아지고 회개한다면 그들에게 희망이 있음을 내비치는 말씀이라고 할 수 있다.

마지막으로 33:30-33에서는 다시 포로 공동체에게 말씀이 주어진다. 확실히 예루살렘의 멸망 에언이 성취된 이후에 포로 공동체는 에스겔의 말이 옳다는 것을 알고 에스겔에게서 하나님의 말씀을 들으려는 자세를 보였다.[20] 하지만 33:17에서 하나님의 심판이 공정하지 못하다고 이의를 제기했던 그들은 "그 입으로는 사랑을 나타내어도 마음으로는 이익을 따랐다"(33:31).

여전히 이들에게 마음의 문제가 걸림돌로 작용하고 있었던 것이다. 예루살렘 멸망 전처럼 멸망 후에도 그들의 마음에는 변화가 없었다(참조. 2:7). 그들은 하나님의 말씀보다 우상과 재물 등을 통해 자기들의 이기적 욕구를 채우려 했기 때문에(7:19), 에스겔의 입에서 나오는 하나님의 말씀을 전적으로 신뢰하지 못했다. 이 대목에서 과연 포로 공동체가 과거의 이스라엘을 청산하고 새로운 이스라엘이 될 수 있는가 하는 의문을 가지게 된다. 그

---

18 Renz, *Rhetorical Function of the Book of Ezekiel*, 104.
19 Allen, *Ezekiel 20-48*, 153.
20 Blenkinsopp, *Ezekiel*, 148.

러나 에스겔서는 훗날 하나님의 주권적 개입을 통해 포로 공동체 안에 새로운 이스라엘이 탄생하게 될 것을 알린다.[21]

33:32은 포로 공동체가 에스겔의 입에서 나오는 말을 "사랑의 노래"로 여겼다고 말한다. 여기서 "사랑의 노래"라는 말은 하나님이 에스겔을 통해 주신 말씀이 하나님의 사랑을 표현한 말씀이었다는 뜻이다. 하지만 포로 공동체는 회복을 위한 그 사랑의 말씀에 귀 기울이지 않았다. 이 모습은 하나님의 사랑을 저버리고 우상과 이방 나라를 의지했던 과거 예루살렘의 모습과 닮은꼴이다(16장; 23장).[22]

---

21 Renz, *Rhetorical Function of the Book of Ezekiel*, 105.
22 Odell, *Ezekiel*, 418.

2.
메시아를 통한 땅의 회복과 백성의 변형(34-37장)

이 단락은 미래의 회복이 메시아를 통해 이루어질 것임을 보여준다. 장차 메시아가 와서 백성을 인도하여 백성과 새 언약을 체결할 것이고, 새 언약 백성은 가나안 땅에서 온전히 하나님의 임재 안에 살게 될 것이라고 말한다. 여기서 가나안 땅은 제2의 에덴동산으로 그려진다(36:35, "이제는 에덴동산 같이 되었고").

새 언약 백성은 새롭게 창조된 제2의 에덴동산인 가나안 땅에서 안전하게 거할 뿐 아니라 더 이상 그 땅에서 죄로 인해 쫓겨나는 일이 없을 것이다. 이를 위해 하나님은 죄를 짓지 않도록 그들에게 새 영과 새 마음을 주실 것이다(36:16-38). 여기서 새 영과 새 마음은 새 언약의 축복으로 부어지는 것이다. 이런 점에서 미래의 회복은 전적으로 새 언약의 은혜로써 이루어질 것을 교훈하고 있다.

1) 메시아의 출현과 새 언약 체결(34장)

에스겔서의 전반부(1-32장)는 지도자들의 죄로 인해 유다가 멸망하게 되었다고 말했다(22장). 이런 맥락에서 34장은 22장의 후속이라고 말할 수 있다.[23] 34장에서 하나님은 미래의 소망을 위해 친히 참된 지도자인 목자가 되어 양떼를 모을 것이라고 말씀하신다(34:11-16). 그리고 구체적으로 그 목자는 메시아임이 드러난다(34:23-24). 이로써 본문은 참된 지도자이자 목자이신 메시아를 통해 백성이 고토로 돌아와 새 언약의 수혜자가 될 것을 알리고 있다. 이런 내용은 예레미야 23장에서 메시아가 양떼를 노으는 목자로 묘사된 것과 매우 유사하다(렘 23:1-6).[24]

  A. 이기적인 목자로 인해 양떼(이스라엘)가 온 지면에 흩어져 있음(34:1-6)

   B. 이기적인 목자들이 다시는 목자가 되지 못할 것(34:7-10)

    C. 여호와가 목자가 되어 양을 본토로 인도하고 꼴을 먹이실 것 (34:11-16)

     D. 여호와가 양과 양 사이를 판단하실 것(34:17-22)

    C'. 여호와의 종 다윗(메시아)이 목자가 됨(34:23-24)

   B'. 화평의 언약(새 언약)을 통해 다시는 수치를 당하지 않을 것 (34:25-29)

  A'. 온 세상이 여호와가 이스라엘의 하나님임을 알게 될 것(34:30-31)

이상의 구조로 볼 때 34장의 핵심은 단락 D(34:17-22)로서 미래의 회복은 파리한 양처럼 회개하는 자에게 임하게 될 것을 강조하는 데 있다. 미래에 목자이신 메시아가 새 언약을 체결하여 회복이 이루어질 때 그런 회복의

---

23 Cooper, *Ezekiel*, 298.
24 Block, "Transformation of Royal Ideology in Ezekiel," 235.

혜택을 받기 위해서는 고난을 통해 낮아질 것을 교훈하고 있는 것이다. 이를 위해 먼저 목자이신 하나님은 거짓 목자들의 잘못을 역전시킬 것이다. 이 내용을 에스겔서는 다음과 같은 수사적 구조로 표현하고 있어 매우 흥미롭다.[25]

34:4

A. 연약한 자를 강하게 하지 아니하고

  B. 병든 자를 고치지 아니하고

    C. 상한 자를 싸매주지 아니하고

      D. 쫓긴 자를 돌아오게 아니하며

        E. 잃어버린 자를 찾지 아니하였다

34:16

        E′. 잃어버린 자를 내가 찾으며

      D′. 쫓긴 자를 내가 돌아오게 하며

    C′. 상한 자를 내가 싸매주며

  B′. 병든 자를

A′. 내가 강하게 한다

(1) 이기적인 목자들이 다시는 없을 것(34:1-10)

먼저 34:1-6은 이스라엘의 이기적인 목자들로 인해 양떼가 온 지면에 흩어진 상황을 묘사한다(34:6). 여기서 목자들은 유다의 지도자다. 본문은 지도

---

25 Block, *Ezekiel Chapters 25-48*, 291.

자들이 양떼인 백성을 제대로 먹이지 않은 것을 책망하고 있다. 그들의 잘못은 자기 배만 불리려는 이기적인 욕구에서 기인한 것이었다(34:2-3).[26]

이기적인 욕구에 물든 지도자들은 양떼인 백성을 포악으로 다스렸다(34:4). 공의와 의로 백성을 다스려야 할 지도자들이 포악을 행했다는 것은 확실히 하나님의 말씀에 어긋난 일이나. 여기서 "포악"으로 번역된 히브리어 "호즈카"(חָזְקָה)는 "힘" 또는 "권력"을 뜻한다. 그리하여 지도자들이 그들의 권력으로 통치했음을 보여준다. 또한 34:4에서 "다스리다"로 번역된 "라다"(רדה)는 통상적으로 "통치하다"라는 "말라크"(מָלַךְ) 보다 그 통치의 강도가 높은 것으로, 이방인들의 통치를 가리킬 때 사용된다(29:15).[27] 이로써 유다의 지도자들이 백성을 다스릴 때 마치 이방인 왕처럼 권력으로 억누르며 폭정을 행했다는 것을 알 수 있다. 이는 공의와 의의 모습이 실종된 타락한 지도자의 행태가 아닐 수 없다.[28]

그 결과 백성은 진정한 목자 없이 흩어져서 들짐승의 밥이 되거나 온 지면에 흩어지게 되었다(34:5-6). 여기서 흩어진다는 표현은 포로로 잡혀간다는 것을 의미하므로 지도자들의 이기적 욕구로 인해 백성들이 포로로 잡혀가게 되었음을 일깨운다.[29] 어떤 이는 "목자가 없다"라는 말에서 목자가 바빌로니아에 끌려간 여호야긴을 암시한다고 주장한다.[30] 하지만 34장의 문맥에서 볼 때 진정한 목자가 없다는 의미는 당시 유다에 올바른 지도자가 없었다는 말로 해석하는 것이 옳다.

---

26 Cooper, *Ezekiel*, 300.
27 Odell, *Ezekiel*, 426.
28 Allen, *Ezekiel 20-48*, 164.
29 Taylor, *Ezekiel*, 114.
30 Odell, *Ezekiel*, 427.

34:6에서 "내 양떼가 모든 산과 높은 멧부리에마다 유리되었다"는 말은 양떼들이 높은 산에서 우상을 섬겼다는 말로도 이해할 수 있다. 즉 지도자들이 양떼를 제대로 관리하지 않았기 때문에 양떼가 포로로 잡혀갈 뿐만 아니라 여호와 신앙에서 떠나 우상을 섬기게 되었음을 보여준다.[31]

부도덕한 목자들로 인해 백성이 포로로 잡혀가고 우상을 숭배하였기 때문에 하나님은 미래에 이기적이고 부도덕한 목자들이 없을 것이라고 선언하신다(34:7-10). 확실히 그들은 이기적인 지도자로서 자기 이익만을 추구하였다(34:8, "자기만 먹이고").[32] 오늘날 지도자들은 이 점을 명심하여 지도자가 사리사욕만 추구할 때 양떼가 얼마나 큰 고통을 당하는지 절실히 깨달아야 할 것이나.

부도덕한 목자들은 다시는 목양을 못하게 될 것이다(34:10). 이를 위해 하나님은 부도덕한 목자들의 손에서 자신의 양떼를 찾아오실 것이다. 이 말씀에서 부도덕한 목자는 유다 지도자뿐만 아니라 현재 포로 공동체를 유혹하는 지도자도 포함하는 말이다.[33] 실제로 에스겔서는 바빌로니아 포로 공동체 안에 부도덕한 거짓 예언자들이 있음을 이미 밝혔다(13:1-9). 그래서 하나님은 포로 공동체 안에서 나쁜 지도자들의 인도함을 받는 양떼를 이끌어내어 제2의 에덴동산인 가나안 땅으로 인도하실 것을 천명하고 있다.

---

31 Greenberg, *Ezekiel 21-37*, 698.

32 Blenkinsopp, *Ezekiel*, 157.

33 한편 어떤 이는 34:1-10에서 언급된 목자들이 예루살렘의 멸망 이후 예루살렘에서 총독으로 재직하던 그달랴를 언급한다고 주장하기도 하다. 하지만 Blenkinsopp의 주장대로 이것은 맞지 않는다. Blenkinsopp, *Ezekiel*, 158.

(2) 여호와가 목자가 되어 양떼를 인도하실 것(34:11-24)

이 단락은 하나님이 목자가 되어 본격적으로 양떼를 인도하여 본토로 돌아오게 할 때(34:11-16) 인도함을 받는 양들이 어떤 특징을 갖는지를 설명한다(34:17-22). 그리고 양떼를 인도하는 자가 실상은 바로 메시아임을 밝힌다(34:23-24). 예레미야 23:1-6은 미래에 메시아가 목자가 되어 양떼들을 인도하고 그들을 정의와 공의로 다스릴 것을 예언했다.[34] 비슷하게 에스겔 34:11-24도 목자이신 메시아가 포로지에서 양떼를 인도하여 가나안 땅에 데리고 와서 통치할 것을 예언하고 있다.

① 목자이신 하나님이 양떼를 돌아오게 하실 것(34:11-16)

34:12-14에서 하나님은 포로지에 흩어진 자신의 양떼를 본토로 데려와 이스라엘의 산에 두실 것이라고 말씀하신다. 구체적으로 포로에서 돌아온 하나님의 양떼는 이스라엘의 높은 산들에 거하며 살진 꼴을 먹을 것이다(34:14). 과거 부도덕한 목자들에 의해 모든 산과 높은 멧부리에서 유리되었던 양떼가 이제는 높은 산에서 평안하게 거하게 될 것이라는 이미지다. 이 이미지는 이전에 산에서 우상숭배했던 백성들이 이제는 하나님을 의지하는 자로 변형되어 산에서 평안을 누리게 될 것이라는 의미도 내포한다.

여기서 하나님의 인도함과 돌봄을 받는 양떼는 잃어버리고 쫓기고 상하고 병든 자들로 묘사된다(34:16). 하나님은 이들을 싸매주고 강하게 하실 것이다. 이에 반해 살진 자와 강한 자는 하나님의 양떼에서 배제될 것이다. 즉 하나님의 인도로 본토에 돌아오는 양떼는 고난을 당하여 낮아져서 오로

---

34 김창대, 『예레미야서의 해석과 신학』(서울: 새물결플러스, 2019), 259.

지 겸손하게 하나님만 바라보는 자라는 의미다. 본문은 이런 자들이 새 언약의 수혜자가 된다고 교훈하고 있다. 같은 맥락에서 구약의 다른 예언서들도 미래에 포로에서 돌아오는 자들을 환난을 통과하여 다리를 저는 양에 비유한다(미 2:12-13; 4:6; 참조. 렘 31:8). 이 점은 오늘날 새 언약 백성인 성도에게 귀중한 통찰을 준다. 그러므로 성도는 하나님 앞에서 항상 낮아져서 전적으로 하나님만 의지하는 자가 되기 위해 애써야 한다.

하나님은 포로 생활을 통해 낮아져서 회개하고 하나님만 바라보는 자들을 정의로 다스릴 것이다(34:16b). 일반적으로 에스겔서 전문 학자들은 에스겔서가 회복의 전제로 백성의 회개를 언급하지 않는다고 주장한다.[35] 하지만 예언서에 나타난 목자와 양의 은유들을 살펴볼 때 에스겔서도 회복을 위해서는 백성 편에서 회개가 있어야 함을 가르쳐준다고 충분히 말할 수 있다(렘 23:1-8; 참조. 렘 31:18-19).

② 인도함을 받는 양떼의 특징(34:17-22)

34:17-22에서 청자는 목자가 아닌 양떼로 바뀐다.[36] 그리하여 하나님이 돌보시는 양떼와 그렇지 않은 양떼가 누구인지 그 기준을 더욱 명확하게 제시한다. 그러면서 궁극적으로 양떼를 돌보는 목자가 메시아임을 밝힌다. 먼저 하나님은 양떼를 향하여 "내가 양과 양 사이와 숫양과 숫염소 사이에서 심판하노라"라고 말씀하신다(34:17). 이는 하나님이 양떼를 "나의 양떼"라

---

35 Baruch J. Schwartz, "Ezekiel's Dim View of Israel's Restoration," in *The Book of Ezekiel; Theological and Anthropological Perspectives*, ed. Margaret S. Odell & John T. Strong (Atlanta, GA: SBL, 2000), 45.

36 Odell, *Ezekiel*, 428.

고 부르시지만 그 안에 진정으로 하나님께 속한 양과 그렇지 않은 양이 있음을 가르쳐주고 있다.

34:17에서 "양떼", "양과 양 사이", "숫양과 숫염소 사이"라는 표현이 등장한다. "양떼"는 히브리어 "촌"(צֹאן)으로서 어린 양이나 염소부터 장성한 양과 염소를 모두 포함하는 가축 떼를 가리킨다. 그리고 이 구절에서 "양"으로 번역된 히브리어 "세"(שֶׂה)는 어린 양이나 어린 염소만을 뜻한다.[37] 숫양과 숫염소에 해당하는 히브리어는 각각 "아일"(אַיִל)과 "아투드"(עַתּוּד)로서 장성한 양과 장성한 염소를 가리킨다. 어떤 이는 장성한 숫양과 숫염소는 에스겔서 문맥에서 지도자들을 가리킨다고 주장하기도 한다.[38] 어쨌든 숫양과 숫염소는 어린 양과 어린 염소와 대조되기 때문에 어느 정도 힘이 있는 자들을 가리킨다고 말할 수 있다.

하나님은 이처럼 작은 어린 양과 어린 염소들, 그리고 장성한 숫양과 숫염소들 중 권력을 남용하는 불의한 자들을 "너희"로 부르며 책망하신다(34:18-22). 소단락인 34:18-22의 흐름은 다음과 같이 전개된다.

A. "너희가": 부도덕한 숫양과 숫염소의 불의함(34:18)

　B. 그로 인해 하나님의 양이 받은 피해(34:19)

　　C. 살진 양과 파리한 양 사이를 심판하심(34:20)

A′. "너희가": 부도덕한 살진 양(작은 양)이 파리한 양(작은 양)에게 행한 불의(34:21)

37　William L. Holladay, *A Concise Hebrew and Aramaic Lexicon of the Old Testament* (Grand Rapids, MI: Eerdmans, 1988), 349.

38　Greenberg, *Ezekiel 21-37*, 701.

B′. 하나님의 대응: "내 양떼를 구원할 것임"(32:22)

숫양과 숫염소처럼 권력 있는 자들은 타인의 꼴을 발로 밟고 그들의 물을 발로 더럽혔다(34:18).[39] 그 결과 다른 양들은 그들이 밟은 꼴을 먹고 그들이 더럽힌 물을 마실 수밖에 없었다. 포로 공동체 안의 잘못된 권력자들로 인해 약자들이 고통당하고 있음을 보여주는 대목이다. 하나님은 이렇게 고통당하는 양떼만을 "나의 양(떼)"이라고 말함으로써 모든 양떼가 하나님의 양떼가 아님을 분명히 하신다(참조. 34:17).[40]

하나님의 양떼 안의 불의한 자는 작은 어린 양과 작은 어린 염소 사이에서도 발견된다. 그리하여 하나님은 이 "삭은 양"들도 판단하실 것이다(34:20-22). 구체적으로 살진 어린 양들과 살진 어린 염소(חֵשָׂה/세)들은 파리하고 빈약한 새끼 양과 새끼 염소(세)들을 힘으로 제압하여 밖으로 흩어지게 했다. 여기서 살진 어린 양과 염소는 포로 공동체 안에서 권력자는 아니지만 어느 정도 강한 자로서(34:16) 자신의 이익을 위해 힘을 앞세워 남을 희생시키는 자를 가리킨다.

결국 포로 공동체 안에 있는 모든 사람이 하나님의 양떼가 되어 제2의 에덴동산인 가나안 땅에 들어오는 것은 아니다. 에스겔서는 권력을 남용하는 지도자나 상대적으로 힘을 가지고 약자를 괴롭히는 자가 가나안 땅에 들어올 수 없다고 선언한다. 진정한 하나님의 양떼는 파리한 양처럼 고난을 통과하면서 불의를 행하지 않고 하나님만을 의지하는 자들이다. 이들은

---

39 Greenberg, *Ezekiel 21-37*, 701. 여기서 Greenberg는 18-19절에서 "너희"가 지도자들을 가리킨다고 주장한다.

40 Allen, *Ezekiel 20-48*, 163.

고난을 통해 회개하고 낮아져서 오로지 하나님만을 바라본다.

에스겔서에서 회개의 중요성은 14장, 18장, 20장, 33장에서 잘 드러난
다. 에스겔서의 곳곳에서 하나님의 은혜를 받기 위해 인간 편에서 회개가
중요함을 일깨워주고 있는 것이다.[41] 같은 맥락에서 에스겔 34장도 하나님
의 인도힘을 받는 양떼가 되기 위해서는 고난으로 인해 회개하는 자가 되
어야 한다는 교훈을 주고 있다. 하나님의 인도함을 받는 양떼는 다시는 외
부의 노략거리가 되지 않을 것이다(34:22). 하나님이 목자가 되시기 때문이
다. 그리하여 본문은 과거의 잘못된 목자들로 인해 양떼가 노략거리가 되
는 일은 더 이상 없을 것임을 천명한다(34:8).

③ 양떼를 인도하고 다스리는 목자는 메시아(34:23-24)

이 단락은 양떼를 인도하고 그들을 올바로 다스리는 분이 실제로는 메시아
임을 드러낸다. 이 메시아는 "나시"로 호명되어 하나님을 왕으로 삼으면서
하나님을 대신하여 통치하는 군주로 제시된다(34:24). 에스겔서는 목자인
메시아가 백성을 포로지에서 인도하여 이스라엘로 돌아오게 한다고 직접
말하지는 않는다. 단순히 돌아온 양떼를 먹이고 돌보실 것이라고 말할 뿐
이다.

하지만 미가서는 메시아가 백성을 포로지에서 돌아오게 하는 목자임
을 분명히 밝힌다(미 5:1-4).[42] 또한 에스겔 34장에서 백성을 포로지에서 돌
아오게 하는 하나님은 목자이신 메시아와 병치되고 있다. 이런 관찰들을

---

41 C. A. Strine, "The Role of Repentance in the Book of Ezekiel: A Second Chance for the Second
Generation," *The Journal of Theological Studies* 63 (2012): 467-491 참조.

42 김창대, 『주님과 같은 분이 누가 있으리요?: 미가서 주해』(서울: 그리심, 2012), 113-114.

종합하면 에스겔서 역시 양떼를 포로지에서 돌아오게 하는 목자가 메시아라고 말하고 있다고 충분히 짐작할 수 있다. 한편 목자이신 하나님이 목자이신 메시아와 병치된다는 것은 메시아가 신적인 인물이라는 것을 암시한다. 에스겔서가 메시아의 타이틀을 군주를 뜻하는 "나시"로 표현하면서 동시에 하나님을 지칭하는 "왕"(멜레크)으로 표현한 것은 이런 맥락에서 이해할 수 있다(37:22, 24).

(3) 새 언약(화평의 언약)을 통해 다시는 수치를 당하지 않을 것(34:25-31)

34:25-31은 메시아가 목자가 되어 화평의 언약을 세울 것이라고 선포한다. 물론 본문은 메시아가 직접 새 언약을 체결한다고 말하시는 않는다. 하지만 에스겔서는 메시아의 출현 다음에 항상 새 언약을 언급함으로써 메시아에 의해 새 언약이 체결됨을 암시하고 있다(37:24-26). 이런 현상은 이사야서에서도 발견된다. 이사야 53장이 고난당하는 메시아를 이야기한 후, 이사야 54장은 새 언약을 언급함으로써 메시아의 고난으로 새 언약이 체결됨을 증거하고 있다(사 54:10). 실제로 신약은 메시아이신 예수 그리스도에 의해 새 언약이 체결됨을 분명히 선포한다.

메시아는 양떼를 인도하고 그들과 새 언약을 체결할 것이다.[43] 이 단락에서는 이처럼 언약이라는 주제가 전면에 등장하면서[44] 이 언약은 화평의 언약이라고 표현된다(34:25). 새 언약을 통해 탄생한 언약 백성은 소낙비가 내리고 많은 열매를 거두는 축복된 땅에서 평안히 살게 될 것이다(34:26-

---

43 Duguid, *Ezekiel*, 400-401.
44 Allen, *Ezekiel 20-48*, 163.

27). 이런 복은 레위기 26:3-6에서 언급된 언약의 축복이기 때문에 언약으로 인한 축복을 누리게 될 것임을 뜻한다.[45]

새 언약 백성은 원래 사람들의 종이었지만 하나님의 은혜로 그들의 손에서 건짐 받고 새 언약의 수혜자가 된다(34:27). 과거 이집트에서 종이었던 이스라엘이 모세 언약을 통해 언약의 수혜자가 된 것과 같은 방식으로 미래의 백성이 새 언약의 수혜자가 될 것이라는 뜻이다. 한편 모세 언약은 파기될 여지가 있어 백성이 언약을 지키지 않을 때는 땅에서 쫓겨날 위험이 있었다. 하지만 새 언약은 영원한 언약이기 때문에 새 언약 백성에게 그런 일은 일어나지 않을 것이다.

그러므로 새 언약 백성은 다시는 이방의 노략거리와 들짐승의 먹이가 되거나 기근을 겪거나 수치 등의 저주를 당하지 않을 것이다(34:28-29). 여기서 언급된 저주는 레위기가 말하는 언약의 저주들이므로(레 26:22-33) 새 언약에서는 더 이상 언약 파기로 인한 저주가 없을 것을 공포한 셈이다. 특히 34:28-29은 "다시는"이라는 말을 세 번 반복해서 새 언약의 영원성을 강조하고 있다.

결론적으로 새 언약의 체결을 통해 이방 나라들은 여호와가 이스라엘 백성과 함께 있는 줄을 알게 될 것이다(34:30). 열국이 하나님께서 새 언약 백성 가운데 영원히 임재하시는 것을 알게 되리라는 이야기다. 그리하여 새 언약의 목적은 하나님이 백성 가운데 임재하는 데 있다는 것을 다시 확인해 주고 있다. 확실히 이 말씀은 오늘날 새 언약 백성인 성도가 하나님의 거룩한 임재 안에서 살기 위해서는 항상 거룩을 좇아야 한다는 교훈을 준다.

---

45 Odell, *Ezekiel*, 429.

2) 에돔과 이방 나라들을 제거함으로써 땅이 회복될 것(35:1-36:15)

이 단락의 초점은 새 언약이 체결될 때 땅이 회복될 것이라는 데 있다.[46] 이 단락에서 에돔은 이스라엘이 땅을 차지하는 데 걸림돌이 되는 나라로 등장한다. 그리하여 에돔이 제거됨으로써 하나님의 양떼가 포로지에서 이스라엘로 돌아올 수 있음을 보여준다.

여기서 에돔이 이스라엘을 대적하는 나라의 대표로 등장하는 이유는 예루살렘이 멸망할 때 그것을 기뻐하고 심지어 예루살렘을 칼에 넘기기까지 했기 때문이다(35:3-5). 심지어 에돔은 예루살렘 멸망 이후 이스라엘 땅의 일부를 자지하기까지 했다(35:10; 36:2). 그러므로 미래에 이스라엘이 새 언약으로 회복될 때 하나님은 이스라엘을 가장 괴롭혔던 에돔을 물리치고 이스라엘 땅을 회복하실 것이라고 선언하고 있다.

이 단락은 이중 구조로 35장과 36:1-15로 구성되어 있다. 그리고 내용면에서 36:1-15은 35장의 내용을 반복하고 있다.[47] 따라서 35장과 36:1-15은 어휘적으로 많은 유사점을 지닌다. 그 유사점을 도표로 표시하면 다음과 같다.[48]

---

46 Renz, *Rhetorical Function of the Book of Ezekiel*, 108.
47 Odell, *Ezekiel*, 435.
48 Allen, *Ezekiel 20-48*, 170-171.

35장	36:1-15
1. 하나님이 대적하심(3절)	1. 하나님이 함께 하심(9절)
2. 황폐함(שְׁמָמָה/쉐마마)(4절)	2. 황폐한(שֹׁמֵם/쇼멤)(4절)
3. 한(אֵיבָה/에바)을 품음(5절)	3. 원수들이(אֹיֵב/오예브)(2절)
4. 기업(10절)	4. 기업(2절)
5. 질투(11절)	5. 질투(6절)
6. 이스라엘 산(12절)	6. 이스라엘 산(1, 8절)
7. 이스라엘 족속(15절)	7. 이스라엘 족속(10절)
8. 에돔이 즐거워함(15절)	8. 즐거워하는 마음(5절)

한편 35장에서 세일산으로 불리는 에돔에 대한 징벌은 36:1-15에서 언급된 이스라엘 산의 번성을 더욱 돋보이게 하는 기능을 한다.[49]

(1) 이스라엘 땅을 위협하는 에돔을 향한 징벌(35장)

에스겔 25장에서 에돔을 향한 심판이 선고된 상황에서 35장이 다시 에돔을 향한 심판을 다룬다는 것은 약간 생뚱맞은 느낌을 준다.[50] 하지만 미래의 새 언약은 땅의 회복을 가져다주는 언약이고 이스라엘 땅의 회복에 가장 위협적인 존재는 포로기에 그 땅을 차지하고 있던 에돔이었기 때문에 35장에서 에돔을 향한 심판을 다시 다루고 있는 것으로 풀이할 수 있다.

앞서 34:25은 새 언약이 체결될 때 그 땅의 악한 짐승이 제거될 것이라고 예고했다. 여기서 악한 짐승에는 예루살렘 멸망 이후 유다 땅을 자기 소유로 삼고자 했던 에돔 같은 나라도 포함된다.[51] 그러므로 새 언약의 회복을 다루는 맥락에서 35장이 에돔을 자연스럽게 다시 거론하는 것으로 볼

---

49 Allen, *Ezekiel 20-48*, 170-171.
50 Blenkinsopp, *Ezekiel*, 161.
51 Blenkinsopp, *Ezekiel*, 161.

수 있다.

예루살렘이 바빌로니아에게 멸망당할 때 실제로 에돔은 유다의 남부 지역 일부를 차지했다.[52] 이런 상황에서 하나님은 에스겔을 통해 미래에 이스라엘 땅의 회복을 위해 에돔과 같은 장애물이 없어질 것을 약속하신다. 이 약속은 미래에 에돔과 같은 열국의 침략이 있을지라도 결코 이스라엘을 해하지 못할 것이라는 의미도 담겨 있다. 결국 에돔이 제거될 것이라는 약속은 미래에 새 언약 백성이 그들의 땅을 차지하고 거기서 평안히 거하게 될 것을 뜻한다. 35장의 구조는 다음과 같다.

A. 에돔이 황폐하게 되어 에돔이 여호와를 알게 될 것(35:1-4)

  B. 에돔의 죄: 한을 품고 환난 당한 이스라엘을 칼에 넘겼음(35:5)

    C. 하나님의 징벌: 심은 대로 거두는 방식으로 에돔을 벌함(35:6-7)

      D. 에돔의 시체가 산과 골짜기와 시내에 엎드러지게 될 것(35:8-9)

  B′. 에돔의 죄: 이스라엘 땅이 자신의 기업이라고 자랑함(35:10)

    C′. 하나님의 징벌: 심은 대로 거두는 방식으로 에돔을 벌함(35:11-13)

A′. 에돔이 황폐하게 되어 무리가 여호와를 알게 될 것(35:14-15)

---

[52] 예루살렘 멸망 이후 에돔이 이스라엘의 남부를 차지했다는 명백한 기록은 없지만 고고학적 발굴에 의하면 남부 지역을 차지했다는 증거를 발견할 수 있다. Odell, *Ezekiel*, 438.

35:1-4에서 하나님은 에스겔로 하여금 세일산을 향해 예언하라고 말씀하신다. 35:2의 "세일산"에 대한 언급은 36:1-15의 이스라엘 산과 묘한 대조를 이룬다. 이런 대조를 통해 세일산과 이스라엘 산을 부각시켜 예루살렘 멸망 후 이스라엘을 차지했던 에돔의 근원지인 세일산은 황무해지지만, 이스라엘 산에는 사람과 짐승이 거주하여 번성케 될 것이라는 상반된 운명을 독자에게 각인시켜주고 있다.[53]

35:5-9은 에돔의 구체적인 죄를 언급하고 그 죄로 인해 내려지는 하나님의 징벌을 선포한다. 에돔은 예루살렘의 유다가 환난당할 때 그들을 칼의 위력에 넘겼다(35:5). 35:5은 에돔이 "옛날부터 한"을 품었다고 말한다. 여기서 "옛날부터 한"이라는 말은 "영원한 미움"이라는 뜻이기 때문에 에돔이 그런 미움을 품고 바빌로니아의 예루살렘 공격에 동참하여 예루살렘을 괴롭혔음을 일깨워준다.[54] 또한 이 구절에서 "환난 때"로 번역된 히브리어는 "에트 에담"(עֵת אֵידָם)으로서 "에돔"과 음이 비슷하다.[55] 그리하여 유다가 환난(에담)을 당할 때 거기에 에돔이 기여했음을 언어유희를 통해 제시하고 있다.

하나님은 칼의 위력으로 멸망하는 유다를 괴롭힌 대가로서 에돔을 칼로 죽게 하고 세일산으로 대표되는 에돔 땅을 황폐하게 하실 것이다(35:6-9). 구체적으로 35:6은 에돔이 "피를 미워하지 아니하였은즉 피가 너를 따르리라"라고 말한다. 이로써 에돔을 향한 하나님의 징벌은 그가 행한 대로 갚는 방식임을 보여준다. 피를 흘렸기 때문에 피로 복수한다는 논리다. 이

---

53   Greenberg, *Ezekiel 21-37*, 710-725.

54   Sweeney, *Reading Ezekiel*, 176.

55   Odell, *Ezekiel*, 438.

말씀은 창세기 9장에서 사람이 타인의 피를 흘리면 하나님의 형상을 훼손하였기 때문에 반드시 피의 복수가 있다는 말씀을 연상시킨다(창 9:6).[56] 그리하여 에돔에 대한 피의 복수가 형제 나라인 이스라엘을 칼로 침략한 것에 대한 대가이기도 하지만 동시에 하나님의 형상답게 살지 못한 대가이기도 하다는 신학적 의미를 전달해주고 있다.

칼로 죽임을 당한 자들은 여러 산과 골짜기와 시내에 엎드러지게 될 것이다(35:8). 이처럼 에돔의 산과 골짜기가 시체로 채워지는 모습은 에스겔 6장에서 이스라엘이 우상숭배를 하여 그들의 시체가 산과 골짜기에 널브러지고 황폐해지는 모습과 유사하다(6:4, 13).[57] 35:8에서 "엎드러지다"로 번역된 히브리어는 "나팔"로서 6장에서 우상이 엎드러졌다고 할 때 사용된 낱말이다(6:4). 그리하여 본문은 산과 골짜기와 시내에서 칼에 맞아 죽는 에돔은 우상을 섬겼기 때문에 우상과 같이 멸망한다는 이미지를 준다. 에돔은 우상을 섬겼기 때문에 파괴되는 우상과 함께 엎드러지게 될 것이다.

하나님은 에돔이 이스라엘 땅을 모욕한 죄목을 열거하신 다음 심은 대로 거두는 방식으로 에돔을 징벌하실 것이라고 말씀하신다(35:10-13). 이 소단락은 초두와 말미에 에돔이 이스라엘 땅을 모욕한 말을 언급함으로써 이 부분을 하나로 읽으라는 신호를 준다. 먼저 에돔은 "두 민족과 두 땅은 다 내 것이며 내 기업이 되리라"라고 말하면서 교만하게 굴었다(35:10). 북이스라엘이 아시리아에게 멸망하고 남유다가 바빌로니아에게 멸망당한 상황에서 이스라엘 온 땅이 자신의 것이 될 것이라고 자랑한 것이다(35:13,

---

56 Blenkinsopp, *Ezekiel*, 162.

57 Cooper, *Ezekiel*, 308.

"입으로 자랑하며 나를 대적하여").

에돔이 이스라엘 땅은 자신의 기업이 될 것이라고 자랑할 때 하나님은 이스라엘 땅에 임재하셔서 그들의 자랑을 들었다고 말씀하신다(35:10, "그러나 여호와께서 거기에 계셨느니라"). 예루살렘 멸망으로 하나님의 임재의 영광이 성전을 떠나 바빌로니아 포로 공동체에 임하셨다는 사실을 고려할 때, 바빌로니아의 침략으로 폐허가 된 이스라엘 땅에 여전히 하나님이 임재하셨다는 대목은 우리의 고개를 갸우뚱하게 만든다.[58] 하지만 이스라엘 땅은 미래에 하나님의 임재의 땅이 될 것이라는 점에서 이스라엘 땅이 하나님이 거하시는 땅이라는 사실에는 여전히 변함이 없다.

이스라엘이 자신의 땅이 될 것이라고 자랑한 대가로 에돔은 심판을 받게 될 것이다(35:11). 에돔이 이처럼 자랑했던 배후에는 이스라엘을 향한 미움, 노함, 질투가 자리 잡고 있었다. 그래서 하나님도 똑같은 미움, 노함, 질투로 에돔을 벌하실 것이다. 에스겔서에 나타나는 하나님의 심판 방식은 사람들이 행한 방식대로 갚는 방식이다(7:4). 이런 맥락에서 에돔에 대한 심판도 심은 대로 거두는 심판임을 확인할 수 있다.[59]

설상가상으로 에돔은 이스라엘 산들을 향하여 "저 산들이 황폐하였으므로 우리에게 넘겨 주어서 삼키게 되었다"고 욕을 했다(35:12-13). 이런 욕을 할 때 하나님은 이스라엘 땅에 임하여 그들의 욕하는 말을 들으셨다 (35:13). 이처럼 에돔이 욕을 한 이유는 이스라엘을 미워했기 때문이며 그 결과로서 35:11의 말씀처럼 하나님도 심은 대로 거두는 방식으로 에돔을

---

58 Odell, *Ezekiel*, 439.
59 Block, *Ezekiel Chapters 25-48*, 320.

향해 미움으로 욕하고 그들을 황폐하게 하실 것이다.

35:14-15은 35장의 결론으로서 세일산으로 대표되는 에돔이 황폐하게 될 것을 다시 선언하며 종결한다. 동시에 이스라엘 땅이 회복될 것을 알려 36:1-15와 35장을 연결하고 있다.[60] 하나님의 계획은 이스라엘 땅을 회복시켜 "온 땅이 즐거워하게끔" 하는 데 있다(35:14). 온 땅이 즐거워하는 이유는 이스라엘이 회복되고 그 땅에 성전이 세워질 때 그 성전이 우주적 성전이 되어 온 세상에 기쁨을 줄 것이기 때문이다.[61]

이때 에돔은 즐거워하지 못하고 황폐하게 될 것이다(35:15). 에돔이 하나님의 임재 장소인 예루살렘의 멸망을 즐거워했기 때문에 하나님의 임재가 온 세상에 드러날 때 에돔만 즐거워하지 못하게 될 것이라는 아이러니다. 여기서 하나님의 임재를 훼방하는 죄가 얼마나 큰 것이지를 다시 깨닫게 된다.

(2) 이스라엘 땅을 위협하는 이방 나라들의 제거(36:1-15)

36:1-15의 중심 메시지는 이스라엘 땅을 위협하는 이방인과 에돔을 제거한 후에 이스라엘 땅을 회복시킬 것이라는 약속이다.[62] 이스라엘 땅이 회복되어 그곳에서 다시 사람과 짐승이 번성하고 하나님의 백성이 이스라엘 산들을 기업으로 얻을 때 이방 나라들은 이스라엘 땅을 더 이상 괴롭히지 못할 것이다(36:12-15).[63] 이 단락의 구조는 다음과 같다.

---

60 Allen, *Ezekiel 20-48*, 175.
61 Sweeney, *Reading Ezekiel*, 177.
62 Sweeney, *Reading Ezekiel*, 174.
63 한편 36장 전체의 구조는 다음과 같이 제시될 수 있다.
    A. 땅을 회복함(36:1-9)

A. 이방인과 에돔이 이스라엘 산들을 기업으로 삼았음(36:1-3)

  B. 이스라엘에 남아 있는 이방인과 에돔이 수치를 당하게 될 것
(36:4-7)

A′. 이스라엘 산들에 사람과 짐승이 거하게 될 것(36:8-12)

  B′. 이스라엘 산에서 백성이 나시는 이방인의 수치를 당하지 않을 것
(36:13-15)

36:1-7에서 하나님은 이스라엘 땅이 자신의 기업이 되었다고 자랑하는 대적자들을 향해 심판을 선고하신다. 이 심판을 통해 이스라엘을 노략하고 조롱했던 이방인과 에돔은 수치를 당할 것이다(36:7). 앞서 말한 대로 예루살렘 멸망 이후 에돔과 블레셋은 유다의 남쪽과 서쪽 지역을 장악하였다.[64] 따라서 미래의 회복 과정에서 이들은 큰 장애물이 아닐 수 없었다. 하지만 하나님은 이런 대적자들로부터 이스라엘 땅을 되찾을 것이다. 이런 점에서 36:1-7은 35장의 내용을 다시 반복하는 셈이다.

이방인과 에돔은 이스라엘 땅이 그들의 기업이 되었다고 자랑하며 이스라엘 백성을 비방하였다(36:1-3). 에돔과 이방 나라들의 비방은 35장에 나오는 에돔의 행태에서 알 수 있듯이 적개심, 질투, 분노, 미움에서 기인한 것이었다(35:5, 11; 36:2, "원수들이"). 그들은 적개심과 질투로 인하여 이스라

B. 사람을 번성케 함(36:10-15)
  C. 이스라엘의 짧은 역사(36:16-21): 여호와의 이름이 더럽혀짐
  C′. 새 언약을 통한 인간의 변형(36:22-32): 여호와의 이름이 거룩해짐
A′. 땅의 회복: 에덴동산과 같음(36:33-36)
  B′. 사람의 번성: 양떼 같음(36:37-38)

64 Blenkinsopp, *Ezekiel*, 163.

엘 백성을 노략하고 조롱함으로써 수치스럽게 했다(36:4, 6).

그 결과 하나님도 그들이 가졌던 것과 같은 질투와 분노로 그들을 벌할 것을 천명하신다(36:5-6). 다시 말해 질투와 분노를 쏟아부으며 이스라엘 땅을 차지하고 조롱하는 이방인과 에돔을 향해 하나님도 똑같이 질투로써 그들을 황폐케 하여 이스라엘이 당한 수치와 조롱을 그들 역시 맛보게 하실 것이라는 말씀이다. "너희 사방이 있는 이방인이 자신들의 수치를 반드시 당하리라"(36:7).

이때 이스라엘 땅에는 사람들이 번성하게 될 것이다(36:8-15). 36:11에서 "그들의 수가 많고 번성하게 할 것이라"고 한 말은 창세기에서 아담을 창조하시고 그에게 "생육하고 번성하라"고 하신 말씀을 연상시킨다(창 1:28). 이를 통해 미래의 회복된 백성은 새로운 아담으로서 하나님의 형상을 갖게 될 것이라는 암시를 준다. 이런 암시는 미래의 이스라엘이 에덴동산에서 살 것이라는 36:35의 진술에서 더욱 힘을 얻는다. 36:12은 미래에 회복된 백성이 이스라엘 산을 영원히 얻게 될 것이라고 말한다. 그리고 이로써 이방 나라들이 더 이상 이스라엘 산을 차지하지 못할 것임을 선포한다.

그러므로 종말에 회복된 백성이 이스라엘 산들을 잃는 일은 두 번 다시 없을 것이다(36:13-15).[65] 더욱이 이스라엘 땅은 거기에 거하는 사람을 삼키지도 않고 제거하지도 않을 것이다(36:14).[66] 땅이 사람을 삼키고 해한

---

65 36:13-15은 하나의 소단락으로서 36:1-15의 결론으로 기능하고 있다. Eichrodt, *Ezekiel*, 492.
66 땅이 삼킨다는 것은 민 13:32에 나오는 가나안 정탐꾼의 말과 연관되는 것처럼 보인다. 하지만 여기서는 그런 문맥으로 이해하기보다 땅이 사람을 대적한다는 말로 이해하는 것이 더 옳다. Taylor, *Ezekiel*, 224 참조.

다는 말은 창세기 3장에서 아담의 범죄 때문에 땅이 가시덤불과 엉겅퀴를 낸다는 말을 연상시킨다(창 3:18). 따라서 미래에 땅이 더 이상 사람을 대적하지 않는다는 말은 미래에 그 땅에 거하는 백성이 하나님께서 원래 계획하신 하나님의 형상대로 영원히 살게 될 것이라는 의미다.

이스라엘 산에 거하는 백성은 더 이상 여러 나라로부터 수치와 비방을 듣지 않게 될 것이다(36:15). 과거 이스라엘 산들은 우상의 온상이었기 때문에 백성이 수치를 당하였다(참조. 6장). 하지만 미래에 땅이 회복될 때 더 이상 그런 수치를 당하는 일은 없을 것이다. 미래에 메시아가 통치할 때는 더 이상 백성이 우상을 숭배하지 않고 온전히 하나님을 의지하면서 하나님의 임재 안에 거하는 삶이 될 것이다. 그렇다면 어떻게 한 순간에 우상숭배에서 떠나 하나님의 임재 안에 거하는 삶을 살 수 있는가? 이에 대한 해답이 다음 단락에 주어진다. 결론적으로 말하면 그것은 하나님이 부어주시는 새 영을 통해 가능하다(36:26, "새 영을 너희 속에 두고").

3) 새 언약을 통한 백성의 변형(36:16-37:28)

이 단락은 새 언약을 통해 백성이 어떻게 변형될 것인지에 대한 청사진을 제시한다. 미래에 백성은 새 영과 새 마음을 얻어 정결한 삶을 살고 더 이상 수치를 당하지 않을 것이다(36:30; 37:23). 이런 백성의 변형의 중심에는 메시아를 통해 체결되는 새 언약이 자리 잡고 있다(37:24-26). 구조로 보면 이 단락은 전반부인 36:16-38과 후반부인 37장으로 나뉜다. 그리고 후반부는 전반부의 내용을 반복하는 구조로 되어 있다. 이 단락의 수사적 구조는 다음과 같다.

A. 새 영을 주어 백성이 회복될 것(36:16-27)

  B. 새 언약 체결로 다시는 수치를 당하지 않을 것과 백성의 변형 (36:28-32)

  C. 백성이 하나님의 임재 장소인 에덴동산에 거함(36:33-38)

A′. 새 영을 주어 마른 뼈인 이스라엘이 회복됨(37:1-14)

  B′. 새 언약 체결로 수치를 당하지 않을 것과 백성의 변형(37:15-23)

  C′. 메시아의 통치로 하나님이 백성 가운데 영원히 거함(37:24-28)

(1) 변형된 백성이 에덴동산에 거하게 될 것(36:16-38)

36:16-38은 인간의 속성이 새롭게 변형되어 제2의 에덴동산인 하나님의 임재 장소에서 하나님과 교제의 기쁨을 나누며 거하게 될 것이라는 내용이다. 미래에 새 언약이 체결되면 우상숭배들이 사라질 것이다(20:8, 13, 21; 36:18).[67] 더 이상 우상을 숭배하지 않도록 하나님께서 새로운 영을 부어주실 것이기 때문이다. 그 결과 하나님과 새 언약을 맺은 백성은 수치를 당하지 않고 영원히 하나님의 임재 속에 거하게 될 것이다. 36:16-38은 다시 36:16-27, 36:28-32, 36:33-38로 세분화된다.

① 새 언약 백성에게 새 영과 새 마음이 주어질 것(36:16-27)

먼저 36:16-21은 이스라엘이 포로로 끌려간 상태를 짤막하게 기술한다. 남유다가 포로로 끌려가게 된 이유는 한 마디로 그들이 부정했기 때문이다

---

67 Rolf Rendtorff, *Canon and Theology: Overtures to an Old Testament Theology* (Edinburgh, UK: T&T Clark, 1993), 192-193.

(36:17). 에스겔은 제사장답게 남유다의 부정을 제의적으로 부정한 여인에 비유한다. "인자야, 이스라엘 족속이 그들의 고국 땅에 거주할 때에 그들의 행위로 그 땅을 더럽혔나니, 나 보기에 그 행위가 월경 중에 있는 여인의 부정함과 같았느니라"(36:17).[68]

남유다의 부정은 구체적으로 땅에서 피 흘린 것과 우상숭배로 수렴된다(36:18). 에스겔서의 문맥에서 피 흘림과 우상숭배는 하나님의 형상으로 살아야 할 백성이 하나님의 형상을 훼손했다는 의미다. 본문은 하나님의 형상에 걸맞은 삶을 살지 못한 남유다의 부정으로 인해 땅이 더럽혀졌음을 선명하게 드러낸다.

하나님은 월경하는 여자와 같이 부정한 유다 백성을 포로로 끌려가게 함으로써 그들로 하여금 더욱 더럽혀지게 하셨다(36:19). 백성이 행한 방식대로 징벌하시는 하나님의 모습을 확인해주는 대목이다. 하지만 여호와의 백성으로서 여호와의 거룩한 이름으로 불리는 이스라엘이 여러 나라에 포로로 끌려가게 되자 하나님의 거룩한 이름이 그곳에서 더럽혀졌다(36:20).

이는 여호와의 이름이 상징하는 하나님의 임재의 속성이 훼손되어 마치 하나님이 백성 가운데 임재할 수 없는 분인 것처럼 그분의 명성이 추락했다는 뜻이다. 따라서 하나님은 미래에 자신의 거룩한 이름을 유지하는 차원에서 포로지에 끌려간 그분의 백성을 인도하여 고국 땅으로 돌아오게 하고 그들과 함께 거할 것을 약속하신다(36:22-24). 미래의 새 언약 체결은 이런 배경에서 나온 것이다.

---

68 한편 Greenberg는 레 18:25-28에 근거하여 남유다의 심판이 음란한 백성들로 인하여 땅이 주민을 토해낸 결과라고 본다. Greenberg, *Ezekiel 21-37*, 727.

36:25-27은 고국 땅에 돌아온 하나님의 백성이 어떻게 변형될지를 다룬다. 하나님은 먼저 그들의 더러움을 제거하기 위해 그들을 맑은 물로 씻을 것이다(36:25). 월경 중에 있는 여인을 규례에 따라 물로 정결하게 씻듯이 하나님이 고국에 돌아온 백성을 물로 씻어 더러움을 걷어낼 것이다.[69] 구체적으로 그들의 더러움은 우상숭배를 통해 하나님의 형상을 훼손한 것이었다(36:25).

물로 정결하게 된 그들에게 하나님은 새 영과 새 마음을 주실 것이다(36:26-27). 여기서 새 영과 새 마음이 서로 평행을 이룸으로써 인간 안에서 영이 마음으로 작동함을 일깨워준다(11:19, "내가 그들에게 한 마음을 주고 그 속에 새 영을 주며"). 인간 안에 새 영이 들어올 때 그 영은 인간의 마음을 새롭게 하여 온전한 마음으로 하나님을 섬기도록 만들 것이다.

36:26에서 "굳은 마음"으로 번역된 히브리어는 "돌의 마음"으로서 에스겔서의 문맥에서 돌로 만든 우상을 연상시킨다. 그래서 우상을 숭배하면 마음이 우상의 재료인 돌처럼 되어 우상처럼 변한다는 신학적 의미를 전달한다(참조. 20:32).[70] 20:16에서 하나님은 "그들이 마음으로 우상을 따라 나의 규례를 업신여겼다"고 하셨다. 또한 그들이 마음속에 우상을 세웠다고 하셨다(14:4). 그래서 11:19은 미래에 "돌같은 마음"이 "살처럼 부드러운 마음"으로 변하게 될 것을 예고했다. 이런 진술을 종합해볼 때 확실히 "돌의 마음"은 우상을 섬기는 마음을 표현한 것임을 알 수 있다.

그러나 후일에 새 영과 새 마음이 주어질 때 우상을 섬기는 마음은 사

---

69 Sweeney, *Reading Ezekiel*, 180.
70 Kutsko, *Between Heaven and Earth*, 128.

라지게 될 것이다(36:25-27). 여기서 새 영은 종말에 부어지는 영으로서 이사야서에 의하면 새 언약 체결 시에 부어지는 성령을 가리킨다(사 59:21). 즉 성령을 통해 백성의 마음이 새롭게 될 것이라는 의미다. 결국 미래에 일어날 백성의 변형은 물로 정결하게 되고 성령에 의해 마음이 변화되면서 시작될 것이다. 이는 신약에서 물과 성령으로 백성을 거듭나게 하기 위해 오신 예수의 사역에서 성취되었다(요 3:3, 5, 10).[71]

　　새 영에 지배받는 새 마음을 가지고 우상을 떠나 하나님을 섬길 때 백성은 하나님의 율례인 하나님의 뜻을 수행하게 될 것이다(11:19; 18:31). 미래에 백성은 새로운 영과 새로운 마음을 가짐으로써 이기적 욕구에 지배받는 마음에서 탈피하게 될 것이다. 그리고 새로운 마음을 가지고 하나님의 사랑을 깨달아 그분의 뜻을 온전히 수행하게 될 것이다.

② 새 언약 체결로 다시는 수치를 당하지 않을 것과 백성의 변형(36:28-32)

새 영과 새 마음이 주어질 때 백성은 변형된 모습으로 땅에 거하며 그들은 여호와의 백성이 되고 여호와는 그들의 하나님이 될 것이다(36:28). 그들이 여호와의 백성이 되고 여호와가 그들의 하나님이 된다는 것은 언약 공식으로서 새 언약의 체결을 공식화하는 말이다. 그들이 여호와의 백성이 된다는 것은 여호와의 임재 안에 거하게 된다는 의미도 포함한다. 그리하여 본문은 새 언약이 체결되면 새 언약 백성이 하나님의 임재 안에 거하게 되어 하나님과 긴밀한 관계를 갖게 될 것이라는 사실을 일깨워준다.

　　새 언약이 체결될 때 백성은 더 이상 수치를 당하지 않을 것이다

71　Day, "Ezekiel and the Heart of Idolatry," 32.

(36:29-32). 하나님은 땅에 풍성한 수확을 허락하심으로써 다시는 새 언약 백성이 여러 나라로부터 기근의 수욕(חֶרְפָּה/헤르파)을 당하지 않게 하실 것이다(36:29-30). 과거 여러 나라의 침입으로 수확물을 약탈당하고 기근을 겪는 수치를 더 이상 당하지 않을 것이라는 말이다. 수치는 하나님과 맺은 언약의 파기로 인한 저주이기 때문에 이는 더 이상 언약이 파기되지 않을 것을 의미하는 말이기도 하다(5:15; 7:18; 16:52; 22:16).

새 영과 새 마음을 가진 백성은 자신들의 죄를 기억하고 그 죄를 밉게 여길 것이다(36:31; 20:43). 여기서 밉게 여긴다는 말은 혐오한다는 뜻이다 (קוּט/쿠트). 새 언약의 수혜자가 된 백성은 새 영과 새 마음을 통해 항상 죄를 깨닫고 죄를 지을 때마다 그것을 기억하고 혐오하기 때문에 율례를 행하는 자로 변화될 것을 보여준다.[72] 더욱이 새 언약 백성은 죄를 지을 때마다 새 영을 통해 죄를 기억하고 그것을 부끄럽게 여길 것이다(36:32). 이런 부끄러움으로 인해 백성은 점점 죄악에서 멀어지는 삶을 살게 될 것이다 (6:9-10; 16:61-63; 39:26-27; 참조. 43:10).

새 언약 백성에게 부어지는 새 영은 사람들에게 율법을 행하도록 강요하지 않는다. 하나님의 영인 새 영은 인격적이어서 백성이 스스로 죄를 기억하고 혐오와 부끄러움을 느끼게 함으로써 선한 방향으로 인도하신다. 그리하여 궁극적으로 하나님의 뜻을 이루어나가게 인도하신다.

한편 새 영이 백성의 마음에 수치심을 경험하게 할 때 이 수치는 개인적인 수치로서 하나님의 징벌로 내려지는 공적인 수치와 차별화된다.[73] 공

---

72 Schwartz, "Ezekiel's Dim View of Israel's Restoration," 63.

73 Jacqueline E. Lapsley, "Shame and Self-Knowledge: The Positive Role of Shame in Ezekiel's View of the Moral Self," in *The Book of Ezekiel: Theological and Anthropological Perspectives*, ed.

적인 수치는 여러 사람 앞에서 공개적으로 당하는 수치로서 이는 하나님이 징벌할 때 사용하시는 방식이다(34:29; 36:6, 7, 15, 30).[74] 반면 새 영(성령)이 백성의 마음속에 느끼게 하는 수치는 개인적 수치로서 그 목적은 죄를 회개하도록 하는 것이다.[75] 새 언약 안에서 역사하시는 성령은 인격적인 분이기 때문에 우리의 쇠를 모두 공개적으로 드러내 수치로 몰아가지 않으신다.

오늘날 우리의 죄를 모두 공개석상에서 공표함으로써 수치심을 느껴야 죄 사함을 받는다고 주장하는 이들이 있다. 물론 교회의 덕을 세우기 위해 자신의 죄를 간증 형식으로 공개하여 다른 교인이 그런 죄를 짓지 않도록 교훈해줄 수는 있다. 하지만 에스겔서는 성령이 우리 마음속에서 개인적인 수치를 느끼게 하여 죄에서 떠나게 하는 방식으로 역사하신다는 것을 보여준다. 그리고 공개적인 수치는 하나님이 징벌하실 때만 사용되는 방식임을 가르쳐준다.

이런 점에서 성도가 자신의 모든 죄를 사람들 앞에 낱낱이 드러내야 한다는 사고방식은 하나님의 말씀에 맞지 않다. 물론 자신의 죄 때문에 타인이 직접적인 피해를 입었다면 그에게 찾아가서 죄를 고백하는 것은 필요하다(약 5:16). 하지만 아무런 상관도 없는 사람에게 공개적으로 자신의 죄를 드러내어 수치심을 갖는 것은 성경의 가르침이 아니다. 새 언약 안에서 역사하시는 성령은 인격적인 분이기 때문이다.

Margaret S. Odell & John T. Strong (Atlanta, GA: SBL, 2000), 157-159.

74 Lapsley, "Shame and Self-Knowledge," 158.

75 Davis, *Swallowing the Scroll*, 115.

③ 백성이 에덴동산에서 살게 됨(36:33-38)

이 단락은 새 언약 아래서 땅이 변하고(36:33-36) 사람들이 번성하게 될 것을 알린다(36:37-38).[76] 백성이 물과 성령으로 거룩해질 때 황폐했던 땅이 회복되어 사람들이 거주하는 땅으로 변할 것이고 이 회복된 땅은 에덴동산과 같을 것이다(36:35). 에스겔서는 에덴동산 모티프를 자주 사용하는데 (28:11-19; 31:8, 9, 16, 18), 이런 맥락에서 이 단락도 회복된 땅을 에덴동산으로 표현하고 있는 것이다.

넓은 시각에서 36장은 창세기 1-3장의 창조 모티프와 밀접한 연관이 있다. 예를 들면 36:9-11은 하나님이 백성을 이스라엘 땅에 심어서 그들을 생육하고 번성케 할 것이라고 말씀함으로써 창세기 1장을 연상시킨다. 또한 36:34에 등장하는 "섬기다"라는 뜻의 "아바드"(עָבַד)는 창세기 2장에서도 나타나는 단어다(창 2:5, 15). 그리고 36:11에 나오는 "좋았다"라는 뜻의 "야타브"(יָטַב)는 창세기 1장에서 하나님께서 6일 동안 천지를 창조할 때 "좋았다"라고 하신 말과 동일하다. 더욱이 "처음"이라는 뜻의 "레쉬트"(רֵאשִׁית)라는 단어도 창세기 1:1과 에스겔 36:1에서 등장한다.[77]

36장의 문맥을 고려할 때 36:35에서 "에덴동산"에 대한 언급은 새 언약 백성이 창세기 1-3장의 아담처럼 하나님의 형상으로 재창조되어 하나님의 임재의 장소인 제2의 에덴동산에 거하게 될 것임을 깨닫게 해준다. 즉 미래에 새 언약 백성은 하나님의 형상으로 회복되어 하나님의 임재 안에 거하는 거룩한 백성이 될 것이라는 예고다.

---

76 Renz, *Rhetorical Function of the Book of Ezekiel*, 111.
77 Kutsko, *Between Heaven and Earth*, 131-132.

새 언약의 체결로 땅이 에덴동산으로 변할 때 그것을 본 주위의 남은 이방 사람이 여호와를 알게 될 것이다(36:36). 이스라엘 땅이 새 언약의 체결로 변형되는 것을 보고 이방인들도 새 언약 백성을 찾아와 여호와를 섬기게 될 것이라는 암시다. 이로써 본문은 새 언약의 은혜에 이스라엘뿐 아니라 이방인들도 참여하게 될 것을 암시해준다.

끝으로 36:37-38은 제2의 에덴동산인 가나안 땅에 거하는 사람들의 수효가 양떼같이 많아지게 될 것이라고 말한다. 황폐한 성읍들이 사람의 무리로 가득 채워질 것이다. 이때 새 언약 백성은 그런 자신들의 모습을 보고 하나님이 여호와인 줄 알게 될 것이다(36:38). 사람들을 번성케 하여 그들과 함께 거하시는 하나님을 깨닫게 될 것이라는 의미다.

(2) 메시아의 새 언약 체결로 인한 백성의 변형(37장)[78]

37장은 전반부(37:1-14)와 후반부(37:15-28)로 나뉜다.[79] 37:1-14은 새 언약의 효력으로 인해 하나님의 영이 임하여 마른 뼈인 백성이 살아날 것을 알린다. 반면 37:15-28은 새 언약을 통해 백성에게 일어나는 구체적인 변형을 소개한다. 새 언약을 통해 백성은 하나가 되고 메시아의 통치로 백성은 더 이상 우상으로 더럽혀지지 않을 것이다(37:15-23). 더욱이 본문은 새 언약은 영원한 언약이고 메시아는 영원히 백성을 다스릴 것이기 때문에 백성의 변형 역시 영원할 것을 강조한다(37:24-28). 특히 백성이 하나님이 거하는 성전으로 변형될 것을 암시하여 하나님께서 백성과 영원히 거하게 될

---

[78] 37장의 내용은 필자의 다음 논문을 많이 인용하였다. 김창대, "에스겔서에 나타난 하나님의 형상과 개혁주의생명신학", 「생명과말씀」 4(2011): 18-29.

[79] Renz, *Rhetorical Function of the Book of Ezekiel*, 113.

것을 가르쳐주고 있다(37:27-28). 결국 37장은 36장에 언급된 새 언약의 은혜들을 더욱 구체적으로 설명해주는 단락이라고 할 수 있다.

① 여호와의 영으로 인한 백성의 창조(37:1-14)

이 단락은 마른 뼈가 살아나는 환상 이야기(37:1-10)와 그 환상을 해석하는 내용(37:11-14)으로 나뉜다.[80] 37:1-14을 해석하는 열쇠는 마른 뼈에 대한 해석에 있다. 이 내용을 문자적으로 해석할 것인가? 아니면 단순히 바빌로니아 포로 공동체의 상황이 죽은 시체와 같은 것임을 보여주는 메타포로 볼 것인가? 결론적으로 37:11-14은 마른 뼈가 포로 공동체임을 보여주고 그들이 이스라엘 본토로 귀환할 것을 예인하는 내용이기 때문에 문자적 해석은 올바르지 않다.

필자는 37장의 마른 뼈를 에스겔 전체의 문맥에서 조명해야 한다고 생각한다. 37:1-14에 나타나는 죽음과 삶의 주제는 단순히 포로기 공동체의 정치적·경제적 상황만을 반영한 메타포는 아니다. "산다"라는 주제는 이미 18:5에서 등장했다.[81] 33:10에서 바빌로니아 포로 공동체는 바빌로니아에 의해 예루살렘이 멸망하자 에스겔의 심판 예언이 옳았음을 인정하고 자신들의 죄를 돌아보며 다음과 같이 고백했다.[82] "우리의 허물과 죄가 이미 우리에게 있어 우리로 그 가운데에서 쇠퇴하게 하니 어찌 능히 살리요?"[83] 이

---

80 Cooper, *Ezekiel*, 322.

81 율법을 행함으로써 살고 그렇지 않으면 죽는다는 주제는 에스겔서의 문학적 틀을 이룬다고 볼 수도 있다. 이 같은 주장에 관해 다음 글을 참조하라. Preston Sprinkle, "Law and Life: Leviticus 18.5 in the Literary Framework of Ezekiel," *JSOT* 31/3 (2007): 275-293.

82 Allen, *Ezekiel 20-48*, 145.

83 실제로 33장에는 "산다"라는 낱말이 매우 빈번하게 등장한다(10, 11, 12, 13, 15, 16, 19절).

대목에서 "산다"는 것은 하나님의 말씀대로 산다는 의미가 있음을 알 수 있다. 이처럼 에스겔서에서 "산다"라는 말은 하나님의 말씀대로 사는 것을 말하고, "죽는다"는 말은 하나님의 말씀대로 살지 못함으로써 죽게 된 상황을 가리킨다.

이런 관찰을 37장의 마른 뼈 환상에 내입해서 읽으면 어기 나오는 마른 뼈의 상황은 하나님의 말씀대로 살지 못해 죽음 앞에 놓인 상황을 은유적으로 표현한 것이다. 따라서 마른 뼈 환상은 바빌로니아 포로 공동체가 영적 죽음에 처한 현실을 보여준다. 이렇게 되면 현실과 메타포의 경계가 무너져 마른 뼈의 환상은 하나님 보시기에 말씀대로 살지 못하여 영적으로 죽어 있는 포로 공동체의 모습을 투영한 것이라고 이해할 수 있다.[84]

37:1-14에서 마른 뼈들이 하나님의 생기(영)로 살아나는 모습은 창세기 2:7에서 하나님이 자신의 호흡을 흙에 불어넣어 인간을 창조하는 모습을 연상시킨다.[85] 쿠츠코는 마른 뼈가 살아나는 장면이 메소포타미아 신학에서 포로로 끌고 온 신상들을 다시 돌려보낼 때 정결케 하는 장면과 유사하다고 지적한다.[86] 그에 의하면 바빌로니아에서 신상은 하나님의 형상(salam ililani)으로 이해되었다.[87] 따라서 쿠츠코는 에스겔 37장에서 마른 뼈가 살아나는 모습이, 바빌로니아 신학의 이미지와 창세기 신학을 혼합하여 포로지에서 귀환하는 이스라엘 백성을 하나님의 형상으로 정결케 하는 모습이라고 주장한다.[88]

---

84 Seitz, "Ezekiel 37:1-14," 54.

85 Blenkinsopp, *Ezekiel*, 173.

86 Kutsko, *Between Heaven and Earth*, 103-123.

87 Kutsko, *Between Heaven and Earth*, 54.

88 Kutsko, *Between Heaven and Earth*, 124.

그의 주장에 모두 동의할 수는 없지만 분명한 것은 37장의 마른 뼈 환상이 영적으로 죽어 있는 포로 공동체가 창세기 2장에서처럼 하나님의 영을 통해 그분의 형상으로 재창조되는 모습을 보여준다는 것이다. 이를 통해 새 언약 안에 들어온 백성은 하나님의 형상으로 거듭나게 된다는 신학을 가르쳐주고 있다. 37:1-14의 구조는 다음과 같다.[89]

> A. 여호와가 에스겔에게 허다한 마른 뼈를 보여줌(37:1-3)
>
>   B. 마른 뼈들이 일어났지만 그 안에 영이 없음(37:4-8)
>
>   B′. 영이 들어와서 군대가 일어남(37:9-10)
>
> A′. 여호와가 에스겔에게 회복된 뼈(백성)의 미래를 보여줌(37:11-14)

앞서 말한 대로, 37:1-3에서 마른 뼈의 모습은 바빌로니아 포로 공동체가 영적으로 죽어 있는 상태를 가리킨다. 이 대목에서 주목할 점은 37:1-14과 6:1-10이 서로 의미론적으로 유사하다는 것이다.[90] 양자의 의미론적 유사점을 도표로 표시하면 다음과 같다.[91]

---

89 Ernst R. Wendland, "'Can These Bones Live Again?': A Rhetoric of the Gospel in Ezekiel 33-37, Part II," *Andrew University Seminary Studies* 39 (2001): 263.

90 Kutsko, *Between Heaven and Earth*, 134.

91 김창대, "에스겔서 나타난 하나님의 형상과 개혁주의생명신학", 24.

6:1-10	37:1-14
골짜기(גַּיְא)(3절)	골짜기(בִּקְעָה)(1절)
우상처럼 살육당한(חָלָל) 시체(4-5a)	살육당한 시체(הֲרוּגִים) (9절)[92]
해골(עֶצֶם)(5b)	뼈들(עֲצָמוֹת)(1절)
열방에 흩어짐(8절)	이스라엘 땅으로 귀환(12절)
여호와를 알게 될 것이다(10절)	여호와를 알게 될 것이다(14절)

6:1-10에서 살육당한 시체와 해골은 우상을 섬긴 결과였다. 그래서 에스겔은 6장에서 이스라엘 백성이 이스라엘 산과 골짜기에서 우상을 섬겼기 때문에 파괴된 우상 옆에 그들의 시체가 엎드러지게 될 것이라고 예언했다. 이 예언은 백성이 우상을 섬길 때 하나님이 그들을 우상처럼 취급하고 우상과 같이 벌하신다는 교훈을 준다.

이런 6:1-10의 말씀을 37장에 대입하여 읽으면 37:1-3에서 골짜기 가운데 놓여 있는 마른 뼈들은 우상숭배로 인해 파괴되어 우상처럼 죽어 있는 바빌로니아 포로 공동체의 영적 모습을 상징한다고 볼 수 있다. 앞서 에스겔서는 바빌로니아 포로 공동체가 하나님보다 우상을 더 섬기려 하고 있음을 분명히 지적했다(14:1-4). 그러므로 37장의 마른 뼈 환상은 우상을 섬겼기 때문에 우상처럼 생명 없는 존재로 변화된 포로 공동체의 자화상으로 볼 수 있다.

하나님은 에스겔에게 마른 뼈를 상대로 말씀을 대언하게 하여 거기에 힘줄과 살과 가죽이 붙게 하신다(37:4-8). 에스겔에게 말씀을 대언하게 하

---

92 Levison, "The Promise of the Spirit of Life in the Book of Ezekiel," 255. 여기서 Levison은 포로기의 바빌로니아 공동체가 신 28:25-26에 근거한 언약의 저주 아래에서 살육된 시체가 된 것으로 묘사되고 있다고 주장한다.

셨다는 진술은 백성이 하나님의 형상으로 변형되기 위해서는 하나님의 말씀이 중요함을 일깨워준다(37:7).[93] 결국 말씀을 대언하게 하는 것에는 미래의 회복이 전적으로 하나님의 말씀에 의해서만 이루어질 것을 보여주는 동시에 바빌로니아 포로 공동체에게 예언자의 말씀에 회개로 반응할 것을 촉구하는 의미도 있다.[94]

37:8은 마른 뼈에 대해 "그곳에 생기가 없다"라고 말하는데 이 표현은 우상을 묘사할 때 자주 사용되는 문구다(렘 10:15; 합 2:19).[95] 그리하여 우상 숭배로 인해 영적으로 죽은 바빌로니아 포로 공동체가 우상과 다름없이 생기 없는 존재로 변했음을 다시 확인해주고 있다. 이 구절에서 "생기"에 해당하는 히브리어는 "영"이라는 뜻의 "루아흐"(רוּחַ)이다. 이 영은 37:14에서 여호와의 영이라고 지칭되기 때문에 하나님의 영인 성령을 가리킨다는 것을 알 수 있다. 그러므로 마른 뼈에 생기가 없다는 것은 하나님의 영이 부재함을 보여준다.

이후 힘줄과 살과 가죽이 붙은 마른 뼈에 생기가 들어가자 그것이 살아나서 군대를 이루었다(37:9-10). 37장은 앞의 36:16-38과 밀접한 연관이 있는데 특히 36:26-27은 직접적으로 하나님의 새 영이 미래에 그분의 백성 속에 거하게 될 것이라고 말한다.[96] 이런 관점에서 볼 때 37:9-10에서 마른 뼈 안에 생기가 들어가서 살아났다는 말은 백성 안에 하나님의 성령이 들어가서 백성을 영적으로 살아 있는 존재로 변형시킨다는 의미임을 알 수 있다.

93　Renz, *Rhetorical Function of the Book of Ezekiel*, 116.

94　Renz, *Rhetorical Function of the Book of Ezekiel*, 117.

95　Kutsko, *Between Heaven and Earth*, 136.

96　Odell, *Ezekiel*, 451.

이어 37:11-14은 구체적으로 마른 뼈 환상을 해석한다. 37:11에서 바빌로니아 포로 공동체는 "우리의 뼈들이 말랐고 우리의 소망이 없어졌으니 우리는 다 멸절되었다"라고 토로한다. 어떤 학자는 이 진술을 포로 공동체가 그들이 처한 상황을 냉소적으로 표현한 것이라고 주장한다.[97] 하지만 그보다는 자신들이 죄로 인해 영적으로 죽은 상황을 있는 그대로 표현한 말로 보는 것이 더 옳다.

죄로 인해 절망에 빠진 포로 공동체에게 하나님은 자신의 영을 그들속에 두어 살아나게 한 후 고국으로 돌아오게 할 것을 약속하신다(37:14). 하나님의 영을 통해 더 이상 죄를 짓지 않는 백성으로 변형시켜 고국으로 돌아오게 하신다는 말씀이다.[98] 예루살렘이 멸망할 때 유다는 하나님 보시기에 악했다. 그래서 하나님은 그들의 "마음에서 일어나는 것"을 아신다고 말하며 심판을 내리셨다(11:5). 이 구절의 "마음"에 해당하는 히브리어는 "루아흐"로서 영을 가리킨다. 그리하여 유다가 악한 이유가 마음으로 기능하는 영이 제대로 작동하지 못하고 불결하여 죄에 물들어 있었기 때문임을 가르쳐준다.

이런 맥락에서 37:14은 하나님의 영이 들어가 그들의 불결한 영이 제거될 것이라고 말한다. 이때 하나님의 영인 성령이 들어간 백성의 마음은 새로운 마음이 되어 더 이상 악하지 않을 것이다. 결국 마른 뼈와 같은 포로 공동체에게 성령이 부어지는 것은 새 언약에서 누리는 축복이다. 그러므로 37:1-14의 마른 뼈 환상 이야기는 고국으로 돌아오기 전 포로 공동체

---

97 Schwartz, "Ezekiel's Dim View of Israel's Restoration," 59.
98 Blenkinsopp, *Ezekiel*, 168.

의 변형을 이야기하는 것이기도 하지만, 결과적으로 새 언약의 은혜로 제2
의 에덴동산에서 백성이 성령을 받아 변화될 것을 증언해주는 말씀이라고
도 할 수 있다.

한편 37:1-14에서 마른 뼈의 부활을 종말의 부활로 해석하는 경우가
있다. 하지만 그런 해석은 기원후 2세기 중반 이후의 기독교 전통에서 나온
것이며 그 전에는 그렇게 해석하지 않았다. 기원후 2세기 중반에 예수 그리
스도의 인성을 부인하는 가현설이 등장하면서 이에 대항하기 위해 에스겔
37장을 종말에 있을 육체의 부활로 해석하려는 시도가 시작된 것이다.[99]

하지만 앞서 설명한 대로 37:1-14은 육체의 부활이 아닌 이스라엘의
회복에 초점을 맞춘 내용이다.[100] 그러므로 마른 뼈 환상을 부활에 맞춰 해
석하는 것은 잘못이다. 그럼에도 필자는 그것이 어느 정도 미래에 있을 성
도의 부활에 대한 이미지를 제공한다는 것은 굳이 부인할 필요가 없다고
생각한다(욥 7:9-10, 21; 14:7-12; 단 12:2-3).

② 새 언약 체결로 수치를 당하지 않을 것과 백성의 변형(37:15-23)

이 단락은 하나님의 형상으로 회복된 백성이 구체적으로 어떻게 정치적·
영적으로 변형되는지를 설명한다.[101] 여기서는 북이스라엘과 남유다가 하

---

99 Johannes Tromp, "'Can These Bones Live?': Ezekiel 37:1-14 and Eschatological Resurrection,"
in *The Book of Ezekiel and Its Influence*, ed. Henk Jan de Jonge and Johannes Tromp (Burlington,
VT: Ashgate, 2007), 61-76.

100 Blenkinsopp, *Ezekiel*, 173.

101 T. John Wright, "The Concept of *Ruach* in Ezekiel 37," in *Seeing Signals, Reading Signs: The Art
of Exegesis*, ed. Mark A. O'Brien and Howard N. Wallace (New York: T&T Clark International
2004), 148.

나 되어 통일 국가가 탄생할 것이고 통일 이스라엘에 한 왕이 나타나 다스릴 것이며 백성은 우상으로 자신들을 더럽히지 않을 것임을 강조한다. 이를 확증하기 위해 언약 공식을 언급하여(37:23) 새 언약을 통해 이스라엘이 정치적·영적으로 회복될 것임을 밝힌다. 이로써 회복된 백성의 정치적·영적 변형이 새 언약을 통해 이루어질 것임을 각인시키고 있다.

먼저 37:15-21은 두 개의 막대기가 하나가 되듯이 북이스라엘과 남유다가 돌아와서 하나의 통일 왕국이 될 것을 예언한다.[102] 북이스라엘과 남유다가 하나 된다는 것은 이스라엘의 분열 왕국이라는 수치가 청산된다는 의미도 있다. 따라서 미래에는 더 이상 하나님의 백성인 이스라엘이 수치를 당하지 않을 것임을 시사해준다.[103]

여기서 막대기로 번역된 히브리어 단어는 "에츠"(עֵץ)다(16, 17, 19, 20절). 이 단어는 우상과 관련해서 사용되는 단어이므로(호 4:12; 10:6; 렘 6:6), 회복되기 전 북이스라엘과 남유다가 부정했던 이유가 우상숭배 때문이라는 암시를 주고 있다.[104] 하지만 우상숭배로 부정했던 두 막대기가 하나가 될 것이다. 그리하여 미래에 통일된 이스라엘은 우상을 배격하고 하나님을 온전히 섬기게 될 것이다(37:23).

미래에 북이스라엘과 남유다가 하나가 된다는 것은 백성의 마음이 하나가 된다는 의미도 있다. 11:19에서 하나님은 "내가 그들에게 한 마음을 주고 그 속에 새 영을 주며"라고 말씀하셨다. 그러므로 미래에 북이스라엘과 남유다가 돌아와서 하나가 된다는 것은 백성이 하나님이 부어주시는 성

---

102 Kutsko, *Between Heaven and Earth*, 140 참조.
103 Schwartz, "Ezekiel's Dim View of Israel's Restoration," 61.
104 Kutsko, *Between Heaven and Earth*, 140.

령을 통해 서로 한 마음을 가지고 하나님의 임재 안에 거하게 될 것이라는 의미를 내포한다. 이런 통찰은 오늘날 새 언약 백성인 성도에게 분열하지 않고 서로 하나가 되어 하나님의 임재의 축복을 누리도록 힘써야 한다는 교훈을 준다.

미래에 하나가 된 나라에서는 메시아인 왕(מֶלֶךְ/멜레크)이 통치할 것이다(37:22, 24). 에스겔서에서 이스라엘의 왕은 주로 군주를 뜻하는 "나시"로 표현되었고 34장도 미래의 메시아를 "나시"로 묘사한다(34:24). 그리고 왕을 뜻하는 "멜레크"는 이스라엘의 진정한 왕이신 하나님을 위한 호칭으로 쓰였다. 이런 점에서 37:22이 미래에 나타날 메시아를 "멜레크"로 부르는 것은 의외다. 그런네 결국 이는 메시아가 신적인 존재라는 암시다. 신석 존재인 메시아가 다스릴 것이기 때문에 회복된 이스라엘은 다시는 두 나라로 나뉘지 않을 것이다(37:22). 그리하여 메시아가 다스리는 백성은 분열되거나 포로로 끌려가는 일이 없을 것임을 일깨워주고 있다.

또한 메시아의 통치를 받는 백성은 다시는 우상으로 자신을 더럽히지 않을 것이다(37:23). 더 이상 죄를 짓지 않을 것이라는 뜻이다. 본문은 이런 변화가 어떻게 일어나는지를 말하지 않지만 문맥을 고려할 때 새 언약 체결로 부어지는 성령을 통해 그런 변화가 일어날 것임을 알 수 있다.

37:23의 후반부는 미래의 회복과 변화가 언약 체결로 인해 공고해질 것임을 확인해준다. 즉 "그들은 내 백성이 되고 나는 그들의 하나님이 되리라"라는 언약 공식을 사용하여 미래의 회복이 새 언약을 통한 은혜로 이루어질 것임을 드러내주고 있다. 결국 37:15-23은 새 언약의 체결로 백성이 더 이상 분열로 인한 수치를 당하지 않을 것이며 메시아의 통치로 우상에서 벗어나게 될 것임을 알려 새 언약의 축복을 더욱 도드라지게 하고 있다.

③ 메시아의 통치와 하나님의 임재(37:24-28)

먼저 37:24-25은 미래에 영원히 다스리는 메시아로 인해 백성이 하나님의 율례를 지키며 그 땅에 영원히 거하게 될 것이라고 말한다. 백성이 하나님의 영에 의해 하나님의 형상으로 변화될 때 나타나는 반응은 하나님의 말씀대로 사는 삶이다. 이런 맥락에서 에스겔서는 율례를 행하는 삶을 여러 곳에서 강조했다(5장; 11장; 18장; 20장; 33장).[105] 특히 18:5-9과 22:6-12의 말씀은 십계명을 연상시킨다. 결국 37:24은 새 언약의 수혜자로서 하나님의 형상으로 변화된 백성이 말씀에 순종하는 자가 되어야 함을 교훈함으로써 말씀을 향한 순종이 하나님의 형상의 본질임을 가르쳐준다.

이때 메시아의 영원한 통치로 백성은 영원히 땅에 거하게 될 것이다 (37:25). 백성이 영원히 거주한다는 것은 백성이 하나님의 율례를 영원히 지킨다는 것을 전제로 한다. 그렇다면 백성이 어떻게 하나님의 율례를 영원히 지킬 수 있는가? 본문은 이 물음에 메시아가 그들의 영원한 왕이 될 것이기 때문에 가능하다고 대답한다. 이로써 새 언약 백성인 성도는 계속해서 메시아의 통치를 받으며 메시아의 인도를 받는 자라는 통찰을 주고 있다.

끝으로 37:26-28은 영원한 새 언약의 체결로 인해 하나님이 백성 가운데 영원히 거하게 될 것을 말한다. 하나님은 영원한 새 언약을 통해 백성 가운데 처소를 두고 영원히 그들과 함께 거하실 것이라는 설명이다. 먼저 37:26은 새 언약을 화평의 언약, 영원한 언약으로 칭함으로써 새 언약을 통해 하나님과 백성이 화평하게 될 것임을 천명한다.[106]

---

105 Sprinkle, "Law and Life," 279.
106 새 언약이 신약에서 성취되는 문제에 관해서는 여러 갈래의 의견이 있다. 첫째, 교회가 곧 이스라엘로서 구약의 새 언약의 전적인 수혜자라는 주장이다. 둘째, 교회와 이스라엘을 전혀 다

37:27은 하나님의 처소(מִשְׁכָּן/미쉬칸)가 미래의 회복된 백성 가운데 영원히 세워질 것이라고 말한다. 이 구절을 히브리어 본문으로 읽으면 다음과 같다.

"나의 장막이 그들 위에 있을 것이다"(וְהָיָה מִשְׁכָּנִי עֲלֵיהֶם).

이 구절에서 개역개정판 한글 성경이 "처소"로 번역한 히브리어는 "장막"을 뜻하는 "미쉬칸"이다. 장막은 출애굽 시에 광야에서 하나님이 거하신 성막으로서, 가나안 땅에서 만들어진 성전(מִקְדָּשׁ/미크다쉬)보다 하나님이 백성과 더욱 진밀한 관계를 나눈 곳이다.[107] 하나님 편에서 백성과 긴밀한 교제를 나누었던 곳이 유복한 가나안 땅이 아니라 광야의 척박한 땅이었다는 사실은 아이러니하다. 그러나 광야살이를 하던 백성은 오로지 하나님의 인도만 바라야 했기 때문에 그런 환경에서 하나님이 백성과 더 긴밀한 관계를 누렸던 것으로 이해할 수 있다.

그러므로 37:27에서 하나님이 성전보다 장막(성막)을 뜻하는 "미쉬칸"을 세운다고 말한 것은 미래에 하나님이 백성과 더욱 깊은 관계를 맺게 될 것을 시사한다. 실제로 신약은 "미쉬칸"과 연관된 "쉐키나"와 같은 어근의

른 것으로 보고 구약에 언급된 새 언약은 나중에 이스라엘에게 적용된다는 견해다. 이 견해에 의하면 신약의 교회가 누리는 새 언약은 구약의 새 언약과는 다르다. 셋째, 이미(already)와 아직(not yet)의 구도 속에서, 교회가 이미 구약의 새 언약의 축복을 누리고 있지만 아직 완전한 것은 아니고 궁극적으로는 미래에 이스라엘을 통해 온전히 성취된다는 주장이다. 이 마지막 입장이 진보적 세대주의(progressive dispensationalism)의 입장이다. 개혁주의 입장은 첫 번째 견해를 지지한다.

107 Blenkinsopp, *Ezekiel*, 177.

동사를 사용하여 예수 그리스도가 백성 가운데 거하기 위해 오셨음을 증거하고 있다(요 1:14).[108]

한편 37:27에서 개역개정판 한글 성경이 "내 처소(장막)가 그들 가운데 있을 것"라고 번역한 부분에서 "그들 가운데"라는 표현은 오역이다. 이 표현에 헤당히는 히브리어 원문은 "그들 위에"다. 즉, 미래에 하나님의 장막이 백성들 위에 있을 것이라는 말이다. 일반적으로 하나님의 장막은 백성들 사이에 있었다. 하지만 미래에는 하나님의 장막이 "그들 위에"에 있음으로써 하나님의 처소가 모든 백성이 접근할 수 있는 곳으로 확장된다는 뉘앙스를 준다.[109] 그리고 이는 모든 백성이 하나님의 성전이 될 것임을 암시한다.

실제로 에스겔 40-42장에 언급된 종말의 성전을 보면 성전 안에 언약궤나 향단이나 촛대가 없이 거의 비어 있다. 그래서 성전은 그곳을 왕래하는 인간이라는 인상을 준다. 이를 통해 에스겔서는 새 언약 백성이 곧 성전이라는 종말론적 그림을 제시하고 있다.[110]

이런 에스겔서의 신학과 부합하여 신약의 바울은 고린도후서 6:16에서 에스겔 37:27을 인용하며 신약의 성도들이 곧 하나님의 성전이라고 말했다.[111] 바울은 구체적으로 고린도후서 6:16에서 에스겔 37:27을 인용하면서 믿는 자와 믿지 않는 자를 성전과 우상에 비유하고 성도를 하나님의

Blenkinsopp, *Ezekiel*, 177.

Elizabeth R. Hayes, "The Influence of Ezekiel 37 on 2 Corinthians 6:14-7:1," in *The Book of Ezekiel and Its Influence*, ed. Henk Jan de Jonge and Johannes Tromp (Burlington, VT: Ashgate, 2007), 134.

이에 관해서는 나중에 자세히 다룰 것이다.

Hayes, "The Influence of Ezekiel 37 on 2 Corinthians 6:14-7:1," 123-135.

성전으로 지칭했다.[112] 결국 이런 바울의 진술은 에스겔 37:27에서 "하나님이 그들 위에" 있다는 말이 성전으로 변형되는 백성의 출현을 예고하는 말임을 더욱 깨닫게 해준다.

미래에 이스라엘이 회복될 때 하나님은 백성을 자신이 임재하는 성전으로 만들어 영원히 그들과 교제하실 것이다. 그리고 계속적으로 임재하여 그들과 교제를 누리기 위해 하나님은 이스라엘을 끊임없이 거룩하게 하실 것이다(37:28, "내가 이스라엘을 거룩하게 하는 여호와인 줄을 열국이 알리라"). 이 대목에서 백성의 거룩은 하나님의 임재 안에 거하기 위함이라는 사실을 다시 확인할 수 있다.

정리하면 37:24-28은 새 언약 체결로 인해 새 영과 새 마음을 가신 백성이 땅에 영원히 거하고 메시아의 영원한 통치로써 하나님의 율례를 영원히 지키게 될 것을 알린다. 이때 하나님은 백성을 그분이 거하시는 성전으로 변형시켜 그들 위에 영원히 거하시게 될 것을 예고한다. 이로써 새 언약의 축복은 일시적인 것이 아니라 영원한 것임을 일깨워준다. 결과적으로 이 본문은 새 언약의 최종 목적이 하나님의 임재 안에 거하는 백성을 만드는 데 있음을 교훈하여 오늘날 새 언약의 수혜를 누리는 성도들에게 하나님의 임재 안에 거하는 삶이 얼마나 중요한지를 다시 한번 상기시켜주고 있다.

---

112 Hayes, "The Influence of Ezekiel 37 on 2 Corinthians 6:14-7:1," 139.

④ 에스겔 37장과 에베소서[113]

바울은 종말의 성령이 새로운 생명을 가져다준다는 사실을 누구보다도 강조한 사도였다.[114] 이를 위해 바울은 종말의 성령을 언급한 에스겔 37장을 인유하고 있다. 구체적으로 바울의 에베소서 2장은 종말의 성령을 다루는 에스겔 37장의 패턴에 따라 전개되고 있다.[115] 그 패턴은 다음과 같다.[116]

에스겔 37장	에베소서 2장
마른 뼈처럼 죽은 이스라엘(1-2절)	죄로 죽은 이방인들(1, 5절)
이스라엘을 살림(5-10절)	은혜로 그리스도와 함께 살림(5절)
무덤에서 이스라엘을 일으킴(12-13절)	그리스도와 함께 무덤에서 일어남(6절)
약속의 땅으로 인도(12-13절)	예수 안에서 하늘에 앉힘(6절)
하나님을 알게 함(13-14절)	은혜의 풍성함을 알게 함(7절)
유다와 이스라엘이 하나가 됨(16-17절)	유대인과 이방인이 하나가 됨(14-18절)
율례대로 행함(24절)	하나님의 길로 행함(10절)
화평의 언약(26절)	화평이신 예수 그리스도(14절)
성소가 영원토록 있음(27-28절)	성령 안에서 성전이 됨(19-22절)

이 패턴을 살펴보면 에베소서 2장에서 바울은 에스겔 37장에 근거하여 종말에 우리가 성령을 통해 생명을 얻고 하나님의 형상인 새 사람이 되어 성전이 되어간다는 사실을 교훈하고 있다. 바울은 에스겔 37:27-28에서 언급된 성전 개념을 에베소서 2:19-22에서 성령 안에서 지음 받는 성도들에게 적용하여 성도가 성전이라는 사상을 제시하고 있는 것이다.

더욱이 에베소서 2장에서 바울은 에스겔 37장의 마른 뼈가 하나님의

---

113 이 부분의 내용은 필자의 논문을 많이 인용하였다. 김창대, "에스겔서에 나타난 하나님의 형상과 개혁주의생명신학", 32-34.

114 Levison, "The Promise of the Spirit of Life in the Book of Ezekiel," 247.

115 Robert H. Suh, "The Use of Ezekiel 37 in Ephesians 2," *JETS* 50/4 (2007): 715-733 참조.

116 여기 나오는 패턴은 필자가 Suh의 패턴을 약간 수정·보완한 것이다.

형상으로 창조된다는 개념을 그리스도 안에서 새 사람으로 창조된다는 개념으로 심화시키고 있다. 바울에게 "새 사람"은 "하나님 형상"의 또 다른 표현이다(엡 4:23-24; 골 3:10; 참조. 롬 6:4). 그리고 새 사람은 성령 안에 있는 사람이다(엡 4:18, 22).

결국 바울은 에스겔 37장에서 마른 뼈가 생기를 받아 하나님의 형상으로 변형되는 모습을 성령으로 옛 사람이 새 사람으로 변화되는 것으로 묘사했다. 나아가서 바울은 이런 새 사람을 성전과 동일시했다. 이런 사상은 바울이 신약에서 새롭게 주장한 것이 아니라 에스겔서의 신학에 근거한 것이다. 여기서 성경의 통일성을 발견할 수 있다.

3.
땅의 안전: 종말에 곡과의 전쟁에서 승리(38-39장)

이 단락은 새 언약의 체결로써 회복된 백성에게 마곡 땅의 왕인 곡의 침입처럼 열국이 침략할지라도 백성은 하나님의 보호를 받아 안전할 것임을 보여준다(38:2). 과거 북이스라엘은 아시리아의 침략으로 멸망했고 남유다도 멸망하여 바빌로니아에 포로로 잡혀가게 되었다. 이런 상황에서 38-39장은 미래에 새 언약이 체결되면 백성은 결코 포로로 잡혀가는 일이 없을 것임을 알린다. 보호자이신 하나님이 새 언약 백성을 보호하실 것이기 때문이다.[117]

따라서 에스겔 38-39장의 목적은 곡으로 대변되는 열국에 대한 최종 심판을 통해 하나님의 백성이 안전하게 거하게 될 것을 교훈하는 데 있다.[118] 그러므로 곡의 침입 이야기는 문자적으로 상세히 예언해주는 말은 아니다.

미가서는 미래에 새 언약 백성이 아시리아가 침입해도 안전할 것이라고 말한다(미 5:6). 그런데 새 언약이 체결될 즈음에 아시리아는 이미 망한 상태이기 때문에 다시 아시리아를 언급한다는 것은 논리적으로 맞지 않는

---

117 Daniel I. Block, *Beyond the River Chebar: Studies in Kingship and Eschatology in the Book of Ezekiel* (Eugene, OR: Cascade Books, 2013), 100.
118 D. Brent Sandy and Martin C. Abegg, Jr., "Apocalyptic," in *Cracking Old Testament Codes: A Guide to Interpreting the Literary Genres of the Old Testament*, ed. D. Brent Sandy and Ronald L. Giese, Jr. (Nashville, TN: Broadman & Holman, 1995), 190.

다. 결국 여기서 아시리아는 문자적 의미의 아시리아가 아닌 상징적 표현으로서, 아시리아와 같은 대적자가 올지라도 백성이 안전함을 강조하기 위해 사용된 말이다. 같은 맥락에서 에스겔 38-39장에 묘사된 곡의 침입도 새 언약 백성이 안전하다는 것을 드러내기 위한 메타포로 이해해야 한다.

그렇다고 곡의 침입 이야기가 성도의 삶과 아무런 관련이 없는 전쟁 이야기라는 뜻은 아니다. 성경에서 상징적인 이야기는 어느 정도 실재를 반영하는 면을 가지고 있다.[119] 따라서 에스겔 38장의 곡의 침입 이야기는 하나님 나라가 완성되기 전에 일어날 영적 환난을 예표하는 기능도 어느 정도 있다. 나중에 자세히 설명하겠지만 실제로 요한계시록은 에스겔 38장의 곡의 침입과 관련된 용어들을 인용하여 종말에 하나님 나라가 완성되기 전에 일어날 영적 환난을 설명하고 있다(계 16:16; 19:17, 21; 20:8). 따라서 에스겔 38-38장의 곡의 침입 이야기는 메타포이면서 종말에 일어날 영적 전쟁의 이미지를 전달하고 있다.

한편 38-39장에서 "여호와인 줄을 그들이 알 것이다"라는 공식이 일곱 번 등장한다(38:16, 23; 39:6, 7, 22, 23, 28).[120] 여호와라는 이름은 자기 백성 가운데 임재하길 원하시는 하나님의 속성을 보여준다. 따라서 이 표현은 이스라엘에 침입한 곡 군대의 패배가 새 언약 체결 후 회복된 백성에게 하나님이 임재하신다는 사실을 알리는 계기가 될 것임을 보여준다. 구성을 보면 에스겔 38-39장은 프롤로그(38:1-2b), 본론(38:2-39:24), 에필로그(39:25-29)로 이루어져 있다.[121]

---

119 G. B. Caird, *The Language and Imagery of the Bible* (London: Duckworth, 2002) 참조.
120 Block, *Beyond the River Chebar*, 105.
121 Block, *Ezekiel Chapters 25-48*, 431-432. 본론 부분은 다음과 같은 패널 구조로 되어 있다.

1) 곡의 침입과 패배(38장)

이 단락은 마곡 땅의 왕인 곡이 여러 나라의 군대와 연합하여 이스라엘 땅을 침입하지만 패배한다는 내용이다. 여기서 곡의 침입은 새 언약 체결 이후 먼 미래에 이루어질 사건으로 제시된다(38:8, 18; 39:11). 그리하여 곡의 침입이 종말에 새 언약 백성을 위협하는 세력임을 드러내고 있다. 이제 에스겔 38장의 구조를 살펴보자.

> A. 곡이 군대를 모아 침략하려 함(38:1-9)
>   B. 곡이 침략하려는 동기: 약탈하기 위함(38:10-13)
>   B′. 하나님이 곡의 침략을 허용하는 동기: 거룩함을 드러내기 위함
>   (38:14-16)
> A′. 침략하는 곡의 군대를 심판하여 물리침(38:17-23)

먼저 38:2-9은 마곡 땅의 왕인 곡이 새 언약 백성인 이스라엘을 침략하기 위해 여러 나라로부터 군대를 모집하는 장면이다. 38:2에서 개역개정판 한글 성경이 "마곡 땅에 있는 로스"라고 번역한 부분은 사실 애매한 번역이

패널 A: 곡의 패배(38:2c-23)	패널 B: 곡의 처리(39:1-24)
프레임 1: 곡이 군대를 모음(2c-9절)	프레임 1: 곡의 죽음(1-8절)
프레임 2: 곡의 동기(10-13절)	프레임 2: 곡의 전리품(9-10절)
프레임 3: 곡의 침략(14-16절)	프레임 3: 곡의 매장(11-16절)
프레임 4: 곡에 대한 심판(17-22절)	프레임 4: 곡을 먹고 마심(17-20절)
해석적 결론(23절)	해석적 결론(21-24절)

다. 여기서 "마곡"은 지명일 수도 있고 민족을 가리킬 수도 있다.[122] 요한계시록 20:8은 사탄인 용이 "곡과 마곡을 미혹하여"라고 말함으로써 마곡이 민족(백성)의 이름이라는 인상을 준다. 필자가 보기에 에스겔 38:2에서 마곡 땅은 마곡이라는 백성이 사는 땅으로 보는 것이 최선인 듯하다. 이 구절에서 로스는 머리라는 뜻으로서 왕을 의미한다. 그리하여 곡이 마곡 백성의 왕임을 보여준다.

38:2에서 "로스와 메섹과 두발 왕"에 해당하는 히브리어 원문은 "메섹과 두발의 최고 군주"라는 뜻이다. 어떤 이는 로스와 메섹을 각각 러시아와 모스크바를 가리킨다고 주장하기도 하지만 이는 본문을 잘못 이해한 것이다. "최고의 군주"에 해당하는 히브리어 표현은 "나시 로스"이다. 이로써 곡은 마곡 땅을 포함해서 메섹과 두발의 최고 군주로 묘사되고 있다. 곡에게 왕이라는 뜻의 "멜레크"가 아닌 "군주"를 뜻하는 "나시"라는 호칭이 붙은 모습에서 지상의 군주인 그가 진정한 왕이신 하나님의 뜻을 수행해야 했음에도 오히려 하나님을 대적하고 새 언약의 백성을 침략했다는 암시를 준다.

에스겔서에서 메섹과 두발은 지중해에서 두로와 거래하는 나라로 등장한다(27:13). 메섹과 두발은 창세기에서 야벳의 아들들로 나오기 때문에 (창 10:2) 이들의 왕인 곡은 소아시아 비셈족 계통의 왕이라는 인상을 준다.[123] 하지만 곡의 이름은 상징적 의미를 갖는다는 것이 더 설득력 있다.[124]

---

122 Rieuwerd Buitenwerf, "The Gog and Magog Tradition in Revelation 20:8," in *The Book of Ezekiel and Its Influence*, ed. Henk Jan de Jonge and Johannes Tromp (Leiden, The Netherlands: Ashgate, 2007), 165.

123 Sweeney, *Reading Isaiah*, 186, 188.

124 Block, *Beyond the River Chebar*, 103.

아마도 바빌로니아에 거했던 에스겔이 바빌로니아를 직접적으로 언급할
수는 없었기 때문에 곡이라는 이름으로 바빌로니아를 지칭했다고 볼 수 있
다.[125]

따라서 곡의 침입 이야기는 미래에 바빌로니아 같은 군대가 새 언약
백성을 공격할 때 비록 과거에는 성공했지만 미래에는 결코 성공할 수 없
음을 보여주는 것으로 이해할 수 있다. 곡이 바빌로니아를 가리킨다는 주
장은 곡의 침입이 북쪽 끝에서 온다는 묘사에서 지지를 얻는다(38:6, 15). 이
는 예레미야서에서 바빌로니아를 북방의 적으로 묘사한 것과 매우 흡사하
다(렘 4-6장).[126]

38:3-7은 마곡 땅에 메섹과 두발의 왕인 곡이 바사(페르시아), 구스(에
티오피아), 붓(리비아), 고멜(키메리안), 그리고 북쪽 끝의 도갈마 족속(아르메니
아)을 모으는 장면이다.[127] 곡이 이스라엘을 침입하기 위해 군대를 모으는
행동은 하나님의 작정에서 비롯된 것이다. 하나님은 곡에 대해 "갈고리로
네 아가리를 꿰고…네 온 군대를 끌어낼 것이다"라고 말씀하심으로써(38:4)
그의 침입이 하나님의 계획에서 비롯된 것임을 분명히 한다. 갈고리로 아
가리를 꿰어 끌어낸다는 말은 이집트에 대한 심판에서 파라오에게 내렸던
말씀이기도 하다(29:4). 그러므로 파라오가 무질서인 죄의 세력을 대표했듯
이 곡도 무질서인 죄의 세력임을 내비치고 있다.

곡이 이스라엘 땅에서 평안히 거하는 새 언약 백성을 침입하는 것은
"여러 날 후 곧 말년에" 일어날 일이다(38:8-9). 곡의 침입이 새 언약 체결

---

125 Odell, *Ezekiel*, 468.
126 Sweeney, *Reading Isaiah*, 188.
127 Sweeney, *Reading Isaiah*, 188.

이후 어느 정도 시간이 지난 다음에 발생할 것이라는 뜻이다. 에스겔서의 문맥을 고려하여 읽으면 곡의 침입은 예수 그리스도의 초림으로 새 언약이 체결된 후(37장) 그의 재림 전에 발생할 영적 환난을 예표하는 것이기도 하다.

　　에스겔서에 나타나는 곡의 침입이 어떤 시기에 발생하는지에 대한 학자들의 의견은 분분하다.[128] 세대주의자들은 에스겔 36장의 예언을 예수 그리스도의 재림 이후 임할 천년왕국 때의 이스라엘을 위한 예언이라고 주장한다. 그래서 36:24은 종말에 만방에 흩어진 이스라엘이 바빌로니아뿐 아니라 여러 다른 나라에서도 올 것이라고 말한다. 그리고 38장에 나오는 곡과의 전두는 천년왕국 후에 하나님 나라가 완성되기 전에 일어날 전쟁이라고 주장한다. 하지만 38장 이전에 37:28은 미래의 언약을 통해 하나님의 성소가 영원토록 있어 "열국이 여호와를 알게 된다"고 했다. 따라서 천년왕국 이후에 다시 열국이 하나님의 백성을 침략한다는 세대주의자들의 주장은 논리적으로 맞지 않는다.

　　필자가 보기에 38장의 곡의 침입은 37장에서 새 언약 체결로 시작된 그리스도의 초림과 재림 사이에 일어나는 사건으로 보는 것이 옳다. 이런 점에서 에스겔서는 그리스도의 재림 이후에 천년왕국이 온다는 전천년설보다 그리스도의 초림과 재림 사이의 기간이 천년왕국 기간이며 재림 이후에는 하나님의 나라가 완성된다는 무천년설을 지지한다.[129]

---

128 Dumbrell, *The Search for Order*, 105.
129 종말에 일어날 천년왕국과 관련해서 세 가지 이론이 있다. 전천년설(premillennialism), 무천년설(amillennialism), 그리고 후천년설(postmillennialism)이다. 전천년설은 그리스도의 초림과 재림 이후에 천년왕국이 오고 그다음에 하나님 나라가 완성된다는 이론이다. 반면 무천년설은 그리스도의 초림과 재림 사이를 천년왕국 기간으로 보아 사실상 천년왕국을 상징으로

38:10-13은 곡이 새 언약 백성을 침략하는 동기를 다룬다. 그 동기는 평안히 거하는 이스라엘 백성에게서 물건과 짐승과 재물을 노략하기 위함이다(38:12). 과거 이스라엘은 이방인의 노략거리가 되었다(36:4). 그러므로 곡의 침입은 과거 이스라엘을 괴롭혔던 이방인들의 침략의 연장선상에 있다. 하지만 미래에 새 언약 백성을 침략하는 곡은 성공을 거둘 수 없을 것이다. 새 언약 백성은 이전의 백성과 달리 하나님에 의해 물과 성령으로 정결케 된 자들이기 때문에 더 이상 이방인의 수치를 당하지 않을 것이다(36:25-26).

여기서 주목할 부분은 새 언약 백성이 세상 중앙에서 "염려 없이" "평안히" 거주하는 백성으로 묘사되고 있다는 점이다(38:11-12). 세상 중앙이라는 표현에는 이스라엘이 거하는 땅이 세상의 중심으로서 에덴동산이라는 신학적 함의가 있다. 또한 "염려 없이"에 해당하는 히브리어는 "하쉬케트"(הַשְׁקֵט)이고 "평안히"에 해당하는 히브리어는 "베타흐"(בֶּטַח)이다. 이사야서는 이 두 단어를 사용하여 종말에 하나님의 백성이 평안한 마음으로 안전하게 거할 것을 표현했다(사 32:17).[130]

이런 맥락에서 에스겔 38:11-12도 위의 단어를 사용하여 새 언약 백성이 하나님의 임재 안에서 마음의 평안과 안전과 보호를 누리고 있음을 제시하고 있다.[131] 새 언약의 체결 이전에 백성은 요란한 우상숭배를 행하여 요란한 심판을 받았다(5:7; 23:42). 하지만 미래에 새 언약 백성은 하나님

이해한다. 그리고 그리스도의 재림이 오면 바로 하나님 나라가 완성된다고 주장한다. 후천년설은 그리스도의 재림 전에 천년왕국이 임한다는 이론이다.

130 김창대, 『이사야서의 해석과 신학: 시온이 공의와 의로 빛나게 하라』(서울: CLC, 2019), 258.
131 Odell, *Ezekiel*, 472.

을 향한 신뢰 속에서 더 이상 요란하게 우상을 섬기지 않고 마음의 평안과 안전을 누리게 될 것이다.

38:14-16은 우상에서 벗어나 평안과 안전을 누리는 새 언약 백성을 곡이 침략하는 내용이다. 곡이 침입할 때 하나님은 그분의 거룩함을 드러내어 그들을 물리치실 것이고 그런 거룩함을 이방 사람들이 보고 하나님을 알게 될 것이다. 에스겔서에서 거룩은 하나님의 임재와 밀접하게 연결된 개념이다. 그러므로 본문은 이방 사람들이 새 언약 백성 가운데 하나님이 임재하심을 알게 될 것이라는 사실을 보여준다.

끝으로 쳐들어오는 곡의 군대를 하나님이 어떻게 심판하실지가 나타난다(38:17 23). 먼저 곡의 침략은 옛날에 이스라엘 에인자들을 통해 이미 예언된 것이다(38:17).[132] 물론 구약은 직접적으로 곡의 침략을 예언하지는 않았다. 하지만 미가서에서 미가는 메시아를 통해 새 언약이 체결될 때 아시리아로 상징되는 열국이 새 언약 백성을 침공할 것을 예언했다(미 5:6). 이사야도 아시리아로 상징되는 열국이 종말에 시온의 백성을 위협할 것이지만 하나님이 그들을 심판하고 시온을 회복하실 것을 예언했다(사 30:18-33; 31:4-9). 같은 맥락에서 스가랴도 종말에 회복된 시온에 열국의 침략을 예고해주었다(슥 14:1-4).[133] 따라서 에스겔서는 이런 예언들을 고려하여 곡의 침략은 과거에 예언자들이 이미 예언한 것이라고 말하고 있다.

곡이 침략할 때 하나님은 이스라엘 땅에 지진을 일으키고 전염병, 피,

---

132 한편 Block은 38:17의 의문문이 긍정의 답을 기대한 질문이 아니라, 이전에 예언자들이 이스라엘을 치기 위해 하나님의 도구로 예언했던 나라가 곡이 맞는지 단순히 묻는 말이라고 주장한다. 이렇게 되면 곡은 이전 예언자들이 하나님의 심판 도구로 예언했던 바빌로니아와 같은 나라가 아니라는 뜻이 된다. Block, *Beyond the River Chebar*, 141-142.

133 김창대, 『한 권으로 꿰뚫는 소예언서』(서울: IVP, 2013), 373.

폭우, 우박, 불과 유황으로 그들을 멸하실 것이다(38:19-22). 여기서 언급되는 지진, 전염병, 피, 폭우, 우박 등은 이집트 재앙을 연상시킨다. 이런 연상을 통해 새 언약 백성을 위협하는 곡이 이집트와 비교되고 있다. 에스겔 29-32장의 이집트에 대한 심판은 이집트를 무질서라는 죄의 세력으로 그린다(29:3, "타닌"). 그러므로 곡이 이집트와 비교된다는 깃은 곡이 종말에 등장하는 죄의 세력이라는 통찰을 준다.

2) 곡의 처리(39장)

이 단락은 곡이 패배한 후 그에 따른 후속 처리를 다루는 내용이다. 본문은 패배한 곡의 무기를 태우는 데 7년이 소요되고(39:9) 뼈들을 찾는 데 7개월이 걸리며(39:12) 각종 새와 들짐승이 군대의 시체들을 먹고 배부를 것이라고 말한다(39:17-20). 이런 표현들은 매우 과장된 것으로서 곡의 침입에 대한 예언이 문자적 예언이 아니라 상징적인 것이라는 주장에 힘을 실어준다. 그래서 곡의 침입은 우선적으로 새 언약 백성에 대해 곡과 같은 악한 세력의 위협이 있다고 할지라도 두려워할 필요가 없음을 교훈하기 위한 메타포임을 확인시켜준다.

앞서 말한 대로 곡의 침략 이야기는 하나님 나라가 완성되기 전 곡의 침공과 같은 영적 전쟁이 있을 것을 예표하는 이미지도 담고 있다. 그리하여 흥미롭게도 요한계시록은 에스겔 39장에 언급된 곡의 군대 이미지들을 차용하여 최후 심판 전에 일어날 일들을 소개한다(겔 39:4, 11, 17; 계 16:16; 19:17, 21; 20:8). 이 점은 나중에 따로 자세히 논의할 것이다. 이제 에스겔 39장의 구조를 살펴보자.

A. 곡의 군대가 패배하여 새들이 시체를 먹을 것(39:1-8)

  B. 곡 군대의 무기와 전리품 처리: 7년 동안 무기 태움(39:9-10)

  B′. 곡 군대의 시체 처리: 7개월 동안 하몬곡에 매장(39:11-16)

A′. 곡 군대의 시체를 새와 짐승이 먹을 것(39:17-20)

결론. 곡 심판의 의미 제시(39:21-29)

먼저 39:1-8은 곡의 군대가 패배하여 이스라엘 산에 엎드러지고 심지어 곡의 본거지인 마곡 땅이 불로 멸망하게 될 것을 예언한다. 새 언약 백성인 이스라엘을 침략하는 곡의 군대는 이스라엘 산에 엎드러질 것이다(39:4). 여기서 "엎드러지다"에 해당하는 히브리어는 "나팔"로서 우상이 파괴되어 넘어지는 모습을 연상시키는 표현이다(6:4). 그리하여 죽임을 당하는 곡의 군대가 우상처럼 파괴될 것이라는 의미를 전달하고 있다.

    39:4은 곡의 군대의 시체를 새들이 먹을 것이라고 말한다(39:17-21). 시체를 새들이 먹는다는 말은 요한계시록에서 짐승의 군대의 시체를 새들이 먹을 것이라는 진술에서 다시 사용된다(계 19:17-21).[134] 요한계시록에서 짐승의 군대는 예수 그리스도의 재림 직전에 나타나는 군대다. 결국 39:4은 요한계시록 19장에 언급된 짐승의 군대가 곡의 군대라는 암시를 주어 요한계시록 20장에서 명시적으로 나타나는 곡의 군대가 사실상 짐승의 군대임을 알게 해준다.

    전천년설을 주장하는 이들은 요한계시록 20장의 곡의 군대가 그리스

---

134 Beate Kowalski, "Transformation of Ezekiel in John's Revelation," in *Transforming Visions: Transformations of Text, Tradition, and Theology in Ezekiel*, ed. William A. Tooman and Michael A. Lyons (Eugene, OR: Pickwick Publications, 2010), 295.

도의 재림으로 천년왕국이 세워지고 그 천년왕국이 끝날 때 나타나는 군대라고 말한다(계 20:2, 7-8). 하지만 요한계시록 19-20장을 에스겔 39장과 비교해서 읽으면 요한계시록 20장의 곡 군대는 그리스도의 재림 전에 나타나는 짐승의 군대로 드러나기 때문에 곡 군대의 출현을 그리스도의 재림 이후로 생각하는 것은 잘못이다. 그러므로 전천년주의자들의 말처럼 그리스도의 재림 이후에 천년왕국이 이루어지고 그 이후에 곡 군대의 침입이 있다는 주장은 수정되어야 한다.

곡의 군대가 패배할 때 그들의 시체가 이스라엘 산에 엎드러지고 그들의 본거지인 마곡 땅과 해안 지역(섬들)은 불로 파괴될 것이다(39:6). 그래서 본거지에서 "평안히 거주하는 자들"이 죽게 될 것이다. 곡의 군대가 평안히 살아가는 새 언약 백성을 침입하였기 때문에 그들의 본거지에서 "평안히" 거하는 자들이 멸망할 것이라는 아이러니다(38:11).[135]

곡 군대의 패배를 통해 새 언약 백성과 다른 민족들은 여호와라는 거룩한 이름을 알게 될 것이다(39:7-8). 어떤 이는 여기서 "여호와의 거룩함"은 여호와가 세상의 제국들을 지배하는 분임을 보여주는 표현이라고 주장한다.[136] 하지만 앞서 말한 대로 에스겔서에서 여호와의 이름은 자기 백성 가운데 임재하시는 하나님의 거룩한 속성을 표현하는 말이다. 따라서 곡의 패배로 인해 새 언약 백성과 열국이 여호와의 거룩한 이름을 안다는 것은 백성을 거룩하게 하고 그들 가운데 거하시는 하나님의 거룩한 임재를 어떤 세력도 훼손할 수 없다는 것을 알게 된다는 뜻이다. 이는 거꾸로 새 언약

---

135 Block, *Beyond the River Chebar*, 117.
136 Odell, *Ezekiel*, 474.

백성이 하나님의 보호를 받기 위해서는 끊임없이 거룩한 삶을 통해 하나님의 임재 안에 들어가야 한다는 교훈을 준다.

39:9-10은 곡 군대의 패배로 그들의 무기와 전리품을 처리하는 장면이다. 곡의 군대는 수가 많았기 때문에 그들의 무기로 불을 피우는 데 일곱 해가 걸릴 것이다(39:9). 그러므로 새 언약 백성은 집에서 불을 피우기 위해 따로 산에서 나무를 벌목할 필요가 없을 것이다(39:10a). 또한 새 언약 백성은 약탈하러 온 곡 군대의 전리품을 약탈하게 되어 곡 군대와 새 언약 백성의 운명이 역전될 것이다(39:10b). 이 대목에서 곡의 군대가 그들이 행한 대로 심판을 받는다는 것을 볼 수 있다(38:12-13).[137]

39:11-16은 곡 군대의 죽은 시체들을 매장하는 장면이다.[138] 39:11을 개역개정판 한글 성경은 곡 군대의 시체들이 "바다 동쪽 사람이 통행하는 골짜기"에 매장될 것이라고 번역했다. 하지만 원문에 충실하게 번역하면 "바다의 동쪽에 위치한 사람들이 지나가는 골짜기"이다. 여기서 바다는 사해 바다가 아니라 지중해 바다이고 골짜기는 평야 지역을 가리킨다.

따라서 곡 군대의 시체들이 매장되는 장소는 지중해 동쪽에 위치한 사람이 쉽게 다니는 평야 지역임을 알 수 있다. 이 지역은 므깃도의 동쪽과 벳산의 서쪽에 위치한 이스르엘 평야 지역이다.[139]

---

137 Block, *Beyond the River Chebar*, 117.
138 39:11-16의 구조는 다음과 같다.
    A. 곡 군대의 시체를 하몬곡 골짜기에 매장(39:11)
     B. 7개월 동안 시체를 매장하고 그 땅을 정결케 함(39:12)
      C. 시체를 매장한 모든 백성이 이름을 얻음(39:13)
     B′. 7개월 동안 시체를 매장한 후 남아 있는 것을 살피게 될 것(39:14)
    A′. 남아 있는 뼈들을 하몬곡 골짜기에 매장함(39:15-16)
139 Sweeney, *Reading Isaiah*, 191.

요한계시록은 그리스도의 재림 전에 아마겟돈에서 열왕들이 침입하여 성도들이 환난을 당하게 될 것을 예언한다(계 16:15-16). 아마겟돈은 하르 므깃도를 그리스어로 음역한 것이기 때문에 열왕의 침입이 므깃도에서 일어날 것이라는 예고다. 에스겔 39장은 곡의 군대가 매장되는 곳이 므깃도가 위치한 이스르엘 골짜기라고 말했다. 그러므로 이를 근거로 하어 요한계시록 16장에 언급된 아마겟돈에서 침입하는 열왕의 군대는 곡의 군대임을 알 수 있다.

하나님은 매장지가 되는 골짜기를 "하몬곡"이라고 명명할 것이라고 말씀하신다(39:11). "하몬곡"에 해당하는 히브리어의 뜻은 "곡의 요란함"(גוֹג הֲמוֹן)이다. 에스겔서는 "요란함"을 뜻하는 "하몬"을 사용하여 예루살렘의 유다가 우상숭배로 요란하게 행동한 것을 책망한 바 있다(5:7). 더욱이 정치적으로 하나님보다 이방 나라를 더 의지하고 그들을 신뢰하며 떠드는 모습을 "하몬"으로 표현했다(23:40-42). 이런 점에서 39:11이 곡 군대의 매장지를 "하몬"이라고 말하는 것은 곡의 군대도 하나님을 대적하는 우상숭배자였음을 암시한다. 이로써 우상숭배로 요란함을 떤 곡의 군대가 "하몬곡", 즉 요란함의 골짜기에 매장된다는 아이러니를 보여준다.

이는 거꾸로 미래의 새 언약 백성은 "하몬"이 의미하는 우상숭배에서 떠나 하나님의 임재 안에 온전히 거하는 백성이라는 통찰을 준다.[140] 따라서 오늘날 새 언약 백성인 성도는 항상 우상숭배를 경계하고 거룩을 지키는 가운데 자신이 하나님의 임재 안에서 거하는 자라는 생각을 한시라도 놓쳐서는 안 될 것이다.

---

140 Block, *Beyond the River Chebar*, 120.

곡 군대의 시체들이 일곱 달 동안 매장되면 새 언약 백성들은 이름을 얻고 하나님의 영광이 나타나게 될 것이다(39:12-13). 일곱 달 동안 매장한다는 것은 그 땅을 정결케 하기 위함이다(39:12). 이때 시체를 매장한 백성은 하나님의 이름을 얻게 될 것이다. 여기서 본문은 백성이 얻는 이름이 무엇인지 구체적으로 말하지 않는다. 하지만 에스겔서의 문맥을 고려할 때 여호와의 이름이 붙여진 여호와의 백성으로 불리게 될 것이라는 의미로 이해할 수 있다. 즉 그들이 "백성 가운데 임재하기를 원하시는 분"이라는 뜻을 가진 여호와의 이름에 걸맞게 하나님의 임재 안에 거하기 때문에 여호와의 백성이라는 이름을 갖게 된다는 뜻이다. 이때 여호와의 이름으로 불리는 백성에게 하나님의 영광이 나타닐 것이다(39:13). 이를 통해 성도의 영광은 하나님의 임재 안에 거하는 삶이라는 것을 확인할 수 있다.

일곱 달 동안 매장한 후에도 남아 있는 뼈가 있는지 살핀 후 사람들은 그 뼈들을 하몬곡 골짜기에 매장할 것이다(39:14-16). 지나가다가 뼈를 발견하면 거기에 푯말을 세울 것이다(39:15). 여기서 푯말에 해당하는 히브리어는 "치윤"(צִיּוּן)으로서 시온이라는 발음과 유사하다.[141] 에스겔서는 시온이라는 말을 전혀 사용하지 않는다. 그 이유는 아마도 시온이 원래 우상을 숭배했던 여부스족의 산성을 가리키는 말이었기 때문이라고 풀이된다.[142] 이런 맥락에서 곡 군대의 남은 뼈 옆에 시온과 발음이 비슷한 "치윤"을 놓는다는 것은 우상숭배라는 시온의 어두운 이미지를 간접적으로 암시하는 것으로 볼 수 있다.

---

141 Odell, *Ezekiel*, 475.
142 Block, *Beyond the River Chebar*, 2.

곡 군대의 시체들이 매장되는 성읍 이름은 "하모나"가 될 것이다 (39:16). "하모나"는 "하몬"의 여성형 명사로서 "요란함의 성읍"이라는 뜻이다.[143] 결국 곡의 군대가 매장되는 곳은 "하몬곡 골짜기"(요란함의 골짜기)에 있는 "하모나"(요란함의 성읍)이다. 그들이 요란스럽게 우상숭배를 했기 때문에 요란한 곳에서 매장된다는 것을 교훈해주는 대목이다. 여기서 사람들이 행한 대로 갚는 하나님의 심판 방식을 다시 확인할 수 있다.

39:17-20은 곡 군대의 살과 피를 각종 새와 짐승들이 먹고 마시는 내용이다. 에스겔서는 새와 짐승들이 곡 군대의 시체를 먹고 마시는 것을 잔치에 비유한다(39:17, 19). 잔치로 번역된 히브리어 "제바흐"(זֶבַח)는 화목제를 가리키는 용어다. 화목제의 경우 제사하는 사람들도 하나님과 교제하며 희생제물을 먹을 수 있었다. 이런 사실을 고려할 때 새와 짐승들이 곡 군대의 시체를 먹는 모습은 화목제를 드리며 하나님과 교제의 기쁨을 나누는 모습을 상징한다.[144] 이런 점에서 새와 짐승들의 화목제 잔치는 종말에 있을 잔치를 가리키는 것으로 이해할 수 있다(계 19:9, 17-18).[145] 이를 더 확장하면 곡의 군대를 물리치고 잔치를 여는 모습은 하나님 나라가 완성될 때 성도들이 누리는 혼인 잔치에 대한 예표라고 말할 수 있다.

39:21-24은 결론적으로 곡의 침입과 패배를 해석하는 부분이다. 하나님은 곡의 군대를 심판함으로써 여러 민족에게 자신의 권능을 드러내실 것이다(39:21). 그리하여 이스라엘과 이방 나라들은 이스라엘이 포로로 잡혀간 것이 하나님이 무능해서가 아니라 그들의 죄악 때문임을 알게 될 것이다

---

143 구약에서 성읍의 이름은 여성형으로 표현된다.

144 Sweeny, *Reading Ezekiel*, 192.

145 Blenkinsopp, *Ezekiel*, 189.

(39:22-23). 이스라엘이 포로로 끌려간 것은 그들이 하나님께 대해 얼굴을 가리고 몰래 우상을 섬겼기 때문이다. 따라서 하나님도 그들을 향해 얼굴을 가려 그들이 포로로 끌려가게 되었음을 일깨워준다(39:24). 이는 하나님의 임재 안에 있었다면 포로의 수치를 당하지 않았을 것이라는 뜻이기도 하다.

끝으로 39:25-29은 에필로그로서 내용상 39:21-24과 평행을 이룬다.[146] 여기서 하나님은 다시 현실로 돌아와서 바빌로니아 포로 공동체를 반드시 회복하실 것이라고 약속하신다. 초두에 "지금"을 뜻하는 히브리어 "베아타"(וְעַתָּה)를 사용하여 곡의 침입과 심판을 예언한 후 다시 현실로 돌아오고 있는 것이다.[147] 하나님은 바빌로니아 포로 공동체를 다시 고국으로 돌아오게 할 때 그분의 영을 부어주실 것이다(39:29). 그리하여 다시는 백성이 죄를 지어 포로로 끌려가는 일이 없도록 하실 것이다. 이 단락의 구조는 다음과 같다.

A. 하나님의 거룩한 이름을 위해 포로 공동체가 고국에 돌아오게 될 것(39:25)

B. 포로 공동체가 돌아와서 자신의 죄를 부끄러워하게 될 것(39:26)

A′. 포로 공동체가 돌아올 때 하나님의 거룩함이 나타나게 될 것(39:27-28)

---

146 Block, *Ezekiel Chapters 25-48*, 479.

	39:21-24	39:25-29
A	여호와의 행동(39:21a)	여호와의 행동(39:25)
B	그 행동의 대상자들의 반응(39:21b)	그 행동의 대상자들의 반응(39:26-27)
B′	포로 공동체의 새로운 인식(39:22-23a)	포로 공동체의 새로운 인식(39:28)
A′	여호와의 얼굴을 가림(39:23b-24)	여호와의 얼굴을 가림(39:29)

147 Block, *Beyond the River Chebar*, 123.

B′. 하나님이 얼굴을 가리지 않고 영을 포로 공동체에 쏟아부어주실
것(39:29)

포로 공동체가 다시 고국으로 돌아올 수 있는 근거는 하나님의 거룩한 이
름 때문이다(39:25). 결국 백성 가운데 임재하기를 원하시는 하나님의 속성
때문에 돌아오게 된다는 것이다. 한편 돌아온 포로 공동체가 다시 죄를 지
으면 또다시 포로로 끌려가 하나님의 임재에서 벗어날 가능성이 있다. 이
런 문제를 해결하기 위해 하나님은 그들이 돌아와 자신의 죄를 부끄럽게
여길 것이라고 말씀하신다(39:26). 36장은 새 언약 체결로 인해 새 언약 백
성이 자신들의 죄를 기억하고 부끄러워할 것이라고 했다(36:25-32). 이런
맥락을 고려할 때 39:26에서 포로 공동체가 돌아와서 죄를 부끄러워한다는
말은 하나님이 그들과 새 언약을 맺을 것이라는 사실을 전제하고 있다. 즉
백성이 새 언약의 은혜로 죄를 부끄럽게 여기고 죄에서 멀어지기 때문에
하나님의 임재에서 벗어나지 않는다는 것이다.

포로들이 귀환할 때 많은 민족이 하나님의 거룩한 임재를 알게 되고
포로에서 돌아온 이스라엘은 여호와가 자기들의 하나님인 줄을 알게 될 것
이다(39:27-29). 여기서 여호와가 자기들의 하나님인 줄을 안다는 말은 언
약적 표현으로서 백성이 하나님과의 새 언약 관계 안에 들어와서 하나님과
임재의 교제를 나눈다는 것을 의미한다.

이런 임재의 교제를 지속하기 위해 하나님은 자기 얼굴을 포로 공동체
에게 가리지 않고 그분의 영을 그들에게 부어주실 것이다(39:29). 여기서 영

을 부어주신다는 말에는 새 언약을 인준하고 봉한다는 의미도 있다.[148] 결국 이 구절을 통해 하나님은 새 언약을 맺고 백성에게 새 영을 부어주셔서 돌아온 백성이 죄에서 떠나 다시는 포로로 잡혀가지 않게 하실 것임을 알 수 있다. 나아가서 곡과 같은 외부의 침입이 있더라도 새 영을 가진 백성은 두려워할 필요가 없음을 확신할 수 있다.

3) 에스겔서의 곡의 군대와 요한계시록의 짐승의 군대

많은 학자가 동의하는 것처럼 요한계시록은 구약의 예언서 중 에스겔서에서 가장 많은 영향을 받은 책이다.[149] 그렇다고 요한계시록이 에스겔서의 패턴을 그대로 따르는 것은 아니다. 요한계시록은 나름의 독특한 구조 속에서 에스겔서에 등장하는 주제와 이미지들을 새롭게 인용하거나 인유하고 있다.[150] 에스겔서의 순서와 요한계시록의 순서는 다음과 같다.[151]

에스겔서	요한계시록
1장: 보좌의 생물들과 하나님의 형상	1장, 4장: 보좌에 계신 예수 그리스도
2장 8절-3장 3절: 두루마리	5장, 10장: 두루마리
9-10장: 이마에 표시를 하고 불을 흩음	7-8장: 이마에 인을 침
16장, 23장: 음녀	17장: 음녀인 바빌로니아
26-27장: 무역하는 두로의 멸망	18장: 무역하는 바빌로니아의 멸망
37-39장: 새 언약과 곡과의 전투	19-20장: 곡과의 전투
40-48장: 새 성전	21-22장: 새 예루살렘

---

148 Block, *Ezekiel Chapters 25-48*, 488.
149 Kowalski, "Transformation of Ezekiel in John's Revelation," 279.
150 Boxall, "Exile, Prophet, Visionary: Ezekiel's Influence on the Book of Revelation," 162.
151 Moyise, *The Old Testament in the Book of Revelation*, 74. 여기서는 그의 도표를 약간 변형했다.

예수 그리스도의 재림 이후에 천년왕국이 온다고 주장하는 전천년주의자들은 에스겔 38-39장에 언급된 곡과의 전쟁을 그리스도의 재림 이후 천년왕국이 세워진 다음에 일어나는 전쟁으로 이해한다. 그들은 그 근거로 요한계시록 20:7-10을 제시한다.[152] "천년이 차매 사탄이 그 옥에서 놓여 나와서 땅의 사방 백성 곧 곡과 마곡을 미혹하고 모아 싸움을 붙이리니"(계 20:7-8). 하지만 요한계시록에서 숫자는 상징성을 지니고 있기 때문에 천년이라는 숫자를 문자적으로 해석하는 것에 신중을 기할 필요가 있다. 게다가 천년이라는 말이 성경에 딱 한 번밖에 나오지 않음을 고려할 때 천년이라는 기간에 이스라엘이 회복되어 메시아가 통치한다는 신학적 도식은 무리가 있어 보인다.

더욱이 요한계시록은 예수 그리스도의 재림을 기다리는 자들을 위해 주어진 책이다(계 22:20). 이런 목적을 생각할 때 예수 그리스도가 재림하면 바로 하나님 나라가 완성된다고 보는 것이 더 옳다. 예수 그리스도의 재림 이후에 천년왕국이 세워지고 천년왕국 이후에 다시 사탄의 세력이 등장한다는 생각은 전체적인 요한계시록의 목적에 비춰볼 때 어색한 느낌을 지울 수 없다.

에스겔 38-39장에 나타나는 곡의 침입은 미래에 새 언약으로 회복된 이스라엘이 더 이상 외부의 침략으로 무너지지 않을 것을 보여주는 이야기다. 다시 말해 예수 그리스도의 초림부터 시작해서 재림 전까지의 기간 동안 새 언약의 수혜자인 백성이 더 이상 포로로 잡혀가는 수모를 당하지 않을 것을 강조하기 위한 메타포다. 이 메타포는 회복된 땅에서 이스라엘

---

152 Cooper, *Ezekiel*, 336 참조.

의 존재가 영원할 것이라는 37:25-28의 진술을 확증해주는 기능을 한다.[153] 따라서 곡과의 전쟁은 여호와의 거룩함과 이스라엘의 안전을 강조하는 이야기다(38:16, 23; 39:7, 21).

이와 동시에 에스겔 38-39장의 곡의 침입은 그리스도의 초림과 재림 사이에 곡의 침입과 같은 영적 세력의 위협이 있을 것을 예표해주는 이미지도 담고 있다. 결국 에스겔서가 그리는 곡의 침입은 그리스도의 재림 전에 일어날 일을 묘사하여 그리스도가 재림하면 하나님 나라가 완성된다는 신학을 전한다. 따라서 에스겔서는 예수 그리스도의 재림 이후에 천년왕국이 나온다는 전천년설보다 예수 그리스도의 초림과 재림 사이가 천년왕국 기간이라는 무천년설을 지지한다. 그러므로 요한계시록 20장에 언급된 곡 군대의 침입은 예수 그리스도의 재림 전 상황이라고 봐야 한다.

전천년주의자들이 요한계시록 20:1-10의 말씀을 근거로 그리스도의 재림 이후에 천년왕국이 있고 그 후에 곡과의 전쟁이 있을 것이라고 주장하는 것은 요한계시록의 기록이 시간 순서를 반영하는 직선 구조라고 생각하기 때문이다. 하지만 요한계시록의 기록은 그리스도의 재림 전에 일어날 내용을 반복적으로 보여주는 순환적 구조로 볼 수도 있다. 이것이 맞는다면 요한계시록 20장에 언급된 곡의 침입은 그리스도의 재림 전 상황을 반복하는 내용으로 볼 수 있다.[154] 필자가 보기에 요한계시록은 직선 구조라기보다 순환 구조다. 이를 증명하기 위해 요한계시록의 순환적 구조를 살

---

153 Renz, *Rhetorical Function of the Book of Ezekiel*, 117.

154 요한계시록의 내용이 순환 구조로서 같은 내용을 반복하는 것이라는 주장에 대해서는 다음 책을 참조하라. Gregory K. Beale, 『요한계시록 주석』, 김귀탁 역 (*Revelation: A Shorter Commentary*, 서울: 복있는 사람, 2019), 57-61.

펴보면 다음과 같다.

A. 서론(1-4장)

-주제:

1) 보좌에 계신 어린 양(예수 그리스도)

2) 일곱 교회에 보낸 편지

B. 1주기(5:1-8:5)

-주제: 두루마리와 일곱 인

-첫째 인: 흰 말을 탄 자가 **땅**에서 싸움

-둘째 인: 붉은 말을 탄 자가 땅에서 화평을 제거→**바다**에 의한 침몰?

-셋째 인: 검은 말을 탄 자가 감람유와 포도주는 해치지 말라는 말을 들음→**기근?**

-넷째 인: 청황색 말을 탄 자 뒤에 **사망과 음부**가 따라옴. 검, 흉년, 사망, 짐승으로 죽임

-다섯째 인: 죽임당한 영혼들이 피의 복수 호소(6:9-10)→악인 심판 호소

-여섯째 인: 이마에 인침, 십사만사천(7:3-4)→인침 받은 성도의 환난 예고

-일곱째 인: 일곱 나팔 출현을 통해 하나님 나라의 완성을 제시(8:1-5)

C. 2주기(8:6-11:19)

-주제: 일곱 나팔

-첫째 나팔: 우박과 불로 **땅과 수목**의 삼분의 일이 태워짐

-둘째 나팔: **바다**의 삼분의 일이 피가 됨

-셋째 나팔: **강들**의 삼분의 일과 **물샘**에 재앙→**기근?**

-넷째 나팔: **해, 달, 별**의 삼분의 일이 타격을 입음

-다섯째 나팔: 이마에 인침 받지 않은 사람들이 해를 받음(9:4)→악인
　　　　　심판

-여섯째 나팔:

　1) 큰 강 유브라데에 결박한 네 천사를 놓아줌(9:14)

　2) 성도의 환난(11:1-2), **무저갱에서 올라온 짐승**으로 인한 핍박(11:7)

-일곱째 나팔: 하나님 나라의 완성→"하늘에 있는 하나님의 성전이
　　　　　열림"(11:19)

D. 3주기(12:1-19:10)

-주제: 일곱 대접

-첫째 대접: **땅**에서 짐승의 표를 받은 자와 우상숭배자에게 종기가 남
　　　　　(13:16; 16:2)

-둘째 대접: **바다**가 피같이 됨

-셋째 대접: **물** 근원이 피가 됨

-넷째 대접: **해**가 불로 사람들을 태움

-다섯째 대접: 짐승의 왕좌에 재앙이 임함(16:10)→악인을 향한 심판

-여섯째 대접:

　1) 큰 강 유브라데에 대접을 쏟음(16:12)→**무저갱에서 온 용, 짐승**
　　　(16:13)

2) 성도의 환난→"누구든지 깨어 자기 옷을 지켜"(16:15)

3) 열왕을 아마겟돈에 모이게 함(16:16)→곡의 침입(참조. 겔 39:11)

-일곱째 대접:

1) 악의 세력 심판→열왕을 다스리는 음녀 바빌로니아가 멸망함
(17-18장)

2) 하나님 나라 완성→어린 양(재림한 그리스도)의 혼인 잔치(19:1-10)

E. 부록: 일곱째 대접의 의미를 부연 설명함(19:11-20:15)

1. 백마를 탄 자의 군대가 짐승의 군대에 승리함(19:11-21)

-백마를 탄 자(재림 그리스도)가 무저갱에서 나온 짐승과 거짓 예언자
를 유황불 못에 던짐(19:20; 17:8)

-곡과의 전투 모티프: 짐승 군대의 나머지 시체를 모든 새들이 먹음
(19:21)

2. 용과 그의 군대인 곡이 패함(20:1-10)

-천년 후에 무저갱에서 나온 용(마귀)이 유황불 못에 던져짐(20:10)

-용의 군대인 곡이 패함(20:9)

3. 하나님 나라의 완성(20:11-15)

-새 하늘과 새 땅의 출현(20:11): "땅과 하늘이 그 앞에서 사라짐"

-사망과 음부가 유황불 못에 던져짐(20:14)

-생명책에 기록된 자만이 살게 됨(20:15)

F. 결론(21-22장)

-주제: 새 하늘과 새 땅, 새 예루살렘

이상의 구조로 보면 요한계시록은 일곱 인, 일곱 나팔, 일곱 대접이라는 세 번의 순환 구조를 통해 예수 그리스도의 재림 전에 일어날 환난과 그 이후에 출현할 하나님 나라의 완성을 반복적으로 강조하는 책이다. 요한계시록은 반복적 구조를 통해 성도들에게 재림 전에 있을 환난을 대비할 것을 지속적으로 경고한다(계 22장). 즉, 그리스도의 재림 전에 성도의 환난과 악의 심판이 있을 것을 말함으로써 환난 가운데 신앙을 지킬 것을 교훈하고 있는 것이다.

각각의 순환 주기에서 첫째 부분에서 넷째 부분까지는 일반인들과 자연 질서 가운데 환난이 있을 것을 증거한다. 그리고 다섯째 부분은 악인의 심판, 여섯째 부분은 의인이 당하는 환난, 마지막 일곱째 부분은 예수 그리스도의 재림에 따른 죄의 세력에 대한 심판과 함께 하나님 나라의 완성을 그린다. 이런 그림을 통해 그리스도의 재림 전 상황을 추정하면 말세의 환난 전 악인의 심판이 어느 정도 이루어져 성도가 안심하는 상황이 도래한다는 것을 알 수 있다. 하지만 이것이 신호가 되어 성도의 환난이 일어나게 된다. 여기서 성도는 주위 환경이 유리하게 돌아갈 때 오히려 경계하고 조심해야 한다는 교훈을 얻을 수 있다.

요한계시록 19:11-20:15은 부록으로서 일곱째 대접의 의미를 다시 부연 설명하는 기능을 한다. 즉 예수 그리스도 재림 전에 악의 세력인 용, 열 뿔 가진 짐승, 거짓 예언자, 그 짐승의 군대가 어떻게 심판을 받는지에 대한 내용을 차례대로 보여주고 있다. 좀 더 구체적으로 말하면 이 부록은 19:11-21, 20:1-10, 20:11-15의 세 소단락으로 나뉘고 각 소단락이 그리스도 재림 시에 악의 세력들이 어떻게 패배하는지를 보여준다.

먼저 요한계시록 19:11-21은 백마 탄 자인 그리스도에 의해 열 뿔 가진 짐승의 군대가 패배하고 짐승과 그의 거짓 예언자가 유황불 못에 던져지는 장면을 기술한다. 여기서 흥미로운 부분은 짐승의 군대의 시체를 모든 새들이 먹는다는 대목이다(계 19:21). 이것은 에스겔서에서 새들이 곡 군대의 시체를 먹는다는 말을 연상시킴으로써(겔 39:17) 짐승의 군대가 곡의 군대임을 보여준다.[155]

이어 요한계시록 20:1-10은 무저갱에서 나온 용(사탄)이 곡의 군대를 이끌고 싸우다 패하여 유황불 못에 던져지는 장면을 기술한다. 에스겔서의 빛 아래서 요한계시록 19장의 짐승 군대는 곡의 군대임이 드러났으므로 요한계시록 20장의 곡의 군대는 짐승의 군대의 연상선상에 있음을 알 수 있다. 따라서 요한계시록 20:1-10에서 곡 군대의 침입은 시간적으로 후에 일어나는 사건이 아니라 요한계시록 19:11-21을 반복하는 내용이다. 결국 요한계시록 20:1-10은 백마 탄 자에 의해 열 뿔 가진 짐승과 그의 거짓 예언자와 그 짐승의 군대가 멸망하는 시점에서, 용에게 초점을 맞춰 용도 유황불 못에 던져진다는 점을 강조한 것이다.

다음으로 요한계시록 20:11-15은 죽은 자들이 살아서 심판을 받고 악인들과 사망과 음부가 유황불 못에 던져지는 장면이다. 그리하여 용과 짐승과 그의 예언자뿐 아니라 사망과 음부도 유황불 못에 던져지는 심판을 받는다는 것을 가르쳐주고 있다.

이상의 논의를 종합하면 요한계시록의 순환 구조를 고려할 때 어린 양의 혼인 잔치 전에 일어나는 짐승의 군대와의 싸움(계 19:11-21)과 천년 후

---

155 확실히 계 19:17-21에서 모든 새들이 시체를 먹는 장면은 에스겔서에서 새들이 곡 군대의 시체를 먹는 장면과 매우 유사하다(겔 39:4, 17-20). Buitenwerf, "The Gog and Magog Tradition in Revelation 20:8," 167.

무저갱에서 나온 용과 곡의 군대와의 싸움(계 20:1-10)은 같은 상황을 반복해서 기술한 것이라고 할 수 있다. 실제로 요한계시록 16-20장의 흐름을 분석하면 이런 주장에 설득력이 있음을 더욱 확실히 알 수 있다.

요한계시록 16장은 여섯째 대접 재앙에서 용과 무저갱에서 올라온 짐승(열 뿔 가진 짐승)과 거짓 예언자(두 뿔 가진 짐승)로 야기된 성도의 환난을 얘기한다(16:13). 이어 요한계시록 17-18장은 일곱째 대접이 부어지는 상황에서 그리스도의 재림 전인 종말에 성도들을 위협하는 세력으로 음녀인 바빌로니아와 무저갱(지옥)에서 나온 짐승을 언급하고 바빌로니아가 멸망하게 될 것을 보여준다.

이런 문맥에서 요한계시록 19:11-20:10은 열 뿔 가진 짐승의 군대와 용에 초점을 맞춰 이들이 일곱째 대접 재앙 시에 어떻게 유황불 못에 들어가는지를 순환적 구조 속에서 말하고 있다고 볼 수 있다. 따라서 요한계시록 20:1-10에서 무저갱에서 나온 용의 모습은 예수 그리스도 재림 후 천년왕국 이후에 나타나는 것이 아니라 재림을 통해 하나님 나라가 완성되기 전에 일어나는 것으로 보는 것이 옳다.

이런 순환적 구조에서 보면 요한계시록 20:8에 등장하는 곡의 군대는 19:19-21에 언급되는 짐승의 군대를 달리 표현한 것이다. 앞서 말한 대로 요한계시록 19:21은 패배한 짐승 군대의 살을 새들이 먹는다고 말하는데, 이런 이미지는 에스겔 39장에서 곡 군대의 시체가 각종 새들에 의해 먹히는 모습과 일치한다(겔 39:4, 17-20). 그러므로 요한계시록 19:11-21에서 언급된 짐승의 군대는 에스겔서에 비춰보면 곡의 군대이기 때문에 요한계시록 20:8에서 언급된 곡의 군대와 짐승의 군대는 같은 것임을 알 수 있다.

요한계시록은 성도의 환난을 일으키는 군대의 침공이 아마겟돈에서 일어난다고 예언한다(계 16:16). 아마겟돈은 북이스라엘의 므깃도를 달리 표현한 것이다. 요한계시록에서 아마겟돈에서 싸우는 군대는 나중에 짐승의 군대로 판명된다(계 19:19-21). 그런데 에스겔서는 므깃도에서 곡의 군대가 패배하여 그곳 골짜기(이스라엘 골짜기)에 매장될 것을 예언했다(겔 39:11). 아마겟돈은 므깃도를 가리키기 때문에 요한계시록에서 아마겟돈에서 싸우는 짐승의 군대는 곡의 군대가 분명하다.

이처럼 요한계시록과 에스겔을 비교해서 읽으면 요한계시록 19장에 나타난 짐승의 군대가 요한계시록 20장에 나오는 곡의 군대와 같은 것임을 알 수 있다. 이렇게 되면 요한계시록 20장에서 용이 무저갱에서 나와 곡의 군대와 함께 싸우는 모습은 그리스도 재림 전에 나타나는 짐승의 군대를 달리 표현한 것이 된다.

요한계시록 20:1-10에 언급된 용과 곡의 군대가 앞의 19:11-21의 짐승의 군대를 다시 표현한다는 주장에 반대하는 이들은 용이 잡혀서 무저갱에 천년 동안 갇혀 있다는 진술을 증거로 제시한다(계 20:2). 그래서 짐승의 군대가 패배하여 천년왕국이 시행될 때 용이 무저갱에 갇히게 되었다고 주장한다.

그런데 여기서 용이 무저갱에 갇힌다는 표현에 대한 올바른 이해가 필요하다. 무저갱은 죄의 세력이 결박당하는 궁극적인 장소가 아니다. 요한계시록 17:8은 말세에 열 뿔 가진 짐승이 무저갱에서 나온다고 말하고 있기 때문에 무저갱은 죄의 세력의 본거지인 지옥으로서 출입이 가능한 곳이라고 추론할 수 있다. 열 뿔 가진 짐승은 예수 그리스도의 초림 시에 바다에서 나와 잠시 등장한 후에(계 13:1) 무저갱으로 들어간다. 그리고 말세에 그리스도의 재림 직전에 성도들을 위협하고 환난을 주기 위해 다시 나타난다.

이런 맥락에서 볼 때 용도 예수 그리스도의 초림으로 하늘에서 쫓겨나서 지옥인 무저갱으로 내려갔다고 볼 수 있다(계 12장). 베드로후서는 하나님이 타락한 천사인 사탄과 그의 무리들을 최후 심판 때까지 지옥에 던져 어두운 구덩이에 두셨다고 했다(벧후 2:4; 마 25:41). 이 진술을 통해 무저갱이란 예수 그리스도의 초림으로 사탄의 세력이 무너지면서 용과 그의 하수인인 열 뿔 가진 짐승이 최후의 심판 전까지 거하게 되는 지옥의 장소임을 알 수 있다.

용이 지옥인 무저갱에 내려갔다고 지상의 성도에게 아무런 영향을 주지 못하는 것은 아니다. 하늘에 계신 하나님과 예수 그리스도가 지상의 성도를 계속해서 도와주는 것과 같은 이치다. 용은 음녀인 바빌로니아를 통해 지속적으로 성도를 유혹할 수 있으며, 마침내 그리스도의 재림 전에 하나님의 허락으로 열 뿔 가진 짐승과 함께 무저갱에서 나와 성도를 위협한다(계 16:13).

따라서 요한계시록 20:2에서 무저갱에 갇혀 있는 용은 예수 그리스도의 재림 이후의 모습이 아니라 재림 전의 모습이다. 이렇게 되면 용이 무저갱에서 지내는 천년은 그리스도의 초림과 재림 사이를 가리키는 기간이 되기 때문에, 이런 점에서 성경은 무천년설을 지지한다고 볼 수 있다.

전천년설의 논리대로 예수 그리스도의 재림 이후에 천년왕국이 있고 그다음에 곡과의 전쟁이 있다면 이는 요한계시록 20:15에서 생명책에 기록된 자만 산다고 한 말과 모순처럼 들린다. 요한계시록 19:1-1의 혼인 잔치로 천년왕국이 도래했다면 천년왕국의 백성은 악과 상관없는 백성인데, 이들에게 또다시 생명책에 기록되지 않으면 살지 못할 것이라고 경고하는 것은 어불성설이기 때문이다.

한편 말세에 그리스도의 재림 전에 무저갱(지옥)에서 나오는 짐승에 대해 살펴볼 필요가 있다. 예수 그리스도의 초림과 그분의 사역으로 용은 하늘에서 쫓겨나게 되었다(계 12장). 욥기에서 볼 수 있듯이 구약에서 사탄인 용은 하늘에서 성도들을 참소하는 자였다(욥 1장). 하지만 예수 그리스도가 초림하여 십자가에서 죽으시고 부활하여 하늘에 올라 만왕의 왕이 되시자(빌 2장) 사탄은 더 이상 하늘에 있지 못하고 쫓겨날 수밖에 없었다.

요한계시록 13장에 의하면 하늘에서 용이 쫓겨나자 바다에서는 열 뿔 가진 짐승이(계 13:1), 땅에는 두 뿔 가진 짐승이(계 13:11) 나타난다. 하늘의 용, 바다의 짐승, 땅의 짐승이라는 삼각편대가 일종의 삼위일체를 이루며 자신들의 때가 얼마 남지 않았음을 알고 성도를 위협하려는 태세를 보이는 형국이다.

요한계시록 5장은 어린 양 예수 그리스도에게 일곱 뿔과 일곱 눈이 있다고 진술한다(계 5:6). 그런데 바다에서 나온 짐승도 열 뿔과 일곱 머리를 가짐으로써 어린 양의 모습과 닮아 있다. 이런 점에서 바다에서 나온 짐승은 예수 그리스도와 대척점에 있는 적그리스도라고 말할 수 있다. 열 뿔을 가진 짐승은 성도를 위협하기 위해 말세에 나타나기 전 용처럼 무저갱에 거한다. 요한계시록 17:8은 이 짐승이 "전에 있었다가 지금은 없으나 장차 무저갱으로부터 올라온다"고 말하고 있다. 열 뿔 가진 짐승은 그리스도의 재림 전에 성도들을 핍박하기 위해 용과 함께 무저갱에서 올라올 것이다 (계 16:13). 그리스도의 초림 시에 잠시 나타났던 용과 열 뿔 가진 짐승이 무저갱으로 내려갔다가 재림 직전에 다시 나타나 성도를 위협하는 것이다.

앞에서 말했듯이 열 뿔 가진 짐승은 무저갱에 있는 동안에도 지상의 성도들을 계속 미혹한다. 요한계시록 13장은 하늘에서 쫓겨난 용과 바다에서 나오는 열 뿔 가진 짐승 외에 땅에서 나오는 짐승을 언급한다(계 13:11).
이 땅에서 나오는 짐승도 "어린 양과 같이 두 뿔이 있고 용처럼 말을 한다"
고 한다. 요한계시록의 문맥에서 이 짐승은 열 뿔 가진 짐승 밑에서 그를
돕는 거짓 예언자다(계 16:13; 19:20). 이 두 뿔 가진 짐승은 열 뿔 가진 짐승
이 무저갱(지옥)으로 내려간 사이에 그의 권세를 받아 지상에서 성도들을
미혹한다. 그리고 이 미혹으로 사람들이 짐승의 표를 받게 한다(13:16-18;
16:2). 용, 바다에서 나온 열 뿔 가진 짐승, 땅에서 나온 두 뿔 가진 짐승이
삼위일체를 이루어 성도들을 미혹하는 것이다.

구체적으로 무저갱에 거한 열 뿔 가진 짐승은 두 뿔 가진 짐승인 그의
거짓 예언자를 통해 지상에서 성도를 미혹할 것이다. 그와 동시에 용과 열
뿔 가진 짐승은 음녀인 바빌로니아를 통해 성도를 미혹한다(계 17:5). 이 음
녀인 바빌로니아의 정체가 무엇인지는 알 수 없지만 바빌로니아가 "땅의
왕들을 다스리는 큰 성"으로 제시되고 있기 때문에 아마도 열국을 지배하
는 악한 제국이나 세계 정부를 가리키는 것처럼 보인다(계 17:18). 이상의
관찰을 종합할 때 용과 열 뿔 가진 짐승은 지옥인 무저갱에서 바빌로니아
와 거짓 예언자인 짐승을 통해 계속해서 성도를 유혹한다는 것을 알 수 있
다. 그리고 무저갱은 예수 그리스도의 초림으로 사탄이 갇힌 곳임을 깨달
을 수 있다.

이처럼 말세에 그리스도의 재림 전 무저갱에서 나온 용과 열 뿔 가진
짐승 그리고 짐승의 거짓 예언자(두 뿔 가진 짐승)가 성부, 성자, 성령처럼 삼
위일체를 이루어 성도를 공격하고 환난에 빠지도록 할 것이다(계 16:13). 이
과정에서 음녀인 바빌로니아는 열 뿔 가진 짐승의 군대에게 멸망한다. 이
는 죄의 세력 간에 자중지란이 있을 것을 시사해주는 대목이다(계 17:16).

에스겔 38장은 말세에 출현하는 곡의 군대가 자중지란을 일으켜 서로를 칼로 죽일 것이라고 예언했다(겔 38:21). 그러므로 죄의 세력 사이에 일어나는 자중지란은 에스겔서 예언의 성취로 볼 수 있다.

정리하면 에스겔서와 요한계시록을 대조하여 해석해볼 때 에스겔서의 곡 군대는 예수 그리스도의 재림 선에 모습을 드러내는 열 뿔 가진 짐승의 군대로 판명된다. 하지만 에스겔서는 말세에 등장하는 적그리스도의 군대가 아무리 강력할지라도 새 언약 백성은 하나님의 영을 받아 정결함을 유지하고 죄의 세력을 이길 것이라고 확신시켜준다. 이런 은혜는 백성의 공로가 아니라 백성 가운데 임재하길 원하시는 하나님의 거룩함 때문에 주어진다(겔 38:23).

II. 종말에 있을 성전의 변형(40-48장)

40-48장은 에스겔서의 클라이맥스로서 종말에 세워지는 성전 구역의 구조, 예배에 관한 규례, 예루살렘 성읍에 대한 묘사, 그리고 이스라엘 열두 지파를 상대로 한 땅의 분배를 다룬다.[156] 새 언약을 통해 땅이 회복되어 그 땅에 성전이 세워지는 모습은 과거 모세 언약을 맺은 이스라엘이 가나안 땅에 들어와서 성전을 쌓는 모습에 비견된다. 실제로 에스겔서는 포로 공동체가 새 언약을 맺는 과정을 제2의 출애굽으로 설명한다(20:33-38).[157] 이런 맥락에서 40-48장은 제2의 출애굽의 은혜로 하나님이 백성과 새 언약을 체결할 때 새 언약 백성이 들어오는 제2의 에덴동산인 가나안 땅에 종말의 성전이 세워지고 그 땅에 백성이 거하게 된다는 청사진을 제시하고 있다.

여기서 언급된 종말의 성전은 백성 가운데 임재하시려는 하나님의 속성을 극명하게 드러낸다(43:7, "내가 이스라엘 족속 가운데에 영원히 있을 곳이라"). 이 성전은 이전에 백성의 우상숭배로 더럽혀진 성전과 차별화된다(5:11).[158] 새 언약 체결을 통해 세워지는 종말의 성전은 더 이상 더럽혀지지 않을 것이다. 더욱이 백성은 성전의 구조와 치수를 보고 자신들의 죄를 항상 기억하고 부끄러워할 것이기 때문에 성전이 더럽혀지는 일은 없을 것이다(43:10).

에스겔서가 제시하는 종말의 성전이 어떤 의미를 갖는지에 대해서는 학자들의 견해가 분분하다. 첫째, 미래에 회복된 이스라엘 공동체가 직

---

156 Duguid, *Ezekiel*, 470.
157 Blenkinsopp, *Ezekiel*, 194.
158 Block, *Beyond the River Chebar*, 181.

접 세울 성전의 설계도라는 주장이 있다.[159] 미래의 성전 건축과 관련해 인간의 역할에 주목한 데이비스는 성전 환상에서 성전 자체의 벽에 대한 언급이 없다는 점에 주목하고 성전 벽의 건축은 미래에 구원받은 공동체에게 부여된 새로운 창조적 사역이라고 주장한다.[160] 즉 새로운 성전의 완성은 인간의 책임을 요구한다는 이해다. 이렇게 되면 종말의 성전은 인간의 노력을 통해 이 땅에 완성되는 작품이 된다. 하지만 40-48장에서 제시되는 성전은 이스라엘의 지형적 특성을 초월한다. 또한 에스겔서 전체의 문맥이 하나님의 주권적 은혜를 통한 회복과 구원을 설명하기 때문에 인간적 책임과 노력을 강조하는 것은 설득력이 없다.[161]

둘째, 에스겔서의 성전은 천상에 있는 성전(heavenly temple)으로서 종말에 이 땅에 내려오는 성전이라는 주장이 있다.[162] 이런 견해를 가진 투엘(Tuell)은 에스겔서의 성전 환상은 지상에 성전이 없는 포로 공동체가 하늘 위에 있는 하나님의 성전을 바라보게 함으로써 용기를 주기 위한 것이라고 보았다.[163] 즉 에스겔 40-42장의 성전은 하늘의 성전으로서 11:16에서 여호와가 포로 공동체의 성소가 될 것이라고 하신 약속의 성취로 이해해야 한다는 것이다.

---

159 R. E. Clements, *Old Testament Prophecy: From Oracles to Canon* (Louisville, KY: WJK, 1996), 176-180.

160 Davis, *Swallowing the Scroll*, 123.

161 Davis, *Swallowing the Scroll*, 121.

162 Paul M. Joyce, "Ezekiel 40-42: The Earliest 'Heavenly Ascent' Narrative?" in *The Book of Ezekiel and Its Influence*, ed. Henk Jan de Jonge and Johannes Tromp (Burlington, VT: Ashgate, 2007), 29.

163 S. S. Tuell, "Divine Presence and Absence in Ezekiel's Prophecy," in *The Book of Ezekiel: Theological and Anthropological Perspectives*, ed. Margaret S. Odell (Atlanta, GA: SBL, 2000), 110.

하지만 에스겔서가 말하는 종말의 성전에는 하나님의 영광이 돌아왔다는 표현이 나오기 때문에(43:4) 이 성전이 종말에 나타날 천상의 성전이라는 주장은 설득력이 없다.[164] 천상의 성전은 하나님의 영광이 항상 머무는 곳이므로 이곳에 하나님의 영광이 돌아왔다는 표현은 논리적으로 맞지 않는다. 더욱이 40-48장은 성전과 가나안 땅의 변형을 묘사하고 있으므로 오히려 종말의 관점에서 세워져가는 성전의 청사진이라는 주장이 무게를 얻는다.

셋째, 이 성전이 종말에 하나님의 주권에 의해 세워지게 될 성전이라는 견해가 있다.[165] 필자는 이 견해에 동의하여 40-42장에서 언급된 성전이 하나님 나라가 완성되기 전인 종말에 이루어질 성전을 상징적으로 묘사한다고 생각한다. 에스겔 36-37장은 새 언약 체결을 통해 하나님이 자신의 처소를 백성 가운데 둘 것이고(37:27-29) 거기서 예물을 받을 것이라고 말함으로써(20:40) 새 언약 백성이 성전 될 것임을 암시했다. 40-42장의 성전 환상은 이런 문맥과 호응하여 37장 말미의 영원히 거할 성소에 대한 언급과 연관되어 나온 것이다.[166] 그러므로 40-42장에서 묘사되는 성전은 하나님 나라가 완성되기 전에 성전으로 세워지는 새 언약 백성의 모습을 보여주는 것이라고 할 수 있다.[167]

에스겔 40-42장의 성전 모습이 요한계시록의 새 예루살렘 성전과 차이가 나는 것은 바로 이런 이유에서다. 요한계시록은 종말에 하나님 나라

---

164 Joyce, "Ezekiel 40-42," 27.

165 Eichrodt, *Ezekiel*, 530.

166 Blenkinsopp, *Ezekiel*, 194.

167 Odell, *Ezekiel*, 529 참조.

가 완성될 때 성전이 없고 오직 보좌만 있다고 말함으로써 새 예루살렘과 그곳에 거하는 사람들이 성전이라는 신학을 제시한다(계 21:22). 반면 에스겔서의 종말의 환상에는 성전과 예루살렘이 분리되어 나타난다. 종말에 하나님 나라가 완성될 때 나타날 성전인 요한계시록의 새 예루살렘은 에스겔서의 성전과 분명 차이가 있다. 그러므로 에스겔서의 성전은 하나님 나라가 완성되기 전에 성전으로 지어져가는 새 언약 백성의 모델로 보는 것이 옳다.

에스겔서는 종말의 성전에 들어가기 위해서는 항상 거룩한 것과 속된 것을 구별해야 한다고 말한다(42:20). 그리고 성전에 종사하는 자들도 새 언약 체결로 부어지는 새 영을 가지고 계속해서 정결과 부정을 구별하며 스스로를 정결케 할 의무가 있다고 지적한다(44:23). 종말에 하나님의 성전으로 지어져가는 새 언약 백성은 여전히 죄의 유혹을 받고 있기 때문에 끊임없이 거룩한 것과 그렇지 못한 것을 구별하면서 거룩한 삶을 살아야 한다는 말씀이다. 그렇지 않다면 성전이 오염된다는 것이다.

이처럼 에스겔서의 성전에 죄의 가능성이 있다는 점에서 이 성전은 확실히 종말에 나타날 완성된 성전인 새 예루살렘은 아니다. 종말에 완성될 성전에서는 더 이상 죄가 없으며 누구도 속되고 가증한 일을 행하지 않고 모두가 거룩하다.[168] "무엇이든지 속된 것이나 가증한 일, 또는 거짓말 하는 자는 결코 그리로 들어가지 못하되"(계 21:27).

이상의 논의를 종합할 때, 에스겔서가 말하는 종말의 성전은 예수 그리스도의 초림으로 체결된 새 언약의 은혜를 통해 성전으로 지어져가는 백

---

168 Block, *Beyond the River Chebar*, 169.

성을 묘사한다고 보는 것이 가장 옳다. 그러므로 이 성전은 하늘 성전의 원형은 아니다.[169]

그렇다고 종말에 완성될 성전과 전혀 관계가 없다는 것은 아니다. 에스겔서의 종말 성전은 하나님 나라가 완성될 때 나타나는 성전과 연속선상에 있으며 그것을 예표한다. 실제로 에스겔서 40-48장은 예루살렘이 성전으로 확대될 것이라는 암시를 준다. 구체적으로 48장은 예루살렘 성읍의 이름이 여호와가 거기에 계신다는 뜻의 "여호와 삼마"라고 말한다. 이로써 예루살렘이 성전으로 기능하게 될 것을 시사해준다. 이에 덧붙여 에스겔서는 종말의 성전이 담벼락을 가지고 있다고 말한다(40:5; 42:20). 이 담벼락은 일반적으로 성읍의 담벼락을 가리키기 때문에 성전이 성읍과 같다는 인상을 준다. 이런 관찰을 통해, 에스겔서의 종말 성전은 요한계시록에서 하나님 나라가 완성될 때 나타날 새 예루살렘 성전을 예표하는 것으로 이해할 수 있다.

내용면에서 볼 때 에스겔 40-48장에서 두드러진 부분은 성전에서 시행되는 제사에 대한 강조다. 제사를 강조하는 이유는 아직 그리스도의 십자가 사건을 경험하지 못한 이들을 대상으로 종말의 성전을 묘사하다 보니 구약의 제사 관점에서 성전과 성전 예배를 기술할 필요가 있었기 때문이다.

여기서 중요한 제사로 자주 지목되는 것은 화목제다(46:2, 12). 화목제는 하나님과의 교제의 기쁨이 드러나는 제사다. 그러므로 성전으로 지어져 가는 백성은 하나님의 임재 안에 거하면서 하나님과 교제의 기쁨을 나누는

---

169 Odell, *Ezekiel*, 488.

존재임을 일깨워준다. 오늘날 새 언약 백성으로 살아가는 성도들에게 하나님과 교제의 기쁨을 누리는 것이 얼마나 중요한지를 교훈해주는 대목이다.

한편 에스겔 40-48장의 성전 환상이 종말에 성전의 변형만을 이야기하는 것은 아니다. 이 성전 이야기는 바빌로니아 포로 공동체에게 하나님 나라 건설을 위한 새로운 성전의 청사진을 제시함으로써 백성이 그들의 죄를 다시 한번 기억하고 회개할 것을 촉구하는 수사적 기능도 있다.[170] 이를 뒷받침하는 증거로 하나님이 에스겔에게 "인자야, 너는 이 성전을 이스라엘 족속에게 보여서 그들이 자기의 죄악을 부끄러워하고 그 형상을 측량하게 하라"라고 하신 부분이 있다(43:10). 더욱이 하나님은 성전 환상 가운데서 "반역하는 자"에게 선하라고 말씀하시기까지 한다(44:6). 그러므로 에스겔서의 성전 환상은 부차적으로 회개하지 않은 바빌로니아 포로 공동체에게 회개를 촉구하려는 말씀이기도 하다.

구조를 보면 40-48장은 성읍이라는 키워드로 전체를 감싸는 구조를 이루고 있다.[171] 그 자세한 구조를 정리해보면 다음과 같다.[172]

---

170 Kalinda Stevenson, *The Vision of Transformation: The Territorial Rhetoric of Ezekiel 40-48*, SBLDS 154 (Atlanta, GA: Scholars, 1996), 2.

171 Block, *Beyond the River Chebar*, 158.

172 한편 Tuell은 40-48장의 구조를 다음과 같이 제시한다. Tuell, "Divine Presence and Absence in Ezekiel's Prophecy," 115.

A. 40:1-4 서론
  B. 40:5-42:20 성전 구역 순회
    C. 43:1-9 하나님의 영광이 돌아옴
      D. 43:10-46:24 성전 규례
    C′. 47:1-12 생명수가 흐름
  B′. 47:13-48:29 땅 분배와 그 경계들을 순회
A′. 48:30-35 결론

A. 새로운 성전 구역 건물의 구조와 치수(40-42장)

 B. 성전에 여호와의 영광이 임함(43:1-12)

  C. 제단에 관한 규례(43:13-27)

   D. 왕의 위상에 관한 짧은 언급(44:1-3)

    E. 거룩한 성전을 보호하기 위한 규례(44:4-9)

     F. 레위인과 제사장에 관한 규례(44:10-31)

    E′. 거룩한 성전을 보호하기 위해 거룩한 구역을 설정(45:1-8)

   D′. 왕의 의무에 관한 짧은 언급(45:9-12)

  C′. 제단에 바치는 예물과 절기에 관한 규례(45:13-46:24)

 B′. 성전과 땅의 영광스러운 변형(47장)

A′. 새로운 땅에 지파를 배치하기 위한 치수(48장)

이상의 구조로 볼 때 40-48장의 핵심은 단락 F(44:10-31)로서 성전에서 예배를 집도하는 레위인과 제사장에 관한 규례임을 알 수 있다. 이로써 성전으로 지어져가는 백성에게 하나님과 교제하는 예배가 얼마나 중요한지를 강조해주고 있다.

1.
성전 구역에 여호와의 영광이 임함(40:1-43:12)

이 단락에서는 천사가 에스겔을 인도하여 성전 구역을 돌아보고 그 구조와 치수를 알려준다(40:1-42:20). 그리고 그 성전 건물에 여호와의 영광이 임하는 장면을 기술한다(43:1-12). 특별히 성전 구역의 구조와 치수를 묘사할 때 에스겔의 동선은 바깥뜰 담 동문 밖에서 시작해서 성전 구역 안으로 들어가고 나중에 다시 바깥뜰의 사면 담 밖으로 나오는 모습으로 끝난다. 따라서 바깥뜰 담벼락이 초두와 말미에 등장하여 전체를 감싸는 구조를 이룬다(40:5; 42:15, 20).[173]

1) 성전 구역의 구조와 치수(40-42장)

40-42장에서 묘사되는 성전은 솔로몬 성전과 차이가 있다.[174] 먼저 성전 자체의 높이가 언급되지 않는다(41:4, 13-14). 또한 성전 안뜰에 있는 놋바다(물두멍)가 없다. 더욱이 지성소 안에 언약궤가 없고 성소 안에 향단과 촛대가 없으며 성소에는 오직 "나무 제단"만 있을 뿐이다(41:22). 이 "나무 제단"은 출애굽기 30:1-10에서 묘사되는 향단과 차이가 있다. 에스겔서는 이

---

173 Joyce, "Ezekiel 40-42," 22.
174 Joyce, "Ezekiel 40-42," 24, 30.

나무 제단을 "여호와 앞의 상"이라고 부르기 때문에(41:22) 아마도 떡 상을 가리키는 것처럼 보인다.

종말의 성전이 이전의 성전과 차별화되는 것은 흥미로운 대목이 아닐 수 없다. 종말의 성전에 물건이 없다는 것은 이 성전 안에 거하는 사람들이 성전의 구성물이 된다는 암시다. 그리하여 새 언약 백성이 실질적으로 성전이 된다는 신학적 의미를 전달해주고 있다. 종말에 새 언약 백성이 성전이 된다는 예언의 성취를 이미지로 보여주고 있는 셈이다(37:26-27).

에스겔서에 묘사된 종말의 성전은 독자에게 세 가지 신학적 의미를 전한다. 첫째, 종말의 성전은 새 언약 체결을 통해 성전으로 지어져가는 새 언약 백성의 모습을 형상화한다. 둘째, 종말의 성전 모형은 하나님과 백성 간의 관계가 이전보다 더 친밀한 상태에 있음을 드러낸다. 앞서 말한 대로 종말의 성전 안뜰에는 물두멍이 없다. 물두멍은 과거 제사장이 성소에 들어가기 위해 몸을 씻은 곳이다(출 30:17-21). 몸을 씻지 않고 성소에 들어가면 제사장은 죽을 수밖에 없었다. 그러므로 물두멍이 없다는 것은 종말의 성전에서 하나님과 백성 간의 관계가 그만큼 더 친밀하다는 증거다.

셋째, 종말의 성전은 에덴동산의 모양을 띰으로써 거기 거하는 자들이 하나님의 형상임을 암시한다. 종말의 성전 구역은 층계를 통해 점점 지대가 높아져가다가 그 정점에 성전이 세워지는 모양새다(40:22, 31, 49). 성전이 산의 모양을 띰으로써 그것이 제2의 에덴동산임을 보여주는 것이다. 또한 거기 거하는 자들이 제2의 아담인 하나님의 형상임을 일깨워준다. 그리하여 종말에 성전으로 지어져가는 새 언약 백성은 하나님의 형상으로 변형된 자라는 통찰을 준다. 40-42장의 구조는 다음과 같다.

서론. 종말의 성읍 환상(40:1-4)

A. 성전 바깥뜰 담벼락과 문들, 그리고 바깥뜰(40:5-27)

  B. 성전 안뜰 문들과 제사장을 위해 사용되는 부속 건물(40:28-47)

   C. 성전 건물의 현관과 외전(성소), 그리고 내전(지성소)(40:48-
     41:26)

  B′. 성전 바깥뜰 제사장의 방(42:1-14)

A′. 성전 바깥뜰 담벼락의 치수(42:15-20)

(1) 서론(40:1-4)

40:1에서 에스겔은 "성이 함락된 후 열넷째 해 첫째 달 열째 닐"에 하나님
의 권능에 의해 환상 가운데 포로지에서 이스라엘의 높은 산에 이르렀다고
말한다. 이를 통해 종말의 성전 환상이 예루살렘의 함락을 기점으로 주어
진 것임을 알 수 있다. 예루살렘의 함락이라는 절망 속에서 하나님은 에스
겔에게 종말의 성전 환상을 보여주면서 용기를 북돋으셨다.

　　흥미롭게도 "첫째 달 열째 날"이라는 말은 희년이 시작되는 날이라는
뉘앙스를 준다.[175] 물론 레위기에 따르면 희년은 일곱째 달 열째 날인 속죄
일에 선포된다(레 25:8-13). 하지만 희년을 선포하는 일곱째 달은 새로운 해
를 시작하는 첫째 달의 의미도 있다. 그러므로 에스겔의 성전 환상에서 언
급되는 "첫째 달 열째 날"은 충분히 희년과 연결된다고 말할 수 있다. 이렇
게 되면 종말의 성전 건립은 희년으로 상징되는 하나님 나라의 시작점으로
이해할 수 있다. 이를 오늘날의 성도들에게 적용하면 성전으로 지어져가는

---

175 Duguid, *Ezekiel*, 470.

성도들은 이미 하나님 나라 안에서 사는 자들임을 깨달을 수 있다.

에스겔은 이상 가운데 "매우 높은 산"으로 옮겨지고 거기서 남쪽에 있는 성읍의 형상을 본다(40:2). 종말의 성전이 매우 높은 산에 세워져 있고 그 남쪽으로 예루살렘 성읍이 있다는 묘사다. 같은 맥락에서 요한계시록의 사도 요한도 높은 산 위에서 하늘로부터 내려오는 거룩한 성 예루살렘을 본다고 말한다(계 21:10).

앞서 에스겔 20:40은 종말에 사람들이 높은 산에서 예물과 첫 소산과 성물을 드려서 예배하게 될 것이라고 예언했다. 이런 맥락에서 40:2은 종말에 높은 산에 성전이 세워져서 그 예언이 성취됨을 보여준다.[176] 성전이 산 위에 세워진다는 것은 성전이 세상의 중심으로서 산 모양을 한 에덴동산을 상징한다는 의미도 지닌다(17:22-24; 20:40; 28:14; 36:35). 실제로 47장은 성전에서 물이 나온다고 말함으로써 성전이 에덴동산의 이미지를 가지고 있음을 분명히 한다.[177]

40:3은 에스겔을 인도하는 천사를 묘사한다. 그는 "놋 같이 빛난 사람"으로서 손에 삼줄(세마포 끈)과 측량하는 장대를 가지고 나타난다. 이 천사는 9장에서 세마포 옷(베 옷)을 입고 서기관의 먹 그릇을 찼던 천사와 비교된다(9:2, 3, 11; 참조. 1:7). 이 천사는 에스겔에게 자신이 보여주는 성전 구역의 구성과 치수를 이스라엘 족속(포로 공동체)에게 전할 것을 명령한다(40:4). 이렇게 명령하는 목적은 종말에 하나님이 백성을 어떻게 완벽한 성

Block, *Beyond the River Chebar*, 162.

177 Jon D. Levenson, *Theology of the Program of Restoration of Ezekiel 40-48* (Missoula, MT: Scholars Press, 1976), 37-49. 한편 Levenson은 43:12에서 언급된 "성전의 율법"이라는 말을 인용하여, 이 산이 시온산이면서 시내산을 가리킨다고 주장한다.

전으로 지어가길 원하시는지를 가르쳐주기 위함이다. 그리고 백성 가운데 임재하시는 하나님이 얼마나 정밀하고 완벽한 분이신지를 드러내려는 목적도 있다. 그리하여 성전 구역에 대한 묘사는 포로 공동체가 그들의 죄를 돌아보고 새 언약의 은혜를 사모하도록 촉구하는 의미를 담고 있다.

(2) 성전 바깥뜰 담벼락과 문들, 그리고 바깥뜰(40:5-27)

40:5-27은 성전 구역 바깥뜰을 둘러싼 담벼락에 위치한 세 개의 문(동문, 북문, 남문)을 묘사하고 바깥뜰의 모습을 다룬다. 이 소단락의 내용은 다음과 같은 구조로 되어 있다.

    A. 바깥뜰의 동문(40:5-16)

      B. 바깥뜰(40:17-19)

    A′. 바깥뜰의 북문과 남문(40:20-27)

① 바깥뜰 동문(40:5-16)

이 단락은 에스겔이 놋 같이 빛나는 천사에 이끌려 종말의 성전 구역의 외곽 담벼락으로 인도되어 담벼락에 위치한 동문을 관찰하는 내용이다. 이 소단락의 구조는 다음과 같다.

    A. 전체 담벼락의 두께와 높이의 치수(40:5)

      B. 동문 입구와 문 통행로(문지방), 동문 안의 문지기 방(40:6-7)

        C. 바깥뜰을 바라보는 안 문의 현관(40:8-9)

      B′. 동문 안의 문지기 방(40:10)

C′. 바깥뜰을 바라보는 안 문 안의 빈 공간(40:11)

B″. 동문 안의 문지기 방 앞 경계벽(40:12)

A′. 전체 동문 건축물의 너비와 길이의 치수(40:13-15)

결론. 동문에 있는 창들과 문기둥의 장식(40:16)

먼저 40:5에 언급된 "담"에 해당하는 히브리어는 "호마"(הוֹמָה)로서 성전의 벽보다는 성읍의 벽을 가리키는 말이다. 이는 성전이 미래에 성읍으로 확장될 것을 시사한다(42:20).[178] 본문은 담벼락의 두께가 6척이고 높이도 6척이라고 말한다.[179] 에스겔서는 종말의 성전에서 구조물의 높이를 거의 언급하지 않는다. 심지어 성전의 내전(지성소)을 포함한 성전 벽에 대한 언급도 없다(41:4, 13-14).[180] 이런 맥락 속에서 바깥뜰의 담벼락 높이를 언급한 것은 나름대로 의미 있는 대목이다. 결국 종말의 성전 구역은 바깥뜰 외벽의 높이를 통해 정결함이 유지되는 장소임을 보여줌으로써 이 성전 구역에 아무나 들어올 수 없음을 교훈하고 있다.

한편 이 구절에서 천사가 가지고 있는 장대의 길이는 6척이다. 보통 한 척은 팔꿈치에서 손가락까지의 길이를 가리킨다. 하지만 이 장대의 한 척은 그 길이에 손바닥 너비가 더해진 것이라고 한다(40:5). 그래서 장대의 길이는 일반적인 길이 한 척보다 큰 치수의 한 척을 사용하여 총 6척의 길이임을 보여준다. 이처럼 큰 치수의 한 척은 왕의 치수로서, 성전 구역이 왕궁

---

178 Renz, *Rhetorical Function of the Book of Ezekiel*, 123.

179 40:5은 담벼락의 "두께가 한 장대요 높이도 한 장대"라고 말하는데 여기서 장대는 6척을 가리키기 때문에 담벼락의 두께와 높이가 모두 6척임을 알 수 있다.

180 Joyce, "Ezekiel 40-42," 24.

이라는 이미지를 주고 있다.[181]

40:6-16은 바깥뜰의 동문에 초점을 맞춘다. 먼저 40:6-7은 바깥뜰 동문 입구와 동문 안으로 들어가는 문 통행로(긴 문지방), 그리고 동문 안에 좌우로 있는 문지기 방을 언급한다. 바깥뜰 동문으로 올라가기 위해서는 층계를 밟아야 한다(40:6). 이때 층계의 수는 일곱 개다(40:22, 26). 안뜰로 들어가는 문들의 경우 여덟 개의 층계가 있고(40:31, 34) 성전 건물 안으로 들어가는 층계는 열 개가 있다(40:49). 그러므로 바깥뜰 담벼락에서 성전까지 점차적으로 고도가 높아지는 구조로, 성전 구역이 마치 산과 같은 모양을 하고 있다.[182] 이로써 종말의 성전이 산 모양을 한 에덴동산임을 다시 확인시켜주고 있다.

일곱 계단을 밟고 올라가면 문 통행로(긴 문지방으로서 일종의 진입로)가 있다(40:6). 이 구절에서 개역개정판 한글 성경이 "문의 통로"로 번역한 히브리어는 "사프"(ףַס)로서 문지방을 뜻한다. 이 긴 문지방은 두께가 6척인 담벼락을 지나는 통행로 역할을 한다. 이 문 통행로를 정면으로 바라보면 그 너비는 6척이다. 또한 안으로 길게 늘어져 있는 문 통행로의 길이도 6척이다.

동문 입구에서 6척 길이의 문 통행로(긴 문지방)를 지나면 좌우에 문지기 방이 각각 세 개가 있다. 문지기 방은 길이가 6척, 너비가 6척인 정사각형의 방이다(40:7). 이런 구조는 고대의 요새를 모방한 것으로서 성전 구역이 외부인의 진입을 쉽게 허용하지 않는 곳임을 일깨워준다.[183] 그래서 문

---

181 Cooper, *Ezekiel*, 358.
182 Duguid, *Ezekiel*, 474.
183 Block, *Beyond the River Chebar*, 190.

지기 방의 존재는 성전 구역에 들어오려면 그만큼 엄격한 거룩이 요구된다는 사실을 가르쳐준다. 종말에 새 언약 백성이 성전에 들어가 예배하기 위해서는 문지기 방에서 검열을 통과해야 하며 이를 위해 항상 거룩한 삶을 살아야 한다는 교훈이다(42:20).

참고로 구약에서 직사각형 모양의 치수를 셀 때는 짧은 길이를 너비(רֹחַב/로하브)로, 긴 길이를 길이(אֹרֶךְ/오레크)로 표현한다. 그리고 단순히 어떤 물체의 좌우 길이를 표시할 때는 너비를 뜻하는 "로하브"라는 단위를 사용한다. 문지기 방의 경우에는 정사각형이기 때문에 너비(로하브)와 길이(오레크)의 수치가 같다.[184]

문지기 방 사이에는 벽이 있는데 그 벽의 길이는 5척이다. 그리고 문지기 방들을 모두 지나치면 다시 문 통행로(긴 문지방)가 나오는데 그 길이는 6척이다(40:7). 이 문 통행로를 지나면 빈 공간이라는 상대적으로 넓은 공간이 나오고, 그 빈 공간을 지나면 바깥뜰을 바라보는 안 문(안쪽 현관문)이 나온다. 40:8에서 개역개정판 한글 성경은 안쪽 현관의 길이가 "한 장대"(6척)라고 번역했지만 이 구절의 구문론적 구조를 보면 "한 장대를 가지고 안쪽 현관을 측량했다"라고 번역하는 것이 옳다.[185]

40:9은 안 문의 현관(אוּלָם/울람) 크기를 언급한다. 여기서 안 문은 바깥뜰 동문에서 바깥뜰과 직접 닿아 있는 안쪽의 문을 가리킨다. 그래서 외부 동문에서 들어온 자는 바깥뜰을 바라보는 이 안 문 앞에 놓여 있는 현관을 통과하여 바깥뜰로 진입한다. 안 문의 현관 길이(너비)는 8척이라고 되

---

184 한편 개역개정판 한글 성경은 너비(로하브)와 길이(오레크)라는 표현을 일관되게 사용하지 않아서 아쉬움을 준다(40:49 참조).

185 Cook, *Ezekiel 38-48*, 117-118.

어 있는데 이는 안 문 입구의 좌우 길이가 8척이라는 뜻이다. 이어 안 문의 문 벽은 2척이라고 말한다. 여기서 "문 벽"에 해당하는 히브리어는 문기둥을 뜻하는 "아일"(אַיִל)이다. 그래서 문 벽은 문 양쪽에서 문기둥 역할을 하는 벽을 의미한다. 이렇게 되면 전체적으로 안 문 입구의 좌우 길이는 8척이고, 안 문 옆의 문기둥 역할을 하는 문 벽 두께는 2척임을 알 수 있다.

40:11에서 개역개정판 한글 성경이 "그 문 통로를 측량하니"라고 번역한 말은 자칫 오해를 일으킬 수 있다. 여기서 "문 통로"는 안 문 현관에서 안으로 이어지는 빈 공간을 가리킨다. 그래서 이 부분을 히브리어 본문에 충실하게 번역하면 "그 문의 열린 곳"이다.

이 빈 공간은 너비 10척, 길이 13척의 직사각형이다(40:11). 이런 구조를 고려할 때 외부 동문으로 들어온 통행자는 문지기 방들을 통과하면서 어느 정도 넓은 공간에 이르게 됨을 알 수 있다. 그래서 일단 정결함을 유지한 통행자가 검문을 통과하면 편안한 공간 안에서 하나님과 교제하는 기쁨을 누리게 된다는 사실을 깨달을 수 있다.

40:12에서는 동문 안에 있는 문지기 방에 다시 초점을 맞춘다. 문지기 방은 너비 6척, 길이 6척의 정사각형 모양이고 각 방 앞에 1척 높이의 경계벽이 있다. 개역개정판 한글 성경은 "간막이 벽"으로 번역했지만 경계벽으로 번역하는 것이 더 옳다. 경계벽은 문지기 방 입구에 놓여 있어 방의 경계를 표시하는 기능을 한다.

문지기 방 앞에 문이 없고 단순히 경계벽이 있다는 것은 문지기 방의 문지기들이 성전 구역으로 들어오는 통행인들을 철저하게 통제한다는 의미다. 또한 문지기 방 앞에 놓인 경계벽은 중앙을 향해 튀어나와 중앙 입구를 좁아지게 함으로써 통행자들이 천천히 통행로를 통과하게 한다. 그래서 문지기가 통행자를 주의 깊게 관찰할 수 있게 해준다.[186] 이런 점에서 문지기 방의 구조는 성전 구역 안에 들어오는 사람들을 상대로 철저한 검문이 시행된다는 것을 보여줌으로써 통행자들에게 경각심을 주고 있다.

40:13-15은 바깥뜰 동문을 구성하는 전체 건축물에 시선을 돌려 그 크기가 너비 25척, 길이 50척의 직사각형임을 보여준다. 바깥뜰 동문의 외부 입구에서 안 문까지 길이가 50척이고 그 좌우는 25척이라는 것이다. 바깥뜰 동문으로 들어오면 동문 정면의 너비는 6척이며 그 후 6척 길이의 문 통행로(문지방)를 지나면 좌우에 너비 6척, 길이 6척의 정사각형 문지기 방이 북남으로 놓여 있다. 좌우로 너비를 합산하면 6척+(6척×2)=18척이 된다. 동문 건축물의 전체 좌우 너비는 25척이기 때문에 25척에서 18척을 뺀 7척이 동문 건축물을 감싸는 외벽의 두께가 된다. 이렇게 되면 동문의 전체 좌우 너비는, 통로 입구 너비(6척)+좌우 문지기 방의 너비(6척×2)+외부 좌우벽 두께(3.5척×2)의 합으로 25척이라는 계산이 나온다.

바깥뜰 동문 입구에서 안 문까지의 전체 길이는 50척이다(40:15). 왜 50척이 되는지를 설명하면 다음과 같다. 바깥뜰 동문의 입구에서 안으로 들어오는 문 통행로의 길이(6척)+문지기 방의 길이(6척×3=18척)+문지기 방의 사이벽 길이(5척×2=10척)+안 문의 빈 공간까지 문 통행로 길이(6척)+빈 공간의 길이(10척)의 합을 계산하면 50척이 되기 때문이다.

40:14은 개역개정판 한글 성경에서 "그가 또 현관을 측량하니 너비가 스무 척이요 현관 사방에 뜰이 있으며"라고 번역했는데 이 번역은 뜻을 알기 어렵다. 이 구절에 해당하는 히브리어 원문(마소라 본문)을 충실히 번역하

---

[186] Cook, *Ezekiel 38-48*, 119.

면 다음과 같다.

그는(하나님) 문 벽(문기둥)들을 (총) 60척 길이로 만드셨다. 그리고 그 문 벽
들은 사방에서 모두 바깥뜰과 닿아 있게 했다.

이렇게 번역하면 40:14에서 언급된 문 벽들은 바깥뜰의 동문, 북문, 남문에
있는 각 안 문의 문 벽들뿐 아니라 안뜰의 동문, 북문, 남문에 있는 각 입구
의 문 벽을 모두 가리킨다. 그래서 이들 문 벽은 총 여섯 개이고 이들의 합
이 60척임을 말한 것이 된다. 그러면 각 문 벽의 길이는 총 10척이라는 계
산이 나온다. 이를 토대로 바깥뜰 동문의 안 문 좌우에 위치한 문 벽의 길
이를 계산하면 각각 5척임을 알 수 있다. 그 결과 바깥뜰 동문 건축물에서
바깥뜰을 바라보는 안 문(현관문)의 경우 두께 2척과 길이 5척의 문 벽이 안
문 좌우에 길게 늘어서 있음을 알 수 있다.[187]

앞서 바깥뜰 동문 건축물의 좌우 너비는 25척이라고 했다. 그래서 바
깥뜰 동문 건축물의 안 문을 바라보고 그 좌우 너비를 계산하면, 안 문의
좌우 너비(8척)+안 문의 좌우 문 벽(5척×2=10척)+외부 좌우벽(3.5척×2=7척)
을 합산하여 25척이 되는 것을 알 수 있다.

끝으로 40:16은 동문 안에 있는 창과 장식들을 묘사한다. 먼저 동문 안
에는 외부에서 문지기 방으로 향하는 닫힌 창이 있다. 여기서 "닫힌 창"이
라는 말은 문자 그대로 창이 닫혀있다는 뜻이 아니다. "닫힌"에 해당하는

---

187 나중에 설명하겠지만 안뜰의 문은 바깥뜰의 문과 달리 층계를 올라 문 입구에 서면 바로 현
관문과 현관이 나오는 구조다(40:34).

히브리어는 동사 "아탐"(אָטַם)의 수동 분사형이다. 이 동사의 정확한 의미는 알 수 없지만 격자와 틀이 있다는 의미로 해석하는 것이 가장 설득력 있다.[188] 그래서 문지기 방에 연결된 창은 격자로 되어 있어 항상 빛이 드는 창으로 보인다. 이 창은 문지기 방을 비출 뿐 아니라 문지기 방 양쪽에 있는 사이벽을 비추어 결국 문 내부를 환하게 한다. 또한 현관문(안 문)의 좌우에도 창이 있다. 이 창의 숫자를 계산하면 도합 열 개다.

40:16에서 개역개정판 한글 성경이 "문 안 좌우편에 있는 벽 사이에도 창이 있고"라고 번역한 것은 오역에 가깝다. 이 부분을 히브리어 원문에 근거해서 충실히 번역하면 "그 창은 문지기 방 좌우에 있는 사이벽도 향하여 문 안의 내부를 비춘다"가 된다. 바깥뜰 문의 외부벽에 창들이 존재하여 문 안으로 많은 빛을 전달하기 때문에 바깥뜰 문을 통행하는 이들은 자신의 부정함을 숨길 수 없음을 일깨워주는 말씀이다.[189]

마지막으로 현관문(안 문) 좌우의 문 벽(문기둥)에 종려나무가 새겨져 있다는 묘사가 나온다(40:16b). 종려나무 장식은 바깥뜰 모든 문의 현관문 좌우 문 벽에 동일하게 새겨져 있다(40:26).[190] 종려나무는 성전 건물의 내부를 치장하는 장식이기도 하다(41:18). 이로써 바깥뜰 문들이 성전 건물의 일부라는 암시를 주고 있다.

---

188 Cook, *Ezekiel 38-48*, 121.
189 Allen, *Ezekiel 20-48*, 230.
190 Cook, *Ezekiel 38-48*, 122.

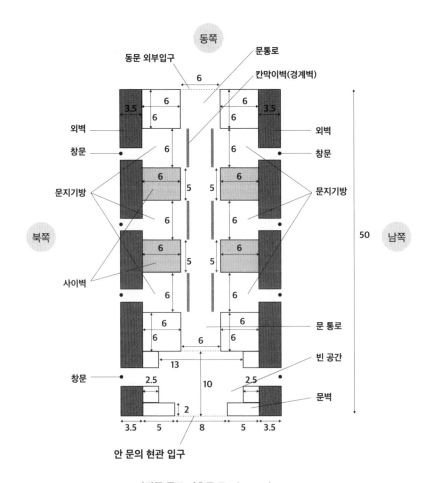

바깥뜰 동문 건축물 구조(50X25)

② 바깥뜰(40:17-19)

40:17-19은 바깥뜰 안으로 들어와서 보면 담벼락들 삼면에 박석이 깔려
있고 깔린 박석 위에 총 서른 개의 방이 있다고 말한다. 서른 개의 방은 성
전 건물 삼면에 3층으로 쌓여 있는 서른 개의 방을 연상시켜(41:5-6) 바깥

뜰도 성전의 일부라는 인상을 준다. 본문은 바깥뜰의 경우 일반인들이 자유롭게 들어올 수 있다고 말한다(46:9).[191]

③ 바깥뜰 북문과 남문(40:20-27)

다시 40:20-27은 바깥뜰 북문과 남문에 초점을 맞춘다. 이 북문과 남문은 동문과 마찬가지로 문 통로(문 통행로)에서 바깥뜰을 바라보는 현관문까지의 길이가 50척이다(40:15-16). 결국 북문과 남문이 동문과 동일한 구조로되어 있음을 보여 줌으로써 바깥뜰을 둘러싼 문을 통과하여 바깥들로 들어오는 과정이 매우 엄격하며 아무나 들어올 수 없음을 각인시켜주고 있다.

바깥뜰 문의 안쪽 현관문(안 문)들은 각각 안뜰의 입구 문과 마주보고있다. 즉 바깥뜰 동문의 안쪽 현관문은 안뜰의 동문 입구와 마주보고 있고, 바깥뜰 북문과 남문의 안쪽 현관문은 안뜰 북문 입구와 안뜰 남문 입구를바라보고 있다. 이때 바깥뜰 문들의 안쪽 현관문과 안뜰 문들의 입구까지의 길이는 100척이다. 이렇듯 정교한 구조는 하나님이 계시는 성전 구역이정교하고 균형이 잘 맞는 곳임을 보여줌으로써 성전으로 지어져가는 백성도 하나님의 정교하고 균형 있는 뜻을 좇아 살아가야 함을 교훈해준다.

본문은 바깥뜰 문들의 안쪽 현관문 좌우 문 벽(현관 통로를 형성하는 좌우벽) 위에 종려나무가 그려져 있음을 다시 상기시킨다(40:16, 26). 한편 성전의 외전(성소)과 내전(지성소)을 치장하는 널판자에는 종려나무뿐 아니라 그룹 모양이 새겨져 있다(41:18-19). 이런 점에서 성전은 바깥뜰 문들보다 더화려하게 장식되어 있음을 알 수 있다. 어쨌든 바깥뜰 문들도 성전의 모양

---

191 Odell, *Ezekiel*, 491.

인 종려나무로 꾸며진다는 사실은 바깥뜰 담벼락으로 둘러싼 성전 구역 전체가 성전으로 기능한다는 암시로 이해할 수 있다.

(3) 안뜰과 성전 건물 구역과 서쪽 건물 구역(40:28-41:15a)

이 단락은 성전 구역에서 바깥뜰을 제외한 내부 구역을 소개한다. 내부 구역은 안뜰, 성전 건물 구역, 그리고 성전 건물 구역 뒤에 위치한 서쪽 건물 구역이다. 나중에 드러나지만 이들은 각각 100척의 정사각형 모양이라는 공통점이 있다(40:47; 41:12-15). 이로써 하나님이 거하시는 성전이 정확한 규격으로 일관되게 정돈된 곳임을 보여준다.

① 안뜰(40:28-47)

이 단락은 안뜰로 들어가는 문들과 안뜰을 소개한다. 바깥뜰은 일반 백성이 들어갈 수 있지만 안뜰은 사독계 제사장과 수종 드는 레위인만 들어갈 수 있다.[192] 에스겔서는 안뜰을 둘러싸는 벽을 언급하지 않기 때문에 바깥뜰에서 안뜰을 볼 수 있는 것으로 추정된다.[193] 그렇다면 일반 백성이 바깥뜰로 들어오는 북문이나 남문을 통해서 절기에 참석하여 제사장들이 제사드리는 모습을 직접 볼 수 있었다는 추론이 가능하다(46:9). 이런 모습은 일반 백성도 하나님 앞에서 제사장이라는 통찰을 준다. 이런 통찰을 통해 종말에 새 언약 백성 모두가 왕 같은 제사장이 됨을 깨달을 수 있다.

안뜰로 들어가는 남문, 동문, 북문에는 각각 여덟 개의 층계가 있다

---

192 Block, *Beyond the River Chebar*, 190.
193 Duguid, *Ezekiel*, 474.

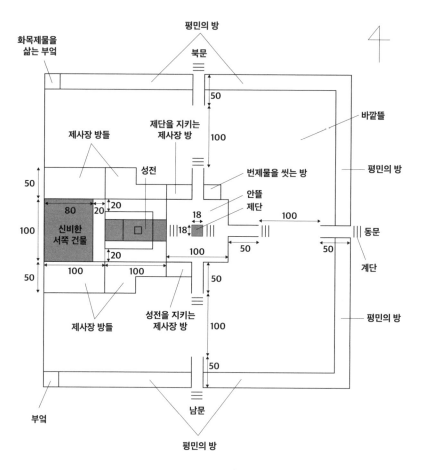

성전 구역(Temple Comlpex)
(500x500)

(40:31, 34, 37). 이를 통해 바깥뜰에서 안뜰로 들어오면서 점점 고도가 높아
진다. 이런 높이의 차이는 성전 안으로 들어갈수록 더욱더 거룩함이 증가
한다는 것을 지형적 변화로써 보여주고, 아울러 성전 구역이 에덴동산처럼
산 모양이라는 것을 확인해준다.

안뜰 북문의 구조를 보면, 바깥뜰에서 올라가는 층계, 현관문(북문), 현관문 안쪽에 있는 현관, 그리고 안뜰로 나가게 하는 안 문으로 구성되어 있다. 안뜰 북문 주위에는 번제물을 씻는 방과 희생제물을 잡는 상이 있다(40:38-43). 번제물을 씻는 방은 북문 벽 곁에 위치한다(40:38). 그리고 번제와 속죄제와 속건제의 희생제물을 잡기 위해 탁자와 같은 상(테이블)이 북문 현관 안의 좌우에 각각 네 개씩 배치되어 있다. 그리하여 총 여덟 개의 상이 희생제물을 위해 사용됨을 알 수 있다(40:39-43).

북문 현관 안에 위치한 상(테이블)에서 잡는 희생제물의 종류는 번제와 속죄제와 속건제다(40:39). 일반적으로 레위기의 5대 제사에는 이들 제사 외에 소제와 화목제가 들어가므로 소제와 화목제 세물을 생략한 것은 의외다. 하지만 번제와 속죄제와 속건제는 그 희생제물을 제사장과 레위인이 직접 잡아 바로 제단에서 태워야 했기 때문에 제단에서 가까운 북문에서 잡아야 했다. 반면 화목제는 일반 백성이 제물을 직접 잡아 가져올 수 있는 제사였기 때문에 여기서 생략된 것이다. 그리고 소제는 곡식 제사로서 희생제물을 잡는 제사가 아니므로 언급되지 않은 것이다.

40:44-46은 북문과 남문의 안 문 밖에 각각 두 개의 방이 있다고 말한다. 즉 북문 곁에 있는 방과 남문 곁에 있는 방이다. 북문 곁에 있는 방은 제단을 지키는 제사장이 사용하고 남문 곁에 있는 방은 성전을 지키는 제사장이 사용한다. 이로써 안뜰은 사독계의 제사장만 들어올 수 있고 일반 백성이 들어올 수 없다는 것을 일깨워서 안뜰이 바깥뜰과 구별됨을 보여준다.[194]

마지막으로 안뜰의 크기를 말하고 그 안에 제단이 있음을 언급한다

---

194 Duguid, *Ezekiel*, 475.

(40:47). 안뜰은 길이가 100척이고 너비도 100척인 정사각형이다. 나중에 에스겔서는 성전 구역도 길이가 500척, 너비도 500척인 정사각형 구조임을 밝힌다(42:16-19). 정사각형 구조는 예루살렘 성읍의 구조에서도 다시 등장한다(48:15). 성전 구역과 예루살렘이 모두 정사각형 구조라는 것은 예루살렘이 성전의 역할을 한다는 암시로 볼 수 있다.

안뜰에는 제단만 놓여 있다. 이 제단은 18척×18척의 정사각형 모양이다(43:13-17). 안 뜰에 물두멍이 있다는 말이 없으므로 제단에서 제물을 드린 제사장은 바로 성전 안으로 들어갈 수 있음을 알 수 있다. 그리하여 종말의 성전이 이전의 성전보다 제사장이 더 접근하기 쉽다는 것을 내비친다. 이는 메시아의 대속적 희생을 통해 성전으로 지어져가는 종말의 백성이 이전보다 더 쉽게 하나님을 가까이할 수 있다는 의미다.

② 성전 건물 구역(40:48-41:11)

40:48-41:11은 성전 건물이 위치한 성전 건물 구역(100척×100척)을 설명한다. 성전 건물 구역은 안뜰의 서쪽에 위치한다. 성전 건물 구역의 중앙에는 성전 건물이 동서로 길게 늘어져 있고, 성전의 현관문은 동쪽을 바라보고 있다. 성전 건물은 현관(אוּלָם/울람)(40:48), 성전(הֵיכָל/헤칼)의 외전(41:1), 성전의 내전(פְּנִימָה/페니마)(41:3)이라는 삼중 구조로 되어 있다.[195] 여기서 외전은 성소를 의미하고 내전은 지성소를 가리킨다. 한편 문맥에 따라 성전을 뜻하는 "헤칼"이 외전만을 가리킬 수도 있다. 또한 내전은 지성소를 뜻하는 "코데쉬"(קֹדֶשׁ)로 불리기도 한다(참조. 41:21).

---

195 Joyce, "Ezekiel 40-42," 21.

Ⓐ 성전 앞 현관

먼저 40:48-49은 성전 현관(울람)에 초점을 맞춘다. 성전 현관 앞에 놓인 현관문에 들어서면 좌우에 문 벽(아일)이 있고, 그 문 벽의 길이는 양쪽 모두 5척이며 문 벽의 두께(너비)는 3척이다(40:48). 그래서 길이 5척, 너비 3척의 문 벽이 좌우에 있음을 알 수 있다. 또한 현관문 안의 중앙에 서서 좌우를 보면 문 벽 앞에 기둥들이 각각 서 있다(40:49).

현관문을 통과하면 너비 12척(70인역에 따름)과 길이 20척의 현관(울람)으로 들어서게 된다(40:49). 개역개정판 한글 성경은 이 부분을 "너비 스무 척이요 길이는 열한 척"이라고 번역했는데 여기서 "너비"로 번역된 히브리어는 "오레크"로서 시실 길이를 뜻한다. 그리고 "길이"로 번역된 히브리어는 "로하브"로서 너비를 뜻한다. 이는 거꾸로 번역한 것으로서 너비 11척(한글 성경에 따름)과 길이 20척으로 교정해야 한다.[196]

여기서 너비가 11척이라는 부분도 문제가 있다. 70인역을 보면 너비가 12척으로 기록되어 있는데 성전 건물 전체 구조를 고려할 때 70인역이 더 정확한 기록이다. 이렇게 되면 성전 현관 안의 공간은 너비 12척, 길이 20척의 직사각형 모양임을 알 수 있다. 길이가 20척이고 너비가 12척인 현관 안의 공간은 솔로몬 성전의 현관 치수와 차이가 난다.[197] 솔로몬 성전의 현관(울람)은 너비가 10척, 길이가 20척이다(왕상 6:3).

40:49에서 개역개정판 한글 성경이 "층계"로 번역한 부분은 그리스어 번역본인 70인역을 따라 읽으면 "열 개"라는 뜻이다. 그래서 성전 현관문

---

196 Cook, *Ezekiel 38-48*, 145.
197 Sweeney, *Reading Isaiah*, 201.

으로 올라가는 층계가 열 개의 계단으로 되어 있음을 알려준다.[198] 이로써
바깥들 문, 안뜰 문, 그리고 성전 현관까지 각각 일곱 개의 층계, 여덟 개의
층계, 열 개의 층계를 밟고 올라가야 함을 알 수 있다.

⑪ 성전의 성소와 지성소

41:1-11은 성전 앞에 놓인 현관문과 현관을 통과하면 나타나는 외전인 성
소와 내전인 지성소의 모습을 묘사한다. 외전인 성소(헤칼)의 입구 안으로
들어섰을 때 입구 좌우에 문기둥 역할을 하는 문 벽이 있다. 입구 중앙 안
에 들어와서 좌우에 있는 문 벽을 바라보고 치수를 재면 문 벽의 길이는 각
각 6척이고(41:1), 문 벽 옆의 너비는 5척이다(41:2). 그리하여 길이 6척, 너
비 5척의 직사각형 모양을 한 문 벽이 동서로 길게 서 있음을 알 수 있다.[199]
외전 입구에서 6척 길이의 문 벽을 지나치면 외전의 내부가 나타나며 외전
내부는 너비 20척, 길이 40척의 직사각형 모양이다(41:2).

　본문은 이어서 지성소인 내전의 치수를 다룬다(41:3-4). 41:3에서 개
역개정판 한글 성경은 내전 입구의 치수에 대해 애매하게 번역했다. 이 구
절에서 "문 통로의 벽"으로 번역된 히브리어는 "아일"로서 입구에 들어섰
을 때 입구 좌우에 있는 문 벽을 뜻한다.[200] 그래서 입구 안으로 들어갔을
때 좌우 벽의 너비가 각각 2척임을 말해준다. 또한 41:3은 "문 통로가 여섯
척"이라고 말하는데 이 구절에서 "문 통로"로 번역된 히브리어는 단순히

---

198 Block, *Beyond the River Chebar*, 187.

199 41:1-2에서 개역개정판 한글 성경은 문기둥 역할을 하는 문 벽의 치수를 잴 때 한결같이 너
　　비로 표현하여 독자들에게 혼동을 주고 있다. 이는 너비를 뜻하는 히브리어 "로하브"가 단순
　　히 길이를 의미할 수 있다는 사실을 외면한 번역이다.

200 Cook, *Ezekiel 38-48*, 148.

입구를 가리키는 말이다. 내전 입구의 좌우 길이가 6척이라는 뜻이다. 이로써 좌우 폭이 6척인 내전 입구를 통과하여 내전 안으로 들어가기 위해서는 2척 길이의 문 벽을 통과해야 함을 알 수 있다.

내전의 내부는 너비 20척, 길이 20척의 정사각형이다(41:4). 이로써 성전 현관 입구의 좌우 길이는 14척, 외전 입구 좌우 길이는 10척(41:2), 내전 입구의 좌우 길이는 6척으로 판명된다(41:3). 그리하여 성전 안으로 깊숙이 들어올수록 입구가 좁아지는 것을 알 수 있다.[201] 이는 성전 안으로 들어가기 위해서는 더욱더 엄격한 수준의 정결함이 요구됨을 의미한다.

ⓒ 성전 건물 벽을 둘러싼 골방들

41:5-11은 성전 벽을 둘러싼 골방들을 언급한다. 먼저 성전 벽의 두께가 6척이라고 말하는데(41:5), 여기서 높이를 말하고 있지 않아 기본적으로 성전 건물과 외부의 구분이 모호하다. 그렇다고 성전 외벽이 없다는 뜻은 아니다. 다만 성전 외벽의 높이를 말하지 않으므로 성전 건물이 이전과 달리 사람들의 유입을 쉽게 허용한다는 인상을 주고 있다. 이를 통해 종말의 성전에서는 하나님과 백성 간의 관계가 더욱 긴밀하다는 신학을 전한다. 성전 벽 삼면은 3층으로 된 골방들이 둘러싸고 있다. 각 골방의 길이는 4척이고(41:5), 6척 높이의 지대 위에 세워져 있다(41:8).

골방은 3층으로 되어 있고 그 숫자가 총 서른 개여서 바깥뜰 담벽 안에 있는 일반 백성을 위해 마련된 서른 개의 방을 연상시킨다(41:6). 이로써 일반 백성이 머무는 서른 개의 방이 사실 성전의 서른 개의 방과 같은 의미

---

201 Duguid, *Ezekiel*, 476.

임을 암시한다. 그리하여 종말에 일반인들도 하나님의 성전에 쉽게 접근할 수 있다는 신학을 제공해준다.

41:9은 골방을 둘러싸는 바깥벽을 언급하면서 골방들 주위에 바깥벽이 있고 이 바깥벽을 통해 성전의 내전과 외전이 보호를 받는다는 것을 보여준다. 이 바깥벽의 두께는 5척이고 이 바깥벽과 골방 사이에 빈터가 있다. 이곳은 골방과 바깥벽 사이의 완충 지대로서 사람들이 골방과 골방을 쉽게 이동하도록 만든 공간처럼 보인다.

이 바깥벽으로 나오면 삼면으로 너비 20척 되는 뜰이 놓여 있다 (41:10). 즉 성전 건물 북쪽과 남쪽, 그리고 성전 건물 뒤의 서쪽에 너비 20척, 길이 100척인 직사각형의 뜰이 있는 것이다. 한편 개역개정판 한글 성경이 이 구절을 "성전 골방 삼면에 너비가 스무 척 되는 뜰이 둘려 있으며"라고 번역한 것은 오역에 가깝다. 이를 히브리어 원문에 충실하게 번역하면 "제사장 방들 사이와 성전 건물 주위에 너비가 스무 척 되는 뜰이 있다"가 된다.[202]

개역개정판 한글 성경이 "골방"으로 번역한 히브리어 "리쉬카"(לִשְׁכָּה)는 성전 건물 벽에 붙어 있는 골방이 아니라 제사장 방들을 가리키는 말이다(42:1).[203] 이 방들은 42장에서 자세히 언급되는데 이에 따르면 제사장 방들은 바깥뜰에 위치하고 성전 건물 구역의 경계와 맞닿아 성전 건물 구역 북쪽과 남쪽에 있다. 다시 말해 바깥뜰의 성전 건물 구역 북쪽과 남쪽에 위치하여 성전 건물 구역을 바라보는 구조물이다.

---

202 Cook, *Ezekiel 38-48*, 156.
203 개역개정판 한글 성경은 단순히 "골방"으로 번역하여 성전 건물에 붙어 있는 골방으로 해석하도록 유도하지만 NIV는 정확히 "제사장의 방"으로 번역하고 있다.

이런 정보를 고려하면 41:10은 제사장 방들과 성전 건물 사이에 너비 20척과 길이 100척 되는 뜰이 있음을 보여준다. 성전 건물 구역은 너비 100척, 길이 100척의 정사각형 모양이다(41:13-14). 그리고 성전 건물 구역 안에 있는 성전 건물은 동서로 길게 뻗어 있는 직사각형 구조(60척×100척)다. 그러므로 성전 건물의 북쪽과 남쪽에 각각 너비 20척과 길이 100척의 직사각형 뜰이 동서로 길게 자리하고 이 뜰의 북쪽과 남쪽에는 제사장 방들이 있다는 것이다. 이렇게 되면 성전과 성전에 붙어 있는 골방과 바깥뜰을 포함한 성전 건물의 전체 크기는 너비 60척, 길이 100척이라는 계산이 나온다.

한편 41:10은 성전 건물 주위에 너비 20척, 길이 100척의 뜰이 있다고 말하고 있기 때문에 성전 건물의 북쪽과 남쪽 외에 서쪽에도 뜰이 있다는 것을 보여준다. 나중에 논의하겠지만 이 서쪽 뜰은 서쪽 건물 구역에 속한다(41:12). 어쨌든 성전 건물의 삼면에는 동일한 크기의 뜰이 놓여 있어 성전 건물의 거룩을 보호해주는 모양새다. 이런 뜰은 성전 건물을 둘러싸는 목초지일 가능성이 농후하다. 이는 예루살렘 성읍이 목초지인 "미그라쉬"(מִגְרָשׁ)로 둘러싸이는 것과 같은 이치다(48:15). 이로써 이 성전이 목초지로 둘러싸인 예루살렘 성전과 같은 역할을 한다는 암시를 준다.

정리하면 성전 건물의 북쪽, 남쪽, 서쪽에는 너비 20척, 길이 100척의 뜰이 있어 성전을 보호하면서 성전의 거룩을 돋보이게 한다.[204] 이런 구성은 정확한 수치로써 성전의 거룩성을 드러내어 하나님의 완벽함과 빈틈없음을 보여주고 있는 셈이다. 그러므로 이런 구성을 본 사람은 그동안 자신

---

204 Allen, *Ezekiel 20-48*, 233.

이 하나님의 거룩하고 빈틈없는 뜻을 따르지 않았던 것을 기억하고 부끄러워할 것이다(43:10). 결국 이런 완벽한 성전 건물의 구조를 통해 오늘날 성전으로 지어져가는 성도는 하나님의 완벽한 계획과 뜻에 따라 살아야 한다는 교훈을 얻을 수 있다.

41:11은 성전에 붙어 있는 골방과 그것을 둘리썬 바깥벽 사이에 있는 빈터를 언급한다. 이 빈터의 모습이 어떤 것인지는 모르지만 아마도 성전의 높은 지대로 올라가기 위한 경사로로 추정된다.[205] 빈터의 너비는 5척이다. 빈터는 성전 건물 북쪽과 남쪽에만 있어 이 빈터를 통해 북쪽과 남쪽에 위치한 바깥벽 밖으로 나갈 수 있다. 남쪽 바깥벽과 북쪽 바깥벽에는 각각 한 개의 문이 있어 이 문을 통해 빈터에서 밖으로 나가기도 하고 빈터로 들어가 골방으로 향할 수도 있다. 한편 성전 건물의 서쪽에 붙어 있는 골방은 빈터 없이 바로 바깥벽과 붙어 있다.

성전 건물 구역이 100척×100척이고 성전 건물 구역의 북쪽과 남쪽에 각각 20척×100척의 뜰이 있기 때문에, 성전 건물 구역 안에 있는 성전 건물의 크기는 너비 60척, 길이 100척임을 알 수 있다. 이를 구체적으로 계산하면 다음과 같다. 성전 건물의 내부는 너비가 20척이다(41:2, 4). 또한 성건 건물 벽의 두께는 6척이기 때문에 양쪽을 합하면 12척이 된다(41:5). 이어 골방을 둘러싼 바깥벽의 두께가 5척이다(41:9). 그리고 이 바깥벽과 성전 건물 벽 사이에 골방과 빈터가 있다. 골방의 너비는 4척이고(41:5) 빈터의 너비는 5척이다(41:11).[206] 수식으로 표현하면, 성전 건물 내부 너비(20척)+성

---

205 Cook, *Ezekiel 38-48*, 156.
206 Block은 골방과 바깥벽 사이에 위치한 빈터를 고려하지 않고 성전 건물에 붙어 있는 모든 골방이 골방을 둘러싼 바깥벽과 바로 붙어 있는 구조로 이해했다. Block, *Beyond the River Che-*

전 건물 벽 두께(6척×2)+성전 건물에 붙어 있는 골방(4척×2)+골방 앞에 빈터(5척×2)+빈터를 둘러싼 바깥벽(5척×2)으로서 총 60척이 된다.

이제 성전 건물의 길이를 계산해 보자. 계단을 올라 현관문 입구에 들어서면 좌우 양쪽에 문 벽이 나오는데 이 문 벽은 너비 3척, 길이 5척의 직사각형 모양이다. 이 직사각형은 현관문에서 현관을 향해 동서로 길게 서 있다. 따라서 현관문 입구에서 현관 안까지 길이는 5척이라는 계산이 나온다(40:48). 이 5척의 문 벽을 지나면 12척 너비(70인역에 따름)의 현관을 통과한다(40:49). 이제 성소(외전) 입구의 문 벽을 지나야 하는데 이 문 벽은 길이 6척, 너비 5척의 직사각형으로서 동서로 놓여 있다(41:1-2). 따라서 외전 입구에서 외진 안까지의 거리는 6척이다. 이 6척 길이를 지나면 40척 길이의 외전(성소) 안이 나오고(41:2) 내전(지성소)의 문 입구에 다다르게 된다.

내전 문 입구의 양쪽에 있는 문 벽은 길이 7척, 너비 2척이다(41:3). 두께 2척의 문 벽을 지나면 내전 안에 들어오게 되는데 내전의 크기는 너비 20척, 길이 20척의 정사각형 모양이다(41:4). 또한 성전 건물 벽의 두께는 6척이다(41:5) 이를 합산하면, 현관문 문 벽(5척)+현관(12척)+외전 입구의 문 벽(6척)+외전(40척)+내전 문의 문 벽(2척)+내전(20척)+성전 건물 벽 두께(6척)로서 총 91척이 된다.

성전 건물 서쪽 끝 외벽에는 골방이 붙어 있는데 이 골방의 너비는 4척이다(41:5). 그리고 골방을 둘러싼 바깥벽의 두께는 5척이다(41:9). 성전 건물 서쪽에는 골방과 골방을 둘러싼 바깥벽 사이에 5척 너비의 빈터가 없고 대신 골방이 바깥벽에 바로 붙어 있다. 따라서 성전 건물 서쪽의 골방과

---

bar, 191.

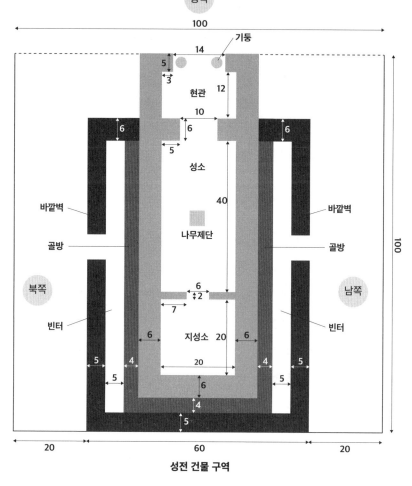

바깥벽의 너비를 합하면 9척이 된다. 그래서 앞의 91척에 이 9척을 더하면 성전 건물의 총 길이는 100척이라는 계산이 나온다.

정리하면 성전 건물의 전체는 너비 60척, 길이 100척의 직사각형 모습이고 그 좌우에 너비 20척, 길이 100척의 뜰이 있다. 그리하여 성전 건물 구역은 뜰까지 포함하여 너비 100척, 길이 100척의 정사각형 모양이 된다는 것을 알 수 있다.

③ 서쪽 건물 구역(41:12-15a)

41:12-15은 성전 건물 뒤에 있는 서쪽 건물 구역(100척×100척)을 설명하는 내용이다. 이로써 성전 구역의 내부 구역은 안뜰, 성전 건물 구역, 서쪽 건물 구역의 삼중 구조로 되어 있음을 발견할 수 있다. 성전 건물 서쪽에 위치한 서쪽 건물 구역에는 너비 20척, 길이 100척의 직사각형 모양 뜰이 있고 그 뜰 서쪽으로 신비한 서쪽 건물이 있다(41:12). 여기서 뜰로 번역된 히브리어는 "기즈라"(גִּזְרָה)로서 "분리를 위한 공간"이라는 뜻이다. 이미 41:10은 성전 건물 북쪽, 남쪽, 서쪽에 너비 20척의 뜰이 있다고 말했는데 41:12에서 처음으로 그 뜰이 "기즈라"임을 밝히고 있다.

너비 20척, 길이 100척의 뜰 뒤로 신비한 서쪽 건물이 놓여 있다. 이 건물의 크기는 너비 70척, 길이 90척이고 사방 벽의 두께는 5척이다. 벽의 두께까지 포함하면 서쪽 건물의 전체 크기는 너비 80척, 길이 100척의 직사각형 모양이다.[207] 그러므로 여기에 너비 20척, 길이 100척의 뜰을 추가하면 서쪽 건물 구역 전체는 너비 100척, 길이 100척의 정사각형 모양임을 알 수 있다.

41:13-15은 성전 건물 구역과 서쪽 건물 구역, 그리고 안뜰의 크기가 각각 너비 100척과 길이 100척의 정사각형임을 확인해준다. 41:13에서 개역개정판 한글 성경이 "성전"으로 번역한 히브리어 표현은 "집"으로서 현

---

207 Allen, *Ezekiel 20-48*, 232.

관을 포함한 성전 건물을 가리킨다. 이 구절에 따르면 현관에서 시작해서 성전 건물 끝까지의 길이는 100척이다. 이어 성전 건물 구역의 앞면도 100척이라고 말하여, 성전 건물 구역의 전체 크기가 길이 100척, 너비 100척임을 보여주고 있다(41:14).

한편 41:14에서 개역개정판 한글 성경은 히브리어 원문을 그게 오역했다. 이 구절을 원문에 충실하게 번역하면 "성전 건물 앞면의 너비와 성전 건물 좌우에 있는 뜰(기즈라)의 너비를 측량하니 100척이다"라는 뜻이다. 다시 말해 성전 건물을 동쪽에서 바라볼 때 성전 건물 앞면의 너비는 60척인데 여기서 좌우에 너비 20척의 뜰이 포함되어 성전 건물 구역의 앞면 전체가 100척임을 말하고 있는 것이다. 이어 성전 건물 구역 앞에 위치한 안뜰의 너비도 100척이라고 말하여 안뜰도 너비 100척, 길이 100척의 정사각형임을 보여주고 있다(41:14).

41:15은 성전 건물 뒤에 있는 서쪽 건물의 너비에 다시 초점을 맞춘다. 서쪽 건물은 길이 100척, 너비 80척의 직사각형 모양으로 북남으로 길게 놓여 있는 건축물이다. 이 서쪽 건물의 북쪽과 남쪽 끝에 회랑이 있다. 41:15에서 개역개정판 한글 성경이 "회랑"이라고 번역한 히브리어 "아티크"(אַתִּיק)는 그 뜻이 분명하지 않지만 일반적으로 발코니 모습의 통행로로 추정한다.[208] 이것이 맞는다면 서쪽 건물의 북쪽과 남쪽 끝에 움푹 들어간 발코니가 있다고 말할 수 있다.

정리하면 에스겔서는 안뜰, 성전 건물 구역, 서쪽 건물 구역의 세 구역이 동일하게 너비 100척, 길이 100척의 정사각형 모양임을 보여준다. 그리

---

208 Holladay, *A Concise Hebrew and Aramaic Lexicon of the Old Testament*, 31.

고 성전 건물의 북쪽, 남쪽, 서쪽에 너비 20척, 길이 100척의 직사각형 모양의 뜰이 동일하게 있어 성전의 거룩을 보호하고 있음을 알게 한다. 이런 정교함은 하나님의 온전하심과 완벽하심을 교훈한다. 그리하여 성전으로 지어져가는 새 언약 백성은 하나님의 완벽하심을 깨닫고 자신들의 죄를 부끄러워할 것을 예고하고 있다(43:10).

(4) 성전 건물의 널판자 장식과 물품(41:15b-26)

41:15b-26은 성전을 장식하는 장식물, 성전 안에 있는 나무 제단, 그리고 성전 출입문의 구조를 설명한다. 과거에는 하나님이 임재하시는 장소인 언약궤가 내전인 지성소에 있었다(출 25:22). 하지만 종말의 성전에서는 내전(지성소)보다 외전(성소)에 하나님이 임재하시고 거기서 그분의 백성을 만나게 될 것임을 보여준다. 즉, 종말의 성전에는 언약궤가 없고 외전에 "여호와의 상"이라고 불리는 나무 제단이 놓여 있으며 이곳에서 하나님이 자기 백성과 더욱 긴밀한 교제를 나누실 것을 내비치고 있다(41:22).

① 널판자 장식(41:15b-20)

41:15b은 성전(혜칼)의 내부와 현관을 언급하며 시작한다. 먼저 41:16-20은 성전(혜칼)의 치장을 다룬다. 흥미롭게도 이중 41:16-17은 다음과 같은 수사적 구조를 갖는다.

서론. 성전(혜칼) 내부와 현관

A. 성전 내부와 외부: 창문의 외부 문지방, 창문, 창문에 연결된 발코니
   (41:16a)

B. 성전 내벽: 바닥에서 창문까지(41:16b)

A´. 성전 내부와 외부: 입구 천장에서 성전 내부 천장과 외부 천장까지 (41:17a)

B´. 성전 내벽과 외벽(41:17b)

41:15b에 언급된 "내전과 외전"에 해당하는 히브리어는 "성전(혜칼)의 내부"로서 외전과 내전을 포함하는 말이다.[209] 41:16에서 개역개정판 한글 성경이 "문 통로 벽", "닫힌 창", "회랑" 등으로 번역한 것은 사실 애매한 번역이다. 이 절을 원문에 충실하게 번역하면 다음과 같다.

창문의 문지방들, 격자가 있는 창문들, 창문 문지방 앞에 있는 삼중으로 움푹 들어간 발코니가 모두 널판자로 장식되어 있다. 또한 바닥에서 격자가 있는 창문까지도 널판자로 장식되어 있다. 한편 격자를 단 창문은 외부에서 볼 수 없도록 가려져 있다.

41:16에서 언급된 "문 통로 벽"은 문지방을 뜻하는 말로 외벽에서 창문으로 인도하는 창문의 문지방을 가리킨다. 외벽에서 창문의 문지방을 지나면 격자가 달린 창문이 나타난다. 이 창문은 주위에 3단계로 움푹 들어가는 발코니와 같은 구조물과 연결되어 있고 이 발코니는 성전 내부를 향한다. 발

---

209 한편 Cook은 이 구절에서 성전(혜칼)이 내전을 뺀 외전만을 가리킨다고 주장한다. Stephen L. Cook, *Ezekiel 38-48*, AYB 22B (New Haven, CT: Yale University Press, 2018), 161. 이것이 맞는다면, 성전 안에서 외전이 내전보다 더 화려하게 치장된다는 것을 알 수 있다.

코니 구조물은 창문 주위를 감싸는 틀로 기능한다.[210] 이 발코니는 창문에서 내부로 향할수록 커져서 성전 내부에 더 많은 빛이 들어오도록 한다.

41:16에 언급된 "회랑"은 이 발코니를 의미한다. 개역개정판 한글 성경이 "삼면에 둘려 있는 회랑"이라고 번역한 부분에서 "삼면"은 창문을 둘러싼 발코니가 3단계로 점점 크기가 커지는 구조임을 가리키는 말이다.[211]

또한 41:16에서 언급된 "닫힌 창"은 격자가 있는 창문을 뜻한다. 격자가 있기 때문에 외부 침입을 차단하면서도 내부로 항상 빛을 보내준다. 본문은 외부에서 창문까지 움푹 들어간 문지방, 격자 달린 창문, 그리고 창문에서 내부로 연결되는 발코니가 모두 널판자로 장식되어 있다. 또한 성전 내부의 바닥에서 창문까지의 벽도 널판자로 장식되어 있다.

한편 41:16의 후반부를 개역개정판 한글 성경은 "창은 이미 닫혔더라"로 번역했다. 하지만 여기서 창문은 격자가 달린 창으로서 닫고 열고 하는 창문이 아니기 때문에 이것은 오역이다. 히브리어 원문으로 읽으면 이 표현은 이 창문이 외부에서 볼 수 없도록 가려져 있는 창문임을 말해준다. 결국 성전의 창문은 외부와 연결된 긴 문지방과 내부와 연결된 발코니 사이에 있는 창문이므로 밖에서 쉽게 볼 수 없다는 것을 다시 확인시켜주고 있다.

41:17은 성전(헤칼) 내부의 장식을 다룬다. 이 구절에서 개역개정판 한글 성경이 "문 통로 위"로 번역한 히브리어 표현은 "입구 위"를 뜻한다. 이 구절을 원문에 충실하게 번역하면 다음과 같다.

---

210 Cook, *Ezekiel, 38-48*, 162.
211 Cook, *Ezekiel, 38-48*, 162.

(성전) 입구 위의 천장에서 성전 내부의 천장과 외부의 천장까지 널판자로 장식되어 있고, 성전 내부의 벽과 외부의 벽도 모두 널판자로 장식되어 있다.

41:17에서 언급된 "내전과 외전"에 해당하는 히브리어는 성전의 내부와 외부를 뜻하는 말로 이해해야 한다. 즉, 이 구절은 성전 내부 벽과 외부 벽이 모두 널판자로 장식되어 있음을 알린다.

이상의 관찰을 종합하면 성전(헤칼) 내부의 경우 내벽과 창문, 창문과 연결된 발코니, 그리고 천장이 널판자로 장식되어 있다. 또 성전 외부의 경우 외벽과 외부 지붕이 널판자로 장식되어 있다. 여기서 현관이 언급되지 않은 것은 성전을 이루는 외전과 내전이 현관보다 더욱 거룩하기 때문이라고 풀이할 수 있다.

다음으로 41:18-19은 성전을 장식하는 널판자의 문양을 다룬다. 널판자에는 그룹들과 종려나무가 새겨져 있다. 사람 얼굴의 그룹과 사자 얼굴의 그룹이 종려나무를 사이에 두고 서로 바라보는 모양이다. 그룹에 대한 언급은 에스겔 1장을 연상시키는데 1장에서 그룹들은 역동적이면서도 혼란스럽게 움직이는 모습으로 제시된 바 있다. 이와는 대조적으로 새 언약 체결로 회복이 이루어지면 그룹들이 성전에서 안정된 모습으로 정착하여 자기 자리를 지킨다는 것을 알 수 있다.

이전의 성전에서는 백성의 우상숭배로 인해 하나님이 그룹을 타고 떠나 혼란스러운 모습이 나타났다면 종말의 성전에서는 더 이상 혼란이 없고 하나님이 질서 속에서 백성 가운데 온전히 임재하신다는 것을 시사해준다. 한편 그룹은 안전과 보호를 상징하고 종려나무는 생명과 번영을 상징한다고도 볼 수 있다. 그러므로 그룹과 종려나무에 대한 언급은 종말의 성전에

거하는 사람이 안전과 생명과 번영을 누릴 것이라는 의미도 있다.[212]

끝으로 41:20은 성전 내부의 외전과 내전 입구가 바닥에서 천장까지 그룹과 종려나무가 새겨진 널판자로 장식되어 있음을 보여준다. 마지막의 "성전의 벽이 다 그러하다"는 말은 불필요하다. 이미 앞에서 성전의 내벽과 외벽이 널판자로 장식되어 있다고 진술했기 때문이다.

② 나무 제단과 성전 내부의 출입문들(41:21-26)

이 단락은 외전과 내전 입구에 있는 문설주, 외전에 있는 나무 제단, 그리고 외전과 내전의 문설주에 붙어 있는 출입문을 언급한다(41:21-25a).[213] 그리고 마지막으로 현관에 초점을 맞추어 설명한 후 내용을 마무리한다(41:25b-26).

41:21은 외전과 내전 입구에 출입문을 달 수 있는 문설주가 네모 모양임을 밝힌다. 이어 외전 안에 나무 제단이 있다고 진술한다(41:22). 나무 제단은 "여호와 앞의 상"으로 불리기 때문에 떡 상을 가리키는 것으로 보인다.[214] 원래 떡 상은 외전(성소)에서 하나님의 임재 안으로 들어오기 위해 이스라엘의 열두 지파가 하나님께 충성을 맹세하는 장치였다(참조. 레 24장).

또한 외전은 제사장이 지성소에 계신 하나님을 만나기 위해 들어오는

---

212 Block, *Ezekiel Chapters 25-48*, 558.
213 41:21-25a의 구조는 다음과 같다.
   A. 외전의 문설주와 내전의 문설주(41:21)
    B. 나무 제단(41:22)
      C. 외전과 내전에 있는 출입문(41:23)
   A′. 외전과 내전의 출입문마다 접는 두 문짝이 있음(41:24)
    B′. 각 출입문에 그룹과 종려나무가 새겨져 있음(41:25a)
214 Cooper, *Ezekiel*, 369.

장소였기 때문에 촛대와 향단이 있어야 했다. 향단은 제사장이 하나님을 직접 보면 죽기 때문에 향의 연기로써 하나님을 보지 못하게 하는 역할을 했다(레 16:12-13). 그리고 촛대는 제사장이 어두운 곳에서 그 빛을 통해 지성소에 계신 하나님을 희미하게 바라볼 수 있게 하는 기능을 했다.

그런데 에스겔서는 종말 성전의 외전에 촛대와 향단이 없고 떡 상만 있을 것이라고 말한다. 이는 종말에 새 언약 백성이 성전에서 하나님과 더욱 직접적으로 대면하며 긴밀한 교제를 나누게 될 것을 알려주는 신호다. 이 대목에서 새 언약 백성이 누리는 축복이 얼마나 큰지를 다시 실감하게 된다.

또한 지성소에 언약궤가 없다는 것에도 매우 큰 신학적 의미가 있다. 과거 하나님은 지성소 안에 있는 언약궤 위에 좌정하셔서 백성을 만나셨다. "거기서 내가 너와 만나고, 속죄소 위 곧 증거궤(언약궤) 위에 있는 두 그룹 사이에서 내가 이스라엘 자손을 위하여 네게 명령할 모든 일을 네게 이르리라"(출 25:22). 이 말씀은 성막 규례의 핵심으로서 언약궤에 계시는 하나님이 백성과 만나는 분임을 잘 보여준다.[215]

그런데 종말의 성전에는 언약궤가 없고 떡 상인 나무 제단만 있다. 이것은 종말에 하나님이 지성소의 언약궤에서 성소의 나무 제단으로 임재하신다는 것을 가르쳐준다. 하나님이 내전(지성소)에 나와 직접 외전(성소)에서 임재하여 백성과 만나실 것이라는 뜻이다. 떡 상은 이스라엘 백성을 상징하는 것이므로 이런 모습은 종말에 새 언약 백성이 하나님이 임재하시는

---

215 Longacre는 출 25-30장에 나오는 성막 규례의 담화 구조를 분석하여 출 25:22이 성막 규례의 목적임을 논증한다. Robert E. Longacre, "Building for the Worship of God: Exodus 25:1-30:10," in *Discourse Analysis of Biblical Literature: What It Is and What It Offers*, ed. Walter R. Bodine (Atlanta, Georgia: Scholars Press, 1995), 21-49 참조.

장소로 변형될 것이라는 의미를 내포한다.

정리하면 과거 성막에서 제단과 대칭을 이루는 곳이 언약궤였다면, 종말의 성전에서는 제단과 대칭을 이루는 곳이 떡 상(나무 제단)임을 알 수 있다.[216] 과거에는 하나님이 제단에서 속죄한 인간을 언약궤에서 만나주셨다면, 종말의 성전에서는 제단에서 속죄한 인간을 떡 상에서 만나주시는 모습으로 변하게 된다는 것이다. 이는 그만큼 백성과 하나님의 관계가 더욱 친밀해지고 둘이 더 가까운 교제의 기쁨을 누리게 될 것을 예고한다.

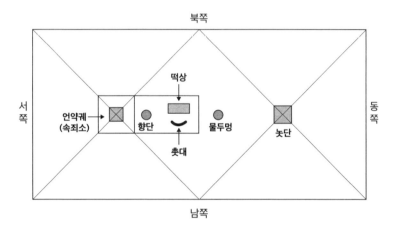

성막의 구조

---

216 T. D. Alexander, *From Paradise to the Promised Land: An Introduction to the Pentateuch*, 2nd (Grand Rapids, MI: Baker Academic, 2002), v.

41:23-24은 성전 안 외전과 내전의 입구에 있는 출입문을 언급한다. 이 출입문은 두 문짝으로 이루어져 있어 이전에 문 역할을 했던 휘장보다 내부를 더 쉽게 볼 수 있도록 해준다. 그리고 이 출입문에는 그룹과 종려나무가 새겨져 있다(41:25a).

41:25b-26은 처음으로 현관에 초점을 맞춘다. 개역개정판 한글 성경은 현관 앞에 나무 디딤판이 있다고 말하는데 "디딤판"으로 번역된 히브리어 "아브"(עָב)는 사실 그 의미가 분명하지 않다. 아마도 현관 입구 위에 수평으로 가로놓인 인방(기둥)이라고 추정된다.[217] 현관 내부 좌우 벽에는 격자가 있는 창이 달려있어 현관 내부를 비춘다. 한편 현관 내부의 좌우 벽에는 단순히 종려나무가 새겨져 있다고 말하여 그룹과 종려나무가 새겨진 널판자로 장식된 외전과 내전의 벽과 차이를 보여준다(참조. 41:18).

끝으로 이 단락은 성전 건물 바깥에 붙어 있는 서른 개의 골방과 디딤판에 대해서도 단순히 종려나무가 새겨져 있다고 말하며 마무리한다(41:26). 이 구절에서 "디딤판"으로 번역된 히브리어는 앞서 설명한 바와 같은 "아브"로서 골방을 둘러싼 바깥벽 입구 위에 수평으로 놓인 기둥을 뜻한다. 디딤판이 복수형으로 쓰였기 때문에 이 기둥들은 골방을 둘러싼 북쪽 바깥벽과 남쪽 바깥벽에 있는 출입구 위에 놓인 두 개의 인방(수평 기둥)을 지칭한다.[218]

---

217 Cook, *Ezekiel 38-48*, 164.
218 Cook, *Ezekiel 38-48*, 164.

(5) 바깥뜰과 바깥뜰 담벽 밖(42장)

42장은 다시 바깥뜰에 초점을 맞춘다.[219] 특별히 42:15 이후에는 바깥뜰 동문으로 나가서 성전 구역 담 주위를 살피는 모습이 나온다. 그래서 40-42 장은 바깥뜰 담으로 시작해서 바깥뜰 담으로 끝나는 구조가 된다.

① 바깥뜰(42:1-14)

42:1-14은 바깥뜰에 있는 제사장의 방들에 관한 내용이다. 이 제사장 방들은 바깥뜰에 있으면서 서쪽 건물 구역과 성전 건물 구역에 맞닿아 있다. 아쉽게도 42:1-14에 대한 개역개정판 한글 성경의 번역은 오역이 매우 심하여 해석하기가 난해하다. 또한 여기에 해당하는 히브리어 원문도 애매한 부분이 있어 이해하기가 쉽지 않다.

개역개정판에서 완전히 오역된 42:1을 히브리어 원문으로 보면 바깥뜰에 위치한 제사장 방들이 성전 건물 뒤의 서쪽 건물 구역을 마주보며 북쪽으로 세워져 있고 또 다른 제사장 방들이 성전 건물 좌우에 있는 뜰을 마주보고 북쪽에 세워져 있다는 말로 해석된다.

먼저 서쪽 건물 구역(100척×100척)의 북쪽에서 인접해 있는 제사장 방들은 길이 100척, 너비 50척 규모다(42:2). 이 방들은 3층으로 구성되어 있고 위층으로 올라갈수록 작아진다(42:3, 5).[220] 맨 위층인 3층의 방들은 "회랑"으로 번역된 통행로를 통해 서로 연결되어 있다(42:3). 이 방들의 문은 북쪽을 향해 있고, 방들 사이를 통행할 수 있는 길이 있는데 그 길이가 100

---

219 Joyce, "Ezekiel 40-42," 21.

220 Odell, *Ezekiel*, 496.

척, 너비는 10척이다(42:4).

제사장 방들 외에도 성전 건물 구역(100척×100척)을 마주보고 북쪽에 또 다른 제사장 방들이 있다(42:8). 이 방들의 크기는 성전 건물 구역을 향해서는 길이가 100척이고 바깥뜰을 향해서는 길이가 50척이다. 이 방들 아래에는 동쪽에서 들어오는 통행구가 있다(42:9). 이로써 제사장 방들이 서쪽 건물 구역과 성전 건물 구역을 마주보고 북쪽에 위치해 있음을 보여준다.

한편 제사장 방들은 북쪽에만 있는 것이 아니라 남쪽에도 동일한 구조로 세워져 있다. 즉 서쪽 건물 구역과 성전 건물 구역 남쪽에, 북쪽과 동일한 구조의 제사장 방들이 위치하고 있는 것이다. 그리하여 전체적으로 제사장 방들은 성전 구역의 내부 구역을 감싸는 모습을 보인다(42:10-12).

42:13-14은 제사장 방들의 용도를 설명한다. 이 방에서 제사장들은 소제와 속죄제와 속건제의 제물을 먹어야 한다(42:13). 그리고 제사장이 바깥뜰에 나갈 때는 성소에 들어가기 위해 입는 거룩한 의복을 제사장 방에 두고 가야 한다(42:14). 바깥뜰에 나갈 때 옷을 제사장 방에 두고 가야 한다는 말을 통해 3층에 위치한 제사장 방에서 바로 안뜰로 걸어 나갈 수 있었다는 것을 알 수 있다.

② **바깥뜰 담벽(42:15-20)**

끝으로 42:15-20은 에스겔이 놋 같이 빛나는 천사의 인도를 따라 바깥뜰 동문으로 나가서 바깥뜰 담벽을 측량하는 내용이다. 성전 구역의 담벽은 길이와 너비가 각각 500척인 정사각형 모양이다(42:16-19). 성전 구역 전체가 500척×500척 크기의 정사각형이라는 뜻이다. 그렇다면 어떻게 성전 구역의 동서 길이와 북남 길이가 각각 500척이 되는지를 살펴보겠다.

먼저 성전 구역의 동서 길이를 계산해 보자. 바깥뜰 동문 외부에서 동문 안 문까지의 길이는 50척이고 바깥뜰 동문 안 문에서 안뜰 동문 입구까지의 길이는 100척이다. 그리고 안뜰 동문의 길이는 50척이다. 안뜰 동문을 지나서 들어온 안뜰은 길이 100척, 너비 100척의 정사각형이다. 그리고 안뜰 서쪽에는 길이 100척, 너비 100척의 성전 건물 구역이 있다. 성전 건물 구역 서쪽에는 길이 100척, 너비 100척의 서쪽 건물 구역이 자리 잡고 있다. 따라서 동서 방향으로 이들 구조물과 땅의 길이를 합산하면, 바깥뜰 동문 전체 길이(50척)+안뜰 동문 입구까지의 거리(100척)+안뜰 동문 전체 길이(50척)+안뜰(100척)+성전 건물 구역(100척)+서쪽 건물 구역(100척)=500척이라는 계산이 나온다.

이제 성전 구역의 북남 길이를 계산해 보자. 성전 구역 안에 있는 안뜰의 길이는 100척, 안뜰 문의 길이는 50척, 안뜰 문이 마주하는 바깥뜰 문까지의 거리는 100척, 그리고 바깥뜰 문의 길이는 50척이다. 그리하여 안뜰의 북쪽과 남쪽에 있는 안뜰 문들과 바깥뜰 문들을 고려하면, 안뜰 길이(100척)+안뜰 문(50척×2)+바깥뜰 문까지의 거리(100척×2)+바깥뜰 문의 길이(50척×2)=500척이라는 계산이 나온다.

바깥뜰 담벽의 높이는 6척인데(40:5) 천사는 이 담벽의 목적이 "거룩한 것과 속된 것을 구별하는" 것이라고 말한다(42:20). 성전 구역은 하나님의 온전한 거룩을 드러냄으로써 성전을 보는 백성이 끊임없이 거룩한 것을 분별하며 살아야 한다는 교훈을 주고 있다. 성전으로 지어져가는 백성은 거룩을 위해 지속적으로 구별된 삶을 살아야 한다는 말씀이다.

이상의 내용을 정리하여 종말에 회복될 성전의 신학적 의미를 요약하면 다음과 같다. 첫째, 종말의 성전은 그 구조와 치수를 통해 하나님의 완벽한 속성을 드러낸다. 둘째, 종말에 백성이 하나님과 더욱 긴밀한 교제를 누린다는 것을 나타낸다. 셋째, 성전으로 지어져가는 새 언약 백성의 모습을 제시하며, 성전의 치수처럼 정교하고 완벽한 하나님의 뜻에 따라 살아야 한다는 교훈을 준다. 넷째, 성전으로 지어져가는 백성에게 끊임없이 거룩을 위해 분별하는 삶을 살 것을 촉구한다. 마지막으로 백성과 제사장의 경계가 모호함을 보여줌으로써 새 언약 백성이 제사장과 같은 존재로 변형될 것임을 일깨워준다.

2) 하나님의 영광이 성전에 돌아옴(43:1-12)

43:1-12은 성전의 정결 의식 없이 여호와의 영광이 성전으로 돌아오는 광경을 그린다(43:4). 하나님의 영광이 돌아온다는 점에서 확실히 이 성전은 천상에서 내려오는 완성된 성전은 아니다. 먼저 43:1-4은 그발강 환상과 예루살렘의 멸망 환상에서 에스겔이 본 것과 같은 하나님의 영광이 종말 성전의 동문으로 들어오는 광경을 묘사한다.[221] 예루살렘이 멸망하는 환상에서 에스겔은 하나님의 영광이 성전에서 나와 안뜰 동문에 머물다가 성읍 동쪽으로 떠나는 광경을 목도했다(10:19). 그런데 이제 하나님의 영광이 다시 안뜰 동문으로 들어오는 광경을 통해 새 언약 체결로 성전이 다시 회복된다는 것을 알리고 있다.

에스겔은 하나님의 영광이 돌아온 새 성전을 통해 백성과 함께 거하시는 하나님의 임재를 증거한다(43:6-9). 특별히 43:7에서 하나님은 에스겔에

---

221 Sweeney, *Reading Ezekiel*, 207.

게 새 성전의 의미를 다음과 같이 설명하신다. "인자야, 이는 내 보좌의 처소, 내 발을 두는 처소, 내가 이스라엘 족속 가운데 영원히 거할 곳이라. 이스라엘 족속 곧 그들과 그들의 왕들이 음행하며 그 죽은 왕들의 시체로 다시는 내 거룩한 이름을 더럽히지 아니하리라."

어떤 이는 죽은 왕들의 시체에 대한 언급이 죽은 왕들을 섬기는 조상숭배를 암시하는 것이라고 주장한다.[222] 하지만 여기서 왕들을 언급한 것은 34장에서처럼 유다가 타락한 원인이 왕과 같은 지도자들에게 있다는 사실을 밝히기 위해서다. 원래 왕은 백성들 앞에서 하나님의 형상의 모델이 되어 공의와 의를 수행할 의무가 있었는데(참조. 삼하 8:15) 이스라엘 왕들은 이를 제대로 수행하지 못했다. 따라서 에스겔서는 죽은 왕들의 시체를 언급하며 타락한 왕들처럼 살지 말 것을 경고하고 있다. 더욱이 43:7은 왕들이 음행을 했다고 말하여 그들이 영적으로 배교를 했음을 내비치고 있다.[223]

43:7에서 "왕"으로 번역된 히브리어는 "멜레크"(מֶלֶךְ)로서 군주를 뜻하는 "나시"가 아니다. 에스겔서에는 진정한 "멜레크"는 하나님이시며 이스라엘 왕은 군주인 "나시"라는 신학이 나타난다. 따라서 "왕"을 뜻하는 "멜레크"를 이스라엘 왕에게 사용한 것은 매우 의도적이다. 이러한 용법은 이스라엘 왕들이 하나님의 뜻을 따르는 군주로서 행하지 않고 스스로 "왕"처럼 행세했음을 보여준다. 그리하여 부정적이고 교만한 왕들로 인해 이스라엘이 멸망했음을 독자에게 각인시켜주고 있다.

---

222 Block, *Ezekiel Chapters 25-48*, 584.
223 Sweeney, *Reading Ezekiel*, 209.

하지만 종말의 성전에서는 더 이상 교만하고 음행한 왕들과 그들의 시체로 성전이 더럽혀져서는 안 된다고 본문은 경고한다(43:9). 이런 경고가 나온 것은 에스겔 40-42장의 성전이 여전히 완성을 향해 나아가고 있는 상태이기 때문이다. 여기서 종말에 성전으로 지어지고 있는 새 언약 백성은 끊임없이 교만과 우상숭배에서 떠나기 위해 애써야 한다는 교훈을 얻을 수 있다.

43:10에서 하나님은 에스겔에게 성전의 구조와 치수를 이스라엘 족속에게 알리라고 하신다. 이는 백성으로 하여금 자신의 죄를 돌아보고 부끄러움을 느끼게 하기 위함이다(43:10). 에스겔 36장은 새 언약이 체결되면 새 언약 백성이 자신이 죄를 부끄러워할 것이라고 말했다(36:32). 이로써 43:10은 포로 공동체를 포함한 새 언약 백성이 종말의 성전을 보고 자신의 죄를 돌아보며 부끄럽게 여길 것을 예고하고 있다.

그렇다면 새 언약 백성은 종말 성전의 모습에서 무엇을 보고 부끄러움을 느낄 것인가? 우선 에스겔서의 종말 성전은 과거 솔로몬의 성전보다 더 크고 더 영광스러울 것이다.[224] 그러므로 일차적으로는 종말에 영광스러운 성전이 자격이 없는 자신들에게 임하는 것을 보고 백성이 부끄러워할 것이다. 또한 앞서 말한 대로 한 치의 오차도 없는 성전 구조의 완벽성을 통해 온전하신 하나님의 속성을 보고 그렇지 못한 자신들의 죄를 부끄러워하며 한탄할 것이다. 덧붙여 종말의 성전에서 일반 백성이 하나님과 더욱 긴밀한 관계를 맺는다는 것을 보고 백성은 죄 많은 백성에게 그런 은혜를 주신 하나님의 사랑을 깨닫고 부끄러워할 것이다. 요약하면 영광스러운 성전

---

224 Odell, *Ezekiel*, 532.

은 새 언약 백성의 위상을 이미지화 한 것인데 하나님이 그런 은혜를 베풀어주시는 것을 본 새 언약 백성이 자기 죄를 돌아보며 부끄러워하게 된다는 것이다.

이렇게 부끄러워하는 자들에게 하나님은 에스겔을 통해 성전의 법을 가르쳐주라고 말씀하신다(43:11-12).[225] 여기서 하나님은 계속적으로 죄를 혐오하고 부끄러워하며 죄를 뉘우치는 자들에게 성전 규례들을 알게 하여 더욱 거룩한 삶을 살도록 인도하신다는 사실을 깨달을 수 있다. 이런 점에서 오늘날 성전으로 지어져가는 우리는 하나님의 법을 항상 마음에 새기고 그 법을 지키는 자가 되도록 힘써야 할 것이다.

---

225 Odell, *Ezekiel*, 499.

2.
성전 예배와 성전 구역 주위의 땅에 관한 규례(43:13-46:24)

이 단락은 성전 예배를 위한 제단 관련 규례에서 시작해 레위인과 제사장의 의무를 설명한 후 성전 구역을 보호하기 위해 거룩한 구역을 설정하라고 명령한다. 끝으로 제단 제사의 종류와 시기와 방법을 소개한다.[226] 이때 성전 예배를 위한 인물로 왕(나시)과 제사장이 크게 부각된다.

이 단락에 등장하는 제사법과 제사를 위해 정해진 날(모에드)에 관한 규례는 모세 오경의 제의법과 다소 차이가 있다.[227] 예를 들어 첫째 달 초하룻날의 제사(45:18; 민 28:11)나 절기를 지키는 날(45:18-25; 46:1-5; 민 28-29장)의 세세한 부분에서 차이가 난다. 또한 모세 오경은 레위인에게 도피성을 주도록 정하지만 에스겔서는 레위인에게 거룩한 구역의 한 부분을 차지하도록 할 뿐이다(45:5; 민 35:1-8).

제사법에서 에스겔서가 모세 오경과 차이가 나는 것은 새 언약 체결로 시작된 하나님 나라에서 제사가 이전 방식과 다르게 시행되기 때문이다. 새 언약 체결로 새 영을 받은 백성은 구약의 이전 제사와 다른 방식의 제사와 예배를 드리게 된다.

신약은 구약의 제사가 어린 양 예수 그리스도에 의해 성취되고 완성되

---

226 Odell, *Ezekiel*, 485.
227 Blenkinsopp, *Ezekiel*, 195.

었다고 선포한다. 따라서 에스겔서가 말하는 종말의 성전 예배는 예수 그리스도의 대속 제사를 예표한다고 볼 수 있다. 또한 에스겔서는 종말에 성전으로 지어져가는 새 언약 백성이 예수 그리스도가 성취한 희생제사에 참여하여 끊임없이 그 속죄의 은총을 누리는 자임을 보여준다고 할 수 있다. 43:13-46:24의 구조는 다음과 같다.

A. 제단에 관한 규례(43:13-27)

　B. 왕의 위상에 관한 짧은 언급(44:1-3)

　　C. 거룩한 성전을 지키기 위한 규례(44:4-9)

　　　D. 레위인과 제사장에 관한 규례(44:10-31)

　　C'. 거룩한 성전을 지키기 위한 거룩한 구역(예물) 설정(45:1-8)

　B'. 왕의 의무에 관한 짧은 언급(45:9-12)

A'. 제단에 바쳐지는 예물과 절기와 성회에 관한 규례(45:13-46:24)

1) 예배를 위한 번제단과 왕에 관한 규례(43:13-44:3)

이 단락은 종말의 성전에 하나님의 영광이 돌아온 후 성전 예배를 위해 세워지는 제단의 구성과 치수를 소개한다. 그리고 제단을 성결하게 하는 방법을 설명한 후(43:13-27), 왕(나시)의 새로운 위상을 보여준다(44:1-3). 왕은 바깥에서 안뜰 동문으로 들어와 문 현관에 앉아서 하나님과 교제할 수 있다(44:3).

　이로써 성전 예배에서 왕의 위상이 제사장의 위상과 같음을 드러내고, 종말의 성전에서 예배하는 자는 왕 같은 제사장이라는 신학을 보여준다.

여기 나오는 왕 또는 나시는 왕적 기능과 함께 제사장적 기능을 수행하는 메시아로 이해할 수도 있다.[228] 이를 신약과 연결하면, 종말에 새 언약 백성은 왕 같은 제사장이신 메시아와 연합하여 왕 같은 제사장으로 변형된다는 해석을 이끌어낼 수 있다(벧전 2:9; 계 5:10).

(1) 번제단 모양과 번제단 봉헌을 위한 제사 규례(43:13-27)

출애굽기에서 제단은 백성이 지성소에 좌정하신 하나님을 만나기 위해 반드시 거쳐야 하는 곳이었다(출 27:1-8).[229] 에스겔서도 성전 예배를 위해 필요한 제단의 구성과 봉헌에 제일 먼저 초점을 맞추고 있다. 이 단락은 번제단의 모양(43:13-17)을 소개하고 번제단의 봉헌을 위해 필요한 제사에 관하여 지침을 준다(43:18-27).

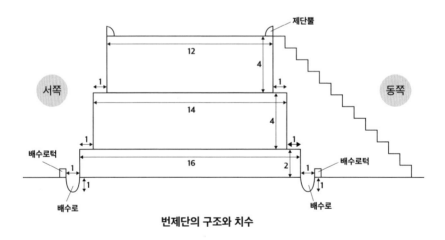

번제단의 구조와 치수

---

228 Block, *Beyond the River Chebar*, 170.
229 Blenkinsopp, *Ezekiel*, 213.

① 번제단의 구조와 치수(43:13-17)

먼저 43:13-17은 번제단의 구조와 치수를 소개한다. 개역개정판 한글 성경으로 읽으면 제단에 대한 묘사가 매우 애매해서 제단의 전체 그림을 도출하기가 쉽지 않다. 그러나 원문에 충실하게 해석해보면 제단이 매우 합리적이고 정교하게 구성되어 있음을 알 수 있다. 성전 안 제단의 존재는 여러 가지 신학적 의미가 있지만 그중 제일 중요한 것은 새 언약 백성에게 끊임없이 죄를 상기시키는 기능을 한다는 것이다.[230] 그래서 제단의 존재는 새 언약 백성이 하나님 나라의 완성을 위해 항상 죄를 기억하고 계속 성장해 가는 백성이라는 암시를 주고 있다.

전체적으로 번제단은 3층으로 설계되어 마치 3층 석탑과 같은 구조다. 제단 맨 밑에는 제단 옆을 둘러싸는 둥근 모양의 배수로가 있다. 배수로의 너비는 1척이고 깊이도 1척이다. 43:13에서 개역개정판 한글 성경은 이를 "밑받침"으로 번역했지만 이에 해당하는 히브리어 단어는 "가브"(גֵּב)로서 가운데가 움푹 들어간 둥근 모양의 배수로를 뜻한다. 배수로 옆에는 한 뼘 크기의 턱이 배수로 사방을 둘러싸고 있다. 이 턱은 제단에서 흘러나오는 피가 배수로를 넘어 흘러나가지 못하게 막는 기능을 한다.

땅에 닿은 이 배수로를 옆에 끼고 아래층 제단이 세워지는데 그 높이는 2척이다. 그 위에 세워지는 위층 제단은 높이가 4척이다. 위층 제단은 아래층 제단의 가장자리에서 1척 길이 정도 들어가서 세워지기 때문에 제단은 위로 올라갈수록 작아진다. 맨 꼭대기 층 제단은 위층 제단의 가장자리에서 다시 1척 안으로 들어가서 세워진다. 꼭대기 층 제단의 높이는 4척이다.

---

230 Cooper, *Ezekiel*, 382.

이처럼 종말의 성전에서 제단은 아래층 제단, 위층 제단, 꼭대기 층 제단의 3층 구조다. 이 3층 제단을 밑에서부터 재면 그 높이의 비율은 1:2:2다. 전체 제단은 위로 갈수록 작아지는 지구라트 모양이다.[231] 성전 구역이 점차 높아지는 산의 모양을 한 것과 마찬가지로 제단도 산 모양을 하고 있는 셈이다.

꼭대기 층 제단은 너비와 길이가 12척의 정사각형이고 그 맨 위 네 구석에는 네 개의 뿔이 있다. 꼭대기 층 제단 밑에 있는 위층 제단은 꼭대기 층 제단의 가장자리보다 1척이 더 길기 때문에 그 너비와 길이가 각각 14척인 정사각형임을 알 수 있다. 아래로 내려갈수록 가장자리가 1척씩 길어지므로 아래층 제단의 너비와 길이는 각각 16척이라는 추론이 가능하다. 또한 맨 아래층 제단 주위를 1척 길이의 배수로가 둘러싸고 있으므로 배수로를 포함하면 전체 제단의 면적은 18×18척이다.[232]

꼭대기 층 제단의 맨 위에는 땅에서 올라오는 계단이 놓여 있다. 이 계단은 동쪽을 향해 있고, 이곳을 통해 제단 맨 위로 올라온 제사장은 희생제물을 손쉽게 드릴 수 있다. 한편 이런 구조에서는 제사를 드리는 제사장이 뒤를 돌아볼 수 없기 때문에 종말의 성전에서 제사장은 온전히 하나님만을 섬기게 될 것을 시사해준다.[233]

231 Cook, *Ezekiel 38-48*, 194-195.
232 한편 Odell은 전체적으로 20척×20척의 크기라고 주장하는데 이것은 배수로 옆에 놓인 턱까지 포함한 수치인 것으로 보인다. Odell, *Ezekiel*, 502.
233 Odell, *Ezekiel*, 502.

② 번제단 봉헌(43:18-27)

이 단락은 번제단을 봉헌하기 위한 제사 규례들을 소개한다. 번제단 봉헌을 위해 드려지는 제사는 궁극적으로 하나님의 영광을 드러내기 위한 것이다(20:40-41; 37:26-28).[234] 종말의 성전 제사는 예배자를 통해 하나님이 영광받으시는 것이 목적이다. 이런 점에서 제단의 봉헌은 하나님께 영광을 돌리기 위한 첫걸음이라고 할 수 있다.

먼저 43:18-21은 번제단 봉헌에 관한 내용이다. 여기서는 먼저 번제단 봉헌을 위해 수소(파르)를 속죄제물로 드리고 그 피를 제단 맨 위의 네 뿔에 발라(נתן/나탄) 번제단을 정결케 해야 한다고 규정한다(43:20). 한편 레위기의 규례에서는 제사장 위임을 위해 제단을 봉헌할 때는 관유를 제단에 일곱 번 뿌리는 의식을 한다(레 8:11). 그다음에 속죄제로 수소(파르)를 드리고 그 피를 제단의 네 뿔에 바른(나탄) 다음 나머지 피는 제단 밑에 쏟는다(יצק/야차크)(레 8:15). 그러므로 레위기의 제단 봉헌과 에스겔서의 제단 봉헌이 서로 차이를 보인다. 이 차이를 도표로 표시하면 다음과 같다.

레위기 8장	에스겔 43:18-27
1. 관유를 제단에 일곱 번 뿌림 2. 속죄제물인 수소(파르)의 피를 네 개의 뿔에 바름(나탄) 3. 속죄제물인 수소의 피를 제단 밑에 쏟음	1. 수소(파르)의 피를 네 개의 뿔에 바름(나탄)

도표가 보여주듯이 에스겔서에 나타난 제단 봉헌 의식은 확실히 레위기 의식보다 간소화되어 있다. 종말의 성전 예배는 성전으로 지어져가는 새 언

---

234 Schwartz, "Ezekiel's Dim View of Israel's Restoration," 62.

약 백성을 겨냥한 것이다. 그런데 새 언약 백성은 예수 그리스도의 속죄로 인해 죄 사함을 받는 자들이고 종말의 성전 제사는 예수 그리스도의 대속 제사를 예표한다. 이런 맥락에서 에스겔서의 제단 봉헌식에서 제사가 간소화되는 것은 종말의 성전 제사가 상징하는 그리스도의 대속의 효력이 이전보다 더 강력하다는 증거로 이해할 수 있다.

한편 레위기에서 제단은 인간의 몸을 상징한다.[235] 죄를 지은 인간이 정결하게 되려면 자신의 몸에 피를 뿌리거나 발라야 한다. 하지만 그렇게 되면 희생제사를 드리는 사람은 피범벅이 될 것이다. 따라서 하나님은 대신 제단에 피를 뿌리거나 바르게 해서 인간의 죄를 속죄하게 하셨다.

또한 피는 인간의 욕구인 네페쉬를 상징한다(레 17:11). 그래서 제단에 피를 바르거나 뿌리는 것은 피로 상징되는 이기적 욕구를 인간의 몸인 제단에 드러나게 한다는 신학적 의미가 있다. 이기적인 욕구에는 하나님으로부터 숨으려는 속성이 있어서 하나님은 그런 이기적인 욕구를 제단(인간의 몸)에 드러내게함으로써 죄를 속하게 하셨다. 그러므로 속죄는 제단으로 상징되는 인간의 몸을 정결케 하고 거룩하게 한다는 것을 의미했다.

이런 속죄 신학을 고려할 때 에스겔서의 제단 봉헌식에서 정결 의식이 간소화된 이유는 종말에 성전으로 지어져가는 새 언약 백성의 몸이 예수 그리스도의 피를 통해 더욱 정결해지고 거룩해지기 때문이라고 이해할 수 있다. 종말에 성전 제단에 바르는 피는 새 언약을 체결하도록 이끄신 예수 그리스도의 피를 상징한다. 그러므로 새 언약 백성은 예수 그리스도의 희

---

235 Mary Douglas, *Leviticus as Literature* (Oxford, UK: Oxford University Press, 1999), 80 참조; Kiuchi, *Leviticus*, 285.

생의 피로 더욱 성결케 되어 그들을 위한 정결 의식이 이전보다 간소화된 것이다.

한편 종말의 성전 의식에서 제단을 정결케 하기 위해 드려진 속죄제물은 제사장이 먹을 수 없고 모두 성소 밖에서 태워야 한다(43:21). 레위기에서 속죄제물이 성소 밖에서 모두 태워지는 경우는 제사장의 죄나 이스라엘 온 회중의 죄를 속죄할 때다(참조. 레 4장). 그러므로 종말에 성전 제단을 봉헌할 때 속죄제물을 성소 밖에서 태워야 한다는 규정은 제단의 부정결이 궁극적으로 이스라엘 백성 전체의 죄에서 기인한 것임을 알려준다.

43:22-27은 제단 봉헌을 위해 7일 동안 매일 숫염소로 속죄제를 드리고 매일 수소(파르)와 숫양(아일)으로 번제를 드릴 것을 규정한다. 레위기 8장에서 제사장 위임을 위한 제단 봉헌식을 보면 제단을 정결케 하기 위해 7일 동안 매일 수소로 속죄제를 드려야 했다(레 8:33-34). 반면 에스겔서는 7일 동안 매일 숫염소를 드릴 것을 규례로 정함으로써 정결 의식이 간소화됨을 계속해서 보여준다.

종말의 성전 제단 봉헌을 위해서는 7일 동안 숫염소로 속죄제를 드리는 것 외에 7일 동안 수소(파르)와 숫양(아일)으로 매일 번제를 드려야 했다(43:24-25). 번제는 인간의 잠재된 이기적 욕구를 태운다는 의미로 드리는 제사이므로[236] 제단 봉헌을 위해 번제를 드린다는 것은 언뜻 이상하게 들릴 수 있다. 제단 자체가 이기적인 욕구를 가진다는 것은 말이 되지 않기 때문이다. 하지만 제단이 인간의 몸을 상징한다는 관점에서 보면 제단을 속하기 위해 번제를 드리는 것은 이상한 일이 아니다.

---

236 Kiuchi, *Leviticus*, 60.

43:25에서 개역개정판 한글 성경은 번제로 "어린 수송아지"를 드리라고 번역하여 43:23에서 번제로 수송아지를 드리라는 말과 차이를 보인다. 하지만 "어린 수송아지"로 번역된 히브리어는 "파르"로서 장성한 젊은 소인 수송아지(파르)와 같은 말이다. 그러므로 이 부분은 한글 성경의 아쉬운 번역이다.

(2) 왕의 위상에 관한 짧은 언급(44:1-3)

44:1-2은 여호와께서 바깥뜰 동문을 통해 성전으로 들어오셨기 때문에 바깥뜰 동문이 영원히 닫힐 것이라고 말한다(43:1-2; 44:2). 동문 외부 입구가 영원히 닫힌다는 것은 과거에 하나님의 영광이 동문을 통해 떠났던 기억과 무관하지 않다(10:19). 따라서 이는 종말의 성전에서 하나님의 영광이 동문을 통해 성전을 떠나는 일이 다시는 없을 것이라는 말로 이해할 수 있다.

그런데 예루살렘이 멸망할 때 하나님의 영광은 성전 앞 동문을 통해 떠났으므로 성전 안뜰 동문을 닫는 것이 더 논리적일 것 같다. 그래서 바깥뜰 동문을 닫는다는 말은 약간 어색한 느낌을 준다. 하지만 이런 어색함은 이전의 성전에서 바깥뜰은 성전 구역이 아니었다는 점을 고려하면 쉽게 해결된다. 종말의 성전에는 바깥뜰이 성전 구역에 포함되고 바깥뜰 동문이 있다. 그래서 예루살렘이 멸망할 때 성전 동문에서 떠났던 하나님의 영광이 성전 구역의 일부가 된 바깥뜰 동문으로 들어오게 된 것이며 이 동문이 영원히 닫힐 것이라고 말하고 있는 것이다.

한편 본문에 따르면 왕(나시)은 밖에서 문 현관 안으로 들어올 수 있다(44:3). 이 구절에서 언급된 문이 어떤 문인지 본문은 정확히 말하지 않는다. 하지만 바깥뜰 동문이 영원히 닫혔으므로 안뜰 동문을 가리킨다고 볼 수 있다. 실제로 46:1-2은 안식일과 초하룻날에 왕이 안뜰 동문 안으로 들어와서 제사장이 번제와 화목제 드리는 모습을 보고 하나님과 교제의 기쁨을 나눌 수 있다고 말한다(46:2, 12).

이처럼 왕이 안뜰 동문 현관에서 안뜰에서 드려지는 제사들을 바라볼 수 있다는 것은 왕의 위상이 전보다 더 높아진다는 것을 의미하며 종말에 왕이 거의 제사장과 같은 기능을 한다는 암시를 준다. 이전의 성전은 왕(나시)이 거하는 궁전의 한 부분으로 간주되었다. 하지만 종말에는 왕이 성전에 종속되어 제사 예배를 후원하고 거기에 적극적으로 참여하는 자로 제시되고 있다.[237]

이 왕(나시)의 정체에 대해 생각해볼 필요가 있다. 필자가 보기에 이 왕(나시)은 34:23-24에서 예언된 메시아의 이미지를 띤다. 물론 이런 주장에 반대하는 학자들도 있다.[238] 에스겔서는 미래에 나타날 메시아에게 "나시"뿐 아니라 "왕"을 뜻하는 "멜레크"의 칭호를 사용하고 있다(37:22, 24). 하지만 44장 이후에 "나시"로 표현된 왕이 메시아라고 단정하기는 쉽지 않다. 더욱이 에스겔 44장 이후에 언급되는 "나시"는 복수형으로도 등장한다(45:8).

그렇다고 이 나시가 메시아와 아무런 연관이 없다고 할 수는 없다. 종말의 성전에 등장하는 나시는 안뜰 동문 안에 들어올 수 있기 때문에 이전의 왕들과 차별화된다. 그리고 에스겔서는 분명히 종말에 메시아가 영원한 왕으로서 새 언약 백성을 통치한다고 예언했다(37:24-25). 이런 점들을 고려하면 종말의 성전 예배에 참여하는 나시를 메시아와 관련 없는 자로 볼

---

237 Renz, *Rhetorical Function of the Book of Ezekiel*, 121.

238 Ralph H. Alexander, *Ezekiel*, Expositor's Bible Commentary 6 (Grand Rapids, MI: Regency Reference Library, 1986), 996.

수는 없다. 필자는 에스겔 44장 이후에 등장하는 나시는 왕이면서 제사장이신 메시아를 예표한다고 생각한다. 이런 해석에 근거하여 복수형으로 등장하는 나시는 메시아로 인해 왕 같은 제사장으로 변형되는 새 언약 백성을 가리킨 표현으로 이해할 수 있다.[239]

나시는 안뜰 동문의 현관에 앉아 여호와 앞에서 음식을 먹을 수 있다(44:3). 46장에 의하면 안식일과 초하룻날에 닫혔던 안뜰 동문이 열리고 왕(나시)은 밖에서 안뜰 동문 현관 안으로 들어올 수 있다(46:1-2). 거기서 제사장이 번제와 감사제(화목제)를 드리는 모습을 볼 수 있고 화목제 제물을 먹는다. 왕(나시)이 자원하여 감사제(화목제)를 드릴 때도 마찬가지로 열린 안뜰 동문을 통해 현관 안으로 들어와서 앉을 수 있다(46:12). 이런 모습을 통해 종말에 나시는 백성을 대표하여 하나님과 교제의 기쁨을 나누는 자임을 알 수 있다.[240]

2) 성전의 거룩과 레위인과 제사장을 위한 규례(44:4-45:8)

이 단락은 성전에 접근할 수 없는 사람들을 명시하여 성전의 거룩을 강조한다(44:4-9). 성전 안뜰에 들어와서 제사를 집도하는 자의 자격을 보여줌으로써 성전 안에서 하나님과 교제의 기쁨을 누리는 자가 어떠해야 함을 교훈하고 있는 것이다. 끝으로 성전의 거룩을 보호하기 위해 성전 구역 주위의 땅에 어떤 사람이 거할 수 있는지를 규례로 제시하고 있다(45:1-8)

---

239 한편 Cooper는 이 나시가 메시아를 행정적으로 대표하는 관리라고 주장한다. Cooper, *Ezekiel*, 388.

240 Cooper, *Ezekiel*, 389.

(1) 거룩한 성전을 지키기 위한 규례(44:4-9)

이 단락은 과거에 백성이 성전에 이방인들을 들어오게 하여 성전의 거룩을 훼손했음을 질타한다. 그리하여 종말의 성전에는 마음과 몸에 할례를 받지 아니한 이방인이 들어올 수 없다고 선을 긋는다(44:6-9). 할례는 외형상 포피를 제거하는 의식이지만 영적인 면에서 인간 내부에 숨어 있는 이기적인 욕구를 발동하려는 모습을 제거하고 숨은 욕구를 온전히 하나님 앞에 드러낸다는 의미를 지닌다.[241]

이런 점에서 할례 받지 않는 자가 성전에 들어올 수 없다는 말은 종말의 성전에는 이기적인 욕구를 제거하는 자만 들어올 수 있음을 뜻한다. 성전으로 지어져가는 새 언약 백성은 이기적 욕구를 제어한 상태에서 하나님의 말씀을 준수하는 자라는 교훈이다.[242] 오늘날 성도는 이런 교훈을 명심하여 이기적인 욕구를 항상 경계하고 이를 제거하기 위해 노력해야 할 것이다.

(2) 레위인과 제사장에 관한 규례(44:10-31)

이 단락은 성전 안에서 봉사하는 레위인과 제사장의 역할을 다룬다. 레위인은 성전 건물 구역 안으로 들어와 봉사할 수 없지만 사독계 제사장들은 성전 건물 구역 안으로 들어와 안뜰의 제단과 성전에서 섬길 수 있다. 본문은 이런 구분을 통해 거룩한 성전에 접근하기 위해서는 더 수준 높은 정결이 요구됨을 일깨워준다. 종말의 성전으로 지어져가는 새 언약 백성이 하

---

241 Kiuchi, *Leviticus*, 217.
242 Sweeney, *Reading Ezekiel*, 213.

나님의 임재 안에 더 가까이 가기 위해서는 높은 수준의 정결을 유지해야
한다는 교훈이다.

① 레위인을 위한 규례(44:10-14)

이 단락은 레위인의 의무를 소개한다. 레위인은 성전 긴물 구역 안으로 들
어갈 수는 없지만 안뜰에 있는 문들에서 봉사하며 거기서 백성의 희생제물
을 잡을 수 있다. 다만 거룩한 성물인 지성물은 직접 만질 수 없다. 레위기
에 따르면 여기서 지성물은 안뜰에서 드린 속죄제와 속건제, 그리고 소제
중에서 제사장이 먹거나 취하는 제물이다(레 2:3; 6:17, 25; 7:1). 따라서 레위
인이 지성물을 직접 만질 수 없다는 말은 그들이 안뜰 안에 들어갈 수 없다
는 의미이기도 하다.

　레위인들이 안뜰 안에 들어가서 지성물을 만질 수 없는 이유는 그들이
우상을 섬겨 하나님을 멀리했기 때문이다(44:10). 이 진술은 아마도 과거 이
스라엘 백성이 산당에서 우상숭배를 할 때 레위인이 그것에 동조하여 백성
을 도운 일을 가리키는 것으로 추정된다. 반면 사독계 제사장들은 산당에
서 자행된 우상숭배에 연루되지 않고 예루살렘 성전에서 성전 제의에 집중
했던 것으로 보인다.

　한편 레위인이 안뜰 문에서 희생제물을 잡을 수 있다는 진술은 레위인
의 위상이 이전보다 높아질 것이라는 예고다.[243] 레위기 1-8장에 의하면 희
생제물을 잡는 사람은 제사를 드리는 일반 백성들이었다.[244] 하지만 에스겔

---

243 Renz, *Rhetorical Function of the Book of Ezekiel*, 125.
244 Jacob Milgrom, *Leviticus 1-16*, AB 3 (New York: Doubleday, 1991), 451-454.

44장은 레위인이 그 임무를 대신 수행한다고 말하고 있다. 이로써 레위인은 성전 안뜰에 들어올 수는 없었지만 그 위상은 이전보다 높아진다는 것을 알 수 있다.

② 사독계 제사장들을 위한 규례(44:15-31)

이 단락은 사독계 제사장들의 위상을 강조하고 그들에게 정결한 삶을 유지하는 방법에 관한 규례를 준다. 먼저 44:15-16은 사독계 제사장만이 안뜰에 들어가서 제단과 외전(성소)에서 섬길 수 있음을 확인해준다. 구체적으로는 사독계 제사장만이 희생제물의 지방(חֵלֶב/헬레브)과 피를 하나님께 드릴 수 있다고 규정한다(44:15).

레위기에서 지방은 콩팥과 함께 이기적인 욕구를 상징한다(레 3:3-5; 시 17:10; 73:7; 119:70; 욥 15:27; 사 6:10).[245] 그리고 레위기 17:11은 피에 "욕구"(네페쉬)를 뜻하는 생명이 있다고 말하여 피가 이기적인 욕구를 대표함을 알려준다. 그런 의미에서 동물 제사에서 지방과 콩팥은 반드시 태워야 했고 피로 상징되는 이기적인 욕구는 제단 사면에 뿌리거나 제단 밑에 쏟는 방식으로 처리해야 했다(레 3:4-5, 13; 4:7-8; 7:2-5). 이렇게 할 때 이기적인 욕구가 제거되고 속죄가 이루어지게 된다.

이런 레위기의 속죄 신학을 고려할 때 에스겔 44장에서 사독계 제사장이 지방과 피를 드린다는 말은 종말에 새 언약 백성이 계속해서 사함을 받고 거룩해지는 존재임을 깨닫게 한다. 에스겔서에서 제사는 속죄제와 번제,

---

245 Kiuchi, *Leviticus*, 79.

그리고 화목제에 집중되어 있다(45:13-46:15).[246] 이들 제사는 모두 동물 제사로서 지방과 피를 하나님께 드려 속죄를 한다는 공통점이 있다. 따라서 에스겔서의 제사는 성도가 계속해서 이기적인 욕구를 제어하는 일이 얼마나 중요한지를 상기시킨다.

앞서 말한 대로 종말의 제사들은 예수 그리스도의 내속의 희생을 예표한다. 따라서 종말의 성전 제사에서 사독계 제사장들이 동물의 피를 뿌려 이기적 욕구로 인한 죄를 사하는 모습은 오늘날 새 언약 백성이 예수 그리스도의 속죄의 은총으로 계속해서 죄 사함을 받고 이기적인 욕구를 제어해야 한다는 것을 교훈한다.

44:16에서 하나님은 제사장들이 "내 상"에 가까이 나아와 수종들어야 한다고 말씀하신다. 이 구절에서 "내 상"은 외전(성소) 안에 있는 나무 제단을 가리킨다(41:22). 나무 제단은 지성소를 포함하여 성전 안에 있는 유일한 물건으로서 떡 상을 뜻한다. 기존의 성전 떡 상에는 이스라엘의 열두 지파를 상징하는 열두 개의 떡이 놓여 있었기 때문에(레 24:5) 떡 상은 멀리 있는 하나님의 임재를 바라보며 충성을 맹세하는 이스라엘 백성을 상징했다. 그런데 종말의 성전에서는 하나님이 이 상을 직접 "내 상"이라고 말함으로써 떡 상이 상징하는 이스라엘에 임재하여 긴밀하게 교제하실 것을 암시하고 있다.

이어 44:17-31은 제사장의 정결한 삶에 대한 규례를 다룬다. 거룩한 성전에 접근하기 위해서는 삶이 정결해야 한다는 말씀이다. 이 소단락의 내용 전개는 다음과 같다.

---

246 Odell, *Ezekiel*, 514-515.

A. 성전과 성전 밖에서 제사장이 입는 옷에 관한 규례(44:17-19)

   B. 머리털을 밀거나 길게 하지 말고 깎기만 하라(44:20): 제사장은 하나님의 형상

      C. 성소에 들어갈 때 포도주를 마시지 말라(44:21)

         D. 과부나 이혼한 여인에게 장가들어 몸을 더럽히지 말라(44:22)

            E. 거룩한 것과 속된 것을 구별하고, 규례대로 재판하라(44:23-24)

         D′. 시체를 만져서 몸을 더럽히지 말라(44:25)

      C′. 시체를 만진 자는 성소에 들어가기 위해 속죄제를 드리라(44:26-27)

   B′. 여호와만이 제사장들의 기업(44:28): 제사장은 하나님의 소유

A′. 성전과 성전 밖에서 제사장이 먹는 음식에 관한 규례(44:29-31)

먼저 44:17-19은 제사장이 입는 옷에 관한 규례다. 제사장은 성전 안뜰로 들어올 때나 외전(성소)에 들어갈 때 가는 베 옷을 입어야 하고 성전 바깥뜰로 나갈 때는 그 베 옷을 제사장 방에 두고 다른 옷으로 갈아입어야 한다. 성전에서 섬기는 제사장이 거룩한 존재임을 돋보이게 하는 규정이다.

　제사장이 입는 하얀 색의 가는 베 옷은 순결을 상징한다.[247] 하얀 색의 가는 베 옷은 쉽게 더럽혀질 수 있기 때문에 제사장은 옷의 순결을 지키기 위해 힘써야 한다. 그러므로 가는 베 옷을 입는 제사장의 모습은 하나님의

---

247 Sweeney, *Reading Ezekiel*, 214.

임재 안에 들어가서 예배하는 자가 항상 순결을 유지하기 위해 힘써야 함을 교훈해준다. 오늘날 새 언약 백성은 예수 그리스도의 피로써 순결한 자로 인정받았다. 그렇지만 하나님의 임재 안의 삶을 지속적으로 누리려면 하얀 베 옷을 깨끗하게 유지하듯이 지속적으로 순결을 유지해야만 한다.

제사장은 머리털을 함부로 밀거나 기르지 말아야 한나(44:20). 에스겔서에서 머리털은 하나님의 형상의 영광을 상징한다. 따라서 에스겔서는 남유다가 바빌로니아에 포로로 잡혀가는 것을 머리털이 베여 하나님의 형상을 잃는 모습으로 그렸다(5:1; 레 21:5-6; 참조. 신 14:1). 이 점을 고려할 때 머리털에 대한 규례는 제사장이 하나님의 형상에 부합하는 삶을 살아야 한다는 교훈을 준다.

하나님의 형상을 닮은 존재는 왕 같은 제사장의 기능을 담당하여 공의와 의를 행하는 존재다. 이런 맥락에서 본문은 제사장이 성소에 들어올 때 포도주를 마시지 말라고 명령한다(44:21). 포도주를 마시지 말라는 명령은 하나님의 형상에 걸맞은 공의와 의의 삶을 방해하는 것을 막기 위한 것이다. 포도주를 먹으면 사리를 분별하지 못하여 공의와 의에서 벗어날 수 있기 때문이다(잠 31:4-9). 이 대목에서 우리는 하나님의 형상으로서 하나님의 임재 안에 지속적으로 머물기 위해서는 상황을 잘 분별하여 공의와 의를 행하는 것이 중요함을 깨달을 수 있다.

44:22은 제사장의 결혼 문제를 다룬다. 레위기를 보면 제사장은 이혼한 여자와 결혼할 수 없지만 과부와는 결혼할 수 있다고 규정했다(레 21:7, 14). 하지만 에스겔서는 이혼한 여자뿐 아니라 과부와도 결혼할 수 없다고 말한다. 다만 제사장의 과부와는 결혼할 수 있다는 예외를 둔다. 종말의 성전에서 섬기는 제사장에게 이전의 제사장보다 더 엄격한 규율이 적용되는

셈이다. 이는 왕 같은 제사장으로 거듭난 새 언약 백성이 이전보다 더욱 거룩한 삶을 살아야 한다는 것을 뜻한다.[248]

제사장이 과부나 이혼한 여자와 결혼하지 말아야 하는 이유는 분명하지 않다. 하지만 과부나 이혼한 여자는 기존의 인간관계에 얽혀 있기 때문에 제사장이 이런 이들과 결혼한다면 온전히 성전의 임무를 수행하기가 어렵기 때문이라고 설명할 수 있다.[249] 인간관계에 복잡하게 얽히다 보면 거기서 파생되는 이기적인 욕구에 자신도 모르게 물들어 하나님과 온전히 교제를 나눌 수 없다는 논리다. 그러므로 이기적인 욕구를 경계하는 차원에서 제사장은 과부나 이혼한 여자와 결혼할 수 없다는 규정이 주어졌다고 볼 수 있다.

한편 오늘날 새 언약 백성에게는 성령을 통해 이기적인 욕구를 끊임없이 경계할 수 있다는 이점이 있다. 따라서 오늘날 제사장의 직분과 유사한 일을 하는 교회 지도자들은 과부나 이혼한 여자와도 결혼할 수 있다. 하지만 그럼에도 항상 복잡한 인간관계에서 파생되어 나타나는 이기적인 욕구로 자신의 몸을 더럽히는 일은 경계해야 한다. 이 점은 왕 같은 제사장으로 세움 받은 일반 성도에게도 당연히 적용된다.

다음으로 44:23-24은 제사장의 정결한 삶을 위해 매우 중요한 내용을 담고 있다. 여기서는 제사장이 끊임없이 거룩한 것과 속된 것을 구분하면서 거룩을 추구해야 한다고 말한다(44:23). 또한 올바른 재판을 시행하여 공의와 의를 성취해야 한다고 교훈한다(44:24). 과거에 재판은 일반 백성이 담

---

248 홍성민, "에스겔 44장 17-31절 사독 제사장법의 목적과 기능", 「구약논단」 26/2(2020): 162.
249 Kiuchi, *Leviticus*, 394.

2. 성전 예배와 성전 구역 주위의 땅에 관한 규례(43:13-46:24) **517**

당하는 일이었으나[250] 종말의 성전에서 제사장은 일반 백성의 의무까지 담당하는 자로 제시된다. 이는 종말의 제사장이 백성을 대표하는 자임을 시사한다. 거꾸로 생각하면 종말의 새 언약 백성이 제사장과 같은 위치에 있다는 방증이다. 어쨌든 제사장은 공의와 의를 실현하기 위해 끊임없이 영적 분별을 하는 자다. 이 대목에서 오늘날 왕 같은 제사상의 지위를 가진 새 언약 백성은 끊임없이 영적 분별을 해야 한다는 귀중한 통찰을 얻을 수 있다.

제사장은 또한 죽은 자의 시체를 만져서는 안 된다(44:25-27). 동일한 규정이 레위기 21:1-4에도 등장한다. 레위기 문맥에서 죽은 자의 시체는 "죽은 네페쉬"로 표현되어 죽은 자의 모습이야말로 이기적 욕구(네페쉬)의 궁극적 모습임을 가르쳐준다. 이 때문에 레위기는 죽은 시체가 상징하는 이기적 욕구로 스스로를 더럽히지 않도록 제사장은 시체를 만질 수 없다고 규정한다.[251] 이와 비슷하게 에스겔서도 제사장은 시체를 만질 수 없다고 선언한다. 결국 이 말씀은 오늘날 제사장과 같은 위상을 얻게 된 새 언약 백성에게 이기적인 욕구를 경계하여 죄에서 떠난 삶을 살아야 한다는 교훈을 준다.

44:28은 제사장의 기업이 오직 여호와임을 상기시킨다. 종말에 왕 같은 제사장으로 거듭나는 새 언약 백성은 오직 여호와를 자신의 기업으로 삼고 그분만으로 만족하고 기뻐해야 함을 보여주는 말씀이다. 오늘날 많은 성도가 주님을 믿는다고 하면서도 실제로는 하나님으로부터 오는 기쁨보

---

250 Odell, *Ezekiel*, 511.
251 Kiuchi는 레 21장에서 언급된 죽은 시체가 단순히 육적인 죽음뿐 아니라 영적인 죽음도 의미한다고 주장한다. Kiuchi, *Leviticus*, 392.

다 세상의 쾌락을 더욱 추구하는 경향이 있다. 하지만 에스겔서는 제사장으로 창조된 새 언약 백성이 항상 하나님으로부터 궁극적인 기쁨을 추구해야 한다고 교훈하고 있다.

끝으로 백성이 바친 예물을 제사장이 먹는 것에 대한 규례를 다루며 단락이 종결된다(44:29-31). 제사장은 소제와 속죄제와 속건제의 희생제물의 고기를 먹어야 한다. 레위기는 수소(파르)로 속죄제물을 드리는 경우를 제외하고 모든 속죄제의 희생제물 고기를 제사장이 먹어 속죄를 완성해야 한다고 규정했다(레 7:30; 10:17). 그리고 숫양으로 드리는 속건제의 희생제물도 제사장이 먹어 속죄를 완성해야 한다고 말한다(레 7:6). 소제물도 속죄제와 속건세의 희생제물 고기처럼 지극히 거룩히여 제사장이 회막 뜰(안뜰)인 거룩한 곳에서 먹어야 한다고 명령한다(레 7:17).

이처럼 종말의 성전에서도 제사장이 거룩한 음식을 먹는 이유는 그것을 통해 자신도 거룩해지고 제사장이 대표하는 일반 백성도 거룩해질 수 있기 때문이다(레 10:17). 이것을 오늘날 왕 같은 제사장으로 지어져가는 새 언약 성도에게 적용하면 신약의 성도는 그리스도의 살과 피를 먹는 성례를 통해 계속해서 거룩함의 은총을 받아 누리는 자라는 통찰을 얻을 수 있다. 이런 점에서 교회에서 행해지는 성례를 과소평가해서는 안 된다.

정리하면 44:17-31에 언급된 제사장의 거룩한 삶에 대한 규례는 레위기에서 언급된 제사장의 거룩한 삶에 비해 더욱 엄격하고 거룩의 강도도 세다.[252] 이는 종말에 왕 같은 제사장으로 변형되는 새 언약 백성의 삶이 새

---

[252] 홍성민, "에스겔 44장 17-31절 사독 제사장법의 목적과 기능", 171. 여기서 홍성민은 에스겔서의 제사장법이 사독계열 제사장의 개혁을 위해 더욱더 거룩한 삶을 살도록 촉구하는 지침서라고 주장한다. 하지만 이것을 종말에 있을 제사장에 관한 규례로 이해할 수도 있다.

언약의 놀라운 은혜로 인해 이전보다 더욱 거룩할 수 있게 된다는 의미다. 이런 거룩한 삶은 인간의 노력과 의지가 아니라 전적으로 새 언약의 중보자이신 예수 그리스도의 대속의 은혜로 가능한 것이다. 특별히 오늘날 성도는 새 언약의 체결로 부어지는 성령을 통해 더욱더 거룩한 삶을 살 수 있게 되었다. 따라서 오늘날 새 언약의 수혜자는 이 점을 감사하게 생각하고 거룩을 좇는 삶을 실천하도록 애써야 할 것이다.

(3) 거룩한 성전을 지키기 위한 거룩한 구역(예물) 설정(45:1-8)

이 단락은 거룩한 성전을 보호하기 위해 성전 주위의 땅을 분배하는 것에 관한 내용이다. 먼저 성전 주위에 길이 25,000척, 너비 10,000척의 땅을 거룩한 땅으로 지정하고 그것을 예물로 드려야 한다는 말씀이 나온다(45:1). 예물로 드려진 거룩한 땅의 중앙에는 길이 500척, 너비 500척의 성전 구역이 자리 잡고 있다. 이 성전 구역 주위로는 또 다시 50척의 열린 공간이 둘러싸고 있다. 이로 인해 성전 구역은 사람들이 쉽게 접근할 수 있는 곳이 아님을 보여준다(45:2).[253]

결국 성전 구역을 감싸는 거룩한 땅은 성전 구역의 거룩을 유지하기 위해 드려지는 땅으로서 성전 구역의 거룩함을 수호하는 것이 얼마나 중요한지를 교훈해준다. 이 성전 구역을 둘러싼 거룩한 땅(25,000척×10,000척)은 제사장의 몫이기 때문에 제사장이 이곳에서 집을 짓고 살 수 있다(45:4)

이 단락에서 "예물"로 번역된 히브리어 단어는 "테루마"(תְּרוּמָה)로서 하나님께 바치는 거제를 뜻한다. 이 단어는 성전에 드리는 제사 예물을 말

---

253 Blenkinsopp, *Ezekiel*, 223.

할 때 다시 사용된다(45:13). 따라서 성전 구역을 감싸는 거룩한 땅은 하나님께 바치는 제물임을 알 수 있다. 제물이 된다는 것은 하나님 앞에서 자신의 이기적인 욕구를 제어하고 하나님과 교제한다는 의미를 내포한다. 그러므로 성전 구역 주위의 땅이 예물이 된다는 것은 그곳 역시 하나님의 임재 안에서 온전한 교제의 기쁨을 누리는 장소라는 암시로 이해할 수 있다.

제사장의 몫인 거룩한 땅의 남쪽에는 길이 25,000척과 너비 10,000척의 거룩한 땅이 자리하고 있다. 본문은 이 땅에 레위인이 거하게 될 것이라고 말한다(45:5). 이 땅도 예물(테루마)이라고 지칭함으로써 이곳이 하나님과 교제를 나누는 거룩한 땅임을 일깨워준다(45:7).

정리하면 제사장은 성전 구역을 둘러싼 거룩한 땅을 차지하며 제사장이 차지한 땅의 남쪽에는 레위인의 거룩한 땅이 있다. 이로써 길이 25,000척, 너비 10,000척인 제사장의 거룩한 땅과 길이 25,000척, 너비 10,000척인 레위인의 거룩한 땅이 거룩한 구역으로 정해진다. 이런 거룩한 구역의 설정을 통해 성전 건물의 거룩성을 수호하여 성전의 거룩함이 미래에는 결코 훼손되지 않을 것을 내비친다.[254]

거룩한 구역(25,000척×20,000척)의 남쪽에는 길이 25,000척과 너비 5,000척의 성읍(예루살렘) 기지의 땅이 놓여 있다(45:6). 하나님은 이 성읍 기지의 땅을 이스라엘 온 족속이 차지하게 하신다. 거룩한 구역(제사장의 땅과 레위인의 땅)과 성읍 기지로 삼은 땅의 좌우는 왕(나시)이 차지한다(45:7-8). 이 왕은 더 이상 백성을 압제하여 백성의 땅을 빼앗지 못할 것이다(45:8). 이런 말씀을 통해 미래에 새 언약 백성은 더 이상 압제를 당하지 않

---

254 Block, *Ezekiel Chapters 25-48*, 654.

고 하나님과 사람과의 관계에서 평강을 누릴 것을 암시해준다. 덧붙여 거룩한 구역 옆에 왕이 거한다는 것은 종말에 부여될 왕의 역할이 성전 예배에 초점을 맞추고 있음을 시사해준다.[255]

한편 성읍 기지와 레위인이 거하는 거룩한 땅과 제사장이 거하는 거룩한 땅의 비율은 1:2:2다. 이는 3층 구조로 이루어졌고 층별 비율이 1:2:2로 설계된 제단을 연상시킨다(43:13-17). 그리하여 성읍 기지와 거룩한 구역이 제단으로 상징되는 인간의 몸이라는 암시를 주고 있다.

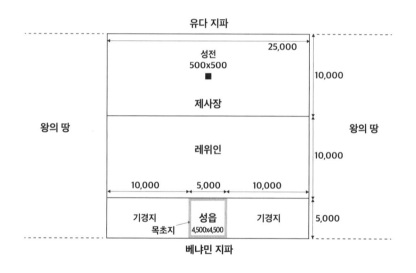

거룩한 구역과 성읍 기지를 합치면 총 길이 25,000척, 너비 25,000척인 정사각형 모양이다. 나중에 알게 되겠지만 성읍 기지 땅 안에 위치한 예루살렘 성읍도 길이 4,500척, 너비 4,500척의 정사각형 모양이다(48:15-16). 성

---

255 Duguid, *Ezekiel*, 517.

전 구역도 정사각형이고 성읍 기지와 거룩한 땅을 합친 구역도 정사각형을 이루며, 예루살렘 성읍도 정사각형이라는 사실은 이곳에 거하는 모든 사람이 성전이라는 암시로 볼 수 있다. 이런 맥락에서 요한계시록은 하늘의 예루살렘이 미래에 성전이 될 것을 예고한다(참조. 계 21장).

3) 왕(나시)의 규례와 예물과 절기와 규칙적 제사의 규례(45:9-46:24)

이 단락은 절기 및 정기적으로 드리는 제사와 관련해서 왕의 역할과 규례를 다룬다. 특히 제사로 표현되는 성전 예배의 진수를 보여줌으로써 종말에 나타날 새 언약 백성이 하나님을 어떻게 섬기게 될 것인지에 대한 귀중한 통찰을 준다. 이런 점에서 이 단락은 에스겔 40-48장의 핵심이라고 할 수 있다.

내용을 보면 이 부분은 왕(나시)의 의무를 다루는 내용(45:9-12), 절기와 규칙적 제사를 위한 규례들(45:13-46:15), 군주(나시)가 받는 기업에 관한 규례(46:16-18), 부록으로 백성의 예물(화목제물)을 삶는 장소에 관한 규례(46:19-24)로 구성되어 있다.

(1) 왕(나시)의 의무에 관한 짧은 언급(45:9-12)

45:9-12은 종말에 다스릴 이스라엘의 나시들에게 공정한 저울과 공정한 에바와 공정한 밧을 사용하여 공의(미쉬파트)와 의(체다카)를 실행하도록 촉구한다. 공의와 의를 강조하는 이유는 종말에 성전의 거룩함을 유지하기

위해서 공의와 의의 삶이 필요하기 때문이다.[256] 학개서는 성전의 거룩이 성전을 둘러싼 백성의 거룩과 불가분의 관계임을 교훈했다.[257] 이런 맥락에서 에스겔서도 거룩한 성전을 위해 왕과 왕으로 대표되는 백성이 공의와 의를 실천해야 함을 강조하고 있다.

(2) 제단의 예물과 절기를 포함한 성회에서 드리는 제사 규례(45:13-46:24)

45:13-46:24은 절기와 성회로 모일 때 드리는 제사 예배와 관련된 규례를 다룬다. 여기서 왕(나시)은 역할이 크게 강조되어 마치 예배 인도자와 같은 인상을 주고 있다. 구체적으로 종말의 성전에서 왕은 백성으로부터 예물을 받아 절기와 성회에서 드리는 제사를 책임지며(45:16, 22; 46:4) 화목제를 드릴 때 직접 안뜰 동문 현관에 들어가서 제사를 참관한다(46:2, 12). 이로써 본문은 종말의 성전 예배에서 왕이 백성을 대표하는 자라는 이미지를 강하게 부각시키고 있다. 이런 이미지는 거꾸로 백성이 왕 같은 존재임을 일깨워 준다.

이 단락의 특징은 종말의 성전 제사에서 화목제를 크게 돋보이게 한다는 것이다. 이는 종말의 성전 예배가 화목제가 지향하는 하나님과의 교제의 기쁨에 더욱 초점을 맞추고 있음을 보여준다. 그리하여 종말에 새 언약 백성은 항상 하나님과 교제의 기쁨을 누리는 존재임을 간접적으로 교훈해 준다.

종말에 성전에서 시행되는 절기는 이전보다 기간이 단축되는 경향을

---

256 Odell, *Ezekiel*, 500.
257 김창대, 『한 권으로 꿰뚫는 소예언서』, 332-333.

보인다. 예를 들어 레위기는 초막절을 8일 동안 지키도록 했지만(레 23:34-36), 에스겔서는 7일 동안만 지키라고 한다(45:25). 또한 종말의 성전 예배에서는 제사의 양과 횟수가 줄어든다. 예를 들어 초하룻날 제사의 경우 모세오경이 말하는 것보다 제물의 양이 줄어 있다(민 28:11; 겔 46:6). 이런 변화가 있는 것은 종말의 성전 예배에서 제사의 효력이 이전보다 더 크기 때문이라고 풀이할 수 있다. 종말의 성전 제사는 예수 그리스도의 희생제사를 상징하며 따라서 구약의 제사보다 속죄의 효력이 더 크고 온전하다고 볼 수 있다. 이 단락의 구조는 다음과 같다.

A. 왕(나시)이 백성으로부터 제사 예물을 받는 규례(45:13-17)

  B. 첫째 달의 초하룻날과 첫째 달의 일곱째 날, 절기들에 관한 규례
  (45:18-25)

    C. 매 안식일과 매 초하룻날에 관한 규례(46:1-8)

  B′. 절기와 자원제에 관한 규례(46:9-12)

    C′. 매일 드리는 번제에 관한 규례(46:13-15)

A′. 왕(나시)이 받는 기업에 관한 규례(46:16-18)

부록. 제사장과 레위인이 제사 예물을 삶는 장소(46:19-24)

① 왕(나시)이 받는 제사 예물(45:13-17)

미래의 왕(나시)은 제사를 드리기 위해 백성으로부터 예물들을 거둬들일 책임이 있다(45:16). 이는 제사 예배에서 왕이 이스라엘을 대표한다는 이미지

를 크게 부각시킨다.[258] 구체적으로 이 단락은 왕이 속죄제와 번제와 소제와 감사제(화목제)를 위해 백성으로부터 예물을 어떤 비율로 거둬들여야 하는지를 규정하고 있다.

먼저 45:13-15은 왕이 밀과 기름(oil)과 가축 떼(ןאֹצ/촌)의 제사 예물을 어떤 비율로 거둬들여야 하는지 이야기한다. 여기서 "예물"로 번역된 히브리어는 "테루마"로서 "바치다"라는 뜻이다. 일정 비율로 거둬들인 제사 예물은 속죄제, 번제, 소제, 감사제로 드려진다(45:15). 여기서 감사제는 화목제를 가리킨다. 레위기에서 화목제는 당사자가 자원해서 드리는 제사로 나오고 그 종류로는 감사제, 서원제, 자원제가 있다(레 7:12-16).

레위기법에 의하면 속죄제와 속건제는 의무적인 제사였지만 번제와 소제와 감사제(화목제)는 의무 사항이 아니었다. 하지만 종말의 성전 예배에서는 일정 비율로 드린 예물이 속죄제뿐 아니라 다른 제사들을 위해서 사용된다. 이런 현상은 종말에 백성이 의무적인 제사 외에도 자원해서 풍성한 예배를 드리는 자임을 암시한다.

45:15은 번제와 소제와 감사제가 백성의 속죄를 위한 것임을 밝힌다. 이런 신학은 레위기에서도 발견할 수 있다. 레위기에서는 5대 제사(속죄제, 속건제, 번제, 소제, 화목제)에 모두 속죄의 효과가 있다고 했다(레 1:4; 참조. 레 8:34).[259] 종말의 성전 예배에서 여전히 속죄가 필요하다는 것은 시사하는 바가 크다. 무엇보다도 이는 에스겔서가 말하는 종말의 성전이 요한계시록 21장에 언급된 최종적으로 완성된 성전이 아님을 확인해준다. 나아가 종말

---

258 Renz, *Rhetorical Function of the Book of Ezekiel*, 126.
259 Kiuchi, *Leviticus*, 158.

의 성전으로 지어져가는 새 언약 백성은 완성되기 전까지 여전히 계속해서 그리스도의 대속의 희생으로 베풀어지는 속죄의 은총을 받아야 하는 자임을 깨닫게 해준다.

45:16은 이런 예물들을 왕이 거둬들여야 한다고 말함으로써 왕은 백성을 대표하여 백성이 바치는 제사 예물을 관리하는 자임을 분명히 한다.[260] 이는 왕으로 대표되는 백성의 삶에서 예배가 중요함을 일깨워주는 말이기도 하다. 참고로 레위기에서 말하는 5대 제사의 신학적 의미는 다음과 같다(레 1-7장).[261]

속죄제	이기적인 욕구로 발생하는, 드러나지 않는 죄를 속죄함
속건제	이기적인 욕구로 발생하는, 드러난 죄를 속죄함 주로 타인의 권리와 소유를 침해한 죄로서 5분의 1을 더 배상함
번제	형식적으로 죄를 지은 것은 아니지만 잠재된 이기적인 욕구를 모두 제거하기 위해 드리는 제사
소제	번제를 드린 자가 하나님께 충성을 맹세하는 제사
화목제	충성을 맹세한 자가 하나님과 교제의 기쁨을 나누기 위해 드리는 제사(신 27:7)

② 첫째 달에 모이는 거룩한 날의 제사와 절기들에 관한 규례(45:18-25)

이 단락은 첫째 달 초하룻날과 첫째 달 칠일에 드리는 제사를 언급하고 같은 맥락에서 첫째 달 절기인 유월절을 설명한다. 그 후 일곱째 달에 열리는 초막절 절기를 언급하며 마무리한다. 첫째 달 초하룻날과 첫째 달 칠

---

260 Cooper, *Ezekiel*, 400.
261 Kiuchi, *Leviticus*, 51-148.

일에 제사장이 드리는 제사는 성전을 속죄하고 정결케 하는 데 목적이 있다(45:18-20). 절기와 성회와 특정일에 드리는 제사 규례를 다루는 민수기 28-29장은 첫째 달 특정일에 드리는 제사를 언급하지 않는다. 이런 점에서 에스겔서는 종말에 드려지는 성전 예배가 이전과 달라질 것을 예고한다.

첫째 달 초하룻날에는 수소를 가시고 속죄제를 드려 성전을 정결케 한다(45:18-19). 성전을 정결케 하기 위해 성전 문설주, 제단 아래층 네 모퉁이, 그리고 안뜰 문설주에 속죄제물의 피를 바른다. 여기서 "바르다"에 해당하는 히브리어 단어는 "나탄"(נתן)으로서 레위기에서 정결케 하기 위한 목적으로 피를 바른다고 할 때 쓴다(레 8:15).

이처럼 종말의 성전에서 첫째 달 초하룻날에 시행되는 성전 정결 의식은 레위기의 성전 정결 규례와 차이가 있다.[262] 레위기의 성전 정결 의식 규례에서는 안뜰 문설주에 피를 바른다는 말이 나오지 않는다. 종말의 성전에서 이처럼 성전을 정결케 하는 의식이 강화된 것은 그만큼 종말의 성전이 이전의 성전보다 더 거룩하다는 방증이다. 그리하여 성전으로 지어져가는 새 언약 백성이 전보다 더욱 거룩한 삶을 살아야 한다는 교훈을 주고 있다.

45:20은 첫째 달 칠일에도 속죄제를 드려 성전을 속죄해야 한다고 말한다. 좀 더 구체적으로 말하면 "모든 과실범과 모르고 범죄한 자"의 죄를 속하여 성전을 속죄하라는 말씀이다. 이 구절에서 개역개정판 한글 성경이 "모든 과실범과 모르고 범죄한 자"로 번역한 것은 오역이다. 히브리어 원문으로 읽으면, "비고의로 죄를 지은 자, 또는 몰라서 죄를 지은 자"라는 뜻이

---

262 참고로 레 8장에서는 성전 정결을 위해 제단 위의 네 뿔에 피를 바른다고 말한다. 그리고 레 16장의 속죄일에는 성전을 속하기 위해 성막과 제단에 피를 뿌리고(히자) 제단의 네 뿔에 피를 바른다(나탄).

다. 따라서 고의로 죄를 짓지 않은 자들의 죄를 속하여 성전을 속죄하라고 말하고 있는 것이다. 여기서 성전을 속죄하라는 말도 의미심장하다. 일반적으로 속죄의 대상은 물건이 아니라 사람이다. 따라서 45:20에서 비고의로 지은 죄를 속하여 성전을 속죄하라는 말은 다시 한번 성전이 인간의 몸이라는 간접적인 암시를 주고 있다.

고의적으로 짓지 않는 죄들은 자칫 당사자가 모를 수 있어 속죄제를 드리지 못하고 넘어갈 가능성이 있다. 그래서 레위기는 이런 자들을 염두에 두고 매년 일곱째 달 열째 날을 속죄일로 지정하고 일 년에 한 번씩 대제사장이 속죄제를 드리도록 했다(레 16장). 하지만 에스겔서는 종말의 성전에서는 매년 첫째 날 칠일에 고의적으로 짓지 않은 죄로 인해 더럽혀진 성전을 속죄하라고 말한다.

신학적으로 볼 때 종말의 성전에서 첫째 달에 두 번씩 성전을 정결케 하라는 규례는 한 해를 시작하는 시점에서 성전의 정결이 얼마나 중요한지를 교훈해준다. 종말에 새 성전으로 지어져가는 새 언약 백성에게 죄로부터의 정결함이 얼마나 중요한지를 잘 보여주는 대목이다.

45:21-25은 절기에 성회로 모여서 드리는 제사에 대한 규례를 다룬다. 여기서 갑작스럽게 절기를 언급하는 것은 대표적 절기인 유월절(무교절)이 첫째 달에 지켜지기 때문으로 풀이된다. 그래서 첫째 달에 행해지는 제사가 언급되던 상황에서 유월절 규례가 함께 제시된 것이다.

에스겔서는 종말의 성전 예배에서 유월절을 첫째 달 15일에 시작해서 7일간 지키도록 규정함으로써 레위기와 차이를 보인다.[263] 레위기는 첫째

---

263 Sweeney, *Reading Ezekiel*, 217.

달 14일에 유월절을 지키고 그다음 날인 15일부터 7일 동안 무교절을 지키도록 했다(레 23:5-8). 제사장 출신인 에스겔이 이것을 모를 리는 없으므로 이는 의도적인 것으로 보인다.

원래 유월절은 과거 이집트에서 구원받은 사건을 기념하기 위한 절기였다. 비슷한 맥락에서 종말에 시행되는 유월절은 제2의 출애굽을 통해 하나님이 백성을 죄에서 해방하신 사실을 기억한다는 의미가 있다. 그런데 이런 종말의 유월절의 의미를 강조하기 위해 에스겔서는 7일 동안 지켜지는 무교절을 유월절로 표현했다고 설명할 수 있다. 이를 통해 새 언약 백성은 7일 동안 유월절을 지키면서 자신을 죄에서 구원하신 하나님의 은혜를 기억하고 더욱 감사해야 한다는 교훈을 얻을 수 있다.

에스겔서는 7일 동안 지켜지는 유월절(무교절)에서 번제(수소[파르] 일곱 마리와 숫양[아일] 일곱 마리)와 속죄제(숫염소)를 드리도록 규정한다(45:23-24).[264] 모세 오경은 무교절, 맥추절, 그리고 초막절 절기에 번제를 드린 후 속죄제를 드릴 것을 명령한다(민 28:22). 절기에 속죄제를 드리라고 명령한 이유는 절기를 통해 자칫 흥분하여 나타날 수 있는 이기적 욕구를 제어하게 하려는 것이다..

구약의 3대 절기인 무교절, 맥추절, 초막절은 모두 한 해에 거둬들이는 곡식이나 과일 등의 수확과 맞물려 있다. 무교절은 보리 수확, 맥추절은 밀 수확, 초막절은 과일 수확이 이루어지는 기간이었다(레 23장). 그래서 이런 절기 때는 반드시 소제가 동반되었다. 이런 맥락에서 에스겔서도 유월절로

---

264 민수기에 의하면 무교절의 번제로 수소 두 마리, 숫양 한 마리, 그리고 어린 숫양 일곱 마리를 드리도록 되어 있다(민 28:19).

표현된 무교절에 번제와 함께 소제를 드릴 것을 명령한다(45:24). 소제는 하나님을 향해 충성을 맹세하는 제사이므로 유월절(무교절) 절기에 새 언약 백성은 자신의 이기적 욕구를 제어하고 하나님께 충성을 맹세해야 한다는 교훈을 준다.

45:25은 일곱째 달 15일에 초막절을 7일 동안 지킬 것을 규정한다. 본문은 맥추절을 건너뛰고 바로 초막절을 언급하는 이유에 대해 침묵한다. 아마도 첫째 달 성회로 모이는 유월절(사실상 무교절)이 주목적이었기 때문에 다른 절기를 상세히 설명하지 않았다고 추정할 수 있다. 더욱이 맥추절은 하루만 성회로 모이는 절기이기 때문에 맥추절을 생략하고 무교절처럼 일정한 기간 동안 지키는 초막절을 언급했다고 볼 수 있다.

레위기에서 초막절은 8일 동안 지키는 절기이기 때문에 에스겔서가 종말에 초막절을 7일 동안 지킬 것을 규정한 것은 이상하게 보일 수 있다. 하지만 이런 단축은 종말의 성전 예배에서 하나님의 은혜가 이전보다 더 크다는 의미라고 설명할 수 있다. 예수 그리스도의 희생제사의 은혜가 이전 제사보다 크기 때문에 종말의 성전 예배에서는 제사의 양이 축소되고 기간이 단축된다(히 10:11-12). 한편 초막절은 하나님 나라의 기쁨을 대표적으로 보여주는 절기다(레 23:40). 이런 점에서 초막절에 대한 언급은 종말의 성전에서 왕(나시)이 후원하는 제사 예배가 궁극적으로 하나님 나라의 기쁨을 누리는 데 목적이 있음을 암시한다.

③ 매주 안식일, 매월 초하루, 그리고 매일 드리는 제사 규례(46:1-15)

이 단락은 정기적으로 제사를 드리는 날들(מוֹעֵד/모에드)에 관한 규례를 다룬다. 즉, 정기적으로 매주 안식일과 매달 초하룻날에 드리는 제사, 그리고 매일 드리는 번제 제사를 언급한다. 모세 오경에는 제사를 위해 지정된 날들(모에드)이 있고, 이 가운데 백성이 성회(미크라 코데쉬)로 모이는 날도 있다. 예를 들어 절기의 경우 첫날과 마지막 날에 성회로 모이도록 규정한다(레 23:7, 8). 그리고 안식일도 성회로 모인다(레 23:3). 하지만 초하룻날의 경우에는 일곱째 달 초하룻날을 제외하고 성회로 모이라는 말이 나오지 않는다(레 23:24). 매일 드리는 번제의 경우에는 백성이 성회로 모이지 않고 제사장만이 제사를 드린다. 모세 오경에서 제사를 위해 정한 날(모에드)에 성회로 모이는 경우와 그렇지 않은 경우를 구분하면 다음과 같다(레 23장; 참조. 민 28-29장).

성회(미크라 코데쉬)인 경우	절기	1. 유월절(무교절) 2. 맥추절(칠칠절) 3. 초막절(수장절)
	1. 나팔절(일곱째 달 첫날) 2. 속죄일(일곱째 달 열째 날) 3. 매주 안식일	
성회(미크라 코데쉬)가 아닌 경우	1. 초하룻날 2. 매일 아침과 저녁으로 드리는 번제와 소제(출 29:38-42)	

하지만 에스겔서의 종말의 성전 예배에서는 제사를 위해 정한 날(모에드)에 모든 백성이 성회(미크라 코데쉬)로 모인다. 그래서 제사를 위해 정한 모든 날에 백성은 여호와 앞에 나와야 한다(46:9). 46:9에서 한글 성경이 "모든 정한 절기"로 번역한 히브리어는 "모에드"로서 제사를 위해 지정된 날들을 가리킨다. 제사를 위해 정한 모든 날에 백성이 성회로 모여야 하기 때문에 종말의 성전 제사에서는 초하룻날에도 백성이 성회로 모이도록 되어 있다(46:1). 이런 점에서 종말의 성전 예배는 모세 오경의 성전 예배와 차이를

보인다. 결국 백성이 함께 모여 자주 예배를 드린다는 것은 종말에 새 언약 백성이 하나님 앞에 나와 예배하는 자라는 신학적 의미를 전달해준다.

먼저 46:1-8은 성회로 모이는 매 안식일과 매달 초하룻날에 시행되는 제사 규정을 소개한다.[265] 안식일과 초하룻날에 안뜰 동문이 열릴 때, 왕(나시)은 밖에서 열린 동문 현관 안으로 들어와 제사장이 집도하는 번제와 감사제(화목제)를 보며 예배한다(46:2). 과거에 왕은 안뜰 안으로 들어올 수 없었기 때문에 종말의 성전에서 왕의 위상이 과거보다 훨씬 높아지게 됨을 예고하는 대목이다.[266] 이때 왕이 대표하는 백성은 성전 구역 바깥뜰에 들어와 안뜰 동문 입구에서 함께 예배한다(46:3). 이때 백성도 바깥뜰에서 열린 안뜰 동문을 통해 어느 정도 제사 광경을 볼 수 있기 때문에 이전보다 더 가까이 서서 하나님께 예배하는 자로 변형되고 있음을 발견할 수 있다.

46:4-7은 안식일과 초하룻날에 군주(나시)가 드려야 할 제사의 제물을 다룬다. 안식일에 군주는 번제로 어린 양(케베스) 여섯 마리와 숫양(아일) 한 마리를 드리고 소제를 드린다. 이 제물의 숫자는 민수기의 안식일 규례와 차이를 보인다. 민수기에 의하면 안식일에는 번제로 숫양(아일) 두 마리를 드린다(민 28:9).

초하룻날의 경우 에스겔서에서는 번제로 수소(파르) 한 마리, 어린 숫양(케베스) 여섯 마리, 그리고 숫양(아일) 한 마리를 드린다(46:6). 반면 민수

---

265 46:1-8의 구조는 다음과 같다.
   A. 안식일과 초하룻날 군주와 백성의 출입에 관한 규정(46:1-3)
    B. 안식일에 드리는 제사(46:4-5)
    B′. 초하룻날에 드리는 제사(46:6-7)
   A′. 안식일과 초하룻날 군주의 출입에 관한 규정(46:8)
266 Block, *Ezekiel Chapters 25-48*, 654.

기는 수소 두 마리와 숫양(아일) 한 마리, 그리고 어린 숫양(케베스) 일곱 마리를 번제로 드리도록 규정한다(민 28:11).[267] 이와 같은 에스겔서와 민수기의 차이를 도표로 표시하면 다음과 같다.

	민수기 28:9-11	에스겔 46:4-7
안식일 번제	숫양 2마리(아일)	숫양 1마리(아일) 어린 숫양 6마리(케베스)
초하루 번제	수소 2마리(파르) 숫양 1마리(아일) 어린 숫양 7마리(케베스)	수소 1마리(파르) 숫양 1마리(아일) 어린 숫양 6마리(케베스)

이 도표를 통해 종말의 성전 예배에서 안식일 번제로 드리는 숫양 한 마리는 어린 숫양 여섯 마리와 맞먹는다는 것을 알 수 있다. 또한 에스겔서의 성전 예배에서 초하룻날 제사는 이전보다 수소 한 마리와 어린 숫양 한 마리가 생략된 것이다. 즉 종말의 성전에서 초하룻날 번제로 드리는 제사물의 양이 이전보다 적다.[268] 앞서 말한 대로 이런 축소가 일어난 것은 종말의 성전 예배의 제사가 이전 제사보다 효력이 크기 때문이라고 설명할 수 있다. 그래서 종말의 성전 예배의 제사가 상징하는 예수 그리스도의 희생제사가 이전보다 큰 효력이 있음을 다시 확인해준다.

종말의 성전 예배에서 매주 안식일에 드리는 번제의 희생제물이 6+1 구조로 표현되는 것도 흥미롭다. 이런 구조는 창세기에 언급된 6일 창조와 1일 안식의 형식을 떠올리게 한다. 창세기에서 창조의 목적은 안식으로 대

---

267 이런 점에서 안식일과 초하룻날의 제사 규례는 에스겔서와 민수기가 차이를 보이고 있다. Taylor, *Ezekiel*, 268.
268 Cook, *Ezekiel 38-48*, 249.

변되는 하나님 나라의 임재에 있다. 에스겔서는 이 점을 강조하기 위해 매주 안식일에 번제로 6+1의 형식으로 제물을 드리게 함으로써 안식일 예배가 창조 때 이루어진 하나님의 임재를 지향한다는 것을 독자에게 교훈한다.

종말의 예배에서는 안식일과 초하룻날에 번제와 소제를 드린 후 감사제의 형태로 화목제를 드린다(46:2). 민수기는 안식일과 초하룻날에 화목제를 드린다는 말을 하지 않는다. 그 이유는 안식일과 초하룻날 제사장이 매일 성소에 들어가서 실질적으로 하나님과 교제하는 화목제를 드렸기 때문이다. 그래서 굳이 화목제를 드리라고 말하지 않은 것이다. 하지만 종말의 성전 예배에서는 안식일과 초하룻날에 화목제를 드리리고 명령한다. 이런 변화는 종말의 성전 예배가 궁극적으로 화목제로 대변되는 하나님과의 교제의 기쁨을 위한 것임을 일깨워준다. 이로써 종말에 성전으로 지어져가는 새 언약 백성에게 하나님과의 교제의 기쁨이 이전보다 훨씬 중요해졌다는 것을 알 수 있다.

모세 오경은 초하룻날 번제 및 소제와 함께 속죄제를 드려야 한다고 규정한다(민 28:15). 반면 에스겔서는 초하룻날 제사로 속죄제를 언급하지 않는다. 앞서 말한 대로 이런 차이는 에스겔서가 말하는 종말의 성전 제사가 이전의 제사보다 속죄의 효력이 크기 때문이라고 설명할 수 있다. 덧붙여 첫째 달 초하룻날에 속죄제를 드렸기 때문에 일반 초하룻날에 속죄제를 드리는 것을 생략했다고 풀이할 수 있다(45:18).

본문은 안식일과 초하룻날 제사와 관련해서 왕(나시)의 출입을 다시 언급한다(46:8). 과거의 안식일과 초하룻날에는 제사장이 번제와 소제를 드릴 때, 왕뿐만 아니라 백성이 그 제사의 모습을 볼 수 없었다. 하지만 종말의 성전 제사에서는 안식일과 초하룻날에 화목제가 첨가되어 왕과 백성이 번제와 소제와 화목제 드리는 모습을 볼 수 있다는 것을 재차 확인해주고 있다.

46:9-12은 다시 절기를 포함하여 제사를 위하여 정한 날(모에드)과 관련된 추가적 규정을 제시한다. 앞서 말한 대로 46:9에서 개역개정판 한글 성경이 "모든 정한 절기"로 번역한 히브리어는 "모에드"로서 제사를 위해 정한 거룩한 날들을 의미한다. 따라서 이는 절기만을 지칭하는 말이 아니다. 한편 46:11에서 개역개정판 한글 성경이 "명절과 성회"로 번역한 부분도 오해를 일으킨다. 여기서 "명절"에 해당하는 히브리어는 "하그"(חג)로서 절기를 뜻한다. 그리고 "성회"로 번역된 히브리어는 "모에드"로서 제사를 위해 일 년 중에 정한 날들을 가리킨다.

46:9에서는 제사를 위한 정한 날에 백성이 성회(미크라 코데쉬)로 모여 반드시 제사에 참여해야 한다고 명령한다. 이런 점에서 종말의 성전 예배는 이전 예배보다 백성의 참여가 돋보이는 예배임을 알 수 있다. 지정된 날에 백성이 제사에 참여할 때 북문으로 바깥뜰에 들어온 백성은 남문으로 나가고 남문으로 들어오는 백성은 북문을 나가야 한다(46:9). 여기서 바깥뜰 동문을 언급하지 않는 이유는 그 동문은 영원히 닫혀 있기 때문이다 (44:2).

북문으로 들어온 사람은 남문으로, 남문으로 들어온 사람은 북문으로 나가라고 규정한 이유는 혼란을 방지하기 위함이다. 들어온 사람이 자기가 원하는 문으로 나가려고 한다면 자칫 문 앞에 사람들이 몰려 소동이 일어날 수도 있다. 따라서 이 대목에서는 종말의 성전 예배에서 하나님이 질서를 중시하신다는 것과 예배자가 불필요한 일로 동요되어서는 안 된다는 교훈을 얻을 수 있다. 덧붙여 북문으로 들어온 사람이 자신이 온 길로 가지 않고 남문으로 가고 남문으로 들어온 사람이 북문으로 나가는 것은 성전 구역에서 예배하는 자의 삶이 끊임없이 변화해야 함을 상징적으로 보여주는 것으로도 이해할 수 있다.

46:10은 백성이 바깥뜰에 출입할 때 왕(나시)도 백성과 함께 있어 그들이 들어올 때 들어오고 그들이 나갈 때 함께 나가야 한다고 규정한다. 이는 백성과 왕이 혼연일체 되는 모습으로서 종말의 성전에서 백성이 왕과 비슷한 위치에 있게 됨을 보여준다.

이어서 본문은 제사를 위해 정한 날 소제를 드리는 비율과 군주(나시)가 자원해서 번제와 화목제를 드릴 수 있다는 규정을 제시한다(46:11-12). 46:11에서 개역개정판 한글 성경이 "명절과 성회"로 번역한 부분은 "절기와 제사를 위해 정한 모든 날"로 고쳐 읽어야 한다. 이런 날에는 수소 한 마리에 밀가루 한 에바를, 숫양 한 마리에도 한 에바를 소제로 드려야 한다. 그리고 어린 양의 경우에는 소제를 형편에 따라 드릴 수 있다. 소제를 드리기 위해서는 반드시 이전에 번제를 드려야 한다. 이런 점에서 제사를 위해 정한 날에 드리는 제사에서는 번제와 소제가 필수적임을 알 수 있다.

왕은 안식일과 초하루뿐 아니라 자원해서 날을 정하여 번제와 함께 화목제인 감사제를 드릴 수 있다(46:12). 이때 안식일과 초하루와 마찬가지로 안뜰 동문이 열리고 군주는 밖에서 안뜰 동문 현관 안으로 들어와 번제와 화목제를 드리는 제사장의 모습을 볼 수 있다. 그리고 안뜰 동문 현관 안에서 화목제 고기를 먹을 수 있다. 이로써 종말의 성전 예배에서 군주는 과거보다 제사 예배에 더욱 빈번하게 참여하는 자로 제시되고 있다.

46:13-15은 매일 드리는 번제와 소제에 관한 규례를 다룬다.[269] 모세 오경은 매일 번제와 소제를 아침과 저녁에 드리도록 규정했다(출 29:38-42; 민 28: 3-8). 또한 모세 오경은 매일 드리는 번제로서 어린 숫양(케베스)을 아침과 저녁으로 드리도록 했다. 반면 에스겔서는 매일 번제와 소제를 아침에 한 번만 드리리고 규정한다(46:13, 15).[270] 매일 드리는 번제(상번제)를 아침에만 드리라는 말은 종말에 그리스도의 희생제사가 이전의 희생제사보다 속죄의 은혜가 더 크고 온전하다는 사실을 다시 한번 일깨워준다.

④ 왕이 받는 기업과 제사 예물을 삶는 장소에 관한 규례(46:16-24)

이 단락은 왕(나시)에게 초점을 맞춰 왕이 기업으로 받은 땅을 어떻게 상속할 수 있는지를 소개한다(46:16-18). 이어 지극히 거룩한 속죄제와 속건제 희생 고기를 삶고 소제를 굽는 장소와 백성의 제물을 삶는 곳에 관한 규정을 다룬다(46:9-24). 여기서 백성의 제물은 화목제물을 가리킨다.

먼저 46:16-18은 왕(나시)이 받는 기업을 다룬다. 이 내용은 언뜻 제사에 관한 규례를 다룬 앞의 문맥과 맞지 않아 보일 수 있다.[271] 하지만 왕이 받는 기업에 대한 언급은 예배의 후원자로서 왕의 위상과 관련된 것이기 때문에 문맥에서 벗어난 것은 아니다. 성전 예배의 후원자인 왕은 자신이 기업으로 받은 땅을 자손에게 상속할 수 있다(46:16).

군주가 기업으로 받은 땅은 성전이 있는 거룩한 구역과 성읍 기지 좌우에 있는 땅이다(45:7-8). 이런 점에서 군주의 땅은 성전 예배의 거룩을 수

---

269 Allen, *Ezekiel 20-48*, 268.
270 Blenkinsopp, *Ezekiel*, 229.
271 Odell, *Ezekiel*, 519.

호하기 위한 땅이다. 군주가 이 땅의 소유권을 가지고 그것을 자손에게 물려줄 수 있다는 말은 군주가 계속해서 성전 예배를 수호하는 자라는 암시를 준다. 한편 군주가 이 땅을 종에게 물려주는 경우 그 땅은 반드시 희년에 군주에게로 돌아가야 한다(46:17).

군주는 성전 예배에 전심을 다해야 하므로 백성의 기업을 빼앗거나 백성을 그들의 땅에서 쫓아내지는 못한다(46:18). 군주가 백성을 억압하여 자신의 땅을 넓혀서는 안 된다는 뜻이다. 이런 규정은 종말의 성전으로 지어져가는 새 언약 백성이 땅에서 공평하게 살아가는 자라는 신학을 제시한다. 그리고 왕과 백성의 관계가 상하 관계가 아니라 평등한 관계임을 보여준다.

끝으로 46:19-24은 지극히 거룩한 희생제물을 처리하는 곳과 백성의 제물(화목제물)을 처리하는 장소에 관한 규례를 다룬다. 먼저 46:19-20은 속죄제와 속건제 희생 고기를 삶고 소제를 굽기 위한 장소로 성전 건물 구역 북쪽에 위치한 제사장 방 서쪽 끝 처소를 지정한다. 레위기에서는 속죄제의 희생 고기, 속건제의 희생 고기, 그리고 소제물의 남은 것은 지극히 거룩한 성물이라고 말하고(레 2:3; 6:17, 25; 7:1) 이 성물들은 바깥뜰로 가져갈 수 없으며 오직 회막 뜰에서 제사장이 먹어야 한다고 규정했다. 반면 에스겔서는 성전 건물 구역 북쪽에 설치한 제사장 방에서 거룩한 성물을 삶고 구워 먹을 수 있도록 한다. 종말의 성전에서 하나님이 제사장에게 베푸시는 배려를 읽을 수 있는 대목이다.

다음으로 본문은 백성의 제물인 화목제물을 삶는 장소를 설명한다(46:21-24). 화목제물을 삶는 곳은 성전 구역의 바깥뜰 네 구석에 위치한 네 개의 작은 뜰이다(46:22). 이 작은 뜰들은 담으로 둘러싸인 뜰로서 각 뜰 안의 사방에는 부엌이 있고 부엌 안에는 삶는 기구가 설치되어 있다(46:23). 한편 개역개정판 한글 성경은 이 둘러싼 작은 뜰을 "집"으로 번역하여 혼동을 주고 있다.

이 작은 뜰의 부엌에서는 레위인들이 백성의 화목제물을 삶는다(46:24). 과거에 희생제물을 잡을 때는 제사를 드리는 백싱이 직접 제사장과 함께 성막 앞에서 희생제물을 잡았다. 그리고 화목제물의 경우 백성이 직접 집에서 동물을 잡아 성막에 가져왔다(레 7:29; 17:3-5). 그런데 에스겔서는 레위인들이 제사장을 도와 안뜰 북문 입구에서 속죄제와 속건제, 그리고 번제의 희생제물을 잡는다고 말한다(40:39; 44:11). 그리고 백성이 드리는 화목제물의 경우에도 레위인들이 바깥뜰에서 잡고 삶는다고 말한다.[272]

이런 변화는 종말의 성전 예배가 이전의 예배보다 더 엄격할 것이며 거룩의 상하 구조가 더욱더 고착될 것이라는 의미로 받아들일 수 있다.[273] 하지만 종말의 성전에서 백성의 일을 레위인이 한다는 것은 거꾸로 보면 백성이 레위인처럼 거룩한 존재로 창조된다는 암시로도 볼 수 있다. 이것이 맞는다면 이는 종말에 새 언약 백성이 이전보다 더욱 거룩한 존재로서 하나님과 긴밀한 관계를 맺는다는 의미다.

성전 바깥뜰 네 구석에 담으로 둘러싸인 작은 뜰의 부엌에서 레위인들이 백성이 드린 화목제물을 삶으면 백성은 그 화목제물 고기를 바깥뜰 담벼락 안쪽의 박석 깔린 지역에 세워진 방에서 먹는 것으로 보인다(40:17).[274]

이상의 관찰을 종합해볼 때 확실히 에스겔서의 종말 성전 예배에서는

---

272 Cook, *Ezekiel 38-48*, 260.
273 Allen, *Ezekiel 20-48*, 268-269.
274 Cook, *Ezekiel 38-48*, 260.

화목제가 두드러지게 부각된다. 왕은 백성을 대표해서 빈번히 화목제를 드린다. 그리고 왕이 안뜰 동문 현관 안으로 들어와 화목제물을 먹을 때, 바깥뜰에서는 백성이 화목제물을 먹는다.[275] 이처럼 에스겔서가 화목제에 초점을 맞춰 자세하게 설명하는 이유는 종말의 성전 예배의 핵심이 화목제와 같이 하나님과의 교제의 기쁨에 있음을 교훈해주기 위함이다. 이 점을 오늘날 교회에 적용하면 새 언약 백성의 예배는 하나님과의 교제에서 오는 기쁨에 초점을 맞춰야 한다는 것을 깨달을 수 있다.

---

275 Sweeney, *Reading Ezekiel*, 220.

3.
땅의 변형과 지파별 땅 분배(47-48장)

이 단락은 종말의 성전으로 인한 땅의 변형과 그것의 경계를 말한 다음(47장), 이스라엘 열두 지파에 대한 땅 분배가 어떻게 이루어지는지를 설명한다(48장).[276] 특별히 종말의 성전에서 물이 나온다는 것을 지적함으로써 새 언약 백성이 거하는 땅이 제2의 에덴동산임을 선명하게 드러낸다. 그리하여 새 언약 백성은 종말에 성전으로 지어져가는 존재일 뿐 아니라 제2의 에덴동산에서 하나님의 형상으로 거듭나 하나님의 임재 안에 온전히 거하는 삶을 살게 될 것이라는 신학적 의미를 전달한다. 즉 예루살렘의 멸망으로 하나님의 임재가 백성을 떠났지만 종말에는 하나님의 임재가 온전히 회복되어 그 임재의 장소인 땅에서 하나님의 백성이 언약의 축복인 평강을 누릴 것이라는 전망이다.

1) 성전과 땅의 변형(47장)

47장은 1-12절, 13-20절, 21-23절로 나뉜다. 1-12절은 성소에서 물이 흘러나와 황무한 땅이 풍요의 땅으로 변화됨을 보여준다(참조. 36:35). 그 물은 사해 바다까지 소성시키는 힘을 지닌다(47:9). 따라서 이 물은 생명을 주고

---

276 Odell, *Ezekiel*, 485.

치료하는 기능을 한다. 성전에서 나오는 물을 통해 소성하는 실과나무와 그 잎사귀는 치료의 효력을 지닌다(47:12). 궁극적으로 여기서 물은 새 언약의 축복으로 약속된 성령을 가리키기 때문에(36:26) 성령이 치료하는 효과가 있음을 보여준다.

(1) 성전에서 나오는 물(47:1-12)

먼저 47:1-12은 성전에서 물이 나온다는 것을 말함으로써 이 종말의 성전이 에덴동산의 이미지를 가지고 있음을 시사한다.[277] 먼저 47:1은 성전의 문지방 밑에서 물이 나온다고 진술한다. 이 구절에서 "문지방"에 해당하는 히브리어는 "케테프"(כָּתֵף)로서 성진 외전의 입구 안에서 좌우를 볼 때 보이는 문 벽을 가리킨다(41:2). 성전 입구에서 나온 물은 바깥뜰 동문으로 나가 강을 이루며 사해 바다로 흘러간다(47:8).[278] 바깥뜰 동문에서 1,000척마다 물의 깊이를 재면 처음 1,000척을 잴 때 물의 깊이는 발목이고, 다시 1,000척을 잴 때 물의 깊이는 무릎 높이다. 이후 1,000척을 재면 물이 허리까지 오고, 나중에 1,000척을 재면 에스겔이 건널 수 없을 정도가 된다.

성전에서 흘러나온 물은 강을 이루고 강 좌우에는 나무가 심히 무성하다(47:7). 47:7에 언급되는 나무는 에덴동산의 "생명나무"를 연상시킨다. 실제로 요한계시록 22:2은 "강 좌우에 생명나무가 있어 열두 가지 열매를 맺되 달마다 그 열매를 맺고"라고 말하여 종말에 하나님 나라가 완성될 때 강 좌우에 생명나무가 있을 것을 예언했다. 에스겔서는 종말에 새 언약 백성

---

277 Dumbrell, *The Search for Order*, 106.
278 Odell, *Ezekiel*, 521.

이 하나님 나라의 생명나무 열매를 미리 먹을 수 있음을 보여줌으로써 새 언약 백성이 누리는 축복이 얼마나 큰지를 보여준다.

여기서 잠시 생명나무의 의미를 생각해볼 필요가 있다. 잠언은 지혜를 얻는 자에게는 그 지혜가 생명나무라고 말한다(잠 3:18). 지혜가 생명나무인 이유는 지혜가 그것을 가진 자에게 하나님과의 교제의 기쁨을 누리게 하기 때문이다(잠 3:17; 8:31). 따라서 생명나무는 그 자체에 신비한 생명이 있는 나무라기보다 하나님과의 교제의 기쁨을 상징하는 것이다. 그래서 시편은 이런 교제의 기쁨이 인간의 생명이라고 분명히 밝힌다(시 16:11, "주께서 생명의 길을 내게 보이시리니 주의 앞에는 충만한 기쁨이 있고"). 결국 강 좌우에 있는 생명나무는 하나님의 임재 안에서 그분과 기쁨을 누리게 하는 나무이다. 이런 맥락에서 에스겔서는 종말에 강 좌우에 있는 생명나무 열매를 통해 새 언약 백성이 하나님과의 교제의 기쁨을 선취할 수 있음을 내비치고 있다.

47:8-11은 성전에서 나오는 물이 강을 이루며 사해로 흘러갈 때 사해가 소생하고 강이 이르는 곳마다 모든 것이 산다고 말한다. 종말에 성전이 세워질 때 땅이 변형되어 소생할 것을 알려주는 말이다. 47:10은 엔게디에서부터 에네글라임까지가 그물 치는 곳이 될 것이라고 말한다. 여기서 엔게디와 에네글라임이라는 지역은 각각 사해 동쪽과 서쪽 강변에 위치한 곳을 가리킨다.[279] 그리하여 사해 전체가 변형되어 많은 물고기가 서식하는 곳으로 새롭게 창조될 것을 예고한다.[280]

---

279 Blenkinsopp, *Ezekiel*, 231.
280 Sweeney, *Reading Ezekiel*, 222.

47:10은 사해가 마치 큰 바다처럼 되어 많은 고기가 서식할 것이라고 말하는데, 여기서 큰 바다는 지중해를 가리킨다. 사해 바다가 지중해처럼 온전한 바다로 변형된다는 뜻이다. 한편 진흙밭과 개펄은 여전히 소금을 생산하는 땅이 될 것이다(47:11). 소금은 음식이 썩지 않도록 하는 효능이 있으므로 소금을 내는 곳이 그대로 있을 것이라는 뜻이다.[281]

성전에서 나오는 물이 강을 이룰 때 강 좌우의 나무마다 열매가 맺히고 그 잎사귀는 약 재료가 될 것이다(47:12). 성전에서 나오는 물이 땅을 변형시킬 뿐 아니라 사람들을 치료하는 기능을 할 것이라는 설명이다. 종말에 성전에서 물이 나온다는 모티프는 요엘서와 스가랴서에서도 발견된다(욜 3:18; 슥 14:8).[282]

특별히 스가랴서는 생수가 예루살렘에서 나올 것이고 해마다 초막절을 지키기 위해 이방 나라 중에 남은 자가 예루살렘에 올라와서 하나님께 경배할 것을 예언했다(슥 14:16). 이 예언에 근거하여 초막절에 예수 그리스도는 스가랴서가 말한 종말에 물을 가져다주는 이가 바로 자신이라고 말씀하셨다(요 7:2, 37).[283] 나아가서 자신이 주는 종말의 물이 궁극적으로 성령임을 가르쳐주셨다. 따라서 신약의 빛 아래서 에스겔서의 성전 물의 의미를 조명하면 그것은 성전이신 예수 자신에게서 나오는 성령임을 알 수 있다.[284]

---

281 Sweeney, *Reading Ezekiel*, 223.

282 Blenkinsopp, *Ezekiel*, 232.

283 Bruce K. Waltke, "Kingdom Promises as Spiritual," in *Continuity and Discontinuity: Perspectives on the Relationship between the Old and New Testaments*, ed. John & Feinberg (Westchester, IL: Crossway Books, 1988), 282.

284 Blenkinsopp, *Ezekiel*, 232.

이사야서는 종말에 성령이 내려질 때 광야가 아름다운 밭이 되며 아름다운 밭을 숲으로 여기게 될 것이라고 예언했다(사 32:15). 종말에 내려지는 성령이 모든 사람에게 임할 뿐 아니라 새로운 창조 질서를 가능하게 할 것이라는 말씀이다.[285] 이런 맥락에서 에스겔서도 성전에서 나오는 물을 통해 창조 질서가 변형될 것이라고 진술하고 있다. 에스겔서의 성전에서 나오는 물과 이사야서의 성령이 서로 유사하다는 사실은 이 성전의 물이 성령이라는 주장에 더욱 힘을 실어준다.

물론 에스겔서에서 성전의 물이 오로지 성령만을 가리키는 이미지는 아니다.[286] 성전에서 나오는 물은 종말의 성전이 에덴동산으로 다시 세워진다는 의미도 담고 있다. 또한 이 물은 종말에 땅이 정결케 될 것을 가르쳐주는 기능도 한다.[287] 그러므로 우리는 에스겔서의 물이 지닌 다중적 의미를 놓쳐서는 안 된다. 하지만 에스겔서는 성전에서 나오는 물이 새 언약 체결로 부어지는 성령으로서, 성전으로 지어져가는 백성의 삶을 치유를 통해 풍요롭게 변형시키고 심지어 창조 질서까지 새롭게 한다는 것을 웅변적으로 증거하고 있다.

(2) 땅 분배를 위한 땅의 경계(47:13-20)

47:13-20은 새 언약 백성이 상속받을 땅의 경계를 묘사한다. 종말에 이스라엘 열두 지파로 대표되는 새 언약 백성에게 할당된 땅의 경계는 민수기

---

285 김창대, 『이사야서의 해석과 신학』, 258.
286 종말 성전의 물에 대한 다양한 시각에 대해서는 다음 글을 참조하라. 송승인, "에스겔 47:1-12에 등장하는 물의 의미에 대한 재고", 「구약논단」 26/1 (2020): 120-147.
287 Block, *Ezekiel Chapters 25-48*, 686-687.

34:2-12에서 기술된 경계와 비슷하다.[288] 그런데 흥미롭게도 미래에 상속받을 땅에는 요단강 동편의 땅은 포함되지 않는다. 종말에 일어날 땅의 분배는 문자적인 의미가 아니라 종말에 새 언약 백성이 하나님의 임재 장소인 에덴동산 안에서 기쁘고 평안히 거한다는 사실을 상징적 이미지로 표현한 것이다.

전천년주의자들은 이 땅의 분배를 종말에 예수 그리스도의 재림 이후에 천년왕국이 시행될 때 이스라엘을 위해 시행되는 실제적인 땅 분배로 이해한다. 하지만 에스겔서는 이 땅의 분배가 천년왕국에 일어날 것이라는 암시를 주지 않는다. 에스겔서에 언급된 종말의 성전이 성전으로 지어져가는 새 언약 백성을 상징하듯이, 땅 분배도 새 언약 백성이 에덴동산에서 하나님의 임재 안에 들어오는 삶을 살 것을 상징한다고 보는 것이 옳다.

먼저 47:13-14은 땅을 지파별로 공평하게 분배할 것을 명령한다. 에스겔서는 여호수아서의 땅 분배와 달리 지파가 차지하는 개별적인 땅을 기업(נַחֲלָה/나할라)이라고 부르지 않고 전체 땅을 기업(나할라)이라고 칭한다.[289] 그리하여 열두 지파가 땅을 공동으로 상속받는다는 사실을 강조한다. 이는 종말에 분배받는 땅에서 지파간의 이기적 갈등이 없을 것이라는 뜻이다.

특별히 주목할 점은 종말의 땅 분배가 조상을 향한 맹세(언약)의 성취라는 것이다(47:14).[290] 아브라함 언약의 축복을 보면, 이름, 자손, 그리고 땅의 축복이 핵심을 이룬다(창 12장). 그리고 모세 언약에서도 이름, 자손, 그리고 땅이라는 요소가 부각된다. 구체적으로 모세 언약에서 백성은 여호와

---

288 Renz, *Rhetorical Function of the Book of Ezekiel*, 126.
289 Odell, *Ezekiel*, 523.
290 Odell, *Ezekiel*, 521.

의 이름으로 불리고(신 26:2, 19; 28:10) 이런 백성에게 땅과 자손의 번성이라는 축복이 약속된다(신 28:11). 에스겔서는 이런 언약들의 특징과 맞물려 종말에 새 언약이 체결될 때 백성이 땅을 차지하는 것은 이전 언약의 성취임을 보여준다. 이런 점에서 종말에 시행되는 새 언약은 이전 언약들을 성취하고 완성하는 언약임을 알 수 있다.[291] 나아가서 종말에 새 언약 백성이 공평하게 땅을 차지한다고 말함으로써 종말에 하나님의 임재를 새 언약 백성이 골고루 누린다는 의미도 전달해주고 있다.

47:15-20은 분배받는 땅의 경계를 북쪽부터 시작해서 시계 방향으로 진술하는 내용이다.[292] 북쪽 경계를 이루는 지명들의 현재 위치는 알 수 없지만 다메섹의 북쪽까지 그 경계가 확장되고 있다(47:15-17).[293] 땅의 동쪽 경계는 북쪽에서 남쪽으로 내려가면서 길르앗, 요단강과 동쪽 바다(사해)이다(47:18). 과거와 달리 요단 동편과 사해 동편 땅이 제외되고 있다.

본문은 요단강 동편 땅이 제외되는 원인을 말하지 않는다. 하지만 요단강 동편은 원래 출애굽 시에 하나님이 약속한 땅이 아니었다. 요단강 동편 땅은 목축하기 좋은 땅이어서 르우벤 지파와 갓 지파가 가나안 땅에 들어가기 전 모세에게 요청하여 차지한 지역이다(민 32장). 즉 요단강 동편 땅은 하나님께서 약속한 땅은 아니었지만 백성의 요청으로 허락한 땅이었다.[294]

그러므로 요단강 동편 땅이 제외된 것은 종말에는 하나님의 구원 계획만이 온전히 서게 될 것이라는 의미로 이해할 수 있다. 또한 새 언약 백성

---

291 기존의 언약들과 새 언약과의 관계에 대해서는 다음 글을 참조하라. 김창대, "구약에서 창조와 역사와 언약과의 관계", 「구약논집」 8(2015): 57-86.
292 Odell, *Ezekiel*, 521.
293 Sweeney, *Reading Ezekiel*, 224.
294 Allen, *Ezekiel 20-48*, 281.

이 이런 하나님의 계획을 온전히 따르게 될 것을 시사한다. 역사를 회고하면 요단강 동편에 있던 르우벤 지파의 땅은 사사 시대 때 벌써 잃게 되었고 나머지 요단강 동편 땅들도 아시리아의 디글랏 빌레셀 3세에 의해 기원전 732년 상실되었다(왕하 15:29).

47:19-20은 땅의 남쪽과 서쪽 경계를 진술한다. 남쪽의 경계는 가데스 바네아이고(민 29:2-13),[295] 서쪽의 경계는 대해인 지중해다. 역사적으로 이스라엘은 서쪽 지중해 바다의 해안선에 맞닿은 평야 지역을 온전히 차지한 적이 없다.[296] 이 해안가 땅은 하나님이 약속하신 땅에 포함되어 있지만 이스라엘의 불순종으로 제대로 정복하지 못했다. 하지만 본문은 종말에 그 땅을 차지한다고 말함으로써 새 언약 백성이 하나님의 약속을 온전히 누리게 될 것을 보여주고 있다.

(3) 종말의 땅에서 이방인의 위상(47:21-23)

47:21-23은 이방인도 이스라엘의 지파와 같이 기업을 얻게 된다고 말한다. 일반적으로 에스겔서는 이사야서와 달리 열국과 온 세상을 포함한 우주적 하나님보다는 이스라엘의 국지적 하나님께 초점을 맞추고 이스라엘에게만 관심을 보이는 경향이 있다. 그래서 어떤 학자는 47:21-23에 나오는 이방인에 대한 관심은 삽입한 것이라고 주장하기까지 한다.[297] 하지만 에스겔서가 이방인에 대한 하나님의 계획을 말하지 않는 것은 아니다. 열국 심판을 다루는 25-32장은 분명히 열국 심판을 통해 열국도 하나님을 알게 될 것이

---

295 Sweeney, *Reading Ezekiel*, 224.
296 Allen, *Ezekiel 20-48*, 281.
297 Block, "Theology of Ezekiel," 619.

라고 예고했다. 이런 맥락에서 47장은 이방인이 종말의 땅을 얻게 될 것을
전망하고 있다.

여기서 언급된 이방인은 이방 나라 사람으로서 여호와 신앙을 받아들
이고 이스라엘 땅에 거주하는 거류민이다.[298] 종말에 땅이 분배될 때 타국
의 거류민들도 제비뽑기를 통해 본토의 이스라엘인과 동등하게 땅을 차지
할 것이다. 이사야서는 언약을 굳게 잡는 이방인들도 새 언약의 축복을 누
리게 될 것을 예언했다(사 56:3-8).[299] 이런 이사야서의 진술을 에스겔서에
대입하여 읽으면, 이방인이 새 언약 백성의 일원이 되어 종말에 분배된 땅
에 참여하기 위해서는 그들도 새 언약을 사모하고 그 언약 안으로 들어오
기를 갈망해야 한다는 것을 깨달을 수 있다.

2) 땅 분배(48장)

48장은 거룩한 예물로 바쳐진 거룩한 구역과 예루살렘 성읍 기지의 땅을
중심으로 그 북쪽과 남쪽 땅을 열두 지파가 어떻게 분배 받는지 설명한다.
북쪽부터 시작해서 남쪽으로 땅을 분배받는 지파들의 순서는 다음과 같다.
단, 아셀, 납달리, 므낫세, 에브라임, 르우벤, 유다, 베냐민, 시므온, 잇사갈,
스불론 순이다(48:1-29). 지파별로 분배받는 땅의 중앙에는 거룩한 구역(제
사장의 땅과 레위인의 땅)과 예루살렘 성읍 기지가 있다(48:8-22). 거룩한 구역
과 예루살렘 성읍 기지는 길이가 25,000척의 정사각형이고 그 좌우에 군주

---

298 Cooper, *Ezekiel*, 417.
299 Taylor, *Ezekiel*, 274.

의 땅이 있다. 48장은 거룩한 구역과 성읍 기지를 합쳐서 예물(테루마)로 드리는 땅으로 표현한다(48:20). 그리하여 성읍인 예루살렘도 성전과 같이 거룩한 곳임을 보여준다.

땅 분배 과정에서 중간에 성전이 위치한 거룩한 땅을 언급하는 것은 여호수아서의 땅 분배와 유사하다. 여호수아서도 땅 분배 과정에서 중간에 성막이 길갈에서 실로로 옮겨졌음을 짤막하게 언급하기 때문이다(수 18:1). 이처럼 땅 분배 과정의 중간에 성전을 언급하는 것은 분배되는 땅이 성전과 같이 거룩한 땅이라는 의미를 전한다.[300]

(1) 내용 분석

48장은 땅 분배를 다루는 48:1-29과 예루살렘 성읍의 담벼락과 문들을 언급하는 48:30-35로 나뉜다. 마지막에 예루살렘이 언급되는 것은 땅 분배의 초점이 궁극적으로 예루살렘에 있다는 암시다. 예루살렘은 모든 지파로부터 온 자들이 거주할 수 있다. 예루살렘에는 여호와가 거하신다는 뜻의 "여호와 삼마"라는 이름이 붙여질 것이다. 이로써 성전에 임재하시는 하나님이 궁극적으로 예루살렘이 상징하는 이스라엘 지파 가운데 머문다는 신학을 제공하고 있다.

48:1-29에서 지파별로 할당된 땅의 위치는 과거에 각 지파들이 분배받은 땅의 위치와 다르다. 에스겔서에서 땅 분배를 받는 지파들의 위치는 다음과 같은 구조를 이룬다.

---

300 Allen, *Ezekiel 20-48*, 281.

A. 과거 북이스라엘 최북단의 세 지파: 단, 아셀, 납달리(48:1-3)

   B. 과거 북이스라엘에 속했던 두 지파: 므낫세, 에브라임(48:4-5)

     C. 과거 요단강 동편에 위치했던 지파: 르우벤(48:6)

A´. 과거 남유다 최남단의 세 지파: 유다, 베냐민, 시므온(48:7, 23-24)

   B´. 과거 북이스라엘 속했던 두 지파: 잇사갈, 스불론(48:25-26)

     C´. 과거 요단강 동편에 위치했던 지파: 갓(48:27)

부록. 분배할 땅의 남쪽 경계와 분배의 원리(48:28-29)

이상의 구조로 볼 때 종말에 땅 분배를 받는 지파들의 위치는 기존의 북이
스라엘과 남유다의 구도를 파괴하고 남북으로 골고루 섞여 있음을 알 수
있다.[301] 이는 남유다와 북이스라엘의 갈등으로 야기된 지역 간의 대립이
더 이상 있지 않을 것이라는 방증이다. 또한 종말에 이스라엘 열두 지파가
상징하는 새 언약 백성은 온전히 하나의 공동체를 이루고 동등한 자격으
로 서로 화합할 것을 시사한다.[302] 에스겔 37장은 새 언약이 체결되면 남유
다와 북이스라엘이 메시아의 통치를 통해 하나가 될 것이라고 예언했는데
(37:16-17), 바로 이 예언이 성취되는 것이다.

   48:1-7은 성전 북쪽에 거할 일곱 지파에게 땅을 분배하는 장면이다.
이어서 예물로 드려지는 거룩한 구역(성전을 둘러싼 제사장의 땅과 레위인의
땅)과 성읍 기지(예루살렘이 위치한 땅)에 대한 진술이 등장한다(48:8-22). 앞
서 말한 대로 성전 구역을 둘러싼 거룩한 땅은 길이가 25,000척에 너비가

---

301 Sweeney는 북이스라엘의 지파가 남쪽에 위치하는 것에 일종의 대칭적 균형을 맞추기 위한
목적이 있다고 설명한다. Sweeney, *Reading Ezekiel*, 226.

302 Odell, *Ezekiel*, 523 참조.

10,000척이다. 본문은 이 땅을 제사장에게 돌린다(48:9-12). 그리고 성전 구역을 둘러싼 거룩한 땅 남쪽에는 길이 25,000척과 너비 10,000척의 땅이 있고, 이 땅은 레위인의 몫이다(48:13-14).

레위인의 땅 바로 남쪽에는 길이 25,000척과 너비 5,000척의 땅이 있다(48:15-20). 이 땅은 예루살렘 성읍 기지이며 그 가운데 예루살렘 성읍이 세워진다(48:15). 예루살렘 성읍은 정사각형의 도시로 사면이 각각 4,500척이다(48:16). 그리고 그 성읍 주위를 너비 250척의 들이 사방으로 둘러싸고 있다(48:17). 이 구절에서 "들"로 번역된 히브리어는 "미그라쉬"(מִגְרָשׁ)로서 목초지를 뜻한다.

앞서 45장은 길이와 너비가 500척인 정사각형의 성진 구역 사면으로도 50척의 목초지(미그라쉬)가 있다고 진술했다(45:2). 이 목초지는 일종의 완충 지역으로서 성전 구역을 다른 곳과 구별해주는 역할을 한다. 심지어 성전 구역 내부에 있는 성전 건물 주위에도 북쪽과 남쪽, 그리고 서쪽으로 너비 20척과 길이 100척의 뜰(기즈라)이 있어 완충지 역할을 한다(41:10, 12-15). 그런데 비슷하게 예루살렘 주위에도 목초지가 있어서 예루살렘을 구별하게 하는 완충지 역할을 하고 있다.[303] 성전 건물, 성전 구역, 예루살렘이 모두 주위 사면에 완충 지역을 가지고 있다는 것은 종말에 예루살렘이 성전과 같은 역할을 한다는 암시로 이해할 수 있다.

예루살렘과 주위 목초지를 포함한 예루살렘 구역은 길이와 너비가 5,000척인 정사각형이다(48:18). 그리고 이런 예루살렘을 중앙에 둔 예루살렘 성읍 기지 전체 크기는 길이 25,000척에 너비 5,000척이다. 길이가

---

303 Cook, *Ezekiel 38-48*, 286.

25,000척의 성읍 기지에서 중앙에 있는 예루살렘 구역 5000척을 제외하면 양쪽에 각각 길이 10,000척의 땅이 있음을 알 수 있다. 본문은 그 양쪽 땅이 기경지가 될 것이라고 말한다. 이 기경지에서는 열두 지파에서 온 예루살렘 거주민이 농사를 지을 수 있다(45:6; 48:19). 열두 지파 사람들이 골고루 예루살렘에 거주한다는 것은 예루살렘이 이스라엘을 대표하는 곳임을 시사해준다. 나아가서 기경지가 있다는 사실은 하나님의 임재 안에 거하는 삶이 각자에게 주어진 생업에 충실한 삶도 포함한다는 것을 가르쳐준다.

48:20은 성전이 위치한 제사장의 땅과 레위인의 땅, 그리고 예루살렘이 위치한 성읍 기지 땅이 하나님께 예물로 드리는 땅이 될 것이라고 선언한다. 앞서 45장은 제사장의 땅과 레위인의 땅을 거룩한 예물이라고 말했다(45:1-7). 하지만 48장은 예루살렘이 있는 성읍 기지 땅도 예물이라고 말함으로써 예루살렘도 거룩한 곳임을 드러내고 있다. 이렇게 되면 거룩한 예물로 드려지는 땅의 전체 크기는 길이 25,000척, 너비 25,000척의 정사각형 모양을 이룬다.

48:21-22은 거룩한 예물인 25,000척의 정사각형 땅 좌우의 땅을 왕(나시)이 차지할 것이라고 말한다. 예물로 드린 땅의 동편과 서편 땅이 왕의 몫이라는 설명이다. 예물로 드린 땅의 주위를 왕이 차지한다는 것은 왕이 제사장처럼 거룩한 위상을 가진다는 것을 의미한다. 그리하여 미래에 참 군주인 메시아는 왕이면서 제사장이라는 암시를 준다.

48:23-29은 나머지 다섯 지파를 위한 땅 분배를 다룬다. 예물로 드려진 땅 남쪽에 베냐민 지파로 시작해 다섯 지파들의 위치가 언급된다. 과거 성전은 유다 지파 땅에 있었기 때문에 유다 지파가 성전을 독점했다. 그렇지만 종말에 분배되는 땅에서는 성전 건물이 유다 지파와 베냐민 지파 땅

사이에 위치한다. 그리하여 종말의 성전은 어느 지파가 독점하는 것이 아니라 모든 지파가 공통적으로 참여하는 곳이라는 신학을 제시하고 있다. 하나님의 임재를 백성 모두가 골고루 누린다는 사상이다.

한편 유다 지파의 땅은 성전을 둘러싼 제사장의 땅 바로 북쪽에 위치하기 때문에 유다 지파가 다른 지파와 달리 성전과 매우 가까운 땅을 분배받는다는 것을 알 수 있다.[304] 이는 종말의 땅 분배에서 유다 지파가 다른 지파보다 어느 정도 특권을 누린다는 증거다. 이처럼 유다 지파의 위상이 상대적으로 높은 이유는 아마도 미래에 나타날 메시아가 유다 지파인 다윗의 자손 때문이라고 풀이된다(37:24).

48:30-35은 40:2에 언급된 "성읍 형상"의 주제로 다시 돌아와서 성읍에 초점을 맞춘다. 이로써 40-48장은 성읍이라는 틀로 감싸는 구조임을 보여준다. 이 성읍은 예루살렘으로서 그 성벽 사면에 각각 세 개의 출입구가 있어 총 열두 개의 출입구가 있다. 출입구는 각 지파가 출입할 수 있는 문이다. 구체적으로 북쪽에는 르우벤, 유다, 레위 지파를 위한 문들이 있고, 동쪽에는 요셉, 베냐민, 단 지파를 위한 문들이 있다. 그리고 남쪽에는 시므온, 잇사갈, 스불론 지파를 위한 문들이 있고 서쪽에는 갓, 아셀, 납달리 지파를 위한 문들이 있다.

열두 지파를 위한 출입구가 있다는 것은 예루살렘이 열두 지파를 상징하는 곳임을 더욱 확실히 해준다. 과거 예루살렘은 유다 지파에 속했고, 성전은 다윗 왕가에 의해 세워졌다. 하지만 종말에 이루어질 성읍에서는 다

---

304 한편 Allen은 그의 주석에서 성전이 위치한 땅이 레위인의 땅과 성읍 기지 중간에 위치한 것으로 이해했다. 하지만 겔 48장을 순차적으로 읽는다면 성전은 거룩한 땅 맨 북쪽에 위치한 것으로 이해하는 것이 자연스럽다. Allen, *Ezekiel 20-48*, 283.

윗 왕권이 축소되고 대신 여호와의 왕권이 강조되고 있는 셈이다.[305]

종말에 예루살렘 성읍은 "여호와 삼마"라는 이름으로 불리게 될 것이다(48:35). "여호와 삼마"라는 말은 "여호와가 그곳에 계신다"라는 뜻이다. 이 호칭은 종말에 세워질 예루살렘이 하나님께서 거하시는 임재의 장소가 되어 예루살렘 자체가 성전의 기능을 수행하게 될 것을 내비친다. 이는 예루살렘이 상징하는 열두 지파인 새 언약 백성이 성전으로 지어져갈 것이라는 뜻이기도 하다. 결국 에스겔서는 종말에 예루살렘으로 대변되는 새 언약 백성이 하나님의 임재 안에 거하게 됨을 부각시켜 하나님의 임재 안에 거하는 삶이 얼마나 중요한지를 독자에게 교훈하며 마무리하고 있다.

(2) 에스겔 40-48장과 요한계시록 21-22장 비교

에스겔 40-48장에서 언급된 성전과 예루살렘의 묘사는 요한계시록 21-22장에서 성전으로 나타나는 새 예루살렘의 모습과 많은 유비점을 보인다. 이들을 도표로 제시하면 다음과 같다.[306]

요소	에스겔 40-48장	요한계시록 21-22장
거룩한 성읍의 이름	40:2은 성읍이라고 말하지만 나중에 "여호와 삼마"로 불림(48:35)	새 예루살렘(21:2)
성읍의 모양	정사각형	정육면체
건축 자재	평범한 돌로 건축	귀중한 돌과 금속

---

305 Renz, *Rhetorical Function of the Book of Ezekiel*, 128.
306 Block, *Beyond the River Chebar*, 169. 여기서는 Block이 정리한 내용을 약간 변형했다.

성전의 역할	모든 것의 중앙으로서 기능(40-42장)	성전이 없다고 강조함(21:22)
성전에서 나오는 물	성전에서 물이 나옴(47:1-12)	생명수의 강이 보좌에서 나옴 (22:1-2)
제사의 역할	예배의 중심으로서 계속 기능(44-46장)	단순히 희생제물인 어린 양이 사람들 사이에 거함
거주민의 모습	계속적으로 정결과 부정을 구분해야 함(42:20)	절대적으로 정결함 (21:26-27)
환상의 영역	이스라엘 지역에 국한됨	전 우주로 확대됨 (21:24-27)

이 도표로 볼 때, 에스겔 48장이 제시하는 새 예루살렘은 계시의 진전 속에서 종말에 완성될 새 예루살렘의 전 단계를 보여주는 것임을 알 수 있다. 에스겔서에서 예루살렘은 그 속에 성전이 있지는 않다. 성전은 거룩한 구역에 따로 존재한다. 하지만 거룩한 구역에 있는 성전에는 성읍처럼 담이 있다고 말하여(40:5), 성전과 예루살렘이 연결되어 있다는 암시를 준다. 에스겔서의 예루살렘이 성전은 아니지만 성전과 같이 변형되는 과정 중에 있다는 뜻이다. 이에 반해 요한계시록은 종말에 완성된 하나님 나라에 세워질 새 예루살렘이 성전임을 분명히 밝힌다.

에스겔 당시에는 아직 예수 그리스도의 십자가 사건이 알려지지 않았다. 반면 요한계시록은 계시의 진전 속에서 예수 그리스도의 십자가를 이미 알고 더 확대된 계시의 말씀을 기록하고 있다. 이런 차이로 인해 요한계시록은 에스겔서보다 더욱 풍성하고 온전한 새 예루살렘의 청사진을 독자에게 제공하고 있다. 더욱이 에스겔 40-48장이 예수 그리스도의 초림으로 이루어진 새 언약 백성의 축복된 모습을 그리고 있다면, 요한계시록 21-22

장은 예수 그리스도의 재림으로 완성된 하나님 나라의 모습을 그리고 있기 때문에 서로 차이가 난다.

그렇다고 에스겔서의 성전 묘사가 더 이상 필요 없다는 의미는 아니다. 계시의 유기적 관계 속에서 에스겔서의 진술은 요한계시록이 제시하는 새 예루살렘의 신학적 의미를 더욱 분명하게 드러내 준다. 이런 의미에서 신약과 구약의 관계는 일방적인 관계가 아니라 상호 영향을 주는 관계이다. 그러므로 구약은 신약의 빛 아래서 조명되어야 하지만 신약도 구약의 렌즈를 통해 읽혀야 한다.[307]

결국 에스겔서의 성전 묘사는 요한계시록이 말하는 성전인 새 예루살렘이 예수 그리스도의 초림으로 성취되는 과정에서 그 중간 단계를 보여줌으로써 하나님의 계획이 어떻게 진전되는지를 증거하는 역할을 한다. 그리고 에스겔 47장에서처럼 성전에서 물이 나온다는 진술을 통해 예수 그리스도의 초림으로 나타난 새 언약 백성은 요한계시록에서 완성된 하나님 나라에서 누리는 축복을 선취하는 자임을 깨닫게 해준다(계 22:2).

요한계시록은 모든 백성이 정결하다고 선언하면서 완성된 하나님 나라에 더 이상 속된 것이 들어올 수 없다고 선언한다(계 21:26-27). 하지만 에스겔서는 하나님 나라가 완성될 때까지 새 언약 백성이 끊임없이 거룩한 것과 속된 것을 구별해야 할 의무가 있음을 가르쳐줌으로써(겔 42:20) 완성된 하나님 나라에 들어가기 위해서 항상 거룩을 유지해야 한다는 교훈을 주고 있다. 결국 에스겔 40-48장에서 성전으로 지어져가는 새 언약 백성은 요한계시록의 새 예루살렘 시민을 예표한다. 이런 점에서 에스겔서에 나타

---

307 John Goldingay, *Approaches to Old Testament Interpretation* (Leicester, UK: Apollos, 1990), 37.

난 종말의 비전은 요한계시록에 나타난 종말의 비전을 예표하며 그것과 연속선상에 있음을 알 수 있다.

참고문헌

김창대. "구약에서 창조와 역사와 언약과의 관계."「구약논집」8(2015): 57-86.

_____. "에스겔 26-28장에 나타난 두로의 심판 이유에 관한 고찰",「구약논집」20(2021): 130-163.

_____. "에스겔서에 나타난 하나님의 형상과 개혁주의생명신학."「생명과 말씀」4권 (2011), 11-43.

_____.『예레미야서의 해석과 신학』. 서울: 새물결플러스, 2020.

_____.『이사야서의 해석과 신학』. 서울: CLC, 2019.

_____.『주님과 같은 분이 누가 있으리요?: 미가서 주해』. 서울: 그리심, 2012.

_____.『한 권으로 꿰뚫는 소예언서』. 서울: IVP, 2013.

라이트, 크리스토퍼.『현대를 위한 구약윤리』. 김재영 역. 서울: IVP, 2006.

리빙스톤, G. 허버트.『모세오경의 문화적 배경』. 김의원 역. 서울: 기독교문서선교회, 1990.

말텐스, 엘머 에이.『하나님의 계획』. 김의원 역. 서울: 아가페문화사, 2002.

빌, 그레고리.『요한계시록 주석』. 김귀탁 역. 서울: 복있는 사람, 2019.

송승인. "에스겔 47:1-12에 등장하는 물의 의미에 대한 재고."「구약논단」26/1 (2020): 120-147.

이학재.『에스겔 어떻게 읽을 것인가?』. 서울: 성서유니온선교회, 2002.

차준희.『구약사상 이해』. 서울: 대한기독교서회, 2011.

치즘, 로버트.『예언서 개론』. 강성열 역. 고양: CH북스, 2006.

클레인, R. W.『에스겔』. 박호영 올김. 서울: 성지출판사, 1999.

홍성민. "에스겔 44장 17-31절 사독 제사장법의 목적과 기능."「구약논단」26/2 (2020): 149-177.

Alexander, Ralph H. *Ezekiel*. Expositor's Bible Commentary 6. Grand Rapids, MI: Regency Reference Library, 1986.

Alexander, T. D. *From Paradise to the Promised Land: An Introduction to the Pentateuch*, 2nd Ed. Grand Rapids, MI: Baker, 2002.

Allen, Leslie C. *Ezekiel 1-19*. WBC 28. Dallas, TX: Word, 1994.

_____. *Ezekiel 20-48*. WBC 29. Dallas, TX: Word Books, 1990.

_____. *Jeremiah*. OTL. Louisville, KY: WJK, 2008.

_____. *The Book of Joel, Obadiah, Jonah and Micah*. The New International Commentary on the Old Testament. Grand Rapids, MI: Baker, 1976.

Anderson, Bernhard W. *Creation versus Chaos: The Reinterpretation of Mythical Symbolism in the Bible*. Philadelphia, PA: Fortress, 1987.

_____. *From Creation to New Creation*. Eugene, OR: Wipf & Stock Publishers, 1994.

_____. "Introduction: Mythopoeic and Theological Dimensions of Biblical Creation Faith." In *Creation in the Old Testament*, ed. Bernahard W. Anderson, 1-24. Philadelphia, PA: Fortress Press, 1984.

Blenkinsopp, Joseph. *A History of Prophecy in Israel: From the Settlement in the Land to the Hellenistic Period*. London: SPCK, 1984.

_____. *Ezekiel*. Interpretation. Louisville, KY: John Knox Press, 1990.

Block, Daniel L. *Beyond the River Chebar: Studies in Kingship and Eschatology in the Book of Ezekiel*. Eugene, OR: Cascade Books, 2013.

_____. *By the River Chebar: Historical, Literary, and Theological Studies in the Book of Ezekiel*. Eugene, OR: Cascade Books, 2013.

_____. *The Book of Ezekiel: Chapters 1-24*. NICOT. Grand Rapids, MI: Eerdmans, 1997.

_____. *The Book of Ezekiel: Chapters 25-48*. NICOT. Grand Rapids, MI: Eerdmans, 1998.

_____. "Theology of Ezekiel." In *New International Dictionary of Old Testament Theology & Exegesis*, vol. 4, ed. Willem A. VanGemern, 615-628. Grand Rapids, MI: Zondervan, 1997.

_____. "Transformation of Royal Ideology in Ezekiel." In *Transforming Visions: Transformations of Text, Tradition, and Theology in Ezekiel*, ed. William A. Tooman and Michael A. Lyons, 208-246. Eugene, OR: Pickwick, 2010.

Boxall, Ian K. "Exile, Prophet, Visionary." In *The Book of Ezekiel and Its Influence*, ed. Henk Jan de Jonge and Johannes Tromp, 147-164. Burlington, VT: Ashgate, 2007.

Brotzman, Ellis R. *Old Testament Textual Criticism: A Practical Introduction*. Grand Rapids, MI: Baker, 1994.

Brownlee, W. H. *Ezekiel 1-19*. WBC 28. Waco, TX: Word Books, 1986.

Buitenwerf, Rieuwerd. "The Gog and Magog Tradition in Revelation 20:8." In *The Book of Ezekiel and Its Influence*, ed. Henk Jan de Jonge and Johannes Tromp, 165-181. Burlington, VT: Ashgate, 2007.

Callender, Dexter E., Jr., "The Prime Human in Ezekiel and the Image of God." In *The*

Book of Ezekiel: Theological and Anthropological Perspectives, ed. Margaret S. Odell and John T. Strong, 175-193. Atlanta, GA: SBL, 2000.

Caird, G. B. *The Language and Imagery of the Bible*. London: Duckworth, 2002.

Childs, Brevard S. "The Enemy from the North and the Chaos Tradition." *Journal of Biblical Literature* 78 (1959): 187-198.

Cho, Hwi. *Ezekiel's Use of the Term, NASI with reference to the Davidic Figure in His Restoration Oracles*. Ph.D. diss., Trinity Evangelical Divinity School, 2002.

Clements, R. E. *Old Testament Prophecy: From Oracles to Canon*. Louisville, KY: WJK, 1996.

Clifford, R. J. *The Cosmic Mountain in Canaan and the Old Testament*. Cambridge: Harvard University Press, 1972.

Cook, Stephen L. *Ezekiel 38-48*. AYB 22B. New Haven, CT: Yale University Press, 2018.

Cooper, Lamar Eugene, Sr. *Ezekiel*. New American Commentary 17. Nashville, TN: B&H, 1994.

Davis, Ellen. *Swallowing the Scroll: Textuality and the Dynamics of Discourse in Ezekiel's Prophecy*. Journal for the Study of the Old Testament Supplement Series 78. Sheffield, UK: Almond Press, 1989.

Day, John N. "Ezekiel and the Heart of Idolatry." *Bibliotheca Sacra* 164 (2007): 21-33.

de Jong, Matthijs J. "Ezekiel as a Literary Figure and the Quest for the Historical Prophet." In *The Book of Ezekiel and Its Influence*, ed. Henk Jan de Jonge and Johannes Tromp, 1-16. Burlington, VT: Ashgate, 2007.

Dempsey, Carol J. "Micah 2-3: Literary Artistry, Ethical Message, and Some Consideration about the Image of Yahweh and Micah." *JSOT* 85 (1999): 117-128.

Dillard, Raymond B. and Tremper Longman III. *An Introduction to the Old Testament*. Grand Rapids, MI: Zondervan, 1994.

Douglas, Mary. *Leviticus as Literature*. Oxford, UK: Oxford University Press, 1999.

Duguid, Iain M. *Ezekiel*. NIV Application Commentary. Grand Rapids, MI: Zondervan, 1999.

Dumbrell, William J. *The End of the Beginning: Revelation 21-22 and the Old Testament*. Eugene, OR: Wipf and Stock, 2001.

_____. *The Search for Order: Biblical Eschatology in Focus*. Grand Rapids, MI: Eerdmans, 1994.

Dyrness, William. *Themes in Old Testament Theology*. Downers Grove, IL: IVP, 1977.

Eichrodt, Walther. *Ezekiel*, OTL. London: SCM Press, 1970.

Fishbane, Michael. "Sin and Judgment in the Prophecies of Ezekiel." *Interpretation* 38 (1984): 131-150.

Fox, Michael V. *Proverbs 10-31.* AYB 18B. New Haven, CT: Yale University Press, 2009.

Geyer, John B. "Ezekiel 27 and the Cosmic Ship." In Philip R. Davies and David J. A. Clines ed. *Among the Prophets: Language, Image and Structure in the Prophetic Writings*, 105-126. Journal for the Study of the Ole Testament Supplement Series 144. Sheffield, UK: JSOT Press, 1993.

Goldingay, John. *Approaches to Old Testament Interpretation.* Leicester, UK: Apollos, 1990.

Greenberg, Moshe. *Ezekiel, 1-20.* AB 22. New York: Doubleday, 1983.

_____. *Ezekiel 21-37.* Anchor Bible 22A. New Haven, CT: Yale University Press, 1997.

Hartley, John E. *Leviticus*, WBC 4. Dallas, TX: Word Books, 1992.

Hayes, Elizabeth R. "The Influence of Ezekiel 37 on 2 Corinthians 6:14-7:1." In *The Book of Ezekiel and Its Influence*, ed. Henk Jan de Jonge and Johannes Tromp, 123-136. Burlington, VT: Ashgate, 2007.

Hill, John. "'Your Exile Will Be Long': The Book of Jeremiah and the Unended Exile." In *Reading the Book of Jeremiah: A Search for Coherence*, ed. Martin Kessler, 149-161. Winona Lake, IN: Eisenbrauns, 2004.

Holladay, William L. *Jeremiah 1: A Commentary on the Book of the Prophet Jeremiah Chapters 1-25.* Hermeneia. Philadelphia, PA: Fortress, 1986.

_____. *A Concise Hebrew and Aramaic Lexicon of the Old Testament.* Grand Rapids, MI: Eerdmans, 1988.

Job, J. B. "Theology of Ezekiel." In *New International Dictionary of Old Testament Theology & Exegesis*, vol. 4, ed. Willem A. VanGemern, 628-634. Grand Rapids, MI: Zondervan, 1997.

Joyce, Paul M. "Ezekiel 40-42: The Earliest 'Heavenly Ascent' Narrative?" In *The Book of Ezekiel and Its Influence*, ed. Henk Jan de Jonge and Johannes Tromp, 17-41. Burlington, VT: Ashgate, 2007.

Kaiser, Walter C. *The Messiah in the Old Testament.* Grand Rapids, MI: Zondervan, 1995.

Kaufman, S. A. "The Structure of the Deuteronomic Law." *Maarav* 1/2 (1978), 105-158.

Kaufmann, Y. *The Religion of Israel: From Its Beginnings to the Babylonian Exile.* Translated by Moshe Greenberg. Chicago, IL: University of Chicago Press, 1960.

Kiuchi, Nobuyoshi. *Leviticus.* AOTC. Downers Grove, IL: IVP, 2007.

Kowalski, Beate. "Transformation of Ezekiel in John's Revelation." in *Transforming Visions: Transformations of Text, Tradition, and Theology in Ezekiel*, ed. William A. Tooman and Michael A. Lyons, 279-311. Eugene, OR: Pickwick Publications, 2010.

Kraus, Hans Joachim. *Theology of the Psalms*. Translated by K. Crim. Minneapolis, MN: Fortress, 1992.

Kutsko, John F. *Between Heaven and Earth: Divine Presence and Absence in the Book of Ezekiel*. Biblical and Judaic Studies 7. Winona Lake, IN: Eisenbrauns, 2000.

_____. "Ezekiel's Anthropology and Its Ethical Implications." In *The Book of Ezekiel: Theological and Anthropological Perspectives*, ed. Margaret S. Odell and John T. Strong, 119-141. Atlanta, GA: SBL, 2000.

Lapsley, Jacqueline E. "A Feeling for God: Emotions and Moral Formation in Ezekiel 24:15-27." In *Character Ethics and the Old Testament: Moral Dimensions of Scripture*, ed. M. Daniel Carroll R. and Jacqueline E. Lapsley, 93-102. Louisville, KY: WJK, 2007.

_____. "Shame and Self-Knowledge: The Positive Role of Shame in Ezekiel's View of the Moral Self." In *The Book of Ezekiel: Theological and Anthropological Perspectives*, ed. Margaret S. Odell & John T. Strong, 143-173. Atlanta, GA: SBL, 2000.

_____. "The Problem of the Moral Self in the Book of Ezekiel." Ph.D. Diss., Emory University, 1999.

Levenson, D. Jon. *Creation and the Persistence of Evil: The Jewish Drama of Divine Omnipotence*. San Francisco, CA: Harper & Row, 1988.

_____. *Theology of the Program of Restoration of Ezekiel 40-48*. Missoula, MT: Scholars Press, 1976.

Levision, John R. "The Promise of the Spirit of Life in the Book of Ezekiel." In *Israel's God and Rebecca's Children: Christology and Community in Early Judaism and Christianity*, ed. David B. Capes et al, 247-259. Waco, TX: Baylor University Press, 2007.

Longacre, Robert E. "Building for the Worship of God: Exodus 25:1-30:10." In *Discourse Analysis of Biblical Literature: What It Is and What It Offers*, ed. Walter R. Bodine, 21-49. Atlanta, GA: Scholars Press, 1995.

Lyons, Michael A. "Transformation of Law: Ezekiel's Use of the Holiness Code (Leviticus 17-26)." In *Transforming Visions: Transformations of Text, Tradition, and Theology in Ezekiel*, ed. William A. Tooman and Michael A. Lyons, 1-32. Eugene, OR: Pickwick, 2010.

Madsen, Truman G. ed. *The Temple in Antiquity: Ancient Records and Modern Perspective*. Provo, UT: Brigham Young University: 1984.

Merrill, Eugene H. "A Theology of Ezekiel and Daniel." In *A Biblical Theology of the Old Testament*, ed. Roy B. Zuck, 365-395. Chicago, IL: Moody Press, 1991.

Milgrom, Jacob. *Leviticus 1-16*. AB 3. New York: Doubleday, 1991.

Moyise, S. *The Old Testament in the Book of Revelation*. JSNTSup 115. Sheffield, UK: Sheffield Academic Press, 1995.

Muddiman, John. "The So-Called Bridal Bath (Ezek 16:9; Eph 5:26)." In *The Book of Ezekiel and Its Influence*, ed. Henk Jan de Jonge and Johannes Tromp, 137-145. Burlington, VT: Ashgate, 2007.

Niditch, Susan. "Ezekiel 40-48 in a Visionary Context." *CBQ* 48 (1986): 208-224.

Nielsen, Kirsten. "Ezekiel's Visionary Call as Prologue: From Complexity and Changeability to Order and Stability." *JSOT* 33 (2008): 99-114.

Odell, Margarett S. *Ezekiel*. Smyth & Helwys Bible Commentary. Macon, GA: Smyth & Helwys Publishing, 2005.

Ollenburger, Ben C. *Zion The City of the Great King: A Theological Symbol of the Jerusalem Cult*, Journal for the Study of the Ole Testament Supplement Series 41. Sheffield, UK: JSOT Press, 1987.

Phinney, D. Nathan. "The Prophetic Objection in Ezekiel IV 14 and Its Relation to Ezekiel's Call." *VT* 55 (2005): 75-88.

Rendtorff, Rolf. *Canon and Theology: Overtures to an Old Testament Theology*. Edinburgh, UK: T&T Clark, 1993.

_____. *The Old Testament: An Introduction*. Translated by John Bowden. Philadelphia, PA: Fortress, 1986.

Renz, Thomas. "Proclaiming the Future: History and Theology in Prophecies against Tyre." *Tyndale Bulletin* 51 (2000): 17-58.

_____. *The Rhetorical Function of the Book of Ezekiel*. Boston, MA: Brill, 2002.

Roberts, J. J. M. "The Davidic Origin of the Zion Tradition." *Journal of Biblical Literature* 92 (1973), 329-344.

Sandy, D. Brent and Martin C. Abegg, Jr. "Apocalyptic," In *Cracking Old Testament Codes: A Guide to Interpreting the Literary Genres of the Old Testament*, ed. D. Brent Sandy and Ronald L. Giese, Jr., 177-196. Nashville, TN.: Broadman & Holman, 1995.

Schnittjer, Gary Edward. *The Torah Story*. Grand Rapids, MI: Zondervan, 2006.

Schwartz, Baruch J. "Ezekiel's Dim View of Israel's Restoration." In *The Book of Ezekiel; Theological and Anthropological Perspectives*, ed. Margaret S. Odell & John T. Strong, 43-67. Atlana, GA: SBL, 2000.

Seitz, Christopher R. "Ezekiel 37:1-14," *Interpretation* 46 (1992): 53-56.

Smith-Christopher, Daniel L. *A Biblical Theology of Exile*. Minneapolis, MN: Fortress,

2002.

Sprinkle, Preston. "Law and Life: Leviticus 18.5 in the Literary Framework of Ezekiel." *Journal for the Study of the Old Testament* 31/3 (2007): 275-293.

Stevenson, Kalinda. *The Vision of Transformation: The Territorial Rhetoric of Ezekiel 40-48.* SBLDS 154. Atlanta, GA: Scholars, 1996.

Strine, C. A. "The Role of Repentance in the Book of Ezekiel: A Second Chance for the Second Generation." *The Journal of Theological Studies* 63 (2012): 467-491.

Strine, C. A. and C. L. Crouch, "YHWH's Battle against Chaos in Ezekiel: The Transformation of Judahite Mythology for a New Situation." *Journal of Biblical Literature* 132/4 (2013), 883-903.

Strong, John T. "God's Kābôd: The Presence of Yahweh in the Book of Ezekiel." In Margaret S. Odell & John T. Strong ed. *The Book of Ezekiel: Theological and Anthropological Perspectives*, 69-95. Atlanta, GA: Society of Biblical Literature, 2000.

Suh, Robert H. "The Use of Ezekiel 37 in Ephesians 2." *JETS* 50/4 (2007): 715-733.

Swanepoel, M. G. "Ezekiel 16: Abandoned Child, Bride Adorned or Unfaithful Wife?" In *Among the Prophets: Language, Image and Structure in the Prophetic Writings*, ed. Philip R. Davies and David J. A. Clines, 84-104. JSOTSup 144. Sheffield, UK: JSOT Press, 1993.

Sweeney, Marvin A. *Reading Ezekiel: A Literary and Theological Commentary*. Macon, Georgia: Smyth & Helwys, 2013.

Taylor, John B. *Ezekiel*. Tyndale Old Testament Commentaries 22. Downers Grove, IL: InterVarsity Press, 2009.

Thompson, David L. *Ezekiel*. Tyndale Cornerstone Biblical Commentary 9. Carol Stream, IL: Tyndale House, 2010.

Torrey, C. C. *Pseudo-Ezekiel and the Original Prophecy*. New Haven: Yale University Press, 1930.

Tromp, Johannes. "'Can These Bones Live?' Ezekiel 37:1-14 and Eschatological Resurrection." In *The Book of Ezekiel and Its Influence*, ed. Henk Jan de Jonge and Johannes Tromp, 61-78. Burlington, VT: Ashgate, 2007.

Tuell, S. S. "Divine Presence and Absence in Ezekiel's Prophecy." In *The Book of Ezekiel: Theological and Anthropological Perspectives*, ed. Margaret S. Odell, 97-116. Atlanta, GA: SBL, 2000.

Udd, Kris J. "Prediction and Foreknowledge in Ezekiel's Prophecy against Tyre." *Tyndale Bulletin* 56.1 (2005): 25-41.

VanGemeren, Willem A. *Interpreting the Prophetic Word: An Introduction to the Prophetic*

Literature of the Old Testament. Grand Rapids, MI: Zondervan, 1990.

_____, ed. *New International Dictionary of Old Testament Theology and Exegesis*. 5 vols. Grand Rapids, MI: Zondervan, 1997.

Waltke, Bruce K. *An Old Testament Theology: An Exegetical, Canonical, and Thematic Approach*. Grand Rapids, MI: Zondervan, 2007.

_____. "Kingdom Promises as Spiritual." In *Continuity and Discontinuity: Perspectives on the Relationship between the Old and New Testaments*, ed. John & Feinberg, 263–288. Westchester, IL: Crossway Books, 1988.

Waltke, Bruce K. and M. O'Connor. *An Introduction to Biblical Hebrew Syntax*. Winona Lake, IN: Eisenbrauns, 1990.

Wendland, Ernst R. "'Can These Bones Live Again?': A Rhetoric of the Gospel in Ezekiel 33–37, Part II." *Andrew University Seminary Studies* 39 (2001): 241–272.

_____. *Prophetic Rhetoric: Case Studies in Text Analysis and Translation*. Longwood, FL: Xulon Press, 2009.

Wolff, Hans Walter. *Anthropology of the Old Testament*. Translated by Margarer Kohl. London: SCM Press, 1974.

Wright, T. John. "The Concept of *Ruach* in Ezekiel 37." In *Seeing Signals, Reading Signs: The Art of Exegesis*, ed. Mark A. O'Brien and Howard N. Wallace, 142–158. New York: T&T Clark International 2004.

Zimmerli, W. *Ezekiel 1*. Translated by R. E. Clements. Hermeneia. Philadelphia, PA: Fortress, 1979.

에스겔서의 해석과 신학

하나님의 임재 안에 거하는 삶에 대한 비전

Copyright ⓒ 김창대 2021

1쇄 발행	2021년 8월 30일
2쇄 발행	2023년 2월 13일

지은이	김창대
펴낸이	김요한
펴낸곳	새물결플러스

편 집	왕희광 정인철 노재현 이형일 나유영 노동래
디자인	박인미 황진주
마케팅	박성민 이원혁
총 무	김명화 이성순
영 상	최정호 곽상원
아카데미	차상희

홈페이지	www.holywaveplus.com
이메일	hwpbooks@hwpbooks.com
출판등록	2008년 8월 21일 제2008-24호
주 소	(우) 04118 서울시 마포구 마포대로19길 33
전 화	02) 2652-3161
팩 스	02) 2652-3191

ISBN 979-11-6129-212-0 93230

책값은 뒤표지에 있습니다.